Os judeus e a vida econômica

FUNDAÇÃO EDITORA DA UNESP

Presidente do Conselho Curador
Mário Sérgio Vasconcelos

Diretor-Presidente
José Castilho Marques Neto

Editor-Executivo
Jézio Hernani Bomfim Gutierre

Superintendente Administrativo e Financeiro
William de Souza Agostinho

Assessores Editoriais
João Luís Ceccantini
Maria Candida Soares Del Masso

Conselho Editorial Acadêmico
Áureo Busetto
Carlos Magno Castelo Branco Fortaleza
Elisabete Maniglia
Henrique Nunes de Oliveira
João Francisco Galera Monico
José Leonardo do Nascimento
Lourenço Chacon Jurado Filho
Maria de Lourdes Ortiz Gandini Baldan
Paula da Cruz Landim
Rogério Rosenfeld

Editores-Assistentes
Anderson Nobara
Jorge Pereira Filho
Leandro Rodrigues

WERNER SOMBART

Os judeus e a vida econômica

Tradução de
Nélio Schneider

© 2014 Editora Unesp

Título original: *Die Juden und das Wirtschaftsleben*

Fundação Editora da Unesp (FEU)
Praça da Sé, 108
01001-900 – São Paulo – SP
Tel.: (0xx11) 3242-7171
Fax: (0xx11) 3242-7172
www.editoraunesp.com.br
www.livrariaunesp.com.br
feu@editora.unesp.br

CIP – Brasil. Catalogação na publicação
Sindicato Nacional dos Editores de Livros, RJ

S676j

Sombart, Werner, 1863-1941
    Os judeus e a vida econômica / Werner Sombart; tradução Nélio Schneider. – 1. ed. – São Paulo: Editora Unesp, 2014.

    Tradução de: Die Juden und das Wirtschaftsleben
    ISBN 978-85-393-0549-0

    1. Capitalismo. 2. Judeus – História. 3. Empresários judeus – História. I. Título.

14-16634   CDD: 330.940089924
                                       CDU: 338.1(=411.6)

Editora afiliada:

Sumário

Prefácio   1

SEÇÃO I – A PARTICIPAÇÃO DOS JUDEUS NA CONSTRUÇÃO DA ECONOMIA NACIONAL MODERNA   13

    Capítulo I – Métodos de apuração – tipo e dimensão da participação   15

    Capítulo II – O deslocamento do centro econômico a partir do século XVI   25

    Capítulo III – O aquecimento do comércio internacional de mercadorias   41

    Capítulo IV – A fundação da economia colonialista moderna   49

    Capítulo V – A fundação do Estado moderno   73
        I. Os judeus como fornecedores   75
        II. Os judeus como financiadores   79

    Capítulo VI – A comercialização da vida econômica   89
        I. O surgimento dos títulos de crédito   90
            1. A letra de câmbio endossável   95
            2. A ação   98
            3. A nota bancária   100
            4. A obrigação parcial   104

II. O comércio com títulos de crédito   127
    1. A formação do direito comercial   127
    2. A bolsa de valores   130
  III. A confecção de títulos de crédito   159
  IV. A comercialização da indústria   172

Capítulo VII – A formação de uma mentalidade econômica capitalista   181

SEÇÃO II – A QUALIFICAÇÃO DOS JUDEUS PARA O CAPITALISMO   235

Capítulo VIII – O problema   237

Capítulo IX – As funções dos sujeitos econômicos capitalistas   241

Capítulo X – A aptidão objetiva dos judeus para o capitalismo   255
  I. A difusão no espaço   256
  II. A condição de estrangeiro   263
  III. A subcidadania   265
  IV. A riqueza   271

Capítulo XI – A importância da religião judaica para a vida econômica   287
  Observação prévia   287
  I. A importância da religião para o povo judeu   288
  II. As fontes da religião judaica   294
  III. As ideias básicas da religião judaica   307
  IV. A ideia da comprovação   316
  V. A racionalização da vida   327
  VI. Israel e os estrangeiros   351
  VII. Judaísmo e puritanismo   362

Capítulo XII – A peculiaridade judaica   367
  I. O problema   367
  II. Uma tentativa de solução   383
  III. A essência judaica a serviço do capitalismo   400

SEÇÃO III – COMO SURGIU A ESSÊNCIA
JUDAICA   407

   Capítulo XIII – O problema racial   409
      Observação prévia   409
      I. A peculiaridade antropológica dos
      judeus   412
      II. A "raça" judaica   422
      III. A constância da essência judaica   428
      IV. A fundamentação racial de peculiaridades
      étnicas   461
      As quatro raças humanas segundo Lineu   462

   Capítulo XIV – O destino do povo judeu   481

Prefácio

Talvez haja leitores interessados em saber como cheguei a escrever este insólito livro e que também queiram descobrir como eu gostaria que ele fosse lido.

Defrontei-me totalmente por acaso com a questão dos judeus quando me pus a retrabalhar desde a base o meu livro *Moderne Kapitalismus* [Capitalismo moderno].[1] Nele, era importante ir alguns estratos mais profundos nas linhas de pensamento que levaram à origem do "espírito capitalista". As investigações de Max Weber sobre a conexão entre puritanismo e capitalismo forçosamente me levaram a investigar, melhor do que havia feito até o momento, o rastro da influência da religião sobre a vida econômica, e foi ao fazê-lo que me acerquei pela primeira vez da questão dos judeus. Isto porque o resultado de um exame preciso da argumentação weberiana foi que todos aqueles componentes do dogma puritano, que me parecem ter real importância para a formação do espírito capitalista, constituem empréstimos da esfera de ideias da religião judaica.

Porém, esse conhecimento por si só ainda não teria me proporcionado o ensejo de dedicar aos judeus uma análise detalhada no âmbito da história da gênese do capitalismo moderno se, no decorrer dos meus estudos, eu

---

[1] Werner Sombart, *Der moderne Kapitalismus. Historisch-systematische Darstellung des gesamteuropäischen Wirtschaftsleben von seinen Anfängen bis zur Gegenwart.* 2v. Leipzig/München: Dunkler & Humblot, 1902. (N. T.)

não tivesse chegado – mais uma vez por puro acaso – à convicção de que a participação dos judeus na construção da moderna economia nacional foi maior do que se intuiu até agora. Fui levado a essa noção ao tentar tornar plausíveis para mim mesmo as transformações na vida econômica europeia que tiveram lugar desde o final do século XV até mais ou menos o final do XVII, e que fizeram que o peso econômico se deslocasse dos países meridionais para os países setentrionais da Europa. O repentino declínio da Espanha, o repentino crescimento da Holanda, o definhar de tantas cidades da Itália e da Alemanha e o florescer de outras, como Livorno, Lyon (temporariamente), Antuérpia (temporariamente), Hamburgo e Frankfurt, de modo algum me pareciam adequadamente explicados pelas razões até agora alegadas (a descoberta da rota marítima para as Índias Orientais, o deslocamento das relações de poder dos Estados). Foi então que, de repente, transpareceu para mim o paralelismo, puramente exterior em um primeiro momento, entre o destino econômico dos Estados e das cidades e a migração dos judeus, que naquela época, como se sabe, mais uma vez experimentavam uma reestratificação quase completa de sua acomodação espacial. Ao examinar o assunto mais de perto, tive plena certeza de que de fato eram os judeus que promoviam o crescimento em pontos decisivos nas localidades em que estavam e acarretavam o declínio de onde se retiravam.

Ora, foi essa constatação factual que implicou o problema científico propriamente dito. O que significou "crescimento econômico" naqueles séculos? Quais foram as realizações específicas com que os judeus efetuaram aquele "crescimento"? O que os capacitou a levar a cabo essas realizações?

Naturalmente, não foi possível dar uma resposta circunstanciada a essas questões no quadro de uma história geral do capitalismo moderno. No entanto, isso me pareceu suficientemente atraente para interromper por alguns anos o trabalho na minha obra principal e me enfronhar totalmente no problema judaísta. Por esse motivo, este livro foi criado.

A expectativa de poder concluir a obra no prazo de um ano logo se mostrou ilusória, dado que praticamente não existem trabalhos prévios.

É, de fato, algo sumamente curioso: por mais que se tenha escrito sobre o povo judeu, praticamente nada de fundamental importância foi dito sobre o problema mais relevante: sua posição na vida econômica. O que possuímos em termos das assim ditas histórias econômicas dos judeus geralmente não merece esse nome, pois se trata quase sempre só de histórias do direito ou mesmo apenas de crônicas do direito, que ademais desconsideram totalmente a época mais recente. Em primeiro lugar, portanto, tive de reunir o material factual de centenas de monografias (em parte primorosas) ou de fontes, para chegar a – não ouso dizer traçar, mas – esboçar um quadro da atividade econômica dos judeus durante os últimos três séculos.

Enquanto numerosos historiadores locais pelo menos se esforçaram para registrar a vida econômica manifesta dos judeus e seu destino durante os últimos séculos, quase ninguém até agora ousou levantar, nem mesmo em termos genéricos, a seguinte pergunta: por que os judeus tiveram esse destino peculiar ou, em termos mais precisos, o que os capacitou a desempenhar papel tão destacado na construção da moderna economia nacional que de fato os vemos desempenhar? E o que, não obstante, foi aportado para responder a essa pergunta fica atolado em esquemas totalmente precários e antiquados: "coerção externa", "capacitação para o comércio e a barganha", "falta de escrúpulos". Fraseologias desse tipo e outras parecidas de cunho genérico tiveram de suprir uma resposta para uma das questões mais delicadas da história dos povos.

Portanto, primeiro foi preciso constatar com muita exatidão o que propriamente se queria explicar; com outras palavras: uma aptidão dos judeus para aquilo que se quer aprovar? Só então poderiam ser examinadas as possibilidades que tornassem plausível a aptidão específica dos judeus: a de serem fundadores do capitalismo moderno. Grande parte do livro é dedicada a esse exame, e aqui não é o lugar para comunicar os resultados detalhados das minhas investigações. Só quero ressaltar um aspecto, para que fique reverberando no ouvido do leitor como um *Leitmotiv*: vislumbro a grande importância dos judeus, que sobrepuja de longe todas as demais influências sobre a moderna vida econômica e, de modo geral, sobre a moderna vida cultural, na união muito singular de circunstâncias exteriores e interiores; e eu a atribuo ao fato (historicamente casual) de que um povo de natureza bem específica – um povo do deserto e um povo migrante, um povo cálido – foi parar no meio de povos essencialmente diferentes – povos frios e molhados, taciturnos e sedentários –, vivendo e trabalhando sob condições exteriores, mais uma vez, bastante singulares. Se tivessem permanecido no Oriente ou tivessem ido parar em outros países cálidos, sua peculiaridade naturalmente também teria tido resultados peculiares, mas o efeito disso não teria sido tão dinâmico. Talvez eles tivessem se limitado a desempenhar um papel similar ao que hoje desempenham os armênios no Cáucaso, os cabilas na Argélia, os chineses, afegãos ou persas na Índia. Porém, jamais teria havido esse efeito explosivo da cultura humana: o capitalismo moderno.

A total singularidade do aparecimento do capitalismo moderno é evidenciada por este fato que explica em parte a sua essência: só a combinação puramente "casual" de povos tão díspares e só o seu destino puramente "casual", condicionado por milhares de circunstâncias, embasou sua peculiaridade. Não haveria capitalismo moderno e nem cultura moderna sem a dispersão dos judeus pelos países setentrionais do globo terrestre!

Conduzi minhas investigações até o tempo presente e espero ter apresentado a todos a prova de que a vida econômica dos nossos dias está submetida, em proporção crescente, à influência judaica. Eu não cheguei a dizer – e por isso quero fazê-lo aqui – que, ao que tudo indica, essa influência do povo judeu começa a diminuir em tempos mais recentes. É totalmente indubitável e pode ser verificado mediante simples contagem que explicitamente, em posições importantes, como em postos de direção ou em cargos de supervisão dos grandes bancos, os nomes judeus tornam-se mais raros. Parece estar havendo uma real retração do elemento judaico. Por isso, torna-se interessante apurar as razões desse fenômeno significativo, que podem ser de diversos tipos. Podem residir, por um lado, em uma mudança das capacidades pessoais dos sujeitos econômicos: os não judeus se adaptaram às exigências do sistema econômico capitalista; eles "aprenderam". Em contraposição, os judeus, em virtude das mudanças experimentadas em seu destino manifesto (melhora da sua posição civil, diminuição do senso religioso) e por razões exteriores e interiores, perderam parte de sua capacitação bem própria para o capitalismo. Em contrapartida, porém, é provável que devamos vislumbrar as razões para a diminuição da influência judaica em nossa vida econômica também em uma mudança das condições objetivas sob as quais se comercia: os empreendimentos capitalistas (basta pensar nos nossos grandes bancos!) convertem-se cada vez mais em administrações burocráticas que não requerem mais como antes qualidades específicas de homens de negócios: o burocratismo toma o lugar do comercialismo.

Terá de ficar reservada a investigações precisas a tarefa de constatar em que proporção a era mais recente do capitalismo de fato apresenta uma diminuição da influência judaica. Por enquanto, estou processando as observações pessoais feitas por mim e por outros a fim de encontrar, na única justificativa concebível com que fundamento os eventos observados, a confirmação de que realmente trilhei o caminho certo com a explicação ensaiada neste livro para a influência judaica havida até o momento. A redução da referida influência mostra como em um experimento qual terá sido a razão dessa influência.

De fato, creio que tanto a parte das minhas exposições que explica a aptidão dos judeus para o capitalismo, ou seja, a segunda seção do livro, quanto a primeira seção, que descreve como factualidade a participação deles na construção da moderna economia nacional, não poderão ser abaladas em suas ideias fundamentais. Elas podem até sofrer correções; elas podem (sobretudo!) receber complementos: não há como refutar a exatidão das suas argumentações.

Não tenho a mesma sensação de certeza serena em relação à terceira seção principal do meu livro, que procura responder à questão da origem do ser judaico e da essência que lhe é própria. Quanto a isso, dependemos ainda hoje – e talvez para sempre dependeremos –, em pontos decisivos da argumentação, de suposições que obviamente terão um cunho fortemente pessoal. De qualquer modo, esforcei-me por compilar criticamente, em um capítulo específico que dediquei à abordagem do "problema racial", as noções que hoje podemos encarar como relativamente asseguradas e, sobretudo, identificar como tais as muitas hipóteses incertas. Em consequência disso, o capítulo se converteu numa verdadeira monstruosidade: pesado, fracionado, amorfo, deixando aquela sensação pungente do insatisfatório, do desconforme, que me empenhei por reverter com o último capítulo, no qual tento descrever "o destino do povo judeu" em seus traços básicos. Porém, isso só se conseguiu depois que todos os fatos individuais disparatados que a pesquisa científica, com o seu jeito inescrupuloso, joga indiscriminadamente aos nossos pés, foram reunidos mediante uma visão pessoal num quadro unitário. Em que medida o meu modo subjetivo de ver as coisas fez jus à realidade nesse ponto – talvez! –, isso só o futuro decidirá. Em todo caso, nesse tocante, admito sem rodeios que outros olhos verão outra coisa.

Por fim, quero apontar ainda para algumas peculiaridades deste livro e, fazendo isso, espero evitar que, por causa de mal-entendidos, os contornos do meu arcabouço de ideias fiquem difusos como os de um prédio em meio à neblina e que o observador "crítico" julgue ver ali um bem diferente daquele que construí.

1. Este livro é *unilateral*; ele pretende ser unilateral porque, para ter um efeito revolucionário nas mentes, ele tem de ser unilateral.

Isso quer dizer: este livro pretende revelar a importância dos judeus para a vida econômica moderna. Com essa finalidade, ele reúne todo o material que permite reconhecer essa importância, sem sequer mencionar os demais fatores que, além dos judeus, tiveram participação na construção do capitalismo moderno. Desse modo, naturalmente não se quer negar a influência desses fatores. Seria possível escrever, com a mesma justificativa, um livro sobre a importância das raças nórdicas para o capitalismo moderno; ou, do mesmo modo como eu disse anteriormente que sem judeus não haveria capitalismo moderno, seria possível cunhar a frase: não o haveria sem as conquistas da técnica, não o haveria sem a descoberta das minas de prata da América.

Portanto, embora o meu livro seja, como eu mesmo o denomino, unilateral, ele:

2. *de modo algum é um livro de teses.* Quero dizer: nele não se visa provar que uma determinada "concepção de história" é a correta; não se quer fornecer, por meio dele, por exemplo, uma fundamentação da vida econômica "baseada na raça". As conclusões "teóricas" ou "filosófico-históricas" que possam ou devam ser tiradas da minha exposição estão totalmente em aberto e, em princípio, nada têm a ver com o conteúdo do próprio

livro. Este pretende apenas reproduzir o que vi e tentar explicar os fatos observados. Por essa razão, no entanto, uma "refutação" das minhas afirmações, caso alguém queira tentar apresentá-la, deveria partir sempre da facticidade histórico-empírica, deveria demonstrar meus erros, onde afirmei certas realidades, ou evidenciar sofismas em cada caso isolado no qual empreendi uma compreensão causal dessa realidade.

Por fim, ressalto, com veemência capaz de chamar a atenção, que:

3. este livro é rigorosamente *científico*. É claro que, ao dizer isso, não estou querendo passar-lhe um atestado de louvor, e sim explicar uma deficiência da obra. Por ser um livro científico, limita-se à constatação e explicação de fatos e abstém-se de todo e qualquer juízo de valor. Juízos de valor sempre são subjetivos, sempre só podem ser subjetivos, por estarem fundamentados, em última análise, na visão de mundo e de vida de cada um. A ciência, porém, quer transmitir conhecimento objetivo; almeja a verdade, que sempre fundamentalmente é única, ao passo que os valores são fundamentalmente tão numerosos quanto as pessoas que os formulam. O conhecimento objetivo é obscurecido no instante em que é mesclado com algum juízo de valor subjetivamente matizado, e, por essa razão, a ciência e seus representantes deveriam fugir da valoração daquilo que conheceram tal qual se foge da peste. Em lugar nenhum a valoração subjetiva fez tanta besteira, em lugar nenhum o conhecimento das realidades objetivas foi tão obstaculizado, como na área da "questão da raça" e, muito especialmente, no âmbito da assim chamada "questão dos judeus".

Uma marca bem singular deste livro pretende ser a de que ele fala de judeus em 500 páginas sem deixar transparecer, uma única vez que seja, algo como uma valoração dos judeus, da sua essência e de suas realizações.

Certamente também se pode tratar de modo rigorosamente científico a questão do valor, o que, nesse caso, quer dizer: a questão do valor ou da ausência de valor de um determinado grupo populacional. Tomemos um momento para esclarecer que isso sempre só deveria ser feito num sentido esclarecedor ou em termos de advertência crítica.

Seria possível chamar a atenção, num primeiro momento, para o fato de que se pode valorar povos, assim como se valoram seres humanos, ou seja, pelo que eles são e pelo que eles realizam; nesse caso, seria preciso mostrar que, em cada caso, o critério último é subjetivo. Seria preciso mostrar que, por essa razão, é inadmissível falar, por exemplo, de raças "inferiores" e "superiores" e caracterizar os judeus como raça inferior ou superior, visto que depende do senso de valor de cada indivíduo dizer qual essência e qual realização será encarada como valiosa ou sem valor.

O que leva a isso são as seguintes ponderações.

Observe-se, por exemplo, o destino dos judeus: eles, acima de todos os povos, são um povo eterno. "Um povo surge, o outro desaparece, mas Israel permanece para sempre", diz com orgulho um midraxe do Salmo 86. Essa longa duração de um povo, que ainda hoje é louvada por muitos judeus, é algo valioso? Heinrich Heine pensava diferente a respeito quando escreveu isto:

> Esse povo do mal originário há muito já foi amaldiçoado e arrasta os tormentos de sua maldição pelos milênios. É um verdadeiro Egito! Suas fabricações arrostam o tempo; suas pirâmides ainda estão de pé, inabaláveis; suas múmias continuam tão indestrutíveis como sempre foram e tão inquebrantáveis como esse povo mumificado que perambula pelo globo terrestre, enrolado em antiquíssimas tiras de pano formadas de letras, uma porção petrificada da história mundial, um fantasma que, para sustentar-se, negocia com letras de câmbio e calças velhas.*

As realizações dos judeus: eles nos presentearam o Deus único e Jesus Cristo e, portanto, o cristianismo com sua moral dualista.

Um presente valioso? Friedrich Nietzsche pensava diferente a respeito.

Os judeus tornaram possível a forma atual do capitalismo. Uma realização digna de gratidão? Essa pergunta também será respondida de modos totalmente distintos, dependendo da relação pessoal que se tenha com a cultura capitalista.

Quem, senão Deus, decidiria qual é a realização "objetivamente" mais valiosa ou qual é a essência objetivamente mais valiosa de dois seres

---

* Heinrich Heine, Reisebilder, cap. 13. In: *Sämtlicher Werke*. v.2. München: Artemis & Winckler, 1969. (N. T.)

humanos, de dois povos? Não há um só ser humano, não há uma só raça que pudesse ser valorada como superior aos ou às demais nesse sentido. E quando homens sérios ainda assim voltam a tentar empreender tais valorações, naturalmente têm o direito de emitir sua opinião pessoal. Porém, no momento em que os juízos de valor pretendem assumir o caráter de um juízo objetivo e universal, devemos despi-los implacavelmente da dignidade que falsamente se arrogaram e — tendo em vista a periculosidade de tais sub-repções — não podemos hesitar em utilizar a arma mais poderosa na batalha dos espíritos: a ridicularização.

De fato, há algo de cômico em ver como representantes de certas raças, integrantes de certos povos, exaltam a sua raça, o seu povo como o "eleito", como o valioso por excelência, o superior e sei lá o que mais. (Justamente o que um noivo faz com a noiva!) Pois recentemente duas raças (ou grupos populacionais) tiveram seu curso forçado para cima, eu quase diria que em razão da publicidade exagerada a favor deles: os germanos e precisamente também os judeus, que (com toda razão) saíram em defesa dos judeus com mentalidade nacionalista contra os ataques desferidos contra eles pelos porta-vozes presunçosos de outros povos, principalmente dos germânicos. Naturalmente, os integrantes dos dois grupos têm todo o direito de considerar o seu próprio como o mais valioso e amá-lo como tal (justamente o que um noivo faz com a noiva!), mas é muito engraçado querer impingir aos demais essa predileção! Se alguém exalta os povos germânicos, por que não o confrontar com as palavras de Victor Hehn, que verdadeiramente também foi um deles? O que ele diz culmina na seguinte afirmação: "que o italiano, na escala ascendente que vai dos tipos mais baixos até os organismos cada vez mais nobres, assume uma posição superior, representando uma formação humana mais espiritual, mais ricamente mediada, do que, por exemplo, o inglês".* (Com esse juízo, Hehn, tanto quanto os germanófilos com o juízo contrário, naturalmente não expressa um conhecimento objetivo.)

---

* Victor Hehn, *Italien. Ansichten und Streiflichter*. São Petersburgo: Schmitzdorff, 1867, p.92. (N. T.)

Ou quem haveria de refutar-me se eu colocar um negro numa posição superior à dos habitantes brancos dos Estados Unidos? Seria de fato uma refutação se me confrontassem com a cultura material altamente desenvolvida dos *yankees* como sua realização? Nesse caso, teriam de me "provar" ainda que essa cultura norte-americana é mais valiosa do que a não cultura dos negros etc.

Porém, uma análise científica do problema da valoração das raças teria ainda outras tarefas. Ela teria de demonstrar, em segundo lugar, como variam, no decorrer do tempo, os critérios de valor e, ao realizar essa análise histórica, forçosamente chegaria à seguinte constatação relativa ao último século: há uma linha de desenvolvimento, como expressou certa vez um homem espirituoso,* que vai da humanidade à bestialidade passando pela nacionalidade, mas desse caminho se ramifica — pouco antes do abismo que desce até a bestialidade — outra concepção, cujo lema talvez possa ser cunhado da seguinte maneira: da humanidade (que, aliás, nesse caso não é pensada como ideia reguladora do caráter humano, mas meramente como equiparação de todos os seres humanos posta no papel), pela nacionalidade (e glorificação da raça), à especialidade (ou qualidade), ou seja, à valoração do ser humano desconsiderando seu pertencimento tribal baseado na constituição da sua espécie por consanguinidade. Estamos justamente presenciando a nova formação do conceito de raça e o que se entende por ele não é mais um fato da história do desenvolvimento, mas uma exigência ideal.

O que se pretende, ao deixar gradativamente de lado a valoração coletiva de raças e povos inteiros como ideal demasiado plebeu, não é retornar à concepção ainda mais plebeia da equivalência de tudo que é dotado de face humana, mas avançar para a seguinte concepção "superior" (!): o sangue de fato torna o ser humano valioso, mas é indiferente se se trata de sangue germânico, sangue judeu ou sangue negro. O ser humano deve ser "de raça" e, de acordo com essa visão, uma judia de raça vale mais do que uma germana miscigenada e frouxa e vice-versa.

---

* Referência ao dramaturgo austríaco Franz Grillparzer (1791-1872). (N. T.)

Por fim, num tratado científico sobre a valoração de grupos populacionais inteiros seria possível, ainda, apontar para o fato de haver quem considere as raças e os povos, de modo geral, como uma Hécuba; são os que valoram apenas o ser humano individual e opinam que todas as massas, quer se trate de raças ou de qualquer outra coisa, estão repletas de enchimento sem valor, em meio ao qual se encontra aqui e ali um ser humano valioso, um ser humano nobre. É quem há muito já deixou de subdividir os seres humanos verticalmente e que com uma linha horizontal distingue entre "seres humanos" e outros, e que naturalmente encontra, "acima da linha", com a mesma frequência (ou a mesma raridade) tanto judeus quanto cristãos, tanto esquimós quanto negros (pois não se poderá negar que, em *todo* grupo humano, encontram-se também "seres humanos": atrás de que germano ou judeu de alta classe se situaria, por exemplo, o negro Booker Washington ou tantos outros representantes altamente qualificados em termos espirituais, artísticos e morais dessa raça que se costuma valorar como escória?).

É evidente que este último tipo de valoração faz a apreciação de determinado grupo populacional depender totalmente da experiência pessoal de vida. A certeza com que muitos de nós, seres humanos modernos, chegamos sem querer a uma alta valoração justamente dos judeus foi declarada de forma definitiva pelas palavras clássicas do nosso amado Fontane, nos seguintes versos:

No meu septuagésimo quinto aniversário
[...]
Porém, os que para o dia do jubileu chegaram
foram outros nomes bem diferentes,
também *"sans peur et reproche"*, sem medo e sem censura,
mas quase já de nobreza pré-histórica:
nem se tente contar os que rimam com "berg" e "heim",
eles acorrem em grandes massas,
em batalhões vêm os Meyer,
e também os Pollack, que moram ainda mais para o leste;
Abraão, Isaac, Israel,

todos os patriarcas aí estão,
gentilmente me colocam à sua vanguarda,
que me importam ainda os Itzenplitz!*
Para cada um fui alguma coisa,
todos eles leram meus textos,
todos já me conheciam há tempos,
e isso é o mais importante – "venha, sr. Cohn!".**

Uma investigação científica sobre o problema da valoração das raças deveria também – digo eu – levar em consideração essa variante dos juízos de valor e, assim, exporia de modo especialmente drástico o caráter sumamente pessoal de tais juízos. Exporia seu caráter sumamente pessoal e, por essa razão, "não científico". Mas o meu livro pretende ser científico e, por essa razão, ele não contém juízos de valor. A opinião do autor, de resto, não interessa ao vasto mundo, mas apenas aos seus amigos. E estes já a conhecem.

Werner Sombart

---

* Membros da mais antiga linhagem da nobreza prussiana. (N. T.)
** Theodor Fontane, *Gedichte*. Ed. Joachim Krueger e Anita Golz. 2.ed. Berlim: Aufbau, 1995. v.2, p.466-467. Cf. também Carola Stern, *Kommen Sie, Cohn!*. Köln: Kippenheuer & Witsch, 2006. (N. T.)

Seção I
A participação dos judeus na construção da economia nacional moderna

Capítulo I
Métodos de apuração – tipo e dimensão da participação

Para constatar a participação que um grupo populacional tem numa determinada facticidade econômica, temos à disposição dois métodos que poderíamos chamar de estatístico e genético.

Mediante o método estatístico, como já diz o nome, seria possível apurar a quantidade de sujeitos econômicos que, de modo geral, participam de uma atividade econômica, como o comércio com determinado país, que dá origem a certo gênero de indústria numa determinada época. Feito isso, deve-se, então, calcular a porcentagem desses sujeitos composta pelos membros do grupo populacional investigado. Sem dúvida, esse método tem grandes vantagens. É possível obter uma noção clara da importância, digamos, dos estrangeiros ou dos judeus para o desenvolvimento de um ramo comercial se consigo constatar, com base em cifras, que 50% ou 75% das pessoas participantes são de determinado tipo. Principalmente se a estatística tiver como referência outros fatos economicamente relevantes, além da pessoa do sujeito econômico: a magnitude do capital investido em publicidade, a quantidade dos bens produzidos, o volume das vendas de mercadorias etc. Em consequência, o recurso ao método estatístico em investigações como a que fazemos aqui é bem-vindo e vantajoso. Porém, logo se verá que a tarefa não poderá ser resolvida a contento apenas com ele. Em primeiro lugar, porque a melhor estatística ainda não diz tudo; com frequência, nem mesmo diz o mais importante: do que se indaga em nosso caso. Ele permanece mudo diante do problema do efeito dinamizador que pode ser exercido na vida econômica (assim como em toda parte em que se realiza alguma obra humana) por algumas individualidades vigorosas, cuja influência vai muito além do âmbito de sua esfera imediata de ação, cuja participação no curso de um determinado desenvolvimento, por isso mesmo, é, naturalmente, desproporcionalmente bem maior do que expressa a sua participação numérica no grupo profissional e suas manifestações vitais. Se o procedimento comercial de uma casa bancária se tornar determinante para dez outras e acabar cunhando o procedimento comercial geral de uma época e de um país, evidentemente não há como reproduzir esse efeito e, por conseguinte, a participação dessa casa bancária norteadora no desenvolvimento do sistema bancário apenas mediante uma constatação numérica, por mais exata que seja. Portanto, o método estatístico teria de ser complementado, em todos os casos, por outros métodos de investigação.

Porém, há outra deficiência do método estatístico que talvez se torne ainda mais perceptível do que a recém aludida: na grande maioria dos casos, ele nem mesmo pode ser aplicado em razão da insuficiência do material quantitativo disponível. Trata-se de circunstâncias especialmente felizes quando nos foram legados, em relação ao passado, dados numéricos exatos sobre a quantidade de pessoas que participaram de uma indústria, de um ramo comercial, sobre o volume de vendas etc., com a relação percentual exata dos diversos grupos populacionais – em nosso caso, portanto, da participação numérica dos judeus. Para o presente e o futuro, talvez fosse possível – em condições especialmente favoráveis – conseguir um volume maior de constatações estatísticas do tipo em questão. A respeito de algumas delas se falará no decorrer deste trabalho, mas é preciso manter-se ciente das ingentes dificuldades com as quais se depara a execução de tais investigações. Os censos profissionais e industriais gerais nos abandonam totalmente nessa tarefa. No caso mais favorável, é possível extrair deles a participação das confissões nos diversos ramos da atividade econômica. Isso, porém, de pouco nos serve: em primeiro lugar, como já foi ressaltado, as meras cifras pessoais sem os dados sobre a magnitude do capital ou sobre a capacidade de produção ou venda que elas representam não são suficientes; em segundo lugar, nesse procedimento, escapam à apuração todas as pessoas que trocaram de confissão, mas que ainda assim deveriam ser associadas ao grupo populacional em exame. Caso se queira chegar a resultados relativamente confiáveis, essas constatações quantitativas deverão ser feitas monograficamente mediante utilização comparativa de diversas fontes (principalmente guias comerciais e industriais, livros de endereços do comércio e da indústria, rolos fiscais das comunidades judaicas etc.) por pessoas que disponham de um conhecimento exato do ramo em questão e, principalmente, de um conhecimento exato das pessoas. Entrego-me à esperança de que meu livro servirá de estímulo para empreender em maior escala tais investigações (que, além de tudo, ainda demandam consideráveis recursos financeiros). No momento, porém, não possuímos – além da enquete planejada pelo senhor Sigmund Mayr em Viena – nenhum trabalho aproveitável do tipo visado, e um livro como este não poderia ser escrito se houvesse apenas o método estatístico para constatar a participação dos judeus em nossa vida econômica. Porém, como já mencionei, dispomos ainda de outro método, o genético, que, inclusive, não aparece apenas como tapa-buracos, mas apresenta, ele próprio, grandes vantagens em relação ao método estatístico, de modo que pode ser posto ao lado deste como equivalente.

Esse método genético pode ser mais ou menos caracterizado da seguinte maneira: o que queremos apurar é, antes de tudo, em que medida um grupo populacional (os judeus) se torna (ou se tornou) determinante para a marcha e o rumo, a essência e o gênero da vida econômica moderna, ou seja, algo como o seu significado qualitativo, ou como o denominei há pouco, o seu significado dinâmico. O melhor modo de fazer isso é analisando se determinados traços que distinguem de modo especial a nossa vida econômica receberam seu primeiro cunho decisivo, por exemplo, dos judeus: seja porque certas configurações exteriores de natureza local ou organizacional podem ser derivadas de sua atividade, seja porque princípios comerciais que evoluíram à condição de máximas econômicas sustentadoras da nossa vida econômica se originaram do espírito especificamente judeu. A aplicação desse método exige, como se pode ver, que na busca pelas séries do desenvolvimento econômico se retroceda de qualquer maneira até os seus primórdios, o que força nossa análise, portanto, a voltar-se para a infância do capitalismo moderno ou pelo menos àquele tempo em que ele recebeu pela primeira vez o seu cunho atual. Tal definição de modo algum permite que nos detenhamos naquela época juvenil, mas demanda nossa atenção também no acompanhamento do processo de maturação do sistema capitalista, até porque a afluência constante de "material novo e mais recente" ocorre durante todo esse tempo até chegar ao presente, e muitas vezes as peculiaridades essenciais só se imprimem nos sistemas econômicos numa idade já mais avançada. O que se necessita é perceber sempre só o instante em que o novo se faz sentir pela primeira vez e examinar quem foi que, nesse justo instante decisivo, desempenhou o papel principal no ramo específico da vida econômica que faz surgir o novo rebento.

É preciso constatar quem desempenhou o papel decisivo. Embora nesse processo muitas vezes seja difícil, quando não impossível, fazer uma constatação exata e indiscutível, nesse ponto, como na maioria dos casos, o tato científico tem de acertar o alvo. Aliás, é óbvio que as personalidades que introduzem criativamente uma instituição ou uma ideia-chave na vida econômica de modo algum são sempre os seus "inventores" no sentido estrito. Frequentemente se afirmou que os judeus não seriam propriamente dotados de cérebros inventivos e que não só no âmbito técnico, mas também na esfera econômica, as novas "invenções" foram feitas por não judeus e que estes só souberam se valer habilmente das ideias dos outros. Não considero correta essa tese em sua generalidade: também nas coisas técnicas e, com toda certeza, nas econômicas deparamo-nos com "inventores" judeus no sentido estrito e próprio (como comprovarão estas investigações em diversos casos). Porém, mesmo que essa tese estivesse cabalmente correta, ela ainda não provaria nada contra a suposição de que, por exemplo, os judeus imprimiram a determinadas partes da vida econômica o seu cunho peculiar, visto que, no mundo econômico, o que importa não é tanto a invenção, mas muito mais a "exploração" da invenção. Isso quer dizer, portanto, que o que importa é a capacidade de conceder vida a uma ideia, ancorar alguma nova ideia no chão da realidade; o que decide sobre a marcha e o rumo do desenvolvimento econômico não é se algum cérebro engenhoso ponderou em sua preciosa mente a possibilidade teórica, digamos, do negócio da amortização, mas isto: se havia ali as pessoas que tiveram o interesse e a capacidade de popularizar essa nova forma de negócio.

* * *

Antes de partir para a tentativa de constatar a participação mesma que os judeus tiveram na construção da nossa vida econômica moderna, gostaria de abordar com poucas palavras mais uma questão: até que ponto a exposição pode ser bem-sucedida em expressar a magnitude da participação real quando forem aplicados conjuntamente, da forma mais favorável possível, os dois métodos à disposição da investigação – o estatístico e o genético.

Nesse tocante, não poderá haver dúvida de que a importância dos judeus para o desenvolvimento da economia moderna parecerá maior do que é na realidade pelo fato de todos os fenômenos serem analisados sob *um só ponto de vista*: como os judeus participaram da sua vitalização? Esse efeito de superestimar a importância de *um só* fator num resultado global complexo sempre deverá ser obtido (e almejado) quando se submete esse fator *único* a uma análise isolada. Caso se escrevesse a história da técnica moderna e sua influência sobre a marcha da vida econômica, tudo pareceria tecnicamente condicionado, assim como tudo pareceria condicionado pela organização estatal caso se quisesse expor unilateralmente a importância do Estado moderno para a gênese do capitalismo. Isso é algo óbvio, mas precisa ser ressaltado expressamente, para que eu consiga, de antemão, anular a eficácia da acusação de que eu teria superestimado a influência dos judeus sobre o curso da nossa vida econômica. Naturalmente milhares de outras circunstâncias contribuíram na mesma medida para que a nossa economia nacional assumisse a forma que tem hoje. Sem a descoberta da América e seus tesouros de prata, sem as invenções da técnica moderna, sem as peculiaridades étnicas das nações europeias e seus destinos históricos, o capitalismo moderno seria tão impossível quanto sem a incidência dos judeus. A influência dos judeus compõe *um* capítulo do grande livro da história e será apreciado também por mim dentro do contexto maior na posição devida à sua importância parcial, no qual ela aparecerá na proporção certa ao lado de outros fatores determinantes – farei isso na nova exposição genética do capitalismo moderno que espero poder oferecer num prazo não muito distante. Não é possível fazer isso aqui e, por essa razão, facilmente pode haver (no caso do leitor não habituado) um deslocamento da imagem real a favor de um dos fatores. A advertência aqui proferida, assim espero, não deixará de ter o seu efeito (subjetivo) e acarretará, ao lado de outro fator (objetivo), um dimensionamento aproximadamente correto. O segundo fator que tenho em mente é este: em contrapartida, a influência dos judeus sobre o curso da nossa vida econômica é, sem dúvida, muito maior do que aparece na exposição histórica.

Isso ocorre por uma razão muito simples: porque essa influência, de modo geral, é constatável apenas em parte, sendo que a outra parte (talvez a maior, em todo caso, considerável) escapa de todo ao nosso conhecimento. Seja, primeiramente, por causa da ciência insuficiente dos processos objetivos. Já foi ressaltado o quanto essa ciência deixa a desejar no aspecto estatístico. Porém, também num modo de análise puramente dinâmico-genético: quem, hoje, ainda sabe algo exato sobre as pessoas ou sobre grupos de pessoas que fundaram esta ou aquela indústria, que desenvolveram este ou aquele ramo comercial, que sustentaram pela primeira vez este ou aquele princípio comercial? Na minha opinião, todavia, é possível obter ainda mais conhecimento sobre essas coisas do que hoje possuímos, nem duvido que hoje já possuímos mais conhecimento sobre elas do que estou ciente e, em consequência, isso pode se refletir na minha exposição. Portanto, nesse caso, à insuficiência objetiva (dada pelas circunstâncias) do nosso saber soma-se, ainda, uma deficiência subjetiva (fundada na insuficiência do relator) do saber sobre a realidade que faz que apenas uma parte (talvez bem pequena) do conjunto de fatos a serem conhecidos seja relatada ao leitor deste livro. De qualquer maneira, ele não poderá deixar de estar bem ciente de que aquilo que sei dizer sobre os judeus e sua parcela de participação na construção da economia nacional moderna sempre será apenas a mínima parte da realidade e ademais, que, por outra razão além dessa, essa mínima parte fica ainda mais reduzida quando posta em relação com a totalidade do decurso factual. Por isso mesmo, no âmbito do saber sobre o surgimento da nossa economia nacional, que, como vimos, é extremamente lacunoso no que se refere a constatações referentes a pessoas, nosso grau de informação ainda é especialmente insuficiente quanto à questão se as pessoas, cuja influência conseguimos comprovar num caso favorável, inclusive quando somos capazes de nominá-las e constatar com exatidão as suas informações pessoais, foram judeus ou não.

"Judeus" – quer dizer, portanto, integrantes do povo que confessa a fé mosaica. (Nessa determinação conceitual, evito propositalmente qualquer direcionamento para alguma particularidade em termos de sangue, que – por enquanto – queremos deixar de lado como duvidosa ou inessencial.) Nem preciso dizer que, nessa maneira de apreender o conceito de judeu (apesar da exclusão de todas as características raciais da determinação conceitual), permanece judeu também aquele que deixa a comunhão religiosa judaica. E que seus descendentes permanecem judeus até onde alcançar a memória histórica. (No decorrer desta exposição, ainda me manifestarei sobre a razão de ser dessa concepção.)

No esforço por constatar a participação dos judeus na vida econômica, aparece ininterruptamente um obstáculo incômodo: reiteradamente aparecem pessoas judias como cristãs, só porque elas ou seus antepassados alguma vez foram batizados. Eu já disse que essa dissimulação do fator se torna especialmente perceptível na aplicação do método estatístico, visto que, estatisticamente, só o que se capta é a confissão. Porém, também no caso do outro método, sentimos que não é boa coisa quando o *status* real de uma pessoa permanece oculto porque foi trocado o manto religioso.

Porém, devemos aceitar como certo que não foi pequeno o número de judeus que, em todos os tempos, abandonou a sua crença. Em séculos passados, foram precipuamente os batismos forçados que os levaram da fé judaica para a fé cristã. Ouvimos falar deles desde os primórdios da Idade Média: na Itália, durante os séculos VII e VIII, assim como na Espanha em torno da mesma época e no Império Merovíngio; deparamo-nos com eles, no entanto, no decurso de todos os séculos posteriores entre todos os povos cristãos até na época mais recente. Praticamente até na época em que entra em cena a mudança voluntária de religião como fenômeno de massa. Isso se deu, sobretudo, no último terço do século XIX. E é só para as últimas décadas que dispomos de estatísticas confiáveis, ao passo que para os períodos anteriores foram transmitidas notícias muitas vezes bastante inverossímeis. Assim, não me parece ser muito provável, por exemplo, o que Jakob Fromer relata, a saber, que em torno da segunda década do século XIX cerca de metade dos judeus de Berlim teria se convertido ao cristianismo.[1] Tampouco se conseguiria evidenciar como correta a afirmação que teria sido feita recentemente, numa reunião da Federação Central de Cidadãos Alemães de Fé Judaica, pelo palestrante da noite, o rabino dr. Werner München (segundo relatos de jornal): em Berlim, teriam sido batizados, até agora, 120 mil judeus. As cifras de que dispomos da época das constatações estatísticas confiáveis desmentem isso. Segundo elas, um movimento mais intenso de saída só começa na década de 1890: no entanto, em nenhum ano a porcentagem dos que deixaram a comunidade judaica foi além de 1,28% (esse nível máximo é atingido no ano de 1905), ao passo que a média perfaz algo em torno de 1% (desde 1895). Mesmo assim, as pessoas que deixaram a comunidade religiosa judaica em Berlim constituem uma considerável multidão que anualmente soma centenas de pessoas e, desde 1873 (até 1906), perfaz exatamente 1869.[2]

Mais intenso é o movimento de saída entre os judeus da Áustria, principalmente de Viena. Atualmente, 5 a 600 pessoas deixam a comunidade religiosa judaica em Viena todo ano, e nos 36 anos de 1868 a 1903 foram, ao todo, 9085 pessoas. A quantidade de saídas cresce rapidamente. Na média dos anos de 1868 a 1879 houve, anualmente, 1 batismo para cada 1200 judeus; no período de 1880 a 1889, 1 para cada 420 a 430; de 1890 a 1903, já subiu para 1 para cada 260 a 270.[3]

Porém, não são apenas os judeus batizados que nos escapam quando vamos apurar a participação desse povo na vida econômica! Há, ainda, diversos outros grupos de judeus cuja atividade é difícil ou impossível de comprovar.

Nem mesmo estou pensando em toda a *parcela feminina do povo judeu* que ingressa em famílias cristãs pelo casamento; nestas, essas mulheres naturalmente desaparecem de uma vez por todas nominalmente como judias,

---

[1] J. Fromer, *Das Wesen des Judentums*, 1905, p.144 (fonte não citada).
[2] *Zeitschrift für Demographic und Statistik der Juden* (*ZDSJ*), v.3, p.140, 145.
[3] J. Thon, Taufbewegung der Juden in Österreich, *ZDSJ*, v.4, p.6.

sem, no entanto, ao que tudo indica (disso só poderemos tratar mais adiante), renunciar à sua essencialidade (e, desse modo, naturalmente, continuar a difundir a peculiaridade judaica). Antes, penso, em primeiro lugar, no grupo dos *criptojudeus*, extraordinariamente significativo na história, com o qual nos deparamos (sobre o que também ainda faremos um relato mais preciso) em todos os séculos e que, em várias épocas, constituíram parcelas bastante consideráveis da população judaica. Porém, esses criptojudeus sabiam se comportar de modo tão primoroso como não judeus que, na opinião das pessoas, eram, de fato, tidos como cristãos (ou maometanos). A respeito dos judeus de origem luso-hispânica no sul da França durante os séculos XV e XVI (e posteriormente), ficamos sabendo, por exemplo – mas de modo similar viviam todos os marranos na península dos Pireneus e fora dela –, o seguinte:

> Ils obéissaient à toutes les pratiques extérieures de la réligion catholique; leurs naissances, leurs mariages, leurs décès étaient inscrits sur les registres de l'Église, qui leur octroyait les sacréments chrétiens du baptême, du mariage et de l'extréme-onction. Plusieurs même entrèrent dans les ordres et devinrent prêtres.[4]

Não é de se admirar, portanto, que, em todos os relatórios sobre empreendimentos comerciais, fundações de indústrias etc. eles não apareçam como judeus e que alguns historiadores ainda hoje entoem loas à influência benéfica dos imigrantes "espanhóis" ou "portugueses". Os pseudocristãos sabiam dissimular tão bem a sua verdadeira etnia que hoje os especialistas no campo de investigação judaísta travam debates sobre se a origem de determinada família é judaica ou não.[5] A incerteza naturalmente é especialmente grande quando os criptojudeus assumiram nomes cristãos. Os judeus devem ter sido especialmente numerosos entre os refugiados

---

4 T. Malvezin, *Histoire des Juifs à Bordeaux*, p.105. ["Eles obedeciam a todas as práticas exteriores da religião católica; seus nascimentos, matrimônios e falecimentos eram inscritos nos livros de registro da Igreja, que lhes concedia os sacramentos cristãos do batismo, do matrimônio e da extrema-unção. Muitos até mesmo ingressaram nas ordens e se tornaram padres." – N. T.]
5 Por exemplo: L. Wolf, Jessurun Family, *Jewish Quarterly Review*, 1889, v.1, 439 p.

protestantes no século XVII, como podemos deduzir de razões gerais, e também a partir do grande número de nomes judeus com que nos deparamos entre os huguenotes.[6]

Por fim, escapam à constatação todos os judeus que de fato estavam ativos na vida econômica na época anterior à revolução de março de 1848, mas que não eram oficialmente conhecidos porque a lei proibia o exercício de suas profissões. Eles tinham de apelar para um testa de ferro, buscar a proteção dos judeus privilegiados ou valer-se de qualquer outro estratagema para poderem desenvolver sua atividade no interstício das leis. De acordo com excelentes conhecedores do assunto, em alguns lugares, essa parcela da população judaica que florescia ocultamente deve ter sido considerável. Assim, por exemplo, em Viena, na década de 1840, o número de judeus "segundo estimativa moderada" já teria chegado a 12 mil: já naquela época, todo o comércio atacadista de têxteis se encontrava em suas mãos; áreas inteiras do centro da cidade eram ocupadas apenas por estabelecimentos judeus. Não obstante, o Plano Comercial oficial de 1845 enumera apenas 63 judeus que, na condição de "comerciantes judeus tolerados", são listados no anexo com restrição a determinados artigos.[7]

Basta – o que me interessava aqui era o seguinte: mostrar que, por diversas razões, o número de judeus de que temos informação é menor do que o dos que realmente estavam ou estão aí. De modo que – era isso que deveria ser trazido ao consciente do leitor –, também por essa razão, a participação dos judeus na construção da nossa economia nacional parecerá menor do que é na realidade. Então, finalmente tentaremos descrever essa parcela de participação propriamente dita.

---

6 Ver, por exemplo, C. Weiß, *Histoire des réfugiés protestantes en France*, 1853, v.1, p.164, 377, 379, 383; v.2, p.5.

7 S. Mayer, *Die ökonomische Entwicklung der Wiener Juden*, p.7.

Capítulo II
O deslocamento do centro econômico a partir do século XVI

Um fato de importância decisiva para o curso do desenvolvimento econômico moderno é a transferência do peso principal das relações econômicas mundiais, assim como do centro de energia econômico, da esfera de influência das nações do sul da Europa (italianos, espanhóis, portugueses, aos quais se anexaram algumas regiões do sul da Alemanha) para os povos do norte da Europa: primeiro para os (belgas e) holandeses, depois para os franceses, ingleses e alemães do norte. O acontecimento essencial foi o florescimento repentino da Holanda, que constituiu o estímulo para o desenvolvimento intensivo das energias econômicas principalmente da França e da Inglaterra: durante todo o século XVII, há para os teóricos e práticos das nações do noroeste da Europa um só objetivo: seguir o exemplo da Holanda no comércio, na indústria, na navegação e na possessão colonial.

Para explicar esse fato conhecido, os "historiadores" alegaram razões bastante cômicas.

Assim, por exemplo, o descobrimento da América e do caminho marítimo para as Índias Orientais teria sido o responsável pela perda de importância econômica das cidades-Estado da Itália e do sul da Alemanha, da Espanha e de Portugal: isso teria reduzido a importância do comércio com o Levante e teria abalado, principalmente, a posição das cidades do sul da Alemanha e da Itália, que o protagonizavam. Trata-se de uma argumentação totalmente inconclusiva: em primeiro lugar, o comércio com o Levante afirmou, durante todo o século XVII e XVIII, a sua supremacia em relação ao comércio com quase todos os demais países: o florescimento, por exemplo, das cidades comerciais do sul da França, bem como do comércio de Hamburgo basearam-se, durante todo esse período, preponderantemente nesse comércio. Por outro lado, diversas cidades italianas, que acabaram perdendo poder no século XVII, ainda tiveram forte participação, durante todo o século XVI, apesar das rotas comerciais desertas, no comércio com o Levante (por exemplo, Veneza). Mas o que realmente não se entende é por que os povos que estiveram na liderança até o século XV, os italianos, espanhóis e portugueses, teriam sido prejudicados pelo desenvolvimento das novas relações comerciais com a América e a Ásia Oriental (pela via marítima), por que teriam sido – mesmo que minimamente – desfavorecidos por sua localização geográfica em relação aos franceses, ingleses, holandeses, hamburgueses? Como se o caminho de Gênova até a América ou as Índias Orientais não fosse o mesmo que o de Amsterdã, Londres ou Hamburgo até lá. Como se os portos portugueses e espanhóis não fossem os mais próximos das novas regiões acessíveis, as quais haviam sido descobertas por italianos e portugueses e ocupadas primeiro por espanhóis e portugueses.

Igualmente inconsistente se mostra a outra razão alegada para tornar plausível a transferência do centro econômico para os povos do noroeste da Europa: o poder estatal mais sólido, que lhes teria conferido a preponderância sobre os alemães e italianos fragmentados. Uma vez mais perguntamo-nos perplexos: a poderosa rainha do Adriático [Veneza] teria representado uma potência estatal menor – digamos, no século XVI – do que as sete províncias no século XVII? O império de Filipe II não sobrepujou em poder e renome todos os reinos do seu tempo? Perguntamo-nos perplexos por que algumas cidades individuais do império alemão fragmentado, como Frankfurt am Main, ou Hamburgo, atingiram, durante os séculos XVII e XVIII, um florescimento alcançado por apenas poucas cidades francesas ou inglesas?

Aqui não é o lugar para examinar a totalidade das causas do fenômeno em questão. Naturalmente, toda uma série de circunstâncias cooperou para acarretar o resultado final. O objetivo é, muito antes, em correspondência ao contexto no qual estamos tratando o problema, apontar para uma possibilidade de explicar o curioso fenômeno, que, a meu ver, merece ser considerado com toda seriedade e que curiosamente, pelo que vejo, ainda não ocorreu a ninguém. Naturalmente estou me referindo à possibilidade de estabelecer uma conexão entre o deslocamento do centro de gravidade econômico do sul para o norte da Europa (como queremos dizer sem muita exatidão em função da brevidade) com as migrações dos judeus. Basta ter essa ideia e já se espalha uma luz maravilhosa sobre os eventos daquela época que até agora nos pareceram totalmente obscuros. E ficamos admirados que até agora ninguém notou sequer o paralelismo exterior entre os movimentos locais do povo judeu e os destinos econômicos dos diversos povos e das diversas cidades. Israel passa pela Europa como o sol: aonde ele chega, brota nova vida; de onde ele sai, mofa tudo o que ali havia brotado. Uma breve memória das conhecidas vicissitudes às quais o povo judeu esteve exposto desde o final do século XV confirmará sem mais que essa observação é correta.

O primeiro grande evento da história mundial que deveria ser trazido à memória aqui em primeiro lugar e antes de todos os demais é a expulsão dos judeus da Espanha (1492) e de Portugal (1495 e 1497). Jamais deveria cair no esquecimento que, um dia antes de Colombo zarpar de Palos para, como se diz, descobrir a América (3 de agosto de 1492), 300 mil judeus emigraram da Espanha para Navarra, França, Portugal e o Oriente. E que nos anos em que Vasco da Gama encontrou o caminho marítimo para as Índias Orientais, outras regiões da península dos Pireneus expulsavam os seus judeus.

Não é possível captar com exatidão em termos numéricos os deslocamentos locais que os judeus experimentaram desde o final do século XV. As tentativas feitas nesse sentido acabam se atolando, em grande parte, em cifras conjecturais. A melhor investigação que conheço é a de Isidro Loeb, "Le nombre des juifs de Castille et d'Espagne au Moyen Âge" [A quantidade de judeus de Castela e da Espanha na Idade Média].[1] Mesmo

---

[1] Loeb, Le nombre des juifs de Castille et d'Espagne au Moyen Âge, *Revue des Études Juives (REJ)*, v.14, 1887, p.161 et seq.

que muitos dos números de Loeb também sejam estimados – geralmente a partir do contingente populacional dos judeus que hoje vivem nas diversas localidades –, quero compartilhar aqui os resultados de seu diligente trabalho. Segundo ele, viviam em 1492 na Espanha e em Portugal cerca de 235 mil judeus, aproximadamente o mesmo número de 200 anos antes; destes, 160 mil viviam em Castela, incluindo Andaluzia, Granada etc., 30 mil viviam em Navarra. O paradeiro desses judeus luso-espanhóis teria sido o seguinte: 50 mil foram batizados; 20 mil morreram na travessia; 165 mil emigraram. Estes últimos foram acolhidos por:

Turquia europeia e asiática	90.000
Egito e Trípolis	2.000
Argélia	10.000
Marrocos	20.000
França	3.000
Itália	9.000
Holanda, Hamburgo, Inglaterra, Escandinávia	25.000
América	5.000
Outros países	1.000

A título de complemento, adiciono, ainda, um dado numérico que encontrei no relato de um dos legados venezianos, que geralmente estavam muito bem informados: *"Si giudica in Castilia ed in altre province di Spagna il terzo esser Marrani un terzo dico di coloro che sono cittadini e mercanti perchè il populo minuto è vero cristiano, e così la maggior parte delli grandi"*.[2] Portanto, depois da expulsão oficial, *um terço da burguesia é de judeus!* De acordo com isso, seria bom acreditar (o que também, por outras razões, tem muita coisa a seu favor) que o esvaziamento da Espanha (e de Portugal) teria ocorrido preponderantemente só no decorrer do século XVI.

Um acaso curioso transferiu para os mesmos anos estes eventos igualmente memoráveis, cada um a seu modo: o desbravamento de novos

---

2 Vicenzo Querini apud Eugenio Alberi, *Relazioni degli ambasciatori veneti*, 1506, série I, tomo I, p.29. ["Se estima que, em Castela e em outras províncias da Espanha, *um terço é de marranos*, um terço, digo, daqueles que são cidadãos e comerciantes, porque o povo humilde é verdadeiramente cristão, e quase a maior parte dos graúdos." – N. T.]

continentes e uma das mais tremendas reestratificações do povo judeu. Porém, a expulsão pública dos judeus da península dos Pireneus não encerra de imediato a sua história nesse local. Em um primeiro momento, permanecem numerosos judeus como pseudocristãos (marranos), que só começariam a ser perdidos pelo país no decorrer do século seguinte em virtude da Inquisição, que, especialmente a partir de Filipe III, agiu com truculência crescente:[3] só durante o século XVI, principalmente no seu fim, grande parte dos judeus espanhóis e portugueses transfere-se para outros países. Nessa época, porém, também já se cumprira o destino da economia nacional luso-espanhola.

O século XV trouxe aos judeus a expulsão das principais cidades comerciais *alemãs*: Colônia (1424-1425), Augsburgo (1439-1440), Estrasburgo (1438), Erfurt (1458), Nuremberg (1498-1499), Ulm (1499), Regensburgo (1519).

No século XVI, o mesmo destino os alcançou em algumas cidades *italianas*: eles foram expulsos da Sicília em 1492, de Nápoles em 1540 e 1541, de Gênova em 1550 e, no mesmo ano, de Veneza. Também nesse caso o retrocesso econômico e a emigração dos judeus coincidem temporalmente.

Do mesmo modo, em contrapartida, o crescimento econômico – em parte totalmente repentino – das cidades e dos países para os quais se dirigiram principalmente os sefarditas data da época da chegada dos fugitivos judeus. Assim, uma das poucas cidades italianas que floresceram enormemente no século XVI, Livorno,[4] foi o destino da maioria dos judeus que fugiram para a Itália; na *Alemanha*, sobretudo Frankfurt am Main e Hamburgo, que acolheram numerosos judeus durante os séculos XVI e XVII.

---

3 Sobre o destino dos marranos em Portugal, ver M. Kayserling, *Geschichte der Juden in Portugal*, 1876, p.84 et seq., 167 et seq. Mais detalhes, principalmente sobre a época posterior, podem ser encontrados em J. H. Gottheil, The Jews and the Spanish Inquisition, *JQR*, v.15, 1903, p.182; e em E. N. Adler, Auto da Fé and Jew, *JQR*, v.13, v.14, v.15; recentemente (1907) ampliado na forma de um livro autônomo que contém muitos detalhes interessantes.

4 Compare, por exemplo, Sieveking, *Genueser Finanzwesen*, v.2, 1899, p.167, com Schudt, *Jüdische Merkwürdigkeiten*, v.1, 1714, p.128.

Para Frankfurt am Main rumaram, sobretudo, os judeus expulsos das demais cidades do sul da Alemanha durante os séculos XV e XVI. Porém, também da Holanda deve ter havido alguma afluência durante os séculos XVII e XVIII: o que leva a essa conclusão são as estreitas relações comerciais existentes entre Frankfurt e Amsterdã durante os séculos XVII e XVIII. Segundo as constatações de Friedrich Bothe,[5] o número de judeus cresce vinte vezes durante o século XVI; em 1612, esse número é de cerca de 2800; em 1709, são apuradas (segundo um censo oficial da população) 3019 cabeças entre o povo judeu (com um número de habitantes de cerca de 18 mil). Somos especialmente bem informados sobre a origem dos judeus de Frankfurt pela obra diligente de Alexander Dietz, *Stammbuch der Frankfurter Juden. Geschichtliche Mitteilungen über die Frankfurter jüdischen Familien von 1549-1849* [Genealogia dos judeus de Frankfurt. Comunicações históricas sobre as famílias judaicas de Frankfurt de 1549-1849], de 1907. Na maioria dos casos, Dietz conseguiu constatar o local a partir do qual a família migrou para Frankfurt. Infelizmente, nem sempre podemos deduzir daí com segurança a origem anterior: leste da Alemanha, Holanda, Espanha etc.[6]

Em Hamburgo, os primeiros refugiados judeus – primeiramente sob a máscara do catolicismo – se assentam em 1577 e 1583. Eles vieram aos poucos de Flandres, da Itália, da Holanda e diretamente da Espanha e de Portugal. Durante o século XVII, começa, então, a afluência dos judeus do leste (da Alemanha). Em 1663, havia em Hamburgo, segundo a descrição do conde Galeazzo Gualdo Priorato, 40 a 50 casas judaicas alemãs ao lado de 120 famílias luso-judaicas.[7]

---

5 F. Bothe, *Beiträge zur Wirtschafts und Sozialgeschichte der Reichsstadt Frankfurt*, 1906, p.70 et seq.

6 Quanto à época anterior (até 1590), ver K. Bücher, *Bevölkerung von Frankfurt a. M.*,1886, p.526-601.

7 *Zeitschrift für Hamburger Geschichte*, v.3, p.140 et seq. Sobre a fixação e a história mais antiga dos judeus em Hamburgo, Alfred Feilchenfeld fala em: Die älteste Geschichte der deutschen Juden in Hamburg, *Monatsschrift für Geschichte und Wissenschaft des Judentums*, 1889, v.43. Veja também a edição independente de Max Grunwald, *Portugiesengräber auf deutscher Erde*; id., *Hamburgs deutsche Juden*, 1904.

A partir do final do século XVII, o número de judeus em Hamburgo cresce rapidamente. Em meados do século XVIII, já se constata uma "espantosa quantidade de judeus", que é estimada (naturalmente com exagero) em 20 mil a 30 mil.[8]

E um fato curioso: quando alguém viajava pela Alemanha do século XVIII de olhos abertos, encontrava todas as ex-cidades comerciais (imperiais) em decadência: Ulm, Nuremberg, Augsburgo, Mainz, Colônia, e podia dizer tão somente de duas cidades imperiais que elas preservavam o seu antigo esplendor e ainda o aumentam: Frankfurt am Main e Hamburgo.[9]

Na *França*, durante os séculos XVII e XVIII, as cidades especialmente florescentes de Marselha, Bordeaux, Rouen curiosamente são, uma vez mais, os reservados que acolhem refugiados judeus.[10]

---

8 C. L. Von Griesheim, *Die Stadt Hamburg*, 1760, p.47 et seq.

9 J. K. Riesbeck, *Briefe eines reisenden Franzosen über Deutschland an seinen Bruder in Paris*, 1780. Excertos em H. Scheube, *Aus den Tagen unserer Großväter*, 1873, p.382 et seq.

10 Estamos especialmente bem informados sobre a *história dos judeus em Bordeaux* pela excelente obra de Théophile Malvezin, *Histoire des Juifs à Bordeaux*; ela é de valor inestimável por causa da grande quantidade de material factual instrutivo que possui (também do ponto de vista econômico). Sobre os destinos dos judeus de *Marselha*, há alguns dados em Weyl, *Les juifs protégés français aux échelles du Levant et en Barbarie*, *Revue de Études Juives*, v.12. Sobre os judeus de *Rouen*, ver Gosselin, *Documents authentiques et inédits pour servir a l'histoire de la marine normande et du commerce rouennais pendant les XVI et XVII siècles*. Pigeonneau, que cita esse livro (*Histoire du commerce*, v.2, p.123), naturalmente fala só de "*Espagnols et Portugais naturalisés*" [espanhóis e portugueses naturalizados]. Cf. também M. Maignial, *La Question juive en France en 1789*. Esse livro igualmente merece destaque como uma contribuição especialmente valiosa à literatura judaísta. Ele está baseado em amplo conhecimento das fontes e foi escrito com ponderação e sensatez. O autor não só faz um bom relato da questão judaica na França, na época da Revolução, mas também informa sobre a evolução da questão judaica até 1789, com numerosas explanações que proporcionam aportes valiosos para a apreciação do problema de modo geral. Em *Paris*, o número de judeus até o século XIX, pelo visto, não foi muito grande, embora também ali, já bem cedo, desempenhem um papel importante (como ainda veremos). Um relato monográfico exato sobre os destinos dos judeus em Paris durante o século XVIII é oferecido pelos livros de Léon Kahn, *Les juifs à Paris depuis le VI. Siècle*, 1889; id., *Les juifs sous Louis XV*, 1892; id., *Les juifs à Paris au XVIII. Siècle*, 1894. Só que não encontramos neles (como ocorre tantas vezes

É sabido que, no final do século XVI, o desenvolvimento da economia nacional da *Holanda* entra em linha ascendente (no sentido capitalista) com uma arrancada repentina. Os primeiros marranos portugueses se fixam em Amsterdã em 1593 e logo recebem reforço. Em 1598, já é inaugurada a primeira sinagoga em Amsterdã. Em meados do século XVII, já há numerosas comunidades judaicas em várias cidades holandesas. No início do século XVIII, o número de "Huisgezinnen" [famílias] só em Amsterdã é estimado em 2400.[11] A influência espiritual já é proeminente em meados do século XVII: os especialistas em direito estatal e os filósofos do Estado falam do Estado dos antigos hebreus como sendo um Estado modelo, segundo o qual deveria ser formulada a constituição holandesa.[12] Os próprios judeus chamam Amsterdã naquela época de sua nova e grande Jerusalém.[13]

Os sefarditas haviam imigrado para a Holanda em parte diretamente, em parte vindos das regiões dos Países Baixos que permaneceram espanholas, sobretudo da *Antuérpia*, para onde haviam se dirigido durante as últimas décadas do século XV e após a sua expulsão da Espanha e de Portugal. Os *placards* [cartazes] de 1532 e 1549 proíbem a permanência dos pseudo-cristãos na Antuérpia, mas sem êxito. Em 1550, a proibição é renovada, mas atinge apenas aqueles que estão há menos de seis anos no local. Essa proibição também é ignorada: *"les israélites clandestins se multipliaient de jours en jours"* [os israelitas clandestinos se multiplicam dia após dia]. Eles têm participação ativa na luta de libertação dos Países Baixos, cujo decurso os

---

nesse tipo de literatura) exatamente aquilo que gostaríamos de saber. Há muito material sobre a história dos judeus na França na *Revue des Études Juives* [REJ], a partir de 1880. Falta uma síntese desse material.

11 A *história dos judeus na Holanda* foi contada por H. J. Koenen em *Geschiedenes der Joden in Nederland*, 1843. Essa obra ainda não foi superada como exposição geral dessa história. Muito material novo se encontra nas revistas judaístas da Holanda. Escritos autônomos a serem mencionados são os seguintes:
M. Henriquez Pimentel, *Geschiedkundige aanteekeningen betreffende de Portugsche Israeliten in den Haag*, 1876; S. Back, *Die Entstehungsgeschichte der portugiesischen Gemeinde in Amsterdam*, 1883, v.anexo; E. Italie, *Geschiedenis van de israëlitischen gemeente te Rotterdam*, 1907.

12 L. Von Ranke, *Französische Geschichte*, 3.ed., v.3, p.350.

13 J. J. Schudt, *Jüdische Merkwürdigkeiten*, v.I, 1714, p.271; cf. p.277 et seq.

leva, então, a migrar gradativamente para as províncias ao norte.[14] Ora, uma vez mais a breve florescência da Antuérpia como centro do comércio mundial e como bolsa mundial cai miraculosamente justo nessa época, entre a chegada e a partida dos marranos.[15]

Por fim, também na *Inglaterra* parece que o assim chamado crescimento econômico, ou seja, a maturação do sistema capitalista,[16] corre paralelamente à afluência de elementos judaicos, principalmente de origem luso-espanhola.[17]

Antigamente se supunha que na Inglaterra não teria havido judeus no período que vai da sua expulsão sob Eduardo I (1290) até a sua readmissão (mais ou menos oficial) sob Cromwell (1654-1656). Hoje essa concepção não é mais compartilhada pelos melhores conhecedores da

---

14 Além da bibliografia citada na nota 4, cf. Eliakim Carmoly na *Revue Orientate*, v.1, 1841, p.42 et seq., 168 et seq., principalmente p.174 et seq.; e H. Graetz, *Geschichte der Juden*, v.9, p.292, 354 et seq., 490.

15 Ver principalmente L. Guiccardino, *Totius Belgii Descriptio*, 1652, p.129 et seq.; cf. R. Ehrenberg, *Zeitalter der Fugger*, v.2, 1896, p.3 et seq.

16 Ver, por exemplo, Macaulay, v.4, p.320 et seq., e Ehrenberg, *Zeitalter der Fugger*, v.2, p.303 et seq.

17 Há excelentes exposições sobre a história dos judeus na *Inglaterra*. A obra *Anglia Judaica, or the History and Antiquities of the Jews in England*, de D'Blossiers Tovey, de 1738, continua a ser uma mina de informações (a ser usada, é claro, com cautela). A pioneira entre as obras mais recentes da literatura judaísta foi a obra, primorosa para a sua época, de James Picciotto, *Sketches of Anglo-Jewish History*, de 1875. Infelizmente, o material rico (também em questões econômicas) nem sempre é "documentado com fontes". A história do retorno dos judeus à Inglaterra foi descrita com minúcias, preponderantemente do ponto de vista jurídico, por H. S. Q. Henriques, em seu livro intitulado *Return of the Jews to England*, de 1905. Bem recentemente foi publicada uma excelente exposição completa da história anglo-judaica, de autoria de Albert M. Hyamson, *A History of the Jews in England*, de 1908. Hyamson soube aproveitar com grande habilidade a pesquisa judaísta especializada das últimas décadas, extraordinariamente rica em conteúdo, e com base nela esboçou um quadro bem acabado da história dos judeus na Inglaterra. Os resultados dos estudos especializados são publicados principalmente na *Jewish Quarterly Review*, que é publicada desde 1889. Ao lado dessa revista de teor muito consistente, houve numerosas publicações em separado, às quais remeteremos no lugar apropriado. Sejam mencionadas com destaque, ainda, as publicações da *Anglo-Jewish Historical Exhibition*, de 1888 em diante.

história judaico-inglesa. Houve judeus em todos os séculos na Inglaterra, porém, no século XVI eles se tornaram numerosos. A era elisabetana já presenciou muitos deles. A própria Elizabeth tinha uma predileção por estudos hebraicos e convívio judaico. Seu médico foi Rodrigo Lopez: o judeu que serviu de inspiração a Shakespeare para dar forma a Shylock.[18]

Graças à intercessão de Manassés ben Israel, é sabido como os judeus foram readmitidos também publicamente na Inglaterra em meados da década de 1650 e como desde então se multiplicaram mais rapidamente por afluência (a partir do século XVIII também da Alemanha). Segundo o autor da *Anglia Judaica*, só no ano de 1738, 6 mil judeus estariam morando em Londres.[19]

* * *

Ora, naturalmente, a constatação de que as migrações dos judeus e o destino econômico dos povos apresentam um movimento temporalmente paralelo ainda não constitui nenhuma prova de que seu êxodo tenha *provocado* o declínio econômico de um país e sua imigração, o crescimento econômico de outro. Supor isso significaria cometer uma grave falácia *"post hoc ergo propter hoc"* [depois disso, logo causado por isso].

Tampouco são suficientes para provar o referido nexo causal os pareceres de historiadores posteriores, embora a opinião deles, caso se chamem, por

---

18 Em relação ao período pré-cromwelliano, ver principalmente L. Wolf, "The Middle Age of Anglo-Jewish History 1290-1656", entre as publicações da *Anglo-Jewish Historical Exhibition*, n.1, p.53-79. É sintomático da posição dos judeus na Inglaterra já no final do século XV que um judeu pode iniciar um processo sem titubear e tem perspectiva de ganhá-lo. Sobre a predileção da rainha Elizabeth por estudos hebraicos e sua relação com judeus, ver ibid., p.65 et seq. No final do século XVI, já há judeus na Inglaterra atuando como empresários industriais (cf. *Calendar of State Papers, 1581-1590*, p.49 apud ibid., p.71). Depois do período de Elizabeth (1603-1656) deve ter havido grande número de judeus na Inglaterra. O panfleto intitulado *The Wandering Jew Telling Fortunes to Englishmen*, surgido em 1625 (apud ibid., p.72), diz: *"A store of Jews we have in England; a few in Court; many i' the city; more in the country"* [Temos um estoque de judeus na Inglaterra; alguns na corte; muitos na cidade; mais ainda no campo].

19 *Anglia Judaica*, p.302, *"as I have been well inform'd"* [como fui muito bem informado], escreve o autor.

exemplo, *Montesquieu*, também tenha o seu peso. Por essa razão, abstenho-me de apresentar testemunhos desse tipo.

Contudo, por piedade, gostaria de proteger do esquecimento as palavras de um homem totalmente desconhecido que, com notável clarividência, certamente foi o único até agora que identificou as conexões não tão translúcidas entre a expulsão dos judeus das cidades comerciais alemãs e seu declínio. Jos. F. Richter escreveu na década de 1840:

> De modo geral, é possível documentar que o comércio de Nuremberg atingiu o seu ponto de mutação exatamente na época de expulsão dos judeus, dado que, a partir daquela data, faltaram-lhe pelo menos a metade dos capitais requeridos, e a sensível decadência desse comércio a partir dali, que se costuma atribuir à descoberta do caminho marítimo para as Índias Orientais pelos portugueses, deve ser mais acertadamente posta na conta da subsequente ausência do ousado espírito especulativo dos judeus.[20]

Em contrapartida, merecem consideração constante, a meu ver, *os pareceres dos contemporâneos*, dos quais gostaria de compartilhar com o leitor alguns mais expressivos, porque eles muitas vezes com uma só palavra lançam sobre os eventos da sua época uma luz que nós, por outras vias, só conseguimos mediante penosos estudos.

Quando, no ano de 1550, o Senado de Veneza tomou a resolução de expulsar os marranos e proibir totalmente o comércio com eles, os comerciantes cristãos da cidade declararam que isso representaria a sua ruína, que, nesse caso, eles poderiam logo emigrar junto com eles, *porque viviam do comércio com os judeus*. Estes teriam em seu poder:

1. o comércio de lã espanhola;
2. o comércio de seda espanhola e carmesim, açúcar, pimenta, mercadorias coloniais indianas e pérolas;

---

20 Cf. sobre as antigas comunidades judaicas de Nuremberg a *Allgemeine Judenzeitung*, 1842, n.24. Cf. também o *8º Jahresbericht des Historische Vereins für Mittelfranken*; e M. Brann, Eine Sammlung Fürther Grabschriften, no *Gedenkbuch zur Erinnerung an David Kaufmann*.

3. grande parte do comércio exportador: os judeus entregavam as mercadorias aos venezianos em comissão *"acciochè gele vendiamo per lor conto guadagnando solamente le nostre solite provisione"** (!);
4. o comércio cambial.[21]

O favorecedor dos judeus na Inglaterra foi, como sabemos, *Cromwell*, e a principal razão de sua simpatia foi, como ficamos sabendo, sua atenção à economia nacional do país: ele acreditava necessitar das ricas casas comerciais judias para fazer florescer o comércio de mercadorias e dinheiro, mas também para conquistar amigos capazes para o governo.[22]

O mesmo grau de simpatia com os judeus foi demonstrado por *Colbert*, o grande estadista francês do século XVII. E acredito que é especialmente significativo o fato de esses dois, os maiores organizadores do Estado moderno, terem reconhecido a aptidão dos judeus para promover a economia nacional (capitalista) do país. Em uma disposição oficial, Colbert esclarece o intendente do Languedoc sobre a grande vantagem que a cidade de Marselha poderia tirar da habilidade comercial dos judeus.[23] Os habitantes das grandes cidades comerciais francesas, nas quais os judeus tinham algum papel, há muito já haviam percebido na própria pele essa vantagem e, por isso, davam a maior importância à permanência do povo judeu dentro dos muros de sua cidade. Várias vezes ouvimos, vindos especialmente dos círculos de habitantes de Bordeaux, juízos favoráveis sobre os judeus. Quando, no ano de 1675, um exército de mercenários assola Bordeaux,

---

* "Para que as vendamos por conta deles, ganhando somente as nossas provisões habituais." (N. T.)

21 Os documentos sumamente interessantes foram impressos por Kaufmann, Die Vertreibung der Marranen aus Venedig im Jahre 1550, *JQR*, v.13, 1901, p.520 et seq.

22 A. M. Hyamson, *History of the Jews in England*, 1908, p.174.

23 M. Bloch, *Les juifs et la prosperité publique à travers l'histoire*, 1899, p.11. A disposição oficial contém as seguintes palavras notáveis: *"Vous devez bien prendre garde que la jalousie du commerce portera toujours les marchands à être d'avis de les chasser"* [Vós deveis atentar para o fato de que a inveja do comércio sempre levará os comerciantes a ser da opinião que sejam banidos]. Em termos semelhantes, uma instrução é formulada ao governador da colônia. Ver o texto em Cahen, no segundo estudo citado na nota 31 do Capítulo IV.

numerosos judeus abastados fazem preparativos para deixar a cidade. Isso assusta o conselho comunitário e os jurados relatam atemorizados:

> *Les Portugais, qui tiennent des rues entières et font un commerce considérable, ont demandé leurs passeports. Les Portugais et étrangers, qui font les plus grandes affaires cherchent à se retirer d'ici: Gaspard Gonzalès et Alvarès ont quitté depuis peu, qui étaient des plus considerables parmi eux. Nous nous apercevons que le commerce cesse.*[24]

Alguns anos depois, o subintendente resume o seu parecer sobre a importância dos judeus para o Languedoc nas seguintes palavras: "Sem eles o comércio de Bordeaux e o da província infalivelmente se extinguiria (*perirait infailliblement*)".[25]

Vimos que, no século XVI, os refugiados luso-espanhóis afluíram de preferência a *Antuérpia*, a maior cidade comercial dos Países Baixos espanhóis. Quando, em meados daquele século, o imperador retirou-lhes os salvo-condutos já concedidos (por decreto de 17 de julho de 1549), o prefeito, os conselheiros municipais e o cônsul da cidade se dirigiram ao bispo de Arras com uma petição, na qual apontavam as dificuldades para dar cumprimento ao decreto. Os portugueses seriam grandes empreendedores, teriam trazido consideráveis riquezas de sua pátria e mantinham um vasto comércio. "Temos de ponderar", prosseguem eles, "que a Antuérpia só muito lentamente se tornou grande e levou um bom tempo até conseguir apossar-se do comércio. A ruína dessa cidade traria consigo ao mesmo tempo a ruína do país. Tudo isso deve ser levado em consideração na expulsão dos portugueses." O prefeito Nicolas van den Meeren ainda tomou outras medidas. Quando a rainha Maria da Hungria, regente dos Países Baixos, visitou Ruppelmonde, o prefeito foi até ela para defender a causa dos cristãos-novos. Ele justificou o comportamento do magistrado

---

24 Théophile Malvezin, *Histoire des Juifs à Bordeaux*, 1875, p.132. [Os portugueses, que têm ruas inteiras e fazem um comércio considerável, requereram seus passaportes. Os portugueses e estrangeiros, que fazem os maiores negócios, procuram se retirar daqui: os Gaspard Gonzales e Álvares saíram há pouco, eles que eram os mais consideráveis dentre todos. *Estamos percebendo que o comércio cessa.* – N. T.]

25 Ibid., p.175.

da Antuérpia que não podia publicar o decreto imperial, dizendo que este contrariava os mais caros interesses da cidade.[26]

Porém, esses esforços não foram bem-sucedidos; os judeus e os cristãos-novos da Antuérpia se dirigiram, como vimos, para Amsterdã.

Depois que a Antuérpia já havia perdido muito do seu antigo esplendor em virtude do êxodo dos judeus, percebeu-se, então, no século XVII, com toda nitidez, a importância que tinha o povo judeu como multiplicador do bem-estar. A comissão instituída em 1653 para examinar a questão se os judeus deveriam ser admitidos na Antuérpia pronunciou-se a respeito nos seguintes termos:

> *Et quant aux autres inconvénients que l'on pourrait craindre et appréhendre au regard de l'intérêt public, à savoir qu'ils attireront à eux tout le commerce, qu'ils commettront mille fraudes et tromperies, et que par leur usure ils mangeront les substances des bons sujets et catholiques,* il nous semble au contraire que *par le commerce qu'ils rendront plus grand* qu'il n'est à présent, le bénéfice sera commun à tout le pays *et que l'or et l'argent seront en plus grande abondance pour les besoins de l'Etat*.[27]

Os holandeses do século XVII, no entanto, viram com suficiente clareza o que haviam ganhado com os judeus. Quando Manassés ben Israel foi à Inglaterra em sua conhecida missão, o governo holandês suspeitou que poderia se tratar de trazer os judeus holandeses para a Inglaterra. Por isso, ele encarregou o seu legado na Inglaterra, Neuport, de perguntar a Manassés quais eram as intenções dele. Neuport presta um relatório (dezembro de 1655) tranquilizador ao seu governo: não haveria qualquer perigo.

---

26 Com base em documentos de arquivo, S. Ullmann, *Studien zur Geschichte des Juden in Belgien bis zum 18. Jahrhundert*, 1909, p.34 et seq.

27 Ouverleaux, Notes et documents sur les juifs de Belgique, *Revue des Études Juives*, v.7, p.262. ["E quanto aos outros inconvenientes que se poderia temer e que poderiam gerar apreensão no tocante ao interesse público, a saber, que eles atrairão para si todo o comércio, que cometerão milhares de fraudes e trapaças e que por meio de sua usura comerão a substância dos bons sujeitos e bons católicos, parece-nos, ao contrário, que, *por meio do comércio que eles tornarão maior* do que é atualmente, o benefício será comum a todo o país e que *haverá ouro e prata em maior abundância* para as necessidades do Estado" – N. T.]

"Manasseh ben Israel hath been to see me and did assure me, that he doth not desire any thing for the Jews in Holanda, but only for these as sit in the inquisition, in Spain and Portugal".[28]

O mesmo quadro ocorre em *Hamburgo*. No século XVII, a importância dos judeus cresce de tal maneira que eles são tidos como indispensáveis para a prosperidade da cidade. Em certa ocasião, o Senado defende a permissão das sinagogas, com a justificativa de que, caso contrário, os judeus se retirariam e Hamburgo correria o risco de descer à condição de povoado.[29] Em 1697, em contraposição, o conjunto dos comerciantes hamburguenses solicita que o Conselho venha ao seu encontro numa solicitação urgente (de que os judeus sejam expulsos), para evitar graves prejuízos ao comércio local.[30] Em 1733, consta num parecer que se encontra nos arquivos do Senado: no negócio cambial, no comércio com acessórios da moda e na produção de certas substâncias os judeus são "mestres quase totais", eles "sobrepujaram os nossos". Antigamente não havia razão para se preocupar com os judeus. No entanto, "seu número aumentou perceptivelmente. Não há quase nenhuma parcela do grande comércio, das fábricas e do alimento cotidiano em que não estejam fortemente entrelaçados. Eles já se tornaram para nós um *malum necessarium*".[31] Aos ramos de negócio em que eles tinham um papel destacado se poderia acrescentar ainda o do seguro marítimo.[32]

Porém, nem os pronunciamentos e juízos dos contemporâneos conseguem nos convencer totalmente da correção desses fatos: queremos, se possível, julgar por nós mesmos. E isso naturalmente só poderemos descobrindo os nexos reais mediante pesquisa feita por nós mesmos;

---

28 Neuport, *Collection of State Papers* (Thurloe), v.4, p.333. Cf. também a carta de Whalley, *Collection of State Papers* (Thurloe), v.4, p.308. ["Manassés ben Israel esteve comigo e me assegurou que nada deseja para os judeus na Holanda, mas somente para os que estão na Inquisição, na Espanha e em Portugal." – N. T.]

29 Johann Müller e seu livro antijudaico intitulado *Judaismus*, de 1644. Defesa do Senado dos anos 1660-1669 em H. Reils, Beiträge zur ältesten Geschichte der Juden in Hamburg, *Zeitschrift des Vereins für Hamburgische Geschichte*, v.2, p.412.

30 Apud Ehrenberg, *Große Vermögen*, 2.ed., p.146.

31 M. Grunwald, *Hamburgs deutsche Juden bis zur Auflösung der Dreigemeinden 1811*, 1904, p.21.

32 A. Kiesselbach, *Die wirtschafts- und rechtsgeschichtliche Entwicklung der Seeversicherung in Hamburg*, 1901, p.24.

neste caso: se tentarmos extrair as fontes do conhecimento acerca da participação que os judeus efetiva e verdadeiramente tiveram na construção da nossa economia nacional moderna, ou seja — atendo-nos sempre à expressão exata —, no desdobramento do moderno sistema econômico capitalista. E isso tudo principalmente a partir do século XV, isto é, a partir do momento em que (como já vimos) o rumo da história judaica e o da história econômica europeia fazem uma curva fechada na direção do desenvolvimento atual. É essa constatação que também nos permitirá formar um juízo definitivo quanto à seguinte questão: em que medida o deslocamento da região econômica pode ser atribuído à influência judaica.

Quero observar de antemão que vejo a importância dos judeus para a construção e o aperfeiçoamento do capitalismo moderno numa incidência mais exterior e em outra mais interior-espiritual. No aspecto exterior, eles contribuíram essencialmente para que as relações econômicas internacionais adquirissem o seu cunho atual, mas também para que o Estado moderno — esse invólucro do capitalismo — pudesse erguer-se a seu modo. Em seguida, eles conferiram uma forma específica à própria organização capitalista, dando existência a toda uma série de instituições que governam a moderna vida dos negócios e tendo participação destacada na formação de outras.

No plano interior-espiritual, sua importância para a formação do sistema capitalista é bastante grande porque na verdade são eles propriamente que impregnam a vida econômica com um espírito moderno, pois são eles que levam ao pleno desenvolvimento a ideia mais central do capitalismo.

É recomendável que agora tratemos sequencialmente cada um dos pontos da série, para que eu possa pelo menos trazer à consciência do leitor como se formula corretamente o problema. Como frequentemente já ressaltei, o propósito desta investigação não vai além de fazer perguntas estimulantes e aqui e ali, em um ponto ou outro, experimentalmente, indicar uma resposta. À pesquisa futura terá de ficar reservado o papel de constatar em definitivo, mediante a obtenção sistemática de material, se e em que medida os nexos aqui afirmados existem na realidade.

Capítulo III
O aquecimento do comércio internacional de mercadorias

Intensa foi a participação que os judeus tiveram na reconfiguração do comércio efetuada a partir do deslocamento da região econômica. Intensa, em primeiro lugar, pela evidente participação destacada em termos puramente quantitativos nas vendas efetivas de mercadorias. De acordo com o que expus no início desta seção, uma apreensão numérica exata da cota de mercadorias movimentadas que recai para os judeus é impossível, se não houver circunstâncias especialmente favoráveis que nos permitam vislumbrá-la. É possível que pesquisas minuciosas ainda tragam à tona uma série de cifras exatas. Por enquanto, apenas poucas (me) são conhecidas; estas, porém, são bastante instrutivas (como que paradigmáticas).

De acordo com elas, o volume do comércio dos judeus teria compreendido, já antes de sua liberação, ou seja, em meados do século XVII, um doze avos de todo o comércio inglês.[1] Infelizmente, não somos informados de que fonte foi tomada essa cifra. Ela, porém, não está muito longe da realidade, o que é provado por um dado que encontramos num memorando dos comerciantes londrinos. O tema em pauta era se os judeus deveriam pagar ou não o imposto alfandegário cobrado de estrangeiros sobre bens importados. Os autores do memorando eram da opinião de que, se ele fosse revogado, a coroa teria um prejuízo anual de pelo menos £ 10 mil.[2]

---

1 A. M. Hyamson, *A History of the Jews in England*, p.178.
2 *Anglia Judaica*, p.292.

Estamos notavelmente bem informados sobre a participação dos judeus na Feira de Leipzig,[3] que por muito tempo foi o evento central do comércio alemão e constitui-se num bom termômetro para o seu desenvolvimento intensivo e extensivo, e que também desempenhou um papel importante para alguns dos países limítrofes, principalmente a Polônia e a Boêmia. Nessa mesma Feira de Leipzig, encontramos a partir do final do século XVII um número crescente de feirantes judeus, e todos os que processaram os dados numéricos concordam que foram os judeus que levaram a Feira de Leipzig ao seu esplendor.[4]

Infelizmente, uma comparação da quantidade de judeus com a de comerciantes cristãos só é possível a partir da Feira da Páscoa de 1756, visto que é só a partir dessa data que as fontes arquivísticas começam a apresentar dados estatísticos sobre os cristãos nas feiras. O número de judeus na Feira da Páscoa e na Feira de São Miguel perfez uma média anual de

---

[3] Principalmente graças ao trabalho diligente de Richard Markgraf, *Zur Geschichte der Juden auf den Messen in Leipzig von 1664-1839* (dissertação inaugural, 1894), do qual foram extraídas também as cifras constantes no texto. Com referência ao curto período de 1675-1699, a investigação de Markgraf foi inclusive superada pelos estudos de Max Freudenthal, Leipziger Messgäste, *Monatsschrift*, v.45, 1901, p.460 et seq.; superado no sentido de que Freudenthal consulta os livros das próprias feiras, ao passo que Markgraf usou somente as atas do Arquivo Público de Leipzig, que se baseiam naqueles. O resultado é que as fontes originais apontam um número consideravelmente maior de fornecedores judeus da feira do que as atas posteriores. Freudenthal apurou que, entre 1671 e 1699, 18.182 judeus plenos visitaram as feiras (ou seja, sem contar os que tinham entrada livre, entrada para as câmaras e entrada para fazer compras), ao passo que para Markgraf a cifra para o mesmo período é de apenas 14.705. O ensaio de Freudenthal contém a *lista* por extenso de todos os visitantes das feiras até 1699, classificados por lugares de origem. Ele foi publicado em separado com o título *Die jüdischen Besucher der Leipziger Messe*, de 1902.

[4] Markgraf, *Zur Geschichte der Juden auf den Messen in Leipzig von 1664-1839*, p.93; Freudenthal, Leipziger Messgäste, *Monatsschrift*, v.45, p.465. Cf. também R. Funke, *Die Leipziger Messen*, 1897, p.41.

1675-1680	416	1767-1769	995
1681-1690	489	1770-1779	1652
1691-1700	834	1780-1789	1073
1701-1710	854	1790-1799	1473
1711-1720	769	1800-1809	3370
1721-1730	899	1810-1819	4896
1731-1740	874	1820-1829	3747
1741-1748	708	1830-1839	6444

Digno de nota é o rápido incremento no final dos séculos XVII e XVIII, bem como no início do século XIX!

Se abarcarmos todo o período de 1767-1839, evidencia-se que as feiras foram frequentadas por uma média anual de 3185 feirantes judeus, que se defrontaram com 13.005 feirantes cristãos: de acordo com isso, perfaziam 24,49% ou quase um quarto dos comerciantes cristãos. Em alguns anos, como, por exemplo, entre 1810 e 1820, a proporção de judeus em relação a cristãos chegou a 33% (4896 judeus, 14.366 cristãos!) (É preciso considerar ainda que, nesse tocante, todas essas cifras provavelmente ficam muito aquém da realidade, visto que investigações mais recentes e mais exatas constataram a presença de um número muito maior de judeus nas feiras: ver a nota 3.) Às vezes, é possível apurar por vias indiretas a participação numericamente grande dos judeus no comércio total de um país ou de uma cidade. Assim, sabemos, por exemplo, que, durante o século XVII, o comércio de Hamburgo com a Espanha e Portugal, bem como com a Holanda, estava quase exclusivamente nas mãos dos judeus.[5] Ora, naquela época, 20% de todos os carregamentos de navios que saíam de Hamburgo iam para a Espanha e Portugal e cerca de 30%, para a Holanda.[6]

---

[5] Ver, por exemplo, o n.21 do *Judenreglements* [Regulamento dos judeus] do ano de 1710 em Von Griesheim, *Die Stadt Hamburg, Anmerkungen und Zugaben*, 1759, p.95.

[6] E. Baasch, Hamburgs Seeschiffahrt und Warenhandel, *Zeitschrift des Vereins für Hamburger Geschichte*, v.9, 1894, p.316, 324. Cf. A. Feilchenfeld, Anfang und Blütezeit der Portugiesengemeinden in Hamburg, *Zeitschrift des Vereins für Hamburger Geschichte*, v.10, 1899, p.199 et seq.

Ou tomamos conhecimento de que o comércio com o Levante é o ramo mais significativo do comércio francês no século XVIII: *"peut être la plus brillante (branche) du commerce de France"* [talvez o (ramo) mais brilhante do comércio da França] e ouvimos, ao mesmo tempo, que ele é dominado inteiramente pelos judeus: "Compradores, vendedores, corretores, agentes de câmbio, comissionados etc., todos são judeus".[7]

Porém, em termos bem gerais, basta ponderar que, durante os séculos XVI e XVII e grande parte do século XVIII, o comércio com o Levante e com e através de Espanha-Portugal ainda constituía de longe os ramos mais importantes do comércio mundial, para aquilatar, num primeiro momento, numa análise puramente quantitativa, a destacada importância dos judeus para o desenvolvimento desse comércio. Pois eles dominavam essas vias comerciais quase com exclusividade. Já a partir da Espanha eles haviam se apossado da maior parte do comércio com o Levante; já naquela época eles tinham representações comerciais em toda parte das cidades marítimas levantinas. Ora, por ocasião da expulsão da península dos Pireneus, grande parte dos sefarditas foi pessoalmente para o Oriente; outra parte rumou para o Norte e, em consequência, o comércio com o Oriente se deslocou de modo totalmente imperceptível para os povos do Norte. A Holanda, especialmente, só se torna uma potência do comércio mundial depois de estabelecer essas relações. A rede do comércio mundial foi se tornando maior e sua malha mais fina na mesma medida em que os judeus deslocaram as suas representações comerciais para lugares mais longínquos e mais próximos uns dos outros.[8] Principalmente quando — uma vez mais essencialmente por obra deles — o Ocidente da Terra foi incluído no comércio mundial. Porém, somente acompanharemos essa etapa do desenvolvimento quando tentarmos constatar sua participação na fundação da economia colonialista moderna.

---

7 *Encyclopédie méthodique*, Manufactures, v.1, p.403-404.
8 Dessas inter-relações trata extensamente H. J. Koenen, *Geschiedenes der Joden in Nederland*, 1843, p.176 et seq. Compare ainda, por exemplo, com Hirsch Sommershausen, Die Geschichte der Niederlassung der Juden in Holland und den holländischen Kolonien, *Monatsschrift*, v.2.

Outro modo de chegar à compreensão da importância dos judeus para a formação do comércio mundial moderno é pela via da constatação dos gêneros de mercadorias com os quais eles negociavam preferencialmente. Mais pela natureza do que pelo volume do seu comércio é que eles obtêm tão grande influência sobre a configuração global da vida econômica, exercendo uma ação em parte revolucionária sobre as velhas formas de viver.

Nesse tocante, deparamo-nos com o fato de que os judeus praticamente monopolizaram durante muito tempo o comércio de artigos de luxo. E, durante os aristocráticos séculos XVII e XVIII, esse comércio era o mais importante. Os principais objetos de luxo de que os judeus dispunham são joias, pedras preciosas, pérolas, seda e artigos de seda.[9] Joias de ouro e prata, porque desde sempre haviam dominado o mercado de metais preciosos; pedras preciosas e pérolas, porque foram os primeiros a tomar posse das minas (principalmente no Brasil); seda e artigos de seda, por causa de suas antiquíssimas relações com as zonas de comércio do Oriente.

---

9 *Comércio de joias e pérolas*: com ref. a *Hamburgo* ver Griesheim, *Die Stadt Hamburg, Anmerkungen und Zugaben*, p.119; com ref. ao norte da Alemanha, comunicação pessoal do sr. dr. Simon Bernfeld, de Berlim; com ref. à Holanda (iniciadores da lapidação de diamantes!), ver art. Netherlands, *Jewish Encyclopedia*, v.9, p.231; E. E. Denekamp, *Die Amsterdamer Diamantindustrie*, 1895, citado por N. W. Goldstein em seu artigo na *Zeitschrift für Demographic und Statistik der Juden* (v.3, p.178) intitulado "Die Juden in der Amsterdamer Diamantindustrie"; com ref. à Itália, ver David Kaufmann, Die Vertreibung der Marranen aus Venedig, *Jewish Quarterly Review*, v.13, p.520 et seq. *Comércio de seda e artigos de seda*: os judeus cultivaram por milênios o comércio da seda (e sua produção). Eles levaram a indústria da seda da Grécia para a Sicília e, mais tarde, para a Espanha e a França. Cf. alguma coisa em Graetz, *Geschichte der Juden*, 2.ed. v.5, p.244. No século XVI, deparamo-nos com eles como donos do comércio da seda na Itália (cf. D. Kaufmann, Die Vertreibung der Marranen aus Venedig, *Jewish Quarterly Review*, v.13); no século XVIII, na França, centro da indústria da seda, bem como do comércio da seda e dos artigos de seda. No ano de 1760, a presidência da guilda da seda de Lyon denomina a nação judaica *"la maîtresse du commerce de toutes les provinces"* [dona do comércio de todas as províncias] (referente ao comércio de seda e artigos de seda) (ver J. Godart, *L'Ouvrier en soie*, 1899, p.224). Em 1755, havia em Paris 14 comerciantes de seda judeus e, em 1759, já havia 22 (ver Kahn, *Juifs des Paris sous Louis XV*, p.63). Em Berlim, eles dominaram esse ramo do comércio quase com exclusividade.

De outra parte, encontramos os judeus participando sozinhos ou tendo grande destaque no comércio sempre que se trata da venda de produtos em massa. Creio que se pode dizer com certa dose de razão que foram eles os primeiros a lançar no mercado os grandes artigos de reposição imediata do moderno comércio mundial. Ao lado de alguns produtos do campo, como cereal, lã, linho e mais tarde a aguardente, tratou-se, durante os séculos XVII e XVIII, em primeira linha dos produtos da indústria têxtil capitalista em rápido crescimento,[10] bem como produtos coloniais novos no mercado mundial, como açúcar e tabaco. Não duvido que, quando começarmos a escrever a história do comércio da época mais recente, vamos deparar-nos, justamente na história dos artigos em massa, constantemente com comerciantes judeus. Os poucos documentos comprobatórios que me caíram nas mãos por puro acaso já deixam transparecer que a minha afirmação é correta.[11]

Um efeito fortemente estimulante e revolucionário sobre o curso da vida econômica teve, então, sobretudo o comércio com artigos novos que revolucionaram os velhos procedimentos, no qual os judeus manifestamente tiveram uma participação especialmente intensa. Penso no comércio com algodão,[12]

---

[10] O modo como os judeus desenvolveram em *Viena* o comércio atacadista de *artigos têxteis* (a partir do antigo comércio das feiras) foi vivamente descrito, a partir de sua experiência pessoal, por Sigmund Mayer, *Die ökonomische Entstehung der Wiener Juden*, p.8 et seq. Uma disposição oficial do Conselho da Cidade de Nuremberg, de 28 de dezembro de 1780, chama o veludo, a seda e a lã de "mercadorias de judeus". Cf. H. Barbeck, *Geschichte der Juden in Nürnberg und Fürth*, 1878, p.71.

[11] *Comércio de açúcar*: com o *Levante*, ver E. O. Von Lippmann, *Geschichte des Zuckers*, 1890, p.206; D. Kaufmann, Die Vertreibung der Marranen aus Venedig, *Jewish Quarterly Review*, v.13; com a *América*, ver M. Grunwald, *Portugiesengräber auf deutscher Erde*, 1902, p.6 et seq.; A, Feilchenfeld, Anfang und Blütezeit der Portugiesengemeinde in Hamburg, *Zeitschrift des Vereins für Hamburger Geschichte*, v.10, 1899, p.211. Cf. também Riesbeck, *Briefe eines reisenden Franzosen über Deutschland an seinen Bruder in Paris*. *Comércio de tabaco*: A. Feilchenfeld, Anfang und Blütezeit der Portugiesengemeinde in Hamburg, *Zeitschrift des Vereins für Hamburger Geschichte*, v.10. Ademais, remeta-se aqui à seção desta exposição que trata da participação dos judeus na fundação da economia colonialista moderna.

[12] *Controlling the Cotton Trade*. Ver verbete America, USA, *Jewish Encyclopedia*, v.1, p.495 et seq.

artigos de algodão estrangeiros (chita),[13] índigo[14] etc. A preferência por esses artigos, que, na maneira de pensar daquele tempo, eram tidos como perturbadores do "alimento" pátrio, fez que o comércio dos judeus ocasionalmente fosse acusado de ser um "comércio não patriótico", o "comércio judeu, que ocupa proveitosamente poucas mãos alemãs e se baseia em grande parte no consumo interno".[15]

O que de resto ainda distinguiu o "comércio judeu" e o tornou exemplar para todo comércio, que desse modo foi posto em novos trilhos, foi a variedade e a profusão das mercadorias negociadas. Quando os comerciantes de Montpellier se queixaram da concorrência que lhes faziam os comerciantes judeus, o intendente lhes respondeu (1740): "se eles, os cristãos, tivessem depósitos tão bem sortidos como os judeus, a clientela viria a eles com a mesma disposição com que frequentava os concorrentes judeus".[16] E a respeito da atividade dos judeus na Feira de Leipzig, *Richard Markgraf* faz a seguinte descrição em seu epílogo:

> Em segundo lugar, eles [os feirantes judeus] ajudaram a promover os negócios da Feira pela variedade das compras que fizeram, na medida em que, com isso, deram uma feição cada vez mais plural ao comércio da feira e incitaram a indústria, especialmente a nacional, a variar cada vez mais a sua produção. Em muitas feiras os judeus foram até mesmo decisivos pela variedade e pelo volume das compras que fizeram.[17]

---

13 Comprovadamente, por exemplo, com ref. a Hamburgo: Feilchenfeld, Anfang und Blütezeit der Portugiesengemeinde in Hamburg, *Zeitschrift des Vereins für Hamburger Geschichte*, v.10.

14 Moses Lindo, o principal fomentador da extração de índigo; chegou à Carolina do Sul em 1756 e investiu £ 120 mil em índigo. De 1756 a 1776 quintuplicou a produção de índigo. Lindo se torna inspetor geral do índigo. Cf. B. A. Elzas, *The Jews of South Carolina*, 1903 apud verbete South Carolina, *Jewish Encyclopedia*.

15 Riesbeck, *Briefe eines reisenden Franzosen über Deutschland an seinen Bruder in Paris*, v.2, sobre Frankfurt.

16 Apud Bloch, *Les juifs*, p.36.

17 Ver R. Markgraf, *Zur Geschichte der Juden auf den Messen in Leipzig von 1664-1839*, p.93.

Porém, a circunstância a que, antes de tudo, atribuo a importância que o "comércio judeu" adquiriu durante a época capitalista inicial para a maioria das economias nacionais é a de que os judeus dominavam quase com exclusividade as zonas comerciais das quais era possível extrair grandes quantidades de dinheiro em espécie, a saber, os países da prata e do ouro recém-descobertos (América Central e América do Sul), seja pelo comércio direto, seja passando pela Espanha e por Portugal. Por isso, ouvimos, com bastante frequência, relatos de que os judeus trazem dinheiro vivo para o país.[18] E os teóricos e práticos daquele tempo sabiam muito bem que ali jorrava a fonte de todo "bem-estar nacional" (capitalista), e nós finalmente também voltamos a entender isso depois de dissipada a névoa das doutrinas de Smith. A fundação da economia nacional moderna significou, em boa parte, a atração de metais preciosos, e não havia ninguém que participasse mais disso do que os comerciantes judeus. Porém, essa constatação nos leva diretamente para o próximo capítulo, que abordará em especial a participação dos judeus no desenvolvimento da economia colonialista moderna.

---

18 Ver, por exemplo, Hyamson, *History of the Jews in England*, p.174 et seq., 178, ou o relatório do magistrado da Antuérpia ao bispo de Arras, citado por Salomon Ullmann, *Studien zur Geschichte des Juden in Belgien bis zum 18. Jahrhundert*, p.35 ("eles trouxeram muitas riquezas de sua pátria, especialmente prata, joias e muitos ducados").

Capítulo IV
A fundação da economia colonialista moderna

Estamos começando a reconhecer claramente que o meio da expansão colonial não está entre as razões de menor importância que levou ao florescimento do capitalismo moderno. E as explanações a seguir têm por fim demonstrar a probabilidade de que, uma vez mais, foram os judeus que desempenharam um papel proeminente, para não dizer decisivo, nesse processo.

Nada mais natural que os judeus tenham tido forte participação em todas as fundações coloniais (dado que o Novo Mundo, mesmo que apenas remodelasse o velho, cada vez lhes oferecia mais perspectivas de vida feliz do que a velha e carrancuda Europa, sobretudo desde que ali o último Eldorado se revelou como terra improdutiva). Isso vale tanto para o Oriente quanto para o Ocidente e para o Sul da Terra. Nas Índias Orientais, pelo visto, já havia judeus residindo em grande número desde a Idade Média[1] e, no momento em que as nações europeias estenderam suas mãos a eles após 1498, para se apossar das antigas terras de cultivo, puderam servir como bem-vindas cabeças de ponte para a dominação europeia e principalmente como pioneiros do comércio. É muito provável – ainda

---

[1] Quando Dom Isaac Abravanel estava escrevendo seu comentário ao livro de Jeremias (1504), ele viu um escrito trazido pelos portugueses que retornaram da Índia com especiarias, no qual eles relataram que encontraram por lá muitos judeus (Abravanel, *Commentarius*, cap. 3 apud M. Kayserling, *Christopher Columbus*, 1894, p.105; cf. também Bloch, *Les juifs et la prosperité publique à travers l'histoire*, p.15).

não foram feitas apurações exatas a respeito – que nos navios dos portugueses e holandeses levas maiores de judeus foram parar nas possessões indianas. Em todo caso, constatamos intensa participação dos judeus em todas as fundações holandesas, inclusive no Oriente. Tomamos nota que partes consideráveis do capital acionário da Companhia Holandesa das Índias Orientais se encontravam em posse de judeus.[2] Sabemos que o governador-geral da Companhia Holandesa das Índias Orientais, "mesmo que não se possa chamá-lo de fundador do poder holandês em Java, certamente foi quem mais contribuiu para a sua consolidação",[3] chamava-se Cohn (Coen). E facilmente podemos nos convencer de que ele não foi o único governador judeu das possessões holandesas na Índia quando submetemos os perfis desses funcionários a uma inspeção.[4] Porém, encontramos judeus também como diretores da Companhia das Índias Orientais[5] e, em suma, também em toda parte nos negócios coloniais.[6]

Ainda não se conhece a dimensão da participação dos judeus na economia colonialista na *Índia* quando os ingleses se apossaram dela. Em contraposição, estamos relativamente bem informados sobre a participação dos judeus na fundação das colônias inglesas na *África do Sul* e na *Austrália* e sabemos que nessas (principalmente na colônia do Cabo) praticamente todo o desenvolvimento econômico deve ser atribuído aos judeus. Nas décadas de 1820 e 1830, Benjamin Norden e Simeon Markus chegaram à África do Sul: a eles se deve *"the industrial awakening of almost the whole interior of*

---

2 Como ressalta Manassés ben Israel em seu memorando dirigido a Cromwell. Esse memorando foi impresso com frequência. Ver, por exemplo, *Jewish Chronicle*, novembro e dezembro de 1859. Traduzido para o alemão por Kayserling no *Jahrbuch des literarischen Vereins*, 1861. Cf. também de Barrios, *Historia universal Judayca*, p.4.

3 G. C. Klerk de Reus, *Geschichtlicher Überblick der administrativen, rechtlichen und finanziellen Entwicklung der niederländisch-ostindischen Compagnie*, 1894, p.xix; sobre as proezas de Coen, ver ibid., p.xiv.

4 J. P. J. Du Bois, *Vie des Gouverneurs généraux... ornée de leurs portraits en vignettes au naturel*, 1763.

5 Por exemplo, Francis Salvador. Cf. verbete Salvador, *Jewish Encyclopedia*; e A. M. Hyamson, *A History of the Jews in England*, 1908, p.264.

6 Em 1569, judeus ricos de Amsterdã equiparam a expedição de Barentz ao Mar de Kara (M. Grunwald, *Hamburgs deutsche Juden*, 1904, p.215).

Cape Colony" [o despertar industrial de quase todo o interior da colônia do Cabo]; Julius, Adolph, James Mosenthal fundaram o comércio de algodão e couro e a indústria de *mohair* [tecido de pelo da cabra angorá]; Aaron e Daniel de Pass monopolizaram a pesca da baleia; Joel Myers fundou a criação de avestruzes; Lilienfeld von Hopetown comprou os primeiros diamantes etc.[7] Um papel de liderança similar desempenharam os judeus nos demais Estados da África do Sul, principalmente no Transvaal, onde hoje parece que vivem 25 mil dos 50 mil judeus sul-africanos.[8] Na *Austrália*, o primeiro grande comerciante com que nos deparamos é Montefiore. Sendo assim, não parece ser exagero quando se afirma que: *"a large proportion of the English colonial shipping trade was for a considerable time in the hands of the Jews"*.[9]

Porém, o campo mais próprio da atividade judaica nos países coloniais, principalmente nos séculos da constituição econômica da primeira fase do capitalismo, é o Ocidente da Terra, completamente remodelado pelo europeísmo. *A América em todas as suas partes é uma terra de judeus*: este é o resultado a que inevitavelmente terá de chegar um estudo das fontes. E, em virtude da influência destacada que a América obteve sobre a vida econômica europeia e sobre toda a sua cultura desde o dia de sua descoberta, a forte participação dos judeus na construção do mundo americano adquiriu um significado bem especial para o curso da nossa história. Por essa razão, vou deter-me um pouco mais nesse objeto, correndo o risco de cansar o leitor com a profusão de detalhes. O tamanho do problema, penso eu, acabará justificando o jeito um pouco pedante de tratá-lo.[10]

---

7 Ver verbete South Africa, *Jewish Encyclopedia* e a abundante bibliografia ali compilada.

8 Rabi dr. J. H. Hertz, *The Jew in South Africa*, Johannesburgo, 1905.

9 Verbete Commerce, *Jewish Encyclopedia*, v.4, p.491. ["Grande parte do comércio marítimo colonial inglês esteve por um período considerável de tempo concentrado nas mãos dos judeus" – N. T.]

10 A *bibliografia sobre as relações entre os judeus e a América* é extraordinariamente abundante. Não quero dar aqui uma visão geral, e sim remeter às obras citadas individualmente mais adiante; no entanto, ao menos gostaria de mencionar já aqui alguns dos escritos mais importantes e principalmente as coletâneas. Temos, em primeiro lugar, por sua própria natureza, ou seja, por ter surgido na América, a *Jewish Encyclopedia* [Enciclopédia judaica], que é bastante profícua em bons artigos

De um modo totalmente curioso, os judeus estão estreitamente envolvidos na descoberta da América: é como se o Novo Mundo tivesse sido descoberto exclusivamente para eles, por meio da sua ajuda, como se os colombos tivessem sido apenas diretores de negócios de Israel. É assim que, orgulhosos, também os próprios judeus agora passaram a encarar a situação histórica revelada pelas pesquisas arquivísticas mais recentes.[11] Conforme estas, em primeiro lugar (o que aqui só será mencionado de passagem), foi a ciência judaica a primeira a elevar a técnica da navegação marítima a um patamar em que inclusive se pudesse pensar em empreender viagens transoceânicas. Em 1473, Abraham Zacuto, professor de matemática e astronomia na Universidade de Salamanca, compôs as suas tabelas e seus quadros astronômicos (*Almanach perpetuum* – Almanaque perpétuo); em 1484, baseando-se nos quadros de Zacuto, José Vecuho, astrônomo e médico particular de João II de Portugal, e o matemático Moisés, em

---

referentes exatamente às condições na América. Em seguida, as *Transactions of the Jewish Historical Society of America* [Relatórios da Sociedade Histórica Judaica da América], desde 1895, constituem um verdadeiro arsenal de informações sobre a história (econômica) judaico-americana, principalmente concernentes às colônias da América do Sul e do Norte durante os séculos XVII e XVIII. Diversos dados interessantes constam da coletânea de discursos e ensaios intitulada *The 250th Anniversary of the Settlement of the Jews in the U.S.A.*, de 1905. Visões gerais da história judaico-americana: I. Markeus, *The Hebrews in America*; C. P. Daly, *History of the Settlement of the Jews in North America*, 1893; M. C. Peters, *The Jews in America*, 1906. (Não pude compulsar as duas primeiras obras mencionadas; não se encontram à venda e nenhuma biblioteca pública alemã as possui, nem mesmo as bibliotecas judaístas especializadas. Pelo que se fica sabendo do seu conteúdo, é de se supor que estejam ultrapassadas pelas investigações mais recentes, principalmente as das *Transactions of the Jewish Historical Society of America*.)

11 Uma bibliografia específica se ocupou (em conexão com as festividades dos 400 anos de Colombo) em determinar a participação dos judeus *na própria descoberta da América*. A investigação mais minuciosa, do começo ao fim baseada em boas fontes primárias, é a de M. Kayserling, *Christopher Columbus und der Anteil der Juden...*, 1894. Além disso, mencionem-se ainda os seguintes trabalhos (que, no entanto, só conheço de segunda mão): F. R. Puiqcerver, *Los Judíos y el nuevo mundo*, 1891; L. Modona, *Gli Ebrei e la scoperta dell' America*, 1893. Comparar com o verbete America (The Discovery of), *Jewish Encyclopedia*, bem como o discurso de Oscar S. Strauss em: *The 250th Anniversary of the Settlement of the Jews in the U.S.A.*, p.69 et seq.

colaboração com dois colegas cristãos, inventaram o astrolábio náutico (um instrumento que permite medir a distância do navio em relação à linha do Equador a partir da posição do Sol). José traduziu o *Almanaque* do seu professor Zacuto para o latim e o espanhol.

Em segundo lugar, o suporte material das expedições de Colombo teria sido providenciado pelos judeus. O dinheiro judeu viabilizou as primeiras duas viagens de Colombo. Ele empreendeu a primeira com a ajuda de um empréstimo que lhe concedeu o conselheiro real Luís de Santángel. Este, o patrocinador propriamente dito da expedição de Colombo, é o destinatário da primeira e da segunda carta de Colombo; ele e o tesoureiro de Aragão, Gabriel Saniheg, um marrano. A segunda expedição de Colombo, mais uma vez, é aparelhada com dinheiro judeu, o qual, dessa vez, no entanto, não fora doado voluntariamente: a saber, com o dinheiro que havia sido deixado para trás pelos judeus expulsos e que Ferdinando de Aragão mandara confiscar para o tesouro do Estado em 1493.

Mas sigamos adiante: no navio de Colombo havia um grupo de judeus e o primeiro europeu a pisar em solo americano foi um judeu: Luís de Torres. É o que diz a mais nova pesquisa "conforme os arquivos".[12]

E o melhor de tudo é isto: recentemente, o próprio Colombo é reclamado para o judaísmo! Compartilho aqui a mais nova descoberta, sem ter condições de verificar a sua veracidade. Numa sessão da Sociedade Geográfica de Madri, o erudito Dom Celso Garcia de la Riega apresentou um relato de suas pesquisas sobre Colombo, do qual se depreende que Cristóbal Colón (não Colombo) era espanhol e *tinha ascendência judaica por parte de mãe*. Dom Garcia de la Riega provou com arquivos episcopais e notariais da cidade de Pontevedra, na Província da Galícia, que ali residiu, entre 1428 e 1528, a família de Colón, e que nessa família eram comuns os mesmos prenomes que voltam a aparecer entre os parentes do almirante.

---

12 M. Kayserling, *Christopher Columbus und der Anteil der Juden...*, p.112; Juan Sanchez, de Zaragoza, o primeiro negociante. Cf. também, do mesmo autor, o trabalho intitulado The Colonization of America by the Jews, nas *Transactions of the Jewish Historical Society of America*, v.2, p.73 et seq., no qual é descrita vivamente a conexão entre a colonização da América e a expulsão dos judeus de Espanha e Portugal, bem como seu suplício naqueles países.

Ocorreram casamentos entre esses Colóns e a família Fonterosa. Os Fonterosa indubitavelmente eram uma linhagem judaica ou há apenas pouco tempo convertidos ao cristianismo. A mãe de Cristóbal Colón se chamava Susana Fonterosa. Quando irromperam agitações na Província da Galícia, os pais do descobridor deixaram a Espanha e emigraram para a Itália. Essas afirmações são reforçadas pelos eruditos espanhóis com observações adicionais. Nos escritos de Colombo, são encontradas numerosas reminiscências da literatura hebraica; os retratos mais antigos do descobridor da América mostram um tipo facial genuinamente judeu.

E mal se abriram os portões do Novo Mundo aos europeus, os judeus correram para lá em bandos. Pois vimos que o descobrimento da América coincide exatamente com o mesmo ano em que os judeus ficaram sem pátria na Espanha; vimos que os últimos anos do século XV e as primeiras décadas do século seguinte foram épocas em que miríades de judeus foram obrigadas a migrar, em que os judeus europeus põem-se em movimento como um formigueiro no qual foi enfiada uma vara; não é de se admirar que grande parte dessa multidão rumou esperançosa para as regiões do Novo Mundo. Os primeiros comerciantes de lá foram judeus. As primeiras plantas industriais nas colônias americanas provieram de judeus. Já no ano de 1492, judeus portugueses se assentam em São Tomé e dão início ali à economia de plantações em grande escala: eles construíram numerosas fábricas de açúcar e logo passaram a ocupar o trabalho de 3 mil escravos negros.[13] O fluxo de judeus para a América do Sul logo após o descobrimento foi tão grande que, no ano de 1511, a rainha Joana considerou necessário tomar medidas para coibi-lo.[14] Evidentemente, esse decreto ficou sem efeito, pois o número de judeus por lá continuou crescendo. Por força da lei de 21 de maio de 1577, a proibição da emigração legal para as colônias espanholas finalmente foi revogada formalmente.

Para podermos apreciar plenamente a intensa atividade desenvolvida pelos judeus como fundadores do comércio e da indústria coloniais nas

---

13 G. F. Knapp, Ursprung der Sklaverei in den Colonien, *Archiv für Soziale Politik*, v.2, p.129 et seq.
14 Strauss, in: *The 250th Anniversary of the Settlement of the Jews in the U.S.A.*, p.71.

regiões sul-americanas faremos bem em acompanhar o destino de algumas colônias isoladamente.

A história dos judeus nas colônias americanas, e, desse modo, a história destas, se subdivide em dois grandes períodos, que se formam quando os judeus são expulsos do Brasil, em 1654.

Já foi mencionado como os judeus fundaram a indústria açucareira logo após o descobrimento, no ano de 1492, em São Tomé. Em 1550, já encontramos essa indústria em pleno florescimento na ilha: 60 plantações aparelhadas com engenhos de açúcar e caldeiras produzem anualmente, como indica o dízimo pago ao rei, 150 mil arrobas de açúcar (de 12,5 kg).[15]

Dali ou de Madeira,[16] onde eles igualmente tocavam a indústria açucareira há muito tempo, os judeus transplantaram esse ramo industrial para a maior das colônias americanas: para o *Brasil*, que desse modo ingressa no seu primeiro período de florescimento – determinado pela predominância da indústria açucareira. O material humano para as novas colônias foi suprido, nos primeiros tempos, quase exclusivamente por judeus e criminosos, dos quais anualmente partiam dois navios carregados de Portugal para lá.[17] Os judeus logo se tornam a casta dominante: "parcela considerável dos mais prósperos comerciantes brasileiros consistiu de 'cristãos-novos'".[18] Foi alguém desse povo que, como primeiro governador-geral, pôs ordem na administração da colônia: de fato, a nova possessão só começou a florescer mesmo quando, no ano de 1549, foi mandado para lá Tomé de Souza, um homem de excelentes qualidades.[19] Porém, a colônia só chegou à plenitude do seu esplendor quando passou para o poder dos holandeses (1624) e os ricos judeus holandeses

---

15 Carl Ritter, Über die geographische Verbreitung des Zuckerrohrs, *Berichten der Berliner Akademie*, 1839 apud Lippmann, *Geschichte des Zuckers*, 1890, p.249.

16 De acordo com M. J. Kohler, Phases of Jewish Life in New York before 1800, *Transactions of the Jewish Historical Society of America*, v.2, p.94.

17 Verbete America, *Jewish Encyclopedia*. Cf. G. A. Kohut, Les juifs dans les colonies hollandaises, *Revue des Études Juives*, v.31, 1895, p.293 et seq.

18 H. Handelmann, *Geschichte von Brasilien*, 1860, p.412.

19 P. M. Netscher, *Les Hollandais au Brésil*, 1853, p.1. A respeito da próspera família judaica dos Souza cf. M. Kayserling, *Geschichte der Juden in Portugal*, 1867, p.307; M. Grunwald, *Portugiesengräber*, 1902, p.123.

começaram a rumar para lá. Em 1624, numerosos judeus americanos se unem e fundam uma colônia no Brasil, para a qual emigram 600 renomados judeus da Holanda.[20] Ainda nessa primeira metade do século XVII, todas as grandes plantações de cana-de-açúcar já se encontravam em poder de judeus,[21] cuja atividade abrangente e riqueza eram tema de relatos feitos por viajantes. Nienhoff, que percorreu o Brasil de 1640 a 1649, expressa-se da seguinte maneira: *"Among the free inhabitants of Brazil that were not in the [Dutsch West India] Companys service the Jews were the most considerable in number, who had transplanted themselves thither from Holland. They had a vast traffic beyond all the rest, they purchased sugar-mills and built stately houses in the Receif. They were all traders, which would have been of great consequence to the Dutsch Brazil had they kept themselves within the due bounds of traffic"*.[22] E no relato de viagem de F. Pyrard lemos: *"The profits they make after being nine or ten years in those lands are marvellous, for they all come back rich"*.[23]

Essa supremacia do elemento judeu no ramo de atividade das plantações perdurou ao episódio do domínio holandês sobre o Brasil e se expandiu até o século XVIII – apesar da "expulsão"[24] dos judeus no ano de 1654. Em todo caso, somos informados, ainda sobre a primeira metade do século

---

20 M. J. Kohler, Phases of Jewish Life in New York before 1800, *Transactions of the Jewish Historical Society of America*, v.2, p.94.

21 Verbete America, *Jewish Encyclopedia*.

22 *Transactions of Jewish Historical Society of America*, v.2, p.95. Cf. também Netscher, *Les Hollandais au Brésil*, p.103. ["Entre os habitantes livres do Brasil que não estavam a serviço das Companhias (Holandesas das Índias Ocidentais), os judeus eram os mais consideráveis em número, tendo se transplantado para lá da Holanda. Eles detinham um vasto comércio muito além de todos os demais, compraram engenhos de açúcar e construíram casas confortáveis em Recife. Todos eles eram comerciantes, o que teria trazido grandes resultados para o Brasil holandês, caso tivessem se mantido dentro dos limites do comércio" – N. T.]

23 Ibid. ["Os lucros que obtinham depois de nove ou dez anos naquelas terras eram maravilhosos, tanto é que todos retornavam ricos" – N. T.]

24 Não houve uma expulsão propriamente dita. No tratado de paz de 1654, foi concedida aos judeus até mesmo uma anistia; mas então foi adicionada a seguinte observação: *"Jews and other non-Catholics shall receive the same treatment as in Portugal"* [Os judeus e outros não católicos devem receber o mesmo tratamento que lhes é dispensado em Portugal]. Isso já era suficiente! O texto do tratado está publicado em Aitzema, *Historia...*, 1626 apud Netscher, *Les Hollandais au Brésil*, p.163.

XVIII,[25] que, certa vez, "quando vários dos mais renomados comerciantes do Rio de Janeiro caíram nas mãos do Santo Ofício (da Inquisição!), a atividade ficou paralisada em tantas plantações que a produção e o comércio da província (isto é, da Bahia) só conseguiram se recuperar desse golpe depois de muito tempo". Então, pelo decreto de 2 de março de 1768, todos os registros sobre os cristãos-novos são entregues para serem destruídos; por lei de 25 de março de 1773, os "cristãos-novos" são completamente equiparados aos cristãos-velhos no aspecto civil. Pelo visto, portanto, numerosos criptojudeus se mantiveram em postos destacados no Brasil, inclusive depois da retomada da posse da terra *pelos portugueses* no ano de 1654, e, além do período de florescimento do açúcar, trouxeram ao país também o período de florescimento das pedras preciosas, visto que logo conseguiram apossar-se igualmente do comércio desse bem.

Porém, ainda assim, 1654 permanece um ano que marcou época na história judaico-americana, porque foi nele que grande parte dos judeus brasileiros se voltou para outras regiões da América, transferindo, desse modo, o peso econômico para lá.

Trata-se, sobretudo, de algumas partes importantes do arquipélago das Índias Ocidentais e da costa limítrofe que começam de fato a florescer a partir do século XVII, quando foram preenchidas pelo modo judaico de ser. É o caso da ilha de *Barbados*,[26] que foi povoada quase exclusivamente com judeus; os ingleses haviam tomado posse dela em 1627; em 1641, foi introduzida a cana-de-açúcar; em 1648, teve início a exportação de açúcar. Porém, a indústria açucareira não conseguiu se firmar porque, por sua má qualidade, os açúcares não cobriam os custos de transporte para a Inglaterra. Foram os "holandeses" expulsos do Brasil que introduziram

---

25 H. Handelmann, *Geschichte von Brasilien*, p.412-413.

26 Judeus em *Barbados*: J. C. Hatten, *The Original Lists...*, 1874, p.449; R. Ligon, *History of Barbados*, 1657 apud Lippmann, *Geschichte des Zuckers*, p.301 et seq.; W. Reed, *The History of Sugar and Sugar Yielding Plants*, 1866, p.7; B. Moseley, *Abhandlung über den Zucker*, 1800; M'Culloch, *A Dictionary, Practical, Theoretical, and Historical, of Commerce and Commercial Navigation*, v.2, p.1087. Devem ser cotejadas também as obras de cunho geral sobre a história colonialista, portanto, sobretudo, por exemplo, C. P. Lucas, *A Historical Geography of the British Colonies*, v.2, 1905, 2.ed., p.121 et seq., 274, 277.

na ilha uma fabricação regular e ensinaram os moradores locais a preparar um açúcar seco e durável, cuja exportação cresceu rapidamente em volume. No ano de 1661, Carlos II já pôde conceder o baronato a 13 proprietários que extraíam de Barbados uma receita de £ 10 mil, e em 1676 a ilha já estava equipada para carregar 400 navios, cada um com 180 toneladas de açúcar bruto por ano.

De Barbados, Thomas Modyford levou, no ano de 1664, a fabricação de açúcar para a *Jamaica*,[27] que desse modo enriqueceu rapidamente. Em 1656, os ingleses a haviam tomado definitivamente dos espanhóis. Ao passo que, naquela época, só havia três pequenas caldeiras na Jamaica, no ano de 1670 já havia 75 engenhos em atividade, alguns dos quais produziam 100 toneladas de açúcar e, no ano de 1700, o açúcar era o principal artigo da Jamaica e a fonte de sua prosperidade. A intensidade com que os judeus participaram desse desenvolvimento pode ser depreendida do fato de que, já em 1671, os comerciantes cristãos entraram com uma petição junto ao governo para que aqueles fossem expulsos, tendo como único efeito o fato de que a colônia judaica passou a receber um apoio ainda maior do governo. O governador rejeitou a petição com as seguintes palavras memoráveis: *"he was of opinion that His Majesty could not have more profitable subjects than the Jews and the Hollanders; they had great stocks and correspondance"*.[28] Assim sucedeu que os judeus não foram expulsos da Jamaica, mas, muito antes, *"they became the first traders and merchants of the English colony"*.[29] No século

---

27 Judeus na *Jamaica*: Kayserling, The Jews in Jamaica..., *Jewish Quarterly Review*, v.12, p.708 et seq.; Hyamson, *A History of the Jews in England*, cap. 26. Numerosos documentos de fontes contemporâneas em Kohler, Jewish Activity in American Colonial Commerce, *Publications*, v.10, p.59. Cf. id., Jewish Life..., *Transactions of the Jewish Historical Society of America*, v.2, p.98.

28 Carta de 17 de dezembro de 1671 do governador ao secretário de Estado Lorde Arlington apud Kayserling, The Jews in Jamaica..., *Jewish Quarterly Review*, v.12, p.710. ["Ele era da opinião de que Sua Majestade não poderia ter súditos mais lucrativos do que os judeus e os holandeses; eles têm muito capital e relações" – N. T.]

29 Inscrições em monumentos da *British West Indies*, coletadas pelo Capitão J. H. Lawrence Archer, introdução, p.4 apud Kohler, Phases of Jewish Life in New York before 1800, *Transactions of the Jewish Historical Society of America*, v.2, p.98. ["Tornaram-se os principais comerciantes e mercadores da colônia inglesa" – N. T.]

XVIII, eles arcam com todos os impostos e têm a maior parte da indústria e do comércio em seu poder.

Dentre as outras colônias inglesas, eles preferiam especialmente o *Suriname*.[30] Ali residiam judeus desde 1644, aos quais logo foram concedidos privilégios, *"whereas we have found that the Hebrew nation [...] have [...] proved themselves useful and beneficial to the colony"*.* Essa situação privilegiada naturalmente perdurou quando o Suriname passou da Inglaterra para a Holanda (1667). No final do século XVII, a relação numérica de judeus ali é de 1 para 3. Em 1730, eles possuíam 115 das 344 plantações no Suriname, na maior parte das quais era cultivada a cana-de-açúcar.

O mesmo quadro constatado nas colônias inglesas e holandesas se comprova também nas colônias francesas mais importantes: Martinica, Guadalupe, São Domingos.[31] Também ali a indústria açucareira é a fonte da "prosperidade" e também ali os judeus dominam essa indústria e seu comércio.

---

30 Judeus no *Suriname*: a fonte mais importante é o *Essai sur la colonie de Surinam avec l'histoire de la Nation Juive Portugaise y établie...*, 2 v., Paramaribo, 1788. Koenen, que compartilha alguma coisa dele em seu *Geschiedenes der Joden in Nederland*, 1843, p.313, diz que essa obra é *"de hoofdbron [...] voor de geschiedenes der Joden in die gewesten"*. Infelizmente não consegui consultar o próprio original. A bibliografia mais recente trouxe à tona muito material novo: Gottheil, Contributions to the History of the Jews in Surinam, *Publications*, v.9, p.129 et seq.; Roos, Additional Notes on the History of the Jews of Surinam, *Publications*, v.13, p.127 et seq.; Hilfman, Some Further Notes on the History of the Jews in Surinam, *Publications*, v.16, p.7 et seq. Sobre as relações entre Suriname e *Guiana*: Oppenheimer, An Early Jewish Colony in Western Guiana 1658-1666, and Its Relation to the Jews in Surinam, Cayenne and Tobago, *Publications*, v.16, p.95-186. Cf. também Hyamson, *A History of the Jews in England*, cap. 26; e Lucas, *A Historical Geography of the British Colonies*.

* "Pois descobrimos que a nação hebraica [...] comprovou [...] ser útil e benéfica para a colônia." (N. T.)

31 Judeus na Martinica, em Guadalupe e São Domingos: Lippmann, *Geschichte des Zuckers*, p.301 et seq., onde constam fontes e bibliografia mais antiga; A. Cahen, Les Juifs de la Martinique au XVII. siècle, *Revue des Études Juives*, v.2; id., Les Juifs dans les Colonies françaises au XVIII siècle, *Revue des Études Juives*, v.4, 5; Handelmann, *Geschichte der Insel Hayti*, 1856.

Na *Martinica*, a primeira grande plantação e caldeira foram instaladas em 1655 por Benjamin Dacosta, que havia fugido do Brasil para lá com 900 correligionários e 1100 escravos.

Em *Santo Domingo*, a indústria açucareira havia iniciado já em 1587, mas só chegou a florescer por ação dos refugiados holandeses vindos do Brasil.

É preciso ter sempre em vista que, naqueles séculos críticos, quando foi fundada a economia colonialista americana (e, por meio dela, o capitalismo moderno), a obtenção de açúcar (exceto, naturalmente, a produção de prata e a extração de ouro e de pedras preciosas no Brasil) formava a espinha dorsal de toda a economia nacional colonial e, desse modo, indiretamente da economia nacional da matriz. Hoje é difícil fazer uma ideia correta da enorme importância que tiveram a indústria açucareira e o comércio do açúcar naqueles séculos. Com certeza não foi exagero o que consta numa resolução do Conselho Comercial de Paris, do ano de 1701: "A navegação da França deve seu esplendor ao comércio de suas ilhas açucareiras e só poderá se manter e se expandir por meio delas". E esse comércio havia sido praticamente monopolizado pelos judeus (o comércio francês especialmente pela rica casa Gradis de Bordeaux).[32]

Porém, essa posição de poder que os judeus conquistaram na América Central e na América do Sul assumiu um significado bem especial mediante a estreita ligação que as colônias inglesas da América do Norte passaram a ter com as Índias Ocidentais a partir do final do século XVII: uma ligação a que, como vimos, a América do Norte europeia deve a sua existência e que, mais uma vez, foi estabelecida essencialmente por comerciantes judeus. Desse modo, estamos prontos para tratar do papel que os judeus desempenharam no desenvolvimento da economia nacional norte-americana. E, dizendo-o logo claramente, isso significa: na gênese dos *Estados Unidos da América*. No que se refere à economia, estes também chegaram à sua forma final essencialmente pela influência de elementos judeus. Isso mais uma vez carece de uma aclaração detalhada, visto que manifestamente contradiz a ideia corrente que se tem dessas coisas (pelo menos na Europa).

---

32 Lucien Wolf na *Jewish Chronicle*, 30.11.1894 apud Kohler, in *Transactions of the Jewish Historical Society of America*, v.10, p.60.

À primeira vista, tem-se a impressão de que justamente a vida econômica estadunidense teria tomado forma essencialmente sem a colaboração dos judeus. E com bastante frequência o desenvolvimento dos Estados Unidos me foi apresentado como prova de que o contrário é o certo quando eu afirmava que o capitalismo moderno no fundo nada mais é que uma emanação da essência judaica. Os próprios *yankees* se gabam de terem logrado êxito sem os judeus. Um escrito estadunidense, se não me engano de Mark Twain, certa vez explicou detalhadamente por que os judeus não têm nenhuma importância para eles: porque os *yankees* seriam tão "espertos" (*smart*) quanto os judeus, se não ainda mais espertos do que eles. (Aliás, a mesma coisa que os escoceses afirmam de si mesmos.) E, de fato: entre os grandes industriais e especuladores dos Estados Unidos, entre os *"trust magnates"* [magnatas dos cartéis], não se encontram hoje muitos nomes judeus. Tudo isso pode ser admitido. E, ainda assim, mantenho a minha afirmação de que também os Estados Unidos, e talvez até nenhum país mais do que os Estados Unidos, está repleto da essência judaica a ponto de transbordar. Aliás, alguns dos mais ajuizados círculos da América estão plenamente cientes disso. Quando há alguns anos foi celebrado com grande pompa o 250º aniversário da imigração dos judeus nos Estados Unidos, o presidente Roosevelt escreveu uma carta ao Comitê da Festa, na qual ele deu às suas felicitações uma roupagem especialmente honrosa. Ele disse ter sido a primeira vez durante o seu mandato presidencial que ele escreveu uma saudação por ocasião de uma festividade; mas que tinha obrigação de fazer essa exceção: o ensejo teria sido de uma grandiosidade ímpar. As perseguições a que os judeus estariam novamente expostos naquela época colocam-no muito especialmente na urgente obrigação de enfatizar as excelentes qualidades cidadãs que esses homens de crença e raça judaicas teriam desenvolvido desde que chegaram ao país. Ao narrar, então, os atos meritórios dos judeus pelos Estados Unidos, ele se vale de uma formulação que acerta perfeitamente o cerne da questão: os judeus ajudaram a construir o país (*"the Jews participated in the upbuilding of this country"*).[33] E o ex-presidente Grover Cleveland disse na mesma oportunidade:

---

33 *The 250th Anniversary of the Settlement of the Jews in the U.S.A.*, 1905, p.18.

"Poucas das nacionalidades que constituíram o povo americano, se é que há alguma, tiveram mais influência direta ou indireta sobre a formação do americanismo moderno do que a judaica" (*"I believe that it can be safely claimed that few, if any, of those contributing nationalities have directly and indirectly been more influential in giving shape and direction to the Americanism of today"*).[34]

Mas em que consiste, então, a grande importância dos judeus justamente para os Estados Unidos? Em primeiro lugar, realmente no fato de que a sua participação numérica na atividade comercial norte-americana jamais foi tão pequena como parece à primeira vista. Só porque não há judeus entre a meia dúzia de nomes conhecidos de bilionários que hoje retinem nos ouvidos de todos por causa do barulho que fazem os seus portadores (e principalmente suas portadoras) não quer dizer que o capitalismo norte-americano seja pobre em elementos judaicos. Em primeiro lugar, entre os grandes *trusts* [cartéis], também há aqueles que são dirigidos por judeus. Por exemplo, o Smelters Trust, que incluindo as firmas sob seu controle (1904) representou um capital (nominal) de 201 milhões de dólares, é criação de homens judeus (dos Guggenheim). Igualmente no Tobacco Trust (500 milhões de dólares), no Asphalt Trust, no Telegraph Trust entre outros, há judeus em cargos de direção.[35] Igualmente, há uma série de grandes bancos de propriedade judaica, e naturalmente esses bancos, por sua vez, controlam grande parte da vida econômica norte-americana. Por exemplo, o "Sistema Harriman", cujo objetivo era conglomerar todas as redes ferroviárias daquele país, foi apoiado e financiado essencialmente pela casa bancária Kuhn, Loeb & Co. de Nova York. Os judeus ocupam boa parte das posições de mando no Oeste: a *Califórnia* é, em grande parte, criação deles. Na fundação desse Estado, os judeus se destacaram como juízes, deputados, governadores, prefeitos etc. e significativamente também como negociantes. Os Irmãos Seligman, Wilhelm Henry, Jesse, James em São Francisco; a firma Louis Stoß, Lewis Gerstle em Sacramento (onde fundaram a Alasca Commercial Co.); a firma Hellman e Newmark em Los Angeles são algumas das firmas mais conhecidas ali atuantes. Durante

---

34 *The 250th Anniversary of the Settlement of the Jews in the U.S.A.*
35 J. Moody, *The Truth about the Trust*, 1905, p.45 et seq., 96 *passim*.

o período do ouro, foram os judeus que estabeleceram relações com o Oriente e a Europa. As transações financeiras mais importantes daquele tempo foram empreendidas por homens como Benjamin Davidsohn, o agente dos Rothschild; Albert Priest, de Rhode Island; Albert Dyer, de Baltimore etc.; como os três irmãos Lazard, que fundaram a casa bancária internacional Lazard Frères (em Paris, Londres e São Francisco); como os Seligman, Glazier e Wormser. Moritz Friedländer foi um dos grandes reis do trigo. Adolph Sutro explorou as Comstock Lodes [veios de prata de Comstock]. E ainda hoje, com certeza, a parte mais substancial do sistema bancário californiano, bem como dos empreendimentos industriais, está na mão de judeus. Menciono os seguintes: The Londres, Paris and American Bank (Sigmund Greenebaum, Richard Altschulz); o Anglo California Bank (Phil. N. Lilienthal, Ignatz Steinhart); o Nevada Bank; a Union Trust Company; os Farmers and Merchants Banks of Los Angeles, dentre outros. Menciono a exploração das regiões carboníferas por John Rosenfeld; a sucessora da Hudson Bay Co.: a Alasca Commercial Co., a North American Commercial Co. etc.[36]

Dificilmente se poderá pôr em dúvida que, pela imigração de grande número de judeus durante as últimas décadas, em todo o país se fará sentir de modo, a bem dizer, gigantesco a importância quantitativa dos judeus para a vida econômica norte-americana. Pondere-se que agora já vivem só em Nova York mais de um milhão de judeus e que a maior parte dos imigrados ainda nem começou a carreira capitalista. Se as condições continuarem a se desenvolver na América como na última geração, se as cifras de imigração e as taxas de crescimento das diversas nacionalidades permanecerem as mesmas, em nossa fantasia os Estados Unidos aparecerão após 50 ou 100 anos bem claramente como um país habitado unicamente por eslavos, negros e judeus e no qual os judeus naturalmente terão conquistado a hegemonia econômica.

Mas isso são projeções para o futuro, que não fazem parte desses contextos em que queremos identificar o passado e o presente. No que

---

36 Verbete California, *Jewish Encyclopedia*, redigido com muito conhecimento de causa e minuciosidade.

se refere ao passado e ao presente, pode-se conceder que da participação quantitativa dos judeus na vida econômica norte-americana, apesar de ser ainda bastante considerável e de modo algum tão ínfima como permite supor um exame superficial, ainda não é possível derivar a importância eminente que atribuo (junto com outras pessoas com discernimento) à linhagem judaica. Essa participação precisa, muito antes, ser identificada a partir de contextos bastante intrincados, assim como qualitativamente determinada num sentido bem excepcional.

Por essa razão, gostaria de enfatizar, nem precisa ser muito, o fato, que de qualquer modo não deixa de ser importante, de que, na América, os judeus controlam, ou pelo menos controlaram por muito tempo, uma série de ramos comerciais muito importantes a ponto de monopolizá-los. Penso, antes de tudo, no comércio de cereais, principalmente no Oeste; de tabaco; de algodão. De cara é possível ver que se trata de três dos principais feixes nervosos da economia nacional norte-americana e compreender que quem comanda esses três poderosos ramos econômicos só por isso já deve ter uma participação destacada nos processos econômicos globais. Porém, como foi dito: nem insisto muito nessa circunstância porque gostaria de mostrar a importância dos judeus para a economia nacional dos Estados Unidos com base em aspectos muito mais profundos.

Os judeus estão entretecidos como um fio bem especial, poderíamos dizer, como um fio dourado, do começo ao fim no tecido da economia nacional norte-americana, de modo que esta recebe deles o seu figurino peculiar desde o primeiro instante.

Porque eles estão presentes desde o primeiro despertar do espírito capitalista na costa do Oceano Atlântico e nas matas e estepes do novo continente. Como ano de sua chegada é tido o de 1655:[37] quando um navio com judeus vindos do Brasil, onde se formara uma maioria portuguesa, aportou no rio Hudson e solicitou ingresso na colônia fundada ali pela Companhia Holandesa das Índias Ocidentais. E já não foi apenas

---

37 Segundo outra visão, já *antes* da chegada dos refugiados brasileiros, ricos comerciantes judeus provenientes de Amsterdã teriam fixado residência na colônia do Hudson. Cf. A. M. Dyer, Points in the First Chapter of New York Jewish History, *Transactions of the Jewish Historical Society of America*, v.3, p.41 et seq.

como solicitantes, mas como integrantes de um povo que teve intensa participação na nova fundação e a cuja influência tiveram de curvar-se os governadores da colônia. Na época em que chegou tal navio, era Stuyvesant quem governava a Nova Amsterdã. E Stuyvesant não era amigo dos judeus e teve vontade de fechar as portas aos que desejavam o ingresso. Porém, veio a seguinte instrução de Amsterdã em forma de uma carta dos diretores da Companhia (de 26 de abril de 1655): os judeus devem ser admitidos para o comércio e para o assentamento na área pertencente à Companhia das Índias Ocidentais, ou seja: *"because of the large amount of capital which they have invested in shares in this Company"*.[38] De Nova Amsterdã eles logo chegaram a Long Island, Albany, Rhode Island e Filadélfia.

E a partir daí começa a sua diligente atividade que, primeiramente, tomou as providências necessárias para que as novas colônias pudessem subsistir economicamente. Se os Estados Unidos hoje estão aí, sabemos que isso só aconteceu porque as colônias inglesas na América do Norte puderam desenvolver, graças a uma série de circunstâncias favoráveis, um poderio que acabou por lhes conferir a capacidade de existir autonomamente. E exatamente nessa construção da grandeza colonial vemos que os judeus foram os primeiros e os mais diligentes a trabalhar por isso.

Outra vez não estou pensando no fato lógico de que, pelo simples apoio de algumas casas judaicas poderosas, o *sistema estatal* das colônias conseguiu dar forma à sua autonomia, porque aquelas casas lhe proporcionaram a base econômica sobre a qual podiam se erguer. Fizeram isso mediante fornecimentos na guerra e sobretudo suprindo os meios financeiros necessários, sem os quais a independência dos "Estados Unidos" jamais teria sido alcançada. Essas realizações dos judeus não são nem um pouco peculiares às condições norte-americanas: ainda nos depararemos com elas como um fenômeno totalmente universal, que reaparece na história do Estado moderno, assentado em base capitalista, em toda parte de modo

---

38 A carta é citada na íntegra por M. J. Kohler, Beginnings of New York Jewish History, *Publications*, v.1, p.47, com base em *Documents Relative to the Colonial History of the State of New York*, v.14, p.315. ["Por causa da grande quantidade de capital que eles investiram em ações desta Companhia" – N. T.]

parelho e ao qual, por isso mesmo, ainda teremos de dar o tratamento justo num contexto maior.

Em contraposição, vislumbro em outra atividade dos elementos judeus na América do Norte colonial um ato igualmente constituinte da América, que ademais representa um fenômeno restrito ao mundo norte-americano. Refiro-me ao simples fato de que, durante os séculos XVII e XVIII, o "comércio judeu" foi a fonte da qual a economia nacional da colônia norte-americana hauriu sua vida. Pois somente as relações comerciais mantidas pelos judeus lhes asseguravam a possibilidade de manter laços econômicos permanentes com a metrópole e, ainda assim, lograr um florescimento econômico próprio. Dito de modo mais direto: a obrigação imposta pela Inglaterra às suas colônias de comprar na metrópole todos os produtos fabricados resultava que fosse natural o balanço comercial (e, desse modo, naturalmente também o balanço de pagamentos) das colônias estar sempre no passivo. Seu corpo econômico teria se esvaído em sangue caso não fluísse até ele constantemente a partir de fora sangue novo na forma de metais preciosos. Mas esse fluxo de sangue novo era canalizado pelo "comércio judeu" dos países da América do Sul e Central para dentro das colônias inglesas da América do Norte. Graças às estreitas relações que os judeus migrados para a América do Norte entretinham com as ilhas das Índias Ocidentais e com o Brasil, desenvolveu-se um movimentado intercâmbio comercial com aquelas regiões, que atuava essencialmente a favor das colônias norte-americanas e, por essa razão, canalizava incessantemente os metais preciosos (a partir do início do século XVIII, sobretudo também o ouro brasileiro), extraídos naqueles países mesmos ou que fluíam abundantemente para eles dos países vizinhos, para as artérias da economia nacional norte-americana.[39]

Se, tendo em vista os fatos recém tangenciados, podemos afirmar com alguma razão que os Estados Unidos devem aos judeus a sua existência mesma, pode-se também afirmar com a mesma dose de razão que,

---

39 Ver, por exemplo, *Transactions of the Jewish Historical Society of America*, v.1, p.41 et seq.; v.2, p.78; v.10, p.63; Kohler, Jews in Newport, *Publications*, v.6, p.69. Kohler seguidamente cita Judge Daly, *Settlement of the Jews in North America*, 1893.

unicamente graças ao influxo judaico, eles existem do jeito que existem, ou seja, justamente como americanos. Pois aquilo que chamamos de americanismo, em grande parte, nada mais é que o espírito judeu coagulado.

Porém, de onde vem essa forte impregnação da cultura norte-americana com o espírito judeu?

A meu ver: da permeação da população das colônias com elementos judaicos ocorrida já na fase inicial e de modo bem generalizado.

Pelo que vejo, a colonização da América do Norte, na maioria dos casos, ocorreu assim: uma trupe de homens e mulheres resolutos – digamos, vinte famílias – rumou para o território agreste para refundar ali a sua vida. Dessas vinte famílias, dezenove estavam aparelhadas com arado e gadanha e dispostas a derrubar o mato, queimar a estepe e ganhar o seu sustento com o trabalho de suas mãos mediante o cultivo da terra. Porém, a vigésima família abria uma loja para suprir os companheiros rapidamente, pela via do comércio, talvez até do comércio ambulante, com os objetos de uso mais necessários que o solo não produzia. A vigésima família logo também se encarregou da venda dos produtos que as outras dezenove famílias extraíam da terra. Esta família era a que mais provavelmente dispunha de dinheiro vivo e, por essa razão, podia ajudar as demais com empréstimos em casos de urgência. Com bastante frequência, anexava-se à "loja" que ela mantinha funcionando uma espécie de banco rural de empréstimos. Muitas vezes, decerto também uma agência de venda de terras e composições semelhantes. Portanto, o colono na América do Norte, pela atividade da nossa vigésima família, foi posto em contato já desde o início com a economia financeira e creditícia do Velho Mundo. Toda a relação de produção foi construída desde o início sobre uma base moderna. O sistema citadino logo avançou para os povoados mais remotos. A impregnação da economia nacional norte-americana com a organização capitalista e com o espírito capitalista começou, por assim dizer, no primeiro dia do assentamento. Pois aquelas primeiras células do sistema comercialista logo se desenvolveram formando organizações que abarcavam tudo. E quem foi – na medida em que os fatores pessoais foram determinantes e não foi o simples estado de coisas que produziu as novas séries de desenvolvimento – que construiu esse "Novo Mundo" de feitio capitalista? Foi a vigésima família em cada povoado.

Nem é preciso dizer que essa vigésima família sempre foi a família judaica que se associou a uma trupe de colonos ou a visitava logo após seu assentamento.

Por enquanto, vislumbro só com o meu olho mental essas conexões tão gerais, montando um quadro global com os casos em que é possível comprová-las. Os pesquisadores que me sucederem deverão escrever a história econômica dos Estados Unidos levando em conta os pontos de vista que estou expondo. Aquilo que de documentos comprobatórios passou pelas minhas mãos pode, por enquanto, ser encarado apenas como primeiros elementos de uma exposição futura mais detalhada. De qualquer modo, a uniformidade e a naturalidade do desenvolvimento permitem supor com alguma segurança que, nesse caso, não se trata de casos isolados, mas de fenômenos típicos.

O que estou afirmando sobre o impacto que tiveram os judeus no curso da vida econômica estadunidense, outra pessoa expressou certa vez com os seguintes termos: *"he [the Jew] has been the leading financier of thousand prosperous communities. He has been enterprising and aggressive"*.[40]

Numa sequência aleatória, sejam comunicados os seguintes fatos como amostras.

No *Alabama*, assentou-se Abram Mordecai no ano de 1785. *"He established a trading-post two miles west of Line creek, carrying on an extensive trade with the Indians, and exchanging his goods for pinkroot, hickory, nut oil and peltries of all kinds"*.[41]

Em *Albany*: *"As early as 1661, when Albany was but a small trading post, a Jewish trader, named Asser Levi (or Leevi) became the owner of real estate there"*.[42]

---

40 Address by Governor Pardell of California, *The 250th Anniversary of the Settlement of the Jews in the U.S.A.*, p.173. ["Ele – o judeu – foi o principal financiador de milhares de comunidades prósperas. Ele foi empreendedor e agressivo" – N. T.]

41 Ver verbete Alabama, *Jewish Encyclopedia*, v.I. ["Ele estabeleceu um posto comercial a duas milhas a oeste do riacho Line, tocando um comércio extensivo com os índios e permutando seus bens por erva-lombrigueira, nozes, óleo de nozes e peles de todos os tipos" – N. T.]

42 Ver verbete Albany, *Jewish Encyclopedia*, v.I. ["Já no ano de 1661, quando Albany nada era além de um pequeno posto comercial, um comerciante judeu chamado Asser Levi (ou Leevi) se tornou proprietário de bens imóveis naquele lugar" – N. T.]

Um destino muito apreciado se tornou *Chicago*, depois que começou a se tornar um centro ferroviário e comercial. A primeira casa de alvenaria foi construída ali pelo judeu Ben. Schubert, que implanta nela a primeira alfaiataria da cidade; Ph. Neuburg é o primeiro a introduzir o comércio de tabaco em Chicago.[43]

No *Kentucky*, encontramos, já nos primeiros anos do século XIX, moradores judeus. Um certo sr. Salomon, que imigrou em 1808, tornou-se tesoureiro do Bank of the US quando a instituição abriu uma filial em Lasington, no ano de 1816.[44]

Já entre os primeiros assentados de *Maryland*,[45] *Michigan*,[46] *Ohio*,[47] *Pensilvânia*[48] *encontramos o comerciante judeu, sem que soubéssemos mais detalhes sobre a sua atividade.*

Mas podemos acompanhar nitidamente a sua atividade como pioneiros do sistema capitalista no Texas. Ali, homens como Jac. de Córdova, Mor. Koppere, Henry Castro desenvolvem a sua atividade plena de resultados. Córdova *"was by far the most extensive land locator in the State until 1856"*.* *"The Cordova's Land Agency soon became well known, not only in Texas, but in New York, Philadelphia and Baltimore, where the owners of large tracts of Texas lands resided"*.** Mor. Koppere se tornou (1863) presidente do National Bank of Texas. Henry Castro se dedicou ao negócio de empresário de emigração: *"between the years 1843-46 C. introduced into Texas over 5000 emigrants [...] transporting them in 27 ships, chiefly from the Rhenish*

---

43 B. Felsenthal, On the History of the Jews in Chicago, *Publications*, v.2, p.21 et seq.; H. Eliassof, The Jews of Chicago, *Publications*, v.11, p.117 et seq.
44 L. N. Dembitz, Jewish Beginnings in Kentucky, *Publications*, v.1, p.99.
45 J. H. Hollander, Some Unpublished Material Relating to dr. Jacob Lumbrozo of Maryland, *Publications*, v.1.
46 D. E. Heinemann, Jewish Beginnings in Michigan before 1850, *Publications*, v.13, p.47 et seq.
47 D. Philipson, The Jewish Pioneers of the Ohio Valley, *Publications*, v.8, p.43 et seq.
48 H. Necarsulmer, The Early Jewish Settlement at Lancaster, *Publications*, v.3, p.27 et seq.
 * "Foi de longe o maior locador de terras do Estado até 1856." (N. T.)
** "A agência de terras de Córdova logo se tornou bem conhecida, não só no Texas, mas em Nova York, na Filadélfia e em Baltimore, onde residiam os proprietários de vastas áreas de terras do Texas." (N. T.)

provinces".* Então, quando os colonos chegavam, ele lhes fornecia as ferramentas, sementes etc. de que necessitavam: *"he fed his colonists for a year, furnished them with cows, farming implements, seeds, medicine and in fact whatever they needed"*.⁴⁹

Numa série de outros Estados se espalharam outras famílias judaicas que conseguem trabalhar ainda mais efetivamente em razão de sua união. Especialmente característica para o desenvolvimento da atividade judaica certamente é a *história da família Seligman*, em que oito irmãos (os filhos de David Seligman, de Bayersdorf) fundam um negócio que acaba se expandindo por todas as principais localidades dos Estados Unidos. Sua história é sucintamente esta: em 1837, Joseph Seligman emigrou para os Estados Unidos. Em 1839, seguem-no dois irmãos, em 1841, segue o terceiro. Estes fundaram um pequeno negócio de vestuário em Lancaster. Dali eles foram para Selma Ala e, a partir dali, inauguraram filiais em três localidades dos Estados Unidos. Em 1848, eles migram com mais dois irmãos para o norte. Em 1850, Jesse fundou uma loja em São Francisco: na única construção de tijolos que havia ali. Em 1857, é incorporado ao negócio de roupas um negócio bancário. Em 1862, eles fundam a firma Seligman em Nova York, São Francisco, Londres, Paris, Frankfurt am Main. (Dali por diante eles se destacam especialmente na ação de angariar fundos na época da Guerra Civil.)⁵⁰

Nos *Estados do Sul* da União, o judeu também desempenha em parte um papel parecido ao que desempenha nos demais Estados: o do comerciante entre colonos agricultores.⁵¹ Ao lado disso, nós o encontramos já bem cedo

---

* "Entre os anos de 1843-1846, Castro introduziu no Texas mais de 5000 emigrantes [...] transportando-os em 27 navios, oriundos principalmente das províncias renanas." (N. T.)

49 H. Cohen, The Jews in Texas, *Publications*, v.4, p.9 et seq.; id., Henry Castro, Pioneer and Colonist, *Publications*, v.5, p.39 et seq. Sobre outros comerciantes de terras judeus há dados em Friedenwald, Some Newspaper Advertisements of the 18th Century, *Publications*, v.6. ["Ele supria seus colonos por um ano, fornecendo-lhes gado, implementos agrícolas, sementes, remédios e de fato o que quer que precisassem." – N. T.]

50 Einiges aus dem Leben der amerikanisch-jüdischen Familie Seligman aus Bayersdorf in Bayern, *Brüll's Monatsblätter*, v.26, p.141 et seq.

51 L. Hühner, The Jews of Georgia in Colonial Times, *Publications*, v.10, p.65 et seq.; id., The Jews of South Carolina from the Earliest Settlement to the End of the

também como rico proprietário de plantações (à semelhança da América Central e América do Sul). Na Carolina do Sul, por exemplo, *"Jews land"* [terra de judeus] é sinônimo de grandes plantações.[52] Ali, dentre outros, Moses Lindo desenvolveu sua atividade como principal patrocinador da extração do índigo (do que já falamos).

No caso em pauta, o método genético de análise encontra um valioso apoio na observação de que, durante todo o período de surgimento dos Estados Unidos, a afluência dos judeus foi intensa e constante. Todavia, para demonstrar isso, não dispomos de cifras para a fase inicial que expressem diretamente a participação numérica dos judeus na população total ou no contingente de imigrantes. Porém, a partir de toda uma série de indícios podemos concluir com alguma segurança que sempre houve muitos judeus emigrando para a América.

Para aquilatar sua importância (quantitativa) é preciso levar em conta também a colonização extraordinariamente esparsa do país nos primeiros anos. Por exemplo, ao sermos informados de que, em meados do século XVII, Nova Amsterdã ainda contava com menos de 1.000 moradores,[53] então, estimaremos que alguns navios carregados de judeus, que naquela época se transferiram do Brasil para lá, tenham tido um efeito bastante grande sobre toda a vida econômica da região;[54] do mesmo modo, consideraremos uma forte permeação com o elemento judeu o fato de que, nos primeiríssimos anos da colonização da Geórgia, aportou ali um navio com quarenta judeus, e o fato de, em Savannah, um pequeno centro de

---

American Revolution, *Publications*, v.12, p.39 et seq.; C. C. Jones, The Settlement of the Jews in Georgia, *Publications*, v.1, p.12.

52 B. A. Elzas, *The Jews of South Carolina*, 1903 apud verbete South Carolina, *Jewish Encyclopedia*.

53 L. Hühner, Asser Lévy, a noted Jewish Burgher of New Amsterdam, *Publications*, v.8, p.13. Cf. também id., Whence Came the First Jewish Settlers of New York?, *Publications*, v.9, p.75 et seq.; M. J. Kohler, Civil Status of the Jews in Colonial New York, *Publications*, v.6, p.81 et seq.

54 Sobre os judeus (que fazem negócios em sua própria língua) no século XVIII em Nova York, cf. J. A. Doyle, *The Colonies under the House of Hanover*, 1907, p.31.

comércio, haver doze famílias judaicas assentadas na colônia, no ano de 1733, quando ali chegaram os judeus de Salzburg.[55]

É de conhecimento geral que os Estados Unidos bem cedo se tornaram um destino muito apreciado pelos migrantes judeus alemães (e poloneses); esse fato é confirmado por relatos oriundos das regiões de emigração. "Entre as famílias judaicas mais pobres de Posen, no segundo quarto de século do XIX, era raro encontrar uma que não tivesse visto um dos seus filhos, e em geral o mais capaz e mais criativo, evadir-se do acanhamento e da opressão da pátria por cima do oceano".[56]

Assim sendo, a cifra enorme dos soldados judeus que serviu na Guerra Civil, a saber, 7243,[57] não nos surpreende, e estamos inclinados a considerar muito baixa a estimativa do número de judeus que estariam vivendo em meados do século XIX nos Estados Unidos: 200 mil (dos quais 30 mil em Nova York).[58]

---

55 C. C. Jones, The Settlement of the Jews in Georgia, *Publications*, v.1, p.6, 9.
56 M. Jaffé, Die Stadt Posen, *Schriften des Vereins für Sozial-Politik*, v.119, n.2, p.151.
57 S. Wolf, The American Jew as Soldier and Patriot, *Publications*, v.3, p.39.
58 Segundo dr. Fischell, *Chronological Notes of the History of the Jews in America*.

Capítulo V
A fundação do Estado moderno

A formação da economia colonialista moderna e o surgimento do Estado moderno são dois fenômenos que se condicionam. Um não pode ser concebido sem o outro, e igualmente dependente dos dois é, por sua vez, a gênese do capitalismo moderno. Portanto, se quisermos aquilatar a importância de algum fator histórico no devir do capitalismo, teremos de verificar se e, em caso afirmativo, em que medida, ele teve influência sobre os outros dois fenômenos mencionados. Por essa razão, pergunto aqui pela participação dos judeus na formação do Estado moderno.

À primeira vista é como se os judeus tivessem tido participação em tudo, menos no surgimento do Estado: trata-se de um povo "não estatal" na sua essência mais íntima. Porque nenhum dos grandes estadistas, cujos nomes nos ocorrem num primeiro momento quando queremos atribuir a pessoas significativas a responsabilidade pela formação do Estado moderno, é judeu: nem Carlos V, nem Luís XI, nem Richelieu, nem Mazarin, nem Colbert, nem Cromwell, nem Frederico Guilherme I ou Frederico II, da Prússia.

Todavia, nosso parecer terá um teor bem diferente se ponderarmos que as linhas básicas do Estado moderno foram traçadas já durante os séculos finais da "Idade Média" na Itália e principalmente na Espanha, e que ali se pode comprovar um grande número de estadistas judeus em posição de liderança. É lamentável que a história do Estado moderno (até onde sei) ainda não tenha sido escrita sob esse ponto de vista: creio que se poderia extrair aspectos totalmente novos do material. Porém, não há a menor ligação entre as obras que tratam da história dos judeus na Espanha e em Portugal, como as de Lindo, De los Rios, Kayserling, Mendes dos Remédios, e as que pesquisam a origem do Estado moderno na Espanha e em Portugal, como as de Ranke ou Baumgarten.

Mas mesmo que não encontremos judeus entre os governantes do Estado moderno, não é tão simples imaginá-los, não é fácil pensar, por exemplo, no príncipe moderno sem os judeus. (Seria algo como pensar Fausto sem Mefistófeles.) De braços dados ambos marcham pelos séculos que chamamos de Era Moderna. Inclusive tendo a enxergar nessa união de príncipe e judeu uma simbolização do capitalismo em ascensão e, desse modo, do Estado moderno. No aspecto puramente exterior, vemos, na maioria dos países, os príncipes atuando como protetores dos judeus perseguidos pelos estamentos e pelas guildas – ou seja, pelos poderes pré--capitalistas. E interiormente os seus interesses, as suas mentalidades, em grande medida correm paralelos ou se interpenetram. O judeu corporifica o capitalismo moderno e o príncipe se alia a esse poder para conquistar ou manter a sua posição. Dito de modo mais direto: quando falo de uma participação dos judeus na fundação do Estado moderno não penso tanto em sua atuação imediata como organizadores no papel de estadistas, mas bem mais numa colaboração indireta nos grandes processos de formação estatal dos últimos séculos. Penso em que foram sobretudo eles que colocaram à disposição do Estado em formação os meios materiais, com os quais ele pôde se manter e se desenvolver; penso em que de duas maneiras eles deram suporte ao fundamento sobre o qual está apoiado todo o sistema estatal moderno: as forças armadas. De duas maneiras: suprindo-as com armas, uniformes e víveres na guerra e angariando as somas necessárias de dinheiro, que naturalmente eram utilizadas não só (mesmo que preponderantemente, na época pré-capitalista) para as finalidades do exército, mas também para cobrir a demanda restante da corte e do Estado. Em outras palavras: enxergo os judeus, principalmente durante os séculos XVI, XVII e XVIII, como os fornecedores mais influentes do exército e os emprestadores mais capazes dos príncipes, e acredito ter de atribuir a essa circunstância elevada importância para o curso do desenvolvimento do Estado moderno. Não será necessário apresentar fundamentação especial para isso. O que importa, uma vez mais, é isto: apresentar a prova conforme as fontes para a exatidão dos fatores afirmados. É o que se tentará no que segue: uma vez mais, com todas as ressalvas que julguei necessário fazer nas seções precedentes, em especial com a observação taxativa de que os poucos registros que apresento para a afirmação agora em pauta obviamente compõem apenas o começo para um tratamento profundo e exaustivo do problema, e não têm a menor pretensão de ser completos. Novamente nos encontramos aqui numa posição que futuramente poderá servir de ponto de partida para dúzias de investigações específicas.

I. Os judeus como fornecedores

Não quero recorrer ao período anterior a 1492, porque ele deve ficar fundamentalmente fora do âmbito destas investigações (e para nós ele só entra em cogitação como história prévia em sua importância causal para processos posteriores). Caso contrário, seria possível apresentar numerosos testemunhos para a atividade dos judeus como fornecedores do exército na Espanha e em outras partes.

Contudo, vamos acompanhá-los logo na sua nova esfera de atuação e os encontramos na referida qualidade primeiramente na *Inglaterra*, durante os séculos XVII e XVIII. Durante o Commonwealth, de longe o mais significativo fornecedor do exército é Antonio Fernandez Carvajal, *"the great Jew"* [o grande judeu], que imigra entre 1630 e 1635 para Londres e logo ascende à condição de um dos principais comerciantes do país. No ano de 1649, ele figura entre os cinco comerciantes de Londres que o Conselho de Estado incumbe do fornecimento de cereal para o exército.[1] Ele teria trazido para a Inglaterra anualmente um volume de prata equivalente a £ 100 mil. No período subsequente, principalmente durante as guerras de Guilherme III, destacou-se como *"the great contractor"* [o grande fornecedor] sobretudo sir Solomon Medina, *"the Jew Medina"* [o judeu Medina], que

---

1 L. Wolf, *The First English Jewry*, reimpressão de *Transactions of the Jewish Historical Society of England*, v.2. Compare com A. M. Hyamson, *A History of the Jews in England*, 1908, p.171-3.

depois disso foi alçado à nobreza: ele foi o primeiro judeu nobre (não batizado) da Inglaterra.²

E, da mesma forma, são os judeus que, no campo inimigo, suprem os exércitos durante a guerra sucessória espanhola: "E a França recorre a qualquer momento a seus serviços para apetrecharem sua cavalaria em tempos de guerra".³ Em 1716, os judeus de Estrasburgo citam os serviços prestados às Forças Armadas de Luís XIV em forma de notícias e provisões.⁴ Jacob Worms era o nome do principal fornecedor de guerra de Luís XIV.⁵ No século XVIII, eles se destacam cada vez mais nessa qualidade. No ano de 1727, os judeus de Metz, num prazo de seis semanas, trazem para a cidade 2 mil cavalos para alimento e mais de 5 mil para montaria.⁶ O marechal Moritz da Saxônia, vitorioso em Fontenoy, expressou que os seus exércitos nunca haviam sido tão bem supridos antes de ter recorrido aos judeus.⁷ Uma personalidade que se destacou como fornecedor na época dos dois últimos Luíses foi Cerf Beer, a respeito do qual consta em sua patente de naturalização: *"que la dernière guerre ainsi que la disette, qui s'est fait sentir en Alsace pendant les années 1770 et 1771 lui ont donné l'occasion de donner des preuves de zèle dont il est animé pour notre service et celui de l'Etat".*⁸ Uma casa internacional de primeira grandeza no século XVIII são os Gradis de Bordeaux: Abraham Gradis construiu em Quebec grandes depósitos para suprir as tropas francesas que lutaram na América.⁹ Os judeus tiveram

---

2 Hyamson, *A History of the Jews in England*, p.269; Picciotto, *Sketches of Anglo-Jewish History*, 1875, p.58 et seq.

3 T. L. Lau, *Einrichtung der Intraden und Einkünfte der Souveräne...*, 1719, p.258.

4 Apud G. H. T. Liebe, *Das Judentum in der deutschen Vergangenheit*, 1903, p.75.

5 Verbete Banking, *Jewish Encyclopedia*.

6 Memorando dos judeus de Metz de 24 de março de 1733, excertos em Bloch, op. cit., p.35.

7 Apud Bloch, op. cit., p.23.

8 Excertos das *Lettres patentes*, in: Bloch, op. cit., p.24. ["Que a última guerra, assim como a escassez que se fez sentir na Alsácia durante os anos de 1770 e 1771 lhe ofereceram a ocasião para dar provas do zelo que o anima no serviço prestado a nós e ao Estado." – N. T.]

9 Sobre os Gradis: T. Malvezin, *Histoire des Juifs à Bordeaux*, 1875, p.241 et seq.; e H. Graetz, Die Familie Gradis, *Monatsschrift*, v.24, 1875; v.25, 1876. As duas exposições, baseadas em boas fontes, são autônomas uma em relação à outra.

um papel destacado como *fournisseure* [fornecedores] na França durante a Revolução, o Diretório e também nas Guerras Napoleônicas.[10] Um belo registro de sua importância fora do comum é o cartaz que foi afixado nas ruas de Paris em 1795, quando a cidade corria o risco de passar fome; nele, os judeus são conclamados a mostrarem reconhecimento pelos direitos que lhes foram concedidos pela Revolução trazendo cereal para a cidade. O autor do cartaz pensa que *"Eux seuls peuvent mener cette entreprise à bonne fin, vu leurs nombreuses relations, dont ils doivent faire profiter leurs concitoyens"*.[11]

Um quadro semelhante se deu quando, no ano de 1720, o judeu cortesão Jonas Meyer livrou a cidade de Dresden da fome trazendo grandes quantidades de cereal (o cronista fala de 40 mil alqueires).[12]

Na Alemanha, também encontramos os judeus já bem cedo e muitas vezes exclusivamente nos postos de fornecedores do exército. No século XVI, temos Isaak Meyer, a quem o cardeal Albrecht impõe como condição para ser recebido em Halberstadt em 1537, tendo em vista os tempos ameaçadores, "prover o nosso convento com boa munição, couraça e armadura"; e Josef von Rosheim, que recebeu em 1548 um salvo-conduto imperial por ter conseguido, a pedido do rei, dinheiro e provisão para os soldados na França. No ano de 1546, deparamo-nos com judeus da Boêmia que fornecem cobertores e casacos para o exército em guerra.[13] No século XVII (1633), atesta-se ao judeu boêmio Lazarus que ele "buscava ou mandava buscar às suas custas informações e avisos, aos quais a Armada Imperial dava muito valor, e estava sempre empenhado em abastecer a Armada Imperial com todo tipo de roupa e munição que se fazia necessário".[14] O grande príncipe Eleitor usava os préstimos de Leimann Gompertz e

---

10 J.-B. H. R. Capefigue, *Banquiers, fournisseurs, acquéreurs des biens nationaux*, 1856, p.68, 214 *passim*.

11 Informado na *Revue de la Révolution Française*, 16 de janeiro de 1892. ["Só eles podem levar a bom termo essa empreitada, tendo em vista suas numerosas relações, que eles devem usar em proveito dos seus concidadãos." – N. T.]

12 Schwartze (org.), *Historische Nachlese zu den Nachrichten der Stadt Leipzig*, ed. por M. H. E. Schwartze, 1744, p.122, apud Lévy, *Geschichte der Juden in Sachsen*, 1900, p.58.

13 G. Bondy, *Zur Geschichte der Juden in Böhmen*, v.1, p.388.

14 Extraí todos os três casos de G. Liebe, *Das Judentum*, 1903, p.43 et seq., 70, que os comunica sem informar a fonte.

Salomon Elias "em suas operações de guerra com grande proveito, já que eles se preocupavam com as necessidade das forças armadas, fornecendo grandes quantidades de munição, espingarda, pólvora, peças de uniforme etc.".[15] Samuel Julius: fornecedor de cavalos (de montaria) do imperador sob o príncipe Eleitor Frederico Augusto da Saxônia; a família Model: fornecedores da corte e da guerra no principado de Ansbach (séculos XVII e XVIII).[16] "Desde então, todos os comissários são judeus e todos os judeus são comissários", diz apoditicamente Moscherosch, nas visões de Philander von Sittewald.[17]

Os primeiros judeus ricos que, depois da expulsão (1670), puderam voltar a residir em Viena sob o imperador Leopoldo: os Oppenheimer, Wertheimer, Mayer Herschel etc., todos também foram fornecedores do exército.[18] Temos numerosos registros da atividade de fornecedores do exército, que teve continuidade também no século XVIII, referentes a todas as terras austríacas.[19]

Por fim, sejam mencionados ainda os fornecedores judeus que abasteceram as tropas norte-americanas durante a guerra revolucionária (bem como, mais tarde, durante a Guerra Civil).[20]

---

15 [König,] *Annalen der Juden in den preußischen Staaten, besonders in der Mark Brandenburg*, 1790, p.93-94.

16 Rescrito de 28 de junho de 1777, reproduzido por A. Lévy, *Die Juden in Sachsen*, 1900, p.74; S. Haenle, *Geschichte der Juden im ehemaligen Fürstentum Ansbach*, 1867, p.70.

17 *Gesichte Philanders von Sittewald das ist Straffs-Schriften Hanss Wilhelm Moscherosch von Wilstätt*, 1677, p.779.

18 F. Von Mensi, *Die Finanzen Österreichs von 1701–1740*, 1890, p.132 et seq. Samuel Oppenheimer, "feitor-mor imperial para a guerra e judeu", como era designado oficialmente e como ele próprio costumava subscrever, firmou, principalmente nas campanhas do príncipe Eugênio, "quase todos os contratos significativos de fornecimento de provisões e munição" (ibid., p.133).

19 Ver, por exemplo, a petição da Chancelaria da Corte Vienense de 12 de maio de 1762, reproduzida por Wolf, *Geschichte der Juden in Wien*, 1894, p.70; *Komitatsarchiv Neutra Iratok*, XII/3336 (com referência a Morávia), segundo informação disponibilizada pelo estudante sr. J. Reizman; fornecimento de provisões para as fortalezas de Raab, Ofen e Komorn pelos judeus de Breslau (1716): Wolf, op. cit., p.61.

20 H. Friedenwald, Jews Mentioned in the Journal of the Continental Congress, *Publications*, v.1, p.65-89.

II. Os judeus como financiadores

Os historiadores voltaram sua atenção para essa atividade dos judeus já bem cedo e, por isso, estamos relativamente bem informados sobre o papel desempenhado pelos judeus em todas as épocas da história europeia como administradores financeiros ou financiadores dos príncipes. Por essa razão, posso ser mais breve nesse ponto e contentar-me em fazer algumas alusões a fatos conhecidos.

Já durante a Idade Média, encontramos os judeus em toda parte como arrendatários de impostos, arrendatários de salinas e domínios, como tesoureiros e financiadores: isso naturalmente ocorria com mais frequência na Península dos Pireneus, onde os almoxarifes e os rendeiros eram tomados de preferência dentre os judeus ricos. Contudo, como não se pretende tratar especialmente desse período aqui, desisto de mencionar nomes individuais e remeto, de resto, à bibliografia geral e específica abrangente.[21]

---

21 Como já mencionei, as obras literárias mais importantes sobre a história (econômica) dos judeus na Inglaterra, na França, na Holanda e na América (ver as notas 10, 11, 17 do Capítulo 2 e a nota 10 do Capítulo 4), gostaria de recuperar aqui o que deixei de fazer com relação à Alemanha e à Espanha. Com referência à *Alemanha*, infelizmente não temos até hoje uma exposição abrangente, de modo que temos de reunir nosso conhecimento com base em monografias de cunho local e artigos de periódicos, quando não conseguimos acesso às fontes primárias; isso, porém, no caso de um trabalho como este que quer pôr a descoberto contextos bem amplos, naturalmente é possível só em raros casos. No conjunto é preciso constatar que a historiografia judaísta na e com relação à Alemanha nem de longe apresenta o mesmo nível de realizações que a de outros países, principalmente a da Inglaterra, França e dos Estados Unidos. Sobretudo o momento econômico sempre recebe um tratamento madrasto e poucos são os resultados que nos oferecem obras como a de Ludwig Geiger, *Die Geschichte der Juden in Berlin*, 2.v., 1870-1871. Recentemente um aluno meu, sr. Ludwig Davidsohn, investigou minuciosamente o Arquivo Público em busca de informações sobre a posição econômica dos judeus. Os resultados ainda não foram publicados, mas já foram parcialmente utilizados por mim. Uma quantidade maior de material está contida nos livros de M. Grunwald, *Portugiesengräber auf deutscher Erde* e *Hamburgs deutsche Juden bis zur Auflösung der Dreigemeinde*, de 1904. Com relação a certos detalhes devem ser usados (com cautela) [König], *Annalen...*, 1790, bem como a obra *Die Juden in Österreich*, 2.v., 1842.

Porém, em tempos mais recentes, quando toma forma o Estado moderno, a atividade dos judeus como assessores financeiros dos príncipes tem forte incidência.

Na *Holanda*, eles rapidamente chegam a postos de direção (embora também ali estejam oficialmente excluídos da carreira de funcionários

---

De resto (na medida em que não se pode mais recorrer às obras gerais sobre a história dos judeus), ficamos na dependência dos periódicos judaístas extraordinariamente escassos no aspecto histórico-econômico. O principal deles para os nossos propósitos é a *Monatsschrift für Geschichte und Wissenschaft des Judentums* [Revista mensal de história e ciência do judaísmo] (desde 1851), ao passo que o *Allgemeine Zeitung des Judentums* [Jornal universal do judaísmo] (desde 1837) e as *Popularwissenschaftliche Monatsblätter* [Folhas mensais científico-populares], de Adolf Brüll (desde 1888), visam essencialmente à propaganda judaica. A bem conduzida *Zeitschrift für Demographie und Statistik des Judentums* [Revista de demografia e estatística do judaísmo] (desde 1905) apenas ocasionalmente se ocupa com estudos de cunho histórico-econômico.

Às vezes encontramos bons aportes à história econômica dos judeus nos periódicos de cunho histórico geral ou histórico local, os quais naturalmente não posso mencionar individualmente aqui. Muito numerosas são as exposições monográficas da história dos judeus em algumas localidades, em algumas regiões em particular etc. Mencionarei os mesmos no lugar próprio, na medida em que puderam ser aproveitados.

As *Regesten zur Geschichte der Juden...* (de 1887 em diante) ocupam-se somente com a época inicial da Idade Média, que aqui nem entra em cogitação.

Os destinos dos *judeus na Espanha* foram alvo de frequentes exposições bibliográficas. Porém, justamente aí o aspecto econômico foi quase totalmente negligenciado. Não me ocorre nenhuma tarefa mais gratificante para um historiador da economia do que escrever uma história econômica dos judeus na Espanha (e em Portugal). Ela sem dúvida lançaria uma luz clara sobre a história econômica da Europa como um todo. Todavia, o autor de fato teria de saber o que quer; ele teria de saber perguntar. Por enquanto, também com referência à investigação da história econômica judaico-espanhola estamos na dependência de obras de cunho geral sobre a história dos judeus na Espanha, entre as quais os trabalhos de M. Kayserling, *Geschichte der Juden in Spanien und Portugal*, 2.v., 1861-1867, que certamente ainda são os melhores.

A principal obra espanhola é a de Dom José Amador de los Rios, *Historia social, política y religiosa de los judíos de España y Portugal*, 3.v., 1875-1878, que, no entanto, é totalmente insuficiente para os nossos propósitos. As poucas passagens que tratam da vida econômica (por exemplo, v.3, p.69 et seq.) não são claras e não permitem reconhecer a questão principal – a saber, de que *formas* econômicas se trata.

públicos). Citamos o protegido de Guilherme III, Moses Machado, a família de embaixadores dos Belmonte (Senhores de Schoonenberg), o rico Suasso, que emprestou 2 milhões de florins a Guilherme no ano de 1688, e outros.[22]

Porém, a importância das altas finanças judaico-holandesas ultrapassou em muito as fronteiras da Holanda, porque, durante os séculos XVII e XVIII, a Holanda era o reservatório a que recorriam todos os príncipes necessitados de dinheiro da Europa. Homens como os Pinto, Delmonte, Bueno de Mesquita, Francis Mels e outros podem muito bem ser considerados os condutores das finanças do norte da Europa naquele tempo.[23]

Então, sobretudo também as finanças inglesas são fortemente dominadas pelos judeus durante os séculos XVII e XVIII. Na *Inglaterra*,[24] as

---

E. H. Lindo, *The History of the Jews of Spain and Portugal*, 1848, contém essencialmente excertos de leis e resoluções das cortes que dizem respeito aos judeus e, por isso, têm algum valor para nós.

Com relação a *Portugal*, apareceu agora a obra principal de J. Mendes dos Remédios, *Os judeus em Portugal*, v.1, 1895. Por enquanto, ela chega até a expulsão. O esquema da exposição permanece o de sempre.

Ademais, os recém-publicados volumes de Graetz, *Geschichte der Juden*, que tratam do período áureo do povo judaico na Espanha (principalmente os volumes 7 e 8) são de grande utilidade devido à profusão do material reunido e ainda não foram essencialmente superados por nenhuma das exposições mais recentes.

Não tenho conhecimento de nenhum trabalho monográfico sobre a posição dos judeus na vida econômica luso-espanhola, tampouco de periódicos judaístas de cunho científico na Península dos Pireneus. Mas isso pode muito bem ser falta de conhecimento da minha parte. Em todo caso, as bibliotecas judaístas e universais de Berlim e Breslau não possuem nada desse tipo. O escrito de Bento Carqueja, *O capitalismo moderno e as suas origens em Portugal*, de 1908, apenas toca muito de passagem em alguns pontos na questão judaica.

22 H. J. Koenen, *Geschiedenes der Joden in Nederland*, p.206 et seq.
23 Cf. ainda o verbete Banking, *Jewish Encyclopedia*.
24 Com referência à posição dos judeus *no sistema financeiro inglês* durante os séculos XVII e XVIII, entra em cogitação uma grande quantidade de passagens esparsas na bibliografia de cunho geral, dentre as quais cito apenas algumas: Picciotto, *Sketches*, p.58 et seq.; Hyamson, *A History of the Jews in England*, 1908, p.171 et seq., 217, 240, 264 et seq. Ademais, as investigações especializadas de L. Wolf, *The Re--Settlement of the Jews in England*, 1888; id., Crypto-Jews under the Commonwealth, *Transactions of the Jewish Historical Society of England*, v.1, 1895; id., *The Jewry of the Restoration (1660-1664)*, reimpressão da *The Jewish Chronicle*, 1902.

necessidades financeiras do Longo Parlamento deram o primeiro impulso para atrair judeus ricos para o país. Muito antes de sua admissão ter sido sancionada por Cromwell, criptojudeus ricos imigraram vindos sobretudo da Espanha e de Portugal, mas com frequência também de Amsterdã – o ano de 1643 trouxe um afluxo bastante intenso –, elegendo como seu ponto central a casa do embaixador português em Londres, Antônio de Souza, ele próprio um marrano. Dentre eles se sobressaiu o já nosso conhecido Antônio Fernandez Carvajal, que era conhecido tanto como financiador quanto como fornecedor: ele foi propriamente o financiador do Commonwealth. O rico povo judeu inglês recebeu mais um reforço sob os Stuarts mais jovens, sobretudo Carlos II. Como se sabe, este desposou Catarina de Bragança e, no séquito desta, encontramos toda uma série de altos financistas judeus, entre eles os irmãos Da Sylva, banqueiros judeu-portugueses de Amsterdã, aos quais fora confiada a administração e respectivamente a transferência do dote de Catarina. Em torno dessa época, vêm da Espanha e de Portugal para a Inglaterra ainda os Mendes e os Da Costa, e unem as suas casas como Mendes da Costa.

> *The chief men of the new immigration were wealthy Portugues Marranos. Some of them came to London to assi[s]t Duarte da Sylva in the administration of the Queens dowry. This must have been a very profitable business and the Marranos seem to have formed a syndicate to keep it to themselves. The Kings drawfts* and warrants were always running ahead of the instelments of the dowry and considerable amounts of capital were required to discount them. The provision of this capital was confined to the Jews.[25]*

---

* Leia-se *"drafts"*. (N. T.)

25 Wolf, *The Jewry of the Restoration*, p.11. ["Os principais homens da nova imigração foram marranos portugueses abastados. Alguns deles vieram a Londres para auxiliar Duarte da Sylva na administração do dote da rainha. Isso deve ter sido um negócio muito lucrativo e parece que os marranos criaram um sindicato para mantê-lo sob seu controle. Os cheques e as promissórias do rei sempre estavam correndo na frente dos pagamentos do dote e consideráveis somas de capital eram requeridas para descontá-los. A provisão desse capital estava concentrada nos judeus." – N. T.]

Simultaneamente, tem início a imigração dos judeus asquenazes, que tomados em seu todo não alcançaram o nível de riqueza dos judeus sefarditas, mas entre eles também se encontravam magnatas do capital como, por exemplo, Benjamin Levy.

Com Guilherme III ocorre um novo afluxo e os laços entre a corte (o governo) e o judaísmo rico se tornam ainda mais estreitos. Sir Solomon Medina, que igualmente já conhecemos, acompanha o Orange até a Inglaterra como assessor de assuntos financeiros e junto com ele vêm os Suasso, outra família das altas finanças. Na era da rainha Ana, o principal financista da Inglaterra é Menasseh Lopez.

Quando a fraude dos mares do sul* se abate sobre a Inglaterra, já vemos o povo judeu situado como a maior potência financeira do país: eles se mantêm distantes da especulação desenfreada e preservam seus grandes patrimônios. Assim, eles têm condições de assumir uma quarta parte do empréstimo que o governo toma em troca do imposto fundiário. A casa que, nesses tempos críticos, está na liderança é a dos Gideon, representados por Sampson Gideon (1699-1762), o *"trusted adviser of the Government"* [confiável consultor do governo], o amigo de Walpole, o *"Pillar of the State credit"* [pilar do crédito estatal]. É ele também que, no ano de 1745, num tempo muito crítico, levanta um empréstimo de £ 1,7 milhão. Após a morte de Sampson Gideon, a firma Francis and Joseph Salvador se torna a principal potência financeira da Inglaterra, até que, no início do século XIX, os Rothschild assumem a liderança também nesse país.

Para demonstrar a importância dos judeus como financistas na França basta lembrar a posição influente assumida por Samuel Bernard durante o período final de Luís XIV e durante o governo de Luís XV. Vemos Luís XIV passeando nos seus jardins com esse homem do dinheiro, *"dont tout le mérite est d'avoir soutenu l'Etat comme la corde tient le pendu"* [cujo único mérito é ter sustentado o Estado como a corda sustenta o enforcado], como opinou alguém em tom um tanto cáustico.[26] Nós nos deparamos com

---

* Alusão à *South Sea Bubble*, Bolha (especulativa) dos Mares do Sul. (N. T.)

26 G. Martin, *La grande industrie sous Louis XIV*, 1899, p.351.

ele como financiador da guerra sucessória espanhola, como apoiador do pretendente francês à coroa na Polônia e depois como assessor financeiro do regente. Assim sendo, dificilmente terá sido exagero quando o marquês de Dangeau o chama em carta de "o maior banqueiro da Europa na atualidade".[27] Aliás, na França, os judeus também têm forte participação no saneamento da Compagnie des Indes [Companhia das Índias] após os horrores da fraude dos mares do sul.[28] Mas na França eles começaram a desempenhar de fato o seu papel de liderança no mercado financeiro e como grandes financistas só no século XIX, quando os Rothschild, os Helphen, os Fould, os Cerfberr, os Dupont, os Goudchaux, os Dalmbert e os Pereire, entre outros, tocaram os seus negócios. Mas é bem possível que (além dos nomes já mencionados) também nos séculos XVII e XVIII um número maior de financistas judeus tenha desenvolvido suas atividades na França, os quais, em virtude da rigorosa exclusão dos judeus, escapam às pesquisas como criptojudeus.

Na *Alemanha* e na *Áustria*, já se torna mais fácil seguir o seu rastro, porque ali — mesmo que os judeus por direito não tivessem permissão para permanecer no país — a instituição muito prática dos "judeus da corte" permitia que os príncipes sempre mantivessem a seu dispor alguns judeus privilegiados.

Segundo Graetz, esses "judeus da corte" teriam sido uma "invenção" dos imperadores alemães durante a Guerra dos Trinta Anos. O referido autor opina que: "A corte de Viena inventou também um outro meio para tirar proveito da fonte financeira dos judeus para a guerra. Ela nomeou capitalistas judeus como judeus da corte e concedeu-lhes a mais ampla liberdade comercial, liberando-os das restrições a que estavam sujeitos os outros judeus etc."[29] Como quer que seja, é fato que, durante os séculos XVII e XVIII, dificilmente se poderá nominar um Estado alemão que não tenha mantido um ou mais judeus da corte, de cujo apoio dependiam essencialmente as finanças do país.

---

27 V. Swarte, *Un banquier du Trésor royal au XVIII siècle, Samuel Barnard — sa vie — sa correspondance, 1651-1739*, 1893.
28 Kahn, *Les juifs de Paris au XVIII sc.*, 1894, p.60 et seq.
29 Graetz, *Geschichte der Juden*, v.10, p.40.

Assim sendo, na corte imperial durante o século XVII,[30] encontramos Josef Pinkherle de Görz, Moses e Jacob Marburger de Gradisca, Ventura Parente de Trieste, Jacob Bassewi Batscheba Schmieles em Praga (que, em virtude dos seus serviços, foi elevado por Ferdinando ao estado de nobreza com o nome Von Treuenburg). Sob Leopoldo I, deparamo-nos com a renomada casa Oppenheimer, a respeito da qual o chanceler de Estado Ludewig declarou:[31] *"Anno 1690 illustre Oppenhemii Judaei nomen floruit inter mercatores et trapezitas non Europae tantum, verum cultioris orbis universi"*,* logo depois de ter dito sobre os judeus de Viena: *"praesertim Viennae ab opera et fide judaeorum res saepius pendent maximi momenti"*;** que deles dependeria a decisão nas coisas mais importantes. Não menos famoso foi, sob o imperador Leopoldo I, o juiz judeu e agente da corte Wolf Schlesinger, que junto com Lewel Sinzheim conseguiu vários grandes empréstimos para o Estado. Maria Teresa valeu-se, além destes, ainda dos Wertheimer, Arnsteiner e Eskeles, entre outros. Por mais de um século, os banqueiros da corte de Viena eram exclusivamente judeus.[32] O tamanho de seu poder econômico e de sua influência em Viena evidencia-se a partir do fato de que, por ocasião de um tumulto contra os judeus em Frankfurt am Main, a Câmara imperial se viu forçada, no interesse do crédito, a solicitar a intervenção da chancelaria da Corte Imperial no sentido de proteger os judeus de Frankfurt, visto que estes estariam mantendo relações comerciais com seus correligionários em Viena.[33]

---

30 Wolf, *Ferdinand II*, anexo 4 apud Graetz, *Geschichte der Juden*, v.10, p.41.
31 O texto na íntegra encontra-se no livro *Die Juden in Österreich*, v.2, 1842, p.41 et seq.
  * "No ano de 1690, o ilustre nome judeu Oppenheimer florescia entre os mercadores e cambistas não só da Europa, mas de todos os rincões da Terra." (N. T.)
  ** "Especialmente os negócios de Viena, em seus momentos mais importantes, dependem cada vez mais do trabalho e do crédito dos judeus." (N. T.)
32 *Die Juden in Österreich*, v.2, p.64; F. Von Mensi, *Die Finanzen Österreichs von 1701-1740*, 1890, p.132 et seq. No século XVIII, os maiores credores do Estado foram sucessivamente Oppenheimer, Wertheimer, Sinzheimer; no ano de 1739, este último tinha a receber do Estado uma quantia de cerca de 5 milhões de florins (F. Von Mensi, *Die Finanzen Österreichs von 1701–1740*, p.685). Cf. também Kaufmann, *Urkundliches aus dem Leben Samson Wertheimers*, 1892. Com relação ao período anterior, ver Wolf, *Ferdinand II und die Juden*, 1859.
33 F. Von Mensi, *Die Finanzen Österreichs von 1701–1740*, p.148.

A situação não era diferente nas cortes dos principados alemães menores. Já as exigências mais refinadas das numerosas cortes que competiam umas com as outras no luxo requeriam, por causa das dificuldades de trânsito, agentes ágeis nos grandes centros de comércio. Tais agentes tinham os duques de Mecklenburg em Hamburgo, o bispo Johannes Philipp de Würzburg na pessoa de Moses Elkhan por volta de 1700 em Frankfurt am Main. Desse modo, estava aberta a porta para eles; o homem diligente que providenciava os adereços para a princesa, tecidos para o uniforme do camareiro real, iguarias para o cozinheiro-chefe também se dispunha de bom grado a negociar um empréstimo.[34] Nas grandes cidades judaicas de Hamburgo e Frankfurt am Main, havia vários desses "agentes" que conseguiam recursos financeiros necessários para os príncipes distantes. Além dos mencionados, lembro o judeu português Daniel Abensur, falecido em 1711 em Hamburgo, que foi ministro residente do rei da Polônia em Hamburgo e emprestou somas consideráveis à coroa polonesa.[35] Outros agentes desse tipo mudaram-se, então, para a corte dos tomadores de empréstimos e se tornaram os judeus da corte propriamente ditos. Assim, na Saxônia Eleitoral deparamo-nos (depois que Frederico Augusto subira ao trono em 1694) com Leffmann Berentz de Hanover, J. Meyer de Hamburgo, Berend Lehmann de Halberstadt (que adianta o dinheiro para a escolha do rei polonês) e muitos outros judeus da corte.[36] Em Hanover, os Berend atuam como agentes da Alta Corte e como agentes da Câmara;[37] no principado de Ansbach, os Model, Fränkel, Nathan e outros; no Palatinado Eleitoral, Lemte Moyses e Michel May, aos quais foi cedido em 1719 um crédito do

---

34 G. Liebe, *Das Judentum*, 1903, p.84.

35 Ver verbete Abensur Daniel, *Jewish Encyclopedia*.

36 A. Lévy, Notes sur l'histoire des Juifs en Saxe, *REJ*, v.26, 1898, p.259s. Sobre Berend (Behrend) Lehmann, aliás, Yisachar Berman, ver B. H. Auerbach, *Geschichte der israelitischen Gemeinde Halberstadt*, 1866, p.43 et seq.; sobre o filho Lehmann Berend, ver ibid., p.85.

37 Auerbach, *Geschichte der israelitischen Gemeinde Halberstadt*, p.82 (sobre Hanover); Haenle, *Geschichte der Juden im ehemaligen Fürstentum Ansbach*, 1867, p.64 et seq., 70 et seq., 89 et seq.; mais casos de judeus da corte, ver Müller, Aus fünf Jahrhunderten, *Zeitschrift des historischen Vereins für Schwaben und Neuburg*, v.26, p.142 et seq.

príncipe Eleitor ao imperador da ordem de 234 milhões de florins;[38] e no margraviato de Bayreuth, os Baiersdorf.[39]

Ademais, são conhecidos em círculos mais amplos também os judeus da corte dos príncipes prussianos de Brandemburgo: Lippold sob Joaquim II; Gomperz e Joost Liebmann sob Frederico III; Veit sob Frederico Guilherme I; Ephraim, Moses Isaac, Daniel Itzig sob Frederico II.

Porém, o mais conhecido dos judeus das cortes alemãs, que bem pode ser tido como o seu protótipo, foi Süß-Oppenheimer na corte de Carlos Alexandre de Württemberg.[40]

Por fim, mencione-se ainda que os judeus desempenharam um importante papel nos Estados Unidos, exatamente como financiadores, principalmente durante o século XVIII e em especial na época das guerras de libertação. Ao lado de Haym Salomon,[41] dos Minis e Cohen na Geórgia[42] e muitos outros que apoiaram o governo com dinheiro, deve-se mencionar aqui sobretudo Robert Morris: o financiador por excelência da revolução norte-americana.[43]

* * *

Porém, sucede então um fato curioso: durante séculos e, como vemos, justamente durante os séculos XVII e XVIII, decisivos para a construção do Estado moderno, em que os judeus prestam seus serviços pessoalmente aos príncipes, começa a dar-se, lentamente já ao longo daqueles séculos e depois sobretudo durante o último século, uma reformatação do sistema da dívida pública que vai afastando gradativamente os grandes financiadores de sua posição dominante e admite em seu lugar uma

---

38 F. Von Mensi, *Die Finanzen Österreichs von 1701–1740*, p.409.
39 *Memoiren der Glückel von Hameln* [publicado no original iídiche por D. Kaufmann, 1896], tradução alemã de 1910 (edição particular), p.240.
40 M. Zimmermann, *Josef Süß Oppenheimer, ein Finanzmann des 18. Jahrhunderts*.
41 Address by Louis Marshall, in: *The 250th Anniversary of the Settlement of the Jews in the U.S.A.*, p.102.
42 H. Friedenwald, Jews Mentioned in the Journal of the Continental Congress, *Publications*, v.1, p.63 et seq.
43 W. G. Sumner, *The Financiers and the Finances of the American Revolution*, 2v.

quantidade crescente de credores de todos os estratos patrimoniais. Mediante o desenvolvimento do moderno sistema de empréstimo, que naturalmente tenho em mente, o crédito público foi, como se disse, "democratizado": o judeu da corte é descartado. E mais uma vez os judeus ajudaram efetivamente na formação desse moderno sistema de empréstimo; foram eles, portanto, que tornaram a si próprios supérfluos como financiadores monopolistas e, desse modo, contribuíram ainda mais para a fundação dos grandes Estados.

A formatação do sistema creditício público, no entanto, perfaz apenas um componente de uma remodelação bem maior, universal, experimentada pela nossa economia nacional e na qual, a meu ver, os judeus igualmente tiveram de modo geral uma participação destacada. É recomendável, portanto, examinar e expor essa remodelação em sua totalidade.

Capítulo VI
A comercialização da vida econômica

Entendo por comercialização da vida econômica (como quero circunscrever por enquanto, de modo bem vago, esse fenômeno) a dissolução de todos os processos econômicos em negócios comerciais; ou então sua associação com negócios comerciais; ou sua subordinação a negócios comerciais e, desse modo, como se costuma dizer de maneira não muito clara, à "bolsa de valores" como o órgão central do alto comércio capitalista.

Refiro-me, portanto, como se pode ver, ao processo familiar a qualquer pessoa que hoje se aproxima de sua perfeição e que significa a consumação do capitalismo: o processo de bolsificação [*Verbörsianisierung*] da economia nacional, como se poderia denominá-lo, praticando uma violência contra a língua alemã. Mas o nome não importa tanto quanto a compreensão da essencialidade do fenômeno que, num exame mais preciso, se desmembra em três componentes – que podem ser diferenciados tanto histórica quanto sistematicamente.[1]

Primeiro se efetua um processo que pode ser chamado de reificação do crédito (ou, mais genericamente: dos direitos creditícios) e sua objetivação

---

[1] Observo que a exposição que faço aqui das tendências de desenvolvimento da (alta) economia nacional capitalista é apenas provisória e esquemática (na medida em que seja indispensável para o cumprimento da tarefa específica proposta neste livro); observo ainda que espero poder empreender uma abordagem detalhada de todos os pontos aqui apenas tangenciados na nova edição do meu livro *Der moderne Kapitalismus*.

(corporificação) nos "títulos de crédito". A ele segue-se um processo conhecido pelo nome de mobilização, ou, se preferirmos uma palavra alemã, a comercialização [*Vermarktung*] desses direitos creditícios e de seus portadores. Porém, as duas coisas são complementadas pela formação de empreendimentos autônomos com a finalidade de criar esses direitos creditícios (títulos de crédito), ou seja, pela sua criação com fins lucrativos.

A exposição a seguir visa apresentar a prova de que, em todos esses processos, os judeus tiveram participação criativa e inclusive que a peculiaridade da vida econômica moderna que ganha expressão nesse desenvolvimento deve seu surgimento propriamente à influência judaica.

I. O surgimento dos títulos de crédito

Os juristas vislumbram a característica essencial do título de crédito em seu significado peculiar para a validação do direito nele assegurado,[2] a saber, que seu exercício ou sua transferência, ou ambos, por direito não ocorre sem a posse do documento. Enquanto isso, nós, do ponto de vista da ciência econômica – sem entrar em contradição com a concepção jurídica, mas, muito antes, reforçando a sua correção –, devemos enfatizar que, num título de crédito (quando ele apresenta, em toda a sua pureza, a natureza singular de um tipo específico de documento, diferenciável de todos os demais), não se "corporifica" uma relação pessoal, mas uma relação "reificada" de dívida (ou de exigibilidade ou, então, num sentido

---

2 Assim acabam concordando (apesar da forte polêmica) H. Brunner, in: W. Endemann, *Handbuch des deutschen Handels-, See- und Wechselrechts*, v.2, p.147, e L. Goldschmidt, *Universalgeschichte des Handelsrechts*, 1891, p.386. Também K. Knies, *Der Credit*, 1876, p.190, compreende o conceito do título de crédito de modo essencialmente jurídico, ao dizer que se trata "de uma nova norma básica peculiar para a preservação e a validação de um direito e igualmente com uma nova norma básica para a transmissão de tal direito para outros". Ele se aproxima mais de uma concepção especificamente nacional-econômica quando fala da necessidade que a transação tem (ibid., v.2, p.238) "de 'objetivar' um crédito sem levar em consideração a razão de seu surgimento e fazê-lo 'frutificar' mediante uma cédula – o título de crédito".

mais amplo, de crédito).³ O surgimento dos títulos de crédito constitui, portanto, a expressão exterior da reificação das relações de crédito, sendo que esta, por sua vez, compõe apenas um elo individual na corrente de reificações, que, mais do que qualquer outro, é o fenômeno que caracteriza todo o sistema do capitalismo avançado. A "reificação" de uma relação originalmente pessoal se efetua sempre que a incidência ou atuação conjunta imediata de pessoas vivas é substituída pela atuação de um sistema das instituições (organizações) criadas pelo ser humano para isso. (Podemos observar o fenômeno paralelo na técnica, na qual a reificação consiste em que o trabalho humano vivo é transferido para um sistema de corpos sem vida: maquinismo ou quimismo.) Portanto, a condução da guerra se "reifica" quando a batalha não é mais decidida pela iniciativa bem pessoal do comandante das tropas, mas pela hábil execução de todas as experiências coletadas ao longo dos anos e a aplicação do sistema artificial da estratégia e da tática, da técnica de artilharia e dos métodos de aprovisionamento etc. Uma empresa de comércio varejista é reificada quando o chefe, que antes exercia sozinho a direção, que se relacionava pessoalmente com os funcionários e com os clientes, é substituído por uma diretoria, à qual se subordina uma equipe de subdiretores, que, por sua vez, supervisionam a atividade de milhares de funcionários: todos apenas por força do plano organizacional, ao qual cada indivíduo está sujeito; nesse plano, cada ato individual de compra não constitui mais um acordo bem pessoal entre comprador e vendedor, mas um processo automático que se desenrola segundo normas fixas bem determinadas. O contrato de trabalho coletivo "reifica" a relação salarial etc.

---

3   Compreendo o conceito da "relação de crédito" no sentido amplo de uma relação de obrigação entre pessoas, a qual surge pela entrega de um valor em patrimônio a um outro, que promete a contrapartida para o futuro. De toda relação de crédito decorre, portanto, uma relação de dívida e de cobrança, mas só no sentido econômico, não se estendendo ao sentido jurídico, visto que os direitos de cobrança nesse sentido material amplo incluem também direitos de propriedade, direitos materiais etc.; por exemplo, o direito do proprietário ao reembolso da renda ou do aluguel, do hipotecário ao reembolso do juro da hipoteca etc., do trabalhador ao reembolso do salário etc.

Por esse tipo de reificação passam também as relações de crédito em determinado estágio do desenvolvimento capitalista (e essa reificação do crédito é, como eu disse, a marca característica da economia nacional moderna, e não, por exemplo, o surgimento ou a simples ampliação das relações de crédito, o qual muitas vezes possui, ao menos como crédito para consumo, uma importância destacada em todo o período pré-capitalista e na fase inicial do período capitalista: Antiguidade!). Em termos bem genéricos, uma relação de crédito é "reificada" quando não surge mais do acordo pessoal entre duas pessoas conhecidas, mas é estabelecida, mediante um sistema de instituições humanas, entre pessoas desconhecidas entre si segundo normas objetivadas e em formas esquematizadas. O ponto de apoio dessas instituições é constituído justamente pelos títulos de crédito, nos quais é "objetivada" a relação de crédito e dívida entre dois desconhecidos, e mediante cuja posse a cada momento um novo credor pode ingressar na relação de crédito. O título de crédito funda, portanto, uma relação impessoal de crédito. Isso nos ensina uma análise precisa do nexo da dívida criado pelos tipos conhecidos de títulos de crédito. Estes são principalmente: a letra de câmbio endossada, a ação, a nota bancária, a "obrigação" de direito público e de direito privado.

A *letra de câmbio endossada* (em contraposição à não endossada), assim como a letra de câmbio em branco, funda o direito creditício de um terceiro qualquer totalmente desconhecido tanto diante do devedor (sacado) quanto diante do credor original (sacador), com o qual o devedor de resto jamais precisará ter atado um laço econômico. Ele passa a ser um meio de pagamento universal. O endosso torna desnecessário que os interessados compareçam pessoalmente em determinados dias de compensação (*Meßwechsel!*).[4]

A *ação* cria para um proprietário qualquer um direito de participação no capital e no lucro de uma empresa com a qual ele não tem nenhuma relação pessoal. A relação da pessoa com a atividade do negócio é dissociada não só da cooperação pessoal, mas até mesmo do patrimônio concreto que

---

4 F. A. Biener, *Wechselrechtliche Abhandlungen*, 1859, p.145.

pertence a uma pessoa: ela é objetivada numa soma abstrata de dinheiro que pode pertencer a complexos patrimoniais bem diferentes.

A *nota bancária* cria para o portador um direito creditício diante do banco com o qual ele jamais precisará ter firmado uma relação contratual. O seu direito existe sem qualquer relação, por exemplo, com uma dívida pessoalmente fundamentada (como um depósito).

A *obrigação (parcial)* igualmente funda uma relação de crédito entre desconhecido (o público, como dizemos caracteristicamente) e um terceiro: seja este uma corporação pública, uma sociedade por ações ou uma pessoa física. O Estado ou a comunidade que tomam um empréstimo público não conhecem os seus credores, o mesmo ocorrendo com o empreendimento industrial que emite obrigações ou o fazendeiro que vende hipotecas para conseguir bens líquidos. A obrigação inclusive apresenta diversos graus da reificação da relação de crédito: dependendo de se o devedor é uma pessoa individual (e, assim, conhecida) ou não. Nesse caso, pode-se subdividir as obrigações (parciais) em individuais e coletivas. No caso daquela, os credores se defrontam com um devedor na forma de empresa bem determinada (ou, por exemplo, um determinado "senhorio"); no caso desta, defrontam-se com uma quantidade desconhecida de devedores. Isso ocorre, como se sabe, na relação hipotecária, na qual estão empenhados como devedores todos os (ou muitos) proprietários de terra de um distrito, de cuja existência o detentor da hipoteca talvez nada saiba.

Provar "com base em fontes" a participação dos judeus na gênese dessa instituição é uma tarefa que jamais poderá ser cumprida cabalmente. Nem mesmo quando tivermos nos ocupado mais com a posição dos judeus em épocas econômicas anteriores, nem mesmo quando tivermos processado melhor do que fizemos até agora as quadras da história econômica quase totalmente negligenciadas e que são de importância para os problemas aqui abordados, como, por exemplo, principalmente a história do sistema monetário e bancário na península dos Pireneus durante os últimos séculos da Idade Média. Isso pela simples razão de que a gênese das organizações econômicas, a exemplo da gênese dos institutos jurídicos, não poderá ser provada "com base em fontes" até seus últimos fundamentos. Pois, como ressaltam sobejamente inclusive os principais representantes da história do direito e da história da economia "baseadas em fontes", não se trata de "invenções" ou "descobertas" com data precisa de início, mas de processos de crescimento lentos e como que orgânicos, cujos primórdios se perdem na obscuridade da vida cotidiana. Temos de nos contentar com a constatação de que, numa época determinada, os costumes negociais apresentaram este ou aquele traço básico, que o intercâmbio econômico estava (metaforicamente) afinado com este ou com aquele tom. Porém, em muitos casos, nem para fazer essa constatação as provas documentais muitas vezes irrisórias das fontes são suficientes e, por essa razão, reiteradamente será preciso recorrer, para fins de correção da pesquisa "baseada em fontes" sobre certo instituto, às conclusões tiradas a partir da situação econômica (ou jurídica) geral em que se encontrou uma época ou um determinado grupo populacional.

Penso, por exemplo, na *história da letra de câmbio*; esta certamente jamais poderá ser montada a partir das poucas letras de câmbio que por acaso chegaram até nós da Idade Média. Elas sempre só nos servirão como confirmações ou correções valiosas de conclusões gerais. Porém, sem essas conclusões gerais não haverá muito que compreender. Com certeza têm razão aqueles que, diante do fato de que a antigamente assim chamada "mais antiga" letra de câmbio teria sido emitida pelo judeu Simon Rubens (1207), não quiseram admitir a conclusão de que os judeus teriam sido os "inventores" da letra de câmbio.[5] Porém, tampouco é factível querer concluir do outro fato, a saber, de que letras de câmbio mais antigas procederam de não judeus: os judeus não são "os inventores" da letra de câmbio. Quem sabe quantos milhares de letras de câmbio foram emitidas naquele tempo por este ou aquele grupo populacional, em Florença ou Brügge, de cuja existência não temos qualquer informação? Porém, o que sabemos com muita exatidão é isto: que os judeus foram portadores da circulação de dinheiro durante toda a Idade Média, que eles tinham sede nos mais diferentes lugares da Europa e mantinham relações entre si. E o que podemos concluir disso com alguma segurança é isto: que "os judeus,

---

5 A hipótese é de Kuntze e outros. Ver Goldschmidt, *Universalgeschichte des Handelsrechts*, p.408 et seq.

enquanto mediadores influentes do comércio internacional, praticaram em grande escala e aprimoraram o negócio de remessas de dinheiro [*Remittierung*] tradicional no direito vulgar dos países mediterrâneos".[6]

Nem é preciso salientar expressamente que, quando se quer obter conhecimento histórico desse tipo pela via dedutiva, é preciso ser extremamente cuidadoso. Mas nem por isso devemos desistir da aplicação desse método. E, no caso de um problema como o que estamos tratando aqui, não chegaríamos a conhecimento algum sem ele. Todavia, também há casos, como ainda veremos, em que é possível comprovar a participação dos judeus na formação de um instituto econômico com toda a "base em fontes" que se pode desejar. Porém, ao lado disso permanece ainda uma profusão de fenômenos cuja gênese não se consegue aclarar com nenhum tipo de provas baseadas em fontes. No caso destes, temos de nos contentar em apresentar a prova de que os judeus desempenharam um papel importante na atividade comercial na época e na região em que supostamente se deva procurar os primórdios da nova entidade, ou que os judeus necessariamente teriam um interesse muito especial na formação de determinado instituto econômico (ou jurídico). Talvez investigações posteriores ainda tragam à tona mais material de prova "baseado em fontes", agora que a visão foi aguçada para o problema. O que estou dizendo aqui sobre método aplicado vale de modo geral, mas muito especialmente para o breve panorama histórico que quero proporcionar a seguir sobre a gênese dos tipos mais recentes de títulos de crédito anteriormente delineados.

1. *A letra de câmbio endossável*

O que nos interessa aqui não é o surgimento da letra de câmbio, mas (como se poderia dizer) o surgimento da letra de câmbio moderna, isto é, da letra de câmbio reificada, por ter sido endossada.

---

6 Ibid., p.410. Goldschmidt naturalmente apõe à frase aqui formulada afirmativamente um ponto de interrogação e a formula no condicional: "por enquanto, não há como apurar isso a partir das fontes disponíveis". Ver, em contraposição, A. Wahl, *Traité théorique et pratique des titres au porteur*, 1891, v.1, p.15.

De modo geral, assume-se que a circulação da letra de câmbio, em todo caso, não atingiu seu pleno desenvolvimento antes do século XVII e é incondicionalmente reconhecida pela primeira vez na Holanda (no Ato Arbitrário de Amsterdã de 24 de janeiro de 1651).[7] Porém, o que se efetivou na área do sistema monetário e creditício durante o século XVII na Holanda sempre deve ser atribuído, como ainda veremos com maior exatidão, mais ou menos à influência judaica. *Goldschmidt* transpõe os primórdios da circulação da letra de câmbio para Veneza, onde ela, em todo caso, é proibida numa lei de 14 de dezembro de 1593 (ao passo que a primeira circulação de letra de câmbio do seu conhecimento ocorre num documento napolitano de 1600).[8] O surgimento da figura circulante em Veneza permitiria inferir com bastante segurança a origem judaica, pois sabemos que nessa cidade, no século XVI, a movimentação de letras de câmbio estava preponderantemente nas mãos dos judeus. Na já mencionada petição dos comerciantes cristãos de Veneza ao Estado do ano de 1550, a passagem que faz referência ao negócio dos judeus com letras de câmbio tem o seguinte teor literal:

Il medesimo comertio tegniamo con loro etiam in materia de cambii, perchè ne rimettano continuamente i lor danari; [...] vero mandano contanti, acciochè geli cambiamo per Lion, Fiandra et altre parti del Mondo su questa piazza di Rialto o vero ge compriamo Panni de seda o altre mercantie secondo il commodo loro, guadagnando le nostre sollte provisioni. [...] Questo che dicemo delli habbitanti in Fiorenza succede anche per li altri mercadanti di simil nation Spagnuola et Portugeza che abita in Fiandra, Lion, Roma, Napoli, Sicilia et altri

---

7 J. E. Kuntze, Zur Geschichte der Staatspapiere auf den Inhaber, *Zeitschrift für das gesamte Handelsrecht und Konkursrecht*, v.5, p.198 et seq.; id., *Inhaber Papiere*, p.58, 63; Goldschmidt, *Universalgeschichte des Handelsrechts*, p.448-9; Sieveking in: *Schmollers Jahrbuch*, 1902; e sobretudo Schaps, *Zur Geschichte des Wechselindossaments*, principalmente p.86 et seq. "De modo geral, o século XVII e o início do século XVIII podem ser caracterizados como o período da disseminação e do aperfeiçoamento do endosso em toda a Europa." Compare com Biener, op. cit., p.121 et seq., 137 et seq.

8 Goldschmidt, *Universalgeschichte des Handelsrechts*, p.452; G. Schaps, *Zur Geschichte des Wechselindossaments*, p.92. A primeira proibição (segundo Schaps) aparece na *Pragmatica Napolitana*, de 8 de novembro de 1607 (ibid., p.887).

paesi quali se estendono a negociar con noi, non solo in cambii ma in mandar qui mercantie de Fiandra, formenti di Sicilia per vender et comprar altre mercantie da condur in altri paesi.[9]

O endosso parece ter experimentado uma evolução posterior nas Feiras de Gênova, no século XVI. Ao menos encontramos nestas pela primeira vez o "aval de circulação", como passou a ser chamado recentemente, que devemos encarar como um precursor da letra de câmbio circulante propriamente dita.

Quem foram os "genoveses" com que nos deparamos no século XVI em diversos lugares, principalmente nas famosas Feiras de Besançon, como donos do mercado monetário e creditício? Que de uma hora para outra desenvolveram um "genial espírito de negócios" e formas de circulação de pagamentos internacionais de que até ali não se tinha conhecimento? Sabemos que as antigas famílias ricas de Gênova com seus vastos patrimônios atuavam como os principais credores da coroa espanhola e dos demais príncipes necessitados de dinheiro. Porém, sem que se assuma um impulso exterior específico para isso, parece-me menos plausível que os rebentos dos Grimaldi, dos Spinola, dos Lercara tenham desenvolvido aquele "genial espírito de negócios" que cunhou a atuação dos genoveses no século XVI, ou que as antigas linhagens nobres tenham frequentado as Feiras de Besançon ou quaisquer outras ou mesmo com ativismo inusitado tenham enviado seus agentes até elas. Algum sangue novo terá sido injetado nas veias do corpo senil da vida econômica genovesa pelos judeus?

---

9 Apud D. Kaufmann, *Die Vertreibung der Marranen aus Venedig im Jahre 1550*, JQR, v.13, 1901, p.320 et seq. [Temos com eles a mesma relação em matéria de câmbio, porque lhes remetemos continuamente seu dinheiro; [...] de fato mandamos em moeda sonante, para o que a trocamos para eles via Lion, Flandres e outras partes do mundo para esta praça de Rialto ou então compramos tecidos de seda ou outras mercadorias, segundo lhes aprouver, ganhando por isso somente as nossas provisões habituais. [...] O que dissemos dos habitantes de Florença sucede também com os outros mercadores da mesma nação espanhola e portuguesa que habitam em Flandres, Lion, Roma, Nápoles, Sicília e outros países, os quais tendem a negociar conosco, não só em matéria de câmbio, mas também mandando mercadorias de Flandres, trigo da Sicília para vender aqui e comprar outras mercadorias para remeter a outros países. – N. T.]

Em todo caso, sabemos que refugiados da Espanha também aportaram em Gênova e que uma parte desses emigrantes judeus se converte ao cristianismo; ao passo que a outra parte foi acolhida na pequena cidade de Novi, perto de Gênova, e que esses judeus de Novi também tinham relações na capital; sabemos que esses imigrantes eram, "via de regra, judeus, capitalistas e médicos industriosos e inteligentes" e que, em Gênova, no curto lapso de tempo até 1550, eles desagradaram a ponto de despertar o ódio da população.[10] Porém, também sabemos que havia relações movimentadas entre as casas bancárias de Gênova e as casas bancárias judaicas (ou, naquela época, já as marranas) das cidades espanholas, como, por exemplo, a principal casa bancária de Sevilha, os Espinosas.[11]

Até agora, pelo que vejo, a pergunta pelo papel que os judeus tiveram nas Feiras de Gênova ainda não foi levantada. Respondê-la será especialmente difícil porque os judeus que fixaram residência em Gênova tiveram de manter o mais cuidadoso sigilo sobre sua origem, ainda mais após sua expulsão oficial no ano de 1550. É de se prever que, na maioria dos casos, eles devem ter trocado seus nomes e, como tantas vezes em situações parecidas, ostentado um pseudocristianismo especialmente rigoroso. De qualquer modo, valeria a pena a tentativa de pegar o seu rastro nesse ponto. Pelo que vejo, é o único caso em que, no período pós-medieval, uma grande circulação monetária e creditícia aconteceu sem a participação comprovada de elementos judeus (isto é, marranos). Talvez essa prova apenas tenha me escapado, mas já foi apresentada. Nesse caso, eu seria grato pela correção.

2. *A ação*

Se quisermos falar de ação já no caso em que um capital é desmembrado em diversas parcelas às quais se restringe a responsabilidade dos

---

10 Graetz, v.8, p.354; v.9, p.328.
11 As por ora melhores exposições sobre as Feiras de Gênova são as de Ehrenberg, *Zeitalter der Fugger*, v.2, p.222 et seq., e W. Endemann, *Studien in der römisch-kanonischen Wirtschafts- und Rechtslehre*, v.1, p.156 et seq. Endemann se baseou essencialmente em Scaccia e Raphael de Turris, enquanto Ehrenberg usou como fonte, além daqueles, também algumas pastas do arquivo dos Fugger.

capitalistas participantes no empreendimento, então já se identificará os maoneses genoveses do século XIV[12] na *Casa di San Giorgio* (1407) e as grandes companhias de comércio do século XVII como sociedades por ações. Se colocarmos o peso decisivo na "reificação" da relação do capital, não se poderá deslocar os primórdios da sociedade por ações e da ação para antes do século XVIII. Todas as uniões de capital anteriores com responsabilidade limitada preservaram em maior ou menor grau seu caráter pessoal. Os Monte italianos com toda clareza estavam fortemente imbuídos de um espírito pessoal. O papel da pessoa do maonês não era menos importante que o do capital. Na *Banca di San Giorgio* tem-se o maior zelo para que a participação de determinadas famílias na direção do banco seja preservada e adequadamente distribuída. Porém, nem nas grandes companhias comerciais do século XVII a reificação do direito acionário é completa. Na Companhia Inglesa das Índias Orientais, que só a partir de 1612 possuiu uma *joint stock*, ou seja, um capital por ações (até ali ela tinha como que apenas composto a moldura, dentro da qual seus membros individuais tocavam seus negócios autonomamente, à maneira das *regulated companies* [companhias regulamentadas]), até 1640 a participação nos fundos ainda tinha como pressuposto a afiliação à companhia. Portanto, a participação só poderia ser cedida a um membro. Somente em 1650, a transferência a estranhos se torna possível, mas estes precisavam se tornar membros.

No caso de outras companhias, a transferência da ação (que originalmente sempre expressava somas desiguais e ímpares, ou seja, também a partir desse aspecto preservava um cunho individual) estava vinculada à permissão dada pela Assembleia Geral ou a companhia detinha a preferência de compra. A ação é apenas "certidão de afiliação" (ainda não "documento dispositivo"). Durante todo o século XVIII, ainda preponderava a ação nominativa.[13] E também onde a ação era livremente vendável (como na Companhia das Índias Orientais na Holanda), ela só podia ser

---

12 Se não já na Sociedade dos Pairiers, à qual o moinho du Basacle, de Toulouse, foi transmitido no século XII com base em títulos de participação (*uchaux* ou *saches*) (E. Guillard, *Les opérations de Bourse*, 1875, p.15).

13 Ver sobretudo K. Lehmann, *Die geschichtliche Entwicklung des Aktienrechts*, 1895.

desvinculada de uma pessoa e transferida para outra por meio de procedimento de transcrição infinitamente artificioso e demorado.[14]

Portanto, se quisermos seguir o rastro da gênese da ação enquanto título de crédito moderno, devemos a procurar no século XVIII, e não no século XIV. E, de acordo com isso, também a pergunta pela participação dos judeus na formação da relação acionária moderna só poderia ser respondida com a demonstração de que, durante os últimos 150 a 200 anos, eles exerceram influência sobre a reificação da relação acionária, que em sua origem ainda estava fortemente orientada para a pessoa. Não consigo demonstrar uma influência direta desse tipo. Porém, indiretamente eles colaboraram em duas frentes de modo duradouro na reificação também da ação: por meio de sua posição peculiar em relação à especulação e ao título ao portador, o que será tratado com detalhes mais adiante. A especulação pressionava pela reificação; a transformação das ações nominativas em ações ao portador proporcionou um dos meios mais eficazes de implementar a reificação: isso nos diz a simples reflexão. Podemos até demonstrar com base em casos isolados que a reificação da relação acionária foi promovida diretamente pelos interesses da especulação. Assim sendo, pelo visto foi esta que transformou as ações da Companhia Holandesa das Índias Orientais, que originalmente expressavam somas desiguais e ímpares, no tipo uniforme de 3 mil florins.[15]

3. *A nota bancária*

A questão referente a quando a primeira "nota bancária" viu a luz do mundo ainda é controversa e é de se prever que continuará sendo por muito tempo, não só porque novo "material de fontes" continua sendo trazido à tona, mas sobretudo também porque cada um dos diferentes

---

14 J.-P. Ricard, *Le Négoce d'Amsterdam*, 1723, p.397-400.

15 Essa pelo menos é a conclusão a que chega André-Émile Sayous, Le fractionnement du capital social de la Compagnie néerlandaise des Indes orientales aux XVIIe et XVIIIe siècles, *Nouvelle Revue Historique du Droit Français et Étranger*, v.25, 1901, p.621 et seq., 625.

autores encara características diferentes como essenciais para a existência de uma nota bancária.

Assim, a primeira nota bancária é vista por alguns já nos *fedi di deposito* (Goldschmidt), por outros nos *fedi di credito* (Nasse), em terceiro lugar, nas *Goldsmith notes* inglesas (Rogers), em quarto, nas notas do Banco da Inglaterra (Salvioni e outros) e, em quinto, nas ordens de pagamento que o Banco de Estocolmo emitiu no ano de 1661 para evitar o transporte de moedas de cobre (Röscher).

Se também nesse caso considerarmos, como eu faço, como decisivo o momento do desenvolvimento em que a relação de dívida assegurada pelas cédulas do banqueiro foi "reificada", poderemos falar de um novo tipo de títulos de crédito no momento em que um banqueiro pela primeira vez emitiu uma promessa de pagamento por escrito ao portador sem relação direta com um depósito bancário. Antes disso também já havia cédulas de banqueiros. Porém, elas eram emitidas com base num saldo positivo em conta e no nome da pessoa. O portador nominativo aparece no papel como credor do banco: este deveria honrar as notas bancárias ou aceitá-las como pagamento conforme suas instruções e ordens. Assim, quem descreve de modo especialmente detalhado as notas do Banco Romano do Espírito Santo é Ansaldo em seu *Discursus generalis* n° 166 e seguintes.[16] Ainda podemos ver aí claramente a ancoragem pessoal da cédula do banqueiro, que ainda parece existir, por exemplo, nas cédulas de depósito com sua cláusula à ordem, como ocorrem em 1422 em Palermo, e até mesmo nas cédulas de depósito bolonhesas com sua cláusula ao portador do ano de 1606.[17]

Onde e quando foi cortado o cordão umbilical que ligava a cédula do banqueiro e o depósito bancário? Pelo que dispomos até agora de "material de fontes", o mais provável, a meu ver, é que esse ato de nascimento da cédula impessoal do banqueiro teve lugar em Veneza por volta do início do século XV. Pois ali nos deparamos, nesse período, com promessas de pagamento por escrito da parte dos bancos que ultrapassavam o valor dos depósitos em dinheiro e, também, já no ano de 1421, com uma proibição

---

16 Cf. Endemann, *Studien*, v.1, p.457 et seq.
17 Goldschmidt, *Universalgeschichte*, p.322.

por parte do Senado de comercializar tais promessas de pagamento.[18] Os dois judeus que, no ano de 1400, teriam sido os primeiros a receber a autorização para fundar um banco "propriamente dito" (cujo sucesso foi tão grande que os Nobili se apressaram em imitá-los)[19] foram os pais das primeiras notas bancárias impessoais?

Talvez nesse caso tampouco se poderá ver uma única firma como criadora da nova forma de dívida. Nesse caso, também será necessário assumir um surgimento a partir do ambiente propício para tanto. Mas talvez seja possível delimitar uma área como a de uma cidade como foco de surgimento. E muita coisa fala a favor de presumir que esse surgimento se deu onde o sistema bancário experimentou a sua primeira formatação mais completa. E, pelo que sabemos hoje, essa cidade foi Veneza. E Veneza — isso é o que nos interessa aqui — era uma autêntica cidade judaica. Segundo um registro do ano de 1152, já teria havido naquela época na cidade uma colônia judaica de 1300 almas.[20] No século XVI (após a "expulsão"?), o seu número em Veneza é estimado em 6 mil; fabricantes judeus empregam 4 mil trabalhadores cristãos.[21] Essas cifras naturalmente não têm nenhum "valor estatístico". Mas elas mostram, em todo caso, que havia

---

18 O material documental mais importante sobre a *história do sistema bancário em Veneza* ainda é da coleção de Elia Lattes, *La libertà delle banche a Venezia dal secolo XIII al XVII secondo i documenti inediti del R. Archivio dei Frari...*, de 1869. Escreveram sobre esse tema Francesco Ferrara, Gli antichi banchi di Venezia, *Nuova Antologia*, v.16 (este autor ainda aporta uma série de documentos referentes aos Soranzo, in: *Archivio Veneto*, v.1, 1871); Erwin Nasse, Das venetianische Bankwesen im 14., 15. und 16. Jahrhundert, *Jahrbuch für Nationalökonomie*, v.34, p.329 et seq., 338 et seq. Uma exposição minuciosa da participação dos judeus no sistema bancário veneziano seria uma tarefa gratificante. Mas evidentemente também uma tarefa difícil, pois pelo que vejo das fontes impressas até agora os judeus de Veneza são, já no século XV, em grande parte pseudocristãos, muitas vezes em cargos oficiais com nomes cristãos etc.

19 H. D. Macleod, verbete Bank of Venice, *Dictionary of Political Economy* apud A. Andréadès, *History of the Bank of England*, 1909, p.28.

20 *Gallicioli Memorie Venete*, v.2, n. 874, in: *Graetz*, v.6, p.284.

21 S. Luzzato, *Discorso circa il stato de gl'Hebrei, et in particolar dimoranti nell' inclita Città di Venetia*, 1638, cap. 1 e p.9a, 29a. As cifras não devem ser tomadas como valores exatos; elas se baseiam em meras estimativas do autor rabínico, que, aliás, não deixa de ser inteligente.

uma quantidade considerável de judeus em Veneza, cuja atividade nos é atestada também por outras características. No século XV, encontramos entre as principais casas bancárias numerosas instituições judaicas (uma das maiores foi a dos Lipman). E em 1550, como sabemos, os comerciantes cristãos de Veneza declararam que poderiam emigrar rapidamente caso lhes proibissem o comércio com os marranos.

Mas talvez os marranos já tivessem fundado o sistema bancário moderno antes disso na *Espanha*. É hora de obter informações mais precisas sobre isso. Pois aquilo que *Capmany* nos diz sobre a *taula de cambi* em Barcelona (1401) e o que os historiadores econômicos mais recentes nos dizem sobre outros bancos nesse país[22] deixa-nos totalmente insatisfeitos. É muito provável que os judeus tenham sido os principais banqueiros na península dos Pireneus quando se tomou medidas contra eles (século XVI). Quem teria ocupado o seu lugar antes disso?

Mencionamos apenas de passagem que havia judeus envolvidos em toda parte onde, no século XVII, foram fundados "bancos", sobretudo também na fundação dos três bancos mais famosos daquele século: do Banco de Amsterdã, do Banco de Londres e do Banco de Hamburgo. Visto que essas fundações bancárias marcaram época como atos organizatórios administrativos, mas não como atos organizatórios capitalistas — pois o banco de giro privado com a unidade monetária ideal decerto já havia sido desenvolvido nas cidades italianas durante o século XV; em todo caso, deparamo-nos com ele como tipo pronto já nas Feiras de Gênova —, não as incluo na esfera destas discussões.

Limito-me a registrar sucintamente os fatos:

> Os judeus aproveitam as experiências reunidas na fundação do Banco de Amsterdã para o Banco de Hamburgo, fundado logo depois (1619), no qual constatamos a participação de 40 famílias judaicas.
>
> E também o Bank of England teria sido inspirado, como querem os expositores mais recentes de sua história, essencialmente pelos judeus que

---

22 Ver, por exemplo, d. M. Colmeiro, *Historia de la economia política en España*, v.1, p.411; v.2, p.497 et seq.

imigraram em meados daquele século vindos da Holanda.[23] Chegaremos a essa concepção se atribuirmos importância decisiva ao documento de Samuel Lambe, do ano de 1658[24], em favor do banco inglês. Andréades data a partir desse documento, inclusive, a ideia de criar o banco e emite a seguinte opinião: desde que fora publicado um escrito imediatamente anterior a esse, requerendo a fundação de um banco – o de Balthasar Gerbier, do ano de 1651 –, o acontecimento decisivo para o destino do Bank of England teria se dado: a readmissão oficial dos judeus por Cromwell. Não consigo reconhecer *"the superiority"* [a superioridade] do escrito de Lamb na mesma medida que Andréades. Aliás, a participação proeminente dos judeus na fundação do Bank of England também é ressaltada por outros.

4. A obrigação parcial

Demorou muito tempo até que o *título de dívida pública* atingisse o grau de reificação que possui hoje. As exposições detalhadas que, em épocas recentes, permitiram que reconhecêssemos a essência do sistema de dívida pública dos países alemães durante o século XVIII mostram que, até a segunda metade desse século, por exemplo, as finanças da Áustria e da Saxônia ainda apresentavam totalmente o cunho pessoal tradicional. Na Áustria, durante o período pré-teresiano, não há conhecimento de papéis ao portador no sistema de dívida pública; as dívidas do Estado são de natureza jurídica privada: devedor é o monarca ou o cargo.[25] O empréstimo de 1761 é o primeiro a representar um tipo já fortemente modernizado: pela primeira vez, o juro não é pago mediante um recibo emitido pela pessoa com direito a ele, mas mediante a entrega individualizada da cédula de juros anexada à obrigação.[26] Da mesma forma, na Saxônia, até meados do século em questão, os empréstimos têm um matiz inteiramente pessoal: o valor da dívida, a segurança, a taxa de juros, o prazo dos juros, vencimento, tudo

---

23 A. Andréades, *Hist[ory] of the Bank of E[ngland]I*, 1909, p.28.
24 S. Lambe, *Somers Tracts*, v.6, 1658, p.446.
25 F. Von Mensi, *Die Finanzen Österreichs von 1701–1740*, 1890, principalmente p.34 et seq.
26 A. Beer, *Das Staatsschuldwesen und die Ordnung des Staatshaushalts unter Maria Theresia*, p.13.

tem um cunho individual, é individualizado de caso para caso. Os recibos assinados são chamados de "cédulas da Câmara ou cédulas fiscais". Eles comprovam o que o representante individual emprestou da sua reserva em dinheiro para o fisco ou a Câmara. Elas são obrigações principais no sentido de que abrangem toda a dívida do credor. Em correspondência, cada crédito é executado relativamente a um montante individual, diferente de outros.[27]

Não há dúvida de que, naquele período, o processo de reificação nos países ocidentais já estava mais adiantado (embora não muito). Na Inglaterra, no ano de 1660, é juntada aos *tallies* [às duplicatas], até ali intransferíveis, uma *ordre of repayment* [ordem de reembolso], mas os primeiros empréstimos decisivos, no sentido moderno, são os de 1693, 1694.[28] E as obrigações holandesas teriam contido a cláusula ao portador uniformemente já no século XVI. Todavia, também nesse caso as obrigações ainda trazem, durante todo o século XVII, o invólucro da dívida pessoal: em 1672, cada obrigação ainda precisava ser feita por escrito, e nem seu teor nem o montante da obrigação individual estavam fixados de uma vez por todas.[29]

Cooperação dos judeus na formatação do tipo moderno de empréstimo? O que se pode provar é isto: que os homens de confiança de Guilherme III em questões financeiras eram judeus, que o estímulo para que os Estados orientais o aprimorassem foi trazido dos Países Baixos, mais precisamente, com toda probabilidade pelos judeus holandeses, que, durante o século XVIII, são os principais financiadores do país alemão e do país austríaco. Já apontei para isso em outro contexto. Em termos bem gerais, é preciso observar que, durante o século XVIII, as relações entre os judeus holandeses e as finanças europeias manifestamente eram bastante estreitas e ramificadas. Como testemunho sintomático desse fato pode servir um escrito que parece ser pouco conhecido em nossos círculos (pelo que

---

27 W. Däbritz, *Die Staatsschulden Sachsens in der Zeit von 1763 bis 1837*, Tese inaugural Leipzig, 1906, p.14 et seq., 55 et seq.
28 E. Von Philippovich, *Die Bank von England im Dienste der Finanzverwaltung des Staates*, 1885, p.26 et seq.
29 Ehrenberg, *Zeitalter der Fugger*, v.2, p.141, 299.

vejo, nem *Däbritz* o utilizou em seu meritório trabalho) e para o qual ao menos quero indicar. Ele traz o longo título: *Ephraim justifié. Mémoire historique et raisonné sur l'Etat passé, présent et futur des finances de Saxe. Avec le parallèle de l'Oeconomie prussienne et de l'Oeconomie Saxonne. Ouvrage utile aux Créanciers et Correspondants, aux Amis et aux Ennemis de la Prusse et de la Saxe. Adréssé par le Juif Ephraim de Berlin à son Cousin Manassés d'Amsterdam. Erlangen. A l'enseigne de "Tout est dit", 1785.**

Sobre a história da obrigação parcial *privada* sabemos ainda menos que sobre a dos títulos de dívida pública. É como se as obrigações da Companhia Holandesa das Índias Orientais (que contrariamente às ações representavam de antemão valores redondos) tivessem sido as primeiras do seu gênero. Em seguida, deparamo-nos, nas Sociedades de Law, com um tipo de obrigação, a saber, na qual os portadores das ações, enquanto não firmassem um determinado número mínimo (bastante elevado) de ações, eram compensados apenas com um juro fixo (portanto, não tinham direito a dividendos). Porém, a um desenvolvimento propriamente dito o instituto da obrigação parcial privada só chegou em época mais recente, a partir do momento em que as sociedades por ações começaram a multiplicar-se rapidamente. Portanto, tampouco posso dizer algo definido sobre a participação direta que os judeus teriam tido em sua formatação.

Muito provavelmente posso afirmar, em contraposição, que os judeus foram os pais da obrigação privada "de ordem superior", a saber, o tipo que designei como obrigação parcial *coletiva*, e que, no âmbito do crédito da propriedade fundiária, disseminou-se amplamente na forma de hipoteca.

Em todas as exposições referentes às organizações de crédito hipotecário e a sua história nas quais consegui pôr os olhos, considera-se como o primeiro instituto de hipoteca a Schlesische Landschaft [Região da Silésia], montada no ano de 1769 (1770) por Frederico II, para a qual, como se sabe, "um comerciante berlinense chamado Bühring (ou Büring)

---

* Efraim justificado. Memória histórica e argumentada do estado passado, presente e futuro das finanças da Saxônia. Com o paralelo entre a economia prussiana e a economia saxã. Obra útil a credores e correspondentes, a amigos e inimigos da Prússia e da Saxônia. Endereçado pelo juiz Efraim de Berlim a seu primo Manassés de Amsterdã. Erlangen. Do selo "Tudo está dito". (N. T.)

havia dado estímulo inicial no ano de 1767". Os bancos hipotecários, depois disso, nada teriam sido além da impregnação da relação hipotecária originalmente cooperativa com o princípio aquisitivo.

Essa construção histórica é falsa. A hipoteca, assim como o banco hipotecário, surgiu no século XVIII na Holanda. Seus criadores com toda probabilidade são judeus holandeses. Pois nos é relatado que, por volta de meados do século XVIII, banqueiros holandeses conseguiam dinheiro para os plantadores (proprietários de plantações) nas colônias, emitindo obrigações a juros ao portador e em troca penhorando as possessões dos plantadores mediante hipotecas. As obrigações circulavam na bolsa de valores, "como títulos de dívida pública". Os comerciantes (banqueiros) que faziam esses negócios se chamavam "*correspondentie*" ou "*directeurs van de negotiatie*", em francês "*correspondants*" [correspondentes], "*négociants chargés de la correspondance*" [negociantes encarregados da correspondência]; as hipotecas eram as "*obligatie*" ou "*obligations*" [obrigações]. Pelo visto, eram banqueiros privados que, nesse caso, proviam os negócios dos nossos atuais bancos hipotecários. Essas hipotecas circularam no valor de 100 milhões de florins, até que acabou ocorrendo (na década de 1770) uma grande quebra das casas emitentes (exatamente pelas mesmas razões que hoje os nossos bancos hipotecários ocasionalmente vão à falência, sobretudo pela sobrepenhora das propriedades fundiárias). Mas isso não faz parte desse assunto; o que se queria demonstrar é que, já no século XVIII, a hipoteca e o banco hipotecário estavam em pleno florescimento na Holanda. A fonte da qual tomei esse fato importante é *Luzac*, que para o caso em pauta naturalmente é bastante confiável, o qual, em várias passagens, fala da quebra dos banqueiros hipotecários. Quero reproduzir aqui literalmente uma das explanações pertinentes; ela tem o seguinte teor:

> *On imagina de lever de l'argent pour les colons par voie de négociations générales, auxquelles tout particulier pourrait prendre part. Les avances étaient faites sur des reçus ou des obligations à un négociant comme directeur, de la même façon à peu près & sur le même pied que les emprunts se font pour les Souverains et pour les corps publics. Ce négociant comme directeur était chargé de recevoir les produits des plantages, que les colons s'engageaient de lui envoyer & de fournir à leurs besoins. Les colons prenaient ces engagements par des actes*

d'hypothèque, faits en faveur des possesseurs des obligations, & délivrés au directeur. Pour donner plus de crédit à ces négociations on y faisait intervenir deux ou trois personnes de réputation comme commissaires, & qui, comme représentant ceux qui faisaient les avances, devaient avoir soin de veiller à leurs intérêts. Le directeur était d'ailleurs obligé de rendre tous les ans à ces commissaires compte de son administration & de l'état de la négociation. On ne peut nier que l'idée d'intéresser de cette façon tout le public à l'état des colonies, de fournir aux personnes aisées un moyen de placer leur argent & aux colons la facilité de trouver des avances, ne fut très-bonne; aussi eut-elle du succès. Les obligations à la charge des colons de Surinam eurent cours comme d'autres effets publics: elles augmentèrent la masse des objets de commerce & produisirent avec celles des autres colonies la circulation d'environ cent millions de florins: car on prétend que les avances faites de cette façon à la colonie de Surinam montent à soixante millions & que celles qui sont faites aux autres colonies vont à quarante millions. On ne saurait croire la facilité avec laquelle ces négociations furent remplies; mais bientôt cette même facilité fut cause qu'elle ne se soutinrent pas & qu'on en abusa. On prétend que les propriétaires de plantages trouvèrent moyen de les faire évaluer beaucoup au-dessus de leur valeur réelle; & que donnant ces fausses évaluations comme véritables, ils surent obtenir des avances bien au-delà de la véritable valeur de leurs plantages; tandis que ces avances n'auraient dû aller qu'à la cinq-huitième partie de cette valeur.[30]

---

30 [E. Luzac,] *Richesse de la Hollande*, v.2, 1778, p.200. Outra passagem referente a isso se encontra no v.1, p.366 et seq. Na edição holandesa de 1781, a exposição é essencialmente feita nos mesmos termos da edição francesa; só as explanações no v.2, p.307 et seq. são mais detalhadas. Além da sua própria experiência, que certamente foi sua fonte principal, Luzac ainda utilizou P. Fermin, *Tableau de Surinam*, 1778, onde, porém, não consta nada além do que o próprio Luzac relata. [Imagine-se levantar o dinheiro para os colonos pela via das negociações gerais, daquelas em que todo particular possa participar. Os adiantamentos eram feitos com base em recibos ou obrigações em favor de um negociante no papel de diretor, quase da mesma maneira e na mesma base que os empréstimos feitos aos soberanos e aos órgãos públicos. Esse negociante no papel de diretor estava encarregado de receber os produtos das plantações, que os colonos se comprometiam a lhes enviar e a fornecer segundo suas necessidades. Os colonos assumiam esses compromissos mediante os documentos de hipoteca emitidos em favor do possuidor das obrigações e entregues ao diretor. Para conferir um pouco mais de crédito a essas negociações providenciava-se a intervenção de duas ou três pessoas de reputação no papel de comissários, e que, como representantes daqueles que faziam os adiantamentos, deviam velar pelos interesses deles. O diretor, ademais, era obrigado a prestar contas anualmente de sua administração e do estado da

Os judeus e a vida econômica

Ora, em nenhuma das exposições desses processos em que pus os olhos encontra-se alguma indicação expressa de que as especulações nelas descritas teriam partido de banqueiros judeus. Porém, qualquer pessoa que conhece, mesmo que superficialmente, as relações monetárias e creditícias holandesas no século XVIII não terá dúvidas sobre esse fato. Sabemos isto (e ainda aportarei material de prova correspondente): naquela época, tudo o que de algum modo estava relacionado com o negócio de empréstimo de dinheiro, mas principalmente com a bolsa de valores e a especulação na Holanda, estava impregnado da essência judaica. A essa razão de natureza geral, que por si só já é perfeitamente suficiente, associa-se ainda, no caso em pauta, a circunstância especialmente digna de nota de que aqueles negócios de crédito hipotecário foram feitos preponderantemente com a colônia do Suriname: dos 100 milhões de florins despendidos em hipotecas, 60 milhões foram aplicados no Suriname. Porém, o Suriname foi, como já pudemos constatar em outra passagem, uma colônia de judeus *par excellence*. Está totalmente excluída a possibilidade de que, naquela época, essas relações de crédito justamente entre o Suriname e a metrópole pudessem ter sido mantidas por outras casas bancárias que não as judaicas.

* * *

negociação a esses comissários. Não se pode negar que a ideia de interessar dessa maneira todo o público pelo estado das colônias, de prover para as pessoas prósperas um meio de aplicar seu dinheiro e aos colonos a facilidade de conseguir adiantamentos não deixou de ser muito boa; ela igualmente teve sucesso. As obrigações ao encargo dos colonos do Suriname eram circuladas como os demais títulos públicos: eles aumentaram a massa dos objetos de comércio e produziram, junto com os das demais colônias, a circulação de aproximadamente 100 milhões de florins: pois afirma-se que os adiantamentos feitos dessa maneira à colônia do Suriname remontam a 60 milhões e os que foram feitos às demais colônias chegam a 40 milhões. Não se pode imaginar a facilidade com que essas negociações foram levadas a cabo; mas logo essa mesma facilidade foi a causa pela qual esse negócio se tornou insustentável e que se passou a abusar dele. Pretendeu-se que os proprietários das plantações encontrassem um meio de fazer uma avaliação muito acima do seu valor real; e atestando essas falsas avaliações como verídicas, eles conseguiam obter adiantamentos que iam muito além do valor verdadeiro de suas plantações; ao passo que esses adiantamentos não deveriam passar de cinco oitavos desse valor. – N. T.]

Isso é tudo o que encontrei de provas "baseadas em fontes" para a participação dos judeus no desenvolvimento dos modernos títulos de crédito. Certamente esse esboço ainda está cheio de lacunas e poderá ser complementado por novos traços que a pesquisa posterior está convocada a pintar no quadro. Não obstante, penso que a impressão geral só pode ser esta: a reificação das relações de crédito contou com a participação considerável de homens judeus. Ora, essa impressão é consideravelmente reforçada se levarmos em consideração que a instituição que mais propriamente acarretou ou então possibilitou e, de qualquer modo, acelerou essencialmente aquele processo de reificação com toda probabilidade é de origem judaica; refiro-me à *forma jurídica do título ao portador*.

Não pode haver dúvida de que a tendência da relação de dívida para a reificação vai encontrar a sua expressão pura só no título ao portador. Só nele a vontade do comprometimento é totalmente dissociada de sua fonte pessoal. Só no título ao portador a dissociabilidade da vontade legal é plenamente reconhecida mediante a fixação numa escritura. O título ao portador significa, como o expressou um erudito espirituoso, a "libertação do espírito humano dos referenciais naturais imediatamente dados (*oratio, verba*)"[31] e, justamente por isso, é o meio apropriado para "despersonalizar", reificar uma relação de comprometimento. O aspecto significativo do título ao portador para o jurista é, por sua própria natureza, a força peculiar de prova que ele possui: a partir dele a pessoa habilitada possui um direito que em si não pode ser anulado pela objeção procedente da pessoa do primeiro tomador ou de outros prepostos. Também desse modo é reconhecido o estado das relações puramente objetivas: os papéis do direito escritural se tornaram "papéis de fé pública" (Brunner), nos quais foi extinto o último resto das relações pessoais de crédito.

---

31 Kuntze, *Die Lehre von den Inhaberpapieren*, p.48. A obra de Kuntze ainda não foi superada, pelo menos no que concerne ao tratamento fundamental do problema. Associa-se a ela a obra do francês Albert Wahl, *Traité théorique et pratique des titres au porteur français et étrangers*, 2v. (ver a resenha de Goldschmidt sobre ela na *Zeitschrift für das Gesamte Handelsrecht*, v.49, p.261 et seq.). Os demais trabalhos são de natureza mais monográfica e serão citados em lugar apropriado.

É sabido que os títulos ao portador passaram por um lento desenvolvimento até chegarem a essa forma pura, mas também é sabido que, por enquanto, conseguimos vislumbrar bem pouca coisa desse desenvolvimento com clareza. Pelo que vejo, os resultados obtidos até agora pelas pesquisas, na medida em que são incontestáveis, pelo menos não excluem a exatidão da tese aqui defendida, que, pelo contrário, parece-me estar apoiada numa série muito grande de argumentos sólidos, que as demais hipóteses nem de longe podem mostrar a seu favor.

Existiram títulos ao portador desde a fase inicial da Idade Média nos países europeus (exceto na Grã-Bretanha). As relações jurídicas já do período franco e depois da Idade Média alemã e francesa conheciam as cartas de dívida com cláusulas à ordem e ao portador. A cláusula ao portador deve ter sido usada com bastante frequência, porque ela é mencionada assiduamente nos livros jurídicos e às vezes na jurisprudência.[32]

Depois disso, veio uma época de declínio desse instituto, que teve início com a recepção do direito romano. O direito romano e a jurisprudência romanística gradativamente decompõem o direito do título ao portador. Essa decomposição chega ao seu término no final do século XVI: o portador têm de legitimar-se delegando plenos poderes ou, caso queira apresentar queixa em seu próprio nome, mediante a prova de cessão.

> A forte corrente de ar romanística que se impôs sob a influência de Cujas e Dumoulin, na segunda metade do século XVI, por ocasião da revisão dos *coutumes* [costumes] e na práxis, privou o instituto jurídico do título ao portador de sua alma, ao degradá-lo a simples papel nominativo (Brunner).

Naquela época, veio à tona "de repente" uma nova forma de escritura de dívida: as *"promesses en blanc"* [promissórias em branco], os *"billets en blanc"* [títulos em branco], porque não se preenchia o lugar em que deveria

---

[32] Sobre a história documental do título ao portador medieval temos agora os trabalhos de H. Brunner, *Das französische Inhaberpapier*, 1879; id., *Zur Geschichte des Inhaberpapiers in Deutschland*, *Zeitschrift für das gesamte Handelsrecht*, v.21 e 23.

constar o nome do credor,³³ ou seja, títulos em branco, ao mesmo tempo que a endossabilidade do título à ordem continuava fazendo progressos.

Então, a partir do final do século XVI, principalmente no século XVII, o título ao portador começou a desenvolver-se "de novo", e principalmente na Holanda durante o século XVII já o encontramos bastante disseminado: para títulos públicos, para as obrigações da Companhia das Índias Orientais (as ações, como vimos, ainda eram nominativas), para apólices de seguros e para títulos de penhora.³⁴

Da Holanda ele se espalha, então, em todas as direções; primeiro para a Alemanha, onde nos deparamos com ele no século XVII entre as ações da Companhia de Comércio de Brandemburgo e, no século XVIII, entre os títulos de dívida pública da Saxônia; depois disso, ele seguiu para a Áustria, onde igualmente o vimos ser aceito sob Maria Teresa pela administração financeira; mais tarde, para a França, onde ele é proibido pela legislação durante todo o século XVII e parte do século XVIII; e, por último, para a Inglaterra.

De que esfera jurídica se originaram, pois, os títulos ao portador? Em que âmbito de interesses eles se desenvolveram?

Segundo alguns, os títulos ao portador são de origem *helenista*. Essa é a hipótese sustentada principalmente por *Goldschmidt*.³⁵ Pelo que vejo, Goldschmidt não conseguiu muitos adeptos. À exatidão de sua hipótese contrapõem-se os mais recentes resultados, principalmente também na área da papirologia.

> A existência de títulos de dívida que se assemelhem às nossas letras de câmbio não se comprova nos papiros. Tampouco encontramos títulos ao portador e à ordem. [...] Uma comparação com os documentos gregos conservados em inscrições em Orchómenos e Amorges leva à confirmação dessa concepção. Do mesmo modo fala a favor dela um fragmento de lei de Gortina.

---

33 H. Brunner, *Das französische Inhaberpapier*, p.69s.

34 F. Hecht, *Geschichte der Inhaberpapiere in den Niederlanden*, 1869, p.4 et seq., 87 et seq. (com referência a títulos de penhora que podem ser documentados para 1614 no banco de penhora de Amsterdã, para 1662 no banco de penhora de Enkhuizen).

35 Goldschmidt, Inhaber-, Order- und exekutorische Urkunden im klassischen Altertum, *Zeitschrift für Rechtsgeschichte*, Romanistische Abteilung, v.10, 1881, p.552 et seq.

Assim se expressa o mais recente trabalho na área de pesquisa da história do direito helenista.[36] Mas suponhamos que a ocorrência do título ao portador no direito grego fosse "controversa" (pois as passagens aportadas por Goldschmidt dão margem a consideráveis dúvidas); então seria preciso contrapor à ideia de que os títulos ao portador modernos são derivados dos da Grécia, como fez *Brunner*,[37] o argumento de que entre os documentos helenistas e os documentos francos há um lapso de tempo de 800 anos e que não é possível demonstrar qualquer tipo de conexão entre ambos em termos de história do direito.

Em contraposição, a concepção (certamente predominante), principalmente depois das pesquisas de Brunner, assume inadvertidamente que os títulos ao portador modernos estão em continuidade direta com os títulos de dívida com cláusula ao portador do direito alemão, os quais, como vimos, existem em profusão já na Idade Média. Porém, também há razões de peso que falam contra a exatidão dessa concepção. É igualmente difícil demonstrar uma continuidade sem lacunas entre os documentos medievais e os do século XVII, depois que o direito romano, como vimos, eliminou de maneira tão radical os antigos títulos de dívida ao portador de origem germânica. Mas o que sempre provocou as maiores objeções da minha parte foi isto: que interiormente, na essência, não existe a mais tênue conexão entre os antigos e os modernos títulos ao portador. É certo que *"qui dabit hanc cartam"* é a tradução latina literal da formulação [alemã] *"dem Einlieferer dieser Banknote"* [a quem entregar essa nota bancária]. Porém, é cômico imaginarmos que, no século XIII, se preenchia "títulos ao portador" no mesmo sentido que hoje atribuímos ao termo. Ainda retornarei à concepção do direito contratual alemão, totalmente contrária à essência de um moderno título ao portador. Neste ponto, apenas seja indicado que sabemos precisamente qual é o sentido que a cláusula ao portador e a cláusula à ordem tinham no antigo direito alemão (e um dos méritos de

---

36 B. Frese, *Aus dem gräko-ägyptischen Rechtsleben*, 1909, p.26 et seq. Cf. os escritos ali citados: J. H. Lipsius, *Von der Bedeutung des griechischen Rechts*, p.19; e L. Wenger, *Papyrosforschung und Rechtswissenschaft*, 1903, p.40.

37 H. Brunner, Forschungen zur Geschichte des deutschen und französischen Rechts. In: *Gesammelte Aufsätze*, 1894, p.604 et seq.

Brunner é ter assegurado esse fato contra todas as objeções): elas serviam para compensar a falta de cessibilidade do crédito, visando tornar possível a representação processual do credor.[38] Uma ideia que evidentemente não tem nada a ver com a da reificação de uma relação de dívida que está na base do nosso título ao portador.

Tendo em vista que essa concepção predominante, no mínimo, não está totalmente livre de objeções, deve ser admissível defender uma terceira hipótese, que até agora, pelo que sei, só foi aventada uma vez de passagem por *Kuntze* e sumariamente rejeitada como falsa por *Goldschmidt*,[39] *Salvioli*[40] e outros, mas que até agora ninguém ousou fundamentar seriamente: a hipótese de que o moderno título ao portador teria origem essencialmente no direito judaico.

Não pode haver dúvida quanto à *possibilidade* dessa derivação, se lembrarmos que a gênese da "obrigação escritural" moderna se deu essencialmente a partir do direito consuetudinário: uma forma do título de dívida que se tornou usual em círculos comerciais fortemente permeados de elementos judaicos pode muito bem ter sido reconhecida pela jurisprudência e, a partir desta, pelo direito estatutário, por exemplo, das cidades holandesas (ainda abordarei o significativo Costume Antuerpiano de 1582).

A pergunta é se também é *provável* a derivação do moderno título ao portador do direito rabínico-talmúdico. A seguir, farei uma compilação das razões que, a meu ver, falam a favor disso.

1. A Bíblia e o Talmude conhecem o "título ao portador", de forma totalmente incontestável.

A passagem da Bíblia encontra-se em Tobias e tem o seguinte teor (conforme a tradução [alemã] feita por De Wette):

---

38 Id., *Das französische Inhaberpapier*, p.28 et seq., 57 et seq.; e id., *Zeitschrift für das gesamte Handelsrecht*, v.23, p.234.

39 Goldschmidt, Inhaber-, Order- und exekutorische Urkunden im klassischen Altertum, *Zeitschrift für Rechtsgeschichte*, v.10, p.355.

40 G. Salvioli, *I titoli al portatore nella storia del diritto italiano*, 1883, de acordo com a resenha em *Zeitschrift für das gesamte Handelsrecht*, v.80, p.280 et seq.

4:20. "E agora te mostrarei os 10 talentos de prata que depositei com Gabael, o (irmão) de Gabrias em Rages na Média."
5:1. "E Tobias respondeu, dizendo: 'Pai, farei tudo o que me ordenaste;
5:2. mas como poderei receber o dinheiro, se nem o conheço?'
5:3. Então ele lhe entregou um documento manuscrito e lhe disse: 'Procura um homem que te acompanhe e lhe pagarei salário enquanto eu viver; e assim vai e busca o dinheiro'."
9:1. "Então Tobias chamou Rafael e lhe disse: 'Parte para Rages na Média à casa de Gabael e busca o dinheiro para mim'."
9:5. "Então Rafael partiu para lá e entrou na casa de Gabael e lhe entregou o documento manuscrito. Este, então, trouxe os sacos com os selos [intactos] e os entregou a ele."

A passagem mais conhecida do Talmude (*Baba batra* f. 172) tem o seguinte teor (conforme a tradução [alemã] de Goldschmidt, v.6, p.1398):

> Certa vez, num colegiado de juízes, foi apresentada ao R[abi] Honas uma cédula, na qual constava: "Eu [nome], filho de [nome], tomei de ti um empréstimo no valor de uma mina". Então o R[abi] Hona decidiu: "de ti" [significa] também do exiliarca, "de ti" [significa] também do rei Sapor.

A observação que Goldschmidt faz em relação a isso: "isto é, o portador da cédula de dívida não pode provar que ele é o credor e por isso não precisa ser pago" é uma inversão total dos fatos; não se compreende como Goldschmidt chega a essa curiosa explicação que contradiz toda a jurisprudência rabínico-talmúdica. Porque não há nenhuma dúvida que, durante toda a Idade Média, os rabinos tinham ciência da forma jurídica dos títulos ao portador e a derivaram da passagem talmúdica citada. Desse modo, toco um ponto que cito como segundo argumento a favor da exatidão da minha hipótese.

2. A continuidade da evolução legal que indubitavelmente é fato para o título ao portador judaico. O que fala a favor disso é tanto a práxis comercial ininterrupta quanto a exegese talmúdica igualmente ininterrupta. Aquela não carece de prova específica, em favor desta cito os seguintes

rabinos que se ocuparam com o título ao portador e que, sem dúvida nenhuma, extraíram da passagem do Talmude um direito exercido na vida:[41]

Antes de tudo, R[abi] *Asher* (1250-1327), cuja importância para a práxis é conhecida, fala do título ao portador em *Resp.* 68:6 e 68:8. "Se alguém se comprometer com duas pessoas e observar numa cláusula: 'a ser pago ao portador deste título de dívida por ambos', o pagamento é devido só a este, pois tal *schtar* é justamente um título ao portador" (*Resp.* 68:6).

R[abi] *José Caro* (séc. XVI) no *Choshen Mishpat*: "Se uma escritura de dívida não contiver o nome de quem fez o empréstimo, mas constar 'ao portador desta', o pagamento será feito a qualquer pessoa que a apresentar" (61:10; comparar com 50; 61:4 e 10; 71:23).

R[abi] *Schabatai Cohen* (séc. XVII) no *Shach* (no comentário *Szife Cohen* ao *Choshen Mishpat*) 50:7; 71:54 (conforme Auerbach).

3. De modo talvez totalmente independente do direito rabínico--talmúdico, os judeus desenvolveram, a partir da práxis de negócios, um título de crédito que ultrapassou todas os títulos de dívida anteriores e posteriores em termos de impessoalidade: o *mamre* (*mamram, mamran*).[42] O *mamre* teria surgido durante o século XVI (ou ainda antes) na área do judaísmo polonês. Tratou-se de um documento em branco: o espaço que deveria conter o nome do credor (às vezes também o do valor da dívida) era deixado em branco e, em seguida, o título entrava em circulação. Os testemunhos dos juristas e, em parte, também das decisões judiciais, não deixam dúvidas de que, durante três séculos, o *mamre* foi um título de negócios muito apreciado, tendo sido também empregado no comércio entre judeus e cristãos. O aspecto significativo disso é que as características

---

41 Segundo Leopold Auerbach, *Das jüdische Obligationenrecht*, v.1, 1871, p.270. Outras passagens da literatura rabínica são citadas por H. B. Fassel, *Das mosaisch-rabbinische Zivilrecht*, v.2, parte 3, 1854, § 1390; Z. Frankel, *Der gerichtliche Beweis nach mosaischem Recht*, 1846, p.386; J. L. Saalschütz, *Mosaisches Recht*, v.2, 1848, p.862, nota 1086.

42 Sobre o *mamre*: J. L. L'Estocq, *Exercitatio de indole et jure instrumenti Judaeis usitati cui nomen "Mamre" est*, 1775, § VII et seq.; M. M. G. Beseke, *Thesaurus juris cambialis*, parte II, 1783, p.1169 et seq., especialmente 1176 et seq.; P. Bloch, *Der Mamran, der judisch-polnische Wechselbrief*; separata da *Festschrift* pelo 70º aniversário de A. Berliner, 1903.

legais do moderno título ao portador plenamente desenvolvido já estão unificadas no *mamre*, a saber:

a) o portador age em seu próprio nome;
b) não são admitidas objeções a partir das relações pessoais do devedor com os portadores anteriores;
c) o devedor não pode exigir nenhuma comprovação da cessão ou do endosso;
d) se o devedor já tiver pago sem a apresentação do *mamre*, ele não se livra [da dívida];
e) as formas atuais da declaração de nulidade já estão sendo aplicadas (no caso de perda ou furto, o portador comunica o fato ao devedor; um comunicado é afixado durante quatro semanas na sinagoga, no qual o atual portador é instado a manifestar-se; após decorrido esse prazo, quem prestou queixa executa a cobrança).

4. Em vários pontos importantes, parece ser possível comprovar também exteriormente que elementos judaicos exerceram influência sobre o desenvolvimento legal. Penso principalmente no seguinte:

a) no fato de terem surgido "de repente" (ninguém sabe de onde), durante o século XVI, títulos em branco em vários pontos da Europa: não seria provável que provieram dos círculos dos negociantes judeus, entre os quais eles certamente já estavam em uso há mais tempo ao estilo do *mamre*? Deparamo-nos com eles nos Países Baixos,[43] na França,[44] na Itália.[45] Nos Países Baixos, eles apareceram no início do século XVI nas Feiras da Antuérpia, quando os judeus começaram a ter uma importância maior nelas. Um decreto de Carlos V, do ano de 1536, relata expressamente: as mercadorias foram vendidas nas Feiras da Antuérpia mediante títulos de dívida

---

43 R. Ehrenberg, *Zeitalter der Fugger*, v.2, p.141.
44 H. Brunner, *Das französische Inhaberpapier*, p.69 et seq.
45 G. Schaps, *Zur Geschichte des Wechselindossaments*, p.121 et seq.

ao portador; antes do prazo de vencimento, estes podiam, sem cessão específica, ser dados como pagamento a terceiros. A formulação do texto nos informa que aquele hábito de dar títulos de dívida como pagamento havia se estabelecido há pouco tempo. A propósito, o decreto declarou esses títulos de dívida ao portador como uma obrigação formal do tipo da letra de câmbio. Que papéis curiosos eram esses? *Mamres* cristianizados? Uma impressão ainda mais judaica nos dão os títulos em branco com que nos deparamos no século XVII, na Itália. Tenho em mente o primeiro endosso em branco de que temos conhecimento, emitido pela firma de câmbio judaica Giudetti, em Milão. Os *campsores* [cambistas] Giudetti, de Milão, haviam emitido uma letra de câmbio de mais de 500 *scudi* [escudos], a ser paga por Johann Baptist Germanus na próxima *nundinae Sanctorum in Novi all' ordine senza procura di Marco Studendolo in Venezia* [no próximo feriado dos santos em Novi à ordem sem procuração de Marcos Studendolus em Veneza]; a cláusula valutária dizia *per la valuta conta* [pelo valor do câmbio]. Studendolus enviou a letra de câmbio para os irmãos de Zagnoni em Bolonha, mais precisamente *"cum subscriptione ipsius Studendoli relicto spatio sufficienti in albo ad finem illud replendi pro ea girata et ad favorem illius cui Zagnoni solutionem fieri maluissent"*.* Aquele que nos comunica esse caso[46] observa a respeito disso: "O comércio italiano dificilmente teria encontrado uma saída dessas se não tivesse tido um modelo para isso em outro lugar. E este se ofereceu a ele no direito francês, onde desde o início do século XVII havia títulos em branco em pleno uso nas relações comerciais". A primeira frase pode ter sua razão de ser. Em relação à segunda, ficamos tentados a perguntar a título de observação: de onde vem a prática na França? Decerto dos Países Baixos. Ademais, também na Itália pode ter havido influência direta dos marranos. Studendolo (?) em Veneza! Giudetti em Milão!

---

* "Com subscrição do próprio Studendolus, deixando espaço em branco suficiente para ser preenchido mediante esse endosso a favor de quem os Zagnoni preferissem que fosse feito o pagamento." (N. T.)

46 G. Schaps, *Zur Geschichte des Wechselindossaments*.

b) Pioneiro para o desenvolvimento do direito dos títulos ao portador modernos torna-se o Costume de Antuérpia de 1582, no qual pela primeira vez se reconhece ao portador o direito de apresentar queixa.[47] Da Antuérpia, essa concepção jurídica se espalha rapidamente pela Holanda: mais ou menos com a mesma rapidez com que as famílias que migram da Bélgica para a Holanda vão se espalhando pelo novo país.[48]

c) Na Alemanha, os títulos ao portador (como já foi mencionado) penetraram na administração da dívida pública da Saxônia. Nesta, o empréstimo aprovado pelo Parlamento em 1748 foi concedido pela primeira vez mediante títulos ao portador. Na motivação para tal, consta o seguinte: "Em razão da prática até aqui observada de que, pela instituição dos títulos de dívida ao portador do documento, todas as cessões e transações judiciais prolongadas foram abreviadas para vantagem do crédito e dos credores, é assim que se continuará procedendo doravante". No ano de 1747, um aventureiro chamado Bischopfield havia apresentado ao ministro o plano de uma "negociação de pensão vitalícia e familiar": "Pelo que parece, Bischopfield mantinha relações com judeus holandeses".[49] Contra a especulação dos judeus holandeses com títulos públicos da Saxônia volta-se o mandado de 20 de setembro de 1751. E, enquanto os judeus holandeses influenciavam o sistema financeiro da Saxônia de um lado, do outro vinham as influências dos judeus poloneses através das ligações do principado da Saxônia eleitoral com a Polônia. Essa notória colaboração dos homens de finanças e comerciantes judeus na modernização das finanças saxônicas foi o que levou *Kuntze* à suposição de "que [para a aplicação do

---

47 Quem melhor trata da modernização dos costumes belgo-holandeses é F. Hecht, *Geschichte der Inhaberpapiere in den Niederlanden*, p.44 et seq. Cf. Kuntze, *Zur Geschichte der Staatspapiere auf Inhaber*, *Zeitschrift für das gesamte Handelsrecht*, v.5, p.198 et seq.; e Euler, *Zeitschrift für das gesamte Handelsrecht*, v.1, p.64.
48 F. Hecht, *Geschichte der Inhaberpapiere in den Niederlanden*, 1869, p.96 et seq.
49 W. Däbritz, op. cit., p.53 et seq.

título ao portador] o uso do *mamre* serviu de ponto de apoio e modelo".⁵⁰

d) Entre os primeiros papéis nos quais a cláusula ao portador foi usada na época mais recente figuram as apólices de seguro marítimo, *"quas vocant caricamenti"* [chamados carregamentos]. É-nos relatado expressamente que foram os *comerciantes judeus* de Alexandria que pela primeira vez se valeram das fórmulas *"o qual si voglia altera persona", "et quaevis alia persona", "sive quamlibet aliam personam"* [ou qualquer outra pessoa].⁵¹

Essa constatação, porém, parece-me importante por outra razão além dessa, a saber, porque nessa oportunidade somos informados, ao mesmo tempo, das razões que levaram "os comerciantes judeus de Alexandria" a servir-se da forma jurídica dos títulos ao portador. E com isso toco um ponto a cuja ênfase atribuo a maior importância possível. Muito mais significativa do que todas as evidências de uma conexão exteriormente perceptível entre os judeus e o título ao portador (que certamente podem ser multiplicadas) parece-me a circunstância de que temos de assumir a paternidade dos judeus para os títulos ao portador por razões *inerentes* forçosas. Mesmo que essa concepção não seja a mais moderna, ouso sustentá-la sempre que necessário com toda a veemência: a mais ínfima *ratio* de um acontecimento tem para mim o mesmo valor que as provas "baseadas em fontes" de mil documentos.

Porém, as razões inerentes que sugerem a derivação dos títulos ao portador modernos do direito judaico (ou da práxis judaica) são estas:

5. O *interesse* especialmente grande que os judeus tinham, e que em certos aspectos *só* os judeus tinham, na forma jurídica do título ao portador.

Pois o que levou "os comerciantes judeus de Alexandria" a acolher a cláusula ao portador em suas apólices? *Straccha*⁵² nos dá essa informação: o medo de perder seus carregamentos marítimos. Pois estes corriam o risco de serem capturados pelos piratas cristãos, pelos comandantes e capitães

---

50 Kuntze, *Die Lehre von den Inhaberpapieren*, p.85.
51 B. Straccha, *Tractatus de assicurationibus*, 1568, introdução, § VII, p.29.
52 Ibid.

da frota imperial católica, já que as mercadorias dos hebreus e turcos eram encaradas por eles como butim. "Os comerciantes judeus de Alexandria" passaram, pois, a colocar na apólice um nome cristão livremente inventado, como Paulo ou Cipião, e, ainda assim, retiravam as mercadorias – graças à cláusula ao portador nela inserida.

Quantas vezes os judeus devem ter tido, durante toda a Idade Média e ainda na época mais recente, essa motivação de, por meio de algum expediente, ocultar-se enquanto receptores de uma remessa, de uma dívida etc.! E, para esse fim, a forma do título ao portador se ofereceu como meio bem-vindo de efetuar esse ocultamento. Os títulos ao portador asseguravam a possibilidade de fazer o patrimônio desaparecer até que uma onda persecutória contra o povo judeu de algum lugar tivesse passado. Os títulos ao portador permitiam aos judeus aplicar seu dinheiro em qualquer parte e, no momento em que ele corria algum risco, mandar um testa de ferro sacá-lo ou transferir seus créditos sem deixar o menor vestígio de sua posse anterior. (Comente-se de passagem: o fato simplesmente inexplicável de que, durante a Idade Média, a todo momento tomava-se dos judeus "todo o seu patrimônio" e, em bem pouco tempo, eles voltavam a ser pessoas ricas poderá ser aclarado em parte a partir da perspectiva dos problemas aqui abordados – nunca se tomou dos judeus *todo* o seu patrimônio, porque parte considerável do mesmo havia sido transferida para um testa de ferro.) A meu ver, apontou-se,[53] com razão, que esses propósitos de ocultamento de fato exigiam a forma pura do título ao portador, mas só eles o exigiam, ao passo que todos os demais propósitos que, na Idade Média, eram vinculados com a cláusula ao portador (portanto, antes de tudo, facilitar a representação em juízo) podiam ser atingidos da mesma maneira ou melhor ainda com a alternativa da cláusula ao portador.

Os judeus tiveram um interesse fundamental na formação definitiva do título ao portador (melhor: no seu alastramento, pois nos seus círculos ele já existia desde sempre) a partir do momento em que começaram a desenvolver (como ainda acompanharemos mais precisamente) a especulação na bolsa com mercadorias e títulos mobiliários [*Effekten*].

---

53 A. Wahl, *Titres au porteur*, v.1, 1891, p.15, 84.

A maneira refinada com que a forma jurídica do título ao portador era usada para a realização de operações a prazo com mercadorias já no século XVII nos é revelada por um relatório pericial de Amsterdã do ano 1670 (trata-se de um caso de especulação *à la hausse* [na alta] da barbatana de baleia que o especulador procura disfarçar com a interposição de testas de ferro).[54]

E, então, é claro que o comércio especulativo com ativos financeiros tinha de favorecer tremendamente a consolidação do título ao portador. Especialmente depois que os judeus começaram a se ocupar profissionalmente com a emissão de ativos, toda a sua reflexão tinha de estar voltada para promover um alastramento cada vez maior do título ao portador. É fácil de entender que a alocação de pequenos valores de dívida para um grande número de pessoas, principalmente no caso de títulos de dívida públicos, era algo quase impossível sem as facilidades e simplificações asseguradas pelo título ao portador. Por isso, com razão também se estabelece um nexo causal entre o desenvolvimento da atividade profissional de emissão e o dos títulos ao portador.[55]

Também reconhecemos o quanto o interesse comercial, mais exatamente o desejo de facilitar e promover o comércio com ativos na bolsa, foi determinante entre os judeus na formatação e no manejo do título ao portador, em declarações ocasionais dos rabinos. Assim, uma passagem muito instrutiva do Rabi *Shabbatai Cohen* (*Shach* 50:7) tem o seguinte teor (conforme a tradução [alemã] de Auerbach, p.281):

> O comprador do título ao portador pode exigir indenização do devedor se este, *para não pôr em risco o comércio com tais títulos*, tiver pago a dívida contra apresentação de um recibo quirografado ou sem ele, de modo que não se deu publicidade ao pagamento. Mesmo que R[abi] Asher e consortes mantenham afastados dos *shtarot* toda e qualquer prescrição que os rabinos haviam introduzido para disseminação do comércio (!), porque um comércio com títulos de dívida não pode ser forte por causa de sua complexa transferência, esses autores só afirmam isso em relação aos *shtarot* (ou quirógrafos) enquanto

---

54 Hecht, *Geschichte der Inhaberpapiere in den Niederlanden*, p.37.
55 Ver, por exemplo, J. H. Bender, *Der Verkehr mit Staatspapieren*, 2.ed., 1830, p.167 et seq.

títulos nominativos, *ao passo que no caso dos títulos ao portador, cujo movimento no presente – ou seja, no século XVII – é significativamente maior do que o movimento de bens móveis, todas as prescrições dos rabinos para uma expansão do comércio devem ser muito bem observadas.*

E, desse modo, já toquei mais um ponto que, mais uma vez, parece-me importante ressaltar. Refiro-me ao fato de que, nessas palavras do rabino, expressa-se um "espírito" bem determinado, uma "vontade jurídica" muito clara, e acredito que essa não seja uma manifestação isolada. Pois, se procurarmos visualizar o direito judaico dos títulos ao portador em sua totalidade e apreendê-lo em sua peculiaridade, não haverá dúvidas (e, com isso, faço valer a razão mais certeira que fala a favor da exatidão da minha hipótese).

6. que a ideia do título ao portador pode ser derivada sem esforço da essência mais íntima do "espírito do direito judaico"; que, por fundamentar uma relação impessoal de dívida, a forma jurídica do título ao portador é tão conforme ao direito judaico quanto tinha de ser estranha à natureza íntima do direito romano e do direito germânico.

É sabido que a concepção específica que o direito romano tinha da obrigação tinha um matiz inteiramente pessoal: a *obligatio* era um compromisso entre pessoas e, em consequência disso, também entre pessoas bem determinadas. A determinação de sua viabilização era esta: que duas ou mais pessoas *"ex diversis animi motibus in unum consentiunt, id est in unam sententiam decurrunt"*.[56] A consequência dessa concepção foi, então, que o credor não podia propriamente transferir para ninguém mais o seu crédito, e, se mesmo assim quisesse fazê-lo, só o conseguiria sob condições muito difíceis. Mesmo que, no direito romano posterior, os créditos pudessem ser transferidos um pouco mais livremente mediante a formulação das doutrinas da delegação, da novação e especialmente da cessão: nada foi mudado, em termos essenciais, no caráter pessoal da obrigação. Antes de tudo, o título de dívida preservou o seu caráter original: ele era apenas meio

---

56 *Lex Iuliae Ulpiana*, § 3 *Digesta de pactis* 2, 14. [Movidas por anseios diversos, consintam em uma só coisa, isto é, cheguem a uma resolução única. – N. T.]

de prova acessório. Apesar dele, podia ser levantado todo tipo de objeção contra uma obrigação de pagamento dele decorrente, objeções a partir das relações pessoais com o primeiro credor ou um de seus sucessores.

Porém, esse traço pessoal fundamental era próprio também do direito contratual alemão. Até certo ponto, ele estava mais nitidamente caracterizado neste do que no direito romano. O direito germânico tinha o princípio de que o devedor não tinha nada a cumprir a não ser com a pessoa à qual ele prometera cumprir. Não havia meio de transferir o crédito (assim como também o direito inglês manteve em princípio a intransferibilidade do crédito até 1873). Só com a recepção do direito romano a transferibilidade dos créditos penetrou na Alemanha. E justamente por causa desse caráter rigidamente pessoal, visando contornar a falta de cessibilidade dos créditos, recorreu-se (como vimos) ao expediente da cláusula à ordem e da cláusula ao portador. Minha opinião de fato é esta: isso expressa com clareza suficiente que o título ao portador, enquanto "corporificação" de uma relação impessoal de dívida, situava-se totalmente fora do âmbito ideal do direito alemão: justamente a ocorrência da cláusula ao portador prova isso.

Aquela ideia jurídica que está na base dos modernos títulos à ordem, ao portador e em branco: "a saber, que o documento é portador do direito nele inscrito também na mão de cada tomador seguinte (sucessivo) ainda totalmente indeterminado por ocasião de sua primeira expedição [...] não foi totalmente desenvolvida nem pela Antiguidade nem só pela Idade Média".[57]

Essa concepção sem dúvida está correta se acrescentarmos a seguinte ressalva: na medida em que não se leva em consideração o direito judaico. Pois não será difícil provar que este conhecia a relação de dívida "objetiva", expressa pelo moderno título ao portador.[58]

---

57 É ao que acaba chegando Goldschmidt, *Universalgeschichte*, p.393 (apesar de toda a sua predileção por uma datação o mais recuada possível no tempo das instituições modernas; no caso de Goldschmidt sempre se espera a comprovação "com base em fontes" do achado de talões de cheque nas palafitas e de cédulas bancárias ao lado de crânios do neandertalense; isso, aliás, é o esporte preferido de todos os "historiadores", o que Goldschmidt pelo visto não foi).

58 Sobre o que segue cf. sobretudo L. Auerbach, *Das jüdische Obligationenrecht*, v.1, 1871, p.163 et seq., 251 et seq., 513 et seq. Essa obra (infelizmente incompleta) foi escrita de modo muito estimulante e não merece ter caído dessa forma no

A ideia fundamental do direito judaico referente às obrigações é esta: também existem obrigações com pessoas indeterminadas; também é possível fazer negócios com o senhor *Omnis*. Essa ideia fundamental está ancorada nas doutrinas individuais da seguinte maneira.

O direito judaico não dispõe de palavra para obrigação, mas apenas uma para dívida (*chov*) e uma para crédito (*thvia*). Crédito e dívida são encarados no direito judaico como objetos independentes. Uma prova bem característica da identidade jurídica de um crédito e uma obrigação em si com um objeto físico é o surgimento de um direito de crédito mediante o símbolo da aquisição. De acordo com isso, é natural que não haja obstáculo legal à transferência de créditos nem à representação para fechamento de um contrato. A pessoa contra a qual existe um crédito ou uma obrigação não precisa, por conseguinte, ser determinada em si, mas pode chegar à sua determinação também pela posse de certas coisas e qualidades, de modo que o crédito ou a obrigação se volta propriamente contra a coisa ou a qualidade e somente tem de estar em relação direta com o portador desses objetos ou dessas qualidades para preservar o caráter pessoal da relação de obrigação.

A relação jurídica de obrigação de fato tem seu ponto de partida nos seus sujeitos, mas assim que surgiu se converte, relativamente aos seus dois fatores, crédito e obrigação (ver o que foi recém-exposto), numa substância fundada em si mesma, absoluta, dissociada de toda e qualquer individualidade, cujas energias e qualidades se apresentam sensivelmente nas ações de quaisquer pessoas. Daí justamente advém a concepção de que,

---

esquecimento. É de longe a exposição mais espirituosa do direito rabínico-talmúdico, cuja peculiaridade ela elabora com grande acurácia. Muito menos importantes, mas úteis como termo de comparação, são as obras de Saalschütz, *Mosaisches Recht*, 2 v., 1848; H. B. Fassel, *Das mosaisch-rabbinische Zivilrecht*, 2 v., 1852 e 1854; J. J. M. Rabbinowicz, *Législation du Talmud*, v. III, 1878, contendo o direito das obrigações. Sobre o direito processual, ver Frankel, *Der gerichtliche Beweis nach mosaischem Recht*, 1846. Recentemente, tomando por base a tradução do Talmude feita por Goldschmidt, J. Kohler publicou uma *Darstellung des talmudischen Rechts* [Exposição do direito talmúdico], na *Zeitschrift für vergleichende Rechtswissenschaft*, v. 20, 1908, p.161-264 (também em forma de brochura); sobre isso, ver V. Aptowitzer, na *Monatsschrift*, 1908, p.37-56.

assim como pode surgir uma obrigação para com um determinado credor, também pode surgir para com a totalidade dos seres humanos, para com a universalidade. De acordo com isso, uma transferência da obrigação tem lugar mediante a mera entrega do papel, visto que o negócio que foi estabelecido com o público por meio do papel se refere tanto ao cessionário como ao cedente. O portador do papel é, portanto, como que membro de um conjunto de credores (esta é a construção jurídica de Auerbach).

Portanto (assim se pode expressar a mesma ideia com outra formulação), no direito judaico, não se é forçado a conceber pessoas como sujeitos de uma obrigação. Qualidades ou coisas também podem, mediante seus representantes naturais, constituir uma obrigação. A vontade do dono pode ser transferida para uma coisa, ato mediante o qual se pretende atribuir ao objeto inanimado a manifestação da vontade necessária a um sujeito jurídico, ou seja, uma facticidade que de modo algum precisa ter seu fundamento na natureza do sujeito jurídico. No caso do título ao portador, isso significa que o portador enquanto credor só poderá ser declarado como credor na medida em que detenha o título: o restante de sua personalidade nem entra no nexo da dívida e na relação de obrigação. Portanto, com a transferência do papel, no fundo, nada muda no credor, visto que do novo portador, uma vez mais, só entra na relação creditícia, por assim dizer, uma abstração, a saber, só aquela parte de todas as suas qualidades individuais que o caracteriza como possuidor do papel. Os sujeitos jurídicos são as qualidades bem determinadas das pessoas, e as pessoas ativas são em si as portadoras, as representantes daqueles sujeitos jurídicos.

Uma construção ousada por certo, que em parte possui uma coloração claramente subjetiva. Porém, o resultado a que cada um chega depois de um exame não preconceituoso do material aportado por Auerbach é a tendência fundamental bem mais abstrata do direito judaico que abre caminho para uma concepção impessoal, "objetiva", da relação jurídica, num contraste abrupto com o direito romano e o direito germânico antigo. Por isso mesmo, não me parece ser uma suposição demasiado ousada que, de um "espírito" dessa natureza, tenha brotado como que por si só um instituto jurídico como o do *moderno* título ao portador. De modo que, a todas as razões exteriores, associa-se ainda essa razão profundamente interior de uma conformidade da essencialidade do título ao portador com a essencialidade da concepção jurídica judaica em seu conjunto, para reforçar a seguinte hipótese por mim levantada: que o instituto jurídico (e comercial!) do *moderno* título ao portador é, em seu aspecto principal (naturalmente terá havido outras influências), de origem judaica.

II. O comércio com títulos de crédito

1. A formação do direito comercial

Os modernos papéis financeiros, a que chamamos títulos de crédito [*Effekten*], são os que mais claramente deixam transparecer o traço comercialista da nossa vida econômica. O título, por sua essência, está destinado a ser comercializado. Caso não seja negociado, não cumpre sua razão de ser. Até seria possível objetar que grande parte dos títulos leva uma existência ociosa no cofre do rentista e é encarado pelo seu possuidor apenas com um instrumento de renda, não como objeto de comércio, como objeto que ele quer manter e não vender. Porém, estando tal objeto de posse em estado de repouso, o título de crédito não funciona como tal; para desempenhar seu papel, ele nem precisaria ser ele mesmo: qualquer documento de dívida pessoal poderia fazer o mesmo serviço. O que ele tem de específico é apenas sua fácil vendabilidade e, apenas em função dela, teve de ser efetuado aquele penoso processo da reificação. Toda a peculiaridade que nossa vida econômica experimenta pela formação dos títulos está baseada exclusivamente em sua mobilidade, que os torna apropriados para a rápida troca de posses. Mas isso são obviedades que tive de expressar aqui apenas em função do contexto.

Sendo a vocação da vida do título passar facilmente e sem esforço de mão em mão, têm importância decisiva para o desenvolvimento do sistema de títulos todas aquelas instituições que facilitam a troca de posse desses valores patrimoniais. Entre essas instituições figura em primeira linha um direito apropriado. E um direito é apropriado ao fim imaginado quando possibilita um surgimento rápido de novas relações entre duas pessoas ou entre uma pessoa e uma coisa.

Se as condições de vida de uma sociedade se basearem no fato de que, via de regra, cada coisa permanece em poder do mesmo proprietário – como numa sociedade nacional organizada como economia própria –, o direito envidará todos os esforços para formatar as relações entre pessoa e coisa da maneira mais fixa possível, ao passo que, no caso inverso, se a população construir sua existência sobre a incessante nova aquisição de bens, o direito será direcionado fundamentalmente para a asseguração do comércio. Mais obviedades, cuja menção, no entanto, levou-nos ao centro do problema aqui em pauta.

Mais precisamente assim: a nossa agitada vida comercial, mas, sobretudo, o comércio com títulos de crédito, requer em especial um direito possessório que facilite, dentro do possível, a aniquilação de relações jurídicas antigas e o surgimento de relações jurídicas novas, determinando, portanto, o exato oposto daquilo que almejaram o direito alemão e o direito romano. Estes dois dificultaram em todos os aspectos a transferência de propriedade e tentaram consolidar as relações de propriedade sobretudo mediante a concessão de uma ampla competência reivindicativa ao proprietário. Em especial, segundo o direito romano e o direito alemão mais antigo, o proprietário podia reivindicar que um possuidor de boa-fé lhe devolvesse sem indenização um bem que lhe fora subtraído por meios ilegais. Contrapõe-se a isso o enunciado que passou a integrar quase todo o direito moderno, a saber, que a entrega do bem só precisa acontecer mediante reposição da soma que o atual possuidor pagou, mas também pode acontecer que o comprador de boa-fé não tenha qualquer obrigação de entregar a coisa ao proprietário anterior.

De onde vem, pois, esse princípio das nossas legislações modernas estranho aos códigos legais mais antigos? Resposta: com toda probabilidade, do âmbito jurídico judaico, no qual vigorou desde sempre o direito simpático ao comércio.

Encontramos a proteção ao comprador de boa-fé enunciada já no Talmude. A Mixná em *Baba Qama* 114b, 115a tem o seguinte teor:

> Se alguém reconhecer suas ferramentas ou seus livros em poder de outra pessoa e caso se tenha conhecimento de um roubo cometido contra ele na

cidade, o comprador deve informar sob juramento quanto pagou por aquilo e receber o seu dinheiro de volta, caso contrário, ele não tem autorização para fazer isso, pois suponha-se que ele os tenha vendido para alguém e este os tenha comprado de alguém. (conforme a tradução [alemã] de Goldschmidt, v.6, p.430)

Portanto, em todo caso, o comprador de boa-fé pode exigir indenização; sob certas circunstâncias, ele pode simplesmente ficar com o objeto. A Gemará chega a oscilar, mas, em termos gerais, ela também decide que se deve assegurar ao comprador de boa-fé a "proteção do mercado"; o proprietário deve ressarcir-lhe o preço pago.

Os judeus mantiveram no seu direito, então, durante toda a Idade Média, a concepção simpática ao comércio adotada pelo Talmude e – o mais importante – já bem cedo conseguiram que ela fosse aplicada também na jurisprudência dos tribunais cristãos. Para a aquisição de bens móveis pelos judeus vigorou durante séculos um direito específico para os judeus; ele teve seu primeiro reconhecimento oficial no privilégio outorgado aos judeus de Speyer pelo rei Henrique IV, no ano de 1090: "Se for encontrado com um judeu um objeto roubado e se o judeu afirmar tê-lo comprado, este pode declarar, mediante juramento de acordo com a sua lei, a soma pela qual o comprou; se, então, o proprietário lhe pagar essa quantia, ele deverá entregar-lhe o objeto". Esse direito judaico específico não estava em uso só na Alemanha, mas também em outros países (na França, já em meados do século XII).[59] No *Espelho dos saxões*, ele foi acolhido em III, 7, § 4. Parece que esse importante princípio legal foi, então, contemplado com a validade geral pelas codificações legais mais recentes. *Goldschmidt*, que deriva a origem da "exclusão da reivindicação até mesmo do bem roubado em poder de terceiros" do direito judaico, supõe uma influência da concepção jurídica judaica sobretudo sobre o direito comercial *consuetudinário*[60] (embora, em geral, ele esteja convulsivamente empenhado em reduzir a importância dos judeus para o desenvolvimento

---

59 O. Stobbe, *Die Juden in Deutschland während des Mittelalters*, 1866, p.119 et seq., 242.
60 Goldschmidt, *Universalgeschichte*, p.111.

do comércio e do direito comercial, quando não em negá-la por completo. Pois, no fundo, nem existem judeus!).

2. *A bolsa de valores*

Porém, a coisa principal naturalmente foi a criação de um mercado adequado para os títulos de crédito. E este foi a bolsa.

Como os objetos que se queria negociar eram direitos creditícios reificados, o comércio na bolsa foi igualmente despido de sua coloração pessoal. Pois essa é a essência da bolsa, que a diferencia de todos os demais mercados. Os contratos nela levados a efeito não são mais, em seus componentes individuais, decorrência de avaliação e diagnóstico pessoais, mas ganham existência mediante a atuação conjunta de pessoas estranhas umas às outras. Não é mais a confiança de que o homem de negócios individual goza junto aos seus amigos de negócios com base na relação pessoal que o capacita, como de hábito, a empreender negócios, mas para firmar contratos passa a ser suficiente uma avaliação geral e abstrata de sua idoneidade para tomar crédito, a *ditta di Borsa* [opinião da bolsa], como ressaltou *Ehrenberg*. O que está na base dos acordos não é mais um preço individual que ganhou existência mediante o diálogo entre dois ou mais compradores e vendedores, mas um preço médio abstrato, composto mecanicamente a partir de milhares de preços individuais. Assim, o próprio comércio específico da bolsa se converteu num processo automatizado, reificado, despido de toda a mistura pessoal.

Com razão, a bolsa é denominada agora um mercado para bens de troca fungíveis (representáveis) ou valores (Weber, Ehrenberg, Bernhard); porém, é preciso ter claro que o próprio comércio na bolsa, como se poderia dizer em sentido metafórico, igualmente se tornou "fungível", ou melhor, reificado, tanto quanto os objetos aos quais se refere (pois também a estandardização das mercadorias, que é um pressuposto do comércio de bens móveis na bolsa, não leva senão à "despersonalização" da mercadoria, que não é mais avaliada em sua peculiaridade individual, mas só em sua peculiaridade geral).

É supérfluo provar aqui que a comercialização dos títulos de crédito estava vinculada a um comércio bolsista. Só quero dizer ainda uma palavra sobre o papel específico que, segundo a minha concepção, desempenha a "especulação" no comércio bolsista, porque nesse campo cada autor tem sua própria terminologia e sua própria opinião.

Ainda não existe hoje uma determinação conceitual universalmente reconhecida para a "especulação" como a que temos na bolsa na definição recém-mencionada. A maior parte dos autores compreende o conceito em termos bem gerais, por exemplo, no sentido de "arriscar e ganhar", e então, oscilando novamente ora para uma determinada atividade ora para um determinado tipo de negócio. É indubitável que, desse modo, não se está definindo um fenômeno que se destaca muito nitidamente como "especulação" no sentido estrito em meio àquele quadro amplo. Ehrenberg tentou apreender também esta, ao contrapor comércio e especulação, vendo aquele se esgotar na exploração de diferenças de preço locais e esta, na exploração de diferenças de preço temporais. Mas, em seguida, recai sob o conceito da especulação com toda a certeza ainda uma quantidade de negócios que, na linguagem comercial, jamais seriam caracterizados como especulativos: no comércio efetivo de mercadorias, sempre é importante também a exploração das diferenças de preço temporais (comércio com produtos de colheita!), e ninguém chamará de especulador um comerciante que compra o trigo após a colheita por contar com uma elevação do preço no início do ano. Já seria mais plausível aproveitar essa determinação conceitual, se (a exemplo de Max Weber) incluirmos a limitação ao comércio com mercadorias típicas da bolsa. Eu gostaria de logo também formular o conceito de modo um pouco mais estrito (e, desse modo, mais preciso), contrapondo a especulação ao negócio efetivo, entendendo, portanto, por especulação todas as compras que não visam ao fornecimento efetivo da mercadoria ou (o que equivale a isso na esfera do comércio de ativos) não visam à aquisição de títulos de investimento (que, desse modo, por si sós estão encerrados no nexo da praxe bolsista e no mecanismo de negócios criado pela bolsa).

Em todo caso, será preciso entender o conceito de "especulação" nesse sentido estrito quando se fala do seu significado no comércio da bolsa, visto que de imediato colocamos os dois conceitos em oposição um ao outro. Essa oposição só pode ser, por conseguinte, a que se dá entre negócio efetivo e negócio diferencial (no sentido mais amplo, anteriormente circunscrito), dentro do qual se poderá diferenciar como forma mais importante da especulação o negócio diferencial no sentido estrito (propriamente dito). Hoje certamente é aceito de modo geral que este último de fato tem, no mínimo, o significado de um marca-passo do negócio efetivo. Especialmente no que tange ao mercado de títulos, não há dúvida que a "especulação" expande o mercado dos papéis especulativos e aumenta a segurança com que se pode fazer negócios efetivos. As razões (que os defensores dessa visão nem sempre mencionam com a clareza desejável, assim como de modo geral a função da especulação para a formação do mercado é sempre tratada com displicência em comparação com a sua função para a regulação dos preços, embora ela seja no mínimo tão significativa — e aqui, aliás, é a única que importa) foram compiladas de modo exemplar já por *Isaac de Pinto*[61] da seguinte maneira, sendo que reproduzo suas explanações literalmente, porque é sempre instigante sentir como certas verdades foram reconhecidas e expressas pela primeira vez:

1. La facilité de vendre son fonds à terme et de donner et prendre des primes sur ce même fonds, engage d'bord beaucoup de gens à placer leur argent qui ne placeraient pas sans ces avantages; 2. il y a un grand nombre de gens pécunieux, tant en Angleterre qu'en Hollande, qui ne veulent pas placer définitivement leur argent dans les nouveaux fonds pour ne point en courri les risques pendent la guerre. Mais que font-ils? Ils placent cependent pour 10, 15 ou 20 milles livres Sterling en annuités, qu'ils vendet à termes aux agioteurs: au moyen de quoi ils ont un gros intérêt de leur argent, sans être sujets aux variantes, qui sont pour le compte de l'agioteur; ce manège ce continue pour desannées; et cela s'est fait pour des millions...

De sorte que le Gouvernement d'Angleterre a, par ce jeu-là, balayé non seulement l'argent de ceux qui voulaient de ces fonds, mais encore tout l'argent de ceux même qui n'en voulaient pas.*

---

61 [I. De Pinto,] *Traité de la circulation du crédit*, 1771, p.64 et seq., 67-68. Cf., por exemplo, também E. Guillard, *Les opérations de Bourse*, 1875, p.534 et seq.

* "1. A facilidade de vender seus fundos a prazo e de dar e tomar os prêmios sobre esse mesmo fundo leva de saída muita gente a aplicar seu dinheiro onde não o aplicaria sem essas vantagens; 2. há uma grande quantidade de gente endinheirada, tanto na Inglaterra quanto na Holanda, que definitivamente não quer aplicar seu dinheiro nos novos fundos para não correr mais os riscos em função da guerra.

E, em seguida:

> *La circulation, que le jeu procure est prodigieuse; on ne peut imaginer combien il facilite les moyens de se défaire à tout moment et à toute heure de ces fonds et cela pour des sommes considérables. C'est à cette facilité que les particuliers ont à se défaire de ces fonds, que l'Angleterre est redevable en partie de celle qu'elle a eu de faire ces énormes emprunts.**

Não se deve esquecer a tendência niveladora e unificadora do sistema de títulos, mediante cujo desenvolvimento a especulação sem dúvida igualmente tem um efeito formador do mercado, porque é claro que ela facilita a troca de posse das peças individuais que, nesse caso, também podem ser negociadas a prazo: penso na uniformização das taxas de juros, dos prazos dos juros, desvinculação da caixa individual etc.[62]

Mas então também seria preciso constatar ainda que aquilo que é chamado de "especulação profissional" merece esse nome apenas em parte. Aquelas mil ou 2 mil pessoas nas grandes bolsas de valores, que, como se diz, praticam profissionalmente "a especulação", na realidade praticam, em termos mais precisos, profissionalmente o negócio dos ativos, e o fazem em parte como comércio efetivo, em parte como comércio diferencial, substituindo, em certo sentido, o *dealer* [corretor] da *stock exchange* [bolsa de valores] londrina. Portanto, no *jobber* [agente da bolsa de valores] ocorre a intersecção dos dois círculos: comércio efetivo e comércio especulativo,

---

Mas que fazem eles? Eles aplicam, contudo, 10, 15 ou 20 mil libras esterlinas em anuidades, vendendo-as a prazo aos agiotas: por esse meio obtêm altos dividendos do seu dinheiro, sem estarem sujeitos às variações, que vão por conta do agiota; essa prática prossegue por anos a fio; e rende milhões... De sorte que o governo da Inglaterra, por meio desse jogo, levou não somente o dinheiro daqueles que queriam esses fundos, mas *até mesmo todo o dinheiro daqueles que não os queriam*." (N. T.)

* "A circulação que esse jogo propicia é prodigiosa; não se pode imaginar como ele facilita os meios de se desfazer a todo momento e a toda hora desses fundos, e isto são somas consideráveis. É a essa facilidade que os particulares têm de se desfazer desses fundos que a Inglaterra deve em parte a facilidade que ela tem tido de fazer esses enormes empréstimos." (N. T.)

62 Muito bem detalhado, por exemplo, por W. Däbritz, *Die Staatsschulden Sachsens*, 1906, p.18.

de modo que temos de diferenciar as seguintes categorias do comércio praticado na bolsa:

1. comércio efetivo ocasional (comércio do público que busca formas de aplicação ou seus encarregados);
2. comércio especulativo ocasional (especulação feita pelos especuladores não "profissionais", que, por sua vez, é especulação de *insiders* [a alta especulação] e de *outsiders*);
3. comércio efetivo profissional } ofício do *"jobber"*
4. comércio especulativo profissional } ofício do *"jobber"*.

Ora, se quisermos acompanhar o desenvolvimento da "bolsa de valores" (abstraindo a formação gradativa da organização exterior), será preciso investigar o seguinte:

1. o desenvolvimento de um comércio profissional de títulos;
2. o desenvolvimento da técnica da especulação (da operação comercial a prazo).

Em torno dessas duas séries de desenvolvimentos se enroscam ou nelas se inserem todos os demais fenômenos que, junto com os dois recém-mencionados, perfazem a "bolsa de valores".

O fato de nos faltar até hoje uma história do desenvolvimento da bolsa de valores é uma situação ruim que nem há como deplorar em demasia. Visto que, neste contexto, não posso preencher essa enorme lacuna nem mesmo superficialmente, preciso contentar-me em fixar provisoriamente alguns remendos cuja exposição me interessa e arrumar precariamente um pano de fundo, diante do qual se destaquem, tanto quanto possível, os fatos específicos que tenho a relatar – e estes são os referentes à participação dos judeus na formação da bolsa de títulos mobiliários (por enquanto, preciso deixar a bolsa de produtos fora destas considerações por absoluta falta de material).

* * *

A história da bolsa de valores se divide em dois grandes períodos: a época que vai dos seus primórdios, no século XVI, até por volta da virada para o século XIX, período de crescimento interno, durante o qual todas as instituições da bolsa de valores chegam à maturação, sem que ela própria já se constituísse como um componente orgânico da vida econômica, e o período que vai do início do século XIX até hoje: no qual pouco a pouco todos os segmentos da economia nacional passam a ser impregnados pelo sistema da bolsa de valores.

Mais uma vez, nossa atenção naturalmente terá de voltar-se, pelo nosso interesse, para o primeiro período: para a época do desenvolvimento intenso, da maturação silenciosa.

Agora podemos dar por assegurado que a origem da moderna bolsa de títulos está no comércio cambial ou, se quisermos formular o conceito mais no sentido exterior, na união dos negociantes de letras de câmbio:[63] os lugares em que, no século XVI e em seguida, principalmente no século XVII, surgem renomadas bolsas de valores foram, antes disso, sem exceção, centros de um agitado comércio de letras de câmbio.

Porém, podemos perceber claramente que, na época em que floresceram as bolsas de valores, os judeus dominaram quase com exclusividade o mercado de letras de câmbio. O negócio das letras de câmbio era tido, nos séculos XVI e XVII, e em parte até depois disso, em muitos lugares como um domínio dos judeus.

Já apresentei, em outro contexto, os documentos que comprovam isso para Veneza (no século XVI).[64]

Em Amsterdã, deparamo-nos com eles igualmente como destacados negociantes de letras de câmbio e de divisas, ainda que sejam mencionados expressamente apenas no final do século XVII;[65] mas não há razão para supor que, antes disso, tenha sido diferente.

---

63 Ehrenberg, *Zeitalter der Fugger*, v.2, p.244 et seq. e *passim*. Ehrenberg sem dúvida é o autor a quem devemos as noções mais valiosas sobre a história da bolsa de valores. É lamentável que ele não dê continuidade a seus estudos nesse campo, no qual nenhum de nós consegue se igualar a ele em conhecimento de causa.

64 Ver nota 21 do capítulo 2.

65 Van Hemert, *Lectuur voor het ontbijt en de Theetafel VII^{de} Stuk*, p.118-119 apud Koenen, *Geschiedenes der Joden in Nederland*, 1843, p.212.

No século XVII, Frankfurt am Main foi uma espécie de filial de Amsterdã. Ora, já no século XVI, Stephanus[66] nos relata dos judeus que não tinham, para a feira, "um papel decorativo, mas muito vantajoso, especialmente no negócio de letras de câmbio". No ano de 1685, os comerciantes cristãos de Frankfurt se queixam de que os judeus teriam se apossado de todo o negócio com letras de câmbio e da atividade de corretagem.[67] Os amigos dos Glückel de Hameln praticaram o "comércio com letras de câmbio e afins, como é costume entre os judeus".[68]

Em Hamburgo, os judeus primeiro têm de instaurar o negócio cambial e bancário. Um século depois (1733), um parecer que se encontra entre as atas do Senado expressa-se a respeito da importância dos judeus como negociantes de letras de câmbio no sentido de que, em tal negócio, eles seriam "quase totalmente donos" e teriam "sobrepujado os nossos".[69] Ainda no final do século XVIII, os judeus eram, em Hamburgo, quase os únicos compradores regulares de letras de câmbio.

Dentre as cidades alemãs, ainda temos a confirmação expressa de Fürth de que o comércio cambial (durante o século XVIII) "na maior parte, estava em seu poder".[70]

Sobre a situação em Viena, que, como se sabe, a partir do final do século XVIII, conquistou uma posição de destaque como local que abrigava uma bolsa de valores, relata o chanceler de Estado Ludewig, do período em que Leopoldo I governou: "*Praesertim Viennae ab opera et fide Judaeorum res saepius pendent maximi momenti. Gambia praesertim et negotia primi ordinis nundinatorum*".[71]

---

66 H. Stephanus, *Francofordiense Emporium sive Francofordienses Nundinae*, 1574, p.24.
67 Apud Ehrenberg, *Zeitalter der Fugger*, v.2, p.248.
68 Glückel von Hameln, *Memoiren*, p.297.
69 Em M. Grunwald, *Hamburgs deutsche Juden bis zur Auflösung der Dreigemeinden 1811*, 1904, p.21.
70 S. Haenle, *Geschichte der Juden im ehemaligen Fürstentum Ansbach*, 1867, p.173.
71 Na obra *Die Juden in Österreich*, v.2, 1842, p.41 et seq. ["Especialmente os negócios de Viena, em seus momentos mais importantes, dependem cada vez mais do trabalho e do crédito dos judeus. Especialmente as letras de câmbio e os negócios de compra vêm em primeira instância" – N. T.]

A respeito dos judeus em Bordeaux consta isto: "*leur principal commerce est de prendre les lettres de change et d'introduire l'or et l'argent dans le royaume*".[72]

Graças a um parecer do deputado Wegelin (1815)[73] ficamos sabendo que os judeus de Estocolmo dominavam o mercado de letras de câmbio no início do século XIX.

Tendo os judeus, enquanto donos do comércio cambial, sido os fundadores da moderna bolsa de títulos, devemos então constatar, como fato muito mais significativo, que eles também imprimiram a sua marca característica à bolsa de valores e ao comércio da bolsa de valores. Eles fizeram isto por evidentemente terem sido os "pais do negócio a prazo", os criadores da técnica do comércio bolsista, se quisermos, portanto, também os pais da especulação da bolsa de valores.

No momento, ainda não podemos dizer com certeza em que época devemos situar *os primórdios da especulação com os títulos*. Os italianistas gostariam muito de assegurar, também para esse fenômeno da vida econômica moderna, a prioridade da Itália. Se dependesse de *Sieveking*, teríamos já no século XIII ou então, no mais tardar, no século XIV, em Gênova, todo tipo de agenciamento de ações em pleno florescimento. Ele diz o seguinte sobre isso:

> As parcelas na dívida pública eram alienáveis [...] Os cursos oscilantes davam ocasião a um movimentado comércio com parcelas da dívida, fato que podemos acompanhar em Gênova já no século XIII. É possível comprovar, com base nos arquivos do tribunal comercial genovês e também de Veneza, em torno de 1400, negócios especulativos com tais *loca*, que tinham a forma de negócios a prazo e negócios diferenciais.[74]

---

72 Num relatório do Sous-Intendant M. de Courson, de 11/6/1718 apud Malvezin, *Histoire des Juifs à Bordeaux*, 1875. ["Seu negócio principal é tomar as letras de câmbio e introduzir o ouro e a prata no reino." – N. T.]

73 E. Meyer, Die Literatur für und wider die Juden in Schweden in Jahre 1815, *Monatsschrift*, v.51, 1907, p.522.

74 H. Sieveking, Die kapitalistische Entwicklung in den italienischen Städten des Mittelalters, *Vierteljahrsschrift für Soziale- und Wirtschaftsgeschichte*, v.7, p.85.

Porém, o que ele próprio compartilhou com base nesses arquivos não justifica esse parecer.[75] Sendo preciso, poderíamos comprovar vestígios do negócio diferencial em Veneza no século XV – assim como ali foi promulgada uma proibição do comércio com títulos de banqueiros já no ano de 1421. Contudo, os exemplos de comércio com *loca* em Gênova de que temos conhecimento, com toda a certeza os do século XIII, mas, a meu ver, também os do século XV, carecem de todo e qualquer caráter "especulativo", mesmo que se adote um conceito bastante amplo de especulação. São todos negócios efetivos firmados entre pessoas privadas e nem são intermediados por corretores profissionais.

Se não quisermos desviar completamente do caminho e deixar-nos atrair para um terreno pantanoso por qualquer fenômeno que ocasionalmente venha à tona, é preciso que constantemente consultemos o estado de espírito geral, a mentalidade econômica, como a chamo. Vemos, então, em nosso caso que, ainda no século XVI, tudo o que tinha aparência de venda em branco era rigorosamente desaprovado, não só, por exemplo, em meio à multidão conservadora ou nas salas de governo, mas também pelas pessoas mais progressistas, como inquestionavelmente era, por exemplo, *Seravia della Calle*. Ora, ele escreve em suas *Institutiones*: "è molto piu malvagio mercato quello che fanno coloro che vendono una cosa prima che la comprino".[76]

Penso, por conseguinte, que por enquanto a questão está resolvida pelo parecer de Ehrenberg, que diz o seguinte:[77] o negócio a prazo já ocorre no século XVI, mas em nenhum lugar é mencionado como ferramenta principal da especulação.

Não é no século XIII em Gênova, mas no século XVII em Amsterdã, que temos de procurar os primórdios da moderna especulação da bolsa de valores. Mais precisamente, como é possível reconhecer com bastante clareza, foi nas ações da Companhia das Índias Orientais que o agenciamento de ações se apoiou para crescer.

---

75 Id., *Genueser Finanzwesen*, v.1, 1898, p.82 et seq., 175 et seq.

76 Saravia della Calle, Institutione de' Mercanti, in: *Compendio utilissimo di quelle cose le quali a Nobili e christiani mercanti appartengono*, 1561, p.42. ["É muito pior aquele comércio que fazem os que vendem uma coisa antes de tê-la comprado." – N. T.]

77 Verbete Börsenwesen, *Handwörterbuch der Staatswissenschaften*, 3. ed.

A grande massa de papéis do mesmo tipo que repentinamente entrou em circulação, o vício muito disseminado do jogo, o forte interesse demonstrado desde o início pelo empreendimento, os resultados oscilantes e as oscilações de ânimo a eles associadas: tudo isso, pelo visto, atuou conjuntamente para fazer florescer rapidamente a especulação com ações no terreno bem preparado da bolsa de valores de Amsterdã.[78] No curto período de oito anos, ela já tinha se disseminado de maneira tão universal e foi praticada de maneira tão diligente que foi percebida pelo poder público como um inconveniente que deveria ser eliminado por meio de leis: a lei publicada pelos Estados Gerais em 26 de fevereiro de 1610 já proibiu vender mais ações do que na realidade se possuía. (A essa proibição seguiram-se muitas outras — naturalmente sem o menor êxito —: 1621, 1623, 1677, 1700 etc.)

Se perguntássemos quem especula com ações, a resposta teria de ser esta: todo aquele que pudesse levantar o dinheiro para isso. Antes de tudo, decerto os frequentadores ricos da bolsa de valores, provavelmente sem distinção confessional.

Apesar disso, porém, podemos assumir que os judeus tiveram um papel destacado nesse desenvolvimento da primeira especulação na bolsa de valores, mais que os demais envolvidos. Ao que parece, a sua obra mais própria nesse processo foi a formação de um comércio profissional de

---

[78] As fontes mais confiáveis para a história do comércio de ações na bolsa de valores de Amsterdã nas primeiras décadas do século XVII são os cartazes dos Estados Gerais, proibindo-o. Além disso, devem ser considerados os diversos escritos polêmicos que apareceram no século XVII a favor e contra o comércio de ações, especialmente o do adversário da especulação *Nicolas Muys van Holy*. Sobre isso, ver É. Laspeyres, *Geschichte der volkswirtschaftlichen Anschauungen*, 1863. Uma posição especial é assumida pelo livro de *De la Vega*, do qual ainda falarei. Com relação ao período subsequente há descrições detalhadas em diversos livros sobre negócios, principalmente J. P. Ricard, *Le négoce d'Amsterdam*, 1723, ao qual recorrem quase todos os autores posteriores. Independentemente desse, são importantes ainda as obras de J. de Pinto da segunda metade do século XVIII. Quanto à bibliografia mais recente, entram em cogitação, por exemplo: G. C. Klerk de Reus, *Geschichtlicher Überblick der administrativen, rechtlichen und finanziellen Entwicklung der niederländisch-ostindischen Compagnie*, 1894, p.177 et seq.; Van Brakel, *De Hollandsche Handelscompagnieën der Zeventiende Eeuw*, 1908, p.154 et seq.

títulos, de um lado, e da técnica do negócio a prazo, de outro. Dispomos de alguns testemunhos que confirmam expressamente a exatidão dessa suposição. Por volta do final do século XVIII, era ponto pacífico que os judeus haviam "inventado" o comércio de ações.[79] Isso naturalmente ainda não é nenhuma prova de que o fato afirmado seja verdadeiro. De qualquer modo, um parecer tão universalmente disseminado, mesmo que tenha sido enunciado em época posterior, não pode ser descartado sem mais nem menos como irrelevante, muito menos se sua exatidão for confirmada por outros indícios. Em primeiro lugar, por este: o parecer prova que os judeus eram tidos como especialmente qualificados para terem realizado aquela invenção. Eles eram, portanto, em todo caso naquela época, os principais envolvidos. Temos a confirmação disso também de outra parte. Até mesmo (e isso é importante) para uma época consideravelmente mais antiga: a segunda metade do século XVII, através do já mencionado Nicolas Muys van Holy. O que, além disso, podemos considerar assegurado é a circunstância de que os judeus tinham forte participação acionária nas duas companhias das Índias. Em relação à Companhia das Índias Orientais, temos o testemunho confiável de Pinto;[80] em relação à Companhia das Índias Ocidentais, cujas ações desencadearam uma febre especulativa ainda mais violenta, temos a carta dos diretores a Stuyvesant,[81] na qual eles o instruem a admitir os judeus em Nova Amsterdã *"also because of the large amount of capital which they have invested in shares in this Company"*;* em relação às duas companhias, há o relato de Manassés ben Israel a Cromwell, no qual o autor observa *"that the Jews were enjoying a good part of the (Dutch) East and West India Company"*.[82]

---

79 Na revista *De Koopman*, v.2, p.429, 439 apud Ehrenberg, *Zeitalter der Fugger*, v.2, p.333.
80 Pinto, *De la circulation...*, p.84.
81 A íntegra da carta (com base nos *Documents Relative to the Colonial History of the State of New York*, v.14, p.315) em Kohler, Beginnings of New York Jewish History, Publications, v.1, p.47.
   * "Por causa da grande quantidade de capital que eles investiram em ações desta Companhia." (N. T.)
82 O relatório de Manassés ben Israel surgiu autonomamente no ano de 1655. Depois disso foi impresso seguidamente; em alemão, por exemplo, no *Jahrbuch des Literarischen Vereins*, 1861; em inglês, na *Jewish Chronicle*, 1859. ["Que os judeus

Entretanto, dou valor especial ao fato de que, no final do século XVII, um judeu português escreveu em Amsterdã o livro que, pela primeira vez, tratou de maneira exaustiva o comércio bolsista em todas as suas ramificações, e isso, como nos assegura um conhecedor perspicaz, de um modo que "até os dias de hoje permanece, quanto à forma e ao conteúdo, a melhor exposição do comércio de fundos". Refiro-me a *Confusión de confusiones* etc., de Don Joseph de la Vega, publicado em 1688.[83] Portanto, a existência desse escrito avaliza que um judeu foi o primeiro "teórico" da operação comercial a prazo. Porém, o próprio De la Vega foi comerciante e a sua exposição evidentemente nada mais é que o registro da atmosfera intelectual em que ele vivia. Se estabelecermos uma conexão entre essa produção literária e todas as demais informações que temos sobre a operação dos judeus na bolsa de valores de Amsterdã, começando com a sua atividade como negociantes de letras de câmbio, e se levarmos em conta as opiniões que estavam universalmente disseminadas no século XVIII sobre o papel que eles desempenharam no surgimento do comércio de ações, nossa avaliação geral — visto que pelo menos algumas ponderações racionais determinarão que nossas conclusões sigam nessa mesma direção — de fato deverá ter, penso eu, no sentido anteriormente exposto, o seguinte teor: no mínimo, que os judeus cooperaram de modo decisivo na gênese do moderno comércio na bolsa de valores, caso não tenham até mesmo sido os seus progenitores.

Porém, se alguém ainda quiser duvidar da exatidão desse parecer, encontro-me na feliz situação de poder adicionar àquela prova indiciária ainda uma prova constituída por um testemunho direto, do qual eu próprio só tive conhecimento (graças a uma indicação do meu amigo André E. Sayous de Paris) depois de ter escrito aquelas linhas (e publicado em outro lugar).

---

estão usufruindo de boa parte da Companhia (Holandesa) das Índias Orientais e Ocidentais." — N. T.]

83 Um excerto bastante extenso desse livro raro, que em parte se assemelha a uma tradução, é oferecido por Ehrenberg, *Zeitalter der Fugger*, v.2, p.336 et seq., e nos *Jahrbücher für Nationalökonomie*, série III, v.3, p.809 et seq.

Pois dispomos de um relatório, provavelmente do enviado francês em Haia, escrito este destinado ao seu governo, do ano de 1698, no qual está dito com todas as letras que os judeus têm em seu poder e conduzem como querem o comércio de títulos de crédito na bolsa de valores. As passagens mais importantes desse relato têm o seguinte teor:[84]

> *Dans cet État* [Holanda] *les Juifs font une grosse partie; et c'est sur les pronostics de ces prétendus spéculateurs politiques, très vacillants eux-mêmes, que les prix de ces actions sont dans des variations si continuelles qu'elles donnent lieu plusieurs fois le jour à des négociations qui mériteraint mieux le nom de jeu ou de pari, et d'autant mieux que les Juifs, qui en sont les ressorts, y joignent des artifices qui lui font toujours de nouvelles dupes même de gens du premier ordre.* [Portanto, já temos a manipulação artificial da bolsa de valores!]
> [...] *leurs courtiers et agents juifs, les hommes les plus adroits en ce genre qu'il y ait au monde; change et actions, dans tous lesquels genres de choses ayant toujours entre eux de grosses masses et provisions.*

Portanto, traduzido, diz mais ou menos isto:

> Nesse Estado [Holanda], os judeus têm um grande papel, e segundo os prognósticos desses especuladores pretensamente políticos, eles próprios muitas vezes vacilantes, os preços dessas ações oscilam de maneira tão continuada que várias vezes ao dia provocam negociações que mereceriam antes ser chamadas de jogo ou aposta, tanto mais porque, nessa prática, os *judeus, que são as molas propulsoras desse comportamento*, empregam artimanhas com que sempre conseguem lograr as pessoas, mesmo as mais capazes.
> [...] seus corretores e agentes judeus, as pessoas mais hábeis do mundo em seu gênero; letras de câmbio e ações, dentre todos aqueles gêneros de coisas, das quais eles sempre têm grandes quantidades e provisões.

O autor, familiarizado com todos os segredos da operação na bolsa de valores, relata-nos muito detalhadamente qual era o principal meio mediante o qual os judeus conseguiam assumir aquela posição dominante

---

84 *Extrait d'un mémoire présenté en 1698*, do Arquivo do Secretariado Francês para Assuntos Coloniais, publicado na *Revue historique* (ed. por Monod), v.44, 1895.

na bolsa de valores de Amsterdã. Ainda retornarei a esse aspecto em outro contexto.

No entanto, uma luz clara se projeta sobre as condições da bolsa de valores de Amsterdã quando acompanhamos e comparamos o desenvolvimento das demais bolsas de valores daquela época.

Voltamo-nos primeiramente a *Londres*, o lugar que, a partir do século XVIII, suplantou Amsterdã em importância e, como se sabe, tornou-se de longe a principal bolsa de valores do mundo. No entanto, em Londres, é possível perceber a influência dos judeus sobre a bolsa de títulos de modo talvez ainda mais nítido do que em Amsterdã. Ademais, é possível provar com alguma segurança que o grande patrocínio que a especulação na bolsa de valores experimentou por volta do final do século XVII deve ser atribuído à atividade dos judeus que, naquela época, migraram de Amsterdã para Londres. Por essa via, porém, a história da bolsa de valores de Londres é mais uma prova da exatidão do parecer, segundo o qual a formação do comércio bolsista em Amsterdã foi, em primeira linha, obra dos judeus. Pois, pelo visto, eles já tinham tanta experiência nessas coisas que puderam se tornar mestres num ponto de vida comercial que, de qualquer modo, já era bastante importante.

Sobre as etapas individuais pelas quais os judeus passaram para conquistar a bolsa de valores de Londres sabemos o seguinte.

No ano de 1657, Solomon Dormido ainda precisa requerer a sua admissão na Royal Exchange, pois os judeus estão oficialmente excluídos de frequentar a bolsa de valores. Mas a lei que determina essa exclusão parece ter caído em completo esquecimento. Em todo caso, por volta do final do século XVII, já encontramos a bolsa de valores (que desde 1698 era a 'Change Alley) cheia de judeus. A quantidade deles era tão grande que uma parte específica do prédio era chamada de *Jews Walk* [corredor dos judeus]. "A bolsa de valores está abarrotada de judeus" ("*the Alley throngs with Jews*"), escreve um contemporâneo.[85] Essa migração para 'Change Alley teve relação com a participação crescente dos judeus que não eram

---

85 The Anatomy of Exchange Alley, or a System of Stock-Jobbing, 1719. Impresso como anexo em Francis, *Stock Exchange*, 1849.

vistos de bom grado na Royal Exchange? Com esse êxodo, em todo caso, começa a especulação com fundos na Inglaterra.[86]

De onde vem essa repentina inundação? Sabemos exatamente. Ela provém dos numerosos judeus vindos de Amsterdã no séquito de Guilherme III. E estes, como já foi mencionado, trouxeram para Londres a técnica já pronta e acabada do comércio da bolsas de valores. A exposição que *John Francis* faz desses episódios corresponde perfeitamente à realidade; isso é confirmado por numerosos testemunhos que foram aportados em tempos mais recentes, principalmente pelos judaístas.

A bolsa de valores nasceu como Minerva: ela apareceu já totalmente aparelhada; os principais negociantes dos primeiros empréstimos ingleses foram judeus; eles assessoravam o Orange Guilherme III com seus conselhos e um deles, o rico Medina, era o banqueiro de Marlborough, que lhe pagava anualmente £ 6 mil de pensão e, em troca disso, colhia as primícias das novas da campanha militar. Os dias de vitória do exército inglês eram para ele tão lucrativos quanto eram gloriosos para as armas da Inglaterra. Todas as artimanhas da alta e da baixa, as falsas notícias do campo de batalha, os emissários supostamente chegados, as *coteries* secretas da bolsa de valores, toda a engrenagem secreta do Mâmom era do conhecimento dos primeiros pais da bolsa de valores e era intensamente explorada por eles.

Ao lado do sir Solomon Medina, o judeu Medina, como era chamado, que pode ser visto como o fundador da especulação com fundos na Inglaterra, conhecemos ainda toda uma série de grandes judeus endinheirados da época da rainha Ana, que especulavam em grande estilo na bolsa de valores. Manassés Lopez, como sabemos, ganhou um vasto patrimônio, aproveitando-se de um pânico geral (provocado por um falso alarme: a rainha estaria morta) e comprou todos os fundos do governo, cujo preço estava desabando. Algo semelhante é relatado, com referência a uma época posterior, sobre Sampson Gideon, que era conhecido como *"the Great Jew broker"* [o grande corretor judeu] entre os *"gentile"* [gentios].[87] Para

---
86 Verbete Brokers, *Jewish Encyclopedia*.
87 J. Picciotto, *Sketches of Anglo-Jewish History*, 1875, p.58 et seq.

aquilatar o poder financeiro dos judeus na Londres daquela época é preciso ponderar que, no início do século XVIII, o número de famílias judaicas com receita anual entre £ 1000-2000 era estimado em 100, o de famílias com £ 300, em 1000 (Picciotto), ao passo que judeus individuais, como os Mendes da Costa, Moses Hart, Aaron Francks, Baron d'Aguilar, Moses Lopez Pereira, Moses ou Anthony da Costa (que, no final do século XVII, foi diretor do Bank of England), entre outros, figuravam entre os comerciantes mais ricos de Londres.

Porém, ainda mais significativa do que essa criação da generosa especulação da bolsa de valores pelos grandes endinheirados parece-me a circunstância de que, pelo visto, também o comércio profissional de títulos e, desse modo, a assim chamada "especulação profissional" na bolsa de valores de Londres foram introduzidos por judeus. Esses dois fenômenos igualmente só afloraram durante a primeira metade do século XVIII, mais precisamente, parece que todos eles, ao que parece, foram trazidos à existência pelos *brokers* [corretores de títulos, operadores de mercado]. Portanto, o próprio *broker* gerou a sua mais ferrenha contraparte: o *jobber* [agente da bolsa].

Essa ocorrência, pelo que vejo, até agora não foi percebida. Porém, é possível acompanhá-la com toda a nitidez desejável com base em fontes contemporâneas.

Postlethwayt, que em todas essas coisas é um garante perfeitamente confiável, relata sobre isso como segue:

> *Stock Jobbing* [...] *was at first only the simple occasional transferring of interest and shares from one to another as persons alienated their estates;* but by the industry of the stock-brokers, who got the business into their hands, it became a trade; *and one, perhaps, which has been managed with the greatest intrigue, artifice and trick that every any thing which appeared with a face of honesty could be handled with; for, while the brokers held the box, the[y] made the whole [E]xchange the gamesters, and raised and lowered the prices of stocks as they pleased and always ha[d] both buyers and sellers, who stood ready, innocently to commit their money to the mercy of their mercenary tongues etc.*[88]

---

88 M. Postlethwayt, *A Universal Dictionary of Trade and Commerce*, v.2, p.554. ["A operação com ações [...] era inicialmente apenas a simples transferência ocasional de

Ora, sabemos de outros relatos que os judeus tiveram uma participação especialmente forte na classe dos *brokers*. Em 1697, na bolsa de valores de Londres, de um total de 100 *brokers* juramentados, 20 eram estrangeiros e judeus. E podemos supor que, nas décadas seguintes, o seu número foi ainda maior. *"The Hebrews flocked to 'Change Alley from every quarter under heaven"*,* sentencia *Francis* com base em fontes contemporâneas. Em todo caso, ficamos sabendo por meio de um observador muito conscencioso da década de 1730 (portanto, uma geração após sua irrupção na bolsa de valores de Londres) que havia corretores judeus em excesso para que se pudesse ocupar todos eles como corretores e que essa transposição do ofício oferecia a oportunidade de empurrar mais da metade deles para o comércio (profissional), ou seja, transformá-los de *brokers* em *jobbers*: seu número excessivo, escreve a nossa fonte de informação, *"has occasion'd almost on Half of the Jew Brokers to run into Stock-jobbing"*.[89] Segundo a mesma fonte, 6 mil judeus já estariam residindo na Londres daquele tempo.

Aliás, essa gênese do agenciamento de ações a partir da corretagem, que inferimos aqui claramente para a bolsa de valores de Londres a partir de relatos contemporâneos, parece não ter se restringido a Londres. Também em Frankfurt am Main o desenvolvimento deve ter sido parecido. Em todo caso, sabemos que nessa cidade, pelo final do século XVII, os judeus num primeiro momento também tinham se apossado de todo o ofício de

---

juros e bônus entre duas pessoas que alienavam seus bens; *mas por obra dos corretores de ações, que detinham o controle desses negócios, ela se converteu num comércio* e, talvez, um comércio conduzido com o máximo de manipulação, artimanha e trapaça com que se podia tratar qualquer coisa que tivesse uma aparência de honestidade; isso porque, ao mesmo tempo que os corretores controlavam o cofre, eles transformavam toda a bolsa de valores em apostadores, aumentando e baixando os preços das ações a seu bel-prazer, e sempre havia ambos, compradores e vendedores, prontos para inocentemente colocar seu dinheiro à mercê de suas línguas mercenárias etc." – N. T.]

* "Os hebreus afluíram a 'Change Alley de todos os quadrantes sob o céu." (N. T.)

89 D. Tovey, *Anglia Judaica or the History and Antiquities of the Jews in England*, 1738, p.297. ["Levou quase a metade dos corretores judeus a correr para a operação com ações." – N. T.]

corretagem,[90] e a partir dessa posição eles provavelmente acabaram conquistando ali igualmente o *comércio* profissional de fundos (e, associada a ele, a "especulação profissional").

Também em Hamburgo, os portugueses tinham quatro corretores já em 1617, e mais tarde vinte.[91]

Se considerarmos, além disso, que a opinião pública atribuiu aos judeus também a formatação do negócio de arbitragem na bolsa de valores de Londres[92] e, ademais, que os judeus igualmente tiveram intensa participação na grandiosa formatação — de que trataremos em seguida — experimentada pela especulação de fundos a partir do final do século XVIII, começando por Londres, dificilmente poderemos deixar de concordar com a conclusão a que chegou outro pesquisador com base em estudos aprofundados:[93] se Londres hoje é o centro da circulação de dinheiro de toda a Terra, deve isso em primeira linha aos judeus.

Todas as demais bolsas de títulos ficam muito atrás de Amsterdã e Londres durante toda a primeira fase da época capitalista. Inclusive em *Paris* só começa a haver mais movimento por volta do final do século XVIII. Deparamo-nos com os primeiros traços da especulação com fundos ou *agiotage*, como ela sabidamente se chama na França, no começo do século XVIII. *Ranke*[94] encontra a primeira menção da palavra *"agioteur"* num escrito de Elis. Charlotte, de 18 de janeiro de 1711. A escritora pensa que a expressão teria se originado dos *billets de monnaye* [papéis-moeda]: antigamente não se tinha conhecimento disso. O período de Law, pelo visto, não deixou marcas permanentes. Isso porque, na França da década de 1730, ainda se sentia bastante a distância em relação aos países vizinhos Holanda e Inglaterra, mais avançados em termos capitalistas ou, pelo menos, já mais movimentados em termos de bolsa de valores. *Mélon* se expressa sobre isso da seguinte maneira: *"La circulation des fonds est une*

---

90 Segundo uma queixa dos comerciantes cristãos do ano de 1685, mencionada por Ehrenberg, *Zeitalter der Fugger*, v.2, p.248.
91 M. Grunwald, *Portugiesengräber*, 1902, p.6 et seq.
92 Postlethwayt, *Dictionary*, v.1, 1751, p.95.
93 J. Jacobs, Typical Character of Anglo-Jewish History, *JQR*, v.10, 1898, p.230.
94 Ranke, *Französische Geschichte*, 3. ed., v.4, p.399.

des plus grandes richesses de nos voisins; leur banque, leurs annuités, leurs actions, tout est en commerce chez eux".[95] Ou seja, na França, ainda não. E ainda no ano de 1785, um edital (de 7 de agosto) diz: *"le roi est informé, que depuis quelque temps il s'est introduit dans la Capitale un genre de marché"** etc., a saber, a operação comercial a prazo com títulos.

Esse baixo nível que o desenvolvimento do comércio da bolsa de valores ainda apresentava na França durante o século XVIII é a expressão clara da importância relativamente pequena que, naquele tempo, os judeus tinham para a vida econômica francesa, particularmente a parisiense. Isso se deve ao fato de que as localidades em que eles, já naquele tempo, tinham uma importância maior, como Lyon e Bordeaux, decerto não eram exatamente apropriadas para servir de lugar de semeadura e incentivo do comércio de títulos. (Em Lyon, o breve período de florescimento – cujas causas ainda não foram suficientemente esclarecidas –, durante o qual o lugar se convertera em centro de um comércio mais movimentado de títulos durante o século XVI,[96] não teve repercussões duradouras.)

Mas mesmo o pouco que Paris possuía durante o século XVIII em termos de especulação na bolsa de valores e de comércio profissional de títulos certamente era devido aos judeus. A sede da especulação com fundos em Paris, onde ocorreu também a primeira *agiotage* com os *"billets de monnaye* [papéis-moeda]", foi (e permaneceu por muito tempo) a rua Quincampoix, que mais tarde alcançaria grande fama por causa da fraude de Law. Nesse lugar, contudo, residiam, como nos relata uma fonte escrita pouco depois disso,[97] "muitos judeus". No entanto, o homem, a cujo nome se vincula mais propriamente essa primeira especulação com fundos, um grande mestre da agiotagem antes de Law, foi o conhecido

---

95 J. F. Mélon, *Essai politique sur le commerce*, 1734, ed. por Davie, p.685. ["A circulação de fundos é uma das grandes riquezas de nossos vizinhos; seus bancos, suas anuidades, suas ações, tudo é comercializado por eles." – N. T.]

* "O rei foi informado que, *há algum tempo*, foi introduzido na capital um gênero de mercado." (N. T.)

96 Sobre o comércio com "cartas reais" em Lyon desde cerca de 1550, ver Ehrenberg, *Zeitalter der Fugger*, v.2, p.142.

97 Du Hautchamp, *Histoire du système des Finances sous la minorité de Louis XV*, v.1, 1739, p.184.

encarregado das finanças de Luís XIV, Samuel Bernard. É pelo seu nome que os *billets de monnaye* foram chamados mais tarde, quando estavam desvalorizados, de "bernardines".[98] Mas o que John Law tinha, além da sua fantasia, em termos de conhecimentos das técnicas de operação da bolsa, ele aprendera em Amsterdã.[99] Não consegui constatar se o próprio Law foi judeu (Law = Levy), como se afirma.[100] É possível. Como se sabe, seu pai foi "ourives" (e banqueiro). O fato de ele ter sido um "reformado" [calvinista] naturalmente não constitui razão impeditiva. O que fala *a favor* do seu judaísmo é a aparência judaica do homem em alguns retratos (por exemplo, no da edição alemã de seu livro *Gedanken vom Waren- und Geldhandel etc.* [Ideias sobre o comércio com mercadorias e dinheiro], do ano de 1720). *Contra* ele ter sido judeu fala propriamente o traço fundamental da sua essência, constituído mais bem por uma mescla de senhorialismo e aventureirismo.

Na *Alemanha*, durante os séculos XVII e XVIII, apenas as bolsas de valores de *Frankfurt am Main* e de *Hamburgo*, ou seja, as duas cidades judaicas *par excellence*, alcançaram certa importância. Já mostramos em outra passagem deste livro com que clareza se pode comprovar a influência dos judeus sobre essas duas bolsas de valores.

Mas também *a bolsa de valores de Berlim* de antemão veio à existência como uma instituição essencialmente judaica. No começo do século XIX, ainda antes que os judeus obtivessem a liberdade (1812), eles próprios já despontavam em termos numéricos: dos quatro "presidentes da bolsa de valores", dois (!) eram judeus; e o "Comitê da bolsa de valores" era formado pelas seguintes pessoas:

1. os senhores presidentes da bolsa de valores	4
2. os anciãos das duas guildas	10
3. a guilda dos barqueiros do rio Elba	1
4. os eleitos pelos comerciantes da nação judaica	8
	23

---

98 O. de Vallée, *Les manieurs d'argent*, 1858, p.41 et seq.
99 A. Cochut, *Law, son système et son époque*, 1853, p.33.
100 É. Drumont, *La France juive* [1. ed., 1886], 1904. ed., v.1, p.259.

Portanto, dos 23 membros, 10 eram judeus (*nota bene*: reconhecidos como tais!); não é possível constatar quantos judeus batizados ou criptojudeus além daqueles.

Uma vez mais, vemos que também em Berlim estão fortemente representados no ofício de corretagem: de seis corretores de letras de câmbio ajuramentados, três são judeus (dos dois corretores de mercadorias ajuramentados do comércio de tecido e seda, um é judeu, e o substituto também é judeu; ou seja, de três ao todo, dois são da confissão religiosa judaica).[101]

Na Alemanha, durante o século XVIII, certamente só houve comércio de fundos e especulação com fundos em Hamburgo e Frankfurt am Main. Sabemos a respeito de Hamburgo que, já no início do século XVIII, o comércio de ações foi proibido. Um mandado do Conselho de Hamburgo de 19 de julho de 1720 externa-se da seguinte maneira:

> De acordo com isso, o Egrégio Conselho tomou conhecimento com grande estranheza e desagrado da forma como alguns particulares, pretextando uma companhia de seguros, empreenderam autocraticamente organizar e inaugurar um assim chamado comércio de ações, provocando, no entanto, a partir daí consequências perigosas e desvantajosas tanto para a esfera pública quanto para os particulares.

Nos Jogos Hamburgueses de Moedas e Medalhas (1753), página 143, nº 4, encontra-se uma moeda comemorativa ao comércio de ações. *Raumburger* igualmente se queixa, no prefácio à sua obra *Justitia selecta Gentium Europaearum in Cambiis* etc., do "desastroso e pernicioso comércio fatal de papéis e ações".

É dos judeus a paternidade? Pelo menos isto pode ser constatado: o estímulo para o "comércio de ações" se originou dos círculos dos *assecuradeurs* [seguradores], como se depreende do mandado do ano de 1720. Sabemos, porém, que os judeus tinham um papel de destaque no ramo dos

---

101 Todas as cifras provêm dos *Von den Gilde-Dienern Friedrich Wilhelm Arendt und Abraham Charles Rousset herausgegebenen Verzeichnissen... der gegenwärtigen Älter-Männer...*, 1801 et seq.

seguros marítimos em Hamburgo.¹⁰² De resto, os testemunhos mencionados não nos dizem muita coisa nem coisa alguma exata sobre o comércio da bolsa de valores de Hamburgo; da mesma forma, só podemos fazer suposições a respeito de Frankfurt am Main. Topamos com o primeiro indício totalmente seguro em Augsburgo, no ano de 1817. Conhecemos o veredito do tribunal cambial daquela localidade de 14 de fevereiro de 1817, no qual uma ação judicial exigindo o pagamento de um lucro diferencial foi rejeitada com a fundamentação de que tais negócios seriam um "jogo de azar". Tratara-se de uma diferença de curso de 17.630 florins, que surgira da compra de um fornecimento de 90 mil florins em bilhetes de loteria da Baviera. O demandante se chamava Heymann, o demandado, H. E. Ullmann! Este é o primeiro caso avaliado com segurança de uma especulação com títulos na Alemanha.¹⁰³

Com isso, porém, já adentramos uma época que eu gostaria de ver distinguida da recém-analisada como um novo período da especulação na bolsa de valores. O que caracteriza esse novo período? O que lhe empresta esse cunho peculiar que sempre só podemos caracterizar com a terrível palavra "moderno"?

Hoje a bolsa de valores tem uma posição essencialmente diferente daquela que detinha há cem anos, o que fica mais evidente na avaliação que os círculos determinantes fizeram dela naquele tempo e fazem dela hoje.

Durante boa parte do século XVIII, nem mesmo os círculos capitalistas interessados queriam ouvir falar de especulação com fundos. Os grandes manuais e léxicos dos comerciários de que dispomos nas línguas inglesa, francesa, italiana e alemã de meados e da segunda metade do século XVIII ou não fazem qualquer menção ao comércio de fundos e da especulação com fundos (nos países economicamente "atrasados"); ou – quando falam deles, como faz Postlethwayt – não conseguem expressar toda a sua indignação diante dessas inauditas aberrações. A mesma opinião que têm hoje o pequeno-burguês ou o agricultor sobre "a bolsa de valores",

---

102 A. Kiesselbach, *Die wirtschafts- und rechtsgeschichtliche Entwicklung der Seeversicherung in Hamburg*, 1901, p.24.
103 O caso é relatado e comentado por N. T. Von Gönner, *Von Staatsschulden, deren Tilgungsanstalten und vom Handel mit Staatspapieren*, 1826, § 30.

ou seja, justamente sobre a especulação na bolsa de valores, é a que tinha, no século XVIII, também o grande comerciante solidamente estabelecido. Quando, no ano de 1733, o Parlamento inglês deliberou sobre o decreto de sir John Bernard, todos os oradores foram unânimes na condenação da *"infamous practice of stock-jobbing"* [prática infame da operação com ações]. E nos deparamos com o mesmo modo incisivo de se expressar ainda meia geração depois disso em *Postlethwayt*, que fala de *"those mountebanks, we very properly call stock-brokers"* [esses charlatães que chamamos muito adequadamente de corretores de ações]. Ele qualifica o *stock-jobbing* [a operação com ações] como uma *"public grievance"* [calamidade pública], que teria se tornado *"scandalous to the nation"* [escandalosa para a nação].[104]

Não é de se admirar que, diante dessa condenação geral da especulação com fundos, todas as legislações a proíbam terminantemente ainda durante todo o século XVIII.

Porém, o desagrado com a "bolsa de valores" era ainda mais profundo. Ela chegava aos fundamentos sobre os quais ela fora construída: ela se voltava contra o próprio sistema de títulos. Nesse ponto, naturalmente o interesse do poder estatal tomou o partido daqueles que defendiam esse sistema. Mas o príncipe e o operador de ações se encontravam totalmente isolados diante da massa unida de todas as demais pessoas que chegaram a formar uma opinião sobre o assunto (naturalmente não se pode incluir aqui os particulares que gostavam de comprar títulos de dívida). O sistema da dívida pública era tido como uma *partie honteuse* [aspecto vergonhoso] dos Estados. Os melhores homens vislumbravam no endividamento progressivo uma das mais graves mazelas, que se procurava eliminar com todos os meios disponíveis. Práticos e teóricos eram unânimes nisso. Nos círculos dos homens de negócio pensa-se seriamente em como se poderia cobrar as dívidas públicas; e aborda-se a ideia de se a bancarrota voluntária do Estado não seria desejável como última tábua de salvação. E isso na Inglaterra da segunda metade do século XVIII![105] Os teóricos não eram menos incisivos em seu

---

104 M. Postlethwayt, *A Universal Dictionary of Trade and Commerce*, 2. ed., v.2, p.533 et seq. Cf. também, no mesmo livro, o artigo muito instrutivo "Monied Interest", p.284 et seq.

105 Ver os artigos "Monied Interest" e "Paper Credit" (ibid., p.284 et seq., 404 et seq.).

julgamento. *David Hume* denomina os empréstimos públicos *"a practice* [...] *ruinous beyond all controversy"* [uma prática [...] indiscutivelmente ruinosa].[106] E também *Adam Smith*, como se sabe, usa as mais fortes expressões para dar vazão ao seu desagrado sobre o crescente endividamento dos Estados: *"the ruinous practice of funding"* [a ruinosa prática do financiamento]; *"the ruinous expedient of perpetual funding* [...] *has gradually enfaibled every state which has adopted it"* [o ruinoso expediente do financiamento perpétuo [...] gradualmente debilitou todo Estado que o adotou]; "[*the progress of*] *the enormous debts, which at present oppress and will in the long-run probably ruin all the great nations of Europe"* [(o crescimento das) enormes dívidas que atualmente oprimem e no longo prazo provavelmente arruinarão todas as grandes nações da Europa].[107]

Como em todos os aspectos, também neste Adam Smith é o espelho no qual se reflete calma e nitidamente a vida econômica da sua época. Nada caracteriza melhor a formatação peculiar da economia nacional daquela época – a economia pré-capitalista plenamente formada –, em contraposição à da nossa época, do que o fato de que, no grandioso edifício teórico de Adam Smith, não sobrou nem um mísero quartinho para a teoria dos títulos ou da bolsa de valores e do comércio bolsista. Um sistema completo de economia nacional, no qual não há *uma* palavra sequer que mencione a bolsa de valores!

E quase na mesma época viera a público um livro (do qual, aliás, também Adam Smith faz menção, sem chamar o autor pelo seu nome: *"one author"* [um autor] expressou uma opinião maluca, disse ele nessa ocasião), que tratou exclusivamente do crédito e de suas bênçãos, da bolsa de valores e de sua importância; um livro que se poderia mais propriamente chamar de cântico dos cânticos do sistema da dívida pública e do comércio de títulos; um livro que tinha a face tão completamente voltada para o futuro quanto *A riqueza das nações* (enquanto teoria) tinha a sua voltada para o passado. Refiro-me naturalmente ao *Traité du crédit et de la circulation* [Tratado do crédito e da circulação], que veio a público em 1771, e cujo autor se chamava

---

106 D. Hume, *Essays*, v.2, 1793, p.110.
107 A. Smith, *Wealth of Nations*, livro V, cap. 3. [Ed. bras.: *A riqueza das nações*. Investigação sobre sua natureza e suas causas. Trad. Luiz João Baraúna. São Paulo, Nova Cultural, 1996, v.2, p.357-393.]

Josef de Pinto e — essa é a razão dessas palavras — foi judeu português. No livro de Pinto, está contido milimétrica e precisamente tudo o que, no século XIX, foi alegado em defesa do crédito público (como, de modo geral, da reificação das relações de crédito), bem como para justificação do comércio profissional de títulos, da especulação com fundos etc. Na mesma medida em que Adam Smith encerra com o seu sistema a época da economia nacional com fraca atividade das bolsas de valores, Pinto inaugura os tempos modernos com sua teoria do crédito, tempos em que a especulação com fundos passou a ser o centro do acontecimento econômico e a bolsa de valores o "coração do organismo econômico".

A partir daquele momento, a balança da opinião pública foi se inclinando, silenciosa mas incessantemente, a favor da economia do crédito e da bolsa de valores na medida em que esta se disseminava e se aprofundava. Pouco a pouco a legislação a acompanhou e, terminadas as Guerras Napoleônicas e instaurada a paz no país, a bolsa de valores começou a florescer vigorosamente — livre das amarras de uma legislação hostil a ela.

Porém, quais foram então as mudanças que de fato se deram no sistema de títulos e na especulação com fundos nessa época? Em que se manifesta, na real formatação das coisas (não em seu reflexo "ideológico"), a diferenciação em relação ao passado, razão que nos leva a poder falar de uma nova época da transação na bolsa de valores? E — naturalmente a nossa pergunta principal — o que os judeus tinham a ver com isso?

Nos novos tempos, a técnica dos negócios na bolsa de valores não experimentou mudanças que de alguma maneira fossem essenciais. Ela já estava plenamente formatada no ano de 1688, quando De la Vega publicou o seu livro. É claro que, nesse meio-tempo, ainda se agregou esta ou aquela forma secundária de fazer negócios. Nesse ponto, também nos depararemos reiteradamente com judeus, por exemplo, se fizermos a *recherche de la paternité* [investigação da paternidade]. Assim, descobri,[108] por exemplo, que são judeus os fundadores (na Alemanha) da seguradora W. Z. Wertheimer, em Frankfurt am Main, bem como os fundadores do assim chamado negócio de contratação de marujos (para cuja operação fora constituída

---

108 N. T. Von Gönner, *Von Staatsschulden*, 1826, § 31 et seq.

em Berlim, no início do século XIX, uma sociedade própria sob a firma "Promessen-Komité").

Porém, a ênfase do desenvolvimento não se situa aqui na evolução das formas de negócio; ela reside, muito antes, se me é permitido expressá-lo com um clichê, no aumento extensivo e intensivo da transação com fundos.

Já se sabe como foi rápido o aumento da quantidade dos títulos de dívida pública a partir de meados do século XVIII, e como ele ainda se acelerou desde o começo do século XIX. Desse modo, naturalmente se expandiu na mesma medida (ou mais ainda) a especulação com fundos. Na verdade, até a segunda metade do século XVIII, inclusive em Amsterdã e Londres, esta apenas havia travado as primeiras escaramuças, e isso de preferência no comércio de ações. A primeira grande investida contra os empréstimos públicos data, segundo uma fonte confiável de informação, do ano de 1763 em Amsterdã (valendo, assim, para todas as bolsas de valores daquele tempo): ela relata que até aquele momento especulava-se principalmente com ações; *"mais depuis la dernière guerre on s'est jetté dans le vaste Océan des annuités"*.[109] Ainda em meados do século XVIII, a cifra dos títulos cadastrados na bolsa de valores de Amsterdã era de apenas 44; entre estes, 25 tipos eram de obrigações estatais e provinciais e seis tipos de empréstimos alemães. Até o final daquele século, o número dos papéis nacionais já havia subido para 80 e o dos papéis alemães para 30.[110] Porém, como foi rápido o crescimento do mercado de fundos durante e principalmente após as Guerras Napoleônicas! Se em toda a existência da bolsa de valores de Amsterdã até 1770 haviam sido tomados empréstimos que totalizavam o valor de 250 milhões de florins, uma única casa londrina emitiu em apenas 14 anos (1818-1832) ordens de pagamento de dívidas maiores do que aquela soma, a saber, de 440 milhões de marcos. Tudo isso é conhecido. Mas também se sabe quem só pode ser "uma única casa londrina" que numa década lançou no mercado papéis no valor de quase meio bilhão de marcos. E, ao mencionar essa "uma única casa" e suas quatro casas irmãs,

---

[109] Pinto, *Traité*, p.310-11. ["Mas depois da última guerra, lançaram-se no vasto oceano das anuidades." – N. T.]
[110] Ehrenberg, *Zeitalter der Fugger*, v.2, p.299.

também já estabeleci a conexão entre esta análise geral do desenvolvimento dos fundos e a questão específica que tínhamos levantado.

A expansão do mercado de títulos de 1800 a 1850 equivaleu ao *crescimento da casa Rothschild* e tudo que estava ligado a ela. Com efeito, o nome Rothschild significa mais do que a firma que ele representa. Ele significa o conjunto dos judeus, na medida em que estes exercem sua atividade na bolsa de valores. Pois só com a ajuda deles os Rothschild poderiam ter conquistado, na bolsa de fundos, a supremacia, e até se pode tranquilamente dizer o poder exclusivo e absoluto, que os vemos tomar durante meio século. Certamente não foi nenhum exagero quando se disse (aliás, isso vale para alguns países até depois de meados do século) que um ministro das Finanças que se estranhasse com essa casa internacional e não quisesse pactuar com ela praticamente era obrigado a fechar seu Gabinete. Em meados do século XIX, alguém disse: "Só há um poder na Europa, e este é Rothschild; seus satélites são uma dúzia de outras casas bancárias e seus soldados, seus escudeiros são todos os comerciantes e trabalhadores honestos e sua espada é a especulação" (A. Weil). São conhecidas as muitas observações espirituosas que Heine fez sobre os Rothschild e nas quais se reflete melhor do que em longas séries numéricas a importância singular desse fenômeno curioso. "O senhor de Rothschild é de fato o melhor termômetro político que existe, para não dizer 'meteorologista' [*Wetterfrosch*],* já que essa palavra não soaria suficientemente respeitosa." "Aquele gabinete privado de fato é um lugar curioso que estimula pensamentos e sentimentos sublimes, como quando avistamos o oceano ou o céu estrelado: nesse momento, vemos claramente como o ser humano é pequeno e como Deus é grande" etc.

Nada pode estar mais distante de mim do que a intenção de escrever aqui, mesmo que em seus traços básicos, a história da casa Rothschild. Cada qual pode facilmente se instruir sobre a importância histórico-mundial dessa casa a partir da literatura em parte bastante boa, mas em

---

* Literalmente: "sapo do tempo", em alusão ao coaxar de sapos antes da chuva, termo que passou a designar ironicamente quem exerce o ofício da previsão climática. (N. T.)

todo caso muito abrangente sobre os Rothschild.[111] Só o que eu gostaria de fazer é isto: ressaltar alguns traços especialmente característicos que os Rothschild imprimiram à bolsa de valores e às transações nela, para mostrar que não só no aspecto quantitativo, mas também no qualitativo, a moderna bolsa de valores é rothschildiana (e, portanto, judaica).

A primeira marca característica que a bolsa de valores traz desde a época dos Rothschild (e que estes claramente lhe imprimiram) é a sua internacionalidade. Esse foi – o que não precisa de demonstração prévia – o pressuposto necessário para a poderosa expansão do sistema de títulos que, para o seu desenvolvimento, precisou do afluxo dos "capitais" de todos os recantos da terra habitada para os centros da transação creditícia, para as grandes bolsas mundiais. O que hoje nos parece óbvio, ou seja, a internacionalidade da transação creditícia, ainda era para o começo do século XIX algo que causava a maior admiração onde era notado. O fato de Nathan Rothschild ter assumido em 1808, durante a guerra da Inglaterra contra a Espanha fazer a partir de Londres os pagamentos para o Exército Britânico na Espanha era tido como um feito extraordinário e fundamentava mais propriamente a sua grande influência. Até 1798, havia somente a Casa [bancária] de Frankfurt; como se sabe, filiais foram fundadas nos anos de 1798 em Londres, 1812 em Paris, 1816 em Viena, 1820 em Nápoles, cada uma por um dos filhos do velho Mayer Amschel. Desse modo, estava dada a possibilidade de tratar o empréstimo de todo país estrangeiro como um empréstimo nacional, o que levou o público a de fato adotar o costume de investir o seu dinheiro também em papéis estrangeiros, porque os juros e dividendos dessas aplicações passaram a ser pagos no país natal em moeda local. Os autores do início do século XIX relatam uma inovação de alcance extraordinário, a saber, que

> todo possuidor de papéis do Estado [...] pode sacar os juros segundo sua comodidade em vários lugares sem esforço: a Casa Rothschild em Frankfurt

---

111 Devo contentar-me com mencionar os seguintes três escritos que me parecem ser os melhores: *Das Haus Rothschild. Seine Geschichte und seine Geschäfte*, 2 partes, 1857; J. Reeves, *The Rothschilds: The Financial Rulers of Nations*, 1887; R. Ehrenberg, *Grosse Vermögen...*, v.1: Die Fugger-Rothschild-Krupp, 2. ed., 1905.

paga os juros de governos de vários países, a Casa Rothschild de Paris paga os juros dos *métalliques* austríacos, os rendimentos napolitanos, os juros das obrigações anglo-napolitanas ao gosto do cliente em Londres, Nápoles ou Paris.[112]

Enquanto dessa maneira o círculo dos credores foi ampliado geograficamente, outras medidas dos Rothschild cuidaram para que, em toda parte, até o último centavo fosse sugado da população. Isso ocorreu mediante uma hábil utilização da bolsa de valores para fins de emissão.

Por tudo que deduzimos dos relatos dos contemporâneos,[113] a emissão das ações austríacas dos Rothschild, no ano de 1820/1821, marcou época tanto para o sistema de empréstimo quanto para a transação nas bolsas de valores. Pela primeira vez, recorreram-se ali a todos os expedientes da mais selvagem especulação com fundos, visando criar um "clima" favorável ao papel, e a partir desse empréstimo data (pelo menos no continente) mais propriamente a especulação com títulos; pode-se considerá-la "plausivelmente como [...] o sinal para o comércio movimentado e bastante disseminado com papéis do Estado" (Bender).

Criar um clima foi o bordão que, dali em diante, dominou as transações nas bolsas de valores. Criar o clima era o propósito das incessantes oscilações do curso monetário mediante a compra e venda sistemáticas dos títulos, ao modo como eram protagonizadas desde o início pelos Rothschild em suas emissões.

> Ora, para poder empreender essas manipulações das bolsas de valores e do mercado financeiro, foram empregados todos os possíveis meios à sua disposição, foram encetados todos os caminhos imagináveis, foram exercitadas todas as maquinações concebíveis das bolsas de valores e de outro tipo, foram acionados todos os mecanismos, foram oferecidas somas maiores e menores de dinheiro.[114]

---

112 J. H. Bender, *Der Verkehr mit Staatspapieren*, 2. ed., 1830, p.145.
113 Por exemplo, N. Von Gönner, *Von Staatsschulden.*, p.60 et seq.; Bender, op. cit., p.142.
114 *Das Haus Rothschild*, v.2, p.216 et seq.

Portanto, os Rothschild praticaram a *"agiotage"*, no sentido mais estrito que os franceses emprestam ao termo: pelo visto, até aquele momento isso não havia sido feito por nenhuma das grandes casas bancárias, mas principalmente não pelos próprios tomadores de empréstimos. Portanto, os Rothschild empregam o meio da influenciação artificial do mercado mediante estimulação, introduzido, como vimos, pelos judeus de Amsterdã, e fazem isso com um novo objetivo: o lançamento de títulos.

Porém, essa posição tão modificada do banqueiro em relação à bolsa de valores e à esfera pública só se torna compreensível se tivermos consciência de que, na época de que falamos – ou seja, na era Rothschild –, haviam se consumado novas cristalizações na vida comercial, havia surgido um novo tipo de negócio que passou a levar uma vida autônoma e apresentar requisitos próprios: o negócio das emissões.

III. A confecção de títulos de crédito

O ofício da emissão, de que trataremos aqui em primeiro lugar, tem o propósito de gerar lucro mediante a criação de títulos (empréstimos públicos), ou seja, mediante a confecção autônoma de ativos. O seu surgimento é tão decisivamente importante para o desenvolvimento posterior porque nele é visivelmente franqueada uma fonte de energia capitalista de potência fora do comum. A partir de então, os títulos não surgem mais só a partir da necessidade de quem busca dinheiro, de quem almeja crédito, mas a sua produção se converte em conteúdo de um empreendimento capitalista próprio, cujos interesses estão, portanto, intimamente ligados à mais extensa produção possível dessa mercadoria. Antes se esperava a chegada de quem queria dinheiro, agora este é acossado. O tomador de empréstimos se torna agressivo; é ele que, em grande parte, inicia o movimento do empréstimo. Esse fato raramente fica claro (a exemplo do negócio privado de empréstimo de dinheiro). Porém, reconhecemos como é, no fundo, a construção inerente ao moderno sistema de empréstimos quando se trata, por exemplo, do suprimento de países pequenos com dívidas. Como se sabe, eles organizaram praticamente uma espécie de comitiva de negócios que cuida dos valores a tomar de empréstimo: *"now we have wealthy firms with large machinery, whose time and staff are devoted to hunting about the world for powers to bring out foreign loans"*.[115]

Pela própria natureza do processo, essa nova formatação modifica também a posição do tomador de empréstimos em relação à bolsa de valores e à esfera pública. Depois que seu ofício passou a ser o de alocar títulos, também em relação a estas ele precisa se tornar agressivo de uma maneira bem distinta de antes, quando essa atividade ainda era ocasional.

Não dispomos de uma *história aproveitável do sistema de emissão* e principalmente do ofício de emissão. Apenas podemos supor quando este surgiu; talvez a hora de seu nascimento jamais possa ser constatada com segurança, porque ele se desenvolve muito gradativamente a partir de uma ocasional tomada de empréstimos, e esta inclusive oscilou por longo tempo entre a forma comissionada e a forma do negócio autônomo. A evolução para o ofício autônomo da emissão decerto se deu essencialmente no século XVIII, no qual, em todo caso, ainda podemos discernir claramente as três etapas em que se efetuou a transformação.

No primeiro estágio do desenvolvimento, certamente foi confiada em troca de comissão a alocação a uma casa bancária rica (ou a um financista rico), da qual o empréstimo foi diretamente tomado, *antes* da acomodação do empréstimo no sistema da bolsa (quer o emprestador tenha levantado sozinho os recursos, quer ele os tenha conseguido em parte de outros: foi então que surgiu o que se poderia chamar de empréstimo tomado de um banco de depósitos, o qual, no entanto, também é totalmente distinto da forma moderna do empréstimo). Essa é a situação que encontramos na Áustria (cuja história financeira encontrou pesquisadores especialmente capazes) durante todo o século XVIII.

Empréstimos maiores, principalmente os tomados no exterior, na maioria das vezes foram levantados com a mediação de alguma importante casa bancária ou de um consórcio delas. A respectiva firma providenciava, então, a

---

115 A. Crump, *The Theory of Stock Exchange*, 1873. Reimpressão de 1903, p.100 et seq. ["Temos agora firmas saudáveis com vasto maquinário, cujo tempo e equipe estão devotados a percorrer o mundo à caça de potências para colocar empréstimos estrangeiros." – N. T.]

captação do capital pela via da subscrição pública, bem como sua transferência para a administração financeira ou à sua ordem, assumia o pagamento dos juros e das cotas de capital devidos aos participantes individuais, recorrendo, se necessário, a pagamentos adiantados próprios contra os fundos consignados, e fazia a intermediação em caso de diferenças com os interessados – tudo isso, naturalmente, em troca da respectiva provisão.[116]

Porém, ainda na década de 1760 vemos, na bolsa de valores de Viena, os banqueiros privados atuarem meramente como comissionados do governo: no caso de conversões de moeda lhes é "confiada a utilização do fundo de amortização", do qual eles devem comprar, o mais rápido possível, os velhos papéis a um preço 1-1,5% mais alto do que o oferecido pelos privados.[117]

Mas, naquele tempo, já havia "negociantes autônomos de empréstimos". No ano de 1769, "casas bancárias italianas e holandesas assumiram prontamente a captação de empréstimos".[118] E a conhecida descrição do sistema de emissões por *Adam Smith* permite reconhecer esse fato com mais clareza ainda.

> *In England [...] the merchants are generally the people who advance money to government. But advancing it, they do not mean to diminish, but, on the contrary, to increase their mercantile capitals; and unless they expected to sell with some profit their share in the subscription for a new loan, they never would subscribe.*[119]

---

116 F. Von Mensi, *Die Finanzen Österreichs von 1701–1740*, 1890, p.54.
117 Adolf Beer, *Das Staatsschuldwesen und die Ordnung des Staatshaushalts unter Maria Theresia*, 1894, p.43.
118 Ibid.
119 A. Smith, *The Wealth of Nations*, livro V, cap. 3. ["Na Inglaterra (...) as pessoas que costumam adiantar dinheiro ao governo são os comerciantes. Ao fazer isso, não têm em mente diminuir seus capitais mercantis, mas, ao contrário, aumentá-los; e, se não esperassem vender com algum lucro sua parcela na subscrição de um novo empréstimo, nunca o subscreveriam." – Ed. bras.: *A riqueza das nações. Investigação sobre sua natureza e suas causas*. Trad. Luiz João Baraúna. São Paulo: Nova Cultural, 1996, v.2, p.367-8 (Col. Os economistas). (N. T.)]

(Ao passo que na França, na sua opinião, a regra é a participação direta dos financistas ricos na qualidade de "autoemprestadores".) "Há uma série de anos formaram-se, nas maiores cidades europeias, associações dos principais banqueiros, que fazem ofertas conjuntas pelos empréstimos que lhes são oportunos."[120]

No entanto, as casas próprias para emissão, isto é, aqueles negócios cuja atividade principal se tornou a emissão de empréstimos públicos, não parecem ter se formado a partir da massa dos banqueiros que, no século XVIII, vemos praticando claramente a atividade de emissão, mas, pelo visto, sempre apenas como uma atividade secundária. É mais provável que eles tenham se originado do círculo dos negociantes profissionais de títulos, ou seja, dos *dealers* [corretores de ações] na Inglaterra. Em torno do final do século XVIII, o grêmio dos banqueiros londrinos que possuía o monopólio da emissão de empréstimos do Estado é rompido por uma concorrência que se origina dos círculos do pessoal da bolsa de valores. Mais exatamente, *de novo é uma casa judaica* que dá o primeiro passo e, desse modo, funda propriamente a emissão bem nos moldes da bolsa de valores. Refiro-me aos Rothschild do século XVIII, os donos de 'Change Alley naquele tempo: Abraham e Benjamin Goldsmid. Eles — *como os primeiros membros do Stock Exchange* —[121] entram em concorrência com os banqueiros no ano de 1792 na colocação de um novo empréstimo e, a partir de então até a morte do segundo irmão, Abraham, no ano de 1810, dominam o mercado de empréstimos: talvez tenha sido a primeira casa de emissão propriamente dita, que depois foi sucedida diretamente em sua atividade pela Casa Rothschild. Esta certamente é, então, a primeira casa que (como já tivemos ocasião de constatar) aplicou ao negócio autônomo das emissões uma estratégia de gestão própria.

Porém, uma coisa está clara: somente pouquíssimas firmas de grande porte podiam viver da emissão profissional de empréstimos públicos. A confecção de títulos enquanto profissão não experimentaria uma expansão muito grande se tivesse de limitar-se à fabricação de títulos da dívida

---

120 J. H. Bender, *Der Verkehr mit Staatspapieren*, 2. ed., 1830, p.5.
121 J. Francis, *Stock Exchange*, p.161 et seq.

pública. Um campo diferente e vasto de atividade se abriu no momento em que se acharam os meios e os caminhos para confeccionar títulos também para a demanda privada. Nesse campo se poderia esperar que um ataque com a intensidade correspondente geraria artificialmente massas de tomadores a perder de vista. Esse ímpeto dos fabricantes de títulos para ampliar a sua oferta leva, então, ao surgimento dos dois ramos empresariais tão decisivos para toda a vida econômica moderna: o negócio de fundação e o negócio de hipoteca.

O conteúdo do *negócio de fundação* é a confecção de ações e obrigações com o objetivo de vendê-las; ele é feito por firmas: *"whose business it professedly is to make money by manufacturing stocks and shares wholesale and forcing them upon the public"** (*Crump*). Nem é preciso dizer como foi grande a pressão que isso acarretou na vida econômica. Com efeito, a partir daquele momento, o interesse comercial de numerosos empreendimentos em parte importantes passou a ser o de criar centros de poder sempre novos do capitalismo na forma de empresas novas ou ampliadas, totalmente sem levar em consideração a demanda ou categorias estabilizadoras semelhantes. Dali por diante, "entra em ação uma força que produz com fecundidade exuberante e excessiva grandes empresas na forma de sociedades por ações" (*Knies*).

Porém, dificilmente poderá haver qualquer dúvida de que os judeus tiveram participação destacada nessa intensificação da natureza dinâmica do capitalismo, a saber, no desenvolvimento do negócio de fundação, isso se não o geraram inteiramente a partir de si mesmos.

Os primórdios do negócio de fundação encontram-se igualmente na obscuridade. O primeiro ponto iluminado que se destaca em sua história, pelo que vejo, é, uma vez mais, a atividade da Casa Rothschild. Uma atividade abrangente de fundação, que decerto foi a que gerou ou então tornou possível a fundação como ofício profissional, aparentemente se desdobrou pela primeira vez quando se pretendeu construir ferrovias, ou seja, a partir da década de 1830. E, nesse caso, os Rothschild (ao lado de algumas outras casas judaicas, como os d'Eichthal e os Fould, entre

---

* "Cujo negócio é professadamente fazer dinheiro mediante a confecção de ações e quotas por atacado e impor sua venda ao público." (N. T.)

outros) de fato parecem ter sido os primeiros a cultivar o novo ramo de negócios e levá-lo ao florescimento.

Ao que eu saiba, só dispomos de uma apreensão numérica exata desses processos quando se trata da extensão da linha concessionada ou, no máximo, quando se trata do montante de capital investido, mas não no que se refere à participação das casas fundadoras individuais. Mas, de qualquer modo, temos conhecimento de uma grande quantidade de linhas ferroviárias importantes que foram "construídas" pelos Rothschild (a ferrovia do norte da França, a ferrovia do norte da Áustria, as ferrovias austro-italianas e muitas outras).

Podemos concluir, sobretudo com base nos testemunhos de contemporâneos capazes de emitir um juízo, que os Rothschild de fato foram os primeiros "reis das ferrovias". "Quando, nos últimos anos" (antes de 1843) – consta num artigo muito comentado (e depois muito citado) do *Augsburger Allgemeine Zeitung* [Jornal Geral de Augsburgo] do ano de 1843 –, "o espírito da especulação se voltou para os empreendimentos industriais e as ferrovias se tornaram uma necessidade do continente, os Rothschild tomaram a iniciativa e se colocaram à frente do movimento". Em todo caso, a Casa Rothschild passou a dominar a fundação de ferrovias, assim como antes disso dominara a emissão de empréstimos.

> Raramente se constituíram sociedades sem o seu patrocínio e, quando ainda assim se constituíram e ele as deixou atuar sozinhas, certamente não se lucra muito com elas. (Na Alemanha)

> A Casa Rothschild não forma nenhuma sociedade em vista das ferrovias; quando ela subcomissiona a concessão de uma ferrovia, cada participação que essa Casa concede a pessoas individuais é um favorecimento, é um presente em dinheiro que ela propicia aos seus amigos [...] Pois as assim chamadas promessas de pagamento já estão vários francos acima do valor nominal [...] Isso evidencia a superioridade e a força dos Rothschild em todos os seus empreendimentos, cujo resultado exitoso – com poucas exceções – depende exclusivamente deles. (Na França)

Rothschild é o chefe das ferrovias diante dos governos. O que antes era comandado apenas por uma mão forte agora é comandado por uma sociedade [...] e todas essas sociedades estão involuntariamente subordinadas a um chefe, porque esse líder, se quiser, pode arruinar todos os demais. E esse chefe é Rothschild. Isso foi dito por Ad. Weil em seu panfleto sobre Rothschild no ano de 1844 e hoje, no ano de 1857, ainda se constata aproximadamente [?] a mesma verdade.[122]

Esses juízos dos autores contemporâneos podem muito bem nos servir de fontes porque, em primeiro lugar, contêm todo tipo de factualidades, e, em segundo lugar, são emitidos no mesmo sentido tanto por admiradores quanto por inimigos dos Rothschild.

Mas, então, desde a época dos Rothschild por décadas o negócio de fundação manteve-se mais propriamente como uma especialidade de homens de negócio judeus. Nomes de fundadores muito importantes, como, por exemplo, o do barão Hirsch ou do dr. Strousberg, eram portados por judeus. (Um tipo isolado, que não devemos propriamente chamar de fundadores profissionais, como era o dr. Strousberg, é formado pelos magnatas dos trustes norte-americanos.) E os judeus também compõem a massa dos fundadores profissionais de pequeno e médio porte. Um panorama das fundações levadas a cabo durante os anos de 1871 a 1873 na Alemanha, como tenta oferecer a compilação a seguir, mostra que, naquela época, uma quantidade notável de judeus deve ter participado de todos os empreendimentos.[123] Pois a participação dos judeus nas fundações só se expressa de modo incompleto nas cifras informadas: 1) porque a visão

---

122 *Das Haus Rothschild*, v.2, 1857, p.85 et seq.
123 Com referência aos "anos dos fundadores", as melhores fontes continuam sendo – apesar de toda a tendenciosidade, unilateralidade e exagerações, e apesar dos juízos de valor em parte bastante equivocados – os livros bastante vilipendiados de Otto Glagau, *Der Börsen- und Gründungsschwindel in Berlin*, 1876; e id., *Der Börsen- und Gründungsschwindel in Deutschland*. O aspecto valioso desses livros está nas exposições históricas sucintas das diversas fundações, nas quais constam também os nomes dos fundadores, os primeiros conselheiros e os diretores. Cf., ademais, as diversas edições anuais dos *Börsenpapiere* [Papéis da bolsa], de Saling; e de Rudolf Meyer, *Die Aktiengesellschaften*, 1872-1873 (que, no entanto, se refere tão somente

geral se refere somente a uma seleção de fundações (mais precisamente às "mais podres", das quais é mais provável que os judeus precavidos talvez guardassem distância); e 2) porque justamente naquela época, em muitos casos, os judeus eram os que empurravam, os outros eram os empurrados (e testas de ferro postos à frente!). De qualquer modo, essas cifras já proporcionam um belo quadro.

Dentre 25 grandes casas fundadoras privadas de primeira grandeza, 16 portam nomes judeus.
Fundição Imperial e Fundição Laura: dentre 13 fundadores, 5 são judeus.
Sociedade Continental de Construção de Ferrovias (10 milhões de táleres de capital): 6 fundadores, 4 judeus.
Em 12 sociedades de terraplenagem berlinenses, dentre 80 conselheiros administrativos, 27 são judeus.
Construtora *Unter den Linden*: 8 fundadores, 4 judeus.
Em 9 bancos construtores, dentre 104 fundadores, 37 são judeus.
Em 9 cervejarias berlinenses, dentre 54 fundadores, 27 são judeus.
Em 20 fábricas de máquinas do norte da Alemanha, dentre 148 fundadores, 47 são judeus.
Em 10 mineradoras do norte da Alemanha, dentre 49 fundadores, 18 são judeus.
Em 20 fábricas de papel, dentre 89 fundadores, 22 são judeus.
Em 12 fábricas químicas do norte da Alemanha, dentre 67 fundadores, 22 são judeus.
Em 12 fábricas têxteis do norte da Alemanha, dentre 65 fundadores, 27 são judeus.

Constatar a participação dos judeus no "negócio de fundação" na época atual só é facilmente factível onde os banqueiros privados ainda desempenham um papel mais importante, como na Inglaterra. Nesse país, dos

---

às fundações bancárias). As composições apresentadas no presente texto foram gentilmente elaboradas, a meu pedido, pelo sr. Arthur Loewenstein.

63 *merchant bankers* [banqueiros mercantis] registrados no Almanaque dos Banqueiros para o ano de 1904, 33 firmas se evidenciam como judaicas ou com matiz judaico; dessas 33 casas, 13 figuram entre as pioneiras no ramo (informação prestada por meu colega Jaffé).

Em contraposição, nos países em que os banqueiros privados foram substituídos em maiores proporções pelo banco de ações (ou seja, como ocorreu principalmente na Alemanha), é extraordinariamente difícil apurar exatamente qual é a porcentagem dos judeus. Porém, nesse caso vem a calhar o método "genético", aplicado em essência por mim nestas investigações, na medida em que ele nos permite detectar claramente a influência dos judeus justamente nesse desenvolvimento de converter o banco de ações em portador do negócio de fundação.

O aproveitamento do princípio acionário para a produção de títulos ou, dito na minha terminologia, a reificação do negócio de emissão e do negócio de fundação, representou, a seu tempo, uma etapa a mais no desenvolvimento do capitalismo, cuja importância, uma vez mais, não temos como superestimar, porque por meio dessa inovação o princípio dinâmico da organização capitalista experimentou uma gigantesca ampliação, a intensidade da pressão atmosférica dos interesses capitalistas foi multiplicada por ela.

As grandes épocas de fundação propriamente ditas não são concebíveis sem os *bancos especuladores*, nem a da década de 1850 que lhes deu origem, nem a da década de 1870 e muito menos a última, a da década de 1890. A portentosa obra de construção das ferrovias só pode ser levada a cabo pela mediação dos grandes bancos fundadores. Mesmo que as casas bancárias privadas tenham realizado grandes coisas nas décadas de 1830 e 1840, isso não chega aos pés do que foi consumado pelos grandes bancos. Na França, haviam sido despendidos para a construção de ferrovias 144 milhões de francos de 1842 a 1847 e 130 milhões de francos de 1848 a 1851; mas em seguida foram gastos 250 milhões de 1852 a 1854, 500 milhões só no ano de 1855, e 520 milhões em 1856 para a mesma finalidade.[124] O mesmo vale para os demais países. "Todo

---

[124] M. Wirth, *Geschichte der Handelskrisen*, 3. ed., 1883, p.184 et seq.

o trabalho de ampliação sobremodo grande da nossa malha ferroviária [a alemã], que se deu nesse período [1848 a 1870], só pôde ser levado a cabo pela [...] intermediação de bancos."[125] Também compreendemos muito bem qual era a razão dessa capacidade muito maior dos bancos em comparação com as casas privadas.

Por um lado, é natural que a acumulação de grandes massas de capital em gigantescos bancos de ações tenha ampliado consideravelmente a base de operações, na qual pôde então ocorrer a produção de novos empreendimentos. Essa base foi aumentada imensuravelmente quando (como ocorreu entre nós) o banco de fundação foi construído em cima do banco de depósitos. Por outro lado, a pressão para as contínuas novas fundações cresceu na mesma proporção em que a sociedade por ações de modo geral pressiona mais energicamente para a operação do que o empreendimento privado. A necessidade de extrair altos dividendos do negócio se evidencia, em todos os aspectos, como mais coercitiva do que a mera aspiração do lucro pelo empresário individual.

Os contemporâneos estavam bem conscientes de presenciarem um acontecimento de alcance fenomenal quando se passou a fabricar sociedades por ações por meio de sociedades por ações; isso fica evidente numa glorificação ditirâmbica dessas novas formações, à qual se deixou arrastar o já mencionado *Kuntze* numa devoção naquele tempo ainda totalmente ingênua do capitalismo, ao dizer:

> Essa ideia – a saber, a centralização social das forças – atingiu no instituto do título ao portador, por assim dizer, o seu estado de arte jurídico e na figura recentíssima das sociedades creditícias [...] essa ideia experimentou a aplicação mais abrangente possível segundo critérios humanos. Nessas novas sociedades centrais de crédito, mediante as quais incalculáveis massas de papéis ao portador de cunho especulativo e capitalizador são postas em circulação, a moderna aspiração por organização e associação dos valores e das energias socioeconômicos atingiu sua expressão mais completa: a sociedade central de crédito é a sociedade por ações por excelência e preferência; ela é

---

125 J. Riesser, *Entwicklungsgeschichte der deutschen Grossbanken*, 1905, p.48.

uma casa bancária associativa, um capitalista *en gros*, o próprio princípio social vivificado.[126]

No entanto, as "sociedades centrais de crédito", às quais Kuntze entoa suas entusiásticas loas, eram o Crédit Mobilier fundado em 1852 e os bancos de fundação trazidos à existência segundo o seu modelo nos anos seguintes nos demais países. Digo intencionalmente bancos de fundação, porque no exercício bancário do negócio de fundação residiu a inovação fundamentalmente significativa, à qual se associou em seguida uma segunda inovação: a especulação com títulos na bolsa de valores.

Ainda não foi encontrada para as formações novas (e, não obstante, já bastante velhas) que vieram ao mundo com o Crédit Mobilier uma designação que expresse certeira e claramente o seu caráter. Trata-se de bancos de títulos porque têm a ver com tal, mas essa designação consegue captar apenas um aspecto superficial. No final das contas, um banco que hipoteca títulos também é um banco de títulos, dado que também "tem a ver com títulos". O nome "banco especulador" já é melhor, pois esses bancos de fato especulam; porém, "fundar" não é especular, e eles querem justamente exercer o negócio de fundação. A designação "bancos de créditos mobiliários", que traduz o termo *"crédits mobiliers"*, igualmente pouco característico, é o que menos indica os seus negócios de fundação e especulação. "Bancos de investimentos" eles naturalmente também são, mas a participação bancária em empreendimentos capitalistas de produção (e de comércio) é justamente o aspecto *não* peculiar dos *crédits mobiliers*.

"Bancos de investimentos" existiram muito antes de 1852. O Banco de Law já era um banco de investimentos. O Banco Mercantil projetado na Áustria em 1761 também já o era e com um capital de 10 a 15 (mais tarde 60) milhões, deveria levar a cabo a navegação até o Levante, assumir os fornecimentos militares, o monopólio do tabaco e a comercialização do táler, bem como o desgaste dos produtos da extração de minérios,

---

126 J. E. Kuntze, *Die Lehre von den Inhaberpapieren*, 1857, p.23.

por exemplo fundar novas fábricas e adquirir já existentes.[127] Um banco de investimentos era já a Société générale des Pays Bas pour favoriser l'industrie nationale [Sociedade geral dos Países Baixos para favorecer a indústria nacional], fundada no ano de 1822 em Bruxelas, que em 1849 já tinha em seu portfólio 90.836,5 ações de 46 diferentes empreendimentos acionários com um valor nominal de 68.729.202 francos. Um banco de investimentos era a Sociedade Bancária de Schaaffhausen, fundada em 1848, cuja conta denominada "participação em empreendimentos industriais" já apresentava, no ano de 1851, a cifra de 434.706 táleres, e em cujo relatório de negócios do ano de 1852 (p.3) consta o seguinte:

> Nesse tocante, a direção partiu do princípio de que é tarefa de um grande instituto bancário não tanto gerar mediante forte participação própria novos papéis para a indústria, mas antes ensejar, mediante a autoridade de sua recomendação baseada em exame minucioso, que os capitalistas do país direcionem os capitais ociosos para tais empreendimentos.

Não, a nova ideia era esta: *não* "participar" de obras industriais e similares e, ainda assim, lucrar com elas – não mediante os dividendos que elas proporcionavam, mas mediante o lucro decorrente do ágio que se obtinha na emissão das ações. O que vem à tona claramente no negócio de fundação é o paralelo com o comércio especulativo: o objetivo que se almeja não é a fundação efetiva, mas o lucro "diferencial" obtido com a fundação. Nesse aspecto, a designação "bancos especuladores" é a que mais perto chega da atividade específica do *crédits mobiliers*, que naturalmente nem podem ser caracterizados com uma única designação assim que começam a fazer negócios que não lhes são peculiares, ou seja, como o negócio de investimentos, o negócio das emissões, os negócios bancários "autênticos" etc. Atualmente, na França, os bancos do tipo dos antigos *crédits mobiliers* passaram a ser chamados *banques d'affaires* [bancos de negócios];[128] esta é

---

127 A. Beer, *Das Staatsschuldwesen und die Ordnung des Staatshaushalts unter Maria Theresia*, 1894, p.35.
128 C. Hegemann, *Die Entwicklung des französischen Großbankbetriebes*, 1908, p.9.

uma excelente designação, que (para nós) só tem um defeito, a saber, ela é intraduzível [para o alemão].

Porém, também nesse caso o que importa não é tanto o nome, mas antes a questão como tal. E sobre essa não pode haver dúvidas: com o *crédit mobilier* é introduzida a operação bancária do negócio de fundação (e como logo podemos acrescentar: da especulação com fundos). E a origem dessa inovação – o que explica o nosso vívido interesse pelo tema – é judaica.

A história do *crédit mobilier* é bem conhecida.[129] O que desperta o nosso interesse aqui é essencialmente o fato de que a paternidade intelectual e financeira cabe aos dois judeus portugueses Isaac e Emil Pereire e que também os demais participantes principais foram judeus. A lista dos montantes em ações firmadas pelos fundadores individuais comprova que os dois Pereire juntos possuíam 11.446 ações e Fould-Oppenheim possuíam 11.445 ações, e que entre os grandes acionistas ainda se encontravam Mallet Freres, Benjamin Fould, Torlonia-Rom, Salomon Heine-Hamburg, Oppenheim-Köln, ou seja, os principais representantes do povo judeu da Europa (não os Rothschild, porque foi contra eles que o Crédit Mobilier dirigiu seu ataque).

O Crédit Mobilier francês gerou, então, nos anos subsequentes, uma série de crianças (legítimas e ilegítimas): todas elas de sangue judeu.

Na Áustria, o primeiro *crédit mobilier* se chamou "K. K. Instituto de Crédito Privilegiado da Áustria" e foi fundado em 1855 por S. M. Rothschild.

O primeiro instituto que representou os princípios do *crédit mobilier* na Alemanha foi o Banco para o Comércio e a Indústria (o Banco de Darmstadt), fundado em 1853 por iniciativa dos Oppenheim de Colônia.

---

129 Um registro detalhado de bibliografia e fontes se encontra no livro de Johann Plenge, *Gründung und Geschichte des Crédit mobilier*, 1903. A exposição de Plenge não me parece sempre feliz; a tentativa de explicar o Crédit Mobilier como emanação da filosofia de Saint-Simon só se justifica na medida em que ela tem o cunho do espírito judaico (o que, nesse caso, de fato se aplica em grande medida). Quem com frequência chega bem mais perto da verdade, ainda que Plenge faça uma péssima avaliação dele, é Heinrich Sattler, *Die Effektenbanken*, 1890, p.71 et seq. Aliás, a polêmica é em grande medida provocada pelo fato de não se diferenciar entre o Crédit Mobilier ideal (como ele deveria ter sido de acordo com o programa dos seus fundadores) e o real (como ele de fato se constituiu).

Provavelmente a fundação do Banco de Darmstadt foi não só inspirada pelos dois gênios financeiros franceses, mas também diretamente encenada, já que o "aporte essencial de capitais estrangeiros, considerado indispensável", do qual fala o relatório de negócios de 1853, muito provavelmente pode ser relacionado com o Crédit Mobilier.[130]

Um dos primeiros diretores do Banco de Darmstadt, cujo nome era Heß, havia sido um dos funcionários do alto escalão do Crédit Mobilier.

De origem cristã é a Sociedade de Descontos de Berlim: fundação de David Hansemann. Porém, o que este havia criado por sua iniciativa em 1851 foi um puro banco de giro, que nada tinha a ver com fundação e especulação. Foi só no comunicado enviado por Hansemann aos membros no dia 22 de abril de 1855 que se estimula a expansão para os referidos negócios. As palavras de Hansemann soam como um débil eco do estatuto do Crédit Mobilier.

O terceiro grande banco especulador fundado na década de 1850 foi a Sociedade Comercial de Berlim. Entre os fundadores reencontramos uma parte daquelas casas de Colônia que haviam criado o Banco de Darmstadt. Ao lado desses, estão dessa vez os mais importantes negócios bancários de Berlim, como Mendelssohn & Cia., S. Bleichröder, Robert Warschauer & Cia., Gebrüder Schickler e outros.

Também entre os fundadores do Deutsche Bank [Banco Alemão] (1870) preponderam os elementos judeus.

IV. A comercialização da indústria

Com os bancos especuladores o desenvolvimento capitalista atinge por enquanto a sua culminância. Com sua ajuda, a comercialização da vida econômica é levada ao extremo. A organização bolsista se completa.

---

130 P. Model, E. Loeb, *Die großen Berliner Effektenbanken*, 1895, p.43 et seq. Desse excelente livro foram extraídos os dados do presente texto referentes aos grandes bancos especuladores alemães (na medida em que não se baseiam em informação pessoal).

Nascidos da bolsa de valores, os bancos especuladores levam, portanto, a especulação ao pleno florescimento. O comércio de títulos é amplificado por eles numa dimensão antes inimaginável.[131] Com efeito, a sua essência mais íntima, como vimos, pressiona pela multiplicação incessante dos títulos – por causa do lucro decorrente do ágio. Mas também as suas próprias ações bastantes vezes proporcionam o mais forte ensejo para a especulação. E não é pequena a sua própria participação na especulação, seja diretamente, seja pelo desvio do negócio do reporte, que hoje, como se sabe, tornou-se a "alavanca mais poderosa e mais importante da especulação". O empréstimo de papéis especulativos deu aos bancos a possibilidade de, pela "tomada de cotas" com taxas baixas, dar a impressão de que há abundância de dinheiro que facilmente vem acompanhada da disposição de comprar. Dão, portanto, o impulso para um movimento de alta. Assim como, em contrapartida, facilmente estão em condições de, no sentido contrário, baixar o curso pela valorização da reserva de papéis. Eles podem dosar as taxas de reporte totalmente de acordo com os seus próprios planos especulativos etc. Os grandes bancos têm agora, portanto, de fato sob seu controle a válvula de pressão da máquina chamada bolsa de valores. E dessa posição dominante dos grandes bancos – principalmente na Alemanha –, bem como do fato de poderem implementar junto com os seus círculos ampliados de clientes o curso e a venda dos títulos em grande parte por meio de compensação interna, tirou-se a conclusão[132] de que a evolução posterior levaria a uma supressão da bolsa de valores pelas potências financeiras individuais, nos moldes em que ressurgem agora principalmente na forma de grandes bancos. Porém, esse parecer só poderá ser considerado correto se for formulado assim: a "bolsa de valores" será eliminada pelas altas finanças na medida em que estas mesmas acolhem dentro de si a bolsa de valores. Pode até ser que a "bolsa de valores" enquanto mercado público padeça sob o desenvolvimento moderno, mas como forma e princípio das

---

131 Cf., por exemplo, R. Ehrenberg, *Fondsspekulation*, 1883; e A. Weber, *Depositenbanken und Spekulationsbanken*, 1902.
132 Ver, por exemplo, A. Gomoll, *Die Kapitalistische Mausefalle*, 1908. A despeito do título sensacionalista, o livro é totalmente sério e figura entre as melhores descrições surgidas nos últimos anos da atividade da bolsa de valores.

relações econômicas a sua importância certamente aumentará, na medida em que esferas cada vez mais amplas da vida econômica são submetidas às suas leis.

E, desse modo, efetua-se numa dimensão cada vez maior o processo que caracterizei como comercialização.

Se quisermos expressar com *uma só* frase o rumo em que se move a economia nacional, podemos formulá-la assim: os representantes dos bancos nas bolsas de valores cada vez mais dominarão a vida econômica.

Tudo que acontece na economia será cada vez mais determinado pelas finanças. Se uma empresa industrial nova surgirá, se uma existente será ampliada, se o dono de uma loja de departamentos receberá os meios para ampliar ainda mais seus negócios: tudo é decidido nos gabinetes dos bancos e banqueiros. Do mesmo modo, a venda dos artigos produzidos vai se tornando em grau cada vez maior um problema da arte financeira. Hoje em dia, as nossas maiores indústrias já são tanto sociedades financeiras quanto empresas industriais. Porém, também as demais indústrias dependem cada vez mais de transações financeiras ou bolsistas para conquistar seu mercado consumidor (sistema de fornecimento!). A bolsa de valores influencia o preço da maioria dos artigos fabricados no mundo, das matérias-primas e de muitos produtos prontos, e quem quiser levar a melhor na batalha da concorrência precisa dominar a bolsa de valores. Mas as nossas grandes empresas de transporte há muito nada mais são que grandes sociedades financeiras e comerciais. De modo que se pode tranquilamente afirmar que todos os processos econômicos cada vez mais se dissolvem em puros negócios comerciais, depois que o aspecto técnico foi isolado e confiado aos cuidados de capacidades específicas, especificamente contratadas para isso.

O exemplo mais instrutivo da comercialização da indústria é dado, como se sabe, pela *indústria da eletricidade*. Se quisermos caracterizar esta como um novo tipo de organização industrial, podemos dizer resumidamente o seguinte: os diretores das usinas de eletricidade foram os primeiros a reconhecer que a tarefa mais importante da indústria é criar um mercado consumidor para si mesma. Até então, também a grande indústria capitalista havia se contentado essencialmente em aguardar as encomendas a serem feitas. A representação da fábrica era confiada a um agente numa cidade grande, o qual, na qualidade de agente geral, frequentemente era ao mesmo tempo representante de muitas outras fábricas, não podendo, por isso, desenvolver nenhuma iniciativa muito forte para angariar novos clientes. Mas agora se passou a acossar a clientela. Tentou-se atingir o objetivo a partir de dois lados. Em primeiro lugar, procurando ganhar influência diretamente (mediante a compra de ações etc.) sobre as instâncias das quais deveriam partir as encomendas — sociedades de bondes puxados a cavalo que deveriam se transformar em ferrovias elétricas etc. — ou então participando pessoalmente na criação de tais empreendimentos ou criando-os pessoalmente. Atividades desse tipo tornaram as grandes usinas de eletricidade cada vez mais semelhantes aos grandes bancos de fundação ou aos bancos especuladores.

E, em seguida, procurou-se ampliar o mercado consumidor estendendo uma grande rede de filiais pelo país em condições de captar um número cada vez maior de clientes. Enquanto no passado confiou-se tudo aos cuidados do "agente", agora transferiu-se a conquista de novos clientes a representantes que atuam diretamente por incumbência da própria sociedade, cujo número, como foi dito, aumentou constantemente, de modo a aproximar-se cada vez mais da clientela, cuja demanda se podia conhecer mais exatamente e seus desejos específicos se podia atender cada vez melhor.

Sabe-se que a Allgemeine Elektrizitäts-Gesellschaft (AEG) [Companhia Geral de Eletricidade] foi pioneira nesse sistema da organização de vendas, e que sobretudo Felix Deutsch promoveu a formação desse novo tipo de empreendimento industrial-comercial. As usinas mais antigas só lentamente resolveram trilhar os novos caminhos. Siemens & Halske por muitos anos se acharam "muito distintos" para "correr atrás do cliente" (como diziam), até que também ali o diretor Berliner acatou os novos princípios e, dessa maneira, equilibrou a vantagem que a AEG havia ganhado.

Mas esse caso é típico, de modo que certamente se poderá afirmar, de modo bem genérico, que com a comercialização da indústria chegou a hora de os judeus penetrarem na esfera ampla da produção de bens (e do transporte de bens) da mesma forma que já haviam penetrado na esfera do comércio (bolsista) e do sistema monetário e creditício.

Claro que não é só nesse momento que começa *a história dos judeus como "industriais"*. Isso seria admirável, porque é muito grande a probabilidade de que os judeus também tenham participado da produção capitalista desde os primórdios desta: pois, por sua natureza, capitalismo nada mais é que a decomposição do processo econômico em seus dois componentes, técnica e comércio, e o primado do comércio sobre a técnica. De modo que, desde o início, a indústria capitalista ofereceu aos judeus a oportunidade de atuar nela com sua peculiaridade (mesmo que, no início, essa oportunidade não tenha sido tão favorável como se configurou no decorrer do tempo). E, de fato, durante a época pré-capitalista encontramos judeus em toda parte como "industriais" e, em muitos casos, como os primeiros empreendedores capitalistas em determinado segmento industrial.

Ora os vemos como fundadores da indústria do tabaco (em Mecklenburg, Áustria), ora como fundadores da destilaria de cachaça (na Polônia, na Boêmia). Ora os encontramos como fabricantes de couro (na França, na Áustria), ora como fabricantes de seda (na Prússia, na Itália, na Áustria). Ora fabricam meias (Hamburgo), ora vidro espelhado (Fürth); ora polvilho (França), ora roupas de algodão (Morávia). Quase em toda parte eles são os fundadores da indústria de confecções. E assim por diante.[133] Do material que reuni eu poderia citar ainda muitos outros exemplos da atuação dos judeus como industriais (capitalistas) durante o século XVIII e o início do século XIX. Porém, a exposição detalhada desse aspecto da história econômica judaica parece-me carecer de propósito, porque, pelo que vejo, ela não tem nada de especificamente judaico. Os judeus foram empurrados por algumas casualidades históricas para dentro de uma indústria que presumivelmente teria se desenvolvido da mesma maneira sem eles. Ora é a sua posição de feitores dos donos de terras (na Polônia, na Áustria) que faz que se tornem destiladores de cachaça, ora é sua posição como judeus da corte que lhes propicia o monopólio do tabaco. Na maioria dos casos, certamente é a sua função de comerciante que os converte em fornecedores de matéria-prima para os industriais caseiros (indústria

---

133 Reuni o material de inúmeras fontes, geralmente de cunho histórico local, que não faria sentido enumerar individualmente aqui.

Os judeus e a vida econômica

têxtil), mas essa transformação de comerciantes de fio em industriais têxteis foi efetuada em quantidade igual ou maior também por comerciantes não judeus. De modo que, também nesse tocante, não conseguimos constatar nenhuma marca judaica. Uma "especialidade" judaica foi o comércio de roupas usadas, a partir do qual se desenvolveu o comércio com roupas novas, o qual, por sua vez, deu origem à indústria de confecções. Porém, os nexos criados aqui são de natureza demasiadamente superficial para que se possa derivar deles séries de influência judaica bem determinadas ou eles são englobados pelas séries evolutivas a serem descritas logo mais. Estas, com efeito, aparecem como específicas pela constatação de que os judeus só começam a desempenhar um papel de industriais depois que o processo de comercialização tomou conta também da produção de bens e do transporte de bens. Portanto, desde que a essência capitalista se impôs de maneira pura também nessas esferas e que a indiferenciação técnica do empreendedor se tornou característica. Pois a peculiaridade que marca cada vez mais a nossa indústria é esta: que seus diretores podem trocar de ramo a seu bel-prazer sem diminuir em nada a sua habilidade, porque justamente se desprendeu de sua atividade toda a escória constituída pela especialidade técnica e só o que restou foi o ouro puro da generalidade capitalista-comercial. É dessa época que data o fenômeno que não é mais nenhuma raridade, a saber, de que um "empreendedor" começa produzindo couro e termina produzindo ferro, depois de ter passado, por exemplo, pela produção de bebidas alcoólicas e de ácido sulfúrico. O empreendedor de estilo antigo ainda tinha uma marca ligada a um ramo de produção, o novo tipo de empreendedor é totalmente indiferenciado. Não podemos imaginar que Alfred Krupp produza outra coisa além de aço fundido, que Borsig produza outra coisa além de máquinas, Werner da Siemens produza outra coisa além de artigos elétricos ou que H. H. Meier presida outra coisa além do Norddeutscher Lloyd [Companhia Naval do Norte da Alemanha]. Mas se amanhã Rathenau, Deutsch, Berliner, Arnold, Friedländer ou Ballin resolvessem trocar entre si seus cargos, a sua capacidade produtiva presumivelmente não diminuiria muito. Pelo fato de todos serem comerciantes é indiferente qual seja casualmente o seu ramo de atividade.

Isso também foi expresso da seguinte maneira: o cristão toma do técnico o seu caminho para o ápice, o judeu o toma do mercador ambulante ou mascate.

Seria bom saber exatamente qual a dimensão que assumiu a participação dos judeus na indústria hoje. Porém, falta o material necessário para isso. Será preciso contentar-se em constatar por aproximação essa participação dos judeus na indústria. Pode-se fazer isso computando *os diretores e conselheiros administrativos judeus dos empreendimentos industriais* e comparando esse número com o dos cristãos. É evidente que esse método de apuração é *bastante imperfeito*. Abstraindo totalmente da dificuldade de constatar, em cada caso, quem é e quem não é judeu (quantas pessoas sabem, por exemplo, que o detentor da maioria dos postos de conselheiro administrativo – Hagen-Köln – no passado se chamava *Levy*?), o simples número (como já expus no primeiro capítulo) nunca revela nada preciso sobre a *influência*. Acresce-se a isso que especialmente o posto de conselheiro administrativo é preenchido conforme todo tipo de critérios – exceto o da habilidade para os negócios –, e que em muitas sociedades existe a propensão a não permitir que homens judeus alcancem cargos de direção. Portanto, de qualquer forma, as cifras apuradas representam sempre só um mínimo de influência judaica no âmbito da indústria.

Não obstante todas essas ressalvas, gostaria de compartilhar aqui os resultados dos excertos que o sr. estudante Arthur Löwenstein fez gentilmente para mim da última edição do Manual das Sociedades por Ações Alemãs. (Agrupo as cifras referentes aos segmentos principais e as organizo na primeira tabela de acordo com a magnitude da participação em cargos de direção, na segunda tabela de acordo com a magnitude da participação em postos do conselho administrativo. Foram levadas em conta, no caso da indústria de eletricidade, todas as sociedades com 6 milhões de marcos de capital ou mais, no caso da indústria mineradora, da indústria do potássio e da indústria química, as com 5 milhões ou mais, no caso da indústria de máquinas e da indústria têxtil, as com 4 milhões ou mais, no caso das demais, as com 3 milhões ou mais.)

Quantidade de diretores

Segmento	Ao todo	Judeus	Porcentagem de diretores judeus
I. Indústria do couro e da borracha	19	6	31,5
II. Indústria metalúrgica	52	13	25,0
III. Indústria elétrica	95	22	23,1
IV. Cervejarias	71	11	15,7
V. Indústria têxtil	59	8	13,5
VI. Indústria química	46	6	13,0
VII. Indústria mineradora	183	23	12,8
VIII. Indústria de máquinas	90	11	12,2
IX. Indústria de potássio	36	4	11,1
X. Indústria do cimento, da madeira, do vidro e da porcelana	57	4	7,0
Total	808	108	13,3

Quantidade de conselheiros administrativos

Segmento	Ao todo	Judeus	Porcentagem de conselheiros judeus
I. Cervejarias	165	52	31,5
II. Indústria metalúrgica	130	40	30,7
III. Indústria do cimento, da madeira, do vidro e da porcelana	137	41	29,9
IV. Indústria de potássio	156	46	29,4
V. Indústria do couro e da borracha	42	12	28,6
VI. Indústria elétrica	339	91	26,8
VII. Indústria mineradora	640	153	23,9
VIII. Indústria química	127	29	22,8
IX. Indústria de máquinas	215	48	21,4
X. Indústria têxtil	141	19	13,5
Total	2092	511	24,4

A participação dos judeus nesses empreendimentos industriais (na medida em que é analisada em termos puramente numéricos) é grande ou não? Penso que sim: ela é enorme, mesmo quando captada em termos meramente quantitativos e mesmo quando se leva em consideração apenas essas cifras (como vimos, mínimas). Com efeito, é preciso ponderar que esse mesmo grupo populacional que ocupa quase um sétimo de todos os cargos de diretor e quase um quarto de todos os cargos de conselheiro administrativo perfaz exatamente um centésimo do número de habitantes do Império Alemão!

Capítulo VII
A formação de uma mentalidade econômica capitalista

Aquilo que havia a dizer sobre a participação dos judeus na reificação da vida econômica moderna já deixou transparecer que a influência deles vai além das formas exteriores de negócio que eles constituíram. Com efeito, o movimento das bolsas de valores, do modo como se desenvolveu nas últimas décadas, já nem é mais uma simples ordem bem determinada, uma organização exterior bem determinada dos processos econômicos: ele só começa a ser constatado em sua peculiaridade quando aquilatamos corretamente também o espírito que o rege. As novas formas de organização industrial igualmente são nascidas de um "espírito" bem específico e só podem ser bem entendidas como emanações desse "espírito" específico. E de agora em diante eu gostaria de chamar a atenção do leitor justamente para isto: para o fato de que a nossa economia nacional recebeu o seu cunho dos judeus não só na medida em que partes importantes de sua estrutura externa devem a eles a sua existência, mas também e principalmente porque a engrenagem interna da vida econômica moderna, porque os princípios da gestão da economia, porque aquilo que se pode chamar de o espírito da vida econômica ou, talvez mais acertadamente, de a mentalidade econômica, podem ser derivados, em grande parte, da influência judaica.

Para apresentar a prova da exatidão dessa afirmação, será preciso trilhar em parte caminhos diferentes do que os percorridos até agora.

É claro que não há como comprovar "documentalmente" a influência nos termos afirmados aqui, ou se poderia fazê-lo apenas de modo muito incompleto. O que deve nos servir de ponto de apoio nesse quesito é sobretudo o "estado de espírito" predominante em cada um dos círculos que teriam de perceber, em primeira linha e de modo muito claro, o singular espírito judaico como algo estranho. E esses são os negociantes não judeus ou então seus porta-vozes. As manifestações desses elementos, apesar de toda a sua unilateralidade e muitas vezes hostilidade, constituem as fontes mais confiáveis para reconhecer aquilo que almejamos, porque elas representam a reação bem ingênua à essência judaica de natureza bem distinta, captando esta, portanto, como num espelho (que, no entanto, muitas vezes foi um espelho côncavo). Naturalmente, se quisermos aproveitar os juízos dos contemporâneos movidos por interesses (que, como é de se imaginar, viam os judeus como os seus piores inimigos) como fonte para o reconhecimento da peculiaridade judaica nos negócios, temos de ler sobretudo as entrelinhas e extrair interpretativamente o correto de manifestações feitas com intenção muito diferente. Isso, porém, nos é essencialmente facilitado pela uniformidade quase esquemática dos juízos que, pelo visto, não devem ser derivados da imitação de outra fonte, mas da similaridade ou da igualdade das circunstâncias que os causaram, o que naturalmente aumenta muito a força comprobatória (mesmo que indireta) dessas manifestações.

Nesse tocante, o que se constata, antes de tudo, é que, onde quer que judeus se apresentem como concorrentes, ecoam queixas sobre a sua influência desvantajosa para a condição dos comerciantes cristãos: os memorandos e petições destes fazem constar que são ameaçados em sua existência, que os judeus os fazem perder seu "ganho", prejudicam o seu "ganha-pão", porque a clientela se bandeia para o lado deles, dos judeus. Alguns excertos de escritos dos séculos XVII e XVIII – ou seja, da época que, antes de tudo, entra em cogitação no nosso caso – evidenciarão isso.

Alemanha. Em 1672, as corporações da Marca de Brandemburgo se queixam de que os judeus estariam tirando "o pão da boca [...] dos demais habitantes do país".[1] Quase literalmente consta numa petição da

---

[1] König, *Annalen der Juden in den preußischen Staaten, besonders in der Mark Brandenburg*, 1790, p.97.

corporação comercial de Danzig de 19 de março de 1717: "Esses lesantes" estariam lhes "arrancando o pão da boca".² Os cidadãos de uma cidade antiga de Magdeburg reagem (1712, 1717) à permissão dada aos judeus: "porque o bem-estar da cidade de Wolfahrt e o feliz sucesso do comércio se baseiam em que [...] nenhum negócio judeu é tolerado aqui".³

Numa representação de Ettenheim (1740) ao bispo-príncipe, comenta-se que "é sabido que os judeus só trazem a uma entidade comunitária o maior prejuízo possível e a ruína". Uma concepção que foi generalizada no ditado: "Tudo se arruína na cidade / onde há judeus em quantidade."⁴

Na introdução geral ao édito (prussiano) de 1750, consta o seguinte: "Os assim chamados comerciantes em nossas cidades [...] que, *respectu* [em respeito] à gente do comércio que realmente negocia *en gros* [por atacado], devem ser tidos como bodegueiros [...] queixam-se de que os judeus que comerciam os mesmos artigos que eles estariam lhes causando grande prejuízo". Do mesmo modo, os comerciantes (cristãos) de Nuremberg tiveram de assistir como os seus clientes iam comprar dos judeus. Com efeito, quando os judeus foram expulsos de Nuremberg (1469), muitos deles fixaram residência em Fürth. Os cidadãos de Nuremberg – que como consumidores naturalmente queriam comprar onde era mais vantajoso para eles – acharam aconselhável fazer suas compras dali por diante em Fürth. Em decorrência disso, durante os séculos XVII e XVIII inteiros, choveram incontáveis prescrições do conselho da cidade, visando proibir ou ao menos coibir a prática de comprar dos judeus de Fürth.⁵

É sabido que todas as guildas comerciais (e naturalmente também as corporações de artífices) não permitiram a admissão de judeus, inclusive ao longo de todo o século XVIII.⁶

---

2 Sobre a história dos judeus em Danzig, ver *Monatsschrift*, v.6, 1857, p.243.
3 M. Güdemann, Zur Geschichte der Juden in Magdeburg, *Monatsschrift*, v.14, 1865, p.370.
4 Ettenheim apud G. Liebe, *Das Judentum*, 1903, p.91-92.
5 *Regesta*, in: H. Barbeck, *Geschichte der Juden in Nürnberg und Fürth*, 1878, p.68 et seq.
6 Ver, por exemplo, o procedimento da guilda dos mercadores de Berlim segundo o relato de Geiger, *Geschichte der Juden in Berlin*, v.2, p.24, 34.

Inglaterra. A mesma postura hostil dos negociantes cristãos contra os judeus durante os séculos XVII e XVIII: *"the Jews are a subtil people [...] depriving the English merchant of that profit he would otherwise gain"*;* eles fazem negócios de modo a prejudicar os comerciantes ingleses: *"to the prejudice of the English Merchants"*.[7] No ano de 1753, como se sabe, passou uma lei que deveria possibilitar a naturalização aos judeus. Porém, a indignação da população contra esse odiado povo foi tão grande que a lei teve de ser revogada no ano seguinte. Entre as razões alegadas contra a admissão dos judeus na agremiação dos súditos ingleses figurou, e não foi em último lugar, esta: os judeus, que depois da naturalização inundariam o país, alijariam os ingleses de seus postos de trabalho: *"oust the natives from their employment"*.[8]

França. As mesmas queixas de Marselha a Nantes. Petição dos negociantes de Nantes (1752):

> *Le commerce prohibé de ces étrangers [...] a causé et fait un tort considérable aux marchands de cette ville, de sorte que s'ils n'ont le bonheur de mériter l'autorité de ces Messieurs, ils seront dans la dure nécessité de ne pouvoir soutenir leur famille, ni s'acquitter de leur imposition.*[9]

"Todo mundo corre para os comerciantes judeus", queixam-se os comerciantes cristãos de Toulouse, no ano de 1745.[10] "Instamos que vós detenhais os progressos dessa nação que, sem dúvida, subverteria

---

* "Os judeus são um povo astucioso [...] privando o comerciante inglês do lucro que de outra maneira ele obteria." (N. T.)

7 J. Child, *Discourse on Trade*, 4. ed., p.152. Child reproduz a "opinião geral" sem questionar sua exatidão (embora seja amigo dos judeus). Ele apenas acha que as acusações feitas aos judeus não constituem crime algum. ["Para prejuízo dos comerciantes ingleses." – N. T.]

8 Excertos dos escritos polêmicos daquela época em Hyamson, *A History of the Jews in England*, p.274 et seq. ["Alijar os nativos do seu emprego." – N. T.]

9 Apud Brunschvicg, Les Juifs en Bretagne au 18. sc., *REJ*, v.33, 1876, p.88 et seq., 111 et seq. ["O comércio proibido desses estrangeiros (...) tem causado um prejuízo considerável aos comerciantes desta cidade, de sorte que se eles não tiverem a felicidade de merecer o arbítrio desses senhores, padecerão a dura necessidade de não poderem sustentar sua família, nem se desobrigar de sua imposição." – N. T.]

10 Les Juifs et les Communautés d'Arts et Métiers, *REJ*, v.36, p.75 et seq.

[*bouleverserait*] todo o comércio do Languedoc", consta numa petição da câmara do comércio de Montpellier.[11]

E uma corporação de comerciantes em Paris compara os judeus com as vespas que se infiltram nas colmeias de abelhas só para matá-las, abrir-lhes o ventre e sugar o mel nele concentrado: "*L'admission de cette espèce d'hommes ne peut être que très dangereuse. On peut les comparer à des guêpes qui ne s'introduisent dans les ruches que pour tuer les abeilles, leur ouvrir le ventre et en tirer le miel qui est dans leurs entrailles: tels sont les juifs*".[12]

"*Qu'on juge par cette généralité et cette unanimité de la gravité de la question des juifs envisagé sous son aspect commerciale.*"[13]

Na *Suécia*[14] e na *Polônia*,[15] sempre a mesma ladainha: no ano de 1619, o magistrado de Posen se queixa numa missiva ao rei Sigismundo III que o "pessoal do comércio e os artífices teriam dificuldade e entraves advindos da concorrência dos judeus".

Porém, não basta essa simples constatação do fato de que os judeus são "perturbadores do ganha-pão". Gostaríamos de conhecer as razões que os punham em condições de fazer aos comerciantes cristãos essa concorrência aniquiladora. Porque, pelo visto, somente se formos ao encalço dessas razões apuraremos a peculiaridade do comportamento comercial

---

11 M. Maignial, *La question juive en France en 1789*, 1903. Esse livro contém, nas p.86 et seq., material em abundância que deixa transparecer o ânimo exaltado dos comerciantes franceses contra os judeus durante os séculos XVII e XVIII.

12 *Requête des marchands et négociants de Paris contre l'admission des Juifs*, 1777, p.14 apud Maignial, *La question juive en France en 1789*, p.92. ["A admissão dessa espécie de homens só pode ser muito perigosa. Pode-se compará-los às vespas que se introduzem nas colmeias para matar as abelhas, abrir-lhes o ventre e tirar o mel que está em suas entranhas: assim são os judeus." – N. T.]

13 M. Maignial, *La question juive en France en 1789*, p.92. ["Que seja julgada por essa generalidade e essa unanimidade quanto à gravidade da questão dos judeus, examinada sob seu aspecto comercial." – N. T.]

14 O parecer de Wegelin na condição de cidadão (diante do Parlamento sueco) é reproduzido por Ernst Meyer, Die Literatur für und wider die Juden in Schweden in Jahre 1815, *Monatsschrift*, v.51, 1907, p.513 et seq., 522.

15 Czacki, *Rosprava o Zydach*, p.82 et seq.; cf. Graetz, *Geschichte der Juden*, v.9, p.443 et seq. As queixas são quase literalmente repetidas nos relatos referentes à *Romênia*: R. R. Verax, *La Roumanie et les Juifs*, 1903.

dos judeus, no qual evidentemente devem estar ocultas ditas razões; só assim desencobriremos *"les secrets du négoce"* [os segredos do negócio], dos quais fala Savary em passagem citada mais adiante.

Uma vez mais, vamos inquirir os contemporâneos diretamente envolvidos ou as pessoas que estavam suficientemente próximas das coisas da vida cotidiana para pressentir o que pairava no ar. E de início recebemos de novo uma resposta totalmente uníssona: o que torna os judeus tão superiores é sua conduta trapaceira nos negócios. "Os judeus e os comissários têm uma lei e uma liberdade que se chama mentir e trapacear, desde que seja lucrativo", opina Philander de Sittewald.[16] No mesmo tom genérico e natural julga o burlesco *Léxico da trapaça*, compilado pelo "conselheiro real e oficial" Georg Paul Hönn.[17] Depois da palavra-chave "judeus" – como único caso em todo o léxico –, a inserção: "judeus trapaceiam *tanto no geral como no particular*". Similar é o teor do artigo "judeus" na Allgemeine Schatzkammer der Kaufmannschaft [Câmara Geral do Tesouro Geral dos Comerciários].[18] Ou um "expositor de costumes" relata lépido sobre os judeus de Berlim: "Eles se nutrem de roubo e trapaça, que na sua concepção não são crimes".[19]

E o contraponto francês a isso, o juízo de *Savary*: *"les juifs ont la réputation d'être très habiles dans le commerce; mais aussi ils sont soupçonnés de ne le pas faire avec toute la probité et la fidélité possible"*.[20]

E esses juízos totalmente genéricos têm então sua confirmação, em quase toda petição dos comerciantes cristãos, para o lugar e o segmento a que se refere cada um dos requerimentos.

---

16 *Gesichte Philanders von Sittewald das ist Straffs-Schriften Hanss Wilhelm Moscherosch von Wilstätt*, 1677.

17 G. P. Hönn, *Betrugs-Lexicon, worinnen die meisten Betrügereyen in allen Ständen nebst denen darwider guten Theils dienenden Mitteln endeckt von...*, 3. ed., 1724.

18 *Allgemeine Schatzkammer der Kaufmannschaft oder vollständiges Lexikon aller Handlungen und Gewerbe*, v.2, 1741, p.1158 et seq.

19 *Charakteristik von Berlin. Stimme eines Kosmopoliten in der Wüste*, 1784, p.203.

20 Jacques Savary (Œuvre posthume, continué [...] par Philippe-Louis Savary), *Dictionnaire universel de commerce*, v.2, p.447. ["Os judeus têm a reputação de serem muito hábeis no comércio; mas também são suspeitos de não o exercer com toda a probidade e fidelidade possíveis." – N. T.]

Porém, quando se examina, então, em detalhes as práticas de negócios de que se acusavam os judeus, logo se descobre que muitas delas pouco tinham a ver com trapaça – mesmo que se formule o conceito em sentido amplo, como de violação intencional ou supressão da verdade ou alguma fraude ardilosa visando causar prejuízo patrimonial. A designação "trapaça" evidentemente se destina, muito antes, a expressar por meio de um chavão o fato de que os judeus costumavam nem sempre levar em consideração as normas vigentes do direito ou do costume na gestão dos seus negócios. Portanto, o que caracterizava o modo de agir dos comerciantes judeus era a violação de certos usos tradicionais dos comerciantes cristãos, era a transgressão das leis (em casos raros), era sobretudo o ataque aos bons costumes da corporação comercial. E, quando examinamos o assunto com mais exatidão ainda, sobretudo quando analisamos as falhas individuais de que eram acusados os judeus quanto ao seu significado fundamental, logo nos damos conta que, no embate entre comerciantes judeus e cristãos, trata-se do embate entre duas concepções de mundo ou, pelo menos, de duas mentalidades econômicas essencialmente distintas ou de orientação contrária. Para entender isso, todavia, precisamos ter clareza quanto ao espírito que respirava a vida econômica na qual foram penetrando gradativamente os elementos judeus a partir do século XVI e em relação ao qual se colocaram numa oposição tão crassa que, em toda parte, foram percebidos como os "perturbadores" do ganha-pão.

Durante todo o período que chamo de época pré-capitalista, ou seja, também nos séculos em que a essência judaica se impôs, *continuou em vigor na gestão da economia a mesma concepção básica* que vigorara durante a Idade Média: a concepção feudal própria do artesão, que tem sua expressão exterior na organização da sociedade em estamentos.

De acordo com isso – e essa é a ideia básica que determina todo o pensar e fazer –, o ser humano está no centro também dos interesses econômicos. O ser humano enquanto produtor e consumidor de bens determina, com seus interesses, a conduta tanto dos indivíduos como da coletividade, determina a ordem exterior do processo econômico, bem como a configuração da vida comercial na prática. Todas as medidas tomadas tanto pela coletividade como pelo indivíduo visando à regulamentação dos processos econômicos possuem uma orientação pessoal. O ânimo fundamental de todos os que participam na economia possui um matiz pessoal. Isso, todavia, não deve ser entendido no sentido de que o sujeito individual da economia pudesse agir a seu bel-prazer. Ao contrário. Como se sabe, o indivíduo estava preso a normas objetivas e estabelecidas no que se refere ao que podia fazer e deixar de fazer; porém, essas normas mesmas — isto é o decisivo aqui — originaram-se de um espírito puramente pessoal. Bens são produzidos e comercializados para que os consumidores possam cobrir bem e abundantemente a sua demanda por bens de consumo, mas também para que os produtores e comerciantes ganhem sua subsistência adequada e abundante: as duas coisas do jeito que foi legado pela tradição. Também se poderia dizer assim: o processo econômico ainda era visto a partir de uma perspectiva essencialmente natural, isto é, a categoria do bem de consumo qualitativamente determinado ainda se encontrava no centro da valoração.

A intenção é que, mediante sua atividade bem ou mal conduzida, produtor e comerciante ganhem a subsistência que corresponde ao seu estamento: essa ideia do ganha-pão ainda domina totalmente o modo de ver as coisas da maioria dos sujeitos econômicos durante a época pré--capitalista, mesmo onde já tocam o seu negócio em moldes capitalistas, e, de modo correspondente, é reconhecida exteriormente nas ordenações fixadas por escrito e fundamentada teoricamente nos escritos sobre comércio e conduta: "Decadência do ganha-pão ou defasagem do ganha--pão ocorre quando alguém é levado a uma condição em que sua renda é menor do que o necessário para a subsistência honesta ou então para satisfazer seus credores".[21]

A busca irrefreada e irrestrita do lucro ainda era tida, durante toda essa época, como inadmissível, como "não cristã" pela maioria dos sujeitos econômicos, dado que o espírito da antiga filosofia econômica tomista ainda governava as mentes pelo menos oficialmente. "Se tiveres [...] uma mercadoria só tua, certamente podes buscar um lucro honesto; mas faze--o de tal modo que seja cristão e tua consciência não saia prejudicada *nem*

---

21 *Allgemeine Schatzkammer der Kaufmannschaft oder vollständiges Lexikon aller Handlungen und Gewerbe*, v.1, p.17.

causes algum dano à tua alma."[22] Aqui, como em todas as vicissitudes da vida econômica, o mandamento religioso ou moral permaneceu sempre o valor supremo: ainda não se cogitava desprender o mundo econômico do conjunto da associação moral-religiosa. Cada ação individual ainda recorria diretamente à instância ética suprema: à vontade divina. E – na medida em que o espírito medieval permanecera dominante – esta era, como é do conhecimento geral, rigorosamente avessa à concepção mamonista das coisas e, portanto, já por essa razão, toda a atividade cristã visando ao ganho permaneceu eticamente temperada.

Produtor e comerciante devem poder ganhar a sua subsistência: essa ideia norteadora necessariamente levaria, antes de tudo, a uma delimitação de determinadas esferas de atividade para o conjunto dos comerciantes de um país e de uma localidade, assim como para o sujeito econômico individual em seu respectivo lugar. O que foi dito em relação à Idade Média[23] vale até o limiar do século XIX para toda concepção econômica, a saber, que a um direito sempre estava vinculada uma determinada esfera de poder que fundamentaria a posição do indivíduo atribuindo-lhe uma determinada esfera de poder e não o remetendo para uma legitimação universal.

Por essa razão, a coletividade (que ainda se sentia responsável pelo indivíduo) tomava providências primeiramente para que a totalidade dos seus produtores e comerciantes tivesse uma área suficientemente grande para exercer uma atividade profícua: a ideia fundamental de toda política mercantilista, que era (o que aqui não poderá ser demonstrado em detalhes) a continuação em linha reta da política econômica citadina medieval. O âmbito de atividades de que necessitam os integrantes de um Estado deve ser conquistado e defendido, se preciso for, com o uso da força. Como se sabe, toda a política comercial e colonialista de cunho mercantilista ainda se baseia nessa ideia fundamental. A expansão das relações comerciais e, desse modo, a ampliação do mercado consumidor para os produtores nacionais é, de acordo com isso, total e exclusivamente um problema bélico,

---

22 Ibid., v.3, p.1325.
23 Formulado de modo especialmente feliz por Eberstadt, *Das französische Gewerberecht...*, 1899, p.378 et seq.

da demonstração máxima de poder. Onde tem lugar uma competição – e esse era o caso tão somente fora das fronteiras do país –, o sucesso é decidido pela suprema capacidade bélica, não comercial.

Em contraposição, no interior do país, toda competição, por exemplo, entre as economias individuais está excluída por princípio.

O indivíduo recebe seu âmbito de atividade: neste, ele pode atuar como manda o costume e a tradição, mas não deve botar o olho no reino do seu vizinho, no qual este, assim como ele próprio, completa o ciclo de sua existência sem ser perturbado. Nesses termos, o camponês em tempo integral recebia a sua jeira: a quantidade de terra, campo e mato necessária para tocar a sua lavoura e sustentar sua família. É dessa unidade patrimonial e econômica agrícola que se derivaram, então, todas as concepções posteriores, também as que deram forma à indústria manufatureira e ao comércio. Sempre se tinha diante dos olhos como modelo o ganha-pão do camponês: a exemplo deste, também o produtor industrial e o comerciante deveriam ter o seu território cercado, dentro do qual podiam exercer seu ofício. O que a parcela de terra era para o camponês, a clientela era para o citadino: esta, enquanto compradora dos seus produtos, era, como a gleba para o camponês, a fonte do seu sustento. Ela precisava ter uma certa magnitude para que um negócio de volume tradicional pudesse subsistir das vendas a ela. Ela deveria ser assegurada ao sujeito econômico individual para que ele tivesse constantemente a sua subsistência: grande quantidade de medidas político-econômicas estão voltadas para esse objetivo; esse propósito é perseguido também pela moral comercial. Durante toda essa época, do mesmo modo que na Idade Média, o direito e o costume visam igualmente proteger os produtores ou comerciantes individuais contra invasões do seu vizinho em seu âmbito de atividade, ou seja, assegurar a sua clientela.

Quando se tratava de assegurar o ramo de negócio contra a invasão por outro ramo, o estatuto das corporações providenciava a preservação da posse, mas provocava, da mesma forma, o fechamento da corporação quando estava em jogo a posse de um ofício inteiro. Proteger o detentor individual de um negócio contra os seus colegas era a função precípua do costume comercial que nos diz respeito especificamente aqui, porque ele é a expressão mais pura da mentalidade econômica.

E essa moral de negócios determinava com toda a firmeza que cada qual esperasse tranquilamente em sua loja pela clientela que, conforme todas as previsões, deveria comparecer. Assim sendo, *Defoe* (o qual ou cujo sucessor escreveu, na primeira metade do século XVIII, o famoso *Livro do comerciante*) encerra o seu sermão com estas palavras: *"and then with God's blessing and his own care, he may expect his share of trade with his neighbours"*.[24] Isso é pensado totalmente "em moldes manufatureiros": ele – o comerciante – deve esperar tranquilamente até receber a parcela que lhe cabe no comércio total.

O frequentador da missa (no século XVIII) também "esperava dia e noite debaixo do teto de sua loja".[25]

Rigorosamente detestado era todo tipo de "captação de clientes": era tido como "não cristão", imoral, tirar os compradores do seu vizinho.[26] Entre as "regras dos comerciantes que negociam mercadorias" há uma que diz: "Não afastes nem oralmente nem por escrito os clientes ou comerciantes de alguém; nem faças ao outro o que não queres que aconteça contigo".[27] Esse princípio, então, é reiteradamente incutido pelos estatutos comerciais: no "Regulamento da Polícia de Mainz" [*Mayntzischen Policey Ordnung*] (séc. XVIII) consta "que ninguém deve dissuadir o outro de comprar ou encarecer-lhe a mercadoria mediante um lance mais alto sob pena de perda da mercadoria comprada; ninguém [deveria] imiscuir-se no negócio de outro *nem tocar o seu tão intensamente que leve outros cidadãos à ruína*".[28] Os estatutos dos mercadores da Saxônia de 1672, 1682, 1692 determinam, no art. 18: "Nenhum mercador procurará afastar os compradores da tenda ou da loja de outro, nem os dissuadirá de comprar mediante acenos

---

24 D. Defoe, *The Complete English Tradesman*, 1. ed., 1726. Usei a 2. ed. em 1v. de 1727 e a 5. ed. em 2v. de 1745 (publicadas após a morte do autor, ocorrida em 1731). A passagem citada se encontra na 2. ed., p.82. ["E, então, com a bênção de Deus e sua própria diligência, ele espere pela sua própria parcela de comércio entre seus vizinhos." – N. T.]

25 *Allgemeine Schatzkammer der Kaufmannschaft oder vollständiges Lexikon aller Handlungen und Gewerbe*, v.3, p.148.

26 Ibid., v.4, p.677.

27 Ibid., v.3, p.1325.

28 Ibid., p.1326.

ou outros gestos e sinais, muito menos recomendará outra tenda ou local de venda aos compradores, mesmo que estes tenham dívidas com ele".[29]

Consequentemente, também era mal vista toda e qualquer iniciativa que resultasse no aumento da clientela.

Ainda durante a primeira metade do século XVIII era tido, até mesmo em Londres, como indecoroso se um comerciante decorasse chamativamente a sua loja e procurasse atrair compradores, expondo seus produtos com bom gosto ou de qualquer outra maneira estimulante. Não só o já mencionado Defoe, mas também os editores posteriores de sua obra (por exemplo, os da 5ª edição de 1745) manifestam sua indignação contra tal concorrência desleal, na qual até aquele momento, todavia, haviam incorrido – como constatam com alguma satisfação – apenas alguns confeiteiros e *toy men* [vendedores de brinquedos].[30]

Entre as coisas não permitidas estava, ainda durante boa parte do período pré-capitalista, pelo que vejo (excetuando a Holanda, sobre a qual não tenho informações precisas, mas parece que lá houve flexibilização já no século XVII), avançando bastante para dentro do século XVIII, o anúncio comercial, principalmente na forma do enaltecimento.

O *anúncio comercial* só é admitido de modo geral na Holanda após meados do século XVII, na Inglaterra no final do mesmo século, na França muito depois disso. O jornal *Ghentsche Post-Tijdingen* [Gazeta de Gent], fundado no ano de 1667, trouxe seu primeiro anúncio só no número de 3 de outubro daquele ano.[31] As *Folhas de Anúncios* de Londres da década de 1660 ainda não contêm qualquer anúncio comercial: nem mesmo o grande incêndio levou qualquer casa comercial a divulgar sequer o seu novo endereço. Tendo já sido adotada isoladamente a prática de distribuir folhetos com anúncios na rua, o mundo comercial começa a se habituar de certo modo a considerar o jornal como órgão de publicação de anúncios depois da

---

29 Ibid., v.I, p.1392.

30 Ver a 19ª carta que é sumamente instrutiva (na 2. ed., à qual corresponde a carta de nº 22 na 5. ed.): "*Of fine shops and fine shews*" [De lojas refinadas e mostruários vistosos].

31 J. Bock, *Le Journal à travers les âges*, 1907, p.30 et seq. apud T. Kellen, *Studien über das Zeitungswesen*, 1907, p.253.

fundação da "Collection for the Improvement of Husbandry and Trade" por John Houghton no ano de 1682.[32]

Duas gerações mais tarde, *Postlethwayt*[33] escreve que a prática de anunciar nos jornais já gozaria de maior aceitação. Há poucos anos (*a few years since*), comerciantes de renome ainda teriam considerado desprezível e deplorável (*mean and disgraceful*) dirigir-se ao público mediante a publicação de um anúncio; agora (1751) as coisas teriam mudado; agora até mesmo pessoas bastante dignas de crédito considerariam os anúncios de jornal como o método mais simples e mais barato de deixar o país a par do que teriam a oferecer.

Na França, no mesmo período, pelo visto, as coisas ainda não tinham avançado a esse ponto. *Savary*[34] registra no seu *Dictionnaire* (1726) sob o verbete *"réclame: terme d'imprimerie; c'est le premier mot d'un cahier d'un livre"* [reclame: termo das artes gráficas; é a primeira palavra do caderno de um livro] etc.; e sob o termo *"affiche: terme de maîtres pescheurs"* [cartaz: termo dos mestres pescadores]; *"afficher: terme de cordonnier"* [afixar: termo de sapateiro] etc. Só no *Suplemento* (1732) ele faz um adendo ao verbete *"affiche"* (que, portanto, ainda era uma palavra pouco usual, a ponto de escapar à atenção de um lexicógrafo profissional em economia nacional): *"Placard attaché en lieu public pour rendre une chose notoire à tout le monde"* [Cartaz afixado em lugar público para tornar algo de conhecimento de todo mundo]. Porém, de coisas que se traz ao conhecimento "de todo mundo" mediante cartaz afixado em lugar público, ele apenas enumera estas: venda de navios; partida de navios; anúncio, da parte das grandes companhias, de cargas marítimas recém-chegadas quando se destinavam à venda pública; edificação de novas fábricas; mudança de endereço residencial. O anúncio comercial está ausente. Mas ele também

---

32 Um material muito rico, principalmente de origem inglesa, encontra-se em H. Sampson, *A History of Advertising from the Earliest Times*, 1875, principalmente p.76, 83 et seq.

33 M. Postlethwayt, *A Universal Dictionary of Trade and Commerce*, 2v., 1741, 2. ed., 1757, aqui v.1, p.22. (Postlethwayt diz que sua obra é uma tradução do *Lexicon* de Savary, mas, devido às numerosas complementações, ela é, na verdade, uma obra totalmente autônoma, que – diga-se de passagem – é de inestimável valor como fonte para a exposição da vida econômica inglesa no século XVIII.)

34 Savary, *Dictionnaire du Commerce*, 1726, suplemento, p.1732.

falta enquanto anúncio publicitário nos jornais até a segunda metade do século XVIII: assim, por exemplo, o primeiro número da famosa folha de anúncios públicos *Les Petites Affiches* [Os pequenos anúncios], publicada em 13 de maio de 1751, não contém um único anúncio comercial real.[35] Portanto, até mesmo o anúncio comercial bem simples: "vendo (confecciono) aqui e ali esta e aquela mercadoria" somente se estabelece na Inglaterra durante a primeira metade do século XVIII, na França só depois disso (na Alemanha, temos em cidades individuais, como Berlim e Hamburgo, casos isolados de anúncio comercial do começo do século XVIII; somente livros foram anunciados de modo geral muito antes disso, mas constituem uma exceção facilmente explicável pela natureza de sua distribuição).

Porém, por longo tempo em que já existia o anúncio comercial, pelo visto, continuou sendo totalmente condenável fazer *propaganda de negócios*, isto é, enaltecer um negócio, apontar as vantagens especiais que ele se arroga ter em comparação com outros. Mas como o grau máximo da falta de decoro comercial era tido o anúncio para vender por preços inferiores aos da concorrência.

O ato de "oferecer a preço menor", o *"underselling"*, era tido, em todas as suas formas, como indecoroso: "Vender em prejuízo do seu concidadão e desperdiçar em demasia não traz nenhuma bênção".[36]

O que, porém, se considerava francamente como jogo sujo era anunciar isso publicamente. Na quinta edição do *Complete English Tradesman* [O comerciante inglês completo] (1745), encontra-se uma observação dos editores com o seguinte teor:

> Desde o tempo em que nosso autor escreveu [Defoe morreu em 1731], o mau hábito de oferecer por um preço menor chegou a um nível tão vergonhoso (*this underselling practice is grown to such a shameful height*) que certas pessoas anunciam publicamente que entregarão suas mercadorias por um preço menor do que o restante do comércio (*that particular persons publickly advertise that they undersell the rest of the trade*).[37]

---

35 P. Datz, *Histoire de la Publicité*, 1894, p.161 et seq., contém um fac-símile de todo o primeiro número de *Les Petites Affiches*.
36 *Allgemeine Schatzkammer der Kaufmannschaft*, v.4, p.677.
37 *The Complete English Tradesman*, 5. ed., v.2, p.163.

E logo em seguida, decorrente da mentalidade econômica dominante, a explicação para a indignação com a qual se aponta para o referido mau hábito: conhecemos comerciantes que oferecem suas mercadorias a preços com os quais um comerciante sólido não consegue subsistir (*we have had grocers advertising their under-selling one another, at a rate a fair trader cannot sell for and live*): o velho ideal do ganha-pão! A subsistência costumeira já estabelecida, o volume de vendas já estabelecido: portanto, os preços de venda das mercadorias individuais não podem descer abaixo de um patamar mínimo.

Possuímos um testemunho especialmente valioso referente à França, e até da segunda metade do século XVIII, do qual se depreende com toda a clareza o quanto ainda eram inauditas a oferta por um preço inferior e sua divulgação pública naquela época até mesmo em Paris. Nesse testemunho (uma disposição do ano de 1761), consta que tais maquinações só podem ser vistas como o último ato de desespero de um comerciante não sólido. A disposição proíbe rigorosamente a todos os comerciantes *en gros* [atacadistas] e *en detail* [varejistas] de Paris e seus subúrbios "que um corra atrás do outro" para conquistar mercado para as suas mercadorias; mas especialmente se proíbe distribuir folhetos visando anunciar as suas mercadorias. A fundamentação dessa disposição é tão característica do espírito que, naquela época, ainda dominava os círculos determinantes que mais uma vez tenho de reproduzir literalmente as passagens mais importantes. Ali consta o seguinte:

> *Quelques marchands de cette ville – Paris – ont affecté depuis quelque temps de faire répandre dans le public des billets en leur nom, pour annoncer la vente de leurs étoffes et autres marchandises,* à un prix qu'ils exposent être inférieur *à celui que les dites marchandises ont coutume d'être vendues par les autres marchands: qu'une pareille contravention, qui est presque toujours* la dernière ressource d'un négociant infidèle, *ne peut être trop sévèrement réprimée.*[38]

---

38 *Archives Nationales* M. 802 apud Martin, *La grande Industrie sous Louis XV*, 1900, p.247 et seq. ["Alguns comerciantes dessa cidade – Paris – resolveram há algum tempo espalhar entre o público folhetos em seu nome para anunciar a venda dos seus tecidos e outras mercadorias, *a um preço que eles apresentam como inferior* ao que as ditas mercadorias *costumam* ser vendidas pelos demais comerciantes: uma contravenção

A preocupação com o produtor e o comerciante, porém, não levou a esquecer o consumidor. Em certo sentido, este até continuou sendo a pessoa central, visto que a visão ingênua ainda não havia desaparecido por completo do mundo: que a produção de bens e o comércio de bens existem, no final das contas, visando à boa organização do consumo de bens.

A orientação natural, como a denominei, ainda regia as relações: a aquisição de bens de consumo continua sendo o fim de toda a atividade econômica, e a pura produção de mercadorias ainda não chegou a ser seu conteúdo. É por isso que, sobretudo durante toda a época pré-capitalista, ainda emerge claramente a seguinte aspiração: produzir *boas mercadorias*; mercadorias que são o que parecem ser – portanto, também mercadorias genuínas. É essa aspiração que dá sustentação a todas as inúmeras regulamentações da produção de mercadorias que preenchem justamente os séculos XVII e XVIII como nenhum outro período. Só que o Estado passou a assumir o controle, submetendo as mercadorias a uma vistoria das autoridades em suas instâncias oficiais.

Poder-se-ia dizer, todavia, que a vigilância estatal para que fossem produzidas boas mercadorias seria justamente a prova de que a mentalidade econômica da época não estava mais voltada para a confecção de bons bens de consumo. Mas essa objeção seria injustificada. O controle estatal destinava-se também só a inviabilizar as contravenções de alguns poucos produtores não tão conscienciosos. De modo geral, ainda havia a intenção de fornecer uma mercadoria boa e genuína; a intenção própria de toda manufatura autêntica e que a indústria pré-capitalista em grande parte também assumira.

O princípio puramente capitalista de que unicamente o valor de troca das mercadorias é decisivo para o empreendedor e que, portanto, o interesse capitalista é indiferente em relação à qualidade dos bens de consumo foi se impondo muito lentamente. Podemos depreender isso, por exemplo, das discussões controversas travadas a esse respeito na Inglaterra ainda durante o século XVIII. Pelo visto, *Josiah Child* se encontrava, como em

---

desse tipo, que quase sempre é *o último recurso de um negociante desleal*, tem de ser severamente reprimida." – N. T.]

tantas coisas, em oposição à grande maioria dos seus contemporâneos e certamente também aos seus colegas de profissão ao defender que se deveria deixar a critério do empreendedor que tipo e que qualidade de mercadorias ele quer lançar no mercado. Como nos soa estranho quando vemos Child ainda lutando pelo direito que o fabricante tem de produzir mercadorias de baixa qualidade! Ele exclama: "Se quisermos conquistar o mercado mundial, temos de imitar os holandeses, que produzem tanto a pior quanto a melhor mercadoria, para que tenhamos condições de atender a todos os mercados e satisfazer todos os gostos".[39]

Encaixa-se de modo perfeitamente orgânico nesse mundo de concepções *a ideia do preço justo*, cuja validade, pelo visto, avança muito para dentro da era pré-capitalista. O preço não é uma coisa que o sujeito econômico individual possa manejar a seu bel-prazer. A formação de preços também está sujeita a leis maiores da religião e da moral, a exemplo de todo processo econômico. Ela deve ser formatada de tal maneira que sirva ao bem-estar tanto do produtor como do comerciante, como do consumidor. E o modo como isso se dá não é decidido pelo arbítrio do indivíduo, mas com base em normas objetivas. De onde estas devem ser tiradas é uma questão que foi respondida de diferentes maneiras no decorrer dos séculos. À visão medieval, como foi sustentada em toda a sua pureza, por exemplo, ainda por Lutero, correspondia determinar o preço de acordo com os custos e o trabalho com que o produtor (comerciante) teve de arcar: o preço, diríamos nós, foi calculado conforme os custos de produção. Enquanto isso, sob a influência do comércio crescente, que com certeza se percebe claramente a partir do século XVI, efetua-se um deslocamento nas visões do preço justo, as quais são forçadas a reconhecer cada vez mais a força do mercado na formação dos preços. *Saravia della Calle*, que a meu ver parecer ter importância decisiva para o desenvolvimento da teoria do preço, já deriva o *justum pretium* [preço justo] totalmente da relação entre oferta e procura (diríamos nós).[40] Porém, o mais importante é isto: de um ou de

---

39 J. Child, *A New Discourse of Trade*, 4. ed., p.159.
40 Os escritos de *Saravia della Calle* foram impressos, junto com os de *Antonio Maria Venusti* e *Fabiano Genovese*, no *Compendio utilissimo di quelle cose le quali a Nobili e christiani mercanti appartengono*, 1561.

outro modo, o preço sempre permanece uma estrutura fora do alcance da intervenção arbitrária do indivíduo, que segundo normas objetivas se impõe compromissivamente a todo sujeito econômico. Essa também é inteiramente a concepção dos escritores do século XVII: de *Scaccia, Straccha, Turri* etc. Mais precisamente, o objetivamente obrigatório na formação do preço é uma potência ética (não como mais tarde uma "lei da natureza"): a intenção é que o indivíduo *não estipule* arbitrariamente o preço (ao passo que, mais tarde, dizia-se, quando muito: ele *não pode estipulá-lo* arbitrariamente).

A tendência geral que resultava da observância de todos esses princípios individuais foi, com efeito, durante toda a era pré-capitalista, a de viver a vida sossegadamente. O traço básico ainda era a estabilidade, o tradicionalismo. O indivíduo humano, mesmo quando fazia negócios, ainda não se havia perdido no barulho e tumulto desses negócios. Ele ainda era seu próprio dono. Ele igualmente ainda preservara a dignidade do homem autônomo que não renuncia a si mesmo por causa de lucro. No comércio e nas transações, ainda predomina em toda parte certo orgulho pessoal. O negociante – pode-se sintetizar isso numa palavra – ainda tem atitude. Na província naturalmente mais do que nas cidades grandes, do que nos centros da vida capitalista em desenvolvimento. O "tom orgulhoso e altivo do negociante provinciano" (*ton fier et haut des négocians provinciaux*) é ressaltado enfaticamente por um observador de seu tempo.[41] Vemos claramente diante de nós o negociante no estilo antigo: como ele vem marchando dignamente e um pouco rijo e teso em suas bermudas e seu casaco comprido, com a peruca posta, habituado a fechar seus negócios sem pensar muito e sem se alterar muito. No círculo costumeiro, servindo a sua clientela costumeira da maneira habitual, sem atropelos, sem pressa.

O que hoje é tido como o sinal mais cabal de uma vida de negócios florescente, a saber, todo mundo correndo a toda pressa, era visto, ainda no final do século XVIII, como emanação do ócio, enquanto justamente o homem que estava envolvido em negócios andava a passo comedido. Quando o já mencionado escritor *Mercier* solicita, em 1788, que Grimold

---

41 Mercier, *Tableau de Paris*, v.11, 1788, p.40.

de la Reynière emita sua opinião sobre os comerciantes e industriais de Lyon, este faz a seguinte constatação sumamente valiosa, iluminando as condições da época com uma luz brilhante: *"Em Paris se corre, tem-se pressa, porque não há nada para fazer; aqui* [em Lyon, o centro da indústria da seda e uma cidade comercial florescente] *anda-se pausadamente porque* (!) *se está ocupado"* (*À Paris on court, on se presse parce qu'on y est oisif; ici l'on marche posément, parce que l'on y est occupé*).[42]

Nesse quadro se insere primorosamente também o não conformista piedoso, o quacre, o metodista, que gostamos de ver como um dos mais antigos sustentadores das ideias capitalistas. Porém, ele seguiu o seu caminho com dignidade, com atitude. Como a vida interior era bem ponderada, também o deveria ser o comportamento exterior. *"Walk with a sober pace, not tinkling with your feet"*, diz um mandamento dos costumes puritanos.[43] *"The believer hath or at least ought to have and, if he be like himself, will have, a well ordred walk and will be in his carriage stately and princely"*.[44]

* * *

E foi exatamente contra esse mundo bem ordenado que os judeus desferiram seus ataques. Vemos como eles a toda hora violam essa ordem econômica e essa mentalidade econômica. Com efeito, na base das queixas dos comerciantes cristãos, que são para nós as fontes mais importantes, estão fatos palpáveis, o que se depreende, como já foi ressaltado em outra passagem, não só da concordância de todos os testemunhos, mas também do modo como as queixas são concretizadas.

---

42 Reynière apud J. Godart, *L'Ouvrier en soie*, v.1, 1899, p.38-39.
43 Memoirs of the Rev. James Fraser, written by himself. *Selected Biographies*, v.2, p.280; Durham, *Law Unsealed*, p.324 apud Buckle, *Geschichte der Zivilisation in England*, 3. ed., v.2, p.377. ["Anda com um passo sóbrio, não tilintando com teus pés." – N. T.]
44 Durham, *Exposition of the Song of Solomon* apud Buckle, *Geschichte der Zivilisation in England*, 3. ed., v.2. ["O crente tem, ou pelo menos deveria ter, e, se ele for como ele mesmo, terá um andar bem compassado e terá um comportamento imponente e principesco." – N. T.]

Mas judeus foram os únicos que violaram o direito e o costume? Era justificado diferenciar fundamentalmente o "comércio judeu" do restante do comércio e comportamento caracterizando aquele como "não sólido", mais propenso à mentira e ao logro e à violação das leis e da ordem, e este como avesso a todo e qualquer ato ilegal? Com toda a certeza a conduta dos produtores e comerciantes cristãos nos negócios não estava livre de transgressões dos preceitos do direito e dos bons costumes. A tendência para isso estava fundada na natureza humana e, sabendo como são as coisas, ninguém quereria afirmar que a era que temos em vista terá produzido pessoas em média mais cumpridoras dos seus deveres do que outras eras. Já a opressiva profusão de mandamentos e proibições a que estava submetida a vida econômica daquela época permite concluir que a tendência de cometer infrações era forte entre os comerciantes. Mas também temos, de resto, uma quantidade de testemunhos, dos quais podemos depreender que a moral comercial de modo algum era especialmente elevada.

Se folhearmos o já referido *Léxico da trapaça*, que veio a público no início do século XVIII e que, no seu tempo, foi um livro muito lido (ele teve várias edições em poucos anos), podemos até entrar em pânico. Poderia parecer que o mundo inteiro nada mais é que uma única grande trapaça. Porém, se, além disso, ponderarmos que a compilação de tantas possibilidades de trapaça num espaço reduzido produz uma impressão especialmente marcante, ainda assim levaremos da leitura desse curioso livro a convicção de que, naquela época, se lograva para valer em toda parte. E ela é reforçada por vários outros testemunhos. O autor da *Allgemeine Schatzkammer der Kaufmannschaft* [Câmara Geral do Tesouro Geral dos Comerciários] (1742) pensa,[45] por exemplo: "assim se achará, hoje em dia, muito poucas mercadorias que não terão passado por alguma falsificação". Vários despachos imperiais (como o de 1497), estatutos policiais (como o de Augsburg de 1548), estatutos comerciais (como o de Lübeck de 1607) tratam expressamente da proibição de falsificar mercadorias. E do mesmo modo que nem sempre a coisa andava bem na produção de bens, também na gestão geral dos negócios a fraude não era

---

45 *Allgemeine Schatzkammer der Kaufmannschaft*, v.4, p.666 et seq.

nenhuma raridade. A bancarrota fraudulenta deve ter constituído, para as pessoas dos séculos XVII e XVIII, um problema especialmente frequente e de difícil solução. O tempo todo ouvimos queixas relativas à frequência com que ocorriam.[46] A moral comercial frouxa dos comerciantes ingleses durante o século XVII era notória.[47] Falsificações e fraudes são chamadas de *"the besetting sin of English tradesmen"* [o pecado que acossa os comerciantes ingleses]. Um autor[48] do século XVII diz o seguinte: "Nossos conterrâneos, ao majorarem desmedidamente os preços das mercadorias, dão a entender a todo mundo que enganariam a todos se isso estivesse em seu poder" (*by their infinite over-asking for commodities proclaim to the world that they would cheat all if it were in their power*).

No que consistia, portanto, o aspecto especificamente judeu? Pode-se mesmo assumir-se uma peculiaridade judaica específica no comportamento em relação às ordens vigentes? Acredito que sim e acredito que essa "transgressão das leis" especificamente judaica se externa, antes de tudo, no fato de que, no caso das violações cometidas pelos judeus contra o direito e os costumes, nem se trata da imoralidade isolada de um pecador individual, mas do fato de que essas violações emanavam da moral geral de negócios válida para os judeus, que nelas, portanto, apenas se expressava a prática de negócios aprovada pela totalidade dos comerciantes judeus. Do exercício universal e continuado de certos usos temos de concluir que os judeus não percebiam esse comportamento contrário à ordem como imoral e, portanto, ilícito, mas em seu agir tinham consciência de representar a moral correta, o "justo direito", em contraposição a uma ordem legal e consuetudinária absurda. Naturalmente, isso não se aplica a casos em que se tratava do crime capital contra a propriedade em geral. É preciso diferenciar, o que praticamente nem precisa ser especialmente

---

46 Ver, por exemplo, Mercier, *Tableau de Paris*, v.2, p.71 et seq. (cap. 128).

47 *Samuel Lamb*, em seu conhecido memorando sobre a fundação de um banco nacional, contrapõe a moral comercial frouxa dos ingleses à solidez, por exemplo, dos holandeses. O memorando de Lamb está impresso em *The Somers Tracts*, v.6, p.444 et seq.

48 Owen Felltham, em suas *Observations*, publicadas em 1652 apud D. Campbell, *The Puritan in Holland, England, and America*, v.2, 1892, p.327.

enfatizado, entre os mandamentos e as proibições que resultam da instituição, por exemplo, da propriedade como tal (é claro que o que foi dito vale igualmente para todas as áreas do direito) e aqueles(as) que resultam de determinadas formas e manejos do direito de propriedade. As violações contra a primeira serão consideradas universalmente ilegais e puníveis pelo tempo que existir a instituição da propriedade; as violações contra as segundas experimentarão uma avaliação diferenciada, de acordo com as concepções, que vão mudando com o passar do tempo, acerca do modo como se poderia usar a propriedade (proibição da usura! Privilégios! etc.).

Na conduta comercial peculiar aos judeus, misturavam-se transgressões dos dois tipos. Pelo visto, em tempos mais antigos, os judeus com frequência também incorreram em delitos que devem ser vistos como ilegais no sentido geral mais elevado: quando eles, por exemplo (eles foram acusados disso reiteradamente em todos os lugares), praticaram a receptação e fizeram comércio com mercadorias que notoriamente eram produto de roubo.[49] Mas esse tipo de prática criminosa no sentido estrito de modo algum gozava entre os judeus de aprovação geral. Nesse ponto, os elementos "decentes" terão se diferenciado dos inescrupulosos em sua concepção do mesmo modo que isso aconteceu no mundo cristão. Ou a propensão para tais transgressões se restringia a certos grupos do povo judeu, que então passavam a ser vistos total ou parcialmente como suspeitos e a cuja concepção de direito e injustiça se contrapunha a moral do restante do povo judeu do mesmo modo que a dos cristãos. Temos provas interessantes da história dos judeus em Hamburgo para a existência factual desse antagonismo entre diversos componentes do povo judeu. Nessa cidade, a comunidade dos portugueses assume, no século XVII,

---

[49] A acusação de vender mercadorias roubadas é levantada contra os judeus desde o período inicial da Idade Média até na nossa época. Ver, por exemplo, Caro, *Sozial- und Wirtschaftsgeschichte der Juden*, v.I, 1908, p.222; Bloch, *Les juifs...*, p.12; verbete Juden, *Allgemeine Schatzkammer der Kaufmannschaft*; Von Justi, *Staatswirtschaft*, v.I, 2. ed., 1758, p.150. Numerosas passagens comprobatórias com relação à Alemanha podem ser encontradas em G. Liebe, *Das Judenthum in der deutschen Vergangenheit*, 1903. No decurso desta exposição, retornarei a esse ponto e remeterei a outras passagens além destas.

uma certa responsabilidade diante das autoridades pela conduta comercial dos recém-imigrados judeus alemães. Logo que apareceram, os "tedescos" tiveram que se comprometer diante da nação portuguesa a *não comprar coisas roubadas* nem praticar qualquer outro tipo de negócio desonroso. Já no ano seguinte, os anciãos dos tedescos foram convocados à presença de Mahamad (o presidente da comunidade dos sefarditas) e advertidos, porque alguns deles teriam contrariado a obrigação assumida; em outra ocasião, a mesma coisa por terem comprado coisas roubadas de soldados etc.[50]

Portanto, se quisermos encarar as violações que os judeus cometeram contra o direito e os costumes, ao modo como foram acusados durante toda a época pré-capitalista e que sem dúvida ocorreram, como emanação de uma moral de negócios universalmente aprovada pelo povo judeu e, por conseguinte, como a práxis comercial especificamente judaica, teremos de excluir disso (ou, em todo caso, submeter a uma apreciação específica) os delitos capitais contra as leis penais que foram desaprovadas por grande parte do povo judeu e nos restringir a nomear as contravenções e (sobretudo) violações dos costumes para as quais podemos pressupor o *consensus omnium* [consenso geral] dentro do mundo comercial judeu, e nas quais podemos, assim, basear-nos para inferir a existência de uma mentalidade econômica judaica específica.

E o que vemos nesse caso?

Claramente se destaca diante dos nossos olhos primeiramente o judeu como, digamos, o homem mais puramente de negócios, como o homem de negócios dedicado exclusivamente aos negócios, como aquele que, no espírito da economia autenticamente capitalista, reconhece *o primado da finalidade aquisitiva* sobre toda e qualquer finalidade natural.

Eu não saberia citar outra prova melhor disso do que *as memórias da senhora Glückel de Hameln*. Esse livro, que agora foi traduzido para o alemão, é em muitos aspectos uma fonte extraordinariamente valiosa quando queremos formar um juízo sobre o judaísmo, sua essência e sua atuação

---

50 Segundo um livro de atas da comunidade portuguesa de Hamburgo, A. Feilchenfeld, Die älteste Geschichte der deutschen Juden in Hamburg, *Monatsschrift*, v.43, 1899, p.279.

na época pré-capitalista. Glückel de Hameln foi uma mulher de negócios em Hamburgo e viveu na época do primeiro formidável crescimento dos judeus de Hamburgo-Altona (1645-1724). Essa mulher extraordinária se nos apresenta de fato como o tipo encarnado dos judeus daquele tempo. Sua narrativa (principalmente nos primeiros livros, depois já se fazem notar sinais de senilidade) tem uma naturalidade cativante, uma vitalidade e uma originalidade refrescantes. Repetidas vezes fui levado a pensar na Senhora Conselheira [*Frau Rat*]* ao ler essas memórias, em que um ser humano íntegro nos relatou uma vida realmente rica.

Ao citar esse esplêndido livro para demonstrar a predominância dos interesses pecuniários entre os judeus daquela época, faço isso por pensar que essa peculiaridade com toda a certeza tinha de estar muito difundida, já que constitui o traço característico propriamente destacado de uma mulher tão extraordinária como Glückel. Com efeito: tudo o que essa mulher – e notamos também: todas as demais pessoas das quais ela tem algo a relatar – desejava e almejava, tudo o que ela pensava e sentia girava em torno do dinheiro. Embora os relatos propriamente sobre os negócios ocupem apenas pouco espaço nas memórias, fala-se, nestas, em 609 passagens de dinheiro, riqueza, aquisição etc. (em 313 páginas). As pessoas e suas ações nos são apresentadas sempre só com algum comentário relacionado com assuntos de dinheiro. O centro do interesse é ocupado, antes de tudo, pelo casamento vantajoso em termos pecuniários. Casar suas crianças é o conteúdo central da atividade de negócios de Glückel. "Ele também chegou a ver o meu filho, e estiveram muito perto de um acordo, mas não puderam se unir por uma diferença de mil marcos" (p.238). Deparamo-nos a todo instante com esse tipo de formulação. O seu próprio (segundo) casamento é narrado com estas palavras (p.280): "À tarde meu marido me desposou com uma fina aliança no valor de uma onça".

Eu gostaria de encarar esse modo peculiar de lidar com os casamentos, antigamente bastante usual entre os judeus, de modo geral como um sintoma de seu forte apreço pelo dinheiro e sobretudo de sua propensão a trazer para a esfera das ponderações comerciais até as coisas mais

---

* Frau Rat Catharina Elisabeth Goethe, mãe de Johann Wolfgang Goethe. (N. T.)

inestimáveis. As crianças também têm um preço: isso é totalmente óbvio para os judeus daquele tempo. "Todas elas são minhas crianças queridas, e o perdão seja dado tanto às que me custaram muito dinheiro quanto às que não me custaram nada", escreve Glückel. Elas têm um preço (principalmente como objetos de casamento), e até têm um curso dependendo das condições do mercado. Especialmente requisitadas são crianças eruditas ou crianças de eruditos. Por isso, ocasionalmente ouvimos que um pai especulou com as crianças. Bem conhecido e muito citado nesse contexto é o destino de Salomon Maimon, a respeito de quem *Graetz* nos relata o seguinte: "Com 11 anos de idade, ele dominava o Talmude em seu teor e em sua forma de modo tão completo que [...] era procurado como noivo. Seu pobre pai, especulando excessivamente, arranjou-lhe duas noivas ao mesmo tempo, sem que o jovem noivo [...] pudesse ver qualquer uma delas". Casos desse tipo podem ser citados às dúzias, de modo que temos de considerá-los como perfeitamente típicos.

Mas talvez alguém levante a seguinte objeção: em famílias não judaicas o interesse pelo dinheiro seria igualmente intenso, mas não se quereria admitir isso. Elas estariam agindo hipocritamente. Talvez essa objeção seja em parte justificada. Nesse caso, porém, eu veria o aspecto especificamente judeu exatamente nessa ingenuidade, nessa naturalidade, nesse jeito sem floreios de colocar o interesse pelo dinheiro no centro de todos os interesses vitais.

Esse é também o juízo que os contemporâneos nos séculos XVII e XVIII fazem dos judeus de modo bem geral. E esse *consensus omnium* [consenso geral] decerto pode ser tomado como prova adicional da exatidão do parecer aqui defendido. Nos tempos de economia capitalista ainda não completamente desenvolvida, o judeu é tido como, por assim dizer, o representante da mentalidade econômica voltada exclusivamente para o ganho pecuniário. O que o diferenciava dos cristãos não era o fato de ele "praticar a usura", não era o fato de ele almejar lucro, não era o fato de acumular riquezas, porém o fato de não fazer isso de modo dissimulado, mas totalmente aberto e, além disso, professar todas essas coisas. E o fato de perseguir o seu interesse comercial de modo inescrupuloso e impiedoso. A respeito dos "usurários" cristãos Sebastian Brandt e Geyler de Kaisersberg contam coisas bem piores e dizem que eles "agiam de modo mais perverso do que os judeus". E o pior de tudo, razão pela qual se deveria "considerá-los muito mais perversos do que qualquer judeu", é que eles faziam seu negócio sujo com a cara hipócrita de um cristão. "Com efeito, um judeu coloca sua alma publicamente nisso e *não se envergonha de fazê-lo*, mas esses agiotas fazem todas essas coisas ostentando o nome de cristãos."[51]

Num relato do reverendo Johannes Megalopolis, de 18 de março de 1655, diz-se dos judeus: *"these people have no other god but the unrighteous mammon and no other aim than to get possession of Christian property [...] they [...] look at everything for their profit"*[52]. Seu único Deus é o Mâmon; seu único objetivo: obter lucro! E outro observador daquele tempo[53] dotado de uma visão bastante clara emite um juízo talvez ainda mais severo, quando se manifesta da seguinte maneira sobre os judeus:

> *No trust should be put in the promises made there [in Brazil] by the Jews, a race faithless and pusillanimous, enemies to all the world and especially to all Christians, caring not whose house burns so long as they may warm themselves at the coals, who would rather see a hundred thousand Christians perish than suffer the loss of a hundred crowns.**

---

51 Extraído da "prédica" de Geyler von Kaiserberg por ocasião da 93ª "Revoada dos insensatos" [*Narrengeschwarm*] da *Nau dos insensatos* [*Narrenschiff*], de Sebastian Brandt (publicado na coletânea intitulada *Das Kloster*, v.I, p.722, ed. por J. Scheible). Comparar com O. Franke, *Der Jude in den deutschen Dichtungen des 15., 16. und 17. Jahrhunderts*, especialmente a seção 4.

52 Megalopolis apud A. M. Dyer, Points in the First Chapter of New York Jewish History, *Transactions of the Jewish Historical Society of America*, v.3, p.44. ["Essas pessoas não têm outro Deus além do Mâmon injusto e nenhum outro objetivo além de apossar-se da propriedade cristã (...) Elas (...) veem todas as coisas em função do seu lucro." – N. T.]

53 William Ussellinx num relatório dirigido aos Estados Gerais apud Jameson, in *Transactions*, v.I, p.42. Sobre *Usselinx*, ver: E. Laspeyres, *Volkswirtschaftliche Ansichten der Niederlande*, 1863, p.59 et seq.

* "Não se deveria confiar nas promessas feitas lá [no Brasil] pelos judeus, uma raça desleal e pusilânime, inimigos de todo mundo e especialmente dos cristãos, que não se importa de quem é a casa que está queimando contanto que possam aquecer-se em suas brasas, que prefeririam ver cem mil cristãos perecerem do que sofrer a perda de cem coroas." (N. T.)

"Denomina-se de judeu autêntico um negociante usurário e muito movido por interesses, que passa a perna e depena os que fazem negócios com ele": "*un marchand usurier ou trop intéressé qui surfait et qui rançonne ceux qui ont affaire à lui*", opina *Savary*,[54] um autor que tem simpatia pelos judeus, e acrescenta: "Diz-se que alguém caiu na mão de judeus quando aqueles com quem se precisa fazer negócios são duros, teimosos e ardilosos (*durs, tenaces et difficiles*)". É verdade que o dito "quando o assunto é dinheiro acaba a tranquilidade" foi cunhado por um negociante decididamente cristão. Mas o princípio que ele expressa indubitavelmente foi sustentado decidida e francamente, em primeiro lugar, por comerciantes judeus.

Não deveriam deixar de atentar para o fato de que, nos *provérbios* de todas as nações desde sempre, atribui-se aos judeus um senso sobremodo intenso para o ganho, uma predileção especial pelo dinheiro: "também para o judeu, Maria é uma mulher sagrada" – a saber, no ducado de ouro de Kremnitz (provérbio húngaro); "dourado é a cor da pele do judeu" (russo); "a cor preferida do judeu é o dourado" (alemão).

Dessa intensa aspiração pelo lucro, não mais temperada eticamente, resultam automaticamente todas *as máximas e práticas comerciais individuais* que eram censuradas nos judeus. Logo, sua peculiaridade ou, como diziam os representantes da ordem econômica corporativa, o seu mau costume de não respeitar nenhuma das barreiras traçadas pela lei ou pelo estatuto para os ramos profissionais ou segmentos industriais individuais. Uma queixa sempre repetida pelos produtores e comerciantes cristãos em todos os lugares em que há judeus fazendo negócios ao lado deles é esta: os judeus não se contentam com uma só ocupação; eles invadem incessantemente outros segmentos, perturbando, assim, a ordem corporativa; o que eles mais querem é arrebatar para si todo o comércio e toda a produção; eles estão possuídos por uma insuportável tendência expansionista. "Os judeus almejam a aniquilação de todos os comerciantes ingleses atraindo todo o comércio para si (*by drawing all trade towards themselves*)", consta num relatório[55] do ano de 1655. "Os judeus são um povo muito perspicaz que se

---

54 Savary, *Dictionarie du commerce*, v.2, p.449.
55 Relatório do Rev. Johannes Megalopensis, *Publications*, v.3, p.44.

mete em todos os tipos de negócio (*prying into all kinds of Trade*)": é como *Child* resume o juízo dos seus contemporâneos.[56] E *Glückel de Hameln* nos conta (p.25) isto: "o comércio do meu pai era com pedras preciosas e com outras coisas, bem como faz um judeu que petisca um pouco de tudo".

 Numerosas são as queixas das corporações alemãs contra os judeus: que eles não se importam com a delimitação corporativa das empresas industriais e comerciais. Em 1685, o conselho da cidade de Frankfurt am Main se queixa de que os judeus se metem em todo tipo de negócio, como no mercado de linho e seda, no comércio de utilitários e no de livros etc.[57] Queixas da cidade de Frankfurt an der Oder (século XVII):[58] os judeus negociam com apliques estrangeiros em prejuízo dos aderecistas etc. Já bem cedo os judeus tinham certa propensão para a universalidade dos segmentos porque, em suas lojas, amontoou-se para a venda todo tipo de penhores vencidos, de natureza muito diversificada (ao lado dos já referidos despojos etc.), que foram juntados ali sem qualquer conexão entre eles puramente ao acaso e agora naturalmente invadiam as esferas de competência dos mais diferentes produtores e comerciantes. Essas lojas de objetos usados – o protótipo da moderna loja de departamentos – desdenhavam toda e qualquer classificação corporativa e sua simples existência significava uma rebelião constante contra essa ordem vigente no comércio e na indústria. Temos (já do século XV; mais tarde, as condições certamente só evoluíram de modo ainda mais singular na mesma direção) uma descrição muito viva de tal "casa de artigos usados" enquanto sede do comércio judeu, num hino oriundo de Regensburg:[59]

> Fome, necessidade e muita pressão
> é o que está sofrendo o pobre artesão.
> Não se achou ofício ruim demais
> para ser pelo judeu passado para trás.

---

56 J. Child, *Discourse on Trade*, 4. ed., p.152.
57 Apud R. Ehrenberg, *Große Vermögen*, 2. ed., p.147 et seq.
58 König, *Annalen der Juden in den preußischen Staaten*, p.106-117.
59 Apud Liebe, *Das Judentum*, p.34.

Se roupa alguém quisesse comprar,
no judeu ia ele direto procurar,
talheres de prata, zinco, linho, barrete,
e o que mais em casa carecesse,
nos judeus de sobejo encontrava.
De tudo em penhor se lhes entregava.
Pois se algo furtado e roubado havia
era lá o paradeiro a que tudo se trazia.

Casacos, calças e de tudo um pouco
pelo judeu era vendido por um troco;
O artesão produziu, mas nada vendeu,
pois tudo já tinha ido para o judeu.

É com essa não observância de toda a organização corporativa e, portanto, com a consecução de fins puramente comerciais, não obstante todas as barreiras interpostas, que está relacionado o fato de que encontramos os judeus também lutando como rebeldes contra o Estado mercantilista? Que também nessa frente eles procuravam instaurar o movimento do livre comércio sem levar em consideração as ideias econômico-nacionais que serviam de base para a política comercial mercantilista? Foi chamado de "comércio judeu", por exemplo, o comércio de Frankfurt do século XVIII, por ser essencialmente importador, e "que ocupa proveitosamente poucas mãos alemãs e se baseia em grande parte no consumo interno".[60] Quando, no início do século XIX, a Alemanha foi inundada pelas mercadorias *inglesas* de baixo preço produzidas em excesso, que eram vendidas principalmente em leilões, os judeus foram considerados os patrocinadores dessa importação: "os judeus, que tanta coisa souberam atrair para si nas cidades comerciais alemãs, apropriaram-se quase com exclusividade dos referidos leilões". "Visto que o comércio com produtos manufaturados passou a ser controlado totalmente pelos judeus, o negócio dos britânicos

---

60 Riesbeck, *Briefe eines reisenden Franzosen über Deutschland an seinen Bruder in Paris*, 1780. Cf. H. Scheube, *Aus den Tagen unserer Großväter*, 1873, p.393.

se dá basicamente só com estes." "Todo o comércio a varejo de todos os assim chamados produtos manufaturados, comércio extraordinariamente significativo e feito de uma quantidade inumerável de artigos, está vinculado com o comércio exterior desses produtos." O judeu "encheu a sua loja com chapéus, sapatos, meias, luvas de couro, trabalhos em funilaria e caldeiraria, esmaltados de todo tipo, com mobília, com roupas prontas de todo gênero, tudo artigos estrangeiros trazidos por navios ingleses".[61] O mesmo juízo ecoa até nós vindo da outra margem do rio Reno: *"presque toutes les marchandises qu'ils apportent sont étrangères".*[62]

Na mão contrária, eles tinham predileção por exportar as matérias-primas, o que igualmente significava um pecado contra o espírito santo do mercantilismo: por exemplo, queixa dos industriais de Hannover no século XVIII.[63]

Se, na busca dos seus interesses comerciais, os judeus já não observavam as barreiras levantadas entre os países, nem as divisórias legais que separavam uns dos outros os ofícios individuais, muitos menos consideração tinham pelas delimitações criadas principalmente pelo costume, mas também por proibições legais para os negócios individuais dos produtores e comerciantes. Vimos que um dos princípios supremos de toda a constituição econômica manufatureira e também em boa parte da pré-capitalista era não tirar os clientes do vizinho. E vemos que os judeus violam seguidamente justo esse princípio. Em toda parte ficam à espreita dos vendedores ou compradores, em vez de esperar por eles embaixo do seu teto, como mandam os bons modos do homem de negócios: esse fato é confirmado em todos os lugares por um material superabundante.

Uma queixa da corporação dos peleteiros em Königsberg, na Prússia, do ano de 1703, diz que[64] "os judeus Hirsch e Moses com seus asseclas

---

61 *Über das Verhältnis der Juden zu den Christen in den deutschen Handelsstädten*, 1818, p.171, 252, 270, 272.

62 Petição dos comerciantes de Nantes na *REJ*, v.33, p.111 et seq. ["Quase todas as mercadorias que eles fornecem são estrangeiras." – N. T.]

63 Bodemeyer, *Die Juden. Ein Beitrag zur Hannoverschen Rechtsgeschichte*, 1855, p.68.

64 Apud Wolf, Etwas über jüdische Kunst und ältere jüdische Künstler, *Mitteilungen zur jüdischen Volkskunde*, ed. por M. Grunwald, nova série, ano I, v.I, 1905, p.34.

estariam se antecipando a eles na compra e venda de peles cruas e processadas, causando-lhes grande prejuízo".

Os joalheiros e ourives em ouro e prata de Frankfurt am Main queixam-se (1685)[65] de ter de comprar dos judeus o ouro e a prata antigos, visto que estes, valendo-se dos seus incontáveis espiões, sempre já os haviam pescado na frente do nariz dos cristãos. A associação comercial da mesma cidade havia se queixado poucos anos antes ao conselho da cidade de que os judeus "espionam os negócios dos comerciantes cristãos".

Alguns anos antes disso (1647), os mestres alfaiates cristãos da cidade Frankfurt am Main já haviam solicitado que os judeus fossem proibidos de vender vestuário novo:

> seria de lastimar amargamente que os judeus tivessem a liberdade de *correr ao encontro* das pessoas estranhas de condição mais elevada ou mais baixa assim que se aproximam de Frankfurt, em todas as estradas com todo tipo de mercadorias e tecidos, carregados como camelos e burros, privando-nos assim do nosso pão de cada dia.[66]

E em termos bem parecidos haviam se expressado, já no ano de 1635, os mercadores de seda e vestuário em sua petição:

> Fora do beco (judeu), eles fazem negócios a prazo na cidade ou *nas hospedarias* ou onde quer que se ofereça a oportunidade, *percorrem becos inteiros indo dissimulada e publicamente ao encontro dos soldados, oficiais e superiores, quando estes chegam à cidade*. Atraíram para o seu consórcio alguns mestres do ofício da alfaiataria, cujas casas e lojas entopem de roupas por ocasião da passagem de tropas pela cidade (durante as quais o beco judaico devia permanecer fechado) e depois mandam saqueá-las.[67]

---

65 Memorando do Conselho apud Ehrenberg, *Große Vermögen*, 2. ed., p.147 et seq.
66 Os documentos foram publicados por Kracauer, Beiträge zur Geschichte der Frankfurter Juden im 30jährigen Kriege, *Zeitschrift für die Geschichte der Juden in Deutschland*, v.3, 1899, p.147 et seq. Cf. ademais Schudt, *Jüdische Merkwürdigkeiten*, v.2, p.164.
67 Ibid.

Em 1672, as corporações da Marca de Brandemburgo se queixaram[68] de que "os judeus percorriam os povoados e as cidades vendendo de casa em casa e impingindo suas mercadorias às pessoas".

Detalhadamente fundamentada é uma queixa da cidade Frankfurt an der Oder da mesma época, na qual igualmente se acusa os judeus de correrem atrás dos clientes: dos viajantes nos hotéis, da nobreza nos castelos, dos estudantes em seus tugúrios:

> porque os judeus não se contentam em vender todo tipo de mercadorias debaixo dos seus tetos, como nós fazemos, mas cada um deles tem certos emissários, que não só oferecem para venda todo tipo de mercadorias em tecidos de seda, tecidos de algodão branqueado, tecidos de fibra de urtiga, rendas, tecidos de linho e outros regalos de casa em casa na cidade, especialmente quando, por exemplo, chegam viajantes, e aos estudantes nas salas, mas também perambulam no campo de povoado em povoado entre os da nobreza [...] eles também teriam o hábito de, durante os dias de feira, percorrer diariamente todas as hospedarias e *atrair todos os compradores para si*.

De Nikolsburg, na Áustria, nos vem o seguinte relato: "O judeu atraiu para si todo comércio, todo dinheiro, todo material. Ele aguarda já fora da cidade, já se impinge aos viajantes no caminho para cá e procura entabular conversações com eles e desviá-los dos cidadãos cristãos de Nikolsburg".[69]

O modo como o judeu está sempre de olho em novos clientes nos é descrito por um escritor muito bem informado do início do século XIX, o qual diz ser hábito judeu

> ligado à atividade de agente, visitar constantemente e frequentar com insistência todo e qualquer local público para, por meio da leitura sem custo dos numerosos anúncios públicos, *ter acesso a toda e qualquer clientela*, especialmente no tocante à chegada de estranhos, para, prestando atenção em toda conversa,

---

68 König, *Annalen der Juden in den preußischen Staaten*, 1790, v.97, p.106-117.
69 *Versuch über die judischen Bewohner der österreichischen Monarchie*, 1804, p.83. O livro contém muito material valioso.

chegar a clientes cujas casas, por exemplo, estão sendo ameaçadas por alguma desgraça, e firmar com eles contratos de compra ou de cessão etc.[70]

O que deveria ser resultado de um sistema refinado de formação de clientela, ou seja, conseguir um cliente, consumava-se, de um modo simplório e primitivo mediante a coação direta corpo a corpo, nas ruas em que os comerciantes de antiguidades judeus tinham seus negócios. Exatamente do mesmo modo que hoje ainda podemos observar em nossas grandes cidades, onde floresce aquilo que o morador de Breslau chama de "negócios de arrancar as mangas da camisa".* No passado, já tratei dessas florescências do capitalismo mais recente e, para tornar mais plástica a imagem que projetei delas, eu postara homens com nomes judeus fictícios nas lojas. Essa minha licença poética foi interpretada malevolamente como tendência antissemita. Em resposta a essa inculpação estou em condições de constatar hoje o fato histórico de que, na realidade, aqueles "negócios de arrancar as mangas da camisa" são uma criação do espírito comercial judeu. Ficamos sabendo de sua existência na cidade de Paris do século XVIII, onde eles são feitos pelos *fripiers*, os comerciantes de antiguidades, que, segundo declaração de um contemporâneo,[71] eram em grande parte judeus. A descrição que *Mercier* nos dá deles e de suas práticas é bonita demais para não ser reproduzida aqui em sua literalidade:

Des courtauds de boutiques désœuvrés vous appellent assez incivilement; et quand l'un d'eux vous a invité, tous ces boutiquiers recommencent sur votre route l'assommante invitation. La femme, la fille, la servante, le chien, tous vous aboyent aux oreilles [...] Quelquefois

---

70 Holst, *Judentum in allen dessen Teilen aus einem staatswissenschaftlichen Standpunkte betrachtet*, 1821, p.293-294.

* *Ärmelausreißgeschäfte* = alusão à gesticulação de duas pessoas negociando freneticamente no meio da rua, pegando-se pelas mangas da camisa. (N. T.)

71 "*Les fripiers de Paris qui sont à la plus part Juifs*" [Os vendedores de roupas usadas de Paris, que são em sua maioria judeus]. (Noël du Fail, *Contes et discours d'Eutrapel*, XXIV apud Fagniez, *L'économie sociale de la France sous Henry IV*, 1897, p.217.

ces drôles-là saisissent un honnête homme par les bras ou par les épaules et le forcent d'entrer malgré lui; ils se font un passe-temps de ce jeu indécent...[72]

Um viajante que, em torno da mesma época, percorreu a Alemanha Ocidental relata de lá:

> É uma incomodação caminhar pelas ruelas de uma cidade com tal quantidade de judeus; a todo instante e a cada passo se é molestado pelo seu comércio. O tempo todo se escuta a pergunta: alguma coisa para negociar? Quando não se compra nem isso, nem aquilo, então não haveria talvez alguma outra coisa?[73]

Ou eles se tornam "vendedores ambulantes" para melhor ir ao encalço da clientela.

> O judeu enfileira os assentos que se encontram nas laterais das escadarias das casas e as transforma em seu balcão de vendas, e ainda o amplia aqui e ali por meio de cavaletes; ou então encosta um banco, uma mesa nas casas às quais têm acesso; ou ocupa a entrada do vestíbulo de uma casa com sua tenda; ou opta por carroças como butique móvel, havendo casos em que a audácia destes vai tão longe que param na frente da loja do cidadão que está vendendo os mesmos artigos.[74]

O lema é "chegar nos clientes". Recordemos que hoje esse princípio também rege a grande indústria, sendo que a organização genial, por exemplo, da AEG não tem outro fim além desse.

---

72 Mercier, *Tableau de Paris*, v.2, p.253 et seq., cap. CLXXXII. ["Os espadaúdos desocupados das butiques vos chamam sem nenhuma civilidade; e depois de um deles vos ter convidado, todos os demais butiqueiros retomam o maçante convite no vosso trajeto. A mulher, a filha, a serva, o cachorro, todos berram nas vossas orelhas (...) Algumas vezes aqueles palhaços agarravam um homem honesto pelo braço ou pelos ombros e o forçavam a entrar contra a vontade; para eles esse jogo indecente era um passatempo..." – N. T.]

73 Romani, *Eines edlen Wallachen landwirtschaftliche Reise durch verschiedene Landschaften Europas*. parte 2, 1776, p.150. Cf. Schudt, *Jüdische Merkwürdigkeiten*, v.2, p.164.

74 *Über das Verhältnis der Juden zu den Christen in den deutschen Handelsstädten*, 1818, p.184.

Os judeus e a vida econômica

É sabido que a conquista de clientes se transformou num sistema só na propaganda. A *"assommante[75] invitation"* [o maçante convite] que há pouco vimos partir do pequeno *fripier* tornou-se hoje a tarefa de milhares de propagandas comerciais. Se tomamos conhecimento dos judeus como os criadores dos sistemas de conquista de clientes, devemos saudá-los consequentemente também como os criadores da propaganda moderna. Contudo, não estou em condições de reunir as provas suficientes para esse contexto. Nesse tocante, seria preciso examinar primeiramente os jornais mais antigos em busca dos nomes dos anunciantes para que seja possível formar um juízo a respeito. Sobre a história da *propaganda* não temos por enquanto (pelo que vejo) nenhum trabalho preparatório. O que se investigou de modo razoavelmente preciso foi só a história da *annonce* (do simples anúncio comercial), que provavelmente só evoluiu mais tarde, com certeza não muito antes do século XIX, para o enaltecimento geral do negócio (a propaganda comercial). O que conheço de provas isoladas, com base nas quais se pode inferir a formação da propaganda pelos judeus, é isto:

1. Encontro a primeira propaganda comercial de que tenho conhecimento no n. 63 da *Vossischen Zeitung*, de 28 de maio de 1711. Ela dizia o seguinte:

> Leva-se ao conhecimento geral que, na casa do Sr. Advogado Boltzen, na rua dos judeus, está hospedado um comerciante holandês [judeu?] que trouxe todo tipo de chás finos a preços módicos. Quem quiser comprar algo apresente-se a tempo, pois ele não permanecerá mais de 8 dias aqui.

2. A primeira propaganda comercial conhecida dentro do texto do jornal, datada do ano de 1753 na Holanda, provém de um curador de olhos chamado Laazer.[76]

3. Uma propaganda comercial muito antiga (não sei se é a mais antiga) foi publicada nos Estados Unidos no dia 17 de agosto de 1761 no *New York Mercury* com o seguinte teor:

---

75 *Assommant: fatigant, ennuyeux à l'excès* [fatigante, excessivamente enfadonho], conforme Pierre Larousse!
76 Bock, *Le Journal à travers les âges*, 1907, p.30 et seq. apud Kellen, *Studien über das Zeitungswesen*, 1907, p.253.

> *To be sold by Hayman Levy, in Bayard Street, Camp Equipages of all sorts. Best soldiers English shoes and everything that goes to make up the pomp and circumstance of glorious war.*[77]

4. Os judeus são os criadores da imprensa jornalística moderna, ou seja, o órgão propriamente dito da propaganda comercial; em especial, foram eles que fundaram a *sous presse* de baixo custo:[78] Polydore Millaud é o fundador do *Petit Journal*, que com seus preços baixos, como se sabe, tornou-se o modelo de todos os jornais posteriores.

Porém, apurar endereços, abordar estranhos que estão chegando, enaltecer sua mercadoria: tudo isto é só um dos lados da "captação de cliente". Poderíamos reunir todos esses truques sob o título de captação exterior de clientes e contrapor-lhe, em seguida, como captação interior de clientes, todas aquelas artimanhas destinadas a compor o oferecimento da própria mercadoria de tal maneira que os compradores se sintam atraídos. Chamei certa vez essa política do comerciante visando à satisfação e conquista da clientela de prestimosidade no sentido mais amplo possível. E, uma vez mais, vemos uma participação bastante destacada dos judeus na formação desse aspecto da nossa vida econômica. Até é possível demonstrar em detalhes "com base em fontes" que foram eles os primeiros a, em contraposição à concepção vigente, defender resolutamente este princípio: o negociante individual teria o direito (e o dever) de organizar a sua oferta de produtos de modo a cativar para si a maior parcela possível da clientela disponível ou então, mediante a criação de novas necessidades, aumentar o quadro de consumidores.

Em meio a uma constituição econômica que dava valor a produtos de qualidade, o único meio realmente eficaz de alcançar aquele fim era *a oferta por um preço mais baixo*. E de fato vemos os judeus servindo-se com predileção desse meio. E, antes de qualquer outra coisa, era isso que os tornava tão odiados nos círculos dos comerciantes cristãos, os quais, em conformidade

---

77 M. J. Kohler, Jewish Life in New York before 1800, *Publications*, v.3, p.82. ["À venda por Hayinan Levy, na Rua Bayard, todo tipo de equipamento para acampar, coturnos ingleses do melhor feitio, e tudo o que completa a pompa e a circunstância da guerra gloriosa." – N. T.]

78 Apud Bloch, *Les juifs...*, 1899, p.30.

com toda a sua mentalidade econômica, tinham de "valorizar os preços". O judeu esbanja. O judeu deteriora os preços. O judeu atrai os clientes com seus preços baixos. Essa é a ladainha entoada em todos os tons durante os séculos XVII e XVIII onde quer que houvesse judeus fazendo negócios.

Dentre a enorme quantidade de material comprobatório, quero aportar apenas as seguintes passagens.

Como já foi mencionado, quando em 1753 foi desencadeado, na Inglaterra, o ataque aos judeus, uma das razões que mais pesou na balança contra a sua admissão como cidadãos do Estado foi que eles, tendo total liberdade, privariam os nativos do seu ganha-pão, visto que vendem por um preço inferior ao destes (*undersell them*).[79]

Na França: "*les étoffes [...] que portent les Juifs dans les foires [...] valent mieux par les prix auxquels ils les vendent que celles qu'on trouve dans les boutiques des marchands*", responde o intendente de Languedoc aos comerciantes queixosos de Montpellier (31.5.1740).[80] Enquanto isso, os comerciantes de Nantes (*merciers et quincailliers* [vendedores de miudezas e quinquilharias]) acham que "*le public sous l'apparence du bon marché est toujours le dupe*",* referindo-se à compra de mercadorias judaicas, mas eles ressaltam expressamente que essas mercadorias são mais baratas.[81] A mesma constatação é feita pelos comerciantes de Paris num libelo: que os judeus vendem todas as mercadorias "*à un prix beaucoup au-dessous de celui des fabriques*" (portanto até mesmo consideravelmente inferior aos das fábricas!).[82]

Numa petição dos mercadores de artigos de bronze de Paris, diz-se o seguinte de um judeu de Fürth, Abraham Oulman:[83] "*il vend ces mêmes bronzes au-dessous de la valeur de ce qu'on les vend dans le pays*"; ele vende os mesmos artigos de bronze mais baratos do que "se" (!) costuma vendê-los neste país.

---

79 A. M. Hyamson, *A History of the Jews in England*, 1908, p.274 et seq.
80 Apud S. Kahn, Les Juifs de Montpellier au XVIII. siècle, *REJ*, v.33, 1896, p.290. ["Os tecidos (...) que os judeus levam às feiras (...) são preferidos em detrimento dos que se encontram nas butiques dos comerciantes, *em virtude do preço*." – N. T.]
* "O público sob a aparência *do barato* sempre é o otário." (N. T.)
81 L. Brunschvicg, Les Juifs en Bretagne au 18. sc., *REJ*, v.33, 111 et seq.
82 *Requête des marchands et négociants de Paris contre l'admission des Juifs*, 1777, p.14 apud Maignial, op. cit., p.234.
83 Apud L. Kahn, *Les Juifs de Paris au XVIII. sc.*, 1894, p.71.

E os mestres da corporação dos tecelões de seda de Lyon, numa resolução de 22 de outubro de 1760, põem a conjuntura desfavorável na conta dos judeus, que malbarataram as mercadorias e, por essa via, teriam *se assenhorado do comércio de seda* em todas as províncias: "*cette nation [...] les [les étoffes] donnant à vil prix, s'est rendu par ce moyen maîtresse du commerce de toutes les provinces*".[84]

Quando, no ano de 1815, houve um debate no Parlamento *sueco* sobre se se deveria liberar todo o comércio aos judeus, um dos principais argumentos apresentados contra isso foi igualmente, como havia sido algumas gerações antes na Inglaterra, este: eles abatem os preços.[85]

Às queixas dos comerciantes cristãos da *Polônia* os judeus retrucam: se os comerciantes cristãos oferecessem as mercadorias por um preço tão barato como o nosso, eles teriam o mesmo número de clientes.[86]

Exatamente no mesmo tom são entoadas as queixas dos comerciantes (e fabricantes) na *Alemanha*, dos quais já dei exemplos com certa frequência.

Queixas dos estamentos da Marca de Brandemburgo do ano de 1672,[87] queixas das corporações em Frankfurt am Main (século XVII)[88], relatório da Câmara de Guerra e Domínios sobre o declínio econômico do ducado de Magdeburgo (do ano de 1710):[89]

> Em primeiro lugar, é bem conhecido que em todo este lugar e também em outras localidades deste Ducado são tolerados vários judeus, o que de muitas maneiras acarreta um prejuízo ao público que não é de pouca monta, visto que esse tipo de pessoa [...] se sustenta com comprar e vender, e muitas vezes [...] *vende as coisas mais barato*, o que necessariamente afeta os comerciantes.

---

84 Apud J. Godart, *L'Ouvrier en soie*, 1899, p.224. ["Essa nação (...) entrega os tecidos a preço vil, assenhorando-se por esse meio do comércio de todas as províncias." – N. T.]

85 O parecer de Wegelin se encontra na *Monatsschrift*, v.51, p.522.

86 Czacki, *Rosprava o Zydach*, p.82 et seq.; cf. Graetz, *Geschichte der Juden*, v.9, p.445.

87 König, *Annalen*, p.97.

88 Ver Bothe, *Beiträge zur Wirtschafts- und Sozialgeschichte der Reichstadt Frankfurt*, p.74.

89 Apud Liebe, *Das Judentum*, p.91 et seq.

Um valáquio que, por esse tempo, viajava pela Alemanha relata sobre as "amarguradas queixas contra o comércio dos judeus"; "são eles que, dizem os comerciantes, estragam todo o comércio, *estipulando preços baixos* e nos forçando, caso queiramos obter um mercado para as nossas mercadorias, a acompanhá-los nisso na medida do possível".[90]

A exatidão dessa observação é confirmada pela fundamentação com que é promulgado o édito geral (prussiano) de 1750: "os [...] comerciantes de nossas cidades [...] se queixam de que os comerciantes judeus que negociam os mesmos objetos que eles lhes causam grandes perdas, *porque comumente vendem suas mercadorias mais barato*".

As queixas continuam até o século XIX. Assim sendo, consta de uma "Súplica dos grandes comerciantes de Augsburg contra a admissão dos judeus" (1803):[91] os judeus saberiam bem como tirar vantagem da miséria geral; eles extorquiriam as mercadorias a preços vis de quem está no aperto e precisa de dinheiro e arruinariam o comércio ordeiro *mediante a revenda a preços baixos*.

(Não é nenhum segredo e muitas vezes até é dito publicamente que, ainda nos dias de hoje, em numerosos ramos da indústria, os fabricantes e comerciantes cristãos percebem o "malbarato" que os judeus gostam de praticar como um grave prejuízo à sua atividade industrial. Voltarei a tratar desse ponto.)

Aliás, em todos os casos, os judeus são tidos como aqueles que conseguem fazer uma coisa mais barato do que todos os demais, e isso é corroborado por testemunhos da história das finanças. Quando o governo austríaco, no início do século XVIII, uma vez mais quis tomar um empréstimo (como geralmente fazia na Holanda), encarregou-se, mediante rescrito de 9 de dezembro de 1701, o conselheiro da corte barão Pechmann de informar-se extraoficialmente se não seria possível tomar um valor maior caso se penhorasse a produção das minas de cobre da Hungria. *Mais exatamente, ele deveria indagar os judeus portugueses na Holanda* a respeito disso, já que os demais súditos dos Estados Gerais sempre pediam logo também, além da garantia

---

90 Romani, *Eines edlen Wallachen landwirtschaftliche Reise*, v.2, 1776, p.147.
91 Apud *Geschichte der Juden in der Reichstadt Augsburg*, p.42.

geral, uma hipoteca efetiva específica.[92] A chancelaria da corte de Viena, numa petição de 12 de maio de 1762, faz, entre outras coisas, a seguinte sugestão: "Seria recomendável firmar contratos de fornecimento militar com os judeus, visto que eles [...] aceitam fornecer por preços muito mais baratos".

* * *

Então os sabichões resolveram confabular e se perguntaram – nas fábricas, nas lojas, nos domingos à tarde durante o passeio fora dos portões, ao beberem a cerveja de fim de tarde, quando o negociante estrangeiro chegava de viagem: sempre e reiteradamente, com incisiva pertinácia – como se dá, como é possível que em todo o mundo o judeu *consiga* levar a cabo sua prática "suja" de vender por preço inferior? *Qual é a razão dos seus preços baratos?*

As respostas dadas a essa pergunta foram bastante diversas, dependendo da maior ou menor capacidade de juízo, dependendo da maior ou menor imparcialidade individual. E assim nos deparamos com uma profusão de tentativas de explicação, às quais não devemos simplesmente dar o mesmo crédito que demos à afirmação de que os judeus abatem os preços (de cuja exatidão não há nenhuma razão para duvidar, diante da unanimidade das declarações a esse respeito feitas de modo totalmente independente umas das outras), mas as quais temos de examinar primeiro quanto à sua maior ou menor credibilidade. Ao fazer isso, temos de ter sempre em vista que as razões para os preços baratos das mercadorias dos judeus, por enquanto, só nos interessam na medida em que podemos deduzir disso uma práxis comercial fundamentalmente peculiar ou, com base nesse fato, inferir uma moral comercial fundamentalmente peculiar.

A explicação que talvez seja a mais frequente com que nos deparamos é dada com recurso à ilegalidade "notória" dos judeus. Argumenta-se assim: considerando que os judeus têm as mesmas despesas, considerando que os custos de produção das mercadorias são os mesmos, então se, mesmo assim, é cobrado um preço inferior, as coisas não podem estar sendo conduzidas de modo correto. Os judeus devem ter conseguido se apossar das mercadorias

---

92 F. Von Mensi, *Die Finanzen Österreichs von 1701–1740*, 1890, p.367.

com meios ilícitos. Deve tratar-se de mercadorias roubadas ou produto de pilhagem. A má fama de que, como já vimos, gozavam os judeus em muitos aspectos conferia tanto maior probabilidade a essa explicação assim como, inversamente, sem dúvida a oferta por preço menor bastantes vezes teve de servir como confirmação da exatidão da suspeita de receptação.

Deixo de apresentar aqui provas da ocorrência dessa fundamentação que, como foi dito, é bastante frequente (quase cada uma das queixas já muitas vezes mencionadas se vale dela), especialmente porque essa explicação é de todas a que menos nos interessa. Sem dúvida, em muitos casos, tratou-se da explicação correta (ocorrências como a de Hamburgo no século XVII confirmam esse fato, sem mencionar que ele também tinha a probabilidade a seu favor). Porém, se realmente não houvesse nenhuma outra razão por que os judeus abatiam os preços além de lançar no comércio bens roubados ou pilhados, não seria necessário gastar nenhuma palavra sobre isso. Nesse caso, essa prática de modo algum poderia ter adquirido a grande importância que ela evidentemente tem.

Sendo assim, de fato foi preciso decidir-se — até mesmo nos círculos corporativos mais obstinados — a procurar ainda outras razões que permitissem compreender os preços baixos praticados pelos judeus. Eles foram encontrados, num primeiro momento, nas adjacências do primeiro grupo de razões: não em ações abertamente ilegais e criminosas, mas certamente em práticas que não eram inteiramente limpas.

Destas faziam parte, por exemplo:

- comércio com mercadorias proibidas (como contrabandos de guerra etc.);
- comércio com mercadorias penhoradas;
- comércio com mercadorias confiscadas (contrabando alfandegário);
- comércio com mercadorias adquiridas "de pessoas acossadas por dívidas, que tiveram de vendê-las por um preço de banana",[93] ou "extorquidas a preços vis de quem está no aperto e precisava de dinheiro";[94]

---

93 *Allgemeine Schatzkammer der Kaufmannschaft*, v.2, p.1158.
94 Ver nota 53.

- comércio com mercadoria antiga embaraçada que foi adquirida a preços baixos "em pregões ou leilões públicos";
- comércio com mercadorias liquidadas por algum bancarroteiro: *"en favorisant les banqueroutiers qui leurs vendent ces marchandises à moitié perte"*;[95]
- comércio com a intenção tácita de decretar falência;[96]
- comércio com mercadorias que não foram fabricadas como mandam os regulamentos: *"fabriquées dans le royaume en contrevention des règlements"*.[97]

Será difícil constatar em que medida essas e outras práticas semelhantes, esses *"misérables moyens des juifs"* [meios miseráveis dos judeus], como diz uma manifestação dos comerciantes de Metz,[98] constituem casos isolados e generalizados com demasiada rapidez, em que medida se tratou de hábitos amplamente difundidos dos comerciantes judeus; todavia, para o que nos interessa aqui, isso tem uma importância apenas secundária. Não é de se supor que todas as acusações desse tipo teriam sido inventadas do nada; é importante, sobretudo, que os judeus foram julgados capazes de aplicar tais meios e estes até mesmo eram tidos como bem próprios deles. Mesmo que queiramos encarar apenas pequena parte das acusações proferidas desse modo como correspondente à realidade, resta, de qualquer modo, certo valor sintomático dessas constatações ao qual talvez se possa recorrer para complementar noções obtidas de outra fonte. Só mais adiante poderei fazer a aplicação prática dessas ponderações.

Por enquanto, vamos prosseguir com a enumeração das razões alegadas para explicar os preços baratos pelos quais os judeus ofereciam suas mercadorias.

Nesse tocante, deparamo-nos com extraordinária frequência com a seguinte afirmação: as mercadorias negociadas ou fabricadas pelos judeus seriam de qualidade inferior. Essa acusação (e, no sentido da mentalidade

---

95 Ver nota 46. ["Favorecendo os bancarroteiros que lhes vendem essas mercadorias perdendo a metade do valor." – N. T.]
96 Ver nota 47.
97 *REJ*, v.33, p.111 et seq. Kahn, Les juifs de Montpellier au XVIII. siècle, *REJ*, v.33, p.289. ["Fabricadas no império em contravenção aos regulamentos." – N. T.]
98 *Le cri du citoyen centre les juifs de Metz* (séc. XVIII) apud Maignial, op. cit, p.234.

econômica predominante naquela época, indubitavelmente se tratava de uma acusação) reaparece com tal frequência sob as mais diferentes circunstâncias que não devemos duvidar que ela era, em boa parte, justificada.

O já mencionado relatório da Câmara de Guerra e Domínios sobre o declínio econômico do ducado de Magdeburgo fala dos "objetos muitas vezes roubados ou arruinados de outra maneira", que os judeus adquirem para vendê-los a preços baixos. As queixas igualmente já mencionadas dos estamentos da Marca de Brandemburgo opinam que as mercadorias negociadas por judeus seriam, "em grande parte, velhas e estariam embaraçadas". Os aderecistas de Frankfurt am Main se queixam de que os judeus não compravam e roubavam só mercadorias "honestas e direitas", mas também "falsificadas e fraudulentas" do seu ofício.[99] O léxico do comerciante, ao qual já recorri várias vezes como fonte confiável, externa o mesmo parecer: que os judeus negociam mercadorias estragadas, "que eles sabem como lustrar, mudar de cor, dar-lhe uma posição ou um aspecto exterior, uma bela encadernação e decoração, um novo aroma e saber, que muitas vezes o melhor conhecedor do assunto sai enganado".

Isso nos é dito quase literalmente no já conhecido memorando dos comerciantes de Nantes: mesmo sendo tão baratas, as mercadorias postas à venda pelos judeus seriam caras, pois entre elas haveria uma quantidade de mercadorias avariadas, objetos que saíram de moda e outros que nem se prestariam mais para o uso. Por exemplo, eles tingiriam novamente as meias de seda e as passariam pela calandra para vendê-las como novas: mas elas poderiam ser usadas no máximo uma vez.

Os tecelões de seda de Lyon queixam-se (séc. XVIII)[100] de que, por obra dos judeus, a indústria da seda estaria se arruinando, dado que eles, para poderem vender barato, mandam confeccionar só mercadorias de baixa qualidade: *"cette nation ne fait fabriquer que des étoffes inférieures et de mauvaise qualité"*.*

Num relatório do gabinete do governador da Boêmia do ano de 1705, consta o seguinte: "os judeus se apropriam da manufatura e de toda a vida

---

99 Apud Bothe, *Beiträge*, p.74.
100 Ver nota 48.
   * "Essa nação nada fabrica além de tecidos inferiores e de má qualidade." (N. T.)

econômica, mas eles próprios, por causa de suas manufaturas geralmente desqualificadas e das mercadorias de péssima qualidade, não permitem que se desenvolva um comércio exterior rentável".[101]

O parecer de Wegelin no Parlamento sueco (1815), ao qual também já recorremos várias vezes, opina que os judeus teriam tocado sozinhos a produção do *kattun* [tecido leve de algodão], só que a teriam estragado com mercadoria ruim – o assim chamado *kattun* judaico.

Também nesse ponto o processo que, como se depreende das queixas anteriormente citadas, teve início na época pré-capitalista hoje nem de longe chegou ao seu término. A queixa dos fabricantes cristãos de que os judeus abatem os preços, da qual se falou anteriormente, tem seu complemento natural na outra, a saber, de que os judeus justamente diminuem a qualidade porque almejam preços baixos a todo custo.

Não estaremos muito longe da verdade se resumirmos todas essas observações na seguinte sentença: os judeus são também *os criadores do princípio de substituição* na sua compreensão mais ampla.

Do produto de substituição, pois com frequência o especificamente novo nem é uma mercadoria de pior qualidade no sentido estrito, isto é, não é a mesma mercadoria de antes só que confeccionada com menos qualidade, ou ainda, só é uma mercadoria pior no sentido de tratar-se de um produto com a mesma finalidade de uso, mas produzido com material ou de um modo diferente e mais barato, ou seja, na verdade trata-se de outra mercadoria: justamente o produto de substituição no sentido técnico mais estrito. Precisamente desse produto de substituição em sentido próprio os judeus são, em casos importantes, os criadores. Com muita frequência trata-se de novos materiais de substituição da indústria têxtil, mas também de produtos de substituição das demais indústrias: produtos de substituição do café, por exemplo. Em certo sentido, a indústria de tintas também se enquadra aqui, já que ela adquiriu importância prática só no seu segundo estágio de desenvolvimento, caracterizado pela influência judaica, mais exatamente em consequência da substituição da substância auxiliar cara, usada primeiramente pelos inventores da alizarina artificial, por uma substância barata.

---

101 Apud Liebe, *Das Judentum*. p.91 et seq.

Por fim, ainda faz parte deste contexto a acusação levantada aqui e ali de que os judeus conseguem vender tão mais barato do que os cristãos porque quantitativamente não estariam fornecendo o peso cheio ou a medida cheia da mercadoria: em Avinhão, por exemplo, eles forneceriam artigos de algodão mais baratos porque suas mercadorias pesariam menos.[102] A respeito dos judeus alemães se diz:

> a tudo isso se soma ainda, entre outras coisas, que os judeus são sutis a ponto de tirar vantagem no mínimo detalhe. Quando o judeu mede dez côvados, acabam sendo só 9,87. O cristão sabe disso, mas diz: a medida do judeu é um pouco curta, em dez côvados sempre falta uma coisa de nada; mas ele vende bem mais barato.[103]

Porém, o que nos interessa aqui, razão pela qual enumerei esses fatos individuais, é a pergunta se e, em caso afirmativo, em que medida essas práticas variadas mediante as quais os judeus tentaram abater os preços podem ser derivadas de princípios comerciais gerais que, sendo assim, poderiam ser postos em conexão com a mentalidade econômica tipicamente judaica que estamos buscando. Ora, parece-me que o que resulta das práticas variadas pode ser formulado, por exemplo, como uma certa indiferença diante dos meios necessários para atingir a meta do negócio. Perdem força tanto a consideração pelos valores pessoais dos outros quanto o respeito pela ordem legal e social, assim como o ater-se à orientação natural na hora de adquirir bens, passando a ser dominados pela concepção exclusivamente orientada no valor de troca, puramente crematística da tarefa do negociante.

Aquilo que, em outro lugar, denominei como tendência para o ganho *inescrupuloso*, inerente ao capitalismo, vemos aqui em seus primórdios, mais precisamente, ainda no estágio de uma determinação pessoalmente contingente.

Mas a enumeração feita até aqui dos meios usados pelos judeus visando ao barateamento dos preços das mercadorias de modo algum já esgotou

---

102 Roubin, *La vie commerciale des juifs comtadines en Languedoc*, *REJ*, v.34, 35 e 36.
103 *Über das Verhältnis der Juden zu den Christen in den deutschen Handelsstädten*, p.254.

todos os meios por eles realmente usados. Ainda é preciso nomear outros de importância igualmente fundamental. Acontece que eles se situam numa direção essencialmente diferente daqueles que foram tratados até aqui. A principal diferença em relação a estes é a circunstância de serem meios capazes de acarretar um barateamento real do objeto, ao passo que as práticas enumeradas até aqui de modo geral só puderam provocar um barateamento aparente ou então possibilitaram o barateamento para o comprador mediante prejuízo para outras pessoas.

É diferente com os métodos de barateamento que mencionaremos agora. O ponto em comum entre eles é que ajudam a reduzir os custos de produção das mercadorias. Eles fazem isso mediante a diminuição das exigências do próprio produtor ou comerciante ("custos" subjetivos) ou a redução dos custos a serem dispendidos pelo produtor ou pelo comerciante que vendem: isso, por sua vez, pela redução do salário pago às pessoas (trabalhadores) envolvidas na produção, ou então organizando de modo mais produtivo e, portanto, mais barato os métodos de produção e vendas.

Possuímos abundância de provas de que esses métodos de barateamento dos preços das mercadorias foram empregados — e, pelo visto, primeiro — pelos judeus.

O judeu pode fornecer mercadorias mais baratas porque *suas exigências não são tão altas* como as do negociante ou industrial cristão: isso é dito com frequência por observadores isentos de preconceitos, mas é admitido ocasionalmente também pelas próprias pessoas interessadas.

Os judeus vendem as mercadorias mais barato, "o que necessariamente leva, então, *os comerciantes a sofrer, na medida em que estes consomem mais que um judeu e, portanto, na venda de sua mercadoria, têm de orientar-se em certa medida pela sua condição social*".[104] (O velho ideal do ganha-pão em toda a sua pujança!) "O judeu se contenta com um ganho menor do que o do cristão."[105] Se os comerciantes cristãos não fossem tão esbanjadores, poderiam vender suas mercadorias tão barato quanto os judeus, dizem os judeus poloneses aos

---

104 Relatório da Câmara de Guerra e de Domínios sobre a ruína econômica do Ducado de Magdeburgo apud Liebe, *Das Judentum*. p.91.
105 *Juden, sind sie der Handlung schädlich?*, 1803, p.25.

poloneses cristãos.¹⁰⁶ O mesmo juízo foi formulado por um bom observador que percorreu a Alemanha no final do século XVIII:

> Porém, a partir disso, percebe-se bem onde, em todo caso, reside a razão da queixa. Não é outra senão o orgulho esbanjador do mercador altivo, que, no seu comércio, aplica tanto na pompa que esta o impede de fixar preços baixos. A gratidão do público se volta, portanto, para o judeu, que, por seu modo de vida mais frugal tem o seu ganho e leva o mercador que vive no luxo desnecessário a melhorar sua administração ou arruinar-se em pouco tempo.¹⁰⁷

A chancelaria imperial de Viena aponta, numa petição de 12 de maio de 1762, que os judeus forneceriam mais barato que os cristãos "por sua parcimônia e seu modo de vida reservado". No memorando redigido em 9 de janeiro de 1786 pela chancelaria imperial da Hungria e de Siebenbürgen, e entregue na oportunidade em que José II planejava restringir o negócio de gastronomia dos judeus, menciona-se igualmente o "modo de vida mais reservado e inferior dos judeus" como razão pela qual eles poderiam pagar arrendamentos mais elevados.¹⁰⁸

"Eles são um povo acostumado a passar necessidade, vivem miseravelmente e, por essa razão, podem se contentar com um lucro menor do que o dos ingleses", opina *Child*;¹⁰⁹ eles vendem por um preço menor que o nosso por causa de sua extraordinária frugalidade (*"by the exercise of extreme frugality"*), lê-se em meados do século XVIII, na Inglaterra.¹¹⁰

O intendente do Languedoc se dirige aos comerciantes sempre lamurientos de Montpellier dizendo: *"Je suis persuadé que le commerce des Juifs dans les foires [...] fait moins de tort aux marchands de Montpellier que leur peu d'attention pour le service du public et leurs volontés déterminées pour de trop grands profits"*.¹¹¹

---

106 Graetz, *Geschichte der Juden*, v.9, p.445.
107 Romani, *Eines edlen Wallachen landwirtschaftliche Reise*, v.2, 1776, p.148.
108 Devo a indicação dessa passagem à gentileza do sr. Josef Reizman.
109 Child, *Discourse on Trade*, p.152.
110 Hyamson, *A History of the Jews in England*, 1908, p.274 et seq.
111 *REJ*, v.33, p.290. ["Estou convencido de que o comércio dos judeus nas feiras (...) é menos prejudicial para os comerciantes de Montpellier do que a pouca atenção

Mas outros dizem (e estes, pelo visto, foram os mais perceptivos) que eles teriam descoberto um truque com o qual conseguem, apesar da margem menor com que vendem as mercadorias, atingir um lucro tão grande (ou maior) do que seus concorrentes cristãos: *eles aceleram as vendas*. Ainda no início do século XIX, é tido como uma "máxima comercial *judaica* que não pode ser observada pelo partido contrário: vendas mais frequentes com porcentagens menores são incomparavelmente mais rentáveis do que a venda ocasional com margem mais elevada de lucro".[112] "O que facilitou muito mais a poderosa ascensão comercial dos judeus foi a seguinte [...] máxima: vendas mais frequentes com vantagem [porcentagem] menor valem incomparavelmente mais do que a venda ocasional com ganho mais elevado." O autor prova, então, que os cristãos jamais poderão se apropriar dessa máxima.[113]

Os judeus são os criadores deste princípio que se rebela totalmente contra a mentalidade econômica construída sobre o princípio do ganha-pão: pequeno proveito, grande receita!

A margem de ganho, o lucro, foi tirada (como anteriormente ocorrera com o preço) da penumbra do tradicionalismo e convertida em objeto de configuração sumamente pessoal e funcional! Essa foi a grande e assombrosa inovação que, uma vez mais, procedeu dos judeus. Foi deles a ideia de determinar a bel-prazer a margem de ganho (de lucro); foi deles a ideia de estipular arbitrariamente se haverá algum lucro ou se a operação correrá algum tempo sem nenhum lucro, para depois ganhar tanto mais com o negócio. Igualmente ainda no início do século XIX, um bom observador[114] nos relata o seguinte fato como prática condenável dos judeus (no entanto, referindo-se à Alemanha, que naturalmente havia ficado economicamente para trás em relação aos demais países ocidentais):

Acumula-se um capital (um veículo que necessariamente vai ficando mais leve à medida que aumenta o nível patrimonial dos judeus, apoiado pelo

---

dada por estes a bem servir o público *e suas vontades determinadas pelo maior lucro possível*." – N. T.]
112 L. Holst, *Judentum*, 1821, p.290.
113 *Über das Verhältnis der Juden zu den Christen in den deutschen Handelsstädten*, 1818, p.239.
114 L. Holst, *Judentum*, p.288.

espírito mercantilista comum etc.); *de início, opera-se com uma porcentagem baixa de ganho, com frequência até com perdas.* Mas depois de arruinado este ou aquele negócio, depois de alcançado um monopólio seguro, os preços são arbitrariamente aumentados etc.

Por fim, seria importante mencionar ainda a seguinte peculiaridade igualmente notada nos judeus com alguma frequência: adotar o procedimento mais barato possível na produção dos bens, quer mediante a busca da mão de obra mais barata possível, quer servindo-se de métodos de produção aperfeiçoados.

Ressalta-se com certa frequência que os judeus podem fornecer mercadorias mais barato por pagarem salários mais baixos: os fabricantes de lã de Avinhão (séc. XVIII),[115] os comerciantes de Montpellier,[116] o conselho da cidade Frankfurt an der Oder,[117] a guilda dos alfaiates da cidade de Frankfurt am Main. O ponto em comum a todas essas práticas mencionadas por último, que os contemporâneos não tinham como ver, naturalmente era este: os judeus trataram de apoderar-se o mais cedo possível de segmentos importantes da indústria capitalista, principalmente nos pontos em que esta se desenvolveu como indústria doméstica com o apoio do comércio. A participação dos judeus na gênese, por exemplo (e principalmente), da indústria têxtil capitalista é muito maior do que até agora se supôs. Porém, não tenho intenção de continuar aqui a pesquisa desses contextos porque não vislumbro nada de tipicamente judeu nessas atividades. Importante para o argumento aqui desenvolvido é isto: que eles foram os primeiros a se servir com consciência, com base em ponderações racionais, das novas formas de produção, assim como fizeram com as novas formas de comércio.

E, nesse tocante, seria de se refletir ainda sobre outra peculiaridade da conduta comercial judaica, da qual não encontramos nenhum registro nos relatos da época pré-capitalista, talvez porque só posteriormente tenha

---

115 *REJ*, v.36.
116 *REJ*, v.33, p.289.
117 König, *Annalen*, p.90.

assumido uma feição mais nítida, mas que procede do mesmo espírito do qual procedem os traços até agora analisados do seu modo de gerir negócio. Refiro-me à idealização consciente de artifícios sempre novos para, por exemplo, conquistar a clientela: pode tratar-se de um reagrupamento das mercadorias, de novas modalidades de pagamento, de novas combinações de segmentos, de novas formas de oferecimento de serviços, em suma, de alguma reconfiguração da vida comercial que atrai compradores. Seria uma tarefa muito estimulante compilar todas as "inovações" que a vida comercial (inovações técnicas quase não entram em cogitação) deve aos judeus. Quero apontar apenas para algumas dessas *invenções comerciais* (como se poderia dizer), sobre as quais agora já conseguimos constatar que são de origem judaica (não duvido que facilmente se poderia encontrar um número ainda maior; sendo que pode ficar em aberto se a própria ideia criativa ou só o seu aproveitamento comercial procede de cérebros judeus).

Os múltiplos métodos já mencionados de comprar e vender barato mercadorias "constrangedoras" ou usadas cotidianamente foi uma "ideia engenhosa" que alguém precisava ter primeiro; todo o comércio com restos e assemelhados faz parte desse contexto; da mesma forma, a peculiaridade com frequência louvada nos judeus "de conseguir tirar seu sustento e seu ganho aqui e ali das coisas mais abominadas"[118] e, associado a isso, a sua arte de transformar em artigos comerciais valiosos "os artigos mais ordinários que, antes disso, não tinham valor nenhum, como o pano de chão, a pele de coelho e botões". Talvez também se possa chamá-los de criadores da indústria de quinquilharias.

Na cidade de Berlim do século XVIII, deparamo-nos com os judeus como os primeiros amaciadores de penas [*Federverschleißer*], os primeiros desinsetizadores e os inventores da cerveja de trigo.[119]

Em que medida a ideia da loja de departamentos tem origem judaica ainda teria de ser constatado com mais exatidão "de acordo com as fontes". (Em todo caso, como já vimos, os judeus como penhorantes foram

---

118 Extraído de um memorando escrito pela Chancelaria da Corte da Hungria e de Siebenbürgen em 9 de janeiro de 1786 (informação do sr. Josef Reizman).
119 Do Arquivo Público Imperial (informação do sr. Ludwig Davidsohn).

os primeiros, em cujas lojas se juntaram os tipos mais heterogêneos possíveis de objetos. E essa justaposição crassa de artigos pertencentes aos segmentos mais díspares possíveis e inclusive servindo aos fins mais diferenciados possíveis certamente constitui uma das marcas mais características da moderna loja de departamentos. Uma indiferença completa do diretor de negócios diante dos conteúdos concretos de sua atividade, que, por essa via, pode transformar-se numa atividade inteiramente só comercial, constitui, por conseguinte, a peculiaridade do proprietário da loja de departamento, sendo — como já resulta da postura peculiar dos judeus em relação à indústria — um fenômeno correspondente à essência judaica. É sabido que, nos dias de hoje, tanto nos Estados Unidos[120] quanto na Alemanha,[121] as lojas de departamento estão quase inteiramente nas mãos de judeus.)

Uma inovação significativa na organização do comércio varejista foi, a seu tempo, a introdução do pagamento em prestações na compra de quantidades maiores ou de objetos mais custosos. Pelo menos para a Alemanha é possível constatar agora que os criadores do "negócio de amortização" foram judeus. Num escrito do começo do século XIX, lemos isto: "Há uma espécie de mercadores entre os judeus que são indispensáveis para o homem comum e extremamente úteis ao comércio. São pessoas que vendem roupas ou tecidos para o homem comum e aceitam ser pagos pouco a pouco em pequenas parcelas".[122]

Uma grande quantidade de inovações na forma de apresentação da "hotelaria e gastronomia" é igualmente de origem judaica:

A primeira cafeteria da Inglaterra (terá sido a primeira do mundo?) foi inaugurada por um judeu chamado Jacobs, no ano de 1650 ou 1651 em Oxford (só em 1652 Londres passou a ter a sua primeira cafeteria).[123]

---

120 "*In the USA the most striking characteristic of Jewish commerce is found in the large number of department stores held by Jewish firms*" [Nos EUA, a característica mais destacada do comércio judaico reside no grande número de lojas de departamento mantidas pelas firmas judaicas] (verbete Commerce, *Jewish Encyclopedia*, v.4, p.192).

121 Ver, por exemplo, as listas de firmas em J. Hirsch, *Das Warenhaus in Westdeutschland*.

122 *Juden, sind sie der Handlung schädlich?*, 1803, p.33.

123 Henry Sampson, *A History of Advertising*, 1875, p.68.

Toda uma nova era do negócio de restaurantes foi inaugurada, como se sabe, pelos judeus Kempinsky: estandardização do consumo e dos preços foi o novo princípio básico.

O mais importante instituto de intermediação profissional de crédito (certamente na Alemanha) foi criado por negociantes judeus.

Porém, o que nos interessa, nesse ponto, em todas essas novas criações não é o talento específico que emerge delas (do qual já falei anteriormente e do qual mais tarde voltarei a falar em outro contexto), mas tão somente a mentalidade econômica peculiar que nelas ganha forma: a vontade de tentar um truque novo. E foi por isso que falei disto neste capítulo, já que ele trata do espírito judaico, da moral comercial judaica, da mentalidade econômica especificamente judaica.

Chegamos, assim, ao final desta seção e voltamos nossos olhos por um momento para trás, para o caminho já percorrido. O que vimos claramente diante de nós foi o forte contraste entre a mentalidade econômica judaica e a não judaica durante toda a época pré-capitalista. Procurei captar em suas ideias fundamentais a mentalidade econômica predominante: tradicionalismo, ideal do ganha-pão, ideia da estruturação estamental e estabilidade são seus componentes mais importantes. Mas o que é o fundamentalmente novo no modo de ver as coisas de que tomamos conhecimento como o modo especificamente judeu? Podemos sintetizá-lo numa só palavra de peso: é o espírito *"moderno"* que hoje domina inteiramente os sujeitos econômicos. Se passarmos os olhos pelo "registro dos pecados" de que se acusou os judeus durante os séculos XVII e XVIII, logo perceberemos que (exceto as manipulações criminosas que fundamentalmente não entram em cogitação aqui) nada há nele que o moderno homem de negócios não consideraria obviamente correto, nada há nele que não constitui o pão de cada dia de toda a moderna gestão de negócios. O que o judeu defendeu em todos esses séculos diante das ideias dominantes foi a concepção fundamentalmente individualista da economia: que a esfera de atuação do sujeito econômico individual não estaria limitada por qualquer norma objetiva nem para cima nem para baixo, nem quanto ao volume de vendas, nem quanto à estruturação das profissões; que cada sujeito econômico a todo tempo precisaria reconquistar sua posição e teria de defendê-la contra ataques; mas que ele também teria o direito de, às custas de outros, conquistar um espaço de manobra tão grande quanto suas forças possibilitarem; que as armas para isso residiriam essencialmente na esfera intelectual: manha, esperteza, astúcia; que, na luta da concorrência econômica, nada haveria a levar em consideração além do código penal; que todos os processos econômicos devem ser organizados pelo indivíduo à sua maneira do modo mais funcional possível. O que se impôs vitoriosamente por esse meio nada mais é que as ideias do "livre comércio", da "livre concorrência", é o racionalismo econômico, é o puro espírito capitalista, é justamente a mentalidade econômica moderna, em cuja formação definitiva os judeus desempenharam, portanto, um papel importante, se não o papel decisivo. Com efeito, foram eles que trouxeram essas concepções de fora para dentro de um âmbito de ideias de natureza bem diferente.

Essa ponderação, no entanto, confronta-nos com um novo problema diante da pergunta: como se explica essa aptidão dos judeus para a essência capitalista, existente já antes do capitalismo? É uma pergunta que temos de ampliar do seguinte modo: o que foi exatamente que capacitou os judeus para exercer uma influência tão decisiva sobre o curso da vida econômica moderna, como tivemos oportunidade de constatar no decorrer das investigações precedentes?

Seção II
A qualificação dos judeus para o capitalismo

Capítulo VIII
O problema

Encontramo-nos, portanto, diante da hercúlea tarefa de explicar esse papel peculiar desempenhado, segundo vimos, pelos judeus na vida econômica do passado recente. O fato de existir aqui uma problemática só será negado por aqueles poucos excêntricos que negam aos judeus qualquer posição especial na vida econômica moderna (porque, na sua opinião, nem mesmo existem judeus, ou – também me deparei com esta variante – porque acham que os judeus seriam um grupo populacional com tão pouca aptidão econômica que não tiveram qualquer importância para a formação das nossas formas econômicas). Não precisamos dar atenção a eles. Minhas explanações são destinadas somente àqueles que junto comigo consideram provado que os judeus tiveram uma parcela (maior ou menor, mas) decisiva de participação na construção da economia nacional moderna.

Para que a nossa investigação chegue a algum resultado, deveremos ver com toda a clareza e nitidez o que queremos demonstrar nos judeus: a qualificação "para quê?" e a qualificação "mediante o quê?".

Para quê? Ora, para tudo o que os vimos fazer e almejar na primeira seção deste livro: para se tornarem fundadores e patrocinadores do comércio mundial moderno, da economia financeira moderna, da bolsa de valores, bem como, de modo geral, de toda comercialização da vida econômica, para se tornarem os criadores do livre comércio e da livre concorrência, os disseminadores do espírito moderno na vida econômica. Porém, o título desta seção fala somente da qualificação para o capitalismo. Assim sendo, todas aquelas realizações individuais estarão sintetizadas nessa única palavra, "capitalismo". E terá de ser a tarefa de um capítulo específico (do nono) demonstrar isso em detalhes: como todos aqueles fatos individuais estão interconectados e como se mantêm coesos pelo arcabouço da organização capitalista. Esta terá de ser exposta pelo menos em seus traços básicos para que daí se possa depreender ainda um segundo ponto (sendo que só a partir disso ficará totalmente claro de que espécie é a qualificação que queremos constatar): quais são as funções peculiares que os sujeitos econômicos capitalistas têm de exercer para que se apresentem os efeitos específicos que pudemos observar. Desse modo, devem desaparecer definitivamente da discussão da questão judaica as concepções nebulosas de uma qualificação indefinida "para os negócios", "para o comércio", "para a barganha", "para as negociatas". Com tais expressões diletantes já se disse uma quantidade infinita de bobagens.

Porém, *mediante o que* alguém pode ser qualificado para levar a cabo uma realização? Alguém que conseguiu salvar da morte uma pessoa que estava se afogando pôde prestar esse auxílio porque, naquele justo instante, encontrava-se no ponto da margem do rio em que estava amarrada uma canoa ou na ponte em que havia um salva-vidas: sua presença "casual" naqueles lugares o deixou em condições de remar rio afora ou jogar o salva-vidas. Ou ele pôde realizar o ato de salvamento porque, entre centenas de pessoas que estavam paradas na margem, ele foi o único que teve coragem de pular na água e sabia nadar tão bem que chegou até a pessoa que estava se afogando e a trouxe com vida até a margem. No primeiro caso, a operação de salvamento esteve fundada em "circunstâncias objetivas", no segundo caso, na "aptidão subjetiva" da pessoa. E exatamente a mesma diferenciação se pode fazer quando queremos responder a uma pergunta como a da qualificação dos judeus para o capitalismo. Essa qualificação também pode ter sido fundamentalmente condicionada por fatores objetivos ou por fatores subjetivos.

Minha tarefa será procurar *primeiramente* pelos fatores objetivos – cuja constatação, portanto, resultaria numa interpretação objetivista da questão dos judeus. Farei isso primeiro pelas seguintes razões.

Cada tentativa de explicação terá de ser escrupulosamente examinada para verificar se ela não tem por base uma hipótese não comprovada e se aquilo que se quer explicar não é um dogma em que se acreditava de antemão. Não preciso me estender aqui sobre como podem se tornar perigosos, no nosso caso, principalmente os preconceitos confessionais e os das teorias raciais, e como de fato se tornaram perigosos para a grande maioria dos meus antecessores. Farei o que estiver ao meu alcance para evitar tais equívocos. Dou especial valor a que minha investigação esteja isenta de objeções do ponto de vista metodológico e insisto que me sejam demonstradas faltas que, ainda assim, eu tenha cometido. Minha intenção, em todo caso, é pôr a descoberto os nexos factuais de acordo com a verdade sem qualquer preconceito e argumentar de tal maneira que qualquer pessoa possa acompanhar meu raciocínio: o judeu assimilado tanto quanto o judeu nacionalista; o adepto da teoria racial tanto quanto o ambientalista fanático; o antissemita tanto quanto o que combate o antissemitismo. Por essa razão, no entanto, preciso partir de fatos inquestionáveis e tentar extrair deles tudo que for possível. Nessa linha, para dar uma explicação é inadmissível recorrer de antemão a algo como uma "predisposição racial" ou mesmo apenas uma "peculiaridade judaica": contra isso se poderia objetar com razão que o nome disso é proceder dogmaticamente. Com efeito, de onde mais poderíamos tirar tais pressupostos senão da crença?

Só quem nega a existência de uma índole judaica específica pode pretender que se tente tornar compreensível o papel que os judeus desempenharam na vida econômica moderna sem pressupor tal índole, ou seja, pode pedir a demonstração — que, nesse caso, teria de ser feita — de que determinadas circunstâncias exteriores em que os judeus foram colocados pelo "acaso" histórico contribuíram para que assumissem essa sua posição especial. Essa demonstração será tentada no capítulo 10.

Só se ficar evidente que não é possível derivar as realizações do judaísmo inteiramente de sua situação exterior poderemos (e deveremos) recorrer a momentos subjetivos para explicá-las. Só então terá chegado a hora de abordar o problema de uma "peculiaridade judaica". Essa tarefa será assumida pelo capítulo 12.

Capítulo IX
As funções dos sujeitos econômicos capitalistas

Denominamos capitalismo[1] aquela organização econômico-comercial na qual interagem regularmente dois diferentes grupos populacionais — os donos dos meios de produção, que simultaneamente executam o trabalho diretivo, e os exclusivamente trabalhadores sem posses —, de tal modo que os representantes do "capital" (da reserva de bens exigida para pôr em movimento e executar o processo econômico) são os sujeitos econômicos, isto é, assumem a decisão sobre o modo e o rumo da atividade econômica e a responsabilidade pelo seu êxito.

A força motriz de todo acontecimento econômico, peculiar ao sistema econômico capitalista, é a busca de valorização do capital que se defronta com os empreendedores capitalistas individuais como um poder objetivamente coercitivo e os obriga a se comportar em moldes bem determinados. Isso também pode ser expresso nos seguintes termos: a ideia única que domina o sistema econômico capitalista é a ideia do ganho.

Desse fim supremo da atividade comercial capitalista e das condições exteriores sob as quais tem lugar resulta automaticamente a índole específica dessa atividade comercial que se desenrola no quadro do

---

1 Ver uma exposição detalhada do assunto aqui tratado apenas resumidamente no meu ensaio: Der kapitalistische Untemehmer, *Archiv für soziale Wissenschaft und Soziale Politik*, v.29.

empreendimento capitalista; daí resulta, portanto, a essência específica do empreendimento capitalista.

De uma gestão da economia direcionada sistematicamente para a obtenção de lucro, dando ocasião à busca da expansão constante das empresas, decorre sem mais nem menos um direcionamento consciente de toda atividade comercial para o método sumamente racional do comportamento econômico. Toda a organização tradicionalista da economia (como nos apraz dizer agora com Max Weber) de cunho pré-capitalista, própria das constituições econômicas construídas sobre o princípio do repouso, é substituída pela racionalização da economia que corresponde ao sistema econômico capitalista ancorado no princípio do movimento. O racionalismo econômico – como quero chamar agora a totalidade das manifestações que englobam esse fenômeno, numa terminologia que diverge um pouco da que usei anteriormente – torna-se (ao lado da ideia do ganho) a segunda ideia básica no sistema do capitalismo moderno.

A racionalização acontece em três direções diferentes e, desse modo, apresenta-se num procedimento comercial triplamente diferenciado que é triplamente próprio do empreendimento capitalista desenvolvido. O racionalismo econômico se manifesta:

1. no *caráter planejado* da gestão da economia. Toda economia capitalista repousa sobre um plano econômico que se estende tanto quanto possível para dentro do futuro. Está incluído aqui o método das longas vias de produção que só ganharam força na economia moderna;
2. na *adequação à finalidade*. Ao plano econômico que enxerga longe corresponde a seleção escrupulosa dos meios que servem à sua realização, cada um dos quais – contrariamente ao método tradicionalista da aplicação impensada – é testado em vista da máxima eficácia na consecução da finalidade a que se destina;
3. na *calculabilidade*. Dado que todos os processos econômicos no interior do nexo capitalista são direcionados para o seu valor em dinheiro e dado que, como logo deveremos expor mais exatamente, toda a gestão capitalista da economia desemboca na obtenção de um último saldo lucrativo, resulta para o empreendimento capitalista

a necessidade do cálculo em cifras exatas e do registro de todos os fenômenos econômicos individuais expressos nos contratos firmados e sua síntese aritmética num sistema numérico significativamente ordenado.

É sabido que a operação de um empreendimento "moderno" não se esgota na produção de dormentes, fios ou motores elétricos, nem no transporte de pedras ou passageiros. É sabido que tudo isso constitui apenas um componente no conjunto da engrenagem do empreendimento. Sabemos também que a atividade específica do empreendedor nem mesmo consiste na execução daqueles processos técnicos, mas em algo bem diferente. Esse algo bem diferente – que por enquanto será exposto em traços bem rudimentares, para mais adiante ser detalhado –, como igualmente já se sabe, é o ato contínuo de comprar e vender (meios de produção, forças de trabalho, mercadorias) ou, de acordo com a minha terminologia, firmar contratos de prestações e contraprestações de valor monetário.

O que é, pois, uma gestão exitosa de negócios no sentido capitalista? Por certo, é o fato de que a atividade contratada tenha sido acompanhada de êxito. Mas em que se mede esse êxito? Certamente não na qualidade das prestações, tampouco na quantidade natural. Muito antes, única e exclusivamente no fato de que, ao final de um período econômico, a soma de dinheiro adiantada (sem a qual, de acordo com a nossa definição de constituição econômica capitalista, não acontece nenhum ato produtivo) retorna e, além disso, traz com ela um excedente que denominamos "lucro". A arte do administrador econômico desemboca, no final das contas, na hábil implementação daqueles contratos de prestações e contraprestações de valor monetário firmados e seu conteúdo responde à pergunta se os objetivos do empreendimento foram alcançados. Quer se troquem prestações de serviço por bens materiais ou bens materiais por bens materiais: sempre o que importa é se, no final das contas, sobrou aquele a mais em forma de patrimônio material nas mãos do empreendedor capitalista.

Na relação com o equivalente universal da mercadoria, com a corporificação do valor de troca no dinheiro, todo o conteúdo dos contratos de fornecimento de mercadorias ou prestações de serviço é privado de toda a sua diferenciação qualitativa e passa a ser representado só mais quantitativamente, o que possibilita fazer um balanço do deve e do haver expresso em números. Que o deve e o haver do livro principal seja fechado com um saldo favorável à empresa capitalista: neste efeito estão encerrados todos os êxitos, bem como todo o conteúdo, dos atos empreendidos na organização capitalista.*

Porém, o que interessa nesse ponto, antes de tudo, é isto: que tenhamos clareza quanto ao tipo de função que cabe, dentro desse sistema econômico, aos sujeitos econômicos, ou seja, aos empreendedores capitalistas (pois deve estar claro para todos que queremos demonstrar a aptidão dos judeus apenas para esta função – não, por exemplo, para os objetos da economia capitalista); o que interessa, em consequência disso, são as habilidades específicas do empreendedor mais apto que prevalece na luta da concorrência e, portanto, determinam seu tipo. Assim sendo, o que mais me parece transmitir a compreensão da peculiaridade do empreendedorismo capitalista é a noção de que nele se associam numa unidade as manifestações de vida de duas naturezas essencialmente distintas: que também no empreendedor capitalista moram, por assim dizer, duas almas, que, no entanto, diferentemente das de Fausto, não querem se separar, que, pelo contrário, realizam a obra comum em íntima harmonia, na qual o empreendedorismo capitalista atinge o seu desenvolvimento mais puro e elevado. O que encontro unido aqui é *o empreendedor e o comerciante*, como por ora queremos denominar os dois tipos; empreendedor e comerciante, que ocorrem ambos separados fora do nexo capitalista, mas que só no sujeito econômico capitalista juntam as suas almas numa individualidade totalmente nova e singular.

Empreendedor. É um homem que tem uma tarefa a cumprir e sacrifica sua vida no cumprimento dela. Uma tarefa cuja execução demanda a cooperação de outras pessoas, porque sempre se trata de uma obra que visa ser projetada para o mundo exterior. Essa necessidade de realização o diferencia do artista e do profeta, com os quais ele tem em comum a

---

* Werner Sombart, *Der moderne Kapitalismus*. Erster Band: Die Genesis des Kapitalismus. Leipzig: Duncker & Humblot, 1902, p.197. (N. T.)

completude da obra, a consciência da tarefa. Trata-se, portanto, de um homem com interesse material a perder de vista, cujas ações individuais sempre são planejadas e executadas em vista do conjunto da obra a ser levada a cabo. Um tipo puro de empreendedor sem cunho capitalista é, por exemplo, aquele que viaja pela África em grande estilo ou o explorador do Polo Norte. O empreendedor se torna um empreendedor capitalista quando se associa a ele um comerciante.

Comerciante. É uma pessoa que quer fazer negócios lucrativos, cujo mundo concepcional e sentimental está todo direcionado para a importância pecuniária de situações e ações e que, por essa razão, converte continuamente todos os fenômenos em dinheiro. Para ele, o mundo é um grande mercado com oferta e procura, com conjunturas e chances de ganhos ou perdas. Ele está sempre perguntando: quanto custa? Quanto vai render? E seu contínuo perguntar nesse sentido desemboca na pergunta última de graves consequências: "quanto custa o mundo?". A esfera das ideias do comerciante abrange sempre um só negócio, em cuja finalização vantajosa ele concentra toda a sua energia, em vista de cujo êxito ele analisa e avalia a totalidade das relações de mercado.

No processo da economia capitalista, o empreendedor constitui a constante, o comerciante, a variável.

A constância é a essencialidade do empreendedor porque a vontade direcionada para um determinado alvo distante exige o cumprimento de determinado programa, a progressão tenaz na direção inicialmente tomada. Mudar a finalidade contraria a sua natureza, dado que a esse ato se vincula uma constante mudança na seleção dos meios, que se converte em empecilho à consecução do alvo visado. A *objetividade* é o traço básico de seu caráter. O comerciante é o elemento variável porque sua tarefa consiste em adaptar incondicionalmente seu comércio à situação do mercado cuja peculiaridade deve ser por ele explorada. Portanto, ele deve poder mudar o direcionamento e o feitio de sua atividade econômica de um momento para outro, sempre que isso é exigido pela conjuntura alterada. O que ele deve desdobrar é, antes de tudo, *dinamismo*.

Assim sendo – para deixar meu pensamento ainda mais claro por meio de uma metáfora –, o empreendedor constitui o ritmo, o comerciante, a melodia da composição capitalista; o empreendedor é a urdidura, o comerciante, a trama do tecido capitalista.

A única intenção dessa "teoria das duas almas" naturalmente é conferir uma forma mais fácil de visualizar à ordenação das funções individuais do empreendedor. O que interessa concretamente daqui por diante é, antes de tudo, captar e descrever corretamente a peculiaridade dessas funções.

No *empreendedor*, vislumbro a união dos seguintes tipos humanos:

1. do *inventor*. Não tanto de inovações técnicas (embora esse caso não esteja excluído e, na realidade, até seja bem frequente, como se sabe), mas muito mais de novas formas econômicas de organização da produção, do transporte e da venda. Mas como inventor-*empreendedor* ele não sente a mesma satisfação do "puro" inventor depois de ter feito a sua invenção – ela o impele a dar-lhe milhares de formas de vida;
2. do *descobridor*. O empreendedor se torna descobridor de novas possibilidades de venda: novas em termos tanto intensivos quanto extensivos. Extensivas quando descobre um campo especialmente novo para a sua atividade: fornecer calções de banho para os esquimós, obturadores de ouvido para os negros; intensivas quando "descobre" novas necessidades numa área já conquistada.

O empreendedor autêntico é

3. um *conquistador*. Ele deve ter determinação e força para pôr abaixo todos os obstáculos que se interpõem no seu caminho. Ele sempre é – enquanto estiver exercendo funções específicas de empreendedor – um conquistador* no terreno econômico.

Mas ele também tem de ser um conquistador no sentido de um homem que tem força para ousar muito. Que empenha tudo – isto é, em nosso caso, essencialmente seu patrimônio, mas de fato também sua honra cidadã e, no final das contas, a sua vida, se for preciso – para obter grandes ganhos

---

* *Conquestador* [sic] no original. (N. T.)

para a sua empresa. Trata-se da introdução de um novo procedimento, da incorporação de um novo ramo operacional, da expansão do negócio sobre uma base de crédito não muito firme etc.

Por fim, a função talvez mais significativa do empreendedor é a

4. do *organizador*. Organizar significa juntar muitas pessoas visando a uma ação exitosa, bem-sucedida; significa dispor pessoas e coisas de tal maneira que o efeito prático desejado venha à tona sem restrições. Ora, isso encerra capacidade e ação multifacetadas.

Em primeiro lugar, quem quer organizar deve ter a capacidade de avaliar as pessoas quanto à sua capacidade de desempenho, ou seja, de selecionar dentre uma multidão as pessoas apropriadas à consecução de determinado fim.

Em seguida, ele deve ter o talento de fazê-las trabalhar por ele: ou seja, principalmente também designar para postos diretivos pessoas que (quando a dimensão do empreendimento ficar maior) assumirão sistematicamente para si um componente após o outro a partir da atividade global do chefe.

Em conexão com a tarefa recém-tratada está outra não menos importante: colocar cada trabalhador no posto correto em que possa atingir o desempenho máximo e, tendo logrado trazê-lo para aquele posto, sempre incitá-lo de tal maneira que de fato desenvolva a quantidade máxima de atividade que corresponde à sua capacidade de desempenho.

Por fim, compete ao empreendedor cuidar para que os grupos humanos arregimentados para a ação conjunta tenham a composição correta em termos tanto quantitativos como qualitativos e tenham entre si as melhores relações possíveis – caso se trate de várias unidades desse tipo. Desse modo, estou abordando o problema da configuração funcional da empresa, que está entre os mais difíceis com que se depara o empreendedor.

No entanto, organização empresarial não significa só uma escolha hábil dos pontos de cristalização corretos do ponto de vista material (isto é, técnico) para os grupos humanos individuais, mas do mesmo modo também uma inserção exitosa dentro de particularidades geográficas, etnológicas e conjunturais. Não existe só a melhor organização da empresa em termos absolutos, mas também a melhor organização em termos relativos – e esta é a forma mais importante na prática. Exemplo: a organização da Westinghouse Electric Co., nos Estados Unidos, é uma das realizações mais geniais da arte organizativa. Quando a empresa decidiu conquistar o mercado inglês e para esse fim instalou uma empresa na Inglaterra, ela o organizou totalmente segundo o modelo da matriz estadunidense. Resultado, depois de poucos anos: falência financeira da filial inglesa. Razão: não fora devidamente levada em conta a peculiaridade inglesa.

Mas com isso já chegamos à função do empreendedor capitalista que culmina da utilização hábil da conjuntura, na adequação significativa às circunstâncias do mercado e que, a meu ver, deve ser vista como a função do comerciante. Chegou a hora de tratar dela mais extensamente.

Comerciante, neste contexto, não é alguém que exerce determinada profissão, mas alguém a quem competem determinadas funções no processo da economia capitalista. Portanto, comerciante não é, por exemplo, alguém que se ocupa profissionalmente com a venda de bens, ou seja, não é, na acepção comum, um "vendedor". Existem vendedores no sentido da intermediação profissional de bens que são tudo menos comerciantes no sentido que aqui temos em mente. Todas aquelas pessoas que saem a campo "em busca de bens", cantadas em prosa e verso pelas epopeias e sobre as quais nossos bons "historiadores" sabem dizer tanta coisa edificante, geralmente não pertencem à categoria dos "comerciantes". Isto porque a atividade específica que eles desenvolvem no exercício de sua profissão não tem absolutamente nada a ver com a que atribuo ao comerciante.

É preciso que finalmente se perceba que "fazer comércio" pode significar coisas bem variadas. Por exemplo: equipar e armar navios, recrutar guerreiros, conquistar países, acossar os nativos com espingardas e sabres, tomar-lhes os seus haveres, carregá-los nos navios e, de volta à pátria, entregá-los em leilões públicos a quem oferecer o melhor lance.

Ou então: adquirir um par de calças, bisbilhotando espertamente a vida de um cavalheiro necessitado de dinheiro, a cuja residência se acorrera cinco vezes em vão, e impingi-las a um humilde colono, envidando para isso todas as artimanhas da persuasão.

Ou então: fazer negócios diferenciais com efeitos na bolsa de valores.

É evidente que as especificidades funcionais das pessoas que atuam num e noutro caso são fundamentalmente diferentes entre si. Para "fazer comércio" na era pré-capitalista, isto é, em grande estilo, como faziam, por exemplo, os "comerciantes reais" nas cidades comerciais italianas e alemãs, era preciso ser, antes de tudo, "empreendedor" no sentido recém-descrito por mim: em primeira linha, descobridor e conquistador.

Cada um [dos cidadãos de Gênova] tem uma torre em sua casa; quando irrompe a guerra entre eles, usam as ameias das torres como campo de batalha. Eles dominam o mar; constroem navios, chamados galeras, e saem para rapinar as mais remotas localidades. Trazem o butim para Gênova. Estão em conflito constante com Pisa.

"Comerciantes reais". Mas não são o que chamo aqui de comerciantes. Exercer funções de comerciante, ser comerciante (não na compreensão profissional, mas funcional do termo) significa (como já disse na circunscrição geral do conceito) fazer negócios lucrativos; significa unificar duas atividades visando a um mesmo fim comum: calcular e negociar. Portanto, o comerciante deve ser — caracterizando-o igualmente, a exemplo do que fiz com o empreendedor, com designações pessoais, embora nesse caso não disponhamos de expressões tão corriqueiras como naquele —

1. calculista especulador;
2. homem de negócios, negociador.

Em detalhes, isso significa o seguinte. Em sua primeira qualidade, o comerciante deve fazer negócios *lucrativos*. Isso significa, reduzido a uma única fórmula: ele tem de comprar barato e vender caro — independentemente do que seja.

Portanto (no quadro de um empreendimento completo), ele deve negociar pelos preços mais baixos possíveis tanto os fatores materiais quanto os fatores pessoais da produção. Durante o processo de produção, ele precisa atentar incessantemente para a utilização econômica dos fatores de produção. O sangue do "bom pai de família" tem de correr nas suas veias.

Combater o desperdício também nas mínimas coisas não é sinal de mesquinhez, pois se trata de uma doença corrosiva que não há como fixar num só lugar. Há grandes empreendimentos cuja existência depende disto: as caçambas cheias de terra são completamente esvaziadas ou resta dentro delas uma pá de areia (*W. Rathenau*).

Em seguida – antes de tudo –, ele tem de vender vantajosamente os produtos prontos (ou o que quer que haja para vender): cada qual para a pessoa com mais poder aquisitivo no mercado mais receptivo na época da mais forte demanda.

Para dar conta dessas tarefas, ele precisa estar dotado de capacidades "especulativas" e "calculistas". Chamo de especulação (nessa compreensão específica) o ato de tirar conclusões corretas para o caso isolado a partir da avaliação do mercado global. Trata-se de fazer um diagnóstico econômico. É ter uma visão geral de todos os fenômenos atuais do mercado e identificar sua interconexão: aquilatar corretamente certos sintomas, ponderar corretamente as possibilidades de desenvolvimento futuro e, então, sobretudo escolher com certeza infalível dentre centenas de possibilidades a mais vantajosa.

Para esse fim, o comerciante precisa ver com mil olhos, ouvir com mil ouvidos, sentir com mil sensores. Aqui, o que vale é espionar cavalheiros necessitados de crédito, Estados belicosos e oferecer-lhes um empréstimo no momento certo; ali, ficar de olho numa categoria de trabalhadores que aceita trabalhar por alguns centavos a menos. Aqui o que vale é fazer uma estimativa correta das chances que tem junto ao público um artigo novo a ser introduzido; ali, estimar corretamente a influência que terá um acontecimento político sobre o humor do mercado de efeitos etc. O fato de o comerciante ser capaz de expressar todas as suas observações em cifras monetárias, de saber como agregar milhares de cifras individuais numa calculação global das chances de ganho e perda, transforma-o num "calculador". E quando ele se tornou mestre nessa arte de reduzir num instante cada fenômeno a uma cifra do livro principal, ele passa a ser chamado, nos Estados Unidos, *"a wonderfully shrewd calculator"*: um calculador admiravelmente arguto.

Porém, para que o comerciante logre êxito nos quesitos onde, quando e como fazer um negócio lucrativo não basta que tenha um olho certeiro: ele também tem de saber fazê-lo. Nesse ponto, a função que ele deve exercer tangencia a do negociador que tem de mediar entre duas partes em conflito. A nossa palavra alemã* ainda expressa em parte a afinidade entre as duas atividades. Exatamente a mesma designação para o conceito "negociar mercadorias" e "negociar contratos públicos" usam os gregos com seu termo χρηματίζειν: ele significa, de modo bem geral, "fazer negócios" e só especificamente "fazer negócios comerciais ou monetários", "exercer a atividade comercial", sendo usado igualmente, todavia, para fechar negócios públicos no sentido de "negociar assuntos de Estado". χρηματιστής é alguém que faz negócios, especialmente negócios comerciais ou monetários, "uma pessoa diligente, boa administradora, que domina bem a arte da aquisição e do ganho". Platão, *República*, 434a: "δημιουργὸς ὢν ἤ τις ἄλλος χρηματιστὴς φύσει" (!); χρηματιστιχός significa "que leva jeito para o χρηματίζειν; por conseguinte, pertencente a ou hábil para 1. negócios comerciais e monetários, aquisição de patrimônio, ganho; 2. fazer negócios públicos ou de Estado" (Pape, *Griechisch-deutsches Lexikon* [Léxico grego-alemão]). De modo similar, a nossa palavra alemã "*Geschäft*" [negócio] é usada no sentido duplo aqui registrado quando falamos de *Geldgeschäfte* [negócios monetários] e de *Staatsgeschäfte* [negócios de Estado], do *Geschäftsmann* [homem de negócios] e do *Geschäftsträger* [encarregado de negócios – do Estado]. Em que consiste, pois, essa atividade de negócios, essa conduta especificamente crematística?

Penso que o modo mais provável de encontrar uma resposta acertada para isso é conscientizando-nos do sentido expresso pela palavra: "negociar" é o conteúdo da atividade tanto do negociante quanto do negociador. Dialogar com outra pessoa visando levá-la a aceitar uma determinada ação mediante a exposição de razões e refutação das suas contrarrazões. Negociar significa travar uma luta com armas intelectuais.

---

* *Unterhändler* para negociador e *Händler* para negociante, comerciante. (N. T.)

Fazer comércio nesse sentido específico significa, portanto, negociar uma mercadoria (ação, empresa, empréstimo) em função de compra ou venda. Faz comércio (sempre nessa compreensão específica) o pequeno vendedor ambulante que "barganha" com a cozinheira para que lhe ceda uma pele de coelho ou o judeu vendedor de roupas usadas que, para vender uma calça, passa uma hora inteira enchendo os ouvidos do carreteiro do campo; mas também Nathan Rothschild, que, ao final de muitos dias de conferência com o "negociador" prussiano, contrata um empréstimo de milhões sob circunstâncias especialmente complexas. As diferenças que emergem aqui são de natureza puramente quantitativa; o cerne da questão é o mesmo: a alma de todo "comércio" (moderno) é a negociação, que com toda a certeza nem sempre precisa acontecer oralmente, olho no olho. Ela pode também efetivar-se tacitamente: por exemplo, quando o vendedor, valendo-se de todo tipo de artifícios, torna as vantagens de sua mercadoria tão plausíveis para um suposto público que este se vê obrigado a comprá-la dele. Propaganda é o nome desses artifícios. Nesse caso, poderíamos falar — apoiando-nos em processos que ocorreram na infância da troca de mercadorias — de um "escambo mudo", caso se queira designar enaltecimentos feitos em palavras e imagens como mudos. Trata-se sempre de convencer compradores (ou vendedores) do caráter vantajoso do contrato a ser firmado. O ideal do vendedor é alcançado quando toda a população não considera nada mais importante do que comprar o artigo que está justamente sendo enaltecido, quando a massa humana é tomada do pânico de não conseguir adquirir o produto a tempo (como acontece em tempos de estimulação febril do mercado de efeitos).

Ter grande volume de vendas significa que os interesses estimulados por um negociante e que ele põe a seu serviço devem ser ou muito fortes ou muito gerais.

Quem quiser movimentar um milhão de marcos deve levar mil pessoas a tomar a difícil decisão de cada uma trocar com ele mil marcos por mercadorias ou ele espalha a sua influência sobre a multidão de maneira tão intensa que cem mil pessoas se sintam impelidas a negociar dez marcos com ele. Voluntariamente [melhor: por iniciativa própria (W. S.)] nem os mil nem os cem mil o procurarão, pois todos eles há muito já têm outras necessidades de aquisição que deverão ser reprimidas [?] para que o novo negociante possa lograr êxito. (*W. Rathenau*)

Provocar interesse, ganhar confiança, despertar a vontade de comprar: é nesse clímax que se apresenta a atuação do comerciante bem-sucedido. Não importa como ele chega a isso. Basta que não haja meios *exteriores*, mas tão somente *interiores* de coerção, que a contraparte concorde em pactuar por decisão própria e não contra a sua vontade. O sugestionamento tem de ser o efeito da ação do comerciante. Porém, os meios interiores de coerção são muitos.

Um dos mais eficazes consiste em dar a impressão de que o fechamento *imediato* do negócio assegura *vantagens especiais*. "Parece que vai nevar, rapazes – diziam os finlandeses –, pois tinham *aanderer* [uma espécie de patins] para vender", consta na saga de Magnus Barford (1006 d. C.). Quem fala nesse texto é o protótipo de todo comerciante e a exortação aos rapazes noruegueses a comprar patins é o protótipo da propaganda: essa é a arma com que hoje luta o comerciante, que não mais ocupa tronos em castelos fortificados, como seus predecessores em Gênova na época de Benjamin de Tudela, e que tampouco pode bombardear com canhões as residências dos nativos que se recusam a "fazer comércio" com eles, como fizeram, por exemplo, os navegadores das Índias Orientais do século XVII.

Capítulo X
A aptidão objetiva dos judeus para o capitalismo

Portanto, depois de termos nos informado sobre o que compete ao sujeito econômico capitalista realizar para que consiga impor-se, temos de responder à seguinte pergunta: que circunstâncias exteriores possivelmente contribuíram para que os judeus pudessem desempenhar um papel tão destacado na formação desse sistema econômico capitalista? Será preciso examinar, portanto, a condição peculiar que os judeus da Europa ocidental e da América passaram a assumir a partir do final do século XV e na qual se encontraram durante os três ou quatro séculos seguintes, ou seja, durante o período em que foi formado o capitalismo moderno.

O que caracteriza tal condição peculiar?

Quem expressou isso certeiramente em termos bem gerais foi o governador da Jamaica, em carta de 17 dezembro de 1671 ao Secretário de Estado, ao escrever: *"he was of opinion that His Majesty could not have more profitable subjects than the Jews: they had great stocks and correspondance"*.[1] De fato, essas duas particularidades designam parte essencial da vantagem que os judeus tinham em relação aos demais. Mas para completar, é preciso acrescentar isto: sua posição peculiar no interior das nações em que atuavam. Ela pode ser caracterizada como condição de estrangeiro e de subcidadania. Quero

---

[1] M. Kayserling, The Jews in Jamaica..., *JQR*, v.12, 1900, p.708 et seq. ["Ele era da opinião que Sua Majestade não poderia ter súditos mais lucrativos do que os judeus: eles têm muito capital e relações." – N. T.]

ressaltar, portanto, quatro circunstâncias que tornavam (e tornam) os judeus especialmente aptos a realizar coisas tão significativas:

I. sua difusão no espaço;
II. sua condição de estrangeiros;
III. sua subcidadania;
IV. sua riqueza.

I. A difusão no espaço

Muito significativo para o comportamento dos judeus naturalmente é, em primeiro lugar e sobretudo, sua *dispersão por todos os países* da terra habitada, que existiu de fato desde o primeiro exílio, mas que se consumara novamente de modo especialmente efetivo depois de sua expulsão da Espanha e de Portugal e depois de grandes contingentes deixarem a Polônia. Nós os acompanhamos em sua migração durante os últimos séculos e vimos como fixaram nova residência na Alemanha e na França, na Itália e na Inglaterra, no Oriente e na América, na Holanda e na Áustria, na África do Sul e na Ásia Oriental.

A consequência natural desses renovados deslocamentos no interior de países em parte já altamente desenvolvidos do ponto de vista cultural foi que partes da mesma família fixaram residência nos mais diversos centros da vida econômica e constituíram grandes casas internacionais com numerosas filiais. Menciono apenas algumas:[2] a família Lopez tem sede em Bordeaux e filiais na Espanha, Inglaterra, Antuérpia e Toulouse; a família Mendes, uma casa bancária, igualmente reside em Bordeaux e possui filiais em Portugal, na França, em Flandres; um ramo da família Mendes é constituído, por sua vez, pelos Gradis, que têm numerosas filiais; encontramos estabelecimentos dos Cárceres em Hamburgo, na Inglaterra, na Áustria, nas Índias Ocidentais, em Barbados e no Suriname; outras famílias bem conhecidas com uma rede

---

[2] Uma visão geral das casas comerciais internacionais judaicas do seu tempo e de suas ramificações é dada por Manassés ben Israel em seu memorando dirigido a Cromwell. A história das famílias individuais pode ser encontrada detalhada na *Jewish Encyclopedia*, que, por sua própria natureza, é especialmente valiosa nos aspectos biográficos. Para os demais aspectos, deve-se remeter às obras judaístas gerais e especializadas.

mundial de filiais são os Costa (Acosta, D'Acosta), os Conegliano, os Alhadib, os Sassoon, os Pereire, os Rothschild. Mas não faz sentido estender a listagem: as casas comerciais judaicas com representação em pelo menos duas cidades comerciais da Terra contavam-se e contam-se às centenas e aos milhares. Dificilmente haverá uma de importância que não esteja presente em pelo menos dois países diferentes.

E a enorme importância que essa dispersão teria para o progresso dos judeus nem precisa ser detalhadamente fundamentada: é algo evidente e foi aclarado repetidamente com exemplos na primeira seção deste livro. O que as casas comerciais cristãs tiveram de conquistar com muito esforço, mas que só em casos muito raros conseguiam alcançar de modo tão completo, os judeus já tinham de berço desde o início de sua atividade, a saber, os pontos de apoio para todas as operações comerciais e creditícias internacionais: a *"great correspondence"* [grande rede de relações], essa condição básica da atividade de negócios de nível internacional.

Faço recordação daquilo que eu disse sobre a parcela de participação dos judeus no comércio luso-espanhol, no comércio com o Levante, no desenvolvimento da América; especialmente importante foi a circunstância de grande parte deles ter se ramificado justamente a partir da Espanha: isso fez que eles desviassem o rio do comércio colonial e sobretudo o Rio da Prata para os leitos das novas potências em ascensão – Holanda, Inglaterra, França, Alemanha.

Foi significativo que eles tenham se voltado preferencialmente justo para esses países que estavam prestes a experimentar um grande crescimento econômico e, desse modo, proporcionaram exatamente a esses países as vantagens de suas relações internacionais. É fato conhecido que os judeus fugitivos desviaram premeditadamente o fluxo do comércio dos países que os haviam expulsado para aqueles que os haviam acolhido com hospitalidade.

É significativo que tenham dominado Livorno e, desse modo, o portal para o Levante; no século XVIII, Livorno é chamada de *"l'un des grands magasins de l'Europe pour le commerce de la Méditerranée"*.[3]

---

3 Segundo as Lettres écrites de la Suisse, d'Italie, etc., in: *Encyclopedia méthodique: Manufactures, arts et métiers*, v.1, p.407. Compare com isso a declaração de Jovet,

É significativo que tenham estabelecido um laço entre a América do Sul e a América do Norte, que, como vimos, acabou tornando possível a existência econômica das colônias norte-americanas.

Naturalmente é significativo, antes de tudo (como também já foi mostrado), que eram vocacionados para dar início à internacionalização do comércio creditício mediante o domínio que exerceram sobre as grandes bolsas de valores nas principais praças da Europa. Tudo isso, em primeira linha, apenas graças ao fato de sua dispersão.

Uma imagem ilustra muito bem essa importância peculiar do internacionalismo judaico para o desenvolvimento da vida econômica moderna; essa imagem foi usada há duzentos anos por um observador espirituoso num estudo sobre os judeus e até hoje não perdeu nada do seu viço. Numa correspondência do *Spectator*, de 27 de setembro de 1712, consta o seguinte:

> *They are [...] so disseminated through all the trading Parts of the World, that they are become the Instruments by which the most distant Nations converse with one another and by which mankind are knit together in a general Correspondance: they are like the Pegs and Nails in a great Building, which, though they are but little valued in themselves, are absolutely necessary to keep the whole Frame together.*[4]

O modo como os judeus tiravam proveito sistematicamente da grande vantagem que lhe assegurava seu espraiamento geográfico para informar-se rápida e confiavelmente da situação nos diferentes lugares da Terra e, de posse das melhores informações, configurar vantajosamente sua conduta comercial na bolsa de valores de acordo com o estado de coisas em cada

---

citada por Schudt, *Jüdische Merkwürdigkeiten*, v.1, p.228. ["Um dos grandes armazéns da Europa para o comércio do Mediterrâneo." – N. T.]

4 *The Spectator*, v.495, n.7, 1749, p.88 et seq. ["Eles estão (...) tão disseminados por todas as partes comerciais do mundo que se tornaram os instrumentos pelos quais as nações mais distantes conversam entre si e pelos quais a humanidade é entrelaçada numa relação geral: eles são como pinos e pregos numa grande construção, que, mesmo tendo pouco valor por si sós, são absolutamente necessários para manter coesa toda a estrutura." – N. T.]

lugar nos é transmitido com todas as minúcias desejáveis pelo relatório já mencionado uma vez do enviado francês à cidade de Haia, do ano de 1698.[5] Nossa fonte acredita que nesse estar informado com precisão se baseia, em grande parte, a posição destacada que os judeus detêm na bolsa de valores de Amsterdã, pois ele já havia explanado que, em essência, eles dominavam essa bolsa.

Em vista da importância desse testemunho insuspeito, quero informar a seguir os pontos principais que decorrem dele e, visto que o texto francês não é muito fácil de entender e apresenta dificuldades à tradução, reproduzo primeiro a versão original e acrescento em seguida a tradução que me parece dar conta do sentido correto.

> *Ils s'entretiennent sur les deux (sc. nouvelles et commerce) avec ce qu'ils appellent leurs congregues (sic) dont celle de Vénise (quoique moins riche et moins nombreuse) est néanmoins comptée pour la première entre celles qu'ils nomment grandes parce qu'elle lie l'Occident avec l'Orient et le Midi par la congregue de Salonique, qui régit leur nation en ces deux autres parties du monde et en répond avec celle de Vénise qui, avec celle d'Amsterdam, régit toutes les parties du nord (dans lesquelles ils comptent celle tolérée de Londres et celles secrétes de France) en sorte qu'à ces deux égards, commerce et nouvelles, on peut dire qu'ils sont les premiers et les mieux informés de tout ce qui se meut dans le monde, dont ils bâtissent leur système de chaque semaine dans leurs assemblées qu'ils tiennent fort à propos le lendemain du samedi, c'est-à-dire le dimanche, pendant que les chrétiens de toutes sectes sont occupés aux devoirs de leur religion. Ces systèmes, qui sont le plus subtil de tout ce qu'ils ont reçu de nouvelles de la semaine, alambiquées par leurs rabis et chefs de congregues, sont dès l'après-midi du dimanche, délivrés à leurs courtiers et agents juifs, les hommes les plus adroits en ce genre qu'il y ait au monde, qui, ayant aussi concerté entre eux, vont séparément, dès le même jour, répandre les nouvelles accommodées à leurs fins qu'ils vont commencer à suivre dès le lendemain, lundi matin, selon qu'ils voient la disposition des esprits à tous les égards particuliers: vente, achat, change et actions, dans tous lesquels genres de choses, ayant toujours entre eux de grosses masses et provisions, ils sont éclairés à faire le coup dans l'actif, dans le passif ou souvent dans tous les deux en même temps.*

---

5 *Revue Historique*, v.44, 1890.

Eles conversam sobre as duas coisas (isto é, novidades e comércio) com aquilo que eles chamam de suas congregações (*congregues*), das quais a de Veneza (embora menos rica e numerosa) é vista como a primeira entre as que eles chamam de grandes, porque ela interliga o Ocidente com o Oriente e o Sul por meio da congregação de Saloniqui, a qual governa a sua nação naquelas outras duas partes do mundo e responde por ela (? *en répond*) junto com a de Veneza, que, junto com a de Amsterdã, domina todas as regiões setentrionais (entre as quais contam a de Londres, que é apenas tolerada, e as da França, que são secretas), de modo que, no tocante a essas duas coisas, comércio e novidades, são os primeiros e os mais bem informados sobre o que acontece no mundo, a partir do que eles então montam o seu sistema a cada semana, em suas assembleias, que realizam muito apropriadamente no dia seguinte ao sábado, isto é, no domingo, enquanto os cristãos de todas as seitas estão ocupados com os deveres de sua religião. Esses sistemas, constituídos pelas coisas mais sutis que receberam em termos de novidades durante a semana, filtradas e depuradas pelos seus rabinos e líderes de congregação, são entregues já na tarde do domingo a seus corretores judeus nas bolsas de valores e a seus agentes, que são os homens mais hábeis do mundo nesse gênero. Estes, depois de combinarem tudo entre si, vão separadamente, ainda no mesmo dia, divulgar essas notícias já adaptadas aos seus fins; no dia seguinte (segunda-feira de manhã), eles começam imediatamente a colocá-las em prática, dependendo de como avaliem a disposição de cada um em particular: venda, compra, câmbio e ações. Dado que sempre dispõem de grandes somas e reservas de todos esses artigos, estão a qualquer momento em condições de avaliar corretamente o melhor momento de fazer seus lances, se na alta ou na baixa ou então simultaneamente nas duas direções.

A internacionalidade dos judeus se tornou uma vantagem essencial para eles também quando se tratou de ganhar a confiança dos grandes. Seu caminho até a *haute finance* [altas finanças] frequentemente foi este: primeiro se tornaram úteis aos príncipes como intérpretes por seu conhecimento linguístico, em seguida foram enviados a cortes estrangeiras como intermediários e negociadores, depois o príncipe confiou-lhes a administração do seu patrimônio (honrando-os, ao mesmo tempo, com o fato de tornar-se devedor deles) e, por essa via, eles chegaram ao domínio das finanças (e, em épocas posteriores, das bolsas de valores).

Devemos presumir que seus conhecimentos linguísticos e sua familiaridade com culturas estrangeiras deram-lhes, já na Antiguidade, acesso à confiança dos reis: começando com José no Egito, passando pelo alabarca Alexandre, homem de confiança do rei Agripa e da mãe do imperador Cláudio, sobre o qual temos o relato de Josefo, até o tesoureiro judeu da rainha Candace da Etiópia, sobre o qual podemos ler nos Atos dos Apóstolos (8:27).

A respeito dos famosos judeus da corte da Idade Média geralmente nos é confirmado expressamente que ganharam a vida como intérpretes ou negociadores: sabemos isso do judeu Isaac, a quem Carlos Magno enviou à corte de Harun al Rashid; do judeu Kalonymos, amigo e protegido do imperador Otto II, assim como dos judeus que, na mesma época, ganharam fama e renome na península dos Pireneus: o famoso Hasdai Ibn Shaprut (915-970) começou como representante diplomático do califa Abdul-Rahman III em suas negociações com as cortes cristãs do norte da Espanha.[6] Em contrapartida, os judeus se tornaram indispensáveis nas cortes dos reis cristãos da Espanha. Quando Alfonso VI de Castela (século XI) quis jogar os pequenos reis maometanos uns contra os outros, ele não encontrou ninguém melhor para enviar às cortes de Toledo, Sevilha e Granada do que os judeus, que eram fluentes nas línguas e tinham familiaridade com os estrangeiros. Nos períodos subsequentes, encontramos, em toda parte, enviados judeus, desde as cortes cristãs espanholas até os judeus exímios conhecedores de países e povos que João II enviou à Ásia para levar comunicados aos e trazer notícias dos espias que investigavam o paradeiro do lendário país do Sacerdote João[7] ou até os numerosos

---

6 Ver, por exemplo, Graetz, *Geschichte der Juden*, 2. ed., v.5, p.323 et seq.

7 Todos os exemplos mencionados de diplomatas judeus são de conhecimento geral a partir da história. Eles poderiam naturalmente ser multiplicados. Quem quiser se informar melhor sobre essas coisas sempre deverá consultar primeiro Graetz, *Geschichte der Juden*, no qual se encontra acumulado o material mais profícuo (ver, por exemplo, v.6, p.85, 224 et seq.; v.8, cap. 9, p.360 et seq.) e, a partir dele, facilmente encontrará o caminho até a bibliografia especializada e as fontes.

intérpretes e homens de confiança que encontramos em atividade durante o descobrimento do Novo Mundo.[8] Em vista da grande importância que o brilhante episódio espanhol tem para todo o desenvolvimento posterior do judaísmo e principalmente para a configuração do seu destino econômico, naturalmente há um interesse especial em acompanhar as vias pelas quais eles chegaram ao seu grande renome justamente ali. Mas também na época pós-espanhola ainda encontramos com frequência diplomatas judeus em especial no comércio dos Estados Gerais com as potências: como os Belmonte, os Mesquita[9] e outros. Bem conhecido é *le seigneur Hebraeo* [o senhor Hebreu], que é como Richelieu chamava o rico Ildefonso Lopez, de quem se valeu para uma missão política secreta na Holanda, para, após seu retorno, nomeá-lo "Conseiller d'Etat ordinaire" [conselheiro de Estado em caráter ordinário].[10]

Porém, a "difusão espacial dos judeus" é significativa não só por acarretar a sua dispersão internacional: serve de explicação para alguns fenômenos somente *na medida em que inclui sua distribuição pelo interior dos países*. O fato de termos encontrado, por exemplo, com bastante frequência os judeus como fornecedores de material bélico e víveres para os exércitos — também isso eles fizeram desde tempos antigos: quando Nápoles foi sitiada por Belizário, os judeus do lugar manifestaram sua intenção de suprir a cidade com víveres[11] — tem sua razão de ser, em grande parte, na facilidade maior que a dos cristãos para conseguir reunir rapidamente a partir do campo grande quantidade de bens, especialmente víveres: graças aos contatos que mantinham de cidade em cidade. "O empreendedor judeu não pode se atemorizar ante todas essas dificuldades. Ele só precisa eletrizar o povo judeu no ponto certo e instantaneamente ele terá à disposição todos os serventes e auxiliares de serventes de que precisa".[12] Com efeito, em tempos mais antigos, o judeu "nunca agia como indivíduo isolado, mas como

---

8 M. Kayserling, *Christopher Columbus*, 1894, p.106.
9 H. J. Koenen, *Geschiedenes der Joden in Nederland*, 1843, p.206 et seq.
10 E. Bonaffé, *Dictionnaire des amateurs français au XVII. Siècle*, 1881, p.191 et seq.
11 Segundo Procópio de Cesareia, *Bella Goth.* I 8 e 16 apud L. Friedländer, *Sittengeschichte Roms*, 5. ed., v.3, p.577.
12 E. T. Von Kortum, *Über Judentum und Juden*, 1795, p.165.

membro da mais disseminada das companhias comerciais do mundo".[13] *"Ce sont des particules de vif argent qui courent, qui s'égarent et qui à la moindre pente se réunissent en un bloc principal"*, como consta numa petição dos comerciantes parisienses da segunda metade do século XVIII.[14]

II. A condição de estrangeiro

Os judeus foram estrangeiros durante os últimos séculos na maioria dos países, primeiramente no sentido puramente exterior de recém-imigrados. Exatamente nos lugares em que desenvolveram sua atividade mais efetiva, eles não eram moradores antigos, nem mesmo haviam chegado até ali vindos da circunvizinhança mais próxima, mas de lugares distantes, de países com outros usos e costumes, em parte até de outras zonas climáticas. Chegaram à Holanda, França e Inglaterra oriundos da Espanha e de Portugal e depois da Alemanha; chegaram a Hamburgo e Frankfurt oriundos de outras cidades alemãs e depois a toda a Alemanha vindos do Oriente russo-polonês.

O que as demais nações europeias tiveram em comum com eles no Novo Mundo foi sua vantagem nos países da velha cultura: *eles foram colonos em toda parte*, para onde quer que fossem e, em consequência, eram obrigados a assumir sem mais nem menos um comportamento e um agir bem determinados.

Colonos novos precisam ficar de olhos abertos para adaptar-se rapidamente à nova situação, devem prestar atenção no modo como procedem para conseguirem obter o seu sustento nas novas circunstâncias dadas. Enquanto os antigos residentes dormem em suas camas quentinhas, eles estão lá fora, expostos ao ar frio, e têm de dar um jeito de construir o seu próprio abrigo. Eles se encontram lá fora: como intrusos aos olhos de todos os residentes. E se encontram ao ar livre: sua energia econômica é mais intensamente instigada.

---

13 Ibid., p.90.
14 *REJ*, v.23, 1891, p.90. ["Eles são partículas de dinheiro vivo que circulam, que se espalham e, à menor pendência, reúnem-se num bloco principal." – N. T.]

Eles precisam pensar em como ganhar terreno no novo ambiente: isto se torna decisivo para toda a sua forma de gerir a economia, que passa a ser tomada por toda a impetuosidade das ponderações utilitárias e finalistas. Pensar na melhor forma de organizar a economia, ou seja, na melhor maneira de atingir seus fins: qual o segmento produtivo ou comercial escolher, com que pessoas atar relações, que princípios aplicar aos negócios como caminho mais rápido para impor-se – isto nada mais é que colocar o racionalismo econômico no lugar do tradicionalismo. Vimos os judeus fazerem isso; e encontramos agora uma primeira razão forçosa por que fizeram isso: por terem sido estrangeiros nos países em que deveriam atuar economicamente – novos colonos, recém-imigrados.

Porém, Israel foi estrangeiro entre os povos durante todos os séculos ainda em outro sentido, que poderíamos chamar de sociopsicológico, no sentido de um antagonismo interior em relação à população circundante, no sentido de um isolamento quase ao estilo de casta em relação aos povos que os hospedam. Os judeus sentiam-se como especiais e os povos que os acolheram, por sua vez, os perceberam como tais. E, por essa via, foram sendo desenvolvidos entre os judeus todos os modos de agir e as mentalidades que necessariamente resultam do intercâmbio com "estrangeiros", principalmente numa época em que o conceito de cosmopolitismo ainda era algo distante.

O simples fato de se estar lidando com um "estrangeiro" bastou, em todas as épocas que ainda não haviam sido debilitadas por ponderações humanitárias, para aliviar a consciência e afrouxar os laços das obrigações morais. Ao intercâmbio com estrangeiros sempre foi conferida uma forma "menos escrupulosa". E os judeus sempre tiveram que lidar com "estrangeiros", com "não compatriotas", principalmente quando interferiam na grande engrenagem econômica, porque, além de tudo, formavam constantemente uma pequena minoria. Se para um integrante do povo que os acolhera cada décimo ou cada centésimo ato de intercâmbio o punha em relação com um "estrangeiro", no caso dos judeus, inversamente, 9 atos de 10 ou 99 de 100 ocorreram em intercâmbio com estrangeiros: de modo que a "moral do estrangeiro", se me for permitido usar essa expressão sem ser mal-entendido, foi reiteradamente exercitada e a esta teve que ser como que adaptada toda a conduta comercial. Para os judeus, o intercâmbio com estrangeiros se tornou o "normal", ao passo que para os demais permaneceu a exceção.

Estreitamente ligada à sua condição de estrangeiros está a situação legal peculiar e bizarra em que se encontravam em todos os lugares. Todavia, como razão explicativa ela tem um significado próprio e, por isso, será feita a seguir uma exposição à parte.

III. A subcidadania

À primeira vista, parece que a condição civil dos judeus perante a lei teve alguma importância para o seu destino econômico especialmente porque lhe impunha certas restrições na escolha das profissões, como de modo geral à sua ocupação rentável. Mas acredito que a influência exercida pelo *status* legal sobre esse aspecto foi superestimada. Em contraposição, gostaria de atribuir a essas determinações referentes ao direito das profissões comerciais e industriais uma importância mínima, quase diria que foram irrelevantes para o desenvolvimento econômico geral do judaísmo. Em todo caso, nem com toda a boa vontade, eu não saberia deduzir de nenhuma determinação do direito das profissões comerciais e industriais uma influência realmente significativa que tenhamos visto os judeus exercerem sobre o curso da vida econômica moderna.

Essa determinação não pode ter tido nenhuma influência duradoura e profunda, o que resulta já do fato de que o *status* dos judeus perante o direito e a fiscalização das profissões comerciais e industriais durante o período que nos interessa aqui apresentou formas extraordinariamente variadas, e, não obstante, é possível comprovar uma grande similaridade da incidência judaica na totalidade da esfera da cultura capitalista.

Raramente se tem a necessária clareza quanto ao grau de variação do *status* legal dos judeus quanto a esse aspecto.

Em primeiro lugar, ela mudava de país para país nos traços gerais. Ao passo que na Holanda e na Inglaterra os judeus desfrutavam de igualdade de direitos quase plena com os cristãos no que diz respeito à vida profissional, nos demais países estavam sujeitos, em maior ou menor grau, a grandes restrições, exceto, uma vez mais, em algumas regiões e cidades, onde tinham total liberdade de comércio e exercício da profissão, como nas possessões dos papas no interior da França.[15]

Porém, essas restrições, por sua vez, eram diferenciadas quanto ao grau e ao gênero nos diferentes países e, no interior de um mesmo país, com frequência eram totalmente diferentes de um lugar para outro. Mais exatamente, as determinações individuais mostram-se totalmente arbitrárias. Nada é dito sobre alguma ideia básica que pudesse ser percebida nas diferentes disposições. Num lugar, estão proibidos de vender de porta em porta, no outro, de manter lojas num ponto fixo; neste podem dedicar-se ao ofício manufatureiro, naquele não; num lugar, esta manufatura, no outro, aquela; neste lugar, podem negociar lã, no outro, não podem; neste couro, naquele não; neste têm permissão para arrendar tabernas, naquele é-lhes proibido; neste são encorajados a instalar fábricas e manufaturas, naquele estão proibidos de participar da indústria capitalista e assim por diante.

Consideremos, por exemplo, o *status* legal que havia tomado forma no interior do Estado prussiano na virada do século XVIII. Ali estavam em vigor, nas diferentes regiões do país, algumas dúzias de leis, cujas determinações eram em parte diretamente contraditórias.

Enquanto havia lugares em que o exercício de ofícios manufatureiros era proibido (Privilégio Geral Revisado de 1750 art. XI; lei sueca de 1777 para a Nova Pomerânia e Rügen), a Ordem de Gabinete de 21 de maio de

---

15 René-Alphonse-Marie de Maulde la Clavière, *Les juifs dans les Etats français du Saint-Siège au Moin Âge*. A situação legal dos judeus com frequência é muito bem informada pela bibliografia judaísta de cunho histórico (dado que a maioria dos autores não conhece outra "história" além da história do direito e se atém quase exclusivamente à história do direito, em especial quando a intenção é escrever sobre a história econômica). Especialmente profícuo em material legal é o artigo Juden, in: Krünitz, v.31, bem como o texto de Schudt, *Jüdische Merkwurdigkeiten*, principalmente com referência a Frankfurt. Coletâneas específicas desse tipo de material com referência à *França*: Halphen, *Recueil des lois: décrets, ordonnances, avis du conseil d'état, arrêtés et règlements concernant les Israëlites*; à Prússia: Von Rönne; Simon, *Die früheren und gegenwärtigen Verhältnisse der Juden in den sämtlichen Landesteilen des preussischen Staates...* (os textos legais citados por mim são todos tirados dessa coletânea); Michaelis, *Die Rechtsverhältnisse der Juden in Preußen seit dem Beginn des 19 Jahrhunderts: Gesetze, Erlasse, Verordnungen, Entscheidungen*, 1910.

1790 concedeu permissão aos judeus protegidos de Breslau para "ocupar-se com todo tipo de artes mecânicas" e afirmou que "acabará sendo uma mostra cabal da nossa mais clemente benevolência se os artesãos cristãos acolherem voluntariamente jovens judeus como aprendizes e no seguimento em sua guilda". A mesma coisa foi determinada pelo Regulamento Geral dos Judeus para a Prússia do Sul e a Nova Prússia Oriental, de 17 de abril de 1797 (§10).

Enquanto os judeus de Berlim estavam proibidos de servir cerveja e aguardente a não judeus, bem como vender carne a não judeus (Privilégio Geral de 17 de abril de 1750 art. XV, XIII), todos os judeus estabelecidos na Silésia tinham permissão para arrendar e administrar concessões de cerveja e aguardente, açougues, padarias, tabernas de hidromel, cerveja e aguardente (consoante com a Ordem de 13 de fevereiro de 1769).

A lista dos artigos cujo comércio era permitido ou proibido com frequência parece ter sido composta com uma arbitrariedade absurda, quando libera os judeus para comerciar "com couro curtido não tingido estrangeiro e nacional", mas não "com couro cru ou tingido"; "com peles de bezerro e ovelhas", mas não "com couro de bois e cavalos"; "com todo tipo de mercadorias de algodão e de lã pura e lã mesclada fabricadas em nosso país", mas não "com lã bruta e linhas de lã, nem com mercadorias de lã estrangeiras" etc. (tudo extraído do Privilégio Geral de 1750).

O quadro fica ainda mais variado quando levamos em consideração o *status* legal diferenciado em que se encontravam as diferentes categorias de judeus contemplados pelo direito. Assim, por exemplo, a comunidade judaica de Breslau era composta dos seguintes grupos até a Ordem de Gabinete de 21 de maio de 1790:

1. os *privilegiados gerais*, ou seja: os correligionários judeus que judicial e extrajudicialmente tinham direitos cristãos no comércio e na conduta e cujos privilégios eram hereditários;
2. os *privilegiados*, que tinham o direito de negociar com diferentes espécies de artigos que constavam nos seus privilégios especiais; seu privilégio não era hereditário, mas seus filhos eram levados em conta quando vagava algum dos privilégios;

3. os *tolerados*, que igualmente obtinham o direito de morar por toda a vida em Breslau, mas cujo ofício era mais restrito do que o dos privilegiados;
4. os assim chamados *fixentristas*, que apenas tinham permissão para permanecer por prazo determinado ou indeterminado.

Por fim, é preciso considerar ainda que esses direitos tão díspares quanto ao lugar e às pessoas eram modificados a todo instante no decorrer do tempo. exemplo: em 1769, como vimos, foi dada aos judeus da área rural da Silésia a permissão para arrendar concessões de cerveja e aguardente, açougues etc.; em 1780, todos os arrendamentos desse tipo foram proibidos; mas em 1787 voltou-se atrás novamente.

Ora, qualquer pessoa que tenha compreendido alguma coisa da peculiaridade do desenvolvimento econômico dos últimos séculos sabe muito bem que as determinações do direito das profissões comerciais e industriais em boa parte só constavam no papel, que principalmente todos os interesses capitalistas sabiam como se impor apesar delas. Havia mais de um meio para fazer isso. Não havia só a violação da lei diante da qual o Estado burocrático se portava de modo cada vez mais negligente; havia também uma boa quantidade de meios e caminhos lícitos para livrar-se das molestas restrições: outorga de concessões, concessão de privilégios e todas as demais denominações que recebiam os salvo-condutos que os príncipes gostavam de expedir quando conseguiam obter, por essa via, uma pequena renda extra. E eram principalmente os judeus que sabiam como bem obter esse tipo de favorecimento. Aquilo que os éditos prussianos de 1737 e 1750 disseram explicitamente, ou seja, que isso e aquilo era proibido aos judeus, "à parte da nossa concessão especial para isso, razão pela qual eles devem comparecer, em certos casos, em nossa Diretoria Geral", estava tacitamente subentendido para todas as restrições impostas pelo direito das profissões comerciais e industriais. Com efeito, se não houvesse sido encontrada alguma saída, que outra explicação haveria para o fato de que os judeus desde sempre estiveram em posição de liderança exatamente em alguns dos ramos comerciais que lhes eram vedados expressamente pela lei, como os segmentos do couro e do tabaco?

Os judeus e a vida econômica

Ainda assim, em *um* ponto é possível demonstrar a influência da antiga constituição das profissões comerciais e industriais sobre a evolução dos judeus: é o ponto em que a vida econômica foi influenciada pelo domínio das corporações ou, mais corretamente, em que os processos econômicos se desenrolaram no quadro da organização cooperativa. Os judeus não conseguiam ingressar nas corporações e guildas: o que os impedia era o crucifixo que estava postado em todas as salas oficiais dessas associações e em torno do qual todos os membros se reuniam. Por essa razão, *caso* quisessem exercer um ofício, só poderiam fazê-lo fora dos círculos que eram ocupados pelas cooperativas cristãs, não importando se estava em questão uma área de produção ou uma área comercial. E, por essa razão, eles foram — primeiramente, uma vez mais, por razões exteriores — os *"interlopers"* [intrusos] natos, os diletantes, os que esvaziam a corporação, os "mercadores livres", como os encontramos em todos os lugares.

É evidente que o destino dos judeus foi determinado de modo muito mais incisivo por aquelas partes da ordem legal que regulamentaram a sua relação com o poder estatal e, portanto, especialmente *sua posição na vida pública*. Em primeiro lugar, elas apresentam em todos os Estados uma notória concordância, pois, no final das contas, todas elas desembocam nisto: excluir os judeus da parcela de participação na vida pública, ou seja, barrar-lhes o acesso aos cargos no Estado e na comunidade, ao Judiciário, ao Parlamento, ao Exército, às universidades. Isso também vale para os Estados ocidentais — França, Holanda, Inglaterra — e para a América. Uma exposição detalhada do *status* civil dos judeus antes da "emancipação" pode ser dispensada porque de modo geral essas coisas são conhecidas. Recorde-se tão somente que, na maioria dos Estados, sua subcidadania nos termos do direito estatal se manteve pelo século XIX adentro. Apenas os Estados Unidos declararam, já em 1783, a igualdade de direitos políticos de todos os cidadãos sem distinção de fé; a famosa lei de emancipação da França traz a data de 27 de setembro de 1791, e, na Holanda, a liberdade civil plena foi concedida aos judeus pela Assembleia Nacional Batava do ano de 1796. Porém, mesmo na Inglaterra, os judeus brigam ainda na década de 1840 pelo ingresso no Parlamento (o primeiro deputado eleito foi o barão Lionel de Rothschild, no ano de 1847) e só no ano de 1859 obtiveram a igualdade plena de direitos. Nos Estados alemães, esta é introduzida só em 1848 e só se torna definitiva e universal por força da Lei da Federação do Norte da Alemanha, de 3 de julho de 1869; a Áustria seguiu o exemplo em 1867, a Itália, em 1870 etc.

Mas a letra da lei nem de longe trouxe a igualdade real de direitos – nem nos dias atuais –, bastando, para inteirar-se disso, uma olhada em qualquer jornal liberal, em que encontramos dia após dia as queixas de que mais uma vez um voluntário judeu não pôde tornar-se oficial dos hussardos de Zieten ou que novamente não foi preenchido o número suficiente de cargos de juiz ou notário com judeus.

Diversas vezes já expus as consequências que essa preterição dos judeus necessariamente traria para a vida pública: num primeiro momento, a vida econômica tirou proveito disso, na medida em que pôde absorver toda a energia acumulada no povo judeu. Enquanto os melhores talentos de outras camadas do povo participavam da concorrência pelo poder no Estado, no judaísmo estes talentos forçosamente (caso não se exaurissem, por exemplo, na *beth midrasch* [sala de interpretação] com estudos escolásticos) tinham de aplicar-se à vida econômica. Mas eles também tinham de identificar a vida econômica – quanto mais ela era construída sobre a aquisição de dinheiro e quanto mais a posse de dinheiro se tornava fonte de poder – como o campo em que poderiam conquistar aquilo que a lei os impedia de obter por vias diretas: renome e influência no Estado. Uma vez mais, é posta a nu aqui uma das raízes da qual brotou a forte valorização do dinheiro como a encontramos entre os judeus.

Porém, a exclusão da vida comunitária necessariamente traria para os judeus, ainda em outro sentido, uma melhora na posição que detinham na vida econômica, de modo que novamente obtiveram uma vantagem sobre seus concorrentes cristãos.

Com efeito, ela produziu o que poderíamos denominar de certa ausência de coloração política: certa indiferença diante do Estado no qual viviam e, em grau ainda maior, diante do governo que, em cada caso, exercia o mando nesse Estado. Graças a essa indiferença, eles, mais do que todos os demais, estavam capacitados a se tornar os portadores da economia mundial capitalista, na medida em que colocavam à disposição dos diferentes Estados "as energias do capital da economia mundial". Conflitos nacionalistas se tornaram praticamente uma das principais fontes de ganho dos judeus.

Foi só graças a essa ausência de coloração política que lhes foi possível, em países como a França, que experimentaram uma frequente alternância de sistema, servir às diferentes dinastias e aos diferentes governos: a história dos Rothschild confirma cabalmente essa afirmação. Os judeus, portanto, graças à sua preterição pelo Estado, acabaram ajudando a desenvolver a indiferença, associada ao capitalismo como tal, frente a todos os valores que não servem ao interesse pelo ganho, tornando-se, por conseguinte, também nesse aspecto patrocinadores e disseminadores do espírito capitalista.

IV. A riqueza

Podemos incluir no rol das condições objetivas sob as quais os judeus cumpriram a sua missão econômica durante os últimos três ou quatro séculos, e cuja configuração singular fez da sua própria obra uma obra singular, o fato de que sempre e em toda parte onde desempenharam um papel na vida econômica tiveram (e, se acompanharmos até o presente o efeito daquela condicionalidade singular sobre a sua atividade, ainda hoje têm) à sua disposição uma grande riqueza em dinheiro. Essa constatação nada diz sobre a riqueza dos "judeus" em termos gerais. E tampouco se pode contrapor-lhe o fato de que, em todas as épocas, houve judeus muito pobres e decerto também muitos judeus pobres. Nem é preciso procurar muito por meios de provar a exatidão dessa afirmação: quem já esteve numa *K'hilla* do Oriente ou quem conhece os quarteirões judeus em Nova York tem conhecimento suficiente do fenômeno da pobreza judaica. O que está em questão aqui é, muito antes, um fator circunscrito a termos mais estritos: afirmo que, entre os judeus, que a partir do século XVII tiveram uma participação tão destacada no desenvolvimento econômico nos Estados civilizados da Europa Ocidental e Central, que, entre esses, havia e há muita riqueza espalhada; formulando com precisão ainda maior: que, entre eles, sempre houve muitas pessoas ricas e que, em toda parte, os judeus foram mais ricos do que os cristãos à sua volta (naturalmente sempre com base numa média geral; uma objeção sem nexo é dizer que o homem mais rico da Alemanha ou os três homens mais ricos dos Estados Unidos justamente não eram judeus).

Muito rico deve ter sido um grande número de refugiados que deixaram a *Península dos Pireneus* a partir do século XVI. Ouvimos falar de um "êxodo de capitais" que teria sido provocado por eles. Porém, sabemos também que, por ocasião de sua expulsão, eles venderam suas numerosas possessões e receberam o pagamento em letras de câmbio em praças estrangeiras.[16]

Os mais ricos de todos decerto se dirigiram para a *Holanda*. Pelo menos, ficamos sabendo a respeito dos primeiros a fixarem residência, a saber, Manuel Lopez Homen, Maria Nunez, Miguel Lopez e outros, que possuíam vastas riquezas.[17] Mas dificilmente se poderá constatar para o conjunto deles se, no século XVII, ainda imigraram muitos espanhóis ou se os antigos residentes foram enriquecendo cada vez mais. Basta saber que, durante os séculos XVII e XVIII, os judeus da Holanda eram famosos por sua riqueza. Não possuímos nenhuma estatística patrimonial daquela época, mas, em compensação, temos outros testemunhos em quantidade suficiente que permitem constatar a riqueza dos judeus. Sobretudo a pompa que ostentavam, que os autores de relatos de viagem não se cansavam de admirar; o luxo de suas residências, que assumem a forma de magníficos palácios. Quem folheia uma coleção de gravuras de cobre daquela época logo descobre que os palácios mais esplendorosos, por exemplo em Amsterdã ou em Haia, foram construídos e eram habitados por judeus; por exemplo, o castelo do barão Belmonte, o castelo do exmo. senhor de Pinto, o castelo do exmo. senhor d'Acoste e outros. (No final do século XVII, o patrimônio de Pinto foi estimado em 8 milhões

---

16 Ver, por exemplo, B. Carqueja, *O capitalismo moderno e suas origens em Portugal*, 1908, p.73 et seq., 82 et seq., 91 et seq.

17 J. Wagenaar, *Beschrijving van Amsterdam*, cap. 8, p.127 apud Koenen, *Geschiedenes*, p.142. Além das fontes citadas por Koenen, há informações sobre a riqueza dos judeus holandeses (naturalmente num tom fortemente exagerado) em: J. J. Schudt, *Jüdische Merkwürdigkeiten*, v.1, 1714, p.277 et seq.; v.4, 1717, p.208 et seq. Cf. M. Misson, *Reise nach Italien*, 1713, p.43. Dentre os livros mais recentes, há a mencionar o de M. Henriquez Pimentel, *Geschiedkundige aanteekeningen betreffende de Portugesche Israeliten in den Haag*, 1876, p.34 et seq.

de florins.) Uma viva descrição do luxo principesco ostentado na festa de casamento de um judeu rico em Amsterdã nos é dada, em suas memórias, por *Glückel de Hameln*, que deu uma de suas filhas em casamento naquele lugar.[18]

Mas também em outros países, os judeus despontavam por sua riqueza. *Savary*, grande conhecedor do assunto, confirma-nos isso para a *França* do século XVII e início do XVIII, ao transmitir de modo bastante sumário um parecer geral com o seguinte teor: "*on dit qu'un marchand est* riche comme un Juif, *quand il a la réputation d'avoir amassé de grands biens*".[19]

E, com referência à *Inglaterra*, possuímos até mesmo dados numéricos sobre a situação patrimonial dos espanhóis ricos logo após a sua admissão oficial. Já tomamos conhecimento de que uma fiada de judeus ricos seguiu a noiva de Carlos II, Catarina de Bragança, para a Inglaterra. Enquanto em 1661, foram computados apenas 35 chefes de família na comunidade sefardita, só no ano de 1663 juntaram-se a eles 57 novos nomes. Porém, com referência a esse ano, dos livros de Alderman Backwell depreende-se a seguinte movimentação financeira *semestral* das casas comerciais dos judeus ricos.[20]

Jacob Aboab	£ 13.085
Samuel de Vega	£ 18.309
Duarte da Sylva	£ 41.441
Francisco da Sylva	£ 14.646
Fernando Mendes da Costa	£ 30.490
Isaac Dazevedo	£ 13.605
George & Domingo Francia	£ 35.759
Gomes Rodrigues	£ 13.124

Na *Alemanha*, os centros da vida judaica durante os séculos XVII e XVIII foram, como vimos, Hamburgo e Frankfurt am Main. Com referência às duas cidades estamos em condições de constatar a situação patrimonial dos judeus em cifras exatas, e o que descobrimos confirma cabalmente o nosso parecer.

Os que fixaram residência em *Hamburgo* também foram, num primeiro momento, judeus luso-espanhóis. Já no ano de 1619, encontramos

---

18 G. Von Hameln, *Memoiren*, p.134 et seq.
19 Savary, *Dictionnaire du commerce*, v.2, 1726, p.448. ["Diz-se que um comerciante é *rico como um judeu* quando tem fama de ter acumulado grande quantidade de bens." – N. T.]
20 L. Wolf, *The Jewry of the Restoration 1660-1664*; reimpressão de *The Jewish Chronicle*, p.11.

40 dessas famílias participando da fundação do Banco de Hamburgo: portanto, no mínimo em boa situação patrimonial. Logo começaram as queixas contra a crescente riqueza e o crescente renome dos judeus: em 1649, ouve-se a queixa de que enterram seus mortos com pompa e passeiam em carruagens; uma reclamação do ano de 1650 diz que os judeus construíam casas como se fossem palácios; leis do luxo proíbem aos judeus uma ostentação exagerada de pompa etc.[21] Até o final do século XVII, a riqueza parece ter se restringido aos judeus sefarditas; por essa época, porém, também os asquenazes cresceram rapidamente: *Glückel de Hameln* é a prova mais segura disso. Ela fala a respeito de numerosas famílias judaicas que, quando ela era criança, ainda viviam em situação precária e agora já seriam razoavelmente abastadas. Suas observações, extraídas de uma rica experiência, encontramos plenamente confirmadas pelos dados estatístico-patrimoniais que possuímos das três primeiras décadas do século XVIII:[22] em 1729, a comunidade judaica de Altona era formada por 297 contribuintes, entre os quais 145 abastados com uma posse de mais de 1.500 marcos bancários; seu patrimônio total perfazia 5.434.300 marcos, ou seja, mais de 37 mil marcos em média; a comunidade de Hamburgo era composta de 160 contribuintes, entre os quais 16 com mais de 1.000 marcos e um patrimônio total conjunto de 501.500 marcos. Essas cifras parecem até meio baixas, se comparadas com os dados patrimoniais exatos de que dispomos acerca dos judeus ricos individuais. No ano de 1725, encontramos os seguintes judeus abastados em Hamburgo, Altona e Wandsbeck:

Joel Salomon	210.000 marcos
O genro deste	50.000 marcos
Elias Oppenheimer	300.000 marcos
Moses Goldschmidt	60.000 marcos
Alex Papenheim	60.000 marcos

---

21 Ver as fontes principalmente em H. Reils, Beiträge zur ältesten Geschichte der Juden in Hamburg, *Zeitschrift des Vereins für hamburgische Geschichte*, v.2, p.357 et seq., 380, 405; e M. Grunwald, *Portugiesengräber auf deutscher Erde*, 1902, p.16 et seq., 26, 35 et seq.

22 Apud M. Grunwald, *Hamburgs deutsche Juden*, p.20, 191 et seq.

Elias Salomon	200.000 marcos
Philip Elias	50.000 marcos
Samuel Schiesser	60.000 marcos
Berend Heyman	75.000 marcos
Samson Nathan	100.000 marcos
Moses Hamm	75.000 marcos
A viúva de Samuel Abraham	60.000 marcos
Alexander Isaac	60.000 marcos
Meyer Berend	400.000 marcos
Salomon Berens	1.600.000 marcos
Isaac Hertz	150.000 marcos
Mangelus Heymann	200.000 marcos
Nathan Bendix	100.000 marcos
Philip Mangelus	100.000 marcos
Jac[ob] Philip	50.000 marcos
A viúva de Abraham Oppenheimer	60.000 marcos
A viúva de Zacharias Daniel e sua filha viúva	150.000 marcos
Simon del Banco	150.000 marcos
Marx Casten	200.000 marcos
Carsten Marx	60.000 marcos
Abraham Lazarus	150.000 marcos
Berend Salomon	600.000 Reichsthaler*
Meyer Berens	400.000 Reichsthaler
Abraham von Halle	150.000 Reichsthaler
Abraham Nathan	150.000 Reichsthaler

Pois 31 ou 32 pessoas juntas já tinham mais do que 6 milhões de marcos. Em todo caso, não se poderá pôr em dúvida a existência de judeus ricos e muito ricos em Hamburgo a partir do século XVII.

O mesmo quadro, só que talvez de cores ainda mais brilhantes, oferecem-nos os judeus de *Frankfurt*. Sua riqueza começa a se desenvolver por volta do final do século XVI e a partir daí cresce rapidamente.

No ano de 1593, encontramos em Frankfurt am Main apenas 4 judeus (ao lado de 54 cristãos – 7,4%) que declaram ao fisco um patrimônio de mais de 15.000 florins; até 1607 já são 16 (ao lado de 90 cristãos = 17,7%).[23] No ano de 1618, o judeu mais pobre a pagar tributo declarou um patrimônio líquido de 1.000 florins, o cristão mais pobre, de 50 florins; nesse ano, os judeus pagaram 3627,85 florins de tributo, ao passo

---

* Táleres imperiais. (N. T.)
23 F. Bothe, *Die Entwicklung der direkten Besteuerung der Reichsstadt Frankfurt*, 1906, p.166, tabelas 10 e 15.

que a receita total da cidade foi de apenas 20.872,25* florins. Nos anos entre 1634-1650, cerca de 300 economias domésticas judaicas pagaram 100.900 florins destinados ao alojamento de soldados e construção de trincheiras; por exemplo, no ano de 1634, foram 14.400 florins; em 1635, 14.800 florins; em 1636, 11.200 florins etc.[24]

Até o final do século XVIII, o número de contribuintes judeus do fisco em Frankfurt am Main subiu para 753, que juntos possuíam no mínimo 6 milhões de florins. Destes, mais da metade está entre as 12 famílias mais ricas, a saber, as seguintes:[25]

Speyer	604.000 florins
Reiß Ellissen	299.916 florins
Haas, Kann, Stern	256.500 florins
Schuster, Getz, Amschel	253.075 florins
Goldschmidt	235.000 florins
May	211.000 florins
Oppenheimer	171.500 florins
Wertheimer	138.600 florins
Flörsheim	166.666 florins
Rindskopf	115.600 florins
Rothschild	109.375 florins
Sichel	107.000 florins

E até mesmo os judeus de Berlim do início do século XVIII já deixaram de ser pobres pedintes. Das 120 famílias judaicas que havia em 1737 em Berlim, somente 10 tinham menos do que 1.000 táleres de patrimônio; todas as demais possuíam de 2000 a 20.000 táleres para cima.[26]

Esse fato pitoresco e interessante de que os judeus sempre foram as pessoas mais ricas manteve-se inalterado no decorrer dos séculos e ainda hoje se mantém como há duzentos ou trezentos anos. A diferença é que talvez hoje ele tenha contornos ainda mais nítidos e seja ainda mais generalizado do que em tempos mais antigos. Em vista da importância destacada que esse fato tem tanto como sintoma da peculiaridade das nossas condições

---

* Correção do original, onde consta "20872,225 fl.". (N. T.)
24 Kracauer na *Zeitschrift für die Geschichte der Juden in Deutschland*, v.3, 1899, p.341 et seq.
25 A. Dietz, *Stammbuch der Frankfurter Juden*, 1907, p.408 et seq.
26 L. Geiger, *Geschichte der Juden in Berlin*, v.1, 1871, p.43.

econômicas quanto como explicação dessa peculiaridade, quero compartilhar aqui com mais detalhes os resultados de alguns cálculos solicitados por mim com base em fontes confiáveis sobre a relação entre a receita dos contribuintes judeus e a dos contribuintes cristãos na *Alemanha dos nossos dias*. Eles permitem reconhecer com toda a nitidez desejável a superioridade extraordinariamente grande da população judaica sobre a não judaica em termos patrimoniais e não poderão ser facilmente suplantados por quaisquer outras cifras estatísticas. Com frequência procura-se refutar a afirmação de que os judeus seriam muito mais ricos do que cristãos com a objeção de que o observador estaria se deixando enganar por alguns judeus ricos; a grande massa dos judeus não seria mais rica do que o restante da população. Ora, das cifras seguintes resulta que essa objeção não é justificada: elas mostram que os judeus, no todo, são várias vezes mais ricos; em algumas localidades, muitas vezes mais ricos do que seu entorno. Analisemos as cifras referentes a Berlim e Mannheim! Elas comprovam que a população judaica em seu conjunto é seis a sete vezes mais rica do que a população cristã. Especialmente instrutivas são também as cifras referentes às cidades da Alta Silésia ou as referentes à cidade de Posen, na qual os judeus são em torno de seis vezes mais ricos que o restante da população: instrutivas porque, nesse caso, trata-se dos assim chamados judeus "pobres". (Aliás, tendo em vista as poucas estatísticas, claro que bastante insuficientes, tampouco se pode ter dúvida de que as comunidades judaicas que vivem na Rússia e na Galícia, mesmo sendo muito pobres, ainda são muitas vezes mais ricas que a população cristã à sua volta.)

Quanto às *cifras das tabelas seguintes*, os números referentes à população foram extraídos do censo de 1º de dezembro de 1905.

Com relação ao grão-ducado de Baden, os números reproduzidos aqui, em função da comparação com os números seguintes, referem-se aos distritos com mais de 30 mil habitantes (excetuando os distritos de Waldshut, Heidelberg, Sinsheim e Mosbach, dado que não foi possível apurar com referência a esses distritos os números posteriores correspondentes).

Os valores gerais de impostos pagos nas cidades prussianas foram extraídos da *Estatística do Ministério das Finanças Imperial da Prússia* e as estimativas do imposto eclesiástico geral de Baden referentes ao ano de 1908 foram tiradas do *Anuário Estatístico*. Os números são reproduzidos com referência aos distritos fiscais; por conseguinte, os dados referentes aos distritos fiscais foram confrontados com os dos distritos administrativos ou então calculados para eles.

Porém, como se poderia apurar os valores recolhidos em impostos pelos judeus? As estatísticas gerais de impostos não os discriminam. Para isso, ofereceu-se como fonte valiosa o *Handbuch der jüdischen Gemeindeverwaltung* [Manual da administração comunitária judaica], cujo volume referente a 1907 foi utilizado por mim para aproximar suas cifras tanto quanto possível das do censo de 1905. Nesse manual, indica-se o *valor em impostos* cobrado de cada comunidade de culto: de muitas comunidades em números absolutos com a notação da porcentagem que essa soma representa da receita ou do imposto de renda recolhido pelo Estado. Nesse último caso, foi possível apurar o imposto de renda pago pelos judeus e compará-lo com os impostos pagos pela população total do distrito. Os resultados desses cálculos estão contidos nas Tabelas I e II com referência a todas as cidades ou distritos para os quais foi possível obter cifras comparáveis.

Nos casos em que os impostos eclesiásticos pagos pelas comunidades judaicas foram expressos em porcentagens da *receita*, foi preciso confrontá-las com a *receita* total de todos os habitantes. Isso foi possível com referência a Breslau e Frankfurt am Main (Tabela III).

Ainda especialmente sobre os *números referentes à cidade de Berlim*, é preciso dizer que foram apurados ou compilados de maneira específica. Eles foram entregues ao Departamento Estatístico de Berlim pelo funcionário do Sínodo Municipal Evangélico; conforme comunicação pessoal desse funcionário, depois de ter consultado os registros de impostos da população católica, judaica etc., ele compilou os dados correspondentes às confissões individuais. Contudo, os números se referem a Berlim, Charlottenburg, Schöneberg e partes de Wilmersdorf, o que não se depreende do Anuário de Berlim nem era do conhecimento do referido Departamento. Por conseguinte, para calcular a porcentagem da população judaica, foi preciso usar como base a população total da grande Berlim (incluindo toda a cidade de Wilmersdorf).

Todos os cálculos foram feitos, por solicitação minha, pelo sr. dr. Rudolf Meerwarth.

Os judeus e a vida econômica

Tabela I

Cidade	Número de habitantes	Número de judeus	Percentual de judeus da população total	Soma dos impostos recolhidos de todos os habitantes	Soma dos impostos recolhidos dos judeus	Percentual dos impostos pagos pelos judeus
Aachen	144.095	1665	1,16	1.672.641	130.357,14	7,79
Barmen	156.080	584	0,37	1.502.439	26.333,33	1,75
Berlim	2.484.285	125.723	5,06	54.182.931	10.517.535,00	30,77
Beuthen	60.076	2425	4,04	327.402	88.086,42	26,90
Bielefeld	71.796	833	1,16	622.935	44.873,24	7,20
Bochum	118.464	1048	0,88	760.951	40.000,00	5,26
Bonn	81.996	1202	1,47	1.430.565	53.802,40	3,76
Brandemburgo	51.259	273	0,53	553.394	8125,00	2,30
Bromberg	54.251	1513	2,79	455.059	62.500,00	13,73
Crefeld	110.544	1834	1,66	1.121.652	73.638,50	6,57
Dortmund	175.577	2104	1,20	1.508.532	78.471,67	5,22
Düsseldorf	253.274	2877	1,14	3.546.139	125.723,08	3,55
Duisburg	192.348	1035	0,54	1.508.379	31.111,00	2,07
Elberfeld	162.853	1754	1,08	1.841.053	70.000,00	3,80
Essen	231.360	2411	1,04	2.250.853	104.888,89	4,66
Frankfurt/Oder	64.304	755	1,17	440.289	30.224,00	6,86

Cidade	Número de habitantes	Número de judeus	Percentual de judeus da população total	Soma dos impostos recolhidos de todos os habitantes	Soma dos impostos recolhidos dos judeus	Percentual dos impostos pagos pelos judeus
Gelsenkirchen	147.005	1171	0,80	735.067	22.000,00	2,99
Gleiwitz	61.326	1962	3,20	288.256	68.894,31	23,90
Kiel	163.772	470	0,29	1.428.488	11.272,73	0,79
Koblenz	53.897	638	1,18	623.019	2692,31	0,43
Königshütte	66.042	990	1,50	172.165	25.000,00	14,52
Magdeburg	240.633	1935	0,80	2.581.680	102.500,00	3,58
Mülheim/Rhein	50.811	263	0,52	349.034	7666,67	2,20
Mülheim/Ruhr	93.599	747	0,80	687.254	18.533,33	2,70
München-Gladbach	60.709	784	1,29	579.441	40.000,00	6,90
Münster	81.468	510	0,63	873.328	23.000,00	2,63
Oberhausen	52.166	330	0,63	292.768	4571,43	1,56
Osnabrück	59.580	474	0,80	420.051	11.428,57	2,72
Posen	136.808	5761	4,21	1.017.173	244.521,00	24,02
Wiesbaden	100.953	2651	2,63	2.437.644	200.000,00	8,20

Tabela II

Distritos administrativos com mais de 30 mil habitantes	População (1º de dezembro de 1905) no total	de judeus	Percentual de judeus na população total	Estimativas de imposto patrimonial para as três confissões, compiladas para fins do imposto eclesiástico (1908)	Estimativas de imposto patrimonial dos judeus	Percentual do imposto pago pelos judeus sobre o imposto patrimonial total	Estimativas de imposto de renda para as três confissões, compiladas para fins do imposto eclesiástico (1908)	Estimativas de imposto de renda dos judeus	Percentual do imposto pago pelos judeus sobre o imposto de renda total
Constança	59.912	1178	1,97	190.465.900	17.916.700	9,41	12.022.370	999.875	8,32
Villingen	30.263	61	0,20	62.563.600	352.500	0,56	3.462.385	30.575	0,88
Emmendingen	52.393	642	1,23	122.239.100	3.987.500	3,26	6.149.025	235.400	3,83
Freiburg	104.951	1124	1,07	615.656.600	32.246.200	5,24	31.776.190	1.549.925	4,88
Lörrach	46.420	287	0,62	114.386.600	1.523.300	1,33	6.975.295	105.775	1,52
Lahr	43.445	373	0,86	123.282.000	2.062.500	1,67	6.125.375	130.900	2,14
Offenburg	62.826	461	0,73	146.046.700	3.344.700	2,29	8.519.845	270.450	3,17
Rastatt	65.996	411	0,62	104.087.800	3.254.000	3,13	6.979.410	225.100	3,23
Bruchsal	68.196	1088	1,60	120.169.500	21.097.300	17,56	7.552.155	1.294.700	17,14
Durlach	43.274	471	1,09	67.422.900	3.891.500	5,77	4.956.610	186.800	3,77
Karlsruhe	151.222	2891	1,91	848.721.500	75.675.300	11,67	48.908.525	5.413.900	11,07
Pforzheim	94.161	664	0,71	316.369.900	16.535.100	5,23	30.088.870	1.670.435	5,55
Mannheim	195.723	6273	3,21	880.576.800	252.393.000	28,66	77.667.915	17.377.975	22,37

Distritos administrativos com mais de 30 mil habitantes	População (1º de dezembro de 1905) no total	de judeus	Percentual de judeus na população total	Estimativas de imposto patrimonial para as três confissões, compiladas para fins do imposto eclesiástico (1908)	Estimativas de imposto patrimonial dos judeus	Percentual do imposto pago pelos judeus sobre o imposto patrimonial total	Estimativas de imposto de renda para as três confissões, compiladas para fins do imposto eclesiástico (1908)	Estimativas de imposto de renda dos judeus	Percentual do imposto pago pelos judeus sobre o imposto de renda total
Schwetzingen	35.674	235	0,66	48.702.200	3.384.100	6,95	4.115.375	112.450	**2,73**
Baden	32.858	228	0,68	229.542.100	7.596.900	3,40	10.409.020	400.725	**3,85**
Bühl	32.227	212	0,66	73.619.300	2.951.300	4,01	3.101.070	168.050	**5,42**
Grão-Ducado de Baden	2.010.728	25.893	1,29	6.091.588.350	512.800.650	8,42	379.078.795	34.328.370	**9,06**

Tabela III

Cidade	População total	Número de judeus	Percentual de judeus na população total	Receita total de todos os contribuintes	Receita dos judeus	Percentual da receita dos judeus na receita total
Breslau	470.904	20.356	**4,3%**	213.635.475	43.347.482	**20,3%**
Frankfurt/Main	334.978	23.476	**7,0%**	461.114.500	96.000.000	**20,8%**

Ora, se voltarmos a perguntar pelo significado que tal posse destacada de dinheiro necessariamente teria para o destino econômico dos judeus, é evidente que ela será de natureza bem geral, como logo exporemos com mais detalhes.

Porém, é preciso mencionar também o significado especial que o dinheiro judeu teve para os respectivos Estados que acolheram a corrente migratória. Esse significado especial entra em cogitação para o desenvolvimento total do capitalismo (que é o que exclusivamente temos em mira aqui) na medida em que os povos que foram fomentados pelos judeus, por sua vez, também se tornaram extraordinariamente aptos a fomentar o desenvolvimento capitalista. Por essa razão, devemos registrar como importante o fato de que, em função da migração dos judeus ricos, houve um deslocamento súbito da reserva de metais preciosos (que vinha se dando gradativamente em consequência da reconfiguração das relações comerciais) que não poderia ficar sem profunda influência sobre o curso da vida econômica: Espanha e Portugal foram esvaziados, Holanda e Inglaterra, enchidos.

E é possível acompanhar com relativa clareza que foi em parte com o dinheiro dos judeus que ganharam existência os grandes empreendimentos do século XVII que demandavam capital.

Assim como a expedição de Colombo não teria sido possível se os judeus tivessem deixado a Espanha uma geração mais cedo, presume-se que nem as grandes Companhias das Índias nem os grandes bancos que surgiram no século XVII teriam nascido com tanto vigor se a considerável riqueza dos judeus fugitivos não tivesse chegado em auxílio dos holandeses, ingleses e hamburgueses, ou seja, se os judeus tivessem sido expulsos da Espanha e de Portugal um século mais tarde.

Desse modo, porém, já adentramos a avaliação geral da riqueza judaica, que naturalmente foi significativa pelo fato de ter, se não diretamente possibilitado, facilitado essencialmente o empreendimento de todas as operações capitalistas: fundações de bancos, atividade de empréstimos, especulação nas bolsas de valores – tudo isso era mais fácil para os judeus do que para os demais na medida em que os seus bolsos estavam mais cheios. Mas essas coisas não passam de obviedades.

Mas também que sua riqueza os capacitava para serem banqueiros dos reis é uma constatação que não exige uma dose muito elevada de perspicácia.

Em contraposição, outra circunstância que sempre está em conexão com a posse de dinheiro dos judeus merece ser posta sob uma luz mais forte. Penso no uso pródigo que os judeus fizeram do seu dinheiro para fins de empréstimo. Pois, pelo visto, esse modo específico de empregar o dinheiro (de cuja disseminação universal não se pode duvidar) tornou-se um dos preparativos mais importantes para o próprio capitalismo. Se em todos os aspectos os judeus se mostraram aptos a fomentar o desenvolvimento capitalista, eles devem isso com toda a certeza em grande medida à sua qualidade de emprestadores de dinheiro (tanto em grande como em pequena escala).

Pois do empréstimo de dinheiro nasceu o capitalismo.
Sua ideia fundamental já está contida embrionariamente no empréstimo de dinheiro; o capitalismo recebeu suas características mais importantes do empréstimo de dinheiro.

No empréstimo de dinheiro, toda qualidade foi extinta e o processo econômico aparece determinado unicamente em termos quantitativos.

No empréstimo de dinheiro, o aspecto contratual do negócio passou a ser o essencial: seu conteúdo é formado pela negociação em torno de realização e contrapartida, pela promessa para o futuro, pela ideia do fornecimento.

No empréstimo de dinheiro, tudo o que tem a ver com o ganha-pão desapareceu.

No empréstimo de dinheiro, tudo que é corporal (tudo que é "técnico") foi extirpado: o ato econômico passou a ser de natureza puramente espiritual.

No empréstimo de dinheiro, a atividade econômica como tal perdeu todo e qualquer sentido: a ocupação com empréstimos de dinheiro deixou de ser uma atividade significativa tanto do corpo quanto do espírito. Isso fez que seu valor fosse deslocado dela mesma para seu sucesso. Só o que ainda tem sentido é o sucesso.

No empréstimo de dinheiro, aparece pela primeira vez com toda a nitidez a possibilidade de ganhar dinheiro sem esforço próprio mediante uma ação econômica; aparece também bem nitidamente a possibilidade de fazer que pessoas estranhas trabalhem para alguém sem qualquer ato de violência.

Pode-se ver que, de fato, todas essas características peculiares do empréstimo de dinheiro também são características peculiares de toda a organização econômica capitalista.

Acresce-se a isso, ademais, que parte bastante considerável do capitalismo moderno originou-se *historicamente* do empréstimo de dinheiro (do adiantamento). Com efeito, isso aconteceu sempre que encontramos a forma do empréstimo como a forma original da empresa capitalista. Mas também sempre que esta nasceu de relações de comenda. E, por fim, também sempre que ela atuou pela primeira vez em alguma forma acionária. Com efeito, dito em termos sumamente básicos, a sociedade por ações nada mais é que um negócio de empréstimo de dinheiro com teor imediatamente produtivo.

Portanto, descobrimos o exercício do negócio de empréstimo de dinheiro, uma vez mais, como uma circunstância que capacitou os judeus objetivamente para criar, fomentar e disseminar a essência capitalista. As últimas explanações, contudo, já nos levaram um passo adiante: indo além do terreno da interpretação puramente objetivista. Não estariam contidos, já na qualificação para o capitalismo que é gerado pelo negócio de empréstimo de dinheiro, elementos psicológicos que permitem inferir uma peculiaridade bem determinada do empréstimo de dinheiro?

Devemos ampliar essa pergunta numa pergunta geral: as circunstâncias "objetivas" aqui expostas são mesmo suficientes para explicar o papel econômico dos judeus? Ou seja, a interpretação puramente objetivista se revela mesmo como fundamentação explicativa suficiente da sua atuação? Ou essa "fundamentação" não exigiria algo como uma peculiaridade judaica como elo na corrente causal? Porém, antes de acercar-nos dessa questão (no capítulo 12), temos de voltar nossa atenção, por razões que serão expostas no início do próximo capítulo, para um fenômeno especialmente peculiar: a religião dos judeus.

Capítulo XI
A importância da religião judaica para a vida econômica

Observação prévia

Ao considerar aqui, em capítulo específico, a religião do povo judeu e tentar demonstrar que ela teve um significado destacado para as realizações dos judeus na formação do capitalismo, o que me predispõe a isso é primeiramente a ponderação de que a importância desse momento explicativo ao lado das demais circunstâncias "objetivas" com efeito só poderá ser devidamente reconhecida se esse aspecto do problema judaico for tratado numa extensão relativamente grande e numa moldura apropriada.

Parece-me, ademais, que uma abordagem em separado do problema da religião é exigida pelo método inteiramente específico que deve ser aplicado em sua exposição.

Por fim, o que fala a favor desse agrupamento do material é a circunstância de que a incidência da religião no comportamento econômico dos crentes já não pode mais ser compreendida sob a categoria das circunstancializações puramente objetivas, já que a própria religião aparece claramente como expressão de uma tendência espiritual específica e, portanto, de uma peculiaridade subjetiva (que aqui, todavia, ainda não será desdobrada com mais detalhes). De outra parte, o sistema religioso dentro do qual o indivíduo nasce, não obstante, defronta-se com ele como algo "objetivo" dado como estabelecido. E os efeitos que o exercício de deveres religiosos traz, por exemplo, para a efetuação econômica podem, em certo sentido, figurar entre suas causas objetivas, a exemplo dos efeitos que decorrem de uma determinada condição jurídica. Por fim, no entanto, o sistema religioso aparece em casos frequentes como a própria causa, seja de determinadas disposições exteriores do destino do povo judeu (justamente as "circunstâncias objetivas" que ressaltamos), seja de determinadas peculiaridades da essência judaica. A religião se encontra, portanto, em meio a razões objetivas e (possíveis!) razões subjetivas de aptidões e, por essa razão, merece um lugar específico na organização deste livro, o qual lhe reservo com este capítulo.

I. A importância da religião para o povo judeu

Podemos assumir sem sombra de dúvida que a religião de um povo ou de um grupo dentro do povo pode ter grande importância para a configuração da vida econômica. Não faz muito que Max Weber revelou a conexão que existe entre puritanismo e capitalismo. E são exatamente as investigações de Max Weber que em boa parte são culpadas do surgimento deste livro: todo observador atento deveria confrontar tais investigações com o problema de se aquilo que Weber atribui ao puritanismo não teria talvez sido realizado bem antes disso e também depois em grau ainda mais elevado pelo judaísmo; e inclusive se aquilo que denominamos puritanismo não seria mais propriamente, em seus traços essenciais, judaísmo. No decorrer da nossa investigação tomaremos conhecimento de mais coisas relacionadas com a afinidade entre as duas religiões.

Se outros sistemas religiosos, como o puritanismo, exerceram influência sobre a configuração da vida econômica, podemos assumir sem mais que o judaísmo também fez isso, porque para nenhum outro povo civilizado a religião teve tanta importância quanto para os judeus. Com efeito, a religião não foi para eles uma questão restrita a domingos e feriados, mas impregnou a vida cotidiana até os mínimos atos. Todas as relações vitais recebiam sua consagração religiosa. Em relação a cada coisa que se fazia e deixava de se fazer – como se sabe e como ainda ficaremos sabendo com detalhes – ponderava-se isto: se aquilo promovia o reconhecimento ou a negação da majestade divina. Não só as relações entre ser humano e

Deus são reguladas pela "lei" judaica, os preceitos religiosos não vêm ao encontro só de uma necessidade metafísica: também para todas as relações imagináveis entre ser humano e ser humano ou entre ser humano e natureza os livros religiosos contêm a norma obrigatória. O direito judaico é um componente do sistema religioso, assim como a doutrina moral judaica. O direito foi estabelecido por Deus, sendo moralmente bom e do agrado de Deus; lei moral e ordenamento divino são para o judaísmo conceitos totalmente inseparáveis.[1] Numa concepção coerente com isso, nem mesmo existe uma "ética do judaísmo" de caráter autônomo.

> A doutrina moral judaica compõe a fonte interior, mais exatamente, o princípio concreto da doutrina de fé judaica. A ética judaica é o princípio da religião judaica. Ela é o princípio e não a consequência. Ela só pode ser derivada da religião judaica no sentido em que se derivam os axiomas do conteúdo teórico das sentenças matemáticas [...] Existe uma unidade inseparável, indissolúvel entre a doutrina moral judaica e a teologia judaica [...] A doutrina moral judaica nada mais é que a doutrina de fé judaica.[2]

Porém, nenhum outro povo tomou providências tão efetivas quanto os judeus para que o menor e mais humilde dentre eles também realmente conheça os preceitos da religião. Josefo já opinou que, entre os judeus, poder-se-ia perguntar a qualquer pessoa sobre as leis: ela recitaria todo o conjunto de prescrições com maior facilidade do que seu próprio nome. A razão disso reside na educação sistemática que toda criança judia recebe em questões religiosas; reside no esquema que utiliza o próprio culto parcialmente para a finalidade de recitar e esclarecer passagens dos escritos sagrados, e isto de tal maneira que a Torá inteira é recitada uma vez no decorrer do ano; reside em que nada é incutido tanto no indivíduo quanto o dever de estudar a Torá e ler o Shemá. "Na Sagrada Escritura (Deuteronômio 6:5) consta em relação aos mandamentos e preceitos de

---

1 M. Lazarus, *Die Ethik des Judentums*, 1904, p.67, 85 e *passim*.
2 Cohen, Das Problem der jüdischen Sittenlehre. Eine Kritik [diga-se de passagem: demolidora] von Lazarus' Ethik des Judentums, *Monatsschrift*, v.43, p.385 et seq., aqui 390 et seq. [Corrigindo, o trecho citado pelo autor é Deuteronômio 6:7. – N. T.]

Deus: 'Delas falarás assentado em tua casa, andando pelo caminho, ao deitar-te e ao levantar-te'".[3]

Porém, decerto nenhum outro povo seguiu tão à risca as vias que Deus lhe apontou, ninguém se esforçou tanto para observar escrupulosamente os preceitos da religião quanto os judeus.

Disseram que o povo judaico seria o mais "não piedoso" de todos. Não quero decidir aqui com que razão se afirma isso deles. Porém, com certeza eles são, ao mesmo tempo, o povo "mais temente a Deus" que jamais andou sobre a Terra. Eles sempre viveram tremendo de medo da ira divina. "Atemorizo-me diante de ti a ponto de minha pele se arrepiar toda, e me apavoro em vista dos teus juízos." Essas palavras do salmista (119, 120) preservaram sua validade para o povo judeu em todas as épocas. "Feliz a pessoa que o tempo todo teme" (a Deus) (Provérbios 28:14). O midraxe Tanchuma Chukkat 24 diz: "Os piedosos nunca deixam o temor de lado".[4] Também pudera! Que Deus, que ser terrível e aterrorizante, capaz de amaldiçoar como fez esse Javé! Certamente jamais voltou a ocorrer na literatura mundial, nem antes nem depois, que pessoas tenham sido ameaçadas de tanta coisa ruim quanto as pragas que Javé roga no famoso capítulo 28 do Deuteronômio contra quem não observa seus mandamentos.

No decorrer da história, esse grande poder, o temor a Deus (no sentido estrito da palavra), ainda recebeu ajuda de outros poderes que, do mesmo modo que aquele, praticamente impingiram aos judeus a observância escrupulosa dos preceitos religiosos. Penso sobretudo no seu destino como povo ou nação. O fato de o Estado judeu ter sido destruído fez que os fariseus e escribas, isto é, aqueles elementos que cultivaram a tradição de Esdras e que pretendiam transformar o cumprimento da lei em valor central, fez que esses homens, que até aquele momento haviam exercido, quando muito, o domínio moral, fossem alçados à liderança de todo o povo judeu e, portanto, passassem a ter condições de desviá-lo totalmente para os seus caminhos. Os judeus que haviam cessado de formar um Estado,

---

3 *Orach Chajim*, § 8.
4 Chukkat apud F. Weber, *Altsynagogale Theologie*, 1880, p.273.

cujos santuários nacionais estavam destruídos, passaram a reunir-se sob a liderança dos fariseus em torno da Torá (essa "pátria portátil", como a chamou Heine); tornam-se uma seita religiosa conduzida por uma multidão de escribas piedosos (mais ou menos como se os discípulos de Loyola reunissem em torno de si os integrantes dispersos de um Estado moderno). Os fariseus assumem o legado dos governantes destituídos. Seus rabinos mais ilustres compõem um colegiado que se considerou e foi considerado como continuação do antigo Sinédrio e que, dali por diante, tornou-se para todos os judeus da Terra a instância suprema em todas as questões espirituais e seculares.[5] Desse modo, portanto, foi fundado o domínio dos rabinos que se consolidou cada vez mais por força das vicissitudes que os judeus padeceram durante a Idade Média, e que se tornou tão opressivo que os próprios judeus às vezes se queixavam do pesado jugo que os rabinos lhes impunham. Quanto mais os judeus eram isolados pelos povos que os hospedavam (ou isolavam a si mesmos), tanto maior naturalmente foi se tornando a influência dos rabinos; ou seja, tanto mais facilmente estes podiam forçar o povo judeu a guardar fidelidade à lei. Porém, a vida no cumprimento da lei, a que seus rabinos os instavam, decerto também era para os judeus, por razões de foro íntimo, por razões do coração, a vida mais valiosa: por ser a única vida que, em meio às perseguições e humilhações a que estavam expostos de todos os lados, assegurava-lhes sua dignidade humana e, desse modo, uma possibilidade de existência. Durante a maior parte do tempo o sistema religioso estava encerrado no Talmude e, por essa razão, foi exclusivamente nele, por ele e através dele que o povo judeu viveu durante séculos. O Talmude se tornou "a possessão fundamental do povo judeu, seu fôlego de vida, sua alma". Para muitas gerações, ele se tornou uma "história de família" na qual elas se sentiam em casa, pois nele

> viviam e lidavam, o pensador no material do seu pensamento, o emotivo nas imagens transfiguradas do seu ideal. O mundo exterior, a natureza e os seres humanos, os poderosos e os acontecimentos por mais de um milênio não

---

[5] J. Wellhausen, *Israelitische und jüdische Geschichte*, p.340.

tiveram importância alguma para as gerações, foram casuais, simples quimera, pois a verdadeira realidade era o Talmude.[6]

Foi dito acertadamente que o Talmude (para o qual, a meu ver, vale em grau especialmente elevado o que deve ser dito de modo geral dos respectivos livros das religiões dominantes) é como uma crosta com a qual se cobriram os judeus durante o exílio: ela os tornou insensíveis para todo e qualquer estímulo exterior e protegeu sua força vital interior.[7]

Do que de fato queremos estar cientes por enquanto é isto: que uma série de circunstâncias exteriores contribuíram para manter os judeus, mais do que qualquer outro povo, no temor do Senhor até a chegada do novo tempo, tornando-os religiosos até a medula; ou se houver reparos a fazer em relação à palavra "religiosos": manter vivo um cumprimento universal e rigoroso das prescrições religiosas por parte de grandes e pequenos.

Importante para os nossos propósitos é constatar, antes de tudo, que esse rigorismo em termos de crença não se encontra só entre a grande massa do povo judeu, mas justamente também entre os judeus que vimos exercer influência bastante decisiva sobre o curso da vida econômica. Devemos ter até mesmo os marranos dos séculos XVI, XVII e XVIII na conta de judeus ortodoxos.

> Os marranos ou judeus secretos, em sua esmagadora maioria, eram bem mais apegados ao judaísmo do que geralmente se supõe. Eles se submetiam ao jugo (*anussim*) e eram cristãos só na aparência, vivendo como judeus e observando as leis e os preceitos da religião judaica.

Este é o parecer de um dos maiores conhecedores daquela época da história judaica.[8] Eles não acendiam fogo no *shabbat* e tinham seu próprio

---

6 Graetz, *Geschichte der Juden*, 2. ed., v.4, p.411. Ver ali uma apreciação, unilateralmente otimista, o que é natural, mas ainda assim primorosa, do Talmude e de sua importância para o povo judeu.
7 J. Fromer, *Vom Ghetto zur modernen Kultur*, 1906, p.247.
8 M. Kayserling, *Christoph Columbus*, 1894, p.VI.

açougueiro que fazia a carneação ritual, assim como um homem que providenciava a circuncisão dos seus filhos etc. Nossa fonte diz:

> Essa admirável fidelidade só poderá ser inteiramente reconhecida e devidamente apreciada quando o abundante material depositado nos arquivos do Estado em Alcalá de Henares e Simancas, assim como em vários arquivos de Portugal, tiver sido reunido num só lugar [...] examinado e processado.

Porém, também sabemos que, entre os judeus, os mais ilustres, os mais ricos também eram os melhores conhecedores do Talmude. O estudo do Talmude constituiu durante séculos a ponte que levava a honra, riqueza e favorecimento entre os judeus. Os maiores eruditos no Talmude eram, em sua maioria, simultaneamente os mais hábeis financistas, médicos, joalheiros, comerciantes. Sabemos, por exemplo, de muitos ministros das finanças, banqueiros, médicos particulares espanhóis que eles procediam como os bem piedosos, ocupando-se exclusivamente com o estudo das Sagradas Escrituras não só no *shabbat*, mas além disso também em duas noites por semana. O mesmo se diz do velho Amschel Rothschild, que morreu em 1855. Ele viveu rigorosamente de acordo com a lei judaica e jamais comeu um bocadinho que seja em mesa estranha, mesmo que estivesse sentado ao lado do imperador. Temos a respeito dele o relato de uma testemunha ocular que viveu próximo do barão, sobre como ele celebrava o *shabbat*:

> Ele é considerado o judeu mais piedoso de toda a cidade de Frankfurt. Jamais vi uma pessoa se afligir dessa maneira, bater no peito, clamar aos céus, chorar ao Pai de todos como o barão Rothschild em longos dias na sinagoga. Com frequência ele desmaia em consequência dos esforços da oração incessante e da participação contínua nas recitações: quando isso acontece, eles o fazem cheirar plantas de forte efeito narcótico trazidas do seu jardim para trazê-lo novamente à consciência.[9]

---

9 *Das Haus Rothschild*, v.1, 1857, p.186.

Mas também seu sobrinho, o último Rothschild de Frankfurt, chamado Wilhelm Karl, que morreu em 1901, ainda observou a lei ritual até suas últimas ramificações: visto que, em certas circunstâncias, é proibido ao judeu piedoso tocar coisas que se tornaram "impuras" mediante algum contato anterior, esse Rothschild sempre era precedido de um servo que limpava os trincos das portas. E o dinheiro-papel que o barão Rothschild tomava em suas mãos sempre tinha acabado de sair da prensa: ele não tocava nenhuma nota que já havia passado por várias mãos.

Se um Rothschild vive dessa forma, então não nos causará admiração se ainda hoje nos depararmos com o judeu que viaja a negócios que há meio ano não come um bocado sequer de carne porque mesmo nos restaurantes ditos *kosher* das cidades estrangeiras ele não pode estar seguro de que o abate realmente tenha observado o rito em todo o seu rigor.

Hoje o judaísmo bem rigoroso só se encontra ainda no Oriente da Europa. É lá que devemos estudá-lo: mediante a observação pessoal e com o auxílio dos muitos escritos bem feitos que tratam dele ou então que provêm dele. No Ocidente da Europa, os judeus ortodoxos constituem apenas a minoria do povo judeu. Porém, se quisermos constatar a incidência da religião judaica na vida econômica, naturalmente será preciso tomar por base a crença autêntica, genuína dos judeus, que de fato há algumas gerações ainda era a crença dominante também no Ocidente; com certeza foram as bandeiras dessa crença que levaram o povo judeu a tantas vitórias.

II. As fontes da religião judaica

Maomé chamou os judeus de o povo do livro. Com toda razão. Dificilmente haverá outro povo que tenha vivido tão em conformidade com um livro como os judeus. A sua religião sempre esteve corporificada num determinado livro, e esses livros devem, por conseguinte, ser encarados como as "fontes" da religião judaica. No decorrer dos séculos, foram os seguintes, que (como ainda veremos) se complementaram em determinadas épocas e ainda se complementam:

1. até a destruição do segundo Templo, "a Bíblia" – o nosso Antigo Testamento –, que, na Palestina, era lida em língua hebraica e, em muitos lugares da diáspora, em língua grega: a assim chamada Septuaginta;
2. a partir do segundo ou sexto século depois de Cristo, o Talmude (especialmente o Talmude babilônico), que, como se sabe, passou a ocupar centro da vida religiosa judaica;
3. o Códice de Maimônides, que surgiu no século XII;
4. o Códice, os "Turim", de Jacó ben Asher (1248-1340);
5. o Códice de Yosef Karo: o *Shulchan Aruch* [Mesa posta] (século XVI).

Essas "fontes" das quais se originou a religião judaica assumem uma aparência bem distinta, dependendo de se as examinarmos com os olhos do pesquisador científico ou as olharmos com os olhos do judeu crente.

Aquele vê o que as fontes foram "na realidade", aos olhos deste, elas se mostram numa forma transfigurada.

Aquela *visão realista* nos interessa aqui apenas secundariamente. Dela resulta o seguinte quadro: a Bíblia, o nosso Antigo Testamento, o fundamento sobre o qual se edificou o judaísmo, é um mosaico composto pelos mais diferentes autores.[10]

A Torá, isto é, os cinco livros de Moisés, que constitui a parte mais importante do sistema religioso judaico, surgiu em sua forma atual, posterior a Esdras, mediante o encaixe e a intercalação de duas obras literárias prontas: o antigo Livro da Lei junto com o novo Deuteronômio de um lado (em torno de 650) e o Livro da Lei do Tabernáculo de Esdras de outro (440). O núcleo da Torá é formado, portanto, por dois livros da lei: a lei do assim chamado Deuteronomista – Deuteronômio 5:45-26:69 (surgida em torno de 650); e a lei de Esdras e Neemias – Êxodo 12:25-31, 35 até Levítico 15; Números 1-10; 15-19; 27-36 (surgida em torno 445). Em

---

10 Aqui não é o lugar para abordar mais detidamente a história da Bíblia, isto é, apresentar *os resultados da crítica bíblica moderna*. Contento-me, portanto, com mencionar algumas poucas obras dentre a enorme bibliografia, que podem servir de introdução ao assunto: E. Zittel, *Die Entstehung der Bibel*, 5. ed., 1891; especificamente sobre a história do Pentateuco: A. Merx, *Die Bücher Moses und Josua*, 1907; E. Meyer, *Die Entstehung des Judentums*, 1896.

torno desses dois livros se enrosca uma detalhada narrativa histórica. A Torá (e, desse modo, a religião judaica) recebeu o seu caráter – este é o dado importante – por obra dos dois procuradores do rei persa enviados à Palestina pelo povo judeu da Babilônia: Esdras e Neemias, que introduzem o códice sacerdotal e, junto com ele, a observância rigorosa da lei.

Esdras e o soferismo por ele fundado dão início ao judaísmo na forma em que subsiste até hoje. E, desde a introdução da lei por Esdras e Neemias no ano de 445 a.C., o judaísmo permaneceu quase inalterado até os dias atuais.

Ao lado da Torá, interessam-nos ainda, dentre os escritos do Antigo Testamento, aqueles que são reunidos pela ciência atual sob o título de literatura sapiencial. Fazem parte desta: Salmos, Jó, Eclesiastes, o livro de Jesus Siraque, os ditos de Salomão (Provérbios). A literatura da *Hokmah* [Sabedoria] pertence toda ao período pós-exílico, já que só nele estão dadas as condições históricas para o seu surgimento; seu pressuposto é a lei com a doutrina, que se tornou verdade inabalável mediante a experiência do exílio, de que Deus retribuiria o cumprimento dos seus mandamentos com vida, sua transgressão com a morte. A *Hokmah* se restringe (em contraposição à profecia e à apocalíptica) à vida prática. Os escritos individuais geralmente são sedimentação de um longo desenvolvimento e se originaram, em parte, numa época bem mais antiga; o escrito dos Provérbios, que é o mais importante para os nossos propósitos, surgiu em torno de 180 a.C.[11]

Da Bíblia partem dois rios: um deles, cuja fonte principal é a Septuaginta grega, desemboca em parte na filosofia helenista, em parte no cristianismo paulino (e não entra em cogitação para nós); o outro, que parte da Bíblia lida em hebraico na Palestina, desemboca na "lei" judaica, sendo este, portanto, o que devemos acompanhar em seu curso.

---

11 W. Frankenberg, Die Sprüche, übersetzt und erläutert. In: *Handkommentar zum Alten Testament*, D. W. Nowack (ed.), seção II, v.3, parte I; na p.16 encontra-se uma bibliografia sobre os livros sapienciais. Ver também H. Trabaud, *La loi mosaïque, ses origines et son développement*, 1903, p.77 et seq. Trabaud concebe a *Chokmah* [Sabedoria] como uma tentativa de atenuar o rigor da lei.

O desenvolvimento posterior especificamente judaico dos escritos sagrados tem início já na época de Esdras; ele é obra essencialmente dos antigos *soferim*, à qual a era das grandes escolas de Hillel e Shammai deram sua contribuição meramente conferindo forma e complementando. O desenvolvimento consiste exteriormente nas interpretações, esclarecimentos e complementações dos escritos sagrados pelos escribas, que geralmente foram feitas na forma da disputa argumentativa, característica do mundo helenista. Quanto ao teor, o desenvolvimento posterior representa um recrudescimento do formalismo legal dos escritos antigos, que foi empreendido com a finalidade de proteger o judaísmo contra o acosso da filosofia helenista. Com efeito, em todas as épocas do seu desenvolvimento, a religião judaica foi expressão de uma reação contra a penetração de tendências desagregadoras. A lei do Deuteronomista foi reação ao culto a Baal; o códice sacerdotal, à influência babilônica; mais tarde, os códices de Maimônides, de Asher, de Karo reagiram à cultura espanhola. Desse modo, portanto, nos séculos antes e depois do nascimento de Cristo, os ensinamentos dos *Tannaim* visam levantar uma muralha de proteção contra as influências desagregadoras do helenismo.[12]

A tradição originalmente oral "dos sábios" foi então codificada em torno do ano 200 por R. Yehuda ha-Nassi (em geral, chamado pura e simplesmente de Rabbi): sua obra é a Mixná. É dela que partem, por sua vez, as interpretações, aclarações e complementações dos rabinos, que foram fixadas por escrito no século VI pelos savoraim (500-550). As discussões dos eruditos referentes a trechos da Mixná formam a Gemará: os autores da Gemará são os amoraim. Mixná e Gemará juntas formam o Talmude, que, por sua vez, divide-se em um Talmude babilônico e um Talmude palestino. Aquele é o mais importante. O Talmude foi legado à posteridade na forma em que foi redigido pelos savoraim. Depois deles, o Talmude praticamente não ganhou mais adendos.

---

12 A pressão exercida pelo espírito helenista desagregador e a luta do antigo judaísmo contra ele são tratadas agora extensamente, do ponto de vista judaico, por M. Friedländer, *Geschichte der jüdischen Apologetik*, 1903. As exposições teológicas cristãs dessa época são numerosas.

Quem quiser se familiarizar com o espírito do Talmude naturalmente terá de ler o próprio texto. Atualmente ele já está, em sua maior parte, disponível em tradução alemã de autoria de *Lazarus Goldschmidt*. O Talmude tem a peculiaridade de que suas partes estão ordenadas numa certa sequência, mesmo que nem sempre formem um todo coerente; contudo, cada tratado mais expressivo aborda quase toda a extensão do Talmude e estabelece uma inter-relação entre as suas diversas partes. Por conseguinte, quem estudar a fundo com seriedade um (ou alguns) dos (63) tratados obtém, por essa via, um conhecimento bastante bom do conteúdo da obra inteira, e adquire pelo menos a capacidade para orientar-se em meio à barafunda. Presta-se especialmente para um estudo introdutório o tratado *Baba metzia* [O portão do meio], ao lado de seus irmãos, os outros dois "babas".* O tratado *Baba metzia* foi impresso em separado, com tradução e um bom prefácio do dr. *Sammter* (1876).

Um ramo especial da literatura talmúdica é formado pelos assim chamados "pequenos tratados", que constam nas edições do Talmude como anexos, mas também foram publicados separadamente. Os tratados são estes: *Derech Eretz Rabba* (em torno do século III), *Aboth*, *Aboth derabbi Nathan*, *Derech Eretz Sutta* (do século IX, de acordo com *Zunz*). Zunz denomina esses tratados de Haggadá ética, porque pretendem anunciar sabedoria de vida. Eles tiveram grande influência sobre a vida do povo judeu e, por isso, são especialmente interessantes para nós. Ao lado da Bíblia, são os escritos mais disseminados em todas as camadas do povo. Eram a principal leitura dos leigos, para os quais o Talmude era inacessível. Eles foram acolhidos de muitas formas em livros de orações e escritos de edificação. Agora estão disponíveis em parte também em edições específicas em língua alemã: *Rabbi Nathans System der Ethik und Moral* [O sistema de ética e moral do Rabi Natã], traduzido por Kaim Pollak (1905). *Derech Erez Sutta*, traduzido por Abr. Tawrogi (Königsberg, Diss. 1885). *Derech Erez Rabba*, tradução por Moses Goldberg (Breslau, Diss. 1888).

As doutrinas que não foram acolhidas pela Mixná, nas quais o conteúdo legal é posto para segundo plano, compõem a *Toseftá*, que procede

---

* Referência a *Baba kama* [O primeiro portão] e *Baba bathra* [O último portão]. (N. T.)

do período dos *Tannaim* e é estruturada do mesmo modo que a Mixná, a saber, sistematicamente.

Uma outra classe de obras escritas pelos rabinos atém-se estreitamente ao texto da Escritura, explicando-o passo a passo. Esses comentários, os *Midrashim*, têm um conteúdo em parte ao estilo da *Halachá*, em parte ao estilo da *Haggadá*. Os mais antigos, de conteúdo essencialmente ao estilo da *Halachá*, são: 1. *Mechilta* sobre o Êxodo; 2. *Sifrá* sobre o Levítico; 3. *Sifre* ou *Sifri* sobre Números e Deuteronômio.

Targumim é o nome dado às traduções aramaicas do Antigo Testamento. É sabido que, desde o seu surgimento, o Talmude constitui o centro da vida religiosa judaica. Sua disseminação universal foi essencialmente decorrência das conquistas maometanas. Primeiro ele se tornou livro da lei e constituição da comunidade judaica da Babilônia, cujos dignitários eram os exilarcas e os dois diretores da Escola Superior Talmúdica (*gaonim*). A expansão do islamismo levou igualmente a uma ampliação dos domínios do Talmude para além de suas fronteiras originais, na medida em que as comunidades mais remotas mantinham contato com o gaonado, buscavam o conselho dele em questões religiosas, morais e de direito civil e acolhiam fielmente as decisões tomadas com base no Talmude. Com efeito, tornou-se hábito encarar as comunidades babilônicas como o centro (quase estatal) do judaísmo.[13]

---

13 A bibliografia sobre o Talmude, como é de se esperar, constitui uma grande biblioteca. Uma vez mais só menciono algumas obras apropriadas a uma primeira aproximação do tema. Em primeiríssimo lugar está o primoroso trabalho de Hermann L. Strack, *Einleitung in den Talmud*, 4. ed., 1908, que contém uma extensa bibliografia. Especificamente sobre a "doutrina talmúdica dos deveres" (a ser especialmente considerada para os nossos propósitos) há uma grande compilação bibliográfica em Salo Stein, *Materialien zur Ethik des Talmud*, 1904. (Bons conhecedores do Talmude põem em dúvida o valor dessa bibliografia.) Recentemente ocupou-se de modo espirituoso com o Talmude (bem como com a literatura bíblica e a literatura rabínica posterior) Jacob Fromer no seu interessantíssimo livro intitulado *Die Organization des Judentums*, 1908, que foi escrito como introdução a uma concordância real do Talmude que está sendo planejada por Fromer. Dentre as obras mais antigas da perspectiva da história da religião que se ocupam de modo bastante minucioso com as fontes e as ordenam de modo fácil de visualizar estão Emil Schürer, *Geschichte des jüdischen Volkes im Zeitalter Jesu Christi*, 3v. O

O registro por escrito da Gemará encerra o desenvolvimento do judaísmo. Não obstante, os três códices posteriores ao Talmude que fizeram uma exposição do material religioso precisam ser mencionados porque reproduziram o mesmo conteúdo numa forma parcialmente diferente e porque naturalmente em seus preceitos tiveram de levar em conta, pelo menos até certo ponto, as circunstâncias temporais modificadas. Assim, um após o outro tiveram reconhecida a sua validade ao lado do Talmude entre o povo judeu, e o último – o *Shulchan Aruch* – é o livro religioso que, nos dias de hoje, é o último a conter a doutrina oficial nos círculos dos judeus ortodoxos.

O aspecto essencial de nosso interesse nos livros religiosos de Maimônides, Asher e Karo é a circunstância de que, por meio deles, a vida religiosa dos judeus foi cunhada em formas ainda mais rígidas, foi levada a uma cristalização ainda maior. Até mesmo *Graetz* julga que Maimônides amarrou o judaísmo rabínico com laços bem firmes.

> Muita coisa que, no próprio Talmude, ainda é fluida e passível de interpretação ele cristalizou numa lei inatacável [...] O polimento codificador dado por ele às leis privou o judaísmo do seu movimento [...] Sem levar em conta a circunstância temporal em que surgiram as disposições talmúdicas, ele as colocou como obrigatórias para todos os tempos e também em circunstâncias modificadas.

Mais tarde, o *Tur* do Rabi Jakob ben Asher intensifica em alguns graus o legalismo escrupuloso do códice de Maimônides e a obra de Karo caminha na mesma direção e chega ao extremo. O *Shulchan Aruch* consegue superar o *Tur* de Asher em termos de superpiedade e também na quantidade e exatidão dos preceitos que se ocupam, numa casuística infatigável, com todos os "casos" imagináveis da vida. Do *Shulchan Aruch* a vida religiosa dos judeus "recebeu acabamento e unidade, mas às custas da interioridade

---

primeiro volume (2. ed., 1890) contém, no §3, um extenso registro das fontes. Além disso, as histórias gerais dos judeus – principalmente Graetz – constituem introduções cômodas à literatura religiosa judaica.

e da liberdade de pensamento. De Karo o judaísmo recebeu a forma fixa que preservou até os dias de hoje" (*Graetz*).[14]

Essa é a corrente principal da vida religiosa judaica, essas são as fontes das quais o judaísmo retira o material para suas concepções religiosas e seus preceitos religiosos. Ao lado dessa corrente principal, naturalmente houve também correntes secundárias, como a dos apocalípticos na época pré-cristã, que representam um judaísmo de orientação individualista, universalista e supramundana;[15] ou como a da Cabala (erroneamente chamada de "mística"), que, como se sabe, empenhava-se em decompor a religião em lucubrações sobre números e símbolos. Porém, todas essas correntes não entram em cogitação quando a intenção é apreender a peculiaridade religiosa do judaísmo histórico: elas em nenhum momento influenciaram a vida prática. Com efeito, tampouco foram reconhecidas pelo judaísmo "oficial" como "fontes" da religião judaica, como mostra um exame rápido da concepção tradicional que se tem em círculos ortodoxos judaicos sobre a natureza dessas fontes. É por essa concepção que

---

14 Infelizmente ainda não há uma tradução aproveitável do *Shulchan Aruch*, como a que temos agora do Talmud. Ainda dependemos da tradução de Löwe, de 1837, que não é completa e não deixa de ser tendenciosa. (A reedição dessa tradução é uma coisa muito malfeita, de cunho popular tendencioso, sem valor algum.) O *Orach Chaiim* e o *Yore Deah*, por sua vez, foram traduzidos ao alemão pelo rabino P. Lederer (1906 e 2. ed., 1900), mas infelizmente ainda não inteiramente. A *bibliografia em linguagem atual sobre o Shulchan Aruch* possui quase totalmente um caráter panfletário: a obra foi usada com predileção pelos antissemitas como mina e os eruditos judaicos sempre só se ativeram a refutar os ataques dos panfletistas antissemitas. Entre estes figuram: A. Lewin, *Der Judenspiegel des Dr. Justus*, 1884; e D. Hoffmann, *Der Shulchan Aruch und die Rabbiner über das Verhältnis der Juden zu Andersgläubigen*, 1885. Em consequência, sobrou pouco espaço para uma exposição científica objetiva. E o *Shulchan Aruch* mereceria um tratamento tão minucioso quanto o dado ao Talmude. O único trabalho rigorosamente científico que conheço em conexão com esse tema é o ensaio de Samuel Bäck, "Die religionsgeschichtliche Literatur der Juden in dem Zeitraume vom 15.-18. Jahrhundert", 1983, extraído de Jakob Winter; August Wünsche, *Die jüdische Literatur seit Abschluß des Kanons*, v.2. O ensaio de Bäck contém uma exposição das coletâneas e dos códices, bem como de todos os comentaristas e das respostas; tendo em vista o pequeno volume da obra e a enormidade do material tratado, naturalmente só pode tratar-se em essência de um esboço.

15 P. Volz, *Jüdische Eschatologie von Daniel bis Akiba*, 1903.

devemos interessar-nos daqui por diante. Pois evidentemente a *opinião* que os judeus piedosos tinham do surgimento e do significado de seu material religioso é bem mais importante para a eficácia dos preceitos individuais do que sua verdadeira proveniência.

Conforme a *concepção tradicional* do judaísmo piedoso, o material religioso possui origem dupla: ou ele foi revelado ou produzido pelos sábios. A revelação, por sua vez, desmembra-se numa parte escrita e numa parte oral. A parte escrita é formada pelos livros sagrados reunidos na Bíblia: o cânon na forma em que foi fixado pelos homens da grande sinagoga. Ele é constituído de três partes:[16] a Torá (Pentateuco), os *Nebiim* (profetas) e os *Ketubim* (os escritos restantes). A Torá foi revelada por Deus a Moisés no monte Sinai.

> Moisés transmitiu ao povo a Torá que lhe fora revelada; fez isso aos poucos, durante os 40 anos de peregrinação pelo deserto, alguma coisa em ocasiões oportunas, primeiro oralmente, explicando tudo nos mínimos detalhes. Só no final de sua vida ele terminou a Torá escrita, os cinco livros de Moisés, e os entregou a Israel; nós temos o dever de considerar cada letra, cada palavra da Torá escrita como revelada por Deus.

Só no estudo minucioso "reconhecemos a sabedoria profunda, verdadeiramente divina da Torá, na qual cada pontinho, cada letra, cada palavra, a posição de cada frase possuem um significado importante".[17] Os demais escritos bíblicos igualmente são tidos como revelação, sendo, no mínimo, inspirados por Deus. No entanto, a postura em relação aos profetas e hagiógrafos é mais livre do que em relação à Torá. Uma posição

---

16 J. Fürst, *Untersuchungen über den Kanon des Alten Testaments nach den Überlieferungen in Talmud und Midrasch*, 1868.

17 L. Stern, *Die Vorschriften der Thora, welche Israel in der Zerstreuung zu beobachten hat. Ein Lehrbuch der Religion für Schule und Familie*, 4. ed., 1904, p.28 et seq. Esse livro, que pode servir de modelo para outros do mesmo tipo, sustenta a concepção atual do judaísmo ortodoxo e foi aprovado pelo rabino Hirsch e pelo rabino-mor Hildesheimer. Farei frequentes referências a ele.

específica assume a literatura sapiencial, da qual falarei mais adiante em contexto próprio.

A tradição oral ou a Torá oral é a explicação da Torá escrita. Ela igualmente foi revelada a Moisés no Sinai, mas (por razões de força maior) não pôde ser registrada por escrito num primeiro momento. O registro por escrito só veio a ocorrer após a destruição do segundo templo: na Mixná e na Gemará. Estas contêm, portanto, de uma parte, a única explicação correta, revelada no Sinai, da Torá, isto é, nesse aspecto são também divinamente inspiradas. Mas o Talmude contém, por outro lado, ainda outras partes importantes, a saber, os preceitos rabínicos e a Haggadá: a explicação da Escritura sagrada que não se refere às leis. Geralmente se confronta com ela a Halachá, que consiste em todas as disposições normativas do Talmude: quer façam parte da Torá oral ou dos preceitos rabínicos.

Aos escritos não revelados, a saber, à Halachá e à Haggadá do Talmude, somam-se, como "escritos decisórios" adicionais, os três códices da Idade Média já mencionados por nós.

Ora, o que significam esses diferentes componentes do material religioso judaico *para a vida religiosa* dos judeus? Qual é a religião em que acreditam? Quais são as prescrições religiosas que observam?

Antes de tudo, é preciso constatar que, pelo que sei, praticamente não existe uma doutrina de fé sistematizada ou uma dogmática (no sentido acadêmico) na teologia judaica.[18] O que existe em termos de tentativas dignas de nota de elaborar tal dogmática "acadêmica" provém quase exclusivamente de teólogos não judeus, como a exposição (a melhor que conheço) de Ferdinand Weber, *System der altsynagogalen palästinensischen Theologie aus Targum, Midrasch und Talmud* [Sistema teológico da antiga sinagoga palestina a partir do Targum, Midraxe e Talmude], de 1880; publicado após a morte do autor por Franz Delitzsch e Georg Schnederman, 2. ed.

---

18 Sobre a impossibilidade de uma dogmática teológica judaica ver, por exemplo, rabi Simon Mandl, *Das Wesen des Judentums*, 1904, p.14. Mandl se apoia em Jakob Guttmann, *Über Dogmenbildung und Judentum*, 1894. Cf. ainda Solomon Schechter, The Dogmas of Judaism, *JQR*, v.1, 1889, p.48 et seq., 115 et seq. Como se sabe, Moses Mendelssohn (em sua obra intitulada *Jerusalém*) foi o primeiro a dar expressão precisa à ideia "o judaísmo não tem dogmas".

de 1897, com o título *Jüdische Theologie auf Grund des Talmud und verwandter Schriften* [Teologia judaica com base no Talmude e escritos afins]. A natureza da religião judaica, em especial a peculiaridade do Talmude, cuja essencialidade é a assistematicidade, resiste a uma formulação dogmático--sistemática. Naturalmente, sempre é possível elaborar "ideias norteadoras" da religião judaica e seu "espírito" deixa sua marca em determinadas manifestações. E constatar tais traços fundamentais da religião judaica nem é uma tarefa tão difícil, tendo em vista a constância de certos elementos. No fundo, aquilo que foi chamado de espírito "ezequielense" permaneceu dominante desde Esdras até hoje e, no decorrer dos milênios, foi sendo desenvolvido cada vez mais até suas últimas consequências, atingindo um grau de pureza cada vez maior. Para tomar conhecimento desse "espírito", dessa essência mais íntima da religião judaica, serve de fonte, portanto, dado que permaneceu inalterado, a *totalidade do material* contido nos livros religiosos: Bíblia, Talmude, literatura rabínica até a atualidade.

O problema assume uma feição mais complexa quando se trata da constatação da validade de doutrinas individuais. Se ainda "vale" hoje esta sentença do Talmude, "Até o melhor dos *goim* deve ser abatido", ou todos os outros ditos terríveis que gente como *Pfefferkorn*, *Eisenmenger*, *Rohling*, *dr. Justus* e companhia exumam dos livros religiosos judeus, e que os rabinos hoje rejeitam "com indignação" como totalmente obsoleto. Por sua própria natureza, essas doutrinas individuais tiveram, em todos os longos séculos decorridos, teores totalmente diferenciados. E quando se examinam os livros religiosos – principalmente o Talmude – em busca de tais doutrinas individuais, logo se chega à convicção de que, para cada coisa se encontram os pareceres mais contrastantes possíveis, que tudo é "controverso" ou – caso se prefira – que, a partir daqueles escritos (sempre especialmente a partir do Talmude), se pode "provar" tudo, mas tudo mesmo. Na minha exposição do tema, ainda retornarei a esse fator que deu motivo para o joguinho verdadeiramente insosso que os antissemitas e seus adversários cristãos ou judeus praticam desde tempos imemoriais: provar da mesma forma uma coisa e o seu contrário a partir do Talmude com "provas extraídas das fontes". Como foi dito, nada mais fácil do que isso, justamente quando se leva em consideração a peculiaridade do Talmude, que, em grande parte, nada mais é que uma coletânea de controvérsias entre diversos rabinos.

Penso que, quando se quer determinar quais são as máximas religiosas decisivas para a vida prática, devemos proceder, muitos antes, de acordo com as seguintes regras.

É preciso diferenciar sobretudo entre estudo próprio e doutrina religiosa. Na medida em que os escritos religiosos foram ou são lidos pelos próprios leigos, parece-me essencial constatar que, nesse ato, *está sendo externada alguma opinião determinada sobre uma questão qualquer*. Não vem ao caso se, ao lado dela, estiver sendo defendida a opinião contrária. Porque, para o piedoso que busca edificação naqueles escritos basta aquela visão das coisas para com ela defender seus interesses, caso tomem a mesma direção. Num caso, ele pode ser estimulado a determinada ação pela passagem da Escritura; em outro caso, esta talvez lhe sirva apenas como justificativa quando, por outras razões, quer agir ou agiu no sentido proposto por ela. A autoridade da Escritura é suficiente para esse efeito. Sobretudo, naturalmente, quando se trata da Bíblia ou até da Torá. Visto que, nesse caso, tudo é revelação de Deus, uma passagem vale tanto quanto a outra. E, na medida em que o Talmude e os demais escritos rabínicos também foram ou são lidos por leigos, o mesmo se aplica a eles.

Porém, a questão muda imediatamente de figura quando não é o próprio crente que lê as fontes (ou na medida em que ele não as lê), mas deposita sua confiança nas exortações do seu cura d'almas ou nos respectivos escritos de edificação aprovados por ele. Nesse caso, ele naturalmente se depara com uma concepção unitária que o rabino obtém mediante a interpretação que lhe parece correta das passagens contraditórias. Essa é a opinião doutrinária dominante, que *muda* de tempos em tempos, é a tradição rabínica adaptada às circunstâncias de cada época. É esta que precisa ser constatada para uma determinada época quando se quer apurar *com base nela* a norma obrigatória. Fundamentalmente podemos ater-nos aos "escritos decisórios" a partir da época do seu surgimento e assumir que, do século XI ao século XIV, a *Yad Hachazaká* [Mão forte], depois até o século XVI o *Tur* e, depois do século XVI, o *Shulchan Aruch* representaram a "tradição", ou seja, a concepção "média", corriqueira (pelo menos no que concerne à Halachá).

Há trezentos anos, portanto, é o *Shulchan Aruch* que decide quando surgem diferenças de opinião sobre a interpretação da lei (a qual naturalmente permanecerá sempre e eternamente ancorada na Torá). Assim consta também em forma breve e concisa no manual de *Stern*, já mencionado por mim, que, como vimos, goza da aprovação dos rabinos locais: "Em primeira linha, o *Shulchan Aruch* do R[abi] Jos[ef] Karo com as notas do R[abi] Mose Isserlin e as glosas impressas junto com as edições é considerado em todo Israel com o livro da lei conforme o qual devemos organizar nossa vida ritual".[19] Essa lei encontrou, por assim dizer, seu registro concreto nos 613 preceitos que Maimônides estabeleceu a partir da Torá e que vigoram ainda hoje.

> Segundo a tradição dos nossos sábios (ver anexo), Deus deu ao povo de Israel, por meio de Moisés, 613 preceitos desse tipo, mais exatamente, 248 mandamentos e 365 proibições. Todos eles têm validade eterna; só que são impraticáveis para os israelitas que vivem na Diáspora os que, dentre eles, se referem à vida pública e à agricultura na Palestina e ao culto no templo em Jerusalém. Nós ainda podemos cumprir 369 preceitos, 126 mandamentos e 243 proibições, aos quais se somam ainda os sete mandamentos rabínicos.[20]

Em conformidade com esses escritos, portanto, os judeus ortodoxos viveram nos últimos séculos e vivem ainda hoje: claro que sempre na medida em que acataram a orientação da doutrina rabínica e não formaram sua própria opinião com base em leitura própria das fontes. É segundo esses escritos que também devemos compilar, portanto, os preceitos que foram determinantes para a essência religiosa em seus casos individuais. O "judaísmo reformado" nem sequer entra em cogitação para nós. Os livros ataviados de modernidade, como são em sua maioria as exposições modernas da "ética do judaísmo", são totalmente irrelevantes para os nossos fins.

* * *

---

19 Stern, *Die Vorschriften der Thora, welche Israel in der Zerstreuung zu beobachten hat. Ein Lehrbuch der Religion für Schule und Familie*, p.5.
20 Ibid., p.5-6.

Comprovar os nexos existentes entre aquelas doutrinas judaicas de cunho genuíno e o capitalismo, apontar sua importância para a vida econômica moderna: essa é a tarefa a ser cumprida pelas explanações a seguir.

III. As ideias básicas da religião judaica

Vou direto ao ponto: encontro na religião judaica as mesmas ideias norteadoras que caracterizam o capitalismo; vejo-a imbuída do mesmo espírito que move este último.

Quem quiser entender corretamente a religião judaica – não confundir com a religião israelita, à qual a judaica em certo sentido se contrapõe! – não deve esquecer quem a criou. Não deve esquecer que foi um *sofer*, um escriba obstinado, seguido de uma multidão de escribas que completaram a sua obra. Não foi um profeta, um vidente, um extático, um rei poderoso: foi um *sofer*! Nem deve esquecer como ela foi criada: não a partir de um impulso irresistível, não da paixão profunda que transborda do coração das almas penitentes, não do êxtase dos espíritos em adoração embriagados de gozo. Nada disso; ela foi criada seguindo um plano premeditado: a partir da tramitação refinada, por assim dizer, de uma missão diplomática. Cumprindo o seguinte programa: é preciso preservar a religião para o povo! E é preciso ponderar que, em todos os séculos subsequentes, foram esse caráter deliberado e esse senso finalista que acrescentaram, uma após a outra, novas doutrinas às antigas. (Com efeito, quaisquer que tenham sido os outros elementos que compuseram a vida religiosa dos judeus antes de Esdras e ainda tenham sido gerados por ela depois disso, tudo foi subsumido nas formas religiosas almejadas e impostas pelos *soferim*.)

É claro que a religião judaica traz nitidamente em si mesma as marcas dessa gênese singular: em todas as suas razões, ela se apresenta a nós totalmente como uma obra racional; como uma composição ideal e finalista projetada para fora, sobre o mundo orgânico: configurada de modo artificial e mecânico, projetada para destruir e subjugar a si todo o mundo natural e colocar em seu lugar sua própria regência. O mesmo que faz o capitalismo que, como a religião judaica, aparece como um corpo estranho em meio ao mundo natural, ao mundo das criaturas, como algo inventado e confeccionado em meio à vida pulsante e instintiva. Racionalismo – esta é a palavra com que sintetizamos todas essas especificidades – é o traço básico tanto do judaísmo quanto do capitalismo. Racionalismo ou intelectualismo: tendências essenciais contrapostas tanto ao misterioso irracional quanto ao criativo-artístico-sensível.

A religião judaica não sabe o que é mistério! Decerto é a única no globo terrestre que o ignora. Não sabe o que é o estado de êxtase, no qual o crente se une com a divindade: ou seja, o estado que todas as demais religiões enaltecem como o estado supremo e mais sagrado. Pense-se na libação do soma entre os hindus, no próprio Indra, a quem apraz o êxtase, nas oferendas trazidas a Homa entre os persas: "Aos seus olhos, o sumo que produzia efeitos tão benéficos parecia ser a energia vital mais nobre da natureza, o divino inerente a ela, e assim *homa*, o sumo, ou seja, a própria oferenda, se tornou o gênio ou o deus [Homa]"; recordemos os dionísios, os oráculos na Grécia, ou mesmo apenas os Escritos Sibilinos, junto aos quais até os sóbrios romanos buscavam conselhos por serem obra de mulheres que haviam predito coisas futuras no estado de exaltação apolínica.

Inclusive no romanismo posterior ainda encontramos na vida religiosa um traço que permanecera sempre igual no paganismo: a propensão muito disseminada e geralmente contagiante de entrar num estado de violenta excitação corporal e espiritual que se intensificava até chegar ao delírio bacântico, e que era tido tanto pelos que haviam sido acometidos por ele quanto pelos espectadores como algo causado pela divindade, como algo que fazia parte do seu culto. De modo geral, acreditava-se que certas emoções, paixões e decisões repentinas teriam sido despertadas por algum deus na alma humana: as pessoas sempre estavam prontas a atribuir à divindade um ato de que se envergonhavam ou de que estavam arrependidas.[21] "Foi o deus que me forçou a fazer isso", desculpa-se diante de seu pai, na comédia de Plauto, o abusador de uma prostituta.

Foi o que sentiu também Maomé quando enfermo caiu por terra em acessos de êxtase, e alguma coisa da disposição de ânimo mística acabou

---

21 J. J. I. Von Döllinger, *Heidentum und Judentum*, 1857, p.634.

penetrando no islamismo (que, todavia, também adquiriu feições mais sóbrias). Mas ele pelo menos tem os dervixes ululantes.

E também o cristianismo, na medida em que não é judaizado, guarda espaço para sentimentos e sensações irracionais na doutrina da Trindade, na devoção mariana, no incensamento e na santa. Enquanto isso, o judaísmo condena com altivez e desprezo todos esses traços místico-entusiastas. Enquanto os crentes das outras religiões cultivam o relacionamento com a divindade em estados de êxtase venturosos, nos recintos divinos judaicos, que não por acaso se chamam "escolas", é recitada a Torá: foi isso que dispôs Esdras! E é isso que se observa rigorosamente:

> Depois do desaparecimento da autonomia estatal, a doutrina se tornou a alma do judaísmo; prática religiosa sem conhecimento do material doutrinário era tida como sem valor. O centro do culto divino sabático e festivo era a recitação da lei e dos profetas, a tradução pelos targumistas do que havia sido recitado e a explicação do texto pelos hagadistas (homiléticos).

Radix stultitiae, cui frigida sabbata cordi
Sed cor frigidius relligione sua
Septima quaeque dies turpi damnata veterno
Tanquam lassati mollis imago dei.*

Assim já os viam os romanos.[22]

Avessos ao mistério. Mas igualmente avessos à exultação sagrada pelo divino no mundo dos sentidos. Eles nada sabem nem querem saber de Astarte, de Dafne, de Ísis e Osíris, de Afrodite, de Friga, nem da Virgem Maria. É por isso que banem todas as imagens sensíveis do seu culto. "Javé vos falou do meio do fogo; o som das palavras ouvistes; porém, além da voz, não vistes aparência nenhuma" (Deuteronômio 4:12). "Maldito o homem

---

* "Linhagem da estultícia, cujos sábados frios são como seu coração, / seu coração, todavia, é mais frio que sua religião. / Cada sétimo dia está condenado à indolência ignóbil, / como imagem lânguida de um deus cansado." (N. T.)

22 R. Namatianus, De reditu suo. In: T. Reinach, *Textes d'auteurs grecs et romains relatifs au judaisme* (*Fontes rerum iudaicarum*, v.1, 1895, p.358).

que fizer imagens esculpidas ou fundidas, abominação para Javé, obra de artífice [...]" (Deuteronômio 27:15). A proibição "Não farás para ti imagem" vale rigorosamente ainda hoje, e isto no sentido de que ao judeu piedoso está interditado efetuar ou postar em sua casa representações humanas "em tamanho real e palpável proveniente de trabalho de escultor ou de outro ofício sublime", bem como a representação de qualquer "figura humana ou de uma face humana em trabalho sublime ou meio sublime".[23]

Todavia, o que ademais confere à religião judaica muita afinidade com o capitalismo é a *regulação contratual* – eu até diria *regulação negocial*, se essa expressão não tivesse uma conotação tão desagradável – de todas as relações entre Javé e Israel. O sistema religioso inteiro, no fundo, nada mais é que um contrato entre Javé e o povo eleito por ele: um contrato com todas as consequência obrigatórias decorrentes de uma relação contratual. Deus promete algo e dá algo e os justos devem dar-lhe algo como contrapartida.

Não há nenhum tipo de comunhão entre Deus e o ser humano que não seja efetivada da seguinte forma: o ser humano realiza algo em conformidade com a Torá e em troca recebe algo correspondente de Deus. Por essa razão, ninguém pode acercar-se de Deus em oração sem ter algo seu ou de seus pais em mãos como contrapartida por aquilo que ele pede: *Sifre* 12 b, *Vaiikra Rabba* cap. 3.[24]

A relação contratual é tramitada, pois, de modo que o ser humano é recompensado por cada um dos deveres cumpridos, sendo os deveres negligenciados pagos com coisas ruins (assim como as boas obras com coisas boas): recompensa e punição acontecem em parte neste mundo, em parte no além. Dessa relação concreta necessariamente resultam duas coisas: uma constante ponderação da vantagem ou do prejuízo que uma

---

23 Stern, op. cit., p.49; S. R. Hirsch, *Versuche über Jissroëls Pflichten in der Zerstreuung*, 4. ed., 1909, §711.

24 Em Ferdinand Weber, *System der altsynagogalen palastinensischen Theologie aus Targum, Midrash und Talmud*, 1880, p.49. Weber foi quem elaborou com maior precisão o aspecto contratual da religião judaica. A exposição no meu texto se apoia, nesse ponto, várias vezes nesse livro. Vários dos textos comprobatórios usados por mim também provêm dessa obra.

ação ou omissão podem trazer e uma contabilidade bastante intrincada para manter equilibrado o deve ou a conta devedora do indivíduo.

A disposição de ânimo peculiarmente calculista que se espera dos crentes ganha sua expressão mais adequada nas palavras do Rabbi, que poderiam ser antepostas como lema a todos os preceitos individuais:

> Qual é o caminho que o ser humano deve escolher? Um que seja honrado para quem anda nele e para as pessoas. Ser tão conscencioso em relação aos preceitos de menor importância quanto em relação aos de maior importância, pois não sabes qual é a recompensa dos mandamentos. Pondera o prejuízo (físico) decorrente do cumprimento de um dever em vista da sua recompensa (espiritual) e o ganho decorrente de uma transgressão em vista do prejuízo que ela traz. Tem em mente sempre três coisas e não chegarás a cometer nenhuma transgressão: há um olho atento, um ouvido aberto e todos os teus feitos foram registrados num livro.[25]

Ou seja: se alguém é um "justo" ou um condenado se constata pelo balanço entre *mitzvoth* e transgressões. E para que se possa efetuar esse balanço no final, naturalmente é necessário fazer um registro continuado das palavras e dos atos. Cada qual tem sua conta. Todas as palavras, inclusive as ditas de brincadeira, são contabilizadas nela: segundo *Ruth rabba* 33a, é Elias que faz esse registro; segundo *Esther rabba* 86a, isso é trabalho dos anjos; segundo outras passagens, são outros.

O ser humano tem, pois, uma conta no céu: por exemplo, segundo Sifra 224b, Israel tem uma especialmente grande. *Kohelet rabba* 77c exige como preparação para a morte que o ser humano acerte sua "conta". Ocasionalmente (a pedido) são emitidos extratos da conta: Quando os anjos acusam Ismael, Deus pergunta: "Qual é sua situação momentânea? No momento ele é um justo ou um ímpio, isto é, pesam mais as *mizvoth* ou as transgressões?". Eles lhe respondem: ele é um justo etc. Quando Mar Ukba estava para morrer, ele pediu sua conta, isto é, a soma das esmolas que tinha dado. O total deu 7000 sus. Como não acreditava que essa soma seria suficiente

---

25 *Aboth* II, início (segundo a tradução de Graetz).

para sua justificação, ou seja, para compensar suas transgressões, ele ainda presenteou a metade do seu patrimônio para ter certeza (*Kethuboth* 25; cf. *Baba bathra* 7). Porém, só se decide em definitivo se alguém é justo ou condenado quando se tratar do destino eterno do ser humano após a sua morte. Nesse momento, a conta será fechada e calculado o saldo. Da soma e do peso das *mizvoth* contra o peso das transgressões resulta justificação ou condenação. Com o resultado da conta é expedido para o ser humano um documento contendo suas *mizvoth* e *aberoth*, o qual é lido em voz alta diante dele para que tome conhecimento.[26]

É evidente que não é fácil fazer essa contabilidade. Durante o período bíblico – no qual todos os atos bons e maus recebiam a devida retribuição já na vida terrena – isso ainda era viável. Mais tarde, porém, quando recompensa e castigo passaram a ser em parte seculares, em parte eternos, a contabilidade se tornou extraordinariamente complexa e foi incrementada na teologia midráxico-talmúdica na forma de um sistema contábil sofisticado. De acordo com este, diferencia-se entre o capital ou o principal do ganho e os frutos ou juros do capital. Aquele é guardado para o mundo futuro, deste já se usufrui aqui. Para que a recompensa reservada no céu para o justo permaneça intacta para a vida futura, Deus não a considera como contrapartida das bondades habituais que ele proporciona aos justos; só quando lhes faz bondades extraordinárias, isto é, milagrosas, a recompensa celestial é diminuída em troca. Além disso, para não sofrer prejuízo no céu, o justo recebe já na vida terrena a punição pelas obras más feitas em quantidade menor do que as obras boas, assim como o ímpio já recebe na vida terrena a recompensa pelas poucas coisas boas que fez, para que lá ele sofra a punição completa estipulada para ele.[27]

Porém, no modo como a teologia judaica imagina essa contracorrente com Deus aparece mais uma concepção que possui uma curiosa afinidade com outra ideia fundamental do capitalismo: a *ideia da aquisição*. Refiro-me, se for para sintetizar a ideia numa só expressão, à concepção inorgânica da

---

26 Textos comprobatórios em F. Weber, *System der altsynagogalen palastinensischen Theologie aus Targum, Midrash und Talmud*, p.270 et seq., 272 et seq.

27 Ibid., p.292 et seq.

essência do pecado (e do ato bom). Segundo a teologia rabínica, cada pecado é considerado para si – individualmente – como ato enumerável e ponderável. "A punição é estimada segundo o objeto, não segundo o sujeito da ofensa."[28] O valor moral do ser humano e sua falta são medidos pelo número e pela propriedade das transgressões. Cada "rubrica de culpa" aparece numa determinação puramente quantitativa: ela é dissociada da personalidade, que pode ser apreendida unicamente em termos qualitativos, dissociada do conjunto das condições morais do agente: assim como um valor em dinheiro é dissociado de toda conexão com fins pessoais e da qualidade objetiva dos bens, apropriado para ser somado num total com outro valor em dinheiro, igualmente abstrato. A aspiração do justo pelo bem-estar aqui e no além necessariamente passará a se externar na infindável aspiração por multiplicar a recompensa, como algo que aumenta os seus ativos. Visto que ele jamais conseguirá, em determinado estado de sua consciência, obter a certeza de ser participante das benesses de Deus e visto que ele nunca saberá se o estado de seus créditos ou dívidas mostra um saldo ativo ou passivo, ele tem de acumular recompensa após recompensa mediante a realização de um ato bom após o outro, incansavelmente, até o fim de sua vida. A finitude limitada de toda avaliação pessoal foi banida do âmbito de sua representação religiosa, sendo substituída pelo caráter ilimitado da análise puramente quantificadora.

Paralelamente a essa decomposição da relação pessoal de dívida numa soma de atos individuais, ao modo como foi empreendida pela teologia, e à introdução condicionada por ela de uma busca infinita de ativos mais elevados, similar à busca aquisitiva, anda, na teologia moral judaica, uma sobrevalorização bem peculiar justamente da aquisição de dinheiro como busca da multiplicação do valor destituído de qualidade, dissociado de todas as finalidades naturais dos bens, determinado em termos puramente quantitativos e, por isso, utilizável como "meio absoluto". Esse posicionamento é frequente em autores de escritos de edificação judaicos: é claro

---

28 Albo, *Buch Ikkarim. Grund- und Glaubenslehren der mosaischen Religion (15. Jahrhundert)*. Trad. alemã de W. Schlessinger e Ludwig Schlesinger, 1844, cap. 46 et seq., onde são tratados todos os aspectos desse problema. O livro de Albo contém a mais extensa exposição que conheço da doutrina da retribuição.

que isso muitas vezes ou geralmente ocorre sem que os próprios autores tenham consciência clara de estarem glorificando a aquisição de dinheiro como tal, já que advertem os crentes a não acumularem reservas de bens (naturais) em demasia. As discussões sobre isso encontram-se, via de regra, onde se trata da questão da "cobiça", onde é abordado o texto de Deuteronômio 15:18,* "Não cobiçarás..." etc. *Adverte-se* contra a "cobiça", mas tenta-se combater a cobiça, desviando a atenção para a aquisição de dinheiro. Nessa linha, consta num dos mais conhecidos desses livros de edificação dos nossos dias:

"Se fores o verdadeiro *Iisroel*, não tomarás conhecimento da cobiça; não almejarás posse para ti, mas em tudo almejarás apenas *meios* para fazer o que agrada a Deus." (Pelo contexto se depreende que isso se refere também a meios materiais.)

"Pois toda a tua vida é uma única missão, todos os bens e todas as fruições são só *meios* para essa missão [...] mas é claro que dessa missão faz parte também *almejar*, onde houver energia e possibilidade religiosa, fruições *e bens*, mas não como finalidade, e sim como *meio* para cumprir os deveres pronunciados por Deus."[29]

Caso não se queira aceitar nesse ponto a ligação entre as concepções religiosas e o princípio aquisitivo – recordo ainda o que Heine tinha a dizer sobre a "riqueza nacional dos judeus"! –, ela volta a se apresentar com insistência quando analisamos a organização peculiar do culto divino judaico, que, como se sabe, em seções importantes toma a forma de um verdadeiro leilão. Tenho em mente a entrega dos ofícios da Torá a quem oferece mais: antes da retirada dos rolos da lei da arca sagrada da sinagoga, o sacristão ou bedel anda em volta do *almenor*, isto é, da cátedra, e anuncia a venda dos ofícios e trabalhos a serem efetuados para a retirada e a devolução da Torá; ele o faz nos seguintes termos: quem compra o *Hozoa ve*

---

* Na verdade, Deuteronômio 5:21 (ou Êxodo 20:17). (N. T.)
29 S. R. Hirsch, *Versuche über Jissroëls Pflichten in der Zerstreuung*, 4. ed., 1909, cap. 13, especialmente os §100 e 105.

ha-chenosa (tirar e pôr de volta)? Quem compra o *Ez hachajim* (segurar a Torá enquanto ela é enrolada)? Quem compra *Hagboah* (levantar a Torá)? Quem compra *Gelilah* (desenrolar e enrolar a Torá)? Esses ofícios são leiloados pelo maior lance – e concedidos na terceira chamada a quem ofereceu mais... O dinheiro auferido é usado em benefício dos pobres da sinagoga. Hoje o leilão foi de muitas formas suprimido do culto judaico. Mas ainda é possível observá-lo em plena florescência até mesmo no gueto de Berlim. Em tempos idos, decerto ele fez parte do culto divino de maneira geral.[30]

Mas estranhamos também as falas de tantos rabinos que, por vezes como astutos comerciantes, discutem sobre os problemas econômicos mais complexos e que com bastante frequência estabelecem princípios que só podem ser compreendidos como incentivo para uma vida aquisitiva diligente. Seria estimulante compilar do Talmude só as passagens nas quais os modernos princípios aquisitivos são defendidos por este ou aquele rabino (que, de fato, com bastante frequência eram grandes comerciantes). Tenho em mente, por exemplo, as seguintes explanações: *Baba metzia* 42a: Rabi Yitzhak ainda comentou isto: *"A pessoa deve ter o seu dinheiro sempre em uso"*. Além disso, Rabi Yitzhak deu um bom conselho: a pessoa sempre deve dividir seus recursos em três partes, um terço (deve ser aplicado) em terras, um terço em mercadorias e um terço deve manter disponível. Então Rabi Yitzhak acrescentou mais isto: a bênção só reina onde os objetos são subtraídos à vista, pois consta que: "O Eterno mandará a bênção para os teus depósitos" (trad. Sammter).

Pesahim 113a: Rabh falou para o seu filho Aiba:

> Vem, quero te ensinar agora as coisas do mundo: vende a tua mercadoria enquanto o pó ainda estiver nos teus pés [ou seja: prega-se a venda rápida!] [...] Primeiro abre a bolsa de dinheiro, depois desamarra o saco de cereal [...] Melhor uma *kab* tirada da terra do que um *kor* do telhado. Se tens tâmaras na caixa, corre até o cervejeiro. (trad. L. Goldschmidt)

---

30 Schröder, *Satzungen und Gebräuche des talmudisch-rabbinischen Judenthums: ein Handbuch für Juristen, Staatsmänner, Theologen und Geschichtsforscher, sowie für alle, welche sich über diesen Gegenstand belehren wollen*, 1851, p.47 et seq.

O que significa esse notório paralelismo nas ideias básicas da religião judaica e do capitalismo? É acaso, ironia do destino? Uma coisa é causada pela outra? Ambos remontam à mesma causa? Essas são as perguntas que surgem e que tentarei responder na continuação desta exposição. Neste ponto, contentamo-nos em ter demonstrado dita afinidade, para daqui por diante resolver uma questão bem mais simples: demonstrar como instituições, concepções, dogmas, preceitos, regras individuais do sistema religioso passaram a exercer influência sobre o comportamento econômico dos judeus, se e por que razão especialmente eles fomentaram a carreira capitalista do judaísmo. Ao fazer isso, movemo-nos pelas baixadas da motivação psicológica primária e evitamos toda e qualquer dificuldade especulativa. Em primeiro lugar, trata-se da apreciação das metas fundamentais postas pela religião judaica e seu significado para a vida econômica. A isso se dedicam as reflexões seguintes.

IV. A ideia da comprovação

À ideia do contrato, que figura entre as noções básicas do sistema religioso judaico, corresponde que cabe recompensa a quem cumpre o contrato e sofre prejuízo quem o viola (não o cumpre). Isso quer dizer: foi própria da religião judaica em todas as épocas a tese ético-jurídica de que o "justo" vive bem e o "ímpio" vive mal. O que se modificou no correr do tempo foi apenas a concepção da essência e da espécie dessa "retribuição".

O judaísmo mais antigo, como se sabe, não conhece o além. Portanto, o ser humano só pode receber o bem e sofrer o mal neste mundo. Se Deus quiser punir, se quiser recompensar, só poderá fazê-lo enquanto o ser humano viver nesta terra. Portanto, é aqui que o justo deve viver bem, é aqui que o ímpio deve sofrer. Cumpre os meus mandamentos, diz o Senhor, "para que tenhas vida longa e vivas bem na terra que Javé, teu Deus, te dá".*

É por isso que Jó chama aos céus:

---

* Deuteronômio 5:16. (N. T.)

como que os perversos estão vivos, envelhecem e até se tornam mais poderosos? Seus filhos se estabelecem diante deles, e os seus descendentes aos seus olhos. Suas casas têm paz, sem temor, e a vara de Deus não os fustiga. Seu touro gera e não falha; sua vaca dá cria e não aborta. [...] O meu caminho ele cercou e não consigo passar, e nas minhas veredas pôs trevas [...] Inflamou sobre mim a sua ira e me considera seu inimigo [...] Afastou de mim os meus irmãos [...] Os meus ossos se apegam à minha pele e à minha carne [...] Por que vem toda essa miséria sobre mim, já que sempre andei pelas suas veredas?*

Logo depois da época de Esdras, penetra no judaísmo a crença num mundo supraterreno (*Olam ha-ba*), na permanência da alma após a morte, e em seguida também a crença na ressurreição do corpo. Essa crença veio do estrangeiro, provavelmente do parsismo. Mas, assim como ocorreu com todos os elementos de sistemas religiosos estrangeiros, ela foi assimilada ao espírito da fé judaica e recebe o cunho ético que corresponde a esta, mediante a seguinte ressalva: só os piedosos e justos ressuscitarão. Portanto, a crença na eternidade é enquadrada pelos *soferim* na antiga doutrina da retribuição e habilmente utilizada para intensificar ainda mais "o senso de responsabilidade moral" e, portanto, o temor diante dos juízos de Deus.[31]

Com isso, o "bem-estar na terra" naturalmente adquire outro significado no sistema religioso (e na concepção do crente): ele deixa de ser a única recompensa pela conduta justa na vida; soma-se a ele a recompensa no além. Num primeiro momento, porém, a bênção do Senhor *neste* mundo *permanece* ao lado da vida bem-aventurada naquele mundo como parte valiosa da recompensa total. E, ao lado disso, ainda se torna manifesto outro sentido da felicidade terrena: o "bem-estar na terra" é encarado como um sinal de que se está levando uma vida que agrada ao Senhor (e, portanto, poderia contar com recompensa também no além). Da felicidade terrena emerge a justiça: *nela se comprova a piedade genuína*. É verdade que agora o

---

* Jó 21:7-10, 8, 11, 13, 20. (N. T.)
31 Graetz, *Geschichte der Juden*, v.2, p.203 et seq. e nota 14; Bergmann, *Jüdische Apologetik im neutestamentlichen Zeitalter*, 1908, p.120 et seq. Sobre o espírito da doutrina da fé judaica antiga: Wellhausen, *Israelitische und jüdische Geschichte*, cap. 15.

destino desventurado não está mais tão fora do alcance da compreensão: tenta-se interpretá-lo como castigo que Deus manda para punir o justo por transgressões cometidas sem que, para isso, seja necessário diminuir o seu "capital de recompensa" no céu. Mas, mesmo assim, sente-se mais satisfação quando o justo é favorecido pela sorte, quando a bênção de Deus já repousa sobre ele aqui embaixo: nesse caso, a bem-aventurança eterna está tanto mais assegurada para a sua alma.

Tudo isso faz que, na religião judaica, a "doutrina dos bens" (se quisermos mesmo falar de tal doutrina no quadro do sistema religioso judaico) adquira (especialmente também através da *Hokmah*, que, nesse ponto, tornou-se de muitas formas indicativa do caminho a seguir para a teologia rabínico-talmúdica e que, em todo caso, revestiu-se da maior importância própria à vida prática pelo fato de que suas doutrinas foram acolhidas diretamente pelos leigos) a seguinte forma de contornos nítidos: o alvo supremo da vida continua sendo o de cumprir os mandamentos de Deus. Não pode haver felicidade terrena dissociada de Deus. Por essa razão, seria tolice buscar a felicidade dos bens terrenos em função deles mesmos. Mas é sábio buscá-los como um bem enquadrado dentro do propósito divino, de modo a serem tomados como sinais ou penhores do beneplácito divino, como bênção divina vinculada com a justiça na qualidade de recompensa. Porém, entre os bens dessa terra que proporcionam felicidade sem dúvida figura também, nessa concepção, uma casa bem equipada: figura o bem-estar material, figura a *riqueza*.

Quando lemos as fontes religiosas judaicas — das quais, neste caso, entram em cogitação sobretudo as Sagradas Escrituras e o Talmude, visto que a doutrina dos bens, por seu caráter haláquico, praticamente não é tratada pelos "escritos de edificação" —, é possível citar bem poucas passagens em que a *pobreza é enaltecida* como o bem maior em comparação com a riqueza. Mas a essas poucas passagens se contrapõem centenas e centenas que enaltecem a riqueza, que a encaram como uma bênção do Senhor e, no máximo, advertem contra o abuso ou contra os perigos decorrentes dela. Ocasionalmente também se diz que a riqueza sozinha não traz felicidade, que, ao lado dela, também seria preciso ser abençoado com outros bens (por exemplo, com saúde) ou que outros bens valeriam tanto quanto a riqueza (ou até mais). Com isso, porém, nada foi dito *contra* a riqueza, e, sobretudo, não foi dito que ela deixa Deus contrariado.

Quando defendi essa concepção numa palestra pública, fui muito criticado ao fim dela. Dificilmente outro ponto das minhas explanações me rendeu tantos adversários quanto a afirmação de que, na religião judaica, a riqueza (e a aquisição de bens) é enaltecida como um bem valioso. Diversos dentre os meus críticos (entre os quais se encontram vários rabinos renomados) gentilmente se deram o trabalho de enumerar, em forma epistolar ou impressa, as passagens da Bíblia e do Talmude que, na sua opinião, refutam a minha visão. Respondo a eles o que já disse anteriormente: que, sem dúvida, é possível constatar na Bíblia e no Talmude ditos que consideram a riqueza no mínimo um perigo para o crente e que enaltecem a pobreza. Na Bíblia, talvez haja meia dúzia; no Talmude, um pouco mais. Porém, o mais importante é que a cada uma dessas passagens logo é possível contrapor dez que estão imbuídas de outro espírito. E, nesse caso, a massa realmente importa. Sempre me perguntei mais ou menos nestes termos: pensemos em como, na sexta-feira à noite, depois de ter acabado de "ganhar por merecimento" um milhão na bolsa de valores, o velho Amschel Rothschild toma a sua Escritura sagrada e busca edificação nela; o que ele poderá extrair dela? Que significado tem a lembrança do milhão recém-adquirido para a depuração interior que o velho judeu piedoso gostaria de realizar na véspera do *shabbat*? O dinheiro adquirido arderá como brasa na sua alma? Ou ele dirá antes para si mesmo (poderá dizer com a consciência limpa): "Também nesta semana a bênção de Deus repousou sobre mim; dou graças a Ti, Senhor, por teres agraciado mais uma vez o Teu servo com a Tua luz? (Certamente tirarei da aquisição desse milhão as consequências que serão do Teu agrado: darei esmolas generosamente e cumprirei os Teus mandamentos com rigor ainda maior do que fiz até agora.)". É *assim* que ele falará, caso conheça bem a sua Bíblia (e ele de fato a conhece bem!).

Com efeito, seu olhar pode demorar-se na apreciação das seguintes passagens das Sagradas Escrituras:

Na sua amada Torá, ele lerá reiteradamente a bênção do Senhor (por exemplo, Deuteronômio 7:13-15): "E ele amar-te-á, abençoar-te-á e multiplicar-te-á; também abençoará os teus filhos e o fruto da terra, teu cereal, teu vinho e teu azeite, as crias das tuas vacas e as crias das tuas ovelhas na terra [...] Serás mais abençoado do que todos os povos [...]". E seu coração se sentirá edificado sobretudo quando, em sua leitura, chegar às seguintes palavras: "O Senhor, teu Deus, abençoar-te-á, como tem dito a ti. *Assim, emprestarás a muitas nações, mas de ninguém tomarás empréstimos*" (Deuteronômio 15:6; cf. 28:43-44; Salmo 109:11).

E quando ele lê os Salmos, ouve as seguintes palavras:

"Temei o Senhor, vós que sois os seus santos, pois nada falta aos que o temem" (Salmo 34:10).

"O Senhor conhece os dias dos piedosos, a herança deles permanecerá para sempre. Não serão envergonhados nos dias maus, e terão o suficiente na carestia" (Salmo 37:18).

"Tu – Senhor – visitas a terra e a regas; tu a enriqueces copiosamente. Os ribeiros de Deus são abundantes [...] Coroas o ano com tua bondade e tuas pegadas destilam fartura" (Salmo 65:10-12).

"Bem-aventurado o homem que teme ao Senhor e se compraz nos seus mandamentos [...] Na sua casa há riqueza e fartura" (Salmo 112:1, 3).

"Que transbordem os nossos celeiros, proporcionando toda sorte de provisões; que os nossos rebanhos produzam a milhares e a dezenas de milhares em nossos campos" (Salmo 144:13).

E ele se alegrará com Jó quando ler o final da história de sofrimento desse homem que passou por uma prova dura: "E depois disso o Senhor abençoou Jó mais do que antes, de modo que veio a ter 14 mil ovelhas, 6 mil camelos, mil juntas de bois e mil jumentos" etc. (Porque – felizmente – o nosso Amschel ainda não ouviu falar da nossa moderna "crítica bíblica" e, por isso, ainda não sabe que Jó 42:12 foi inserido posteriormente no livro de Jó.)

Os *profetas* igualmente prometeram ao povo de Israel uma rica recompensa em bens terrenos se encontrasse o caminho de volta a Javé. Nosso amigo Amschel abrirá a Bíblia em Isaías e lerá ali mesmo, no capítulo 60, que os povos trarão pessoalmente o seu ouro e a sua prata até Israel.

Mas o velho Amschel procurará edificação de preferência nos Provérbios de Salomão[32] ("os textos mais marcantes em sua expressão das concepções de vida predominantes do povo judeu", como escreve ao meu endereço um rabino, que quis provar exatamente a partir dos Provérbios o quanto a minha visão estaria equivocada e "quão pouco a Bíblia incita à aquisição de riquezas": recorrendo a Provérbios 22:1, 2; 23:4; 28:20, 21; 30:8, passagens que logo abordarei). Ele encontra ali a advertência de que a riqueza sozinha não proporciona toda a felicidade (20:1, 2); que não se deve negligenciar os mandamentos de Deus na riqueza (30:8); que "correr atrás da riqueza" facilmente poderia levar ao tombo: "quem se apressa a enriquecer não ficará sem castigo".* (Para consolar-se, ele dirá que não se "apressa".) Um só provérbio poderia causar-lhe dúvidas à primeira vista (23:4): "Não te fatigues para seres rico; deixa [ess]a sabedoria de lado". Porém, ele imediatamente apagará da sua mente o aspecto incômodo dessa admoestação, colocando-a em relação com 23:1-3, onde consta o seguinte: "Quando te assentares a comer com um governante, atenta bem para quem está diante de ti; mete uma faca à tua garganta se fores um glutão! Não cobices os seus pratos finos, porque são comidas enganadoras...". Mas talvez também ocorra que ele passe por alto as seis passagens, as seis únicas palavras dos "provérbios" que parecem desaconselhar expressamente que se procure ficar rico; e, em vez disso, busque edificar-se nas muitas passagens que, precisamente nos "provérbios", enaltecem a riqueza (é curioso que a respeito destas meu prezado rabino não tenha escrito absolutamente nada!). Elas são tão numerosas que se pode dizer isto: elas dão o tom pelo qual os Provérbios (como a *Hokmah* em geral) estão afinados. "Os Provérbios são inesgotáveis na descrição das ricas bênçãos que provêm da verdadeira sabedoria."[33] Seguem apenas alguns exemplos:

"Vida longa está na sua [dos sábios] mão direita; na sua esquerda, riquezas e honra" (3:16).

---

32 H. Deutsch, *Die Sprüche Salomons nach der Auffassung in Talmud und Midrasch*, 1885, primeira parte introdutória.

* Provérbios 28:20. (N. T.)

33 J. F. Bruch, *Weisheitslehre der Hebräer*, 1851, p.135.

"A maldição do Senhor habita na casa do ímpio, mas a casa do justo ele abençoa" (3:33).

"Riquezas e honra estão comigo, bem-estar excelente e caridade" (8:18).

"Os bens do rico são a sua cidade fortificada" (10:15).

"A riqueza dos sábios é sua coroa" (14:24).

"Na casa do justo há muita riqueza, mas no rendimento do perverso há ruína" (15:6).

"O resultado da humildade, do temor a Javé é riqueza, honra e vida" (22:4).

Entre a literatura da *Hokmah* inclui-se, como vimos, o Eclesiastes e a Sabedoria de Salomão.

O livro do Coélet[34] não está afinado num tom só e, graças às numerosas inclusões posteriores, está repleto de contradições. Porém, nele o piedoso tampouco encontra uma passagem condenando a riqueza, quando muito algumas que pregam algo como um desprezo da riqueza. Em compensação, mesmo ali encontra-se o reiterado louvor da riqueza:

"Se Deus deu a alguém riquezas e bens e lhe permite usufruir deles e gozar do seu trabalho: isto é presente de Deus" (5:18);

"O homem a quem Deus conferiu riqueza, bens e honra [...] mas Deus não lhe permite usufruir disso, antes o estranho goza disso: isso é vaidade e grave mal" (6:2).

"Para deleite prepara-se a comida e o vinho alegra os vivos, e o ouro assegura tudo isso" (10:19).

"Semeia pela manhã a tua semente, e à tarde não dê descanso à tua mão." *

Na Sabedoria de Salomão, as seguintes passagens entoam loas à riqueza:

"Com ela [a sabedoria] me vieram todos os bens, de suas mãos, riqueza incalculável" (7:11).

---

34 Rabi Sinai Schiffer, *Das Buch Kohelet. Nach der Auffassung der Weisen des Talmud und Midrasch...*, parte I, 1884.

* Eclesiastes 11:6. (N. T.)

A sabedoria "tornou-o próspero pelo trabalho e abençoou seus esforços, assistiu-o contra opressores cobiçosos e o enriqueceu" (10:10, 11).

Pelo visto, é sempre a sabedoria de vida especificamente judaica que insere a valorização de bem com a vida dos bens terrenos nesses escritos ecléticos de cunho grego tardio e com frequência a posiciona diretamente ao lado de modos de falar de filósofos gregos cansados da vida.

"Cheio de ditos sábios" é também o livro de Jesus, filho de Sirac, que "estava ainda mais fortemente enraizado nas concepções populares" (escreve-me um rabino), e que, por isso mesmo, era compulsado com prazer pelo velho Amschel Rothschild. Porém, se um rabino avesso ao rendimento financeiro lhe quisesse provar a partir dos ditos de Jesus Sirac o quanto a riqueza é prejudicial, o quanto "neles o rico recebe o carimbo de perverso e a riqueza é apresentada como fonte do pecado", reportando-se, para isso, aos cap. 10-13, Amschel Rothschild lhe teria respondido:

> "Estás equivocado, Rabi. Naquelas passagens, apenas se adverte contra os *perigos* da riqueza, como, por exemplo, também na passagem que não alegaste contra mim: 31:3 e seguintes. Mas lá também está dito que, se o rico evitar os perigos, já por isso tem um mérito muito maior do que o pobre, que nem chegou a conhecer os perigos. Com efeito, na mesma passagem consta: 'Bem-aventurado o rico que for encontrado irrepreensível [...] Quem é este para que o felicitemos? Porque fez maravilhas no meio do seu povo. Quem [...] sofreu tal prova e se revelou perfeito? Ele que receba o louvor! Quem podia transgredir e não transgrediu, fazer o mal e não o fez? Seus bens serão consolidados, e sua comunidade proclamará seus atos bons' (31:8-11). E por que, Rabi (prosseguirá Amschel Rothschild a sua fala), citas para mim apenas estas passagens e calas a respeito das outras, nas quais se fala bem do homem que amealhou muitos milhões? Por que calas sobre isto:
> 'O bem feito a um pai não será esquecido, e em vez de castigo pelos pecados receberás a prosperidade' (3:16).
> 'Rico, honrado ou pobre – a sua glória é o temor do Senhor' (10:22).
> 'É melhor quem trabalha e tem tudo em abundância do que quem se gloria e carece de alimento' (10:27).
> 'O pobre é honrado por sua inteligência e o rico por suas riquezas (que justamente são a prova da sua inteligência!)' (10:30).
> 'Quem é honrado na pobreza, quanto não o será na riqueza?

E quem é desprezado em sua riqueza, quanto não o será na pobreza?' (!) (10:31).
'Pobreza e riqueza vêm do Senhor' (11:14).
'A bênção do Senhor é a recompensa do piedoso, num instante floresce a sua bênção' (11:22).
'A riqueza é boa quando nela não há pecado' (11:24).
'Ganha a confiança do teu próximo quando fores pobre para que possas ter parte também na sua prosperidade' (21:28).
'No tempo da necessidade, aguente firme junto dele, para que sejas coerdeiro de sua herança' (21:29).
'Contenta-te com pouco ou *muito*' (29:23).
'Ouro e prata tornam a caminha firme' (!) (40:25).
'Riqueza e força aumentam a coragem' (40:26).
'Melhor morrer do que mendigar' (40,28).
'A herança dos filhos dos pecadores desaparece' (41,6).
'Destas coisas não te envergonhes:
[...] de obter pequenos e *grandes ganhos*,
de lucrar na compra ou na venda' (42:1, 4, 5).
"E deveria eu, Rabi (assim concluiu Amschel Rothschild a sua alocução), envergonhar-me dos meus milhões? Não deveria eu, muito antes, tê-los orgulhoso como bênção de Deus, como quando o sábio Jesus, filho de Sirac, fala do grande rei Salomão (47:18-19): 'Em nome do Senhor Deus, daquele que se chama Deus de Israel, acumulaste ouro com estanho, multiplicaste a prata como chumbo'? Pelo contrário e também em nome do Senhor Deus, acumularei ouro como estanho e prata como chumbo, Rabi!"

Em vista de tais concepções simpáticas ao mundo e aos bens, que se expressam nesses e em todos os demais escritos da Bíblia importantes para os judeus, naturalmente não seria possível que jamais se desenvolvesse um dogma avesso à riqueza, por mais que as épocas posteriores dessem ocasião a isso. Porém, também no Talmude ainda há numerosas passagens que estão afinadas pelo mesmo diapasão do texto bíblico: a riqueza é bênção quando o rico anda nos caminhos de Deus, e a pobreza é maldição. E em lugar nenhum a riqueza é desaprovada. Reproduzo aqui pelo menos alguns ditos desse tipo:

"Rabi Yahada ensinou em nome de Rab [consta em Deuteronômio 15:4]: 'Contudo, não haja necessitado em teu meio'. O que é teu vem antes do de todos os demais seres humanos" (*Baba Metzia* 30b).

"Quem observa a Torá na pobreza, acabará por observá-la na riqueza" (*Abot* IV:9).

"Sete são as qualidades que constituem um ornamento para o piedoso e para o mundo": uma das sete é a riqueza (*Abot* VI:8-9).

"O ser humano [...] dirija-se em oração àquele a quem pertence a riqueza e as possessões [...] Na verdade, as duas coisas, riqueza e trabalho, não vêm do negócio, mas tudo acontece conforme o mérito" (*Kiddushim* 82a).

"Em Êxodo 2:3 consta: 'Então ela (a mãe de Moisés) tomou para ele um cesto de junco'. Por que especificamente de junco? Rabi Eleasar disse: depreende-se daí que os justos (piedosos) amam seu dinheiro mais do que seu corpo" (*Sota* 12a).

"Raba honrou os ricos; Rabi Aquiba igualmente honrou os ricos" (*Erubim* 86a).

"Os Rabinos ensinaram: quem é rico? Quem tem satisfação em sua riqueza – palavras do Rabi Meir. Rabi Triplion diz: quem tiver 100 vinhas, 100 campos e 100 servos para cultivá-los. Rabi Aquiba diz: quem tiver uma esposa que seja formosa no seu comportamento. Rabi José diz: quem tem o banheiro próximo à sua mesa" (*Sabbath* 25b).

"Quem *desperdiça* o dinheiro no momento de raiva sem ponderação não será chamado antes de ficar dependente do auxílio público" (Ética do Rabi Natã, p.27).

"[...] o período da necessidade é o melhor para que o ser humano aprenda o valor da riqueza" (ibid., p.28).

"Quem vir em sonhos o Rabi Eleasar ben Asariah tenha esperança de riqueza" (ibid., p.137).

"Quem vir em sonhos o Livro dos Reis tenha esperança de riqueza" (ibid., p.138).

Correspondendo à mensagem anunciada tanto pela tradição escrita quanto pela oral referente à riqueza e à prosperidade como bênção concedida por Deus ao justo, a concepção de mundo factual dos judeus, tanto quanto conseguimos identificar, sempre foi uma concepção maciçamente terrena, cuja imanência (apesar de todas as esperanças no além!) ainda recebeu um reforço sólido do messianismo. Também houve no judaísmo rudimentos de uma ascese (extramundana), de uma fuga do mundo: no século IX, quando os caraítas se congregaram para levar um modo de vida monástico; no século XI, quando Bachia Ibn Pakuda pregou na Espanha. Porém, tais correntes jamais se firmaram no judaísmo, que, muito antes, em toda a sua miséria sempre foi mantido por sua religião assertivo em relação ao mundo e simpático à riqueza. Desse modo, os judeus se encontram num contraste gritante com os cristãos, cuja alegria de viver a religião tentou estragar com todas as forças. Tantas vezes quantas nos escritos do Antigo Testamento a riqueza é exaltada, no Novo Testamento ela é amaldiçoada, e a pobreza é glorificada. Toda a fuga do mundo e o desprezo ao mundo dos essenos fluiu para dentro dos evangelhos. Basta pensar em Mateus 6:24; 10:9-10; 19:23-24 e comparar com os numerosos textos paralelos. "É mais fácil um camelo passar pelo buraco da agulha do que um rico entrar no reino dos céus": esta palavra, à qual se podem acrescentar muitas outras, constrói todo o sistema religioso sobre um fundamento essencialmente diferente daquele do judaísmo. Nenhuma frase do Antigo Testamento corresponde a essa frase e certamente tampouco em toda a teologia rabínico-talmúdica.

Não é preciso usar muitas palavras para mostrar como são fundamentalmente diferentes as posições que o judeu piedoso e o cristão piedoso devem assumir diante da vida econômica. Com efeito, este precisa valer-se primeiro de todo tipo de artifício para remover, mediante interpretação, o essenismo avesso à riqueza e ao ganho de suas Sagradas Escrituras. Quanto medo por sua alma o cristão rico deve passar, visto que o reino dos céus está trancado para ele, em comparação com o judeu rico, que, como vemos, acumula "em nome de Deus" ouro como estanho e prata como chumbo.

É sabido que essa religião que foge do mundo durante séculos colocou obstáculos no caminho dos cristãos no que se refere à sua vida econômica: *"infructuosi in negotiis dicimur"* [somos chamados de improdutivos nos negócios], diz Tertuliano.

E está fora de qualquer dúvida que os judeus jamais tomaram conhecimento desses obstáculos. Quanto mais piedoso era um judeu, quanto maior era seu conhecimento dos escritos de sua religião, tanto maior seria o impulso que extrairia das suas doutrinas de fé para dedicar-se ao ganho. Um exemplo lindíssimo de como, na realidade, os corações judaicos piedosos fundiam intimamente os interesses aquisitivos com os interesses religiosos nos é dado, uma vez mais, pelas memórias de nossa Glückel de Hameln: "Louvado seja Deus que dá e tira, o Deus fiel que, mais uma vez, compensa tão ricamente o nosso prejuízo".[35] "Portanto, [...] ele [meu marido] escreveu-me uma longa carta, consolo vão, para que eu me contentasse. Deus – louvado seja seu nome – devolver-nos-ia tudo em outro momento, o que de fato aconteceu."[36] Meu marido "voltou a ganhar milhares nessa feira, graças ao Altíssimo, que não afastou de nós sua graça e misericórdia".[37] (A viagem nos custou mais de 400 táleres imperiais.) "Porém, não demos muita importância a isso, pois – graças a Deus – tínhamos assento em grandes negócios. Louvado seja Deus que não afastou de nós sua graça e verdade."[38] E de modo semelhante em muitas outras passagens.

V. A racionalização da vida

Dado que a religião judaica se baseia no contrato entre Javé e seu povo, sendo, portanto, algo como um negócio bilateral, à ação de Deus deve corresponder uma contrapartida do seu povo.

"E o que devo cumprir em relação a Ti?"

O Senhor deu a resposta a essa pergunta com frequência e clareza pela boca do seu servo Moisés. São duas as coisas que ele reiteradamente encarece aos filhos de Israel: sejam santos e cumpram meus mandamentos.

> Vós me sereis reino de sacerdotes e nação santa. (Êxodo 19:6; repetido em Deuteronômio 7:6; 14:2)
> Eis que vos tenho ensinado mandamentos e juízos, como me mandou o Senhor, meu Deus, para que assim façais no meio da terra que passais a possuir. Guardai-os, pois, e cumpri-os, porque isso será a vossa sabedoria

---

35 Von Hameln, *Memoiren*, p.173.
36 Ibid., p.155.
37 Id.
38 Ibid., p.146.

e o vosso entendimento diante dos povos que, ouvindo todos esses mandamentos, dirão: "Certamente esse grande povo é gente sábia e entendida". (Deuteronômio 4:5-6; com incontáveis repetições)

O que Javé exige não é sacrifício, não é entrega, mas obediência.

Porque nada falei a vossos pais, no dia em que os tirei da terra do Egito, nem lhes ordenei coisa alguma acerca de holocaustos e outros sacrifícios. O que lhes ordenei foi isto: *obedecei à minha palavra* e eu serei o vosso Deus e vós sereis o meu povo; andai em todo caminho que eu vos ordeno para que vos vá bem. (Jeremias 7:22-23)

Sabe-se agora que o curso dos acontecimentos impeliu o povo judeu cada vez mais na direção de buscar a "justiça" no cumprimento rigoroso dos mandamentos. O que de início ainda era almejado ao lado disso em termos de santidade interior passou para segundo plano e perdeu importância diante do formalismo de um legalismo escrupuloso. Santo e fiel à lei se tornaram conceitos idênticos. Sabe-se já que esse apego à lei representou uma espécie de medida protetiva tomada pelos rabinos para proteger o povo dos ataques primeiro do helenismo, depois do cristianismo e posteriormente – após a destruição do Segundo Templo – para preservar a sua autonomia nacional. A luta contra o helenismo produzira o farisaísmo, a luta contra o cristianismo paulino e pós-apostólico, que queria abolir a lei normativa e substituí-la pela fé, transformou o farisaísmo no judaísmo talmúdico. A antiga tendência dos escribas de "entretecer toda a vida na regra sagrada" passou a fazer progressos cada vez maiores. Em seu isolamento político, as comunidades se submeteram totalmente à nova hierarquia: à nomocracia dos escribas; elas buscavam o mesmo fim, a saber, a conservação do judaísmo, e por isso submeteram-se aos meios. A escola e a lei sobreviveram ao templo e ao Estado, o rabinismo farisaico passou a assumir o domínio irrestrito. A partir de então, "justiça" passou a significar o mesmo que vida correta e legal. Sob a influência dos escribas convertidos em juristas, a piedade recebeu um cunho totalmente jurídico, mais especificamente, de direito privado. A religião se transformou em direito civil e espiritual. Na Mixná, esse caráter rigorosamente legal e mesmo jurídico já está inteiramente formado. Os mandamentos e as proibições, as disposições do Pentateuco e as dele inferidas, eram tidos como ordens e decretos de Deus, nos quais não se podia botar defeito nem mexer no seu teor; eles tinham de ser seguidos de modo inviolável conforme a prescrição. Dá-se valor cada vez maior às exterioridades; cada vez menos se diferencia entre menos e mais importante na lei. "Confiou-se mais na lei normativa do que na conscienciosidade que estabelece a sua própria norma" (*Graetz*).[39]

E assim continuou até hoje por dois milênios. Ainda hoje, o judaísmo ortodoxo se apega a esse formalismo e nomismo rígido. Os fundamentos da fé judaica não estão expostos a qualquer mudança: cada palavra da Torá permanece tão obrigatória como no dia em que foi anunciada a Moisés. "A Torá de Israel é, por assim dizer, a escola superior clássica de tudo que é ético-moral. Seu currículo, seu plano de disciplinas, possui atualidade eterna. Ela não está sujeita a nenhuma moda momentânea, a nenhuma reforma periódica."[40]

E os mandamentos e as proibições de Deus ali contidos devem ser observados pelo piedoso da forma mais rigorosa possível: sejam eles pequenos ou grandes; quer façam sentido ou lhe pareçam absurdos; devem ser cumpridos *strictissime* [do modo mais estrito possível] como constam ali, por uma única razão: por serem mandamentos de Deus. Trata-se, portanto, de um heteronomismo declarado.

> Deve exercitar os mandamentos e respeitar os limites da lei, porque são mandamentos de Deus e limites estabelecidos por Deus, não porque tu porventura os julgues corretos; pois inclusive os mandamentos cuja razão de ser intuis não observarás por causa disso — nesse caso, só estarias obedecendo a ti mesmo, e é a Deus que deves obedecer —, mas porque foi Deus que te ordenou

---

39 Sobre a evolução da religião judaica à condição de nomocracia, há informação satisfatória em todas as obras de cunho histórico-religioso e também na maioria das obras de cunho histórico geral. Cito, por exemplo, Wellhausen, *Israelitische und jüdische Geschichte*, p.250, 339 et seq.; Graetz, *Geschichte der Juden*, v.4, p.233 et seq.; v.5, p.174 et seq. E, ademais, as conhecidas obras de Müller, Emil Schürer e Karl Marti.
40 Rabi Simon Mandl, *Das Wesen des Judentums*, 1904, p.14.

isso e, a exemplo de todas as demais criaturas, tu também deves ser servo de Deus junto com qualquer delas. Esse é o teu destino.[41]

E é esse cumprimento inconsciente da lei que faz o "justo", é ele que faz o "santo".

> Santo no sentido da Torá é aquele que adquiriu a habilidade de realizar a vontade revelada a nós por Deus com a mesma prontidão serena e com a mesma alegria com que faria a sua própria vontade. Essa santidade, essa dissolução completa da vontade própria na vontade de Deus, é uma meta sublime que apenas poucos atingiram e atingirão em toda a sua magnitude. Por essa razão, o mandamento da santidade se refere, em primeiro lugar, a almejar essa santidade. Contudo, esse almejar é possível para cada pessoa; ele consiste em vigiar e trabalhar a si mesmo continuamente, consiste na luta incessante contra o que é vil e ordinário, sensual e animal. O cumprimento dos preceitos da Torá é a escada mais segura pela qual conseguimos alçar-nos a níveis cada vez mais altos da santidade.

Nessas palavras está exposto o vínculo que rege as duas exigências fundamentais: da santidade e da legalidade. Aprendemos a entender que o fim supremo almejado incessantemente por Israel permanece este: ser um povo de sacerdotes, um povo santo. E o caminho mais seguro para isso parece-lhe ser este: cumprir rigorosamente os mandamentos de Deus. E somente se tivermos adquirido clareza total a respeito desse vínculo estreito conseguiremos aquilatar o significado peculiar que a religião judaica possui para a organização geral da vida. Em última análise, a legalidade "exterior" não permanece exterior: ela exerce influência constante e duradoura sobre a vida interior, que justamente recebe o seu cunho específico pela observação do formalismo legal petrificado.

Portanto, o processo psicológico que levou à concepção posterior dentro da religião judaica parece-me ter sido este: primeiramente estava-se diante dos mandamentos de Deus sem mostrar preocupação com o

---
41 Hirsch, *Versuche über Jissroëls Pflichten in der Zerstreuung*, 4. ed., 1909, §448.

conteúdo dos mesmos. Em seguida, porém, é claro que o conteúdo teve de revelar-se de modo gradativo ao crente numa forma materialmente bem determinada: um ideal de vida precisamente circunscrito veio ao seu encontro a partir das palavras de Deus. Seu anseio tornou-se a busca desse ideal – tornar-se "justo", "santo". O cumprimento da lei lhe propiciou a realização desse anseio em sentido triplo: 1. porque Deus, como postulado supremo, a havia estabelecido; 2. porque na lei estavam contidas as exigências, cujo cumprimento realizava o ideal da conduta de vida; 3. porque a própria observação rigorosa da lei foi identificada como um meio seguro de aproximar-se daquele ideal.

Portanto, se quisermos entender a essencialidade da atividade religiosa judaica, teremos de obter clareza – para além da compreensão da natureza nomista-formalista da religião judaica – a respeito daquilo que foi e é entendido (materialmente) por "santidade" pelos piedosos. Somente depois que tivermos tomado conhecimento disso conseguiremos perceber também a dita influência dos estatutos religiosos sobre a conduta de vida na prática (que é o que queremos identificar antes de tudo).

Poderemos facilmente dizer, mediante uma circunscrição genérica, o que é uma vida santa no sentido da piedade judaica se recordarmos o traço apontado na seção anterior do caráter terreno que a religião judaica sem dúvida possui. Em vista dele, o termo "santo" certamente não poderá ter o sentido de negação e mortificação da vida que tem em outras religiões, como na budista ou na cristã primitiva. Uma ascese "extramundana" (como vimos) sempre foi algo distante do judaísmo. "Conserva a alma/vida que te foi dada; não a mortifiques"; esse é o princípio que o Talmude estabelece para a conduta de vida[42] e que esteve em vigor em todas as épocas.

Portanto, negação da vida não pode significar santidade; mas tampouco a santidade significa levar a vida natural do ser humano instintivo: pois, nesse caso, a vida santa não seria uma missão que só poderia ser cumprida

---

42 Uma série de ditos semelhantes é compilada, a partir da literatura rabínico-talmúdica, por Schepschel Schaffer, *Das Recht und seine Stellung zur Moral nach talmudischer Sitten- und Rechtslehre*, 1889, p.28.

pelo justo. Portanto, só resta a compreensão de que uma vida santa é aquela vivida conscientemente segundo normas extranaturais em conformidade com um plano ideal ao lado da vida natural ou contra ela. *Numa palavra, santidade significa: a racionalização da vida.* Significa a substituição da existência natural, pulsional, de criatura, pela vida ponderada, desejada por sua finalidade, moral. Insere-se na natureza a lei moral que fundamentalmente carece de toda derivação de motivos naturais. "O que importa não é a constituição natural do ser humano – mesmo que seja para o bem –, mas a lei que liberta do instinto natural, a criação da moral que suplanta tudo que é natural – é isso que importa." Tornar-se santo significa ser "depurado", e a depuração consiste justamente na superação de todos os impulsos reais para a ação mediante o elemento formal da obediência moral. O significado do cumprimento puramente formal da lei consiste em

> que os seres humanos são progressivamente libertados das amarras do natural e do habitual, dos impulsos exclusivos do útil e do agradável, são alçados acima das satisfações sensíveis comuns e refinadas do dia a dia, e, em todo o seu fazer e querer, são cercados de ações que servem única e exclusivamente a um interesse ideal.[43]

Portanto, um dualismo brusco – aquele dualismo terrível que ainda corre nas veias de todos nós – caracteriza a concepção judaica do moralmente valioso: a natureza não chega a ser não sagrada, mas sagrada ela também não é; ela ainda não é sagrada, devendo ainda tornar-se tal por meio de nós. Nela estão latentes todos os germes do "pecado"; a serpente espreita na moita o tempo todo como naquela ocasião no Jardim do Éden. "Deus criou o instinto mau; mas ele também criou a Torá, a doutrina moral como tempero (como remédio) contra ele."[44] A vida humana inteira

---

[43] M. Lazarus, *Die Ethik des Judentums*, 1904, p.22, de onde procedem esses textos, elaborou muito bem a ideia básica da doutrina judaica dos costumes (= da religião), a saber, que ser santo significa superar o ser humano passional. Todavia, percebe-se a tendência de identificar, no final das contas, a ética do judaísmo com a ética kantiana.

[44] *Kiddushin* 30b; *Baba Bathra* 16a.

é uma única batalha contra as potências hostis da natureza: essa é a ideia norteadora que rege a teologia moral judaica, à qual só pode corresponder o sistema de preceitos e prescrições, com cuja ajuda a vida pode ser racionalizada, desnaturada, depurada, santificada, sem que se chegue a renunciar a ela ou a mortificá-la. Nesse ponto, emerge a diferença fundamental entre moral cristã-essênica e judeu-farisaica: aquela leva, de modo coerente, para fora da vida, para a solidão, para o mosteiro (quando não para a morte); esta prende o crente com mil algemas à vida, inclusive à vida civil, e, não obstante, exige que ela seja despida de sua forma natural. A dogmática cristã converte o "santo" em monge; a judaica o converte num racionalista. Aquela vai dar na ascese extramundana, esta na ascese intramundana (como foi chamada), na medida em que por ascese se entenda a superação do caráter de criatura dentro do ser humano.

Reconheceremos ainda melhor essa peculiaridade da "lei moral" judaica (que, como seguidamente se deve enfatizar, sempre é também lei religiosa) examinando a seguir os seus preceitos individualmente.

* * *

A ação da lei é concebida em dois sentidos: ela deve atuar por sua existência e por seu conteúdo.

A *simples existência da lei ou das leis*, o dever de cumpri-las conscienciosamente, gera a consciência da conduta de vida ao forçar o ser humano a refletir incessantemente sobre suas ações e configurá-las racionalmente. Diante de cada desejo é posta uma advertência, toda expressão instintiva, impulsiva de vida é descartada pelos inúmeros marcos e indicadores, apitos e luzes sinalizadoras, que cercam o crente na forma de centenas de diretrizes. "A lei introduz ordem, regra e medida nas inclinações naturais do ser humano. A legalidade formal faz que o ser humano visualize a vida como totalidade, como unidade, como algo consolidado mediante um grande objetivo de vida: o agir que agrada a Deus." "Se a mente do ser humano estiver o tempo todo direcionada para o cumprimento da lei, a sua vida pode não estar ainda organizada sistematicamente ou construída com arte, mas já é perpassada uniformemente pela ideia moral." Visto que o cumprimento das inúmeras prescrições legais – como se sabe, Maimônides estabeleceu 365 proibições (das quais 243 ainda valem hoje) e 248 mandamentos! – não é possível sem o conhecimento preciso das fontes, o compromisso com a legalidade inclui o estudo diligente das Escrituras Sagradas e principalmente da Torá, e nesse estudo se vislumbra, uma vez mais, um meio de configurar a conduta de vida como "santa": "Se o impulso mau te agarrar, arrasta-o até a sinagoga", diz o Talmude (*Kiddushim* 30b).

A profusão de mandamentos e proibições é destinada a depurar a vida do crente: essa opinião foi difundida em todas as épocas e é sustentada ainda hoje por todos os judeus ortodoxos.

"Deus quis depurar Israel, por isso multiplicou o número dos mandamentos" (*Makkoth* 23b);[45]

"Os mandamentos foram dados por Deus para, por meio deles, depurar os seres humanos" (*Vaiikra Rabba*, cap. 13).[46]

"Teria sido melhor para o ser humano não ter nascido; mas agora que ele está no mundo, ele deve examinar com frequência as suas ações" (*Erubim* 13b).[47]

"A cada noite, o ser humano deve examinar as ações cometidas durante o dia que passou" (*Magen Abraham* sobre O. Ch. 239, Sch. 7).[48]

"Reflexão e observação foram anunciadas *num só dito*".[49]

A concepção atual do significado moral da legalidade sustentada por círculos de judeus piedosos pode ser inferida das seguintes declarações de homens conhecidos:

> Para que o temor a Deus [...] impregne tão completamente o nosso cogitar, pensar e sentir, toda a nossa vida, a religião cobriu suas doutrinas e verdades

---

45 Tradução em S. Schaffer, *Das Recht und seine Stellung zur Moral nach talmudischer Sitten- -und Rechtslehre*, 1889, p.54.
46 Ibid.
47 Tradução em H. B. Fassel, *Tugend- und Rechtslehre des Talmud*, 1848, p.38.
48 Ibid.
49 Extensamente tratado por Rabi Joseph Albo, *Buch Ikkarim*, cap. 24 et seq.

com preceitos legais, cunhou-as em usos e costumes que entretecem todo o pensar e sentir do israelita, de tal modo que não sobra espaço para o mal.⁵⁰

A conduta de vida de acordo com a lei religiosa torna-se fonte de instrução e educação éticas. Em primeiro lugar, é o entretecimento de toda a existência humana com ordens legais, com o cumprimento de preceitos que acompanham todo o trabalho e toda a fruição da vida. Na medida em que o rabinismo [...] cerca a vida do indivíduo e da coletividade com ritos da lei religiosa, na medida em que, desse modo, todo o tempo do dia e do ano envolve com a lei todos os acontecimentos da natureza e os destinos e as vivências humanas, na medida em que toda e qualquer atividade e fruição da existência é *consagrada* por uma palavra de bênção, um ato simbólico ou prática de um uso, todo o fazer, querer e efetuar se configuram numa unidade homogênea e coesa.⁵¹

A afirmação de que "toda e qualquer atividade e fruição da existência" estaria compreendida na prescrição da lei religiosa não constitui nenhum exagero. Para ver isso, basta examinar rapidamente um dos livros religiosos judaicos hoje disseminados, pois eles consistem essencialmente na enumeração dos mandamentos e das proibições. Em todos os teus caminhos, *deum respice et cura* [considera Deus e atenta para ele] é válido ainda hoje para o judeu piedoso. Quer ele se encontre com um rei, quer ele visite anões ou negros, quer em viagem passe por ruínas, quer tome um remédio ou entre no banho, quer ouça um temporal se aproximando ou a tempestade rugindo, quer ele levante ou esteja se vestindo, quer ele esteja fazendo sua necessidade ou tomando a refeição, quer esteja entrando na casa ou saindo dela, quer ele saúde um amigo ou encontre um inimigo: para cada acontecimento foi promulgada uma prescrição que tem de ser observada.

---

50 Cf. S. Bäck, *Die religionsgeschichtliche Literatur der Juden in dem Zeitraume vom 15.-18. Jahrhundert*, 1893, prefácio.
51 M. Lazarus, *Die Ethik des Judentums*, 1904, p.20 et seq.

O que exerce uma influência especialmente santificadora sobre nós é a observação pontual e consciênciosa de todas as *proibições* da Torá [das quais, como vimos, 243 vigoram ainda hoje]. Elas fazem que, *a cada pensamento e sentimento, a cada palavra dita ou ação feita*, nos perguntemos: de acordo com a vontade de Deus, podemos pensar e sentir, falar ou agir desse modo? No entanto, ainda não satisfazemos os mandamentos da santificação ao seguir apenas esses preceitos; a Torá ordena, muito antes, que também exercitemos a moderação e a abstinência no âmbito daquilo que nos é permitido.

Estas últimas palavras já fazem a transição para o aspecto do conteúdo da legalidade: para aquilo que os preceitos exigem materialmente do crente. De acordo com o que já sabemos do espírito da teologia moral judaica, não será difícil determinar esse *conteúdo da lei*. Evidentemente todas as prescrições legais terão por fim reprimir o aspecto de criatura do ser humano, domar sua vida pulsional, substituir a motivação natural pelo senso finalista; almejarão, como se disse numa só expressão, "o temperamento ético do ser humano".

Nada se deve pensar, falar ou fazer que não tenha sido antes verificado quanto à sua legalidade e em seguida reconhecido como proveitoso para o propósito da santificação. Ou seja: exclusão de toda atividade vital que acontece em função dela mesma; exclusão de todo e qualquer ato "espontâneo"; exclusão de todo e qualquer fazer por impulso natural.

Nada de alegrar-se descontraidamente com a natureza! Muito antes, só se pode usufruir desta refletindo sobre a sabedoria e a bondade de Deus. Na primavera, quando as flores se abrem, o piedoso fala: "Louvado sejas tu [...] que não deixou faltar nem a mínima coisa em seu mundo, que criou nele belas árvores e criaturas, com as quais os seres humanos podem espairecer". Ao avistar o arco-íris, ele se lembra da aliança com Javé. Sobre altos montes, em vastos ermos, ao avistar rios caudalosos, em síntese, quando seu coração se deleita, ele deve resumir todos esses sentimentos na oração de agradecimento: "Louvado sejas tu [...] que no início fez a obra da criação" etc.

Nada de entregar-se descontraidamente às obras de arte! Obras de artes plásticas são evitadas de antemão porque facilmente podem levar à transgressão do segundo mandamento. Mas também as criações da arte poética são pouco valorizadas pelo piedoso, quando não fazem alguma referência a Deus, e toda leitura só é saudável quando traz, no mínimo, um proveito prático.

> O melhor é ler os escritos da Torá ou aqueles que se referem a ela. Se a título de descanso quisermos ler outras coisas, devemos escolher apenas aqueles livros que nos enriquecem com conhecimentos úteis. Entre os livros que são escritos para entretenimento, para matar o tempo que de qualquer modo já é fugaz, existem muitos que são apropriados a despertar em nós desejos pecaminosos; é proibido ler tais livros.[52] etc.

Nada de diversões mundanas inocentes! "Onde tomam assento os escarnecedores – isto é, nos teatros e circos dos pagãos." Canto, dança e bebedeiras que não fazem parte das festividades rituais estão interditados. Rabi Dosa ben Hirkan diz: "O sono matinal, o vinho ao meio-dia, os folguedos com as crianças, demorar-se nas casas de reunião das pessoas comuns tiram o ser humano precocemente do mundo".[53] "Quem ama os prazeres passará necessidade; quem ama vinho e azeite não enriquecerá" (Provérbios 21:17).

Sem valor para o piedoso ou até um estorvo são, de acordo com isso, todas as qualidades que levam a tal atividade vital "irrefletida" dos seres humanos: como o entusiasmo, que talvez provoque algo inapropriado;[54] a cordialidade ou a pusilanimidade, pois deves ser bom só porque és guiado pela "ideia da benevolência": "deves te manter afastado de qualquer ressaibo patológico, qualquer amolecimento do teu ânimo pela visão do sofredor, e a nobreza e a dignidade da lei ideal devem pairar diante de ti";[55] um temperamento sensual – "a fonte da paixão [e, desse modo, do pecado]

---

52 L. Stern, *Die Vorschriften der Thora*, 4. ed., 1904, n. 126.
53 Rabi Nathan, *Ethik*, XXI, 5 [cf. *Aboth*, III, 14].
54 G. F. Oehler, *Theologie des Alten Testaments*, 3. ed., 1891, p.878.
55 M. Lazarus, *Die Ethik des Judentums*, 1904, p.40. Lazarus esclarece esse princípio com a análise do costume das duas caixas [*Zwei-Büchsen-Sitte*] do *Mischan abelim* (uma associação judaica de apoio de Berlim).

é a sensualidade";[56] naturalidade: em suma, tudo o que caracteriza o ser humano natural e, portanto, não santo.

As virtudes cardeais do piedoso são, em contrapartida: autodomínio e circunspecção, espírito ordeiro e laboriosidade, moderação e abstinência, castidade e sobriedade.

Autodomínio e circunspecção se expressam sobretudo no domínio da palavra que o tempo todo é pregada seguidamente:

"Não sejas precipitado com tua língua." "A boa do tolo levará-lo-á à ruína." "Quem cerra seus lábios é sensato." Essas admoestações são frequentes sobretudo nos escritos sapienciais. Indico apenas estas passagens: Coélet [Eclesiastes] 1:8; Provérbios 10:8; 10:10; 10:19; 10:31; 14:23; 17:27-28; 18:7; 18:21; 21:23; Jesus Sirac [Eclesiástico] 4:34 [4:29]; 5:15 [5:13]; 9:25 [9:18]; cap. 19:20, 22.

Nesses termos ensina também a tradição: "Raba disse: quem faz conversa fiada viola um mandamento. [...] R. Aha ben Jaqob diz: ele também comete uma proibição" (Yoma 19b).

Um livro de edificação dos nossos dias diz: "A obra da nossa santificação é bem essencialmente condicionada pelo domínio que temos sobre a nossa língua, pela nossa arte de silenciar [...] A capacidade de falar [...] foi concedida [ao ser humano] para fins santos e proveitosos [...] Porém, todo falar sem valor, que não serve nem a um nem a outro fim, é [...] proibido pelos nossos sábios com base em passagens da Escritura".[57]

De modo bem geral, exige-se autodomínio do piedoso:

"Quem é o mais forte dentre os fortes: aquele que doma sua paixão" (Rabi Nathan XXIII,1).

"Uma cidade derrubada sem muros: um homem a cujo temperamento falta autodomínio" (Provérbios 25:28).

Circunspecção:

---

56 Rabi Nathan, *Ethik*, XVI, 6 (trad. p.76).
57 L. Stern, *Die Vorschriften der Thora*, 1904, n. 127a.

"A circunspecção do diligente leva à abundância, mas quem tem pressa corre para a pobreza" (Provérbios 21:5).

"A avidez sem noção também não é boa, e que tem pés apressados pisa em falso" (Provérbios 19:2).

Diligência e economia. O judeu deve despertar o dia, não o dia a ele, sendo que os rabinos se reportam ao Salmo 57:9. Ele deve passar o dia com diligência: o ócio é desaprovado.

"O negócio do negligente não prospera, mas o homem diligente enriquece" (Provérbios 12:27).[58]
"A riqueza diminui com a vaidade, mas quem junta com a mão a multiplica" (Provérbios 13:11).
"Também quem é negligente em seu negócio é irmão do desperdiçador" (Provérbios 18:9).
"Tesouro precioso e azeite há na casa dos sábios, mas o tolo os desperdiça" (Provérbios 21:20).
"Quem *desperdiça* o dinheiro no momento de raiva sem ponderação não será chamado antes de ficar dependente do auxílio público" (Ética do Rabi Natã, III:2).

Justamente os impulsos mais fortes dentro do ser humano é preciso refrear, é preciso conduzir por vias ordeiras, é preciso despir de sua primitividade, é preciso pôr a serviço de um mecanismo finalista bem pensado, é preciso racionalizar.

Ou seja, *a satisfação da necessidade de alimento.* Nem mesmo a fome pode ser saciada como manda o desejo, mas apenas para atender as exigências do corpo. Também quando o sábio come e bebe deve fazê-lo de acordo com os preceitos divinos e para a glória de Deus. Daí a quantidade inumerável das prescrições alimentares; daí as admoestações para a ponderação também no momento das refeições, que devem ser iniciadas, acompanhadas e

---

58 Cf. as passagens que exaltam o *trabalho* nos livros religiosos judaicos em L. K. Amitai, *La sociologie selon la législation juive,* 1905, p.90 et seq.

finalizadas com oração; daí a recomendação de moderação; daí a advertência para sentir alegria ao comer e beber e não só vê-los em sua utilidade para um fim. O dito do Pregador [Eclesiastes] (10:17): "Ditosa és tu, ó terra [...] cujos príncipes comem na hora certa para refazerem as forças, não para se embriagarem", foi usado com frequência na literatura moralizante para "racionalizar" os procedimentos do consumo de alimentos: ver, por exemplo, Rabi Natã, XX:3. Isso persiste até os dias de hoje, nos quais os escritos de edificação dirigem a palavra ao piedoso como fez o Pregador: "Agora [...] teu Deus, o único por quem tens o direito de usar como alimento criaturas do seu mundo: o único ao qual, se não comeres como um animal, também é consagrado o teu comer e beber como recobrar forças para servir a ele" etc.[59]

> Se comeres apenas para apreciar a comida, para servir ao teu paladar – a tua fruição ainda não é puramente humana; [...] mas se comeres apenas o suficiente para e com a intenção de fortalecer-te por meio da fruição para uma vida e um corpo vigorosos que agradam a Deus, tua fruição tornar-se-á humana, tornar-se-á culto a Deus como teu ato [...] Por isso, prepara-te para a refeição como se fosses realizar um ato sagrado.[60]

> O israelita deve [...] consagrar o consumo de alimento como um ato sagrado, deve encarar sua mesa como o altar, o alimento como a oferta que ele consome para recobrar forças para cumprir seus deveres.[61]

(De resto, a cozinha judaica é excelente, como se sabe.)

E, por fim – o principal, é claro! –, a exemplo da fome, também o *amor* deve ser "racionalizado", ou seja, desnaturado.

Em nenhum outro lugar, o dualismo petrificado se expressa com tanta força como no âmbito do erotismo; esse dualismo, caso não tenha sido trazido ao mundo pelo povo judeu, ganhou o reconhecimento quase

---

59 S. R. Hirsch, *Versuche über Jissroëls Pflichten in der Zerstreuung*, 4. ed., 1909, §448 (grifos de Hirsch).
60 Ibid., §463.
61 L. Stern, op. cit., p.239.

universal na "cultura" (mediante a contaminação do cristianismo com suas ideias). Todas as religiões anteriores vislumbraram na sexualidade o divino e sempre contemplaram com temor reverente o próprio ato sexual como revelação divina. Todos eles conheceram o culto ao falo, seja numa forma mais rudimentar seja numa forma mais refinada. Em nenhuma delas a estimulação dos sentidos fora condenada como pecado, e em nenhuma delas a mulher foi vista como portadora do pecado, como ocorreu entre o povo judeu a partir da época de Esdras.

Moisés se mantinha afastado da sua esposa para ser digno de comparecer diante do Senhor: ele se santificava desse modo.

Jó disse: "Fiz um pacto com meus olhos: por que olharia desejoso para a virgem?"

Os livros sapienciais estão cheios de advertências contra a mulher: "Os lábios da mulher estranha destilam favos de mel, e seu palato é mais liso que o azeite; mas o fim dela é amargo como o absinto, afiado como a espada de dois gumes" (Provérbios 5:3-4).

O Talmude e a literatura rabínica são regidos pelo mesmo espírito, podendo-se dizer: o medo diante da mulher. "Seja banido aquele que se excita com um pensamento" (*Nidda* 13b, conforme a tradução [alemã] de *Fassel*). "É melhor que ele morra do que cometa o pecado da luxúria" (*Sanhedrim* 75a). (Entre os três pecados mortais que não podem ser expiados nem mesmo pela morte figura, ao lado do homicídio e da idolatria, a imoralidade sexual.) "Quem tiver seu negócio em companhia de mulheres, não fique a sós com elas" (*Kiddushim* 82a, conforme a tradução [alemã] de *Wünsche*). Esse medo perpassa todos os códices. Segundo o *Eben-ha-éser* (seção XIX), será apedrejado aquele que se deitou com uma mulher que reconhecidamente frequenta as zonas proibidas. Já é proibido admirar nem que seja as roupas de tal mulher ou seu dedo mindinho "para sentir prazer nisso"; é proibido deixar-se servir por uma mulher, abraçar e beijar sua irmã adulta ou sua tia (seção XXI), ficar a sós com uma mulher (da zona proibida) (seção XXII) etc.

E não é menos rigoroso o tom das exortações que os rabinos de hoje dirigem aos fiéis.

> Guarda-te de toda e qualquer aproximação da imoralidade sexual [...] Não olhes para nada, não escutes nada, não leias nada, não penses nada que ocupe a tua imaginação com coisas impuras e crie familiaridade com a impureza [...] Não andes atrás de uma mulher pela rua, e se não houver outra maneira, não olhes para ela com desejo. Não permitas que teu olhar se demore lascivo sobre uma mulher, que se detenha lascivo no seu cabelo, não permitas que o teu ouvido escute lascivo a sua voz; não permitas que teu olho tenha pensamentos com sua figura; nem mesmo deves contemplar demoradamente um vestido, quando sabes qual foi a mulher que o vestiu. Evita dar ocasião! Jamais devem demorar-se duas pessoas de sexos diferentes num lugar isolado dos demais. Os dois sexos não devem fazer gracejos juntos. Também no gracejo, o aperto de mãos e o piscar de olhos, abraçar e beijar são pecaminosos.[62]

Essas advertências não foram feitas em vão, do que dão testemunho as confissões pessoais de judeus piedosos, como *Jakob Fromer*, que nos relata seus tormentos da seguinte maneira:

> Até agora só conhecia a mulher como pecado personificado. Tocá-la, admirá-la, ouvir seu canto era sacrilégio, e até mesmo pensar nela manchava a alma. Já quando eu era um menino de cinco anos de idade ninguém conseguia me fazer passar pela porta quando havia mulheres sentadas no limiar, por medo de que eu pudesse tocá-las [...]. Se encontrares o sedutor [Satanás] ao andar pela rua, arrasta-o à *Bet hamidrasch* [...] Nem ali ele ficou tranquilo [...] Então descobri conselhos de como alguém pode se proteger de tais pecados. Quando alguém não consegue parar de pensar na mulher, imagine como sua aparência seria nojenta se sua pele estivesse toda ralada. Para proteger-se de um olhar impudico ao andar pela rua tenha-se sempre em mente as letras de *Yehova*.[63]

Mas agora vem novamente o ponto alto! Deparamo-nos com tais estados de pavor neurastênico-eróticos também em outras religiões. A partir

---

62 S. R. Hirsch, *Versuche über Jissroëls Pflichten in der Zerstreuung*, §443; quase com as mesmas palavras Stern, op. cit., n. 125, 126 e passim.

63 J. Fromer, *Vom Ghetto zur modernen Kultur*, 1906, p.25 et seq.

do momento em que "o pecado" entrou no mundo na figura da mulher, houve, em todas as religiões dualistas, psicopatas que passaram a vida se estimulando com fantasias libidinosas e, não obstante, fugindo da mulher. Porém, ao passo que, em outras religiões, esse estado mental levou seus portadores para o deserto ou para a cela de um convento, em todo caso, para a "castidade" no sentido da abstinência de relações sexuais, ou para a perversão sexual, o judeu piedoso, aos quinze anos de idade quando homem, aos doze anos de idade quando mulher, sobe com ela no leito matrimonial. Facilmente se pode entender o que resultaria disso e podemos expressá-lo com um único termo: *a racionalização da relação sexual no matrimônio*. Ela não é proibida, mas, no fundo, é pecado: isto é tudo. E para despi-la de certo modo de seu caráter pecaminoso é preciso tirar-lhe a espontaneidade, é preciso espiritualizá-la, santificá-la. Isso ocorre quando se pratica o ato amoroso para a glória de Deus conforme as regras piedosas que os sábios estabeleceram.

"O homem não esteja sem a mulher, a mulher não esteja sem o homem; mas ambos não estejam sem o Espírito divino regendo a sua união." O Talmude já contém numerosas prescrições de como os cônjuges devem se comportar para agradar a Deus.

Durante a Idade Média, esse ramo da teologia moral passou por um desenvolvimento especialmente intenso. *Maimônides* já tem prescrições muito precisas. No século XI, então, Rabi Eliéser ben Nathan (abreviado: Raben) redigiu um códice de direito matrimonial – o *Eben ha-éser* –, no qual as diferentes disposições sobre o manejo desse assunto são (pela primeira vez?) sistematizadas e codificadas. No século XIII, Rabi Nachman escreve um livro sobre a santificação do matrimônio, cuja ideia básica é esta: o casal deve se "consagrar" todas as vezes, isto é, "preencher-se de ideias sublimes referentes à grandeza de Deus e ao propósito universal moralmente santo".[64]

O *Eben ha-éser*: o direito matrimonial, que naturalmente contém todas as disposições legais referentes à vida matrimonial, passa a integrar depois

---

64 O *Iggeret ha-Kodesh*, do Rabi Nachmani, foi publicado pela primeira vez em 1556; foi traduzido para o latim por Gaffareli (Graetz, *Geschichte der Juden*, v.7, p.46).

o *Tur* e o *Shulchan Aruch*. Na forma como foi acolhido nesses escritos, ele constitui hoje, portanto (junto com os comentários), lei obrigatória para o judeu piedoso. As disposições da seção 25 do *Eben ha-éser*, que precipuamente entra em cogitação aqui (ao lado da seção 76), foram transpostas quase literalmente para os livros religiosos da atualidade (como os de *Fassel*, *Hirsch* e outros). As ideias básicas permaneceram as mesmas, como as constatamos desde o início: o homem não pode praticar leviandades nem com sua esposa e não deve sujar sua boca com falas sórdidas quando estiver com ela; nem mesmo durante o ato ele pode tagarelar com ela. Nem mesmo durante o ato ele pode visar ao seu divertimento, mas deve encarar-se como alguém que está pagando uma dívida, pois tem obrigação de fazer isso para cumprir os mandamentos do seu Criador, a saber, multiplicar a espécie e ter filhos. "Toda união dos sexos que não acontece com essa finalidade é mau uso das energias recebidas, é degradação do ser humano à condição de animal, e até abaixo da do animal, é imoralidade sexual" (*Hirsch*). "Até mesmo no matrimônio deve-se gozar de maneira [tão!] casta, não em excesso, não se ocupando com pensamentos lascivos, não com volúpia, mas de modo digno da humanidade para atingir a finalidade, a saber, a conservação da espécie" (*Fassel*).

A essa ideia básica corresponde uma rica casuística. No meu manuscrito eu havia tratado o tema de modo mais exaustivo, mas sinto um asco tão profundo ao ver as palavras impressas que, no interesse dos meus leitores, retiro essas passagens da composição. O especialista poderá facilmente complementar o que falta recorrendo às fontes. Seja observado tão somente que, nesse ponto, a literatura rabínica tem afinidade com o lascivo erotismo de confessionário de um Ligório e consortes, de um lado, e com a moral puritana, de outro.

Segundo a concepção piedosa, o próprio selo de Aarão é advertência para que, até mesmo nos momentos em que o desejo atinge o clímax, o filho de Jacó se mantenha consciente de seus deveres:

> Que conserves santas as energias do teu corpo, que não as desperdices no vil prazer dos sentidos, que não as utilizes contra a vontade do teu Deus, que as utilizes como e para que ELE as concedeu a ti; que sejas totalmente

humano, totalmente servo de Deus, que também no ato animal vislumbres uma missão sagrada para o propósito santo da construção do mundo, que preserves as tuas energias santificadas para esse propósito santo e que restrinjas os reclamos do animal ao propósito santo e saibas que Deus pedirá contas de toda centelha de energia que desperdiçaste fora do serviço a ele ou usaste contra a sua vontade – que isso te proclame o selo de *Avrohom* – e tolha a tua iniciativa quando fores te portar como um animal.[65]

Todas essas linhas de pensamento pelas quais se move há dois milênios a concepção judaica da essência e da santificação da relação sexual estão, a meu ver, previamente delineadas na maravilhosa narrativa que consta no capítulo 8, versículos 4 a 9, do livro de Tobias, com cujo teor gostaria de concluir dignamente este curioso trecho:

> Estando os dois no quarto de portas trancadas, Tobias se levantou da cama e disse: "Levanta-te, irmã, e oremos para que o Senhor se compadeça de nós!". E Tobias começou a orar: "Louvado sejas Tu, o Deus de nossos pais, e louvado seja o teu santo nome eternamente! Os céus e todas as tuas criaturas devem exaltar-te! Tu criaste Adão e lhe deste Eva, sua esposa, como auxiliar fiel: deles desce o gênero humano. Tu disseste: 'Não é bom que o homem esteja só: façamos para ele uma auxiliar que lhe seja idônea'.
> E agora, Senhor, tomarei esta minha irmã, não por volúpia, mas com intenção sincera. Portanto, que eu obtenha graça e atinja com ela uma idade avançada!". E disseram juntos: "Amém!" E os dois se deitaram para passar a noite.

* * *

Por que tratei tão extensamente justo esse aspecto da religião judaica? Porque de fato acredito que dificilmente se poderá superestimar a *importância* que a racionalização da vida, e sobretudo da vida sexual, promovida pela religião judaica teve *para a vida econômica*. Se quisermos mesmo afirmar a validade de alguma influência da religião sobre o comportamento

---

65 S. R. Hirsch, *Versuche über Jissroëls Pflichten in der Zerstreuung*, §263; cf. §264 e 267.

econômico dos judeus, com toda a certeza teremos de reconhecer a racionalização da conduta de vida como o meio mais eficaz de exercer essa influência.

Poder-se-ia pensar, num primeiro momento, que a essa racionalização deve sua existência uma boa porção de qualidades, de "virtudes" indispensáveis para uma condução ordeira da economia: diligência, espírito ordeiro, capacidade de economizar e similares. Inclusive toda a modelagem da vida como prescrita pelos sábios é tal que a economia é devidamente contemplada. Sobriedade, moderação, piedade certamente são qualidades úteis para o negociante. O que é exaltado como o ideal de conduta de vida nas Sagradas Escrituras e principalmente nas obras rabínico-talmúdicas pode bem ser caracterizado como a moral do comerciante de especiarias virtuoso: contentar-se com uma mulher, pagar pontualmente suas dívidas, ir à igreja (sinagoga) aos domingos (ou no *shabbat*) e baixar o olhar com imenso desprezo para o mundo à sua volta.

Porém, as realizações da moralidade judaica não se esgotam na criação desse tipo – do comerciante de especiarias virtuoso; ele nem mesmo é uma realização bem própria dela nem chega a ser um feito especialmente importante para o devir da vida econômica. A decência burguesa formou-se, muito antes, por si só na sala de estar da corporação e atrás do balcão. Em outro lugar, apresentarei a prova de que todas as virtudes que hoje estimamos e louvamos como sendo as do cidadão bem-comportado de fato necessariamente se desenvolveram dentro do espaço estreito da existência burguesa: o que designa com muita propriedade a sua esfera de vigência. De fato, o capitalismo foi igualmente fomentado por aquelas virtudes específicas do *épicier* [mercador de especiarias], principalmente na época de seu surgimento, quando a diligência e a capacidade de economizar, o espírito ordeiro e o senso doméstico tiveram de primeiro lançar o fundamento para a construção da economia capitalista. Mas ela própria não se originou daquelas qualidades e o que nós queremos constatar o tempo todo é qual foi a contribuição dos judeus para o desenvolvimento especificamente capitalista.

Nesse tocante, seria o caso de se pensar antes na importância que sem dúvida o cultivo da vida familiar possui para a liberação das energias econômicas, e que esse cultivo e refinamento da vida familiar devem ser encarados mais propriamente como obra dos sábios judeus (e, todavia, também do destino exterior dos judeus). Com efeito, evidentemente é no judaísmo que a mulher obtém pela primeira vez a alta estima que unicamente é capaz de dar forma a uma vida familiar íntima e de efeito duradouro para a conduta de vida do homem. E tudo o que podem fazer disposições externas e palavras e exortação no sentido de produzir uma felicidade familiar bem-ordenada foi feito com todo o empenho pelos talmudistas e rabinos mediante a promulgação de prescrições sobre o enlace matrimonial, a convivência dos cônjuges, a educação das crianças etc. Ainda hoje a vida matrimonial é mais sagrada para os judeus piedosos do que para os adeptos de outras confissões, o que é (exteriormente) demonstrado pela estatística dos nascimentos extraconjugais. Em toda parte, estes são consideravelmente menos numerosos entre os judeus do que entre os cristãos e se reduzem a números irrisórios em regiões que ainda hoje são ortodoxas.

Exemplos:[66]

Nascimentos extraconjugais por mil cabeças	Na população total	Entre os judeus
Reino da Prússia (1904)	2,5	0,66
Württemberg (1905)	2,83	0,16
Hessen (1907)	2,18	0,32
Baviera (1908)	4,25	0,56
Rússia (1901)	1,29	0,14

No que se refere a este último país, uma comparação exata mostra uma distância ainda maior entre a confissão judaica e as diferentes confissões cristãs na quantidade de nascimentos extraconjugais (ao lado disso, mostra também um leve afrouxamento da moral sexual judaica durante a última geração). Na Rússia, de cada 100 nascimentos foram extraconjugais entre as seguintes quantidades:

---

66 As cifras foram compiladas por Hugo Nathansohn, Die unehelichen Geburten bei den Juden, *ZDSJ*, v.6, p.102 et seq.

Ano	Ortodoxos gregos	Católicos	Protestantes	Judeus
1868	2,96	3,45	3,49	0,19
1878	3,13	3,29	3,85	0,25
1898	2,66	3,53	3,86	0,37
1901	2,49	3,57	3,76	0,46

 Só uma vida familiar nos moldes conduzidos e introduzidos pelos judeus, para a qual o homem contribui com os seus valores supremos de vida, da qual ele extrai força, frescor, coragem e interesse na conservação e configuração do seu espaço de vida, só essa vida familiar presumidamente cria centrais de energia, para a atuação do homem, que são de tamanho suficiente para pôr em funcionamento um sistema econômico que demanda tanta energia quanto o capitalista. Não podemos imaginar a liberação de quantidades tão grandes de energia, como são as exigidas por esse sistema econômico, sem a mediação dos impulsos psicológicos gerados no homem pelo interesse na família individual que se encontra numa moldura não só social, mas também individual, espiritual e de comodidade.

 Mas talvez tenhamos de cavar nossos poços mais fundo, indo além da superfície da motivação psicológica até as camadas profundas dos processos somático-fisiológicos que se passam no ser humano. Quero dizer que devemos refletir sobre como necessariamente foi peculiar a influência exercida sobre a constituição do homem judeu pela racionalização introduzida na vida matrimonial, o que significa aqui, na vida sexual. O fenômeno com que nos deparamos é este: um povo que, por seu sangue, é superdotado para a sexualidade — Tácito o chama de *proiectissima ad libidinem gens** — é forçado a um forte refreamento de seu impulso sexual pelos estatutos da sua religião. A relação sexual extraconjugal é totalmente proibida; cada qual tem de contentar-se com uma mulher durante toda a sua vida; e a relação com esta também é reduzida ao mínimo: acresça-se ao que já expus que o período de resguardo da mulher era de 5+7 dias por mês, e que, após o nascimento de um filho, ficava "impura" durante 7+33 dias, após o nascimento de uma filha, 14+66 dias e, portanto, não podia ser

---

 * "Povo totalmente propenso à sensualidade." Tácito, *Histórias* V, 5. (N. T.)

tocada – a cada ano, portanto (pois todo ano vinha uma criança), havia 40 ou até 80 dias de carência, aos quais se somavam os 12 dias mensais.

Que essa situação peculiar forçosamente tinha consequências bem determinadas para a economia energética do homem judeu é algo que inclusive o leigo entende sem maiores problemas (e deveria ser constatado cientificamente mediante investigações exatas pelo especialista da área médica). A consequência a que me refiro é esta: a restrição da relação sexual levou ao acúmulo de grandes quantidades de energia, que poderiam se mostrar efetivas em outra direção – e, tendo em vista a conhecida situação dos judeus durante toda a era cristã, essa direção foi a da atividade econômica. Porém, deveremos tentar dar um passo além disso e não só estabelecer um vínculo bem geral entre refreamento do impulso sexual e energia econômica, mas também tentar estabelecer um vínculo específico entre a dita ascese sexual parcial e o impulso aquisitivo. Por enquanto, faltam-nos nesse ponto as bases científicas necessárias. Pelo que vejo, o único pesquisador que tocou nesse problema – fundamental para toda a sociologia moderna – foi o psiquiatra vienense *Freud*.[67] Na sua teoria do "recalque das pulsões", ocasionalmente o desvio da pulsão sexual na direção da pulsão de aquisição de dinheiro pelo menos é apontado como possível. As investigações científicas especializadas deveriam partir desse dado. Pois com as constatações leigas que podemos fazer diariamente, a saber, que a essência senhorial gosta de apresentar-se numa união de prodigalidade amorosa e desperdício de dinheiro, ao passo que a mesquinhez, a sovinice, a ganância, a valorização do dinheiro em geral andam de mãos dadas com uma vida sexual atrofiada ou pelo menos minguada – com tais observações feitas na vida cotidiana não podemos nos atrever a resolver esse problema de incidência profunda. De qualquer modo, ninguém poderá negar-me o direito de encaixar esse argumento – mesmo que, por enquanto, apenas na forma de hipótese – na cadeia da minha demonstração; isso significa, portanto, afirmar que boa parte da capacitação especificamente capitalista do povo judeu deve ser remontada à ascese sexual parcial, à qual os homens judeus foram forçados por seus mestres religiosos.

---

[67] S. Freud, *Sammlung kleiner Schriften zur Neurosenlehre*, 2ª série, 1909.

Está reservado igualmente a investigações científicas posteriores, principalmente às de natureza higiênico-racial e antropológica, constatar qual foi a influência de toda a racionalização da conduta de vida sobre a capacidade de desempenho corporal e espiritual dos judeus: qual foi o efeito que tiveram, nesse tocante, a regulação muito racional da relação sexual (há muito já existe no direito judaico também uma restrição a que pessoas física ou espiritualmente deficientes sejam admitidas ao matrimônio), a racionalização completa da alimentação (lei alimentar! Prescrições de moderação!) e similares. Investigações desse tipo estão nos passos iniciais.[68] Espero que logo venham resultar em trabalhos sistemáticos de maior envergadura.

No final desta seção, eu gostaria de constatar ainda uma coisa: que a racionalização da conduta de vida naturalmente possui uma importância muito grande para a atividade econômica dos judeus também na medida em que eles, mediante essa habituação a uma vida contra a natureza (ou ao lado da natureza), receberam formalmente uma formação primorosa para desenvolver e fomentar um sistema econômico como o capitalista, que igualmente se constrói contra a natureza (ou ao lado da natureza). A ideia do ganho econômico tanto quanto o racionalismo econômico, no fundo, nada mais são que a aplicação à vida econômica das regras de vida que os judeus receberam de modo geral de sua religião. Para que o capitalismo pudesse se desenvolver foi preciso primeiro quebrar todos os ossos do corpo do ser humano natural, do ser humano movido por instintos; foi preciso colocar um mecanismo psíquico de feitio especificamente racional no lugar da vida original, primitiva; foi preciso que comparecesse, por assim dizer, uma inversão de toda a valoração da vida e de toda reflexão

---

68 Ver, por exemplo, dr. Hoppe, *Die Kriminalität der Juden und der Alkohol*, ZDSJ, v.3, p.38 et seq., 49 et seq.; H. L. Eisenstädt, Die Renaissance der jüdischen Sozialhygiene, *Archiv für Rassen- und Gesellschaftsbiologie*, v.5, 1908, p.714 et seq.; Cheinisse, Die Rassenpathologie und der Alkoholismus bei den Juden, ZDSJ, v.6, 1910, p.1 et seq. É possível constatar com muita segurança que de fato foi a religião que manteve os judeus afastados até agora do alcoolismo (bem como da sífilis): por exemplo, quando se compara, nos hospitais, os judeus recém--imigrados (e, portanto, estrangeiros) com os já instalados no país, como fez o dr. Zadoc-Kahn com relação a Paris.

sobre a vida. O *homo capitalisticus* é a formação artificial e rebuscada que acabou resultando dessa inversão. É natural que esse processo de remodelação tenha sido levado a cabo, em grande parte, pelo próprio capitalismo. Porém, ele foi fomentado e talvez também originalmente estimulado pelo processo do renascimento que cada judeu experimentou no decorrer de sua vida sob a influência de sua religião. Sendo assim, o *homo Judaeus* e o *homo capitalisticus* pertencem à mesma espécie, pois são ambos *homines rationalistici artificiales*.

Porém, se isso for correto, a racionalização da vida judaica pela religião talvez não tenha gerado, mas com toda certeza necessariamente aumentou e multiplicou de modo imediato a capacitação do judeu para o capitalismo.

VI. Israel e os estrangeiros

Quando lembramos das circunstâncias exteriores que foram proveitosas aos judeus em sua carreira econômica, tivemos de validar como fator de importância muito especial a condição de estrangeiro em que o povo judeu viveu por todos os séculos: a condição de estrangeiro compreendida num sentido sociopsicológico. Neste ponto, trata-se de constatar que as raízes dessa condição de estrangeiro devem ser procuradas nos estatutos da religião, trata-se de constatar que essa mesma religião incutiu e reforçou em todas as épocas a condição de estrangeiro do judeu.

Acompanhamos o desenvolvimento da religião judaica até a nomocracia e justamente com esse desenvolvimento foi fomentado, por sua natureza, o isolamento do clã judaico. *"La loi leur donnait l'esprit de clan"*,* disse Leroy-Beaulieu acertadamente, que de modo geral foi especialmente feliz em sua exposição desse aspecto da história judaica. O mero fato de existir *essa* lei já foi suficiente para excluir seus adeptos de toda relação com seu entorno. Os judeus tinham de viver separados dos *goim*, caso quisessem observar com rigor sua lei: eles próprios criaram o gueto, que do ponto de vista não judeu representou originalmente uma concessão, um privilégio, e não uma hostilidade.

---

* "A lei lhes conferiu o espírito de um clã." (N. T.)

E eles *quiseram* viver separados porque se julgavam superiores ao povo comum de sua redondeza; porque se sentiam como o povo eleito, o povo sacerdotal. Os rabinos fizeram, então, a sua parte para cultivar esse orgulho: desde Esdras, que proibiu os matrimônios mistos como profanação do nobre sangue judeu, até os dias de hoje, em que o judeu piedoso ora: "Louvado sejas, Senhor, porque não me fizeste um *goi!*".

E eles viveram separados por todos os séculos desde a Diáspora, apesar da Diáspora e (justamente graças aos laços firmes com que a lei os uniu) por causa da Diáspora. Separados e, por isso mesmo, unidos ou, caso se prefira, unidos e, por isso mesmo, separados.

Unidos. Isso começa no exílio babilônico, que mais propriamente fundou o internacionalismo positivo dos judeus. Muitas pessoas, principalmente abastadas, permaneceram (note-se bem: voluntariamente!) na Babilônia, mas nem por isso renunciaram ao seu judaísmo, mas o sustentaram zelosamente. Eles mantiveram uma relação intensa com seus irmãos que haviam retornado, participavam ativamente nos seus destinos, davam-lhes apoio e de tempos em tempos lhes enviavam novos imigrantes.[69]

Quando se formou, em seguida, a diáspora helenista, o vínculo não foi menos estreito.

> Eles se mantinham coesos em cada cidade e no mundo inteiro. Onde quer que estivessem morando, eles mantinham uma base em Sião. No meio do deserto, eles possuíam uma pátria, onde se sentiam em casa [...] Mediante a diáspora, eles partiram para o mundo. Nas cidades helenistas, eles assumiram o jeito e a língua dos gregos, ainda que apenas como roupagem de sua essência judaica. (*Wellhausen*)

E assim foi por todos os séculos, durante os quais os judeus viveram no exílio: o laço que envolve toda a nação judaica tornou-se antes mais firme. "*Scis quanta concordia*", exclama Cícero:[70] "Sabes o quanto são unidos!". E o que se relata do período imperial romano, a saber, que, por ocasião da

---

69 J. Wellhausen, *Israelitische und jüdische Geschichte*, p.119.
70 Cícero, *Pro Flacco*, cap. 28.

revolta do ano de 130, "o povo judeu inteiro do interior e do exterior [...] se pôs em movimento e apoiou mais ou menos abertamente os insurgentes do Jordão",[71] isso ainda vale literalmente hoje quando em algum lugar um judeu é expulso de uma cidade russa.

Unidos *e, por isso mesmo, separados*: sua mentalidade hostil ao estrangeiro, sua tendência ao isolamento, vem da remota Antiguidade. Desde sempre, chamou a atenção de todos os povos a sua "misoxenia", de que comprovadamente foram acusados pela primeira vez por Hecateu de Abdera (em torno de 300 a.C.). Depois disso, encontramos menção dela em muitos autores da Antiguidade:[72] sempre quase nos mesmos termos. A passagem mais conhecida é a de *Tácito*: *"apud eos fides obstinata, misericordia in promptu. Sed adversus omnes alios hostile odium. Separati epulis, discreti cubilibus, proiectissima ad libidinem gens, alienarum concubitu abstinent"*.[73]

A apologética judaica, que escrevia a favor dos judeus, nunca tentou refutar essas acusações:[74] elas, portanto, tinham razão de ser.

Com certeza, eles se uniram (e se unem) tão estreitamente, e com frequência também se isolaram, porque os povos hospedeiros mantinham o povo judeu à distância com suas leis e seu comportamento hostil. Porém, originalmente e mais propriamente foi porque os próprios judeus quiseram e tiveram de viver assim em conformidade com o seu destino, que era a sua religião. Vemos nitidamente que este é o contexto correto pelo comportamento dos judeus onde eles viviam bem, onde os povos hospedeiros, num primeiro momento, foram ao seu encontro com toda a simpatia do mundo. Isso vale para algumas épocas da Antiguidade, para as quais, por isso mesmo, reuni intencionalmente as provas de sua tendência ao isolamento. Isso vale também para a Idade Média. Mais ou menos como para a Arábia do primeiro século da nossa contagem do tempo. Naquele lugar e

---

71 Mommsen, *Römische Geschichfe*, v.5, p.545.
72 Compilação em Stähelin, *Der Antisemitismus des Altertums*. Cf. Reinach, *Fontes*.
73 Tácito, *Histórias*, V, 5. ["entre eles reina a fidelidade inquebrantável, e a misericórdia pronta a ajudar, mas para com todos os demais ódio hostil. Comem em separado, dormem à parte, e, embora sejam um povo totalmente propenso à sensualidade, abstêm-se da relação sexual com mulheres estrangeiras." – N. T.]
74 J. Bergmann, *Jüdische Apologetik im neutestamentlichen Zeitalter*, 1908, p.157 et seq.

naquele tempo, o judaísmo, na forma como fora transmitido, com o cunho que lhes fora dado pelos tanaítas e amoraítas, era altamente sagrado para os judeus da Arábia. Eles cumpriam rigorosamente as leis alimentares, os dias festivos e o dia de jejum dos judeus, o *kippur*. Também observavam rigorosamente o *shabbat*. "Embora não tivessem do que se queixar no país hospitaleiro, ansiavam pelo retorno à terra santa dos seus pais e aguardavam dia após dia a vinda do Messias [...] Mantinham contato com os judeus da Palestina" etc.[75] O mesmo quadro se apresenta mais tarde na Espanha moura: enquanto os moçárabes, isto é, os cristãos que viviam entre os maometanos, renunciaram ao seu jeito peculiar em favor do modo de ser arábico a ponto de esquecerem sua língua materna, o latim gótico, não compreenderem mais seus escritos confessionais e envergonharem-se do cristianismo, os judeus da Espanha sentiam, com o crescente grau de formação, predileção e entusiasmo ainda maiores por sua língua natal, por suas Escrituras Sagradas e sua religião tradicional.[76] É o que refletem também seus pensadores e poetas: os maiores poetas que o judaísmo produziu na Idade Média — em meio ao mundo arábico-espanhol, no qual viveram por longos períodos sendo muito respeitados — são estritamente "nacionalistas" e, portanto, estritamente religiosos, extraindo sua força poética das esperanças messiânicas e estando imbuídos da irresistível atração por "Sião, a cidade agraciada".[77] Basta pensar no maior deles: Yehuda Halevi, cuja *Sionida*, o suprassumo da poesia neo-hebraica, respira totalmente esse espírito nacionalista judaico.

Como uma nuvem compacta no céu azul, o judaísmo percorre a história: guardando a mais viva memória de tempos sagrados e vetustos, tanto quanto animado e revigorado em cada época por um fôlego renovado. Ainda hoje o judeu piedoso abençoa as crianças com estas palavras: "Deus permita que sejas como Efraim e Manassés".

Todavia, a importante consequência para a vida econômica resultante dessa união e separação do organismo do povo judeu provocadas pela

---

75 Graetz, *Geschichte der Juden*, 2. ed., v.5, p.73.
76 Ibid., p.321.
77 Ibid., v.6, p.140 et seq., 161.

religião foi a condição de estrangeiro, cujo significado já apreciamos, ou seja, que toda relação dos judeus, no momento em que saíam do gueto, tornou-se uma relação com o estrangeiro. Já falei anteriormente por que toco novamente nesse ponto a essa altura da exposição: para mostrar que as relações peculiares por natureza decorrentes dessa condição de estrangeiro foram conscientemente sancionadas pelos estatutos da religião judaica e desdobradas por eles em suas consequências mais extremas; que, portanto, também nesse tocante a atitude instintiva do judeu como estrangeiro diante dos integrantes do povo hospedeiro se transformou na observação de um mandamento divino; que, portanto, seu comportamento especial recebeu a consagração da fidelidade à lei ordenada pela religião e foi expressamente autorizado, quando não exigido, por um direito do estrangeiro elaborado com sofisticação.

A disposição mais importante e mais frequentemente discutida desse direito do estrangeiro dos judeus diz respeito à *proibição do juro*, ou, mais corretamente, à permissão do juro. Na antiga sociedade judaica,[78] como em toda parte (pelo que conseguimos ver até agora) nos primórdios da cultura, o empréstimo sem incidência de juros (diríamos na terminologia jurídica atual) era a única forma admissível ou, muito antes, a forma óbvia da ajuda mútua. Porém, já na lei mais antiga (o que também era um uso universalmente observado) havia disposições com o seguinte teor: que "do estrangeiro" (portanto, do não conterrâneo) era permitido cobrar juros.

A passagem principal em que isso é dito encontra-se no Deuteronômio 23:20. Outras passagens da Torá que fazem referência à cobrança de juros são Êxodo 22:25; Levítico 25:37. Essas sentenças da Torá servem de ponto de partida, desde os tempos dos tanaítas até hoje, de uma animada discussão, cujo centro é formado pelas famosas controvérsias na *Baba metzia* 70b. Tenho a sensação de que grande parte dessa discussão serviu exclusivamente ao propósito de obscurecer mediante todo tipo de sofismas os fatos extraordinariamente claros criados pela Torá (e que, aliás,

---

78 Ver agora a exposição concisa da legislação referente ao juro no direito judaico mais antigo em J. Hejcl, *Das alttestamentliche Zinsverbot: im Lichte der ethnologischen Jurisprudenz sowie des altorientalischen Zinswesens* (Biblische Studien, O. Bardenhewer [ed.], v.12, caderno 4, 1907).

ainda se encontram quase inalterados na Mixná). Deuteronômio 23:20 diz claramente: do teu conterrâneo não podes cobrar juros, do estrangeiro podes. Mas de fato, *uma* ambiguidade já estava encerrada nesse texto primitivo; pelo fato de o futuro e o imperativo terem a mesma forma na língua hebraica, pode-se ler essa passagem assim: com o estrangeiro "podes [se quiseres]" e com o estrangeiro *"deves"* "usurar" (o que, ainda assim, nada significa além de: cobrar juros).

Para a questão que nos ocupa basta inteiramente esta constatação: o crente encontrou na Escritura Sagrada sentenças que *ao menos* lhe permitiam cobrar juros (na relação com os *goim*), ou seja, durante toda a Idade Média ele estava liberado da terrível carga da proibição de juros, sob a qual gemiam os cristãos. Mas pelo que sei esse *direito* jamais foi seriamente questionado pelas teses doutrinárias dos rabinos.[79] Mas, sem dúvida, também houve épocas em que a permissão de cobrar juros foi reinterpretada como dever de usurar com o estrangeiro, nas quais, portanto, a leitura mais rigorosa esteve em voga.

Porém, essas épocas foram justamente as que importaram para a vida prática: os séculos desde a Alta Idade Média. O que parece não ter sido notado pelos autores que, em nossos dias, trataram desse assunto é que Deuteronômio 23:20 foi acolhido com relação aos estrangeiros entre os *mandamentos* que regulam a vida do israelita: *a tradição* ensinou que se deve emprestar a juros ao estrangeiro. Esse mandamento – é o de número 198 – também foi acolhido nessa mesma forma pelo *Shulchan Aruch*. Os rabinos modernos,[80] para os quais essas disposições – tão claras! – do direito do estrangeiro dos judeus são incômodas (por que será?), tentam, então, atenuar o significado de sentenças como a do 198º mandamento, afirmando

---

[79] Ver agora novamente a compilação de numerosas *"responsa"* por Hoffmann. In: *Schmollers Forschungen*, v.152.

[80] Cf., por exemplo, H. B. Fassel, *Tugend- und Rechtslehre des Talmud*, 1848, p.193 et seq.; E. Grünebaum, *Die Sittenlehre der Juden andern Bekenntnissen gegenüber*, 2. ed., 1878, p.414 et seq.; id., Der Fremde nach rabbinischen Begriffen, *Geigers jüdische Zeitschrift*, v.9 e 10. – D. Hoffmann, *Der Shulchan Aruch und die Rabbiner über das Verhältnis der Juden zu Andersgläubigen*, 1885, p.129 et seq.; M. Lazarus, *Die Ethik des Judentums*, 1904, §144 et seq. Todas as exposições são notoriamente incompletas; em parte, é de se crer que o autor esteja adotando um tom tendencioso. Por exemplo, o

o seguinte: "estrangeiros" no sentido da passagem em questão não seriam todos os não judeus, mas tão somente "os pagãos", "os idólatras". Porém, sempre foi motivo de controvérsia determinar quem são estes e quem são aqueles. E o crente que, por exemplo, gravou na sua memória o 198º mandamento, não terá feito as diferenciações sutis dos rabinos eruditos: para ele, bastava que o homem a quem emprestou a juros não fosse judeu, não fosse conterrâneo, não fosse seu próximo, mas fosse um *goi*.

E agora pensemos bem: como a situação do judeu piedoso era diferente da do cristão piedoso naqueles tempos em que o empréstimo de dinheiro se alastrou pela Europa e lentamente fez nascer o capitalismo. Enquanto o cristão piedoso que havia "praticado a usura" se revolvia no seu leito de morte atormentado pelo arrependimento e, antes do fim, ainda se mostrava disposto a rapidamente se desfazer dos seus haveres porque estes, sendo bens injustamente adquiridos, queimavam-lhe a alma, o judeu piedoso, no ocaso de sua vida, inspecionava sorridente os baús e cofres abarrotados, nos quais se acumulavam os cequins que durante sua longa vida havia extorquido do miserável povo cristão (ou maometano): uma visão com que seu coração piedoso podia deleitar-se, pois cada vintém de juros que ali estava era quase como uma oferta que ele havia trazido ao seu Deus.

Porém, também de resto a posição do "estrangeiro" no direito (divino) judaico sempre foi excepcional, as obrigações relativas a ele nunca foram tão rigorosas quanto as relativas ao "próximo", ao judeu: isso só se poderá negar por ignorância ou má-fé. Certamente, as concepções do direito (e decerto sobretudo do costume) relativas ao modo como se deve tratar o estrangeiro experimentaram mudanças no decorrer dos séculos. Mas a ideia fundamental de que ao estrangeiro deves menos consideração do que ao conterrâneo não sofreu nenhuma alteração desde a Torá até hoje. Essa impressão resulta de todo estudo imparcial do direito do estrangeiro nas Sagradas Escrituras (sobretudo na Torá), no Talmude, nos Códices e nas Réplicas. Ainda hoje se recorre, em escritos apologéticos, às famosas

---

que Lazarus diz no capítulo 3 de sua *Ética* sobre os deveres de Israel para com os estrangeiros combina bem com o seu coração humanitário, mas trata a realidade histórica com muita arbitrariedade. Não é admissível simplesmente ignorar todas as passagens das fontes que dizem o contrário da opinião que se defende.

passagens da Torá: Êxodo 12:49; 23:9; Levítico 19:33-34; 25:44-46; Deuteronômio 10:18-19, para demonstrar a concepção "xenófila" da lei judaica. Porém, em primeiro lugar, é claro que, numa *halachá* – é disso que se trata aqui na maioria dos casos –, a tradição "oral" não deve ser negligenciada; e, em segundo lugar, essas mesmas passagens da Torá até contêm a exortação de tratar bem o "estrangeiro" (que, além disso, na antiga Palestina naturalmente tinha um significado bem diferente do que mais tarde na Diáspora: *guer* [estrangeiro] e *goi* [pagão] são conceitos fundamentalmente distintos), "pois também fostes estrangeiro na terra do Egito", mas ao lado disso também já dão a diretriz (ou a permissão) de tratá-lo como alguém com menos direitos: "Portanto, assim sucederá no ano da remissão: se alguém tiver emprestado algo a seu próximo, não o cobrará. Do estrangeiro poderás cobrá-lo, mas a teu irmão o remitirás" (Deuteronômio 15:2-3). É sempre o mesmo procedimento adotado em relação à cobrança de juros: tratamento diferenciado para o judeu e para o não judeu. E compreensivelmente os casos legais em que o não judeu tem menos direitos que o judeu foram se tornando cada vez mais numerosos no decorrer dos séculos e, no último Códice, constituem uma quantidade bastante respeitável. Cito do *Choshen Hamishpat* [peitoral do julgamento] as seguintes seções (que certamente não são todas em que a condição diferenciada do estrangeiro é expressamente tematizada): 188, 194, 227, 231, 259, 272, 283, 348, 398 et seq.

Vislumbro em duas coisas o grande significado do direito do estrangeiro para a vida econômica.

Em primeiro lugar, nisto: as disposições xenófobas do direito industrial e comercial judeu não só deram uma forma mais inescrupulosa à relação com os estrangeiros (sendo, portanto, exacerbada a tendência inerente a toda relação com o estrangeiro), mas também, se puder me expressar nesses termos, afrouxaram a moral de negócios. Concedo sem mais que esse efeito não precisaria necessariamente ocorrer, mas poderia muito facilmente ocorrer e certamente ocorreu com bastante frequência principalmente no círculo dos judeus orientais. Por exemplo, uma sentença do direito do estrangeiro (que foi discutida com frequência!) diz que o israelita pode tirar vantagem de um erro de cálculo cometido pelo próprio pagão (estrangeiro) sem que haja obrigação de chamar a atenção para ele (essa sentença foi acolhida no *Tur*, e no Códice de Karo ela não consta no início, mas foi introduzida posteriormente pela glosa de Isserle); tal concepção legal (e dela estão imbuídas numerosas outras passagens legais) inevitavelmente despertaria no judeu piedoso a seguinte convicção: na relação com o estrangeiro, não precisas levar as coisas tão ao pé da letra. Por essa razão, subjetivamente ele não precisava se culpar de nenhuma intenção ou ação imorais (podia cumprir, na relação com os conterrâneos, os preceitos extraordinariamente rigorosos da lei sobre medidas e pesos corretos).[81] Ele podia agir com a melhor boa-fé quando, por exemplo, "ludibriasse" o estrangeiro. Em alguns casos, até lhe era incutido o seguinte: deves ser honesto *também* com o estrangeiro (por exemplo, *Choshen Hamishpat* 231); mas por que isso tinha de ser dito expressamente?! Mas, por outro lado, também constava *expressis verbis* (*Choshen Hamishpat* 227:26): "Pode-se ludibriar o não judeu, pois a Escritura, Levítico 25:14, diz que ninguém deve ludibriar o seu *irmão*" (nessa passagem não se fala de enganar o outro, mas de cobrar mais do estrangeiro).

Toda essa concepção bastante vaga – podes tirar uma lasquinha do estrangeiro, na relação com ele dois mais dois podem muito bem ser igual a cinco (não cometes nenhum pecado ao fazer isso) – foi consolidada ainda mais onde se desenvolveu a rabulice formal no estudo da Torá, como foi o caso em muitas comunidades judaicas da Europa oriental. O efeito permissivo dessa rabulice sobre a postura comercial dos judeus é exposto vivamente por *Graetz* (que, nesse caso, é uma testemunha insuspeita), cujas palavras eu gostaria de reproduzir aqui na íntegra (visto que contém a explicação para muitos traços da conduta econômica dos asquenazes):

> Torcer e distorcer, rabulice, gracejos e evasiva precipitada contra tudo que não estava dentro do seu campo visual tornou-se [...] a essência básica do

---

81 "Por ocasião do seu comparecimento diante do juiz celestial, a primeira pergunta que o ser humano ouvirá é esta: foste correto e honesto nas tuas relações de negócio?" (Sabbath, 31a). O Rabi Stark usa essa citação do Talmude como lema de seu escrito *Das biblisch-rabbinische Handelsgesetz* (edição do autor), no qual ele trata das passagens das fontes que fazem referência à fidelidade e à fé.

judeu polonês. [...] Ele tinha perdido a probidade e o senso de justiça junto com a simplicidade e o senso para a verdade. A massa se apropriou da natureza ardilosa das faculdades e a usou para passar a perna nos menos espertos. Ela começou a gostar da trapaça e do logro e sentia uma espécie de alegria vitoriosa. Claro que contra os integrantes do próprio povo não ficava bem usar de artimanha, porque estes eram conhecedores do assunto; mas o mundo não judeu com o qual eles se relacionavam sentiu, para seu próprio prejuízo, a superioridade do espírito talmúdico do judeu polonês [...] A degeneração dos judeus poloneses se vingou deles de maneira sangrenta e teve como consequência a contaminação temporária do restante da população judaica da Europa com a essência polonesa. A emigração dos judeus da Polônia (em decorrência da perseguição dos judeus pelos cossacos) levou a que o judaísmo fosse, por assim dizer, polonizado.[82]

O segundo efeito, talvez ainda mais significativo, do tratamento diferenciado do estrangeiro no direito judaico foi que, de modo bem geral, a concepção da essência da atividade comercial e industrial mudou de figura, mais precisamente, de forma precoce na direção da, como diríamos, liberdade industrial e do livre comércio. Tendo tomado conhecimento de que os judeus foram os criadores do livre comércio (e, desse modo, os pioneiros do capitalismo), queremos agora constatar que eles foram preparados para isso por seu direito das profissões comerciais e industriais, desde cedo desenvolvido no sentido do comércio livre (e que sempre deve ser tido como mandamento divino), e queremos constatar, ademais, que esse direito liberal foi fortemente influenciado pelo direito do estrangeiro. Com efeito, é possível acompanhar com bastante clareza que, na relação com o estrangeiro, os princípios do direito vinculado à pessoa foram afrouxados pela primeira vez e substituídos por ideias da economia livre.

Remeto aos seguintes pontos.

No Talmude e nos Códices, o direito do preço (ou a política de preços) no que se refere à relação com o conterrâneo ainda se encontra totalmente sob a influência da ideia do *iustum pretium* [preço justo] (como

---

[82] Graetz, *Geschichte der Juden*, 2. ed., v.10, p.62 et seq., 81.

ocorreu, de modo geral, em toda a Idade Média), almejando, portanto, uma convencionalização da formação de preços que se apoia na ideia do ganha-pão: diante do não judeu, abandona-se o *iustum pretium* e considera-se a "moderna" formação de preços como natural (*Choshen Hamishpat* 227:26; cf. *Baba metzia* 49b et seq.).

Porém, onde quer que tenha se originado essa concepção, sumamente importante é o próprio fato de que, já no Talmude e ainda mais claramente no *Shulchan Aruch* são defendidas noções de indústria e comércio livres, que eram totalmente estranhas ao conjunto do direito cristão da Idade Média. Constatar isso de modo insofismável e detalhado mediante um estudo minucioso e sistemático das fontes seria, uma vez mais, uma grata tarefa para um hábil historiador do direito e da economia. Preciso contentar-me aqui novamente em dar relevo a algumas poucas passagens, que, no entanto, a meu ver, já são suficientes para demonstrar a exatidão da minha afirmação. Trata-se primeiramente de uma passagem do Talmude e dos Códices que reconhece em princípio a *livre concorrência* entre os que praticam o comércio (portanto, uma postura de negócios que, como vimos em outro contexto, contradiz toda a concepção pré-capitalista e dos primórdios do capitalismo acerca da essência do negociante decente). *Baba metzia* fol. 60a.b diz (conforme a tradução [alemã] de Sammter):

> *Mixná*: R[abi] Jehuda ensina: o mercador não deve distribuir punhados de grãos e nozes entre as crianças porque desse modo ele as acostuma a virem até ele. Os sábios, contudo, o permitem. Tampouco se deve deteriorar o preço. Os sábios, contudo (opinam): sua memória seja para o bem. Não se deve separar os feijões partidos. Assim decide Abba Saul; os sábios, em contrapartida, o permitem.

Gemará: "Pergunta: qual é a razão dos rabinos? Resposta: porque ele lhe pode dizer: *eu distribuo nozes, tu podes distribuir ameixas*" (!).

Na Mixná constava: "Tampouco se deve deteriorar o preço. Os sábios, contudo (opinam): sua memória seja para o bem etc. Pergunta: qual é a razão dos rabinos? Porque ele alarga [rebaixa] o portal [o preço]". Na peregrinação até o *Shulchan Aruch*, os arrazoados contrários ao livre exercício do ofício industrial se extinguiram totalmente e ficou exclusivamente a concepção "progressista": "Ao mercador é permitido presentear nozes e similares às crianças que compram dele a fim de atraí-las para si; ele também pode vender por um preço abaixo do de mercado e o pessoal do mercado nada poderá alegar contra isso" (*Choshen Hamishpat* 228:18).

Semelhante é a disposição do *Choshen Hamishpat* 156:7: os comerciantes que levam suas mercadorias à cidade estão sujeitos a diversas restrições, "mas se os estrangeiros venderem suas mercadorias mais barato ou em melhores condições do que os da cidade, estes não poderão impedi-los, visto que o público judeu tira vantagem disso" etc. Ou então *Choshen Hamishpat* 156:5: se um judeu quiser emprestar dinheiro a um não judeu a juros menores, o outro não poderá impedi-lo de fazer isso.

Igualmente constatamos que, no direito judaico, o princípio rígido do monopólio industrial é quebrado em favor da "liberdade industrial" (pelo menos no *Shulchan Aruch*). No *Choshen Hamishpat* 156:5 consta isto: havendo um artesão entre os moradores de uma localidade e se os demais não protestarem, e se outro desses moradores quiser dedicar-se ao mesmo ofício artesanal, o primeiro não poderá impedi-lo de fazer isso e dizer: ele está tirando o meu ganha-pão, mesmo se o segundo for de outra localidade etc.

Portanto, não pode haver sombra de dúvida: Deus quer o livre comércio, Deus quer a liberdade industrial! Que impulso para, doravante, tornar-se ativo para valer na vida econômica!

VII. Judaísmo e puritanismo

Já disse diversas vezes que os estudos de *Max Weber* sobre a importância do puritanismo para o capitalismo me estimularam fortemente a fazer minhas investigações sobre o judaísmo, especialmente porque obtive a impressão de que as ideias básicas do puritanismo que foram significativas para o desenvolvimento capitalista estariam formadas de modo muito mais preciso, e naturalmente muito antes, na religião judaica. Não tenho como fazer aqui em detalhes a demonstração do grau de exatidão dessa suposição: para isso eu teria de promover uma comparação entre os resultados de todo este capítulo e as ideias básicas do puritanismo como foram elaboradas por Weber. Parece-me, porém, que de tal comparação de fato deveria resultar a conformidade quase total entre as noções judaicas e as noções puritanas, pelo menos na medida em que são significativas para os contextos aqui analisados: a preponderância dos interesses religiosos; a ideia da comprovação; (sobretudo!) a racionalização da conduta de vida; a ascese intramundana; a amalgamação de concepções religiosas com interesses aquisitivos; o tratamento calculista dado ao problema do pecado e algumas outras coisas são iguais nos dois casos.

Ressalto apenas um ponto especialmente importante: a posição peculiar diante da questão sexual, a racionalização da relação sexual é igual no judaísmo e no puritanismo até nos mínimos detalhes. Num dos primeiros hotéis fundados na Filadélfia, encontrei nos quartos o aviso impresso: "Pedimos a nossos honrados hóspedes que têm negócios a tratar com mulheres que deixem a porta aberta enquanto a dama estiver no interior do aposento". No Talmude (*Kiddushim* 82a), essas palavras têm o seguinte teor: "Quem tiver negócios a tratar com mulheres, não fique a sós com elas [...]".

O domingo inglês é o *shabbat* judaico: isto facilmente se depreende de uma comparação entre ambos etc.

Aliás, as estreitas relações entre judaísmo e puritanismo – mesmo que não tenha chegado a um resultado muito satisfatório – foram objeto de investigação a partir de outra perspectiva, a saber, nos estudos feitos por John G. Dow, "Hebrew and Puritan" [Hebreu e puritano].[83] Gostaria de lembrar também que o lúcido Heinrich Heine há muito já havia percebido essa afinidade entre puritanismo e judaísmo; nas suas *Geständnisse* [Confissões], ele pergunta: "Os escoceses protestantes não seriam hebreus, cujos nomes por toda parte são bíblicos, cujo jargão tem até um acento farisaico-hierosolimitano e cuja religião não passa de um judaísmo que come carne de porco?".

Puritanismo é judaísmo.

---

83 Dow, Hebrew and Puritan, *Jewish Quarterly Review*, v.3, 1891, p.52 et seq.

Penso que, tomando por base as exposições de *Weber* e a minha, não será muito difícil constatar esse vínculo espiritual e até essa conformidade espiritual.

Mais difícil será responder a esta outra pergunta: poderá ser comprovada *uma influência externa do puritanismo pela religião judaica?* De que espécie terá sido ela? São conhecidas as estreitas relações que, durante a época da Reforma, se constituíram entre o judaísmo e algumas seitas cristãs, além da moda do diletantismo pela língua hebraica e pelos estudos judaísticos. Porém, especialmente conhecida é a veneração quase fanática de que os judeus da Inglaterra gozaram no século XVII principalmente entre os puritanos. Não é só o fato de que as noções religiosas de líderes como Oliver Cromwell estavam totalmente ancoradas no Antigo Testamento: o sonho de Cromwell era uma reconciliação entre Antigo e Novo Testamentos, uma união íntima entre o povo de Deus de origem judaica e a comunidade de Deus de origem puritano-inglesa. O maior anseio de certo pregador puritano, Nathanael Holmes (Homesius), era tornar-se, conforme a letra de alguns versículos dos profetas, o servo de Israel, para adorá-lo de joelhos. A vida pública e as pregações nas igrejas praticamente adquiriram uma coloração israelita. Só faltava que os oradores do Parlamento falassem hebraico para que se tivesse a impressão de ter sido trasladado para a Palestina; os *levellers* [niveladores], que chamavam a si próprios de "*jews*" [judeus], exigiam que as leis do Estado declarassem a Torá pura e simplesmente como norma para a Inglaterra; os oficiais de Cromwell lhe sugerem formar o Conselho de Estado com 70 membros segundo o número de membros do Sinédrio judaico; tomou assento no Parlamento de 1653 o major-general Thomas Harrison, um anabatista que, com o seu partido, queria que a lei mosaica fosse introduzida na Inglaterra; em 1649, uma petição deu entrada no Parlamento: transferir o domingo para o *shabbat*; "The Lion of Judah" [o leão de Judá] era a inscrição nos estandartes do puritanos vitoriosos.[84] Mas também há testemunhos do fato de que, naqueles tempos, os círculos clericais cristãos e o mundo leigo cristão estudavam a fundo não só

---

84 Graetz, *Geschichte der Juden*, 2. ed., v.9, p.86 et seq., 213 et seq.; v.10, p.87 et seq.; A. M. Hyamson, *A History of the Jews in England*, 1908, p.164 et seq.; *JQR*, v.3, 1891, p.61.

o Antigo Testamento, mas também a literatura rabínica. Portanto, uma derivação direta das doutrinas puritanas a partir das judaicas seria algo bem plausível. Deve-se deixar a cargo do especialista em história eclesiástica promover clareza nesse assunto. Neste ponto, devemos limitar-nos a poucas indicações.

Por fim, eu ainda gostaria de chamar a atenção para um livrinho burlesco que veio a público no ano de 1608 e cujo conteúdo deixa transparecer, talvez de um modo sintomaticamente valioso, o estreito vínculo espiritual estabelecido naquela época entre puritanismo (ou calvinismo) e judaísmo na visão dominante. Ele é intitulado *Der calvinische Judenspiegel* [O espelho judeu dos calvinistas] e, na página 33, diverte-se com a relação entre as duas comunidades religiosas da seguinte maneira:

> Se eu tiver que dizer sob juramento a razão e o verdadeiro motivo de ter me tornado calvinista, devo confessar que o que me levou a isso não foi nada além de uma coisa, a saber, que entre todas não se achou nenhuma [confissão] que concordasse tanto com o judaísmo, e que desse as mesmas respostas sobre fé e vida: [as razões alegadas são em parte sérias, em parte satíricas ...]. 8. Os judeus odeiam o nome de Maria e só a toleram quando é feita de ouro e prata ou gravada em dinheiro; assim também nós não lhe damos mais nenhum valor etc., mas gostamos de vinténs marianos e escudos do rei sol, nos quais foram cunhadas efígies de Maria, e lhes fazemos as honras, assim como as que foram cunhadas em ouro e prata servem em nosso comércio. 9. Os judeus se metem a enganar o povo em todos os países; nós também: é por isso que deixamos a nossa pátria e vamos para outro país, onde não somos conhecidos nem indignos, para seduzir, enganar e atrair para nós os simplórios com a ajuda da nossa falsidade e astúcia, a exemplo do que fazem os agitadores farsantes [...].

Pois então!

Capítulo XII
A peculiaridade judaica

I. O problema

Não é pouco o autocontrole que se precisa ter para tratar num livro científico o problema expresso no título deste capítulo. Pois, nos últimos tempos, de modo bastante generalizado tudo que tem a aparência de psicologia dos povos [*Völkerpsychologie*] tornou-se joguete de humores diletantes, e especialmente a descrição da essência judaica é praticada como esporte político por espíritos grosseiros dotados de instintos rudes – para asco e desgosto de todos os que preservaram bom gosto e imparcialidade em nossa tosca época. Com efeito, o abuso irresponsável incessantemente cometido com categorias da psicologia dos povos já levou à mobilização de todo um exército de razões para demonstrar cientificamente a impossibilidade de fazer afirmações relativas. Quando se lê os livros de *Friedrich Hertz*, de *Jean Finot* e outros,[1] por pouco não se tem a impressão de que realmente é uma iniciativa sem futuro constatar conformidades psicológicas numa pluralidade qualquer de seres humanos; como se todos os que até agora se esforçaram por colocar nos trilhos uma ciência como a psicologia dos povos tivessem caçado um fantasma. A bela construção está em ruínas e paira a dúvida se algum dia se conseguirá reerguê-la.

---

1 Ver recentemente de novo a forte crítica de Robert Sessions Woodworth, Racial Differences in Mental Traits, *Science*, nova série, v.31, n. 788, 4 fev. 1910, p.171-186, resenhada no *Bulletin mensuel de l'Institut de sociologie Solvay*, 1910, n.21.

E não obstante (!), por mais que estejamos convictos dos argumentos que encontramos reunidos nos livros críticos; podemos até passar um dia inteiro, uma semana inteira destruindo as fantasias que autores mais antigos nos atocharam sobre a essência de um povo ou de outra comunidade humana; podemos (a título de exemplo) divertir-nos à larga com o jeito elegante com que *Jean Finot* remete ao reino da fábula o conto do *"esprit"* francês e expõe diante de nós meticulosa e argutamente que não há franceses, ou com *Friedrich Hertz* e todos os outros dizendo que não há judeus; quando então resolvemos atravessar a rua e levantamos os olhos, exclamamos de repente bastante admirados: olha, está ali em pé aquele que acabamos de enterrar; ou quando lemos um livro ou contemplamos uma imagem, flagramo-nos subitamente tendo o seguinte pensamento: isso é genuinamente alemão, é de cidade pequena, isso é francês, e com o nosso olho espiritual vemos parado em carne e osso diante de nós esse tipo bem específico de pessoa que com mil razões acabáramos de tirar do mundo por meio da discussão erudita.

Seria isso tudo apenas uma assombração que brota da fantasia?

Não é só o instinto que nos leva a manter aquelas imagens: a reflexão sóbria também nos leva a inserir algo como uma peculiaridade étnica na cadeia da nossa investigação causal do destino humano. Eu diria que todas as ciências sociais necessariamente precisam de uma construção auxiliar como a da hipótese da psicologia dos povos, para pôr ordem na grande confusão dos fatos individuais; que temos de pressupor a existência de almas coletivas (perdoem-me esse termo por enquanto, que logo o explicarei), por assim dizer, como substância do mundo social, para relacionar com elas os milhares de movimentos da sociedade que de resto ficariam pairando no ar, para associar a elas todos os fenômenos de massa que, afinal, são o objeto de nossa investigação. Assim sendo, hipostasiar uma psique coletiva constitui, portanto, uma necessidade intelectual para o teórico social.

Para esclarecer isso, lanço mão do exemplo proporcionado pelo conteúdo deste livro: quando falamos de uma religião judaica, não podemos conceber como seu portador ninguém mais que o povo judeu, a cuja peculiaridade corresponde essa composição singular – a formação de suas concepções religiosas – em todos os seus detalhes. Nesse caso, a conexão é nítida e pode ser percebida também por quem não tem um olho treinado para isso.

Porém, também nos pontos em que consideramos apropriado explicar as influências dos judeus sobre o curso da vida econômica a partir de circunstâncias "objetivas", essas explicações não permaneceram totalmente lacunosas sem a suposição de uma peculiaridade judaica bem determinada? O que quero dizer é que já um exame superficial dos resultados das nossas investigações deve levar a, sem hesitação, responder afirmativamente a essa pergunta. Não seria um absurdo supor que, para o curso da história econômica, teria sido indiferente se, em vez dos judeus, tivessem imigrado esquimós ou – por que não? – gorilas para os países europeus ocidentais?!

Repassemos na sequência cada uma das circunstâncias objetivas. O *espraiamento geográfico*: ora, do mesmo modo que não podemos explicar o surgimento da diáspora sem um matiz subjetivista, tampouco podemos prescindir dela para explicar seu efeito peculiar. Devemos ter claro que só a dispersão de um povo não é o bastante; que, de modo algum, essa dispersão necessariamente sempre trará efeitos significativos na área econômica ou então na cultural, que a dispersão pode, da mesma forma, levar à aniquilação, à extinção de um povo.

Diz-se – certamente com razão – que o espraiamento internacional dos judeus capacitou o tradutor intérprete. Mas também os negociadores, os homens de confiança do príncipe, que desde os primórdios decorreram desse ofício de intérprete? Para isso não seria necessário ter uma predisposição bem própria, bem especial?

Responsabilizamos sem mais nem menos o espraiamento geográfico dos judeus por grande parte do seu sucesso na atividade comercial e creditícia internacional. De fato, mas o pressuposto desse efeito não foi a circunstância de que os judeus dispersos por todos os países *se mantiveram unidos* inclusive após a dispersão? O que teria ocorrido se não tivessem mantido as relações interiores e exteriores, como aconteceu com tantas tribos e tantos povos dispersos por todo o mundo?

Eu próprio apontei para o significado que a dispersão dos judeus adquiriu durante os últimos séculos pelo fato de eles terem se fixado entre populações que estavam maduras para o desenvolvimento do capitalismo. Porém, é preciso ponderar, uma vez mais, que essa forte influência que os judeus exerceram (e ainda exercem) na Holanda, Inglaterra, Alemanha, Áustria-Hungria, que manifestamente foi muito mais forte do que a que puderam exercer entre espanhóis, italianos, gregos ou árabes, deve-se, em grande parte, ao contraste entre eles e os novos povos hospedeiros. Quanto mais lerda, quanto mais rija, quanto mais avessa aos negócios for a população de seu entorno, tanto maior a influência que o judaísmo parece obter sobre a vida econômica: evidentemente, uma vez mais graças à sua peculiaridade bem determinada.

Qualquer que tenha sido a origem da sua *condição interior de estrangeiros*, o fato de que ela pudesse obter tal significado especial para a vida econômica é algo que certamente não se explica sem a suposição de uma peculiaridade judaica. O fato de um povo ou parte de um povo ser odiado e perseguido ainda não é razão suficiente para achar que disso poderia resultar o estímulo para uma atividade redobrada. Pelo contrário: na maioria dos casos, esse menosprezo e abuso terão um efeito moralmente devastador, opressivo. Apenas se as pessoas contra as quais se volta o descontentamento e o ultraje forem dotadas de qualidades especiais esses serão fonte de energia intensificada.

E, uma vez mais, o efeito bem peculiar que *a preterição dos judeus* (ou o privilégio que recebiam) teve na vida civil, a ponto de incitá-los a altos desempenhos econômicos, como ele não pressuporia uma peculiaridade judaica? Não é uma banalidade dizer que as energias a serem liberadas por uma circunstância exterior qualquer precisam primeiro estar disponíveis? Não é óbvio que, quando um acontecimento exterior açula a ambição de alguém, esse alguém deve ser dotado de uma disposição de ânimo especial? Pois é a mesma sorte que transforma este num mendigo e reles gatuno, aquele num herói e superador de todos os desafios. Trivialidades.

Inversamente, em pontos importantes, vimos que a posição dos judeus perante a lei foi *diferente* nos diferentes Estados e nas diferentes épocas: por exemplo, as disposições para a admissão aos ofícios individuais mudavam. Em alguns países, como a Inglaterra, depois de serem readmitidos, eles gozaram de igualdade quase total de direitos: *apesar disso*, vemos que, em todos os lugares, eles acorrem em massa aos mesmos ofícios. Justamente também na Inglaterra eles começaram como *bullion merchants* [comerciantes de barras de ouro] ou *shopkeepers* [lojistas], o mesmo que na América, para, então, cumprirem, como em toda parte, a sua missão comercialista. Diante disso, temos de concluir novamente que há aí uma peculiaridade bem especial.

E será que é preciso "provar" que a *riqueza* por si só não é suficiente para realizar grandes coisas no plano econômico? Será preciso "provar" que quem a possui precisa ter, muito antes, certas qualidades espirituais para aproveitar a riqueza no sentido capitalista?

Só imagino o que dirá a futura humanidade sobre a nossa época, na qual com toda a seriedade se põem em dúvida que os judeus teriam outra natureza que os cafres zulus; na qual é necessário começar se desculpando quando se pretende falar da índole bem específica de um povo! E, não obstante, os muitos intérpretes da história cegos para o aspecto humano, que depositam seus ovos em toda parte, nos obrigam a tais complicações.

Porém, eu não gostaria de deixar de mencionar que também, de outro lado, se afirma com premência cada vez maior a necessidade científica de investigações sobre a psicologia dos povos: por parte dos *"teóricos da raça"*, dos antropólogos e craniologistas. Pode-se tranquilamente afirmar que, de acordo com as investigações dos últimos anos, a craniologia antropológica, que jamais passou da adolescência, está liquidada em sua forma atual. Hoje a nenhum antropólogo sério ocorrerá deduzir determinada constituição espiritual da estrutura do crânio ou de outras qualidades somáticas. Hoje acabou definitivamente todo o belo sonho dos nobres de crânios ovalados em luta contra o pessoal comum de cabeça redonda, da vinculação de culturas inteiras com um índice craniano. Hoje praticamente nem se entende mais a petulância com que, sem o menor vestígio de prova, foi possível propor a tese: o índice craniano determina a índole espiritual do ser humano!

Porém, hoje menos do que nunca se quererá renunciar a constatar conexões entre peculiaridades somáticas e peculiaridades espirituais. E, por essa razão, é preciso procurar provas que demonstrem tais conexões, o que nos fará recorrer a conhecimentos da psicologia dos povos. Não demorará muito para nos darmos conta que é necessário inverter o curso que havia sido encetado: que primeiro se deve procurar descobrir determinadas peculiaridades espirituais em grupos humanos bem determinados para, em seguida, estabelecer um paralelo entre essas peculiaridades espirituais e as características somáticas observadas nesse mesmo grupo e assim, mediante comparação constante das duas séries, talvez chegar a correlações regulares. Porém, o pressuposto para a aplicação desse procedimento, o único que é cientificamente incontestável, naturalmente é uma psicologia coletiva bem fundamentada e cientificamente consolidada.

E esta realmente representaria um problema sem solução? Não creio. Porque, se analisarmos detidamente as objeções levantadas contra ela, logo descobriremos que todos os questionamentos se voltam contra uma concretização falha, mas não fundamentalmente contra a psicologia coletiva em si. Mesmo que não seja aqui o lugar para demonstrar em detalhes a possibilidade de uma psicologia coletiva, darei aqui, para melhor compreensão do que tenho a dizer sobre o caso específico, ao menos algumas indicações sobre como se deve conceber uma ciência da psicologia coletiva.

O que gostaríamos de conhecer é a peculiaridade espiritual de um grupo humano. Por essa razão, falei de psicologia coletiva em contraposição à psicologia individual e também ao que mais recentemente se convencionou chamar de psicologia social, com a qual a psicologia coletiva não deve ser confundida. A psicologia social, que nos últimos tempos experimentou uma série de notáveis elaborações (*Eulenburg! Simmel!* E decerto também Wundt, não obstante a terminologia distinta que usa) e que, a despeito de ser muito mais jovem, aproximou-se bem mais da maturidade científica do que sua irmã mais velha, assume a tarefa de constatar e analisar os fenômenos espirituais resultantes do fato da socialização; a psicologia coletiva, em contrapartida, visa apreender toda a peculiaridade espiritual do grupo. Assim sendo, levanta-se a primeira pergunta de peso: qual é o sentido de dizer que um grupo humano possui certas qualidades espirituais? O que significa emitir um juízo, como, por exemplo: os alemães são temperamentais; os eslavos são musicais; o proletariado é racionalista; os habitantes de cidades grandes são..., os germanos são..., os professores são..., os judeus são... etc.? É claro que sempre nos expomos à objeção que um bom amigo nosso se levantará contra tal constatação ao afirmar que sua tia falecida ou o oficial Müller, seu vizinho, ou qualquer outra pessoa teriam sido "bem diferentes" daquilo que declaráramos do grupo a que pertenciam. E nosso amigo conhecia muito bem todas essas pessoas e certamente tem razão.

Mas então?

Os representantes mais antigos da "psicologia dos povos" tinham uma saída fácil para isso. Eles geralmente restringiam suas investigações aos povos (ou ao que, na sua visão, fazia parte destes) e dotavam esses povos de uma alma específica que também denominavam "alma do povo", sobre a qual naturalmente se podia dizer todas as qualidades que se dizia da alma individual. Essa misteriosa alma do povo vem à tona hoje ainda com o nome de "diapasão psíquico" e é o que a maioria dos "psicólogo dos povos" dos nossos dias tem em mente quando (a exemplo do espirituoso Leroy-Beaulieu), na análise da peculiaridade judaica,[2] contrapõe *"le juif et la race juive"* [o judeu e a raça judaica], *"l'originalité nationale et les facultés individuelles"* [a originalidade nacional e as faculdades individuais], *"Israël en tant que peuple et le juif en tant qu'individu"* [Israel enquanto povo e o judeu enquanto indivíduo].

Em primeiro lugar, não queremos que esse ramo da psicologia fique restrito "aos povos", mas queremos analisar o estado psíquico de qualquer grupo de pessoas: por isso, psicologia coletiva (melhor do que psicologia de massas, que constitui, muito antes, um ramo especial da psicologia social) em vez de psicologia dos povos.

Mas também nos parece que a expressão "alma do povo" tem um ar místico. Ela se nos apresenta como uma formação nebulosa ilusória, da qual nada sobra depois de iluminada, à qual, em todo caso, não corresponde nenhuma realidade, mas, quando muito, tem seu lugar em nosso mundo ideal como recurso auxiliar do pensamento.

As únicas realidades são, muito antes, os seres humanos vivos que formam (ou então, formaram e – sob certos pressupostos – formarão) o grupo. Poderíamos cogitar aceitar ainda uma segunda realidade ao lado

---

2 Anatole Leroy-Beaulieu, *Israël chez les nations*, 1893, p.289.

deles: a das obras de ditos seres humanos individuais corporificadas em alguma materialidade, ou seja, construções, obras poéticas, composições musicais, obras técnicas etc., por exemplo, de um povo. Sem dúvida, essas obras possuem – inclusive desvinculadas de seus criadores e seus apreciadores – vida autônoma e podem ser captadas autonomamente em sua essencialidade: tanto em seu aspecto exterior como também em seu "espírito", de modo que se diz, por exemplo, da arquitetura grega que ela está imbuída de uma nobre harmonia, enquanto a egípcia e a babilônica são caracterizadas diferentemente (por exemplo, como corporificação do colossal ou como quer que seja). Porém, no momento em que procuramos sentir "a alma" dessas obras, não podemos fazer outra coisa além de tentar apreendê-las em sua relação com os seres humanos vivos e tratar de entendê-las como manifestações destes, como atividades deles: não tanto do criador de cada uma delas, mas, muito antes, de uma personalidade idealizada. A *psicologia* coletiva sempre apontará, portanto, para as pessoas individuais como sendo as únicas realidades cuja essência deverá constatar.

E esses indivíduos são todos diferentes. Como chego a afirmar uma determinada qualidade que diga respeito a todo o grupo?

Ora, se quisermos proceder "cientificamente" teremos de adotar um procedimento de observação e abstração muito intrincado, cujos componentes singulares são mais ou menos os seguintes.

Em primeiro lugar, é preciso reunir a maior quantidade possível de material e é preciso que esse material seja o mais confiável possível. (O material para a psicologia coletiva é composto por fatos psicológicos individuais.) Para esse fim, podem ser aplicados diversos métodos. Há fundamentalmente dois tipos de apuração: o imediato e o mediato. (Quando se fala aqui de psicologia individual, tem-se em mente sempre a psicologia vulgar. A assim chamada psicologia "científica" não tem serventia para a nossa finalidade, visto que ela até agora não chegou nem perto da psique humana.)

O conhecimento direto extrai sua noção das coisas da observação de seres humanos vivos e de todas as suas manifestações. Ela pode servir-se de procedimento indutivo ou estatístico de apuração. A indução se baseia na observação individual. Esta pode, por sua vez, ser de dois tipos: direta e indireta. Ela é direta quando procura abranger o próprio ser humano e sua atuação viva, o que, por sua vez, pode ser feito mediante a própria vivência pessoal ou a exploração das vivências pessoais de outros ou de relatos biográficos do passado. Ela é indireta quando, das obras materialmente fixadas, tira conclusões a respeito da psique do seu criador: do *Diário* infere a respeito de Goethe, da *Flauta mágica*, a respeito de Mozart etc.

A estatística fornece observação em massa de processos psíquicos ou (na maioria das vezes) de determinados sintomas, dos quais é possível inferir peculiaridades psíquicas: mobilidade da população, crimes, leitura etc.

O resultado desse tipo de estudo será primeiramente uma série (a maior possível!) de pessoas individuais singularmente caracterizadas (que talvez sejam pessoalmente conhecidas ou, sendo desconhecidas, precisem ser identificadas com números). Nesses indivíduos se constatam, então, certas peculiaridades, que foram previamente descritas com exatidão: sejam elas as peculiaridades $a, b, c, d, e, f, g, h, i, k$. A justaposição dos indivíduos observados resulta, pois, no seguinte quadro esquemático:

O indivíduo A tem as qualidades a, b, c, d, e, f, g
O indivíduo B tem as qualidades a, b, c, d, h, i, k
O indivíduo C tem as qualidades a, b, c, e, f, g
O indivíduo D tem as qualidades a, b, f, g, h
O indivíduo E tem as qualidades d, e, f, g.

Agora começa a contagem: foram apuradas em 5 (500, 5 milhões) indivíduos

as qualidades a, b, f, g 4 vezes cada uma = 80%

as qualidades c, d, e 3 vezes cada uma = 60%

as qualidades h, k 1 vez cada uma = 20%.

Essa observação imediata feita em seres humanos vivos será então complementada pelo conhecimento mediato extraído das obras (desencadeadas por seus criadores). Essas obras, como eu já disse, podem ser de natureza material ou intelectual: as mais importantes (das quais em especial se deduzirá uma certa "psique de um povo") são

— na largura: linguagem, direito (costume), religião (mito), economia, técnica tradicional;

- na altura: filosofia, arte poética, artes plásticas, arte musical, arquitetura, técnica racional;
- na profundidade: arte popular, canções populares, provérbios etc.

Essas obras também passam a ser analisadas visando constatar que peculiaridades nelas se repetem com frequência ou sempre, e dessas peculiaridades são derivadas certas qualidades psíquicas. A análise bem-sucedida dessas obras naturalmente fornece uma contribuição extraordinariamente importante para a solução da tarefa.

(Diga-se de passagem: considero totalmente errado usar as obras dos graúdos como fontes para isso. Os graúdos geralmente não pertencem a nenhum grupo especial [povo, raça, classe], mas são apenas eles mesmos em sua peculiaridade bem singular ou, quando muito, são expressão de todo um período. Caso se queira tirar conclusões da poesia alemã, não se deve escolher Goethe, mas Uhland; caso se queira examinar os filósofos judeus, não se recorra a Spinoza, mas a Maimônides, Mendelssohn ou Simmel; os pintores italianos, não Michelangelo, mas talvez Ticiano; os poetas ingleses, não Shakespeare, mas Dickens etc.)

O resultado que obtenho a partir disso é uma profusão de qualidades. Numa determinada proporção de umas para as outras: 80 a, 60 c etc., como já foi o caso anteriormente na observação pessoal.

E agora vem o lance da síntese. Componho as múltiplas qualidades num todo de tal modo que (à semelhança da composição química do átomo) nesse todo (que, portanto, representa a unidade) todas as propriedades se encontrem na mesma proporção em que eu as apurara anteriormente mediante a observação dos indivíduos particulares. Talvez nessa composição eu faça desaparecer as qualidades presentes em quantidades ínfimas a título de *quantité négligeable*; portanto, no nosso esquema, seriam, por exemplo, as qualidades h e k, e constituo a unidade com os componentes a, b, f, g, c, d, e na proporção em que, juntas, sejam = 1. Nessa curiosa composição, *à qual nenhum ser humano vivo corresponde nem precisa corresponder*, insuflo vida em virtude do meu poder criador, concebendo um ser humano dotado dessas diferentes qualidades na proporção de mistura bem determinada, e a essa composição idealizada dou ademais o nome do grupo no âmbito do qual estou fazendo a análise; digo, portanto: este é o alemão, este é o professor, este é o judeu.

Porém, talvez nunca tenha existido um alemão como esse, nunca um professor como esse, nunca um judeu como esse.

Essa criação de um novo tipo humano é um ato perfeitamente legítimo da nossa atividade científica criativa. O que não podemos fazer é desconhecer a natureza puramente espiritual desse novo ser; temos de nos manter conscientes, portanto (repito isso uma vez mais porque considero que essa constatação tem importância decisiva), que ele não se confronta com nenhuma realidade da vida real, que nenhum ser humano do grupo possui o mesmo feitio do nosso *homunculus*, que pode haver uma boa quantidade de integrantes do grupo que talvez não tenham nenhum traço em comum com o nosso ser humano idealizado. Temos de nos manter conscientes de que essa composição do nosso espírito nada mais visa ser que um recurso auxiliar do nosso pensamento, mediante o qual queremos tornar compreensíveis para nós mesmos os efeitos de massa de um grupo social. Temos de vislumbrar uma construção auxiliar em que os mais antigos identificavam uma alma do povo.

(Se quiséssemos permanecer sempre totalmente no terreno da realidade pessoal, sempre só poderíamos falar assim: neste grupo, estes traços ocorrem em mais indivíduos do que naquele, outros traços são mais raros do que em outro grupo; mas também existem oficiais distraídos e professores rijos.)

A natureza puramente espiritual desse ser humano grupal idealizado desponta numa manifestação especialmente nítida no momento em que as qualidades declaradas dele nem são mais relacionadas com integrantes do grupo, mas com quaisquer outros. Nesse caso, pode acontecer que o "espírito", a essencialidade que foram constatados primeiramente pela observação de um grupo sejam transpostos para outro grupo e que, por fim, de um modo sumamente curioso, por exemplo, os judeus se tornem cristãos e os cristãos, judeus, como sugere Chamberlain ao escrever as seguintes frases:

Não é preciso possuir o autêntico nariz hitita para ser judeu; essa palavra designa, muito antes, uma maneira especial de sentir e de pensar; alguém pode muito rapidamente *se tornar judeu sem ser israelita*. Há quem precise apenas relacionar-se assiduamente com judeus, ler jornais judeus e habituar-se à concepção de vida, à literatura e à arte judaicas. Em contrapartida, é absurdo chamar de "judeu" um israelita da mais autêntica estirpe que tenha logrado desvencilhar-se das amarras de Esdras e Neemias, cuja mente não tem mais lugar para a lei de Moisés e cujo coração não comporta mais o desprezo por outras leis [...] Um judeu totalmente humanizado [...] não é mais um judeu, porque ele [!], tendo abjurado a ideia do judaísmo, *ipso facto* abandonou essa nacionalidade, cuja coesão é efetivada por um complexo de concepções, ou seja, por um "credo". Temos de aprender a perceber o seguinte com o apóstolo Paulo: "Porque não é judeu quem o é exteriormente, mas um judeu é aquele que está oculto no interior da pessoa".[3]

Mão direita, mão esquerda – tudo trocado!

O que esbocei aqui seria o procedimento rigorosamente "científico" para a obtenção de juízos referentes à psicologia dos povos. Fica claro que sua execução se depara com dificuldades extraordinárias e que ainda teríamos de esperar muito tempo até que, por essa via, obtivéssemos o primeiro resultado palpável. Por essa razão, serve de consolo o fato de existir, além do referido procedimento científico, ainda outro que, dependendo das circunstâncias, produz resultados brilhantes: pode-se chamá-lo de procedimento "abreviado" ou também "artístico". Por meio dele, uma personalidade com talento para isso *enxerga*, com o auxílio de sua visão interior, na forma de uma entidade viva aquela composição ideal penosamente elaborada pela via científica; ela consegue isso com a ajuda da intuição, como costumamos dizer. Devemos a essa intuição de pessoas geniais os vislumbres mais valiosos da essencialidade de grupos sociais; tendo em vista a caracterização que fizemos de determinada peculiaridade, aproveitaremos de bom grado as inferências que provêm desse lado, para colocá-las, se possível, na base do conjunto de material que só então melhoraremos e

---

[3] H. S. Chamberlain, *Die Grundlagen des 19 Jahrhunderts*, 3. ed., 1901, p.457 et seq. [Quanto à passagem citada de Paulo, cf. a Epístola de Paulo aos Romanos 2:28-29. – N. T.]

aperfeiçoaremos com a ajuda do procedimento científico sóbrio. Se quisermos saber o que é "um judeu", estudaremos os discursos de Shylock com a mesma avidez com que estudamos a história dos bancos ou a estatística dos doentes mentais. (E, não obstante, não admitiremos que somos "obscurantistas modernos", como afirmam cabeças demasiadamente lúcidas!)

Nesse caso, fica ainda mais claro do que no caso já tratado da gênese científica que também os pareceres obtidos pela via intuitiva sempre serão apenas formações típicas irreais, isto é, não corporais (e, por isso, talvez até mais reais do que estas, só que numa compreensão metafísica que não pertence a esse contexto).

* * *

Os problemas psicológico-coletivos ganham ainda mais complexidade devido ao grande número dos grupos sociais, a respeito dos quais se pretende constatar essencialidades específicas e, portanto, por assim dizer, os indivíduos que se quer contemplar com uma alma peculiar (ou aos quais se quer impingi-la). Já caracterizamos como equivocada a ideia de que esses indivíduos coletivos seriam unicamente "povos", como supunha a corrente mais antiga. Deve-se dizer antes que podem ser analisados quanto à sua peculiaridade psíquica tantos grupos quantos apresentarem traços comuns e unitários. Disso resultaria todo um sistema de unidades psicológico-coletivas, que podemos visualizar esquematicamente da seguinte maneira:

I. Os grupos (círculos) se encontram lado a lado: franceses – alemães; sapateiros – alfaiates.

II. Os círculos se encontram um dentro do outro, mais exatamente, em disposição concêntrica: proletariado internacional – proletariado alemão – proletariado industrial alemão – trabalhadores da indústria alemã – da indústria berlinense – das fábricas da Siemens-Schuckert.

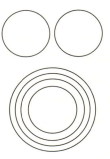

III. Os círculos se encontram um dentro do outro e um ao lado do outro: artistas franceses – eruditos franceses.

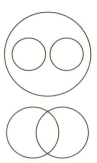

IV. Os círculos se sobrepõem parcialmente: proletariado internacional – alemães.

V. As formas I-IV ocorrem de modo simples ou em múltiplas combinações.

O que constitui um grupo que (por assim dizer) possui uma alma autônoma pode naturalmente ser de natureza extraordinariamente variada. Entre todos os fatores que em geral constituem grupos haverá os que não se poderá determinar de antemão, já que não podemos saber (ou não devemos supor) de antemão a respeito de nenhum fator se ele possui capacidade formadora da alma.

Sobre a formação dos grupos sociais e sua relação recíproca *Simmel* já disse tanta coisa excelente que posso renunciar aqui a tratar esse objeto com mais detalhes. Eu gostaria de comentar apenas (por ser importante para o tema específico que queremos tratar aqui) que um grupo de natureza individual e, portanto, uma psique coletiva própria podem ser constituídos tanto por fatores reais (objetivos) como por fatores ideais (subjetivos): entre aqueles figuram o sangue comum, a profissão comum, a língua comum e a agremiação política comum, entre outros; estes são formados por alguma espécie de sentimento de pertença, pela vontade de ter algo em comum (que não é acarretada por nenhuma circunstância objetiva). Fatores subjetivos e objetivos com frequência atuam juntos na formação de uma comunidade.

Em seguida, eu gostaria de chamar a atenção para o fato de que grupos sociais com constituição psíquica unitária podem ser diferenciados não só quando se encontram lado a lado num momento dado em termos de espaço e tempo, mas também em momentos temporalmente sucessivos. "O povo alemão" é um grupo bem determinado não só em contraste com o "povo francês" em determinada época, mas também em contraste consigo mesmo em outra época (cuja delimitação correta implica, por sua vez, um problema).

Para apreender *"os judeus"* como *unidade*, naturalmente pensaremos em primeiro lugar na comunidade religiosa que os uniu.

Porém, para a investigação visada aqui, eu gostaria de, por um lado, restringir e, por outro, ampliar o grupo constituído pelo pertencimento à religião mosaica. Restringir de modo a tomar em consideração apenas os judeus mais ou menos desde a sua expulsão de Espanha e Portugal, ou seja, desde o final da Idade Média. Ampliar no sentido de incluir na esfera da minha investigação os descendentes dos que confessam a fé mosaica também quando não pertencem mais à comunidade religiosa judaica. Pelo que foi dito anteriormente, não é possível determinar de antemão se um grupo delimitado nesses termos possui uma peculiaridade psíquica comum e específica. Só o que quero comentar é que as razões alegadas para refutar a existência de uma essência judaica geral não são consistentes.

1. Aponta-se para o fato de que os judeus da Europa Ocidental e da América teriam assumido em grande medida as qualidades nacionais dos povos que os hospedaram. Isso não precisa ser negado mesmo que se pudesse constatar uma peculiaridade judaica específica. Como vimos, é perfeitamente possível que pessoas e grupos de pessoas pertençam a círculos comunitários diferentes que se sobrepõem parcialmente. Além dos exemplos já dados, lembro os alemães suíços, que bem claramente são tão alemães quanto suíços.

2. Alega-se que, na diáspora, os judeus não constituem um "povo" nem uma "nação" no sentido usual,[4] já que não representam nem uma comunidade política, nem uma comunidade cultural ou linguística. A isso se deve responder que, com toda a certeza, há ainda outros momentos formadores

---

4 Não abordarei mais detidamente a polêmica em torno do significado em parte excludente, em parte coincidente, das palavras "povo", "nação", "nacionalidade". O leitor interessado encontrará tudo o que vale a pena saber a respeito desse problema no excelente estudo de Friedrich Julius Neumann, *Volk und Nation*, 1888. Novas elaborações valiosas foram feitas por Otto Bauer, *Die Nationalitätenfrage und die Sozialdemokratie*, 1907; Felix Rosenblüth, *Zur Begriffsbestimmung von Volk und Nation*, 1910 (tese inaugural na Universidade de Heidelberg).

de peculiaridade (lembro a ascendência comum ou os fatores ideais da formação de grupos); deve-se responder, antes de tudo, que é preciso precaver-se de superestimar a importância de uma definição.

3. Diz-se que, no âmbito do povo judeu (na circunscrição feita por mim), não haveria nenhuma homogeneidade, que, pelo contrário, seria possível diferenciar componentes muito díspares, que também em sua própria consciência são hostis uns aos outros. Por exemplo, os judeus orientais e os ocidentais; os sefarditas e os asquenazes; os ortodoxos e os liberais; os judeus do dia a dia e os judeus do sábado (segundo a expressão de Marx). Isso igualmente pode ser admitido sem problema. E, ainda assim, não constitui uma prova contrária à *possibilidade* de uma peculiaridade judaica comum. Lembro os gráficos que desenhei anteriormente: dentro de um círculo maior podem estar contidos vários pequenos círculos, que, por sua vez, podem ser concêntricos ou podem se sobrepor parcialmente. Tenhamos bem presente, por exemplo, a complexidade infinita com que se afigura o pertencimento grupal de um alemão, que pode ser católico ou protestante, camponês ou professor, do norte ou do sul, germano ou eslavo e muitas coisas mais e, apesar disso, ainda ser alemão. Dentre todas as situações, é *possível* que haja uma peculiaridade judaica universal ao lado de numerosos aspectos contrastantes de grupos individuais dentro do conjunto da população judaica.

* * *

Então, antes de tentar determinar essa peculiaridade judaica geral, devo enfatizar uma vez mais expressamente que, no contexto destes estudos, não estou tratando de delinear toda a peculiaridade judaica, mas apenas a parcela necessária à explicação dos processos econômicos. Porém, ao fazer isso, não posso me satisfazer em falar, como é costume até hoje, de um "espírito comercial" judaico, de um "espírito usurário", de uma "qualificação dos judeus para o comércio" etc.

Nem entro no mérito da absurdidade de querer demonstrar que qualidades, como a "avidez aquisitiva", seriam específicas de um determinado grupo humano. Elas são humanas (demasiado humanas).

Muito antes, as razões por que rejeito todas as análises feitas até agora sobre a psique judaica (na medida em que dizem respeito às suas relações com a vida econômica) são as seguintes:

1. sempre ficou muito vago os julgamentos sobre a aptidão da índole judaica: "para comerciar" e "para os negócios" são caracterizações totalmente vagas que não dizem coisa nenhuma. Por essa razão, já expus extensamente num capítulo específico para que esfera bem determinada de atividades econômicas gostaríamos de constatar a habilidade dos judeus (e, por conseguinte, agora, a aptidão subjetiva dos judeus): justamente para as aspirações e ocupações resultantes do nexo do sistema econômico capitalista;

2. deveríamos ter claro que circunscrições não são explicações. Se eu quiser provar que a peculiaridade de uma pessoa a capacita de modo bem especial para ser especuladora de bolsas de valores, não posso me contentar em dizer que o homem possui um destacado talento para agiotar. Como se sabe, foi assim que procedeu o Tio Bräsig, quando derivou a pobreza da grande *poverteh*. Porém, quase sempre os apreciadores do talento comercial judeu procedem como o Tio Bräsig. O que temos de procurar, em vez disso, são certas predisposições da psique que assegurem o exercício bem-sucedido das funções econômicas capitalistas; são traços fundamentais do espírito e do caráter, aos quais correspondem, enquanto funções, certas concepções de valor e certos objetivos, certas realizações e atividades, certos complexos conceituais e da vontade.

Constatá-los entre os judeus é a tarefa da exposição a seguir, para cuja execução espero que a nossa consciência científica tenha sido suficientemente aguçada por todas as objeções e interrogações que encheram as páginas anteriores.

II. Uma tentativa de solução

No fundo, quanto à avaliação que se faz dos judeus e de sua peculiaridade, reina uma concordância maior do que seria de se supor diante da dificuldade e capciosidade do problema. Tanto na literatura como na vida, todos os homens de alguma forma isentos de preconceitos conseguem concordar pelo menos nesse ou naquele ponto importante. Quer leiamos as análises da essência judaica de Jellinek ou Fromer, de Chamberlain ou Marx, de Heine ou Goethe, de Leroy-Beaulieu ou Picciotto, de Dühring ou Rathenau – portanto, de judeus piedosos e não piedosos, de não judeus antissemitas e filossemitas –, sempre se obtém esta impressão: alguma peculiaridade, alguma realidade é percebida por todos da mesma maneira. Isso atenua um pouco as intensas dúvidas que não se consegue reprimir quando nos prontificamos a descrever com palavras nossas a alma judaica. Não vamos dizer nada que já não tenha sido visto e dito por outros, mesmo que talvez o façamos a partir de um ângulo um pouco diferente e com palavras um pouco diferentes. E a única coisa própria que acrescentaremos é esta: indicaremos as relações dominantes entre a disposição geral dos judeus, bem como suas predisposições individuais, e os requisitos do sistema econômico capitalista. Porém, procurarei fazer isso de modo a tentar esboçar, de início, um quadro coeso da peculiaridade judaica e só depois disso empreender a tentativa de pôr a descoberto as conexões entre essa peculiaridade e sua essência capitalista.

Divergindo dos outros avaliadores, eu gostaria de tomar como ponto de partida a análise de uma peculiaridade da essência judaica, que no passado também já foi suficientemente ressaltada, sem que, no entanto, fosse atribuído a ela o significado central que, a meu ver, lhe cabe: a *destacada espiritualidade* ou, caso se prefira o estrangeirismo um tanto gasto e não muito preciso, o *intelectualismo* do povo judeu. Quero que isso seja entendido primeiramente no seguinte sentido: a predominância dos interesses e das capacidades espirituais em relação às corporais (manuais). Entre os judeus *"l'intelligence prime le corps"* [a inteligência tem primazia sobre o corpo]: este é um fato que podemos observar seguidamente na vida cotidiana e sua exatidão é confirmada por variados indicativos. Nenhum povo deu, em todas as épocas, tanto valor ao "erudito" como os judeus. "O sábio precede o rei; o bastardo sábio precede o sumo sacerdote ignorante", consta no Talmude. E essa sobrevalorização do "saber", da "ciência", é recorrente ainda hoje entre nossos estudantes judeus. Quem não conseguiu se tornar um "sábio" pelo menos deveria ser "culto": o ensino foi obrigatório em Israel em todas as épocas. A prática mesma da religião significava um aprendizado. A sinagoga ainda hoje é chamada no Oriente de "a escola". Para esse povo, ensino e culto divino são uma coisa só e ignorância é pecado mortal; quem não sabe ler é um infame na terra e um condenado no além. Nada é tão duramente fustigado pela boca do povo quanto a tolice. "Prefiro a injustiça à *shtus*"; "um tolo é um *gesar*" (= calamidade), são provérbios conhecidos oriundos do gueto.[5]

O ser humano de valor é o ser humano intelectual; suprema humanidade é supremo intelectualismo. Isso volta a ser dito agora por um judeu sem dúvida inteligente com uma ingenuidade verdadeiramente assombrosa que esboça a seguinte imagem (francamente assustadora para naturezas dotadas de outra constituição) do ser humano ideal ou superior e do ser humano do futuro:

> O lugar dos instintos cegos [...] é tomado, no ser humano civilizado, pelo intelecto conscientizador. A tarefa deste é praticamente apagar os instintos (!), substituir as pulsões pela vontade que estabelece fins, a simples percepção pelo ato de refletir. O indivíduo só se tornará um ser humano pleno quando sua atividade racional tiver dissolvido e substituído todas as predisposições existentes — quando tiver apagado os seus instintos. Quando o emancipar-se dos instintos estiver concluído teremos diante de nós o gênio absoluto, dotado de uma liberdade interior absoluta em relação à lei natural (!). A missão da vida cultural é (!) a emancipação de toda a mística, de toda a obscuridade e impulsividade da vida instintiva e a promoção da pura forma racional do intelecto" (!!).[6]

Pense só, pense só! O gênio (ou seja, justamente a entidade ainda dotada de instinto) sendo apreendido como o suprassumo do racional e do intelectual!

Tem a ver com a espiritualidade destacada dos judeus o fato de que, em todas as épocas, as diferentes profissões eram mais ou menos valorizadas

---

[5] A. Jellinek, *Der jüdische Stamm in Sprichwörtern*, 2ª série, 1882, p.18 et seq., 91.
[6] I. Zollschan, *Das Rassenproblem unter besonderer Berücksichtigung der theoretischen Grundlagen der jüdischen Rassenfrage*, 1910, p.298.

dependendo se exigiam mais ou menos capacidade intelectual e, sobretudo – inversamente –, se exigiam mais ou menos capacidades físicas. Pode ter havido e haver ainda hoje coletividades judaicas nas quais o trabalho corporal pesado é realizado de bom grado e com predileção: isso não vale para a coletividade judaica europeia. E também os judeus da época do Talmude preferiram as profissões que demandavam menor habilidade física. Para o *Rabbi* valia a seguinte tese, como já vimos: "O mundo não pode dispensar nem o mercador de especiarias nem o curtidor. Bem-aventurado aquele que tem como ocupação ser mercador de especiarias [...]. R. Meir diz: um homem sempre deve ensinar ao seu filho um ofício limpo e leve" (*Kiddushim* 82b). Os judeus sempre foram conscientes dessa sua espiritualidade preponderante e sempre contrapuseram a si e à sua peculiaridade a força bruta dos *goim*. Isso é expresso por alguns provérbios dos judeus poloneses com humor contundente quando dizem: "Deus nos guarde da mão do *goi* e da cabeça do judeu"; "Deus nos guarde do *moiech* [cérebro] judeu e do *koiech* [da violência] do *goi*". *Moiech* x *koiech*: essas palavras contêm, no fundo, toda a questão judaica. Este livro também deveria ter por título: *moiech* x *koiech*!

E como não poderia deixar de ser no caso de um povo tão talentoso quanto o judeu: essa preponderância dos interesses espirituais necessariamente resultaria numa preponderância das capacidades espirituais. "O que quer que se diga de um judeu: bobo ele não é"; "Grego galante, judeu bobo e cigano honesto são coisas impossíveis", diz o povo da Romênia aquém e além dos muros do gueto. *"Ni judío necio, ni liebre perezosa"*, dizem os espanhóis.[7] E quem dentre os que lidaram muito com judeus não confirmaria que eles mostram em média um grau maior de agudeza de espírito do que os demais? Digo intencionalmente "de agudeza de espírito" e, em vez disso, poderia dizer também, de perspicácia: *"ingenio muy agudo, agudeza de ingenio"* [gênio muito aguçado, agudeza de gênio], como já expressou há alguns séculos o melhor observador dos judeus,[8] que – numa caracterização extraordinariamente certeira! – achou que eram *"agudos y de grande*

---

7 A. Jellinek, *Der jüdische Stamm in Sprichwörtern*, 2ª série, 1882; ibid., 3ª série, 1885, p.39. ["Não há judeu tolo nem lebre preguiçosa." – N. T.]
8 J. H. de San Juan, *Examen de ingenios* (Biblioteca de autores españoles, LXV, p.469 et seq.).

ingenio para las cosas de este siglo",* só que, opinou ele, em grau muito menor do que antigamente: "*ello es verdad que no son ahora tan agudos y solertes como mil años atrás*".**

"*L'esprit juif est un instrument de précision; il a l'exactitude d'une balance*":*** pode-se subscrever sem problema esse parecer de *Leroy-Beaulieu*. E quando *Chamberlain* acha que justamente o "intelecto" é muito pouco desenvolvido entre os judeus, ele não pode estar se referindo ao sentido usual dessa palavra, que concebemos como a capacidade de pensar rapidamente, separar, decompor e combinar com precisão, encontrar o ponto central, propor analogias e distinguir sinônimos, tirar a última consequência. *Adolf Jellinek*, que com razão dá especial relevo a esse aspecto da essência judaica, chama a atenção para o fato instrutivo[9] de que a língua hebraica já é especialmente rica em expressões para atividades que primam por um intelecto ativo. Ela possui 11 expressões para procurar e investigar, 34 para separar e dissociar, 15 para vincular, conectar e combinar.

Essa superioridade intelectual é uma das razões de seu indubitável talento para o enxadrismo tanto quanto para a matemática[10] e toda arte de lidar com números. Essas atividades pressupõem uma grande capacidade de abstração e um tipo especial de fantasia (essencialmente associada ao intelecto) que *Wundt* chamou corretamente de fantasia combinatória em contraposição à fantasia intuitiva do artista. Em parte também sua perícia

---

* "Argutos e de grande engenho para as coisas deste século." (N. T.)

** "É verdade que agora não são mais tão argutos e solertes como há mil anos." (N. T.)

*** "O espírito judeu é um instrumento de precisão; ele tem a precisão de uma balança." (N. T.)

9 A. Jellinek, *Der jüdische Stamm in Sprichwörtern*, 1869, p.37. Esse livro do famoso rabino vienense é uma das melhores coisas que já foi escrita sobre a essência judaica. Além deste, um lugar destacado entre os escritos que ensaiaram uma caracterização dos judeus cabe ao pequeno livro de Daniel Chwolson, *Die semitischen Völker*, 1872, que se ocupa criticamente sobretudo com o livro de Ernest Rénan, *Histoire générale et système comparé de langues sémitiques*, 1855. Menciono um terceiro escritor que observou de modo profundo e claro a psique judaica: Karl Marx, *Die Judenfrage*, 1844. O que foi dito depois desses três homens (todos eles judeus!) sobre a essência judaica constitui repetição ou distorção da realidade.

10 Sobre os judeus como matemáticos: Moritz Steinschneider em *Monatsschrift*, v.49-51, 1905-1907.

médica frequentemente elogiada (o talento diagnóstico!)[11] pode ter suas raízes nesse intelecto calculista, dissociador e combinatório, que "como um relâmpago, num instante, clareia o que está escuro".

É sabido que a agudeza de espírito dos judeus com bastante frequência descamba para a sutileza e a rabulice (que é quando o moinho não tem mais grão para moer e tem de rodar vazio). Porém, mais importante para a avaliação da psique judaica é a circunstância de que a atividade intelectual tem a tendência de desenvolver-se unilateralmente também no sentido de que outros aspectos importantes da vida espiritual atrofiam e ressecam sob o crescimento exagerado do intelecto. Nisso se expressa na mesma medida a espiritualidade proeminente do judeu que ressaltei como especialmente própria de sua maneira de ser.

O que com frequência encontramos atrofiado entre os judeus é a compreensão instintiva, pois toda relação sensível e sentimental com o mundo não possui afinidade com sua essência. Dificilmente podemos imaginar um "místico" judeu do tipo representado, por exemplo, por Jakob Böhme, e temos uma percepção muito forte da particularidade judaica quando nos damos conta do tipo bem diferente de "mística" representado pela cabala judaica. Todo e qualquer romantismo é igualmente estranho a essa visão puramente discursiva do mundo: todo e qualquer imergir-se no mundo, imergir-se na natureza, imergir-se no ser humano. A reação da "Jovem Alemanha" contra os românticos é apenas a expressão literária dessa contraposição situada num plano mais profundo entre a vivência do mundo em seu caráter imediato e a vivência do mundo em seu caráter refletido, entre visão de mundo intuitiva e visão de mundo discursiva. Sob uma luz um pouco diferente, trata-se também do antagonismo entre entusiasmo e sobriedade.

Estreitamente ligada a essa peculiaridade está, então, também certa falta de plasticidade, de capacidade receptiva e criativa dos sentidos. Certa vez veio da Sibéria oriental até Breslau um estudante judeu com a finalidade única de "estudar Marx" comigo. Ele levara quase três semanas

---

11 Sobre os judeus como médicos: M. Kayserling, Zur Geschichte der jüdischen Ärzte, *Monatsschrift*, v.8, 1859; e v.17, 1868.

para completar uma longa viagem; e já no primeiro dia após sua chegada, ele me pediu um escrito de Marx. Após alguns dias, ele voltou, conversou comigo sobre o que lera, devolveu o escrito e levou outro. E assim foi por alguns meses. Então ele partiu para outras três semanas de viagem até seu berço na Sibéria oriental. Ele não percebeu nada do seu entorno, não conheceu nenhuma pessoa, nunca saíra para passear: ele nem sabia direito onde havia estado todo aquele tempo. Ele passara pelo mundo de Breslau sem percebê-lo, do mesmo modo como passara pelo seu mundo anterior e como passará pelo mundo nos anos futuros, sem sentir deles um sopro que seja; só com Marx na cabeça. Um caso típico? Penso que sim. Nós vivenciamos sua repetição diária. Chama-nos a atenção nos judeus com que convivemos essa maneira não concreta de sentir, essa orientação espiritual sem vida sensível, esse estar entretecido num mundo abstrato. Seria por mero acaso que há um número tão reduzido de pintores judeus em comparação a literatos ou mesmo professores judeus (apesar das dificuldades que encontram para avançar na carreira)? E nas melhores obras dos grandes artistas plásticos dentre os judeus não se constata uma boa dose de intelectualismo? Friedrich Naumann certa vez comparou Max Liebermann com Spinoza e disse com muita fineza: ele pinta com o cérebro.

O judeu tem um olhar preciso, mas não vê muita coisa. Ele, antes de tudo, não percebe o seu entorno como algo vivo. E por isso também lhe escapa o senso para a peculiaridade daquilo que tem vida, para a sua inteireza, para a sua indivisibilidade, para o que passou a existir organicamente, para o que cresceu naturalmente. No lugar disso tudo, poderíamos dizer também: para o pessoal. Não há prova mais confiável disso – caso não queiramos nos fiar na nossa própria experiência – do que a peculiaridade do direito judaico que já tivemos oportunidade de apreciar em outro contexto: em contraposição a outros direitos, vimos que nele a personalidade é, por assim dizer, dissolvida em qualidades abstratas ou em atividades ou propósitos.

Encontramos entre os judeus excelentes "conhecedores do ser humano": seu intelecto aguçado possibilita que penetrem por todos os poros, iluminando-os, por assim dizer, como se fosse com raios X, de modo que conseguem perceber cada especificidade de seus tecidos. Eles veem os pontos fortes e as fraquezas da pessoa, e se ela serve para esta ou aquela operação parcial, para esta ou aquela tarefa ou para este ou aquele posto. Porém, com bastante frequência eles não veem a própria pessoa, não a veem em sua peculiaridade e inteireza inapreensíveis e muitas vezes a julgam capaz de ações que contrariam a sua essência encoberta. Eles raramente aquilatam o ser humano conforme o seu jeito pessoal, fazendo-o, muito antes, conforme suas qualidades e realizações que de alguma forma são especialmente perceptíveis.

Por essa razão, eles mantêm distância de todas as relações de dependência construídas sobre o aspecto pessoal: dominação pessoal e servidão pessoal, dedicação pessoal. Em sua essência mais íntima, o judeu é avesso a todo cavalheirismo, a toda sentimentalidade, a toda cavalaria, a todo feudalismo, a todo patriarcalismo. Ele tampouco entende uma comunidade construída com base em tais relações. Ele é contrário a todo estamento, a toda corporação. Politicamente ele é individualista. O que corresponde ao seu modo de pensar é o "Estado constitucional", no qual todas as relações são remontadas a relações jurídicas claramente circunscritas. Ele é o representante nato de uma visão de mundo "liberal", em cujo âmbito não existem seres humanos de carne e sangue vivos e individualmente diferenciados, mas apenas cidadãos abstratos com direitos e deveres, que propriamente já nem se diferenciam mais de povo para povo, mas que perfazem a humanidade maior, que em si nada representa além de uma soma de unidades sem qualidades. Assim como tantos judeus não veem a si próprios – quando negam essa sua peculiaridade tão evidente e afirmam que entre eles e um alemão ou um inglês etc. não haveria qualquer diferença –, assim eles também não veem os demais seres humanos como seres vivos, mas apenas como sujeitos de direitos, como cidadãos de um Estado ou de qualquer outro modo abstrato. Eles de fato conhecem o mundo com o intelecto e não com o sangue e, por essa razão, facilmente chegam a pensar que tudo o que se pode ordenar no papel com o auxílio do intelecto também se deve poder ordenar na vida. Pois ainda há judeus que encaram a "questão dos judeus" como um problema de constituição política e realmente estão convictos de que um regime "liberal" poderia eliminar do mundo a diferença entre judeus e povos hospedeiros. Não deixa de ser espantoso ouvir de um erudito tão capaz como o autor da obra mais recente sobre a questão dos judeus a opinião totalmente séria de que todo o movimento antissemita dos últimos trinta anos seria culpa dos escritos de Marr e Dühring; que milhares de vidas humanas teriam sucumbido a "uma teoria insustentável" (!). "As milhares de vítimas dos *pogroms* e a emigração de um milhão de trabalhadores capacitados de sua pátria são um testemunho continuado do poder de Eugen Dühring" (!!).[12] Aqui o papel se contrapõe ao sangue, o intelecto ao instinto, o conceito à intuição, a abstração à sensualidade.

E a cosmovisão produzida por essas pessoas de orientação puramente intelectual só poderá ser a de uma construção racional bem estruturada; a categoria com que procuram entender o mundo será a da interpretação racional. Nós mesmos chamamos essa maneira de encarar o mundo de racionalismo, usando o termo num sentido mais teórico.

Porém, os judeus são racionalistas não só no plano teórico, mas também no plano prático, pois naturalmente os dois lados do racionalismo, na maioria das vezes, associam-se numa só pessoa.

Da união da preponderante intelectualidade com uma forte autoestima facilmente resulta que o ser humano pensante agrupará o mundo interpretado intelectualmente em torno do seu próprio eu, como se este fosse o centro natural daquele, que ele direcionará todos os fenômenos daquele para os seus interesses e, portanto, que ele encarará o mundo do ponto de vista dos fins, sob a categoria da adequação aos fins. Desse modo, a sua essência recebe um novo traço, que pode ser caracterizado como *senso finalista*, como *teleologismo* ou então como racionalismo prático. E não há outro traço mais destacado na essência judaica do que esse senso finalista, essa mentalidade teleológica: nisso concordam todos os avaliadores em rara unanimidade. Se não o coloquei no início, como fez a maioria dos demais (e como eu mesmo fiz em exposições mais antigas), e se não o tomei como ponto de partida na minha análise, foi porque considero o próprio teleologismo como consequência necessária da intelectualidade destacada, na qual, como me parece agora, estão enraizadas todas as demais peculiaridades da essência

---

12 J. Zollschan, *Das Rassenproblem*, 1910, p.159.

judaica. Porém, com essa posposição de modo algum quero diminuir a enorme importância que, também na minha opinião, cabe ao senso finalista rigoroso, ao teleologismo consequente, na psique judaica.

Quaisquer que sejam as manifestações da essência judaica que queiramos tomar em consideração, sempre nos deparamos com esse mesmo traço que também já foi caracterizado como subjetivismo pronunciado. Certamente *Lassen* foi o primeiro a diferenciar os grandes grupos étnicos dos semitas e dos indo-germânicos como os povos com mentalidade subjetiva e objetiva.[13] Deixemos estar a questão da legitimidade dessa distinção "racial". Sem dúvida, os judeus são os mais subjetivos dentre os povos subjetivos. O judeu não se entrega inocentemente ao mundo exterior; ele não imerge nas profundezas do cosmo numa postura de autonegação, não vagueia de um lado para outro nos espaços infinitos com as vibrações do seu pensamento, mas mergulha, como o expressa *Jellinek* com uma metáfora certeira, para procurar pérolas. Tudo ele põe em relação com o seu eu. As perguntas que despertam nele o maior interesse são: por quê? Para quê? O que produz? Para que serve? O que mais vivamente desperta o seu interesse é o sucesso, ao qual se contrapõe o interesse pela obra, o "interesse pela coisa". Impróprio do judeu é ver uma atividade – qualquer que seja ela – como "fim em si"; impróprio do judeu é viver a própria vida sem uma finalidade, como um destino; impróprio do judeu é alegrar-se inocentemente com a natureza: pois a psique judaica conferiu aos objetos, fenômenos e ordenações da natureza a forma de "folhas soltas de um manual de ética destinadas a promover a vida moral superior". Já precisamos que a religião judaica é toda orientada teleologicamente; nela, como em todas as demais operações do espírito judeu, o primado da ética aflora nitidamente. Conforme a visão do judeu, o mundo inteiro é obra da livre estipulação finalista. Muito acertadamente Heine identificou a diferença entre a religião judaica e a religião pagã nisto:

> Todos eles [os pagãos] têm um ser originário eterno e infinito, mas, no caso deles, este ser está no mundo, com o qual é idêntico e junto com ele

---

13 C. Lassen, *Indische Altertumskunde*, v.1, 1847, p.414 et seq.

se desdobra com base na lei da necessidade; o deus dos judeus está fora do mundo e o cria por um ato livre de sua vontade.[14]

Não há palavra mais familiar a ouvidos judeus que *"tachlis"*, que significa fim, alvo, resultado final. *"Tachlis"* tem de ser algo que se possa fazer. *Tachlis* é o sentido da vida tanto em sua totalidade como em suas operações individuais. *Tachlis* é o conteúdo do mundo. E o judeu teria na conta de entusiastas insensatos aqueles que respondessem a isso que o conteúdo da vida, o conteúdo do mundo, não é *tachlis*, mas tragédia.

Quão profundamente o senso finalista está imerso na essência judaica pode ser percebido de modo especialmente claro no caso dos judeus que deixaram de levar em conta justamente todos os fins práticos da vida, como é o caso dos *hassidim*, para os quais "não traz nada" prover o pão cotidiano e, por isso, deixam suas famílias passar fome e preferem se dedicar ao estudo dos livros sagrados. Mas também podemos percebê-lo no caso dos que se caracterizam por um cansaço psíquico, por uma postura compreensiva e perdoadora manifesta num sorriso indulgente, por uma visão comedida da vida e distanciada do mundo. Estou pensando em espíritos tão refinados entre os autores do nosso tempo como *Georg Hirschfeld, Arthur Schnitzler, Georg Hermann*. O que confere grande atrativo às suas obras é o olhar brandamente transfigurador com que contemplam a vida; é o traço de suave melancolia que perpassa todas as suas obras literárias; é o aspecto sentimental, no bom sentido, de sua essência. Mas é justamente nisso que vem à tona o aspecto da vontade, o senso finalista, que aqui se transforma na falta de vontade, na ausência de fim, mas, mesmo que seja sob claves invertidas, domina toda a essência. Todos os sábios emitem o mesmo clamor doído tacitamente queixoso: como é sem propósito e, por conseguinte, como é triste o mundo. A própria natureza é entretecida com esse caráter tristonho; no fundo, mesmo que as primeiras flores se abram no jardim e no bosque, sempre é outono; o vento brinca com as folhas secas e o sol brilha com dourado esplendor no céu límpido e sereno "como se estivesse com pressa, pois logo terá de se pôr". Senso finalista e subjetivismo, que no

---

14 *Gedanken und Einfälle.*

fundo são a mesma coisa, privam as obras poéticas judaicas de sua espontaneidade, do esquecimento de si mesmas, de sua imediatidade, porque seu criador não se depara com nenhum fenômeno deste mundo – nem do destino humano nem dos acontecimentos naturais – de modo a desfrutá-lo inocentemente ou contemplá-lo candidamente, mas sempre refletindo e ponderando, sempre cismando e sopesando. Em lugar nenhum sente-se o perfume de prímulas e violetas, em lugar nenhum o riacho do bosque esparge um chuvisco refrescante. (O lirismo do jovem Goethe e o *Livro das canções* de Heine!) Mas, em compensação, eles têm esse maravilhoso aroma de vinho envelhecido, a fascinação infinita do olhar meio dissimulado de olhos belos, tristonhos, queridos.

Porém, quando o senso finalista se conjuga com uma vontade forte, com uma grande reserva de energias (como normalmente sempre ocorreu até agora com o judeu), ele se converte no que podemos chamar de *determinação*. O fato de alguém mirar fixamente um objetivo e não desviar os olhos dele, o fato de não se deixar demover do objetivo proposto por nenhuma resistência, é isto que faz dele um ser humano determinado, persistente, tenaz, obsessivo. Ou então também alguém "obstinado", que é como *Heine* caracteriza o seu povo. "Essência judaica: energia como fundamento de tudo. Fins imediatos" (*Goethe*).

Ao caracterizar em seguida a *mobilidade* como um quarto traço da essência judaica ainda não cheguei a formar uma opinião clara sobre se essa qualidade cabe ao judeu de modo geral ou só ao judeu asquenaze. Panegiristas dos sefarditas os louvam justamente por causa de certa solenidade no gestual exterior, certa elegância reservada da conduta: "*une certaine gravité orgueilleuse et une fierté noble fait le caractère distinctif de cette nation*".[15] Enquanto isso, entre os judeus poloneses (de origem alemã) desde sempre foi observado "um espírito vivaz, sempre agindo em estado de agitação".[16] E ainda hoje encontramos, entre os sefarditas principalmente no Oriente,

---

15 Pinto, Réflexions. In: *Lettres de quelques juifs*, 5. ed., v.I, p.19. ["Certa gravidade orgulhosa e uma nobre altivez perfazem o caráter distintivo dessa nação." – N. T.]

16 I. M. Jost, *Geschichte des Judentums und seiner Sekten*, v.3, 1859, p.207 et seq. Jost tenta derivar o posicionamento diferenciado que os dois grupos judeus tomaram em relação à esperança messiânica de sua diferente "mobilidade".

muitos homens de postura reservada, comedida, digna, que, em todo caso no sentido corporal e moral, não têm aquela "mobilidade" bem peculiar que podemos observar com tanta frequência em nossos judeus europeus. Porém, o terceiro tipo de mobilidade, a do espírito capaz de apreender rapidamente, que sabe situar-se imediatamente, a muito louvada versatilidade do espírito, certamente é própria de todos os judeus.

Sobre a base dessas quatro peculiaridades elementares descritas por mim – que, em virtude do tom uniforme, podemos designar de intelectualismo, teleologismo, voluntarismo (ou energismo) e mobilismo – constrói-se, então, toda a essencialidade judaica, com bastante frequência bem complexa. Acredito ser possível remontar sem esforço toda a peculiaridade judaica a um desses traços ou a uma junção de mais de um deles. Quero tentar fazer isso com só mais duas de suas peculiaridades – especialmente importantes para a atividade econômica dos judeus: sua *infatigabilidade* e sua *adaptabilidade*.

O ser do judeu é infatigável: pode-se chamá-lo também de laborioso. "Não há judeu, nem mesmo o menor e mais humilde deles, que não demonstre uma aspiração resoluta e, mais precisamente, uma aspiração terrena, temporal, momentânea" (*Goethe*). E a infatigabilidade se converte com bastante frequência em desassossego. Seu impulso é manter-se sempre em atividade, sempre "administrando" algo, sempre estimulando e executando algo novo. Ele está sempre em movimento e também acaba tumultuando a vida daqueles que gostariam de ser deixados em paz. Todos os eventos de natureza artística ou social em nossas grandes cidades têm os judeus como seus patrocinadores. O judeu é o proclamador nato do "progresso" e de suas bênçãos em todas as áreas da vida cultural.

Isso é resultado de sua determinação em conexão com sua mobilidade e a predisposição preponderantemente intelectual. Especialmente esta última, porque ela nunca permite lançar raízes profundas. Todo intelectualismo, no fundo, enraíza-se na superfície: em lugar nenhum ele vai fundo nas coisas, em lugar nenhum vai fundo nas almas, em lugar nenhum vai fundo no mundo. Por essa razão, ele facilita àquele que por ele é governado passar de uma coisa para a outra quando o espírito inquieto o impele a isso. Também por isso, no judaísmo a ortodoxia fanática e o ceticismo "esclarecido" moram tão próximos um do outro: ambos provêm do mesmo tronco. Porém, associado a esse intelectualismo de raízes superficiais está, de uma parte, a qualidade talvez mais significativa dos judeus, que, de outra parte, é condicionada por outros traços fundamentais de sua essência: a adaptabilidade desse povo, talvez única do seu gênero na história.

Pode-se dizer que o povo judeu deve à sua obstinação a preservação de sua peculiaridade nacional e de sua grande *adaptabilidade*, que o capacitaram a aparentemente submeter-se às leis da necessidade quando a situação o exigiu e depois, quando vieram tempos melhores, voltar a desenvolver seu próprio jeito. A essência judaica desde sempre foi resiliente e maleável ao mesmo tempo: o judeu possui em grau destacados traços de caráter aparentemente — mas de fato, apenas aparentemente — contraditórios: *opiniâtreté* [persistência] e *souplesse* [maleabilidade]. *Leroy-Beaulieu* expressa isso de modo muito acertado quando diz: *"le juif est à la fois le plus résistant et le plus pliant des hommes, le plus opiniâtre et le plus malléable"*.[17]

Os líderes e sábios do povo reconheceram e pregaram em todas as épocas a importância e até a necessidade dessa meleabilidade e flexibilidade para a continuidade de Israel como comunidade étnica autônoma. A literatura judaica está repleta de exortações nesse sentido.

> Sê flexível como um junco que o vento inclina para qualquer direção, pois a Torá só se conserva com aquele que tem espírito humilde. Por que a Torá é comparada com a água? Para ensinar isto: assim como é da natureza da água jamais buscar os pontos altos em seu curso, mas as baixadas, assim também a Torá só se conserva com quem tem espírito humilde.[18]

"Quando é o dia da raposa, é preciso curvar-se diante dela."[19] "Se ele se curva diante da onda, a onda passa por cima e ele fica; quem se contrapõe à

---

17 Leroy-Beaulieu, *Israël chez les nations*, p.224. ["O judeu é ao mesmo tempo o mais resistente e o mais brando, o mais persistente e o mais maleável dos homens." — N. T.]
18 *Derech Erez Zutta*, cap. VIII. Trad. Abraham Tawrogi, 1885, p.38.
19 *Megilla*, 16. Trad. Jellinek, op. cit., p.165.

onda é arrastado com ela."[20] No final da Oração das Dezoito Preces consta isto: "E minha alma seja como pó para todos" (sobre o qual se pisa).

Por essa razão, os rabinos aconselharam de modo bem coerente os seus protegidos a se portarem aparentemente como integrantes da confissão do povo hospedeiro que os estava hospedando caso este fizesse depender disso a sua existência no país. E esse conselho, como se sabe, foi amplamente seguido: "fazendo-se momentaneamente de morto" (*Fromer*), o clã judaico procurou e conseguiu continuar vivendo.

Hoje não há mais pseudocristãos e pseudoislamitas (ou os há apenas isoladamente). Porém, a incrível capacidade do clã judaico de adaptar-se às condições exteriores se confirma talvez de modo ainda mais brilhante do que no passado. Hoje o judeu da Europa Ocidental e da América não quer mais conservar a sua crença nem sua peculiaridade nacional: ao contrário, ele quer – na medida em que a consciência nacionalista ainda não foi redespertada nele – fazer desaparecer tão completa e rapidamente quanto possível a sua peculiaridade e quer se dissolver nas culturas dos povos que o hospedam. E vejam só: também nisso ele é amplamente bem-sucedido.

Talvez a confirmação mais clara da peculiaridade judaica deva ser vista no fato de o judeu conseguir tornar-se como um inglês na Inglaterra, como um francês na França e assim por diante; tornar-se ou pelo menos parecer que se tornou. O fato de um Felix Mendelssohn fazer música alemã, um Jacques Offenbach, música francesa e um Souza, música Yankee Doodle; o fato de o Lorde Beaconsfield portar-se como um inglês, Gambetta como um francês, Lassalle como um alemão; em suma: o fato de os talentos judeus com tanta frequência não terem nada a ver com a nação judaica, mas estarem harmonizados com o seu entorno, tudo isso curiosamente se tentou citar como prova de que não existiria nenhuma peculiaridade especificamente judaica, ao passo que isso comprova da maneira mais contundente possível justamente essa peculiaridade, ou seja, na medida em que se expressa numa adaptabilidade além do normal.

O judeu poderia se mudar para outro planeta, foi dito com razão, que ele não se sentiria como um estranho por muito tempo. Ele entra em sintonia

---

20 *Midrash Rabba do* Gênesis, I, cap. 44. Trad. Fromer, op. cit., p.128.

com tudo; ele se adapta a tudo. Ele é alemão onde quer ser alemão, é italiano se for melhor para ele. Ele "faz" de tudo e "em tudo" que lhe interessa e o faz com êxito: o proto-hungarismo na Hungria, o irredentismo na Itália, o antissemitismo na França (Drumont!). Magistralmente ele sabe como levar ao florescimento algo que existe apenas como embrião: *"développer une chose qui existe en germe, perfectionner ce qui est, exprimer tout ce qui tient dans une idée qu'il n'aurait pas trouvée seul"*:[21] é para isso que o capacita a sua adaptabilidade.

Eu disse: essa curiosa capacidade de adaptação está enraizada nos quatro elementos da predisposição judaica que descobrimos anteriormente. O racionalismo do judeu é o pressuposto mais importante de sua grande mutabilidade. Graças a ele, o judeu se acerca de todas as coisas, por assim dizer, a partir de fora. Ele é o que é não porque *tenha* de sê-lo em conformidade com o seu sangue, mas porque ele se organiza intelectualmente para ser assim. Uma concepção sua *não brotou* da sua essência mais íntima, mas *foi elaborada* com a cabeça. Seu ponto de observação não fica em terra plana, mas numa construção artificial pairando no ar. Ele não é original orgânico, mas racional mecânico. Falta-lhe o enraizamento no húmus da sensação, do instinto. É por isso que ele pode ser como é, mas também pode ser diferente do que é. O fato de Lorde Beaconsfield ou Friedrich Julius Stahl serem "conservadores" deve-se a algum acaso exterior, a alguma conjuntura política; o fato de o barão vom Stein ou Bismarck ou Carlyle serem "conservadores" residia em seu sangue. Se Marx ou Lassalle tivessem nascido em outra época em outro entorno, eles poderiam perfeitamente ter sido conservadores em vez de radicais; inclusive Lassalle já estava na iminência de se converter num "reacionário": com certeza ele teria desempenhado o papel de senhor feudal prussiano de modo tão brilhante quanto desempenhou o de agitador socialista.

A sua determinação naturalmente é a força motriz que faz que o judeu passe a perseguir de modo realmente obstinado e perseverante o objetivo

---

21 M. Muret, *L'esprit juif*, 1901, p.40. ["Desenvolver algo que existe embrionariamente, aperfeiçoar o que está aí, expressar tudo que está contido numa ideia que não foi ele que teve sozinho." – N. T.]

estipulado, ou seja, a adaptação a qualquer situação como a cada momento lhe pareça vantajoso por razões finalistas.

E a sua mobilidade, por fim, proporciona-lhe os meios exteriores para alcançar o objetivo.

É admirável o *quanto* o judeu consegue ser ágil quando tem certo objetivo em vista. Ele consegue até mesmo dar ao seu aspecto físico pronunciado, em grande medida, a aparência que quiser lhe dar. Assim como no passado ele bem sabia como se proteger "fazendo-se de morto", assim agora o faz pelo "ajuste de cor" ou outras formas de mimetismo. Isso pode ser acompanhado de modo especialmente claro nos Estados Unidos, onde o judeu, já na segunda ou terceira geração, com frequência mal se distingue do não judeu. Enquanto o alemão, o irlandês, o sueco, o eslavo podem ser localizados sem dificuldade em meio à massa por muitas gerações, o judeu — na medida em que seu tipo físico de cunho racial de alguma maneira o permite — foi quem melhor soube imitar o tipo ianque: principalmente bem natural, se os recursos exteriores, como traje, penteado, postura etc. oferecem a possibilidade para isso.

É compreensível que, em virtude de sua mobilidade moral e intelectual, ele tenha facilidade muito maior para conferir a si mesmo a atmosfera intelectual de seu entorno. A mobilidade intelectual — a *prestesse d'esprit* [presteza de espírito], a *agilité intellectuelle* [agilidade intelectual] — capacita--o para perceber rapidamente o tom pelo qual o seu entorno está afinado e, portanto, para perceber rapidamente o que importa, para orientar-se rapidamente, para rapidamente "entrar em sintonia". E a mobilidade moral? Ela propicia que seu esforço de adaptação não seja obstaculizado por todo tipo de dúvidas morais ou estéticas: ela, por assim dizer, libera o caminho para que ele possa atingir o seu objetivo. O que o ajuda nesse processo é o senso pouco desenvolvido para aquilo que se pode chamar de dignidade pessoal. Não lhe custa muito esforço negar a si mesmo quando se trata de atingir o objetivo proposto.

Essa caracterização corresponde à realidade: a adaptação perceptível às condições mutantes da existência já é prova suficiente disso. Mas ainda podemos confirmar a exatidão da percepção que tivemos na peculiaridade de alguns talentos especialmente nítidos dos judeus. Penso sobretudo no seu pronunciado talento para jornalistas, advogados, atores. Todos esses talentos remontam essencialmente à grande adaptabilidade dos judeus e mostram claramente como nela os quatro traços básicos se unem para surtirem um efeito comum. Essas conexões foram muito bem expostas por *Adolf Jellinek* em seu pequeno livro, que é louvado de muitas formas.

> O jornalista precisa ser vivaz, ágil, rápido, entusiástico, desagregador, resolutivo, capaz de combinar e sintetizar, precisa entrar *in medias res*, ter em vista o cerne de uma questão do momento, o ponto central de um debate, ao tratar o seu objeto precisa dar-lhe contornos nítidos e marcantes, expondo-o de modo epigramático, antitético, sentencioso, em frases curtas e contundentes, dar-lhe vida mediante um certo *páthos*, o colorido da espirituosidade, o tempero da incisividade.

Tudo isso é o jeito judeu.

Vemos ainda mais claramente que o ponto forte do ator, assim como o do jurista, é a capacidade de colocar-se rapidamente dentro do mundo de ideias que lhe é estranho, abarcar sem esforço com um só olhar pessoas e situações, aquilatá-las e fazer uso delas. O que vem a calhar para o judeu nesse tocante é, antes de tudo, sua forte subjetividade, em virtude da qual ele penetra no mundo das ideias de outra pessoa, colocando-se no lugar dela, pensando por ela e se defendendo. Justamente a jurisprudência constitui parte preponderante da literatura judaica.

III. A essência judaica a serviço do capitalismo

Mas por essa via somos confrontados também com a seguinte questão: como e por que a peculiaridade judaica, agora já suficientemente conhecida, capacitou os judeus para, assim como foram bem-sucedidos como matemáticos, estatísticos, médicos, jornalistas, atores, advogados, atuarem com êxito também como financiadores e agentes das bolsas de valores, de modo geral, como sujeitos econômicos no quadro do sistema econômico capitalista? Portanto, em que medida o talento especial para o capitalismo, a exemplo dos outros talentos, está ancorado nos traços básicos da essência judaica?

De modo bem geral, pode-se dizer o mesmo que julgamos poder declarar a respeito das relações íntimas entre religião judaica e capitalismo: que as ideias básicas do capitalismo e as ideias básicas da essência judaica concordam em proporções verdadeiramente surpreendentes, de modo que chegamos ao paralelismo significativo entre peculiaridade judaica, religião judaica e capitalismo. Ao mesmo tempo que descobrimos no povo judeu uma destacada intelectualidade como qualidade predominante da sua essência, vimos que essa também é a peculiaridade do sistema econômico capitalista que o diferencia de outros sistemas: nele, a atividade diretiva e organizacional foi dissociada de uma vez por todas do trabalho executivo, o trabalho cerebral foi desvinculado do trabalho manual e, ao mesmo tempo, reconhecido o primado do trabalho diretivo-intelectual: "Para que se consuma a maior das obras, basta um espírito para suprir mil mãos".

Quanto maior a pureza da essência capitalista que se impõe, com pureza tanto maior se expressa também a abstração de toda a essência capitalista, que, justamente por isso, passa a constituir a contraparte exata do espírito judeu, cujo grau de abstração tivemos oportunidade de perceber com clareza. Porém, o capitalismo é abstrato em sua essência mais íntima porque, nele, todas as qualidades foram apagadas pelo valor de troca puramente quantitativo; porque nele as muitas ocupações técnicas de vários matizes foram substituídas por uma só, a ocupação comercial, e as muitas relações multicolores entre os segmentos profissionais deram lugar a uma só, a pura relação de negócio. Sabemos bem como o capitalismo, então, trata de despir todas as manifestações culturais de sua concretude, do mesmo modo que acaba com a policromia dos usos e costumes, com o colorido de todo folclore, pondo no seu lugar o jeito nivelado único da urbanidade cosmopolita: nessa tendência para a uniformização de toda a anterior multiplicidade mostra-se também a afinidade interior do capitalismo com o liberalismo, que já identificamos como sendo da mesma estirpe do judaísmo – capitalismo, liberalismo e judaísmo são intimamente aparentados.

Se acrescentarmos a isso ainda o ponto principal, a saber, que o capitalismo logra dito processo de desconcretização do mundo, antes de tudo, mediante o direcionamento de todas as manifestações para o dinheiro abstrato, de fato teremos penetrado até o âmago de toda economia capitalista e... de toda a essência judaica. O dinheiro é a expressão consumada da peculiaridade mais íntima de ambas.

Para o capitalismo, o dinheiro é o meio para avançar até a configuração puramente quantitativa da vida econômica; mas, para ele, também se trata do ponto de partida e do ponto de chegada de todo acontecimento. Vimos que a valorização de um capital é o sentido absoluto da economia capitalista, que, portanto, é dominado pela ideia da aquisição. Uma peculiaridade importante dessa economia se torna, com isso, a transferência de todos os valores para o sucesso, a substituição da valorização da obra pela valorização do sucesso. Mas o que tem tudo isso a ver com a peculiaridade da essência judaica? Muita coisa, penso eu.

Para os judeus, assim como para o capitalismo, o dinheiro e sua multiplicação têm de estar no centro do interesse. Não só porque sua natureza abstrata é congenial com a natureza abstrata do povo judeu, mas sobretudo porque a alta valorização do dinheiro está em conformidade com outro traço básico da essência judaica: o teleologismo. O dinheiro é o *meio* absoluto: de modo geral ele só tem sentido em vista dos objetivos a serem realizados com ele. Porém, é muito natural que uma mentalidade constantemente fixada nos fins, uma vida constantemente orientada no ponto de vista dos fins, tenha de reconhecer como objetivo último de seus esforços a obtenção desse dinheiro que igualmente só é valioso na relação fim-meio, mas nessa relação é mais valioso que todas as demais coisas.

O teleologismo também desloca o interesse da criação de obras para o sucesso, exatamente como faz o capitalismo, e, desse modo, também o desloca do hoje para o amanhã. Se recordarmos que um dos traços da essência judaica também é a infatigabilidade, vemos um contato ainda mais estreito com a essência do capitalismo, cuja natureza necessariamente impele para a inovação perene, a ampliação perene, a um eterno sacrificar do hoje em benefício do amanhã. Em lugar nenhum expressa-se mais claramente esse crastinismo, como se poderia chamar essa mania de superestimar o amanhã e o depois de amanhã, do que na peculiaridade dos vínculos criados pelo comércio creditício, com o qual vimos que os judeus mais têm familiaridade. É evidente que, no comércio creditício, realizações que podem ou devem acontecer só em algum momento futuro já se tornam efetivas no presente. O espírito humano é capaz de, na atualidade em curso, tomar antecipadamente em consideração vivências e necessidades do futuro, e o crédito oferece a possibilidade de causar fatos econômicos futuros mediante ações econômicas atuais. O espraiamento universal e a intensificação da transação creditícia atestam o ingresso generalizado numa gestão da economia que abrange o tempo futuro. Por essa via, obtêm-se vantagens. Porém, em razão disso, temos de renunciar à felicidade que poderia decorrer da "entrega plena ao presente".[22] Vimos que o senso finalista tem uma ligação íntima com o racionalismo prático que visa a um modo de agir em conformidade com os fins. Ressalto aqui que, na mesma proporção, ele é um componente importante tanto da economia capitalista quanto da psique judaica, que aquela é construída inteiramente sobre uma organização racional de todo acontecimento econômico. Uma vez mais, portanto, estamos diante de um paralelismo impressionante entre judaísmo e capitalismo.

Porém, talvez também neste ponto seja mais compreensível para o entendimento comum se, em vez dessa comparação ideológico-metafísica das duas entidades, eu disser simplesmente por que razão as qualidades do judeu o tornam tão mais apto para ser um empreendedor capitalista: procedendo assim, chegaremos ao mesmo resultado a que nos trouxeram as análises feitas até agora, e isso sem aclives acentuados, quer dizer, por estrada plana. (O leitor atento terá percebido o paralelismo entre essa dupla forma de análise e a fundamentação igualmente dupla do nexo entre religião judaica e capitalismo.)

O judeu se torna um bom *"empreendedor"* sobretudo em virtude de sua determinação e de sua grande força de vontade. De grande ajuda para inventar possibilidades sempre novas de produção e venda é a sua mobilidade intelectual. Para a criação de organizações capacita-o o seu conhecimento humano parcial, que lhe permite perceber justamente a aptidão específica de um ser humano para fins específicos. Sua falta de

---

22 K. Knies, *Geld und Credit*, v.1, p.240; v.2, p.169.

senso para o "orgânico", natural ou crescido não o atrapalha porque no mundo capitalista não existe nada orgânico, natural ou que veio a ser, mas apenas coisas mecânicas, artificiais e feitas. Até mesmo o maior dos empreendimentos capitalistas continua sendo um mecanismo artificial que se pode aumentar, fracionar e modificar a bel-prazer em correspondência aos respectivos fins. Ele será sempre uma estrutura orientada para um fim, jamais surgida (como supõem intérpretes demasiado espirituosos do capitalismo) da visão intuitiva como totalidade indivisível, mas justaposta mediante ações finalistas individuais conforme a exigência do momento. Nesse sentido – como criadores de grandes empreendimentos capitalistas –, os judeus certamente também são "organizadores" geniais.

Na condição de organizadores especificamente capitalistas, sua peculiaridade até mesmo lhes proporciona vantagens, na medida em que os capacita para estabelecer com mais facilidade as relações puramente objetivas sobre as quais se devem construir as estruturas autenticamente capitalistas. Dado que nos judeus, como vimos, o senso para o aspecto pessoal e a propensão para relações pessoais de dependência são menos desenvolvidos, eles de bom grado renunciarão a todo "patriarcalismo"; eles também descartarão da regulação dos contratos de trabalho todo e qualquer aditivo incômodo de sentimentalidade e quererão colocar todas as relações com clientes e trabalhadores rápida e exclusivamente sobre uma base puramente jurídica e negocial. A luta dos trabalhadores por uma regulamentação constitucional do trabalho com bastante frequência situa os judeus do lado dos trabalhadores.

Porém, muito mais do que para "empreendedor", o judeu é qualificado para ser *"comerciante"*. O judeu está praticamente impregnado de boas qualidades de comerciante.

Vimos que o comerciante vive mergulhado em números e estes, desde sempre, foram um elemento do judeu. Sua predisposição para a abstração facilita-lhe o ato de calcular. "Calcular" é, portanto, o seu ponto forte. Quando um destacado talento calculante anda a par com um sóbrio senso finalista, já está assegurada grande parte da aptidão para os negócios de que necessita um bom comerciante: a aquilatação da utilidade acarreta uma ponderação cautelosa de todas as chances, de todas as perspectivas e vantagens e exclui todas as iniciativas ousadas, todas as ações "inúteis"; e o calculismo confere a essas ponderações a exatidão numérica. Ora, se esse homem que pondera sobriamente e calcula com precisão for dotado, além disso, com uma boa dose de fantasia combinatória, da qual o judeu, como vimos, está bem guarnecido, temos diante de nós o perfeito especulador da bolsa de valores. Vislumbrar rapidamente a situação, enxergar milhares de possibilidades, escolher uma delas segura e certeiramente como a mais favorável de todas e resoluto a fechar o negócio nessa direção: vimos que é isso que se espera do comerciante, e o judeu tem todas as capacidades justamente para isso. Eu gostaria de apontar expressamente para a grande afinidade que existe entre a ocupação de um hábil diagnosticador e de um hábil especulador da bolsa de valores: vemos que os judeus são especialmente aptos para ambas, porque ambas as ocupações afins encontram solo fértil na maneira judaica de ser.

Quem quiser ser um bom "comerciante" tem de ser, antes de tudo, também um bom "negociador". E haveria alguém mais apto para a "negociação" do que os judeus? Os judeus sempre foram reconhecidos como hábeis negociadores nas relações comerciais. Um dos requisitos é a adaptação, o ajustamento às necessidades do mercado, às exigências específicas da demanda: e isto o povo especializado em adaptação certamente consegue mil vez melhor do que qualquer outro. E o outro requisito que torna o comerciante respeitado é sua capacidade de sugestão, e esta, uma vez mais, é própria dos judeus, em grande medida graças à sua operosidade, sua mobilidade, em suma, de novo graças à sua capacidade de empatia.

Reiteradamente a impressão é a mesma: nenhuma peculiaridade é tão apropriada à consecução das maiores realizações capitalistas do que a judaica. Julgo poder desistir de apresentar provas detalhadas disso: se o leitor ainda não tiver provas suficientes, ele poderá facilmente multiplicá-las se comparar umas com as outras as análises que tentei fazer do capitalismo e dos empreendedores capitalistas, de um lado, e da essência judaica, de outro. (Ainda seria possível, por exemplo, traçar paralelos interessantes entre a inquietude do comércio na bolsa de valores, que por sua natureza impele para a mudança da condição vigente, e a natureza inquieta e infatigável do judeu e assim por diante.) Mas por ora basta o que foi dito.

Em outro lugar, tentei caracterizar a natureza empreendedora mais bem adaptada e, portanto, o empreendedor capitalista bem-sucedido com as seguintes palavras-chave: ele tem de ser mentalmente jeitoso, inteligente e espirituoso.

Jeitoso, ou seja, captar com rapidez, julgar com precisão, pensar com persistência e ser dotado do "senso certeiro para o essencial", que o capacita a reconhecer o χαιρός, que os gregos igualam à fortuna, ou seja, o instante favorável.

Inteligente, ou seja, "conhecedor das pessoas" e "conhecedor do mundo". Ele tem de ser seguro na avaliação, seguro no trato com as pessoas, seguro na aquilatação de quaisquer situações objetivas, tendo familiaridade sobretudo com as fraquezas e falhas de seu entorno.

Espirituoso, ou seja, cheio de "ideias", "lampejos".

Sóbrio, ou seja, livre de paixões, livre de sensibilidade exagerada (tanto melhor se essa liberdade tiver sido artificialmente aprendida!), livre de sentimentalidade e do idealismo nada prático.

Competente: ele tem de ser confiável nos negócios, cumpridor dos deveres, amante da ordem e capaz de economizar.

Penso que com essas poucas linhas foram caracterizados, em seus traços básicos mais importantes, tanto o bom empreendedor capitalista quanto o judeu.

Seção III
Como surgiu a essência judaica

Capítulo XIII
O problema racial

Observação prévia

A tarefa que me propus na introdução a este livro – a rigor – está cumprida. Tentei demonstrar a importância dos judeus para a vida econômica moderna em todas as suas ramificações e investiguei as conexões entre judaísmo e capitalismo em toda a sua capilaridade, isto é, expus a razão pela qual os judeus desempenharam e ainda desempenham dito papel significativo, como se tornaram aptos para suas grandes realizações em parte pelas circunstâncias objetivas e em parte por sua peculiaridade.

Porém, é indubitável que, por trás dessas respostas, avolumam-se novas perguntas que não posso deixar passar em brancas nuvens se não quiser correr o risco de que até os melhores leitores ponham de lado este livro com um sentimento de dolorosa insatisfação. De fato, todo leitor que me acompanhou até aqui e, portanto, até o ponto em que aleguei uma peculiaridade judaica específica como explicação última da grande influência que os judeus tiveram em nossa vida econômica, cada leitor de fato tem de perguntar-se agora enfaticamente: ora, de que espécie é a maneira judaica de ser? De onde ela vem e para onde vai? Pois num exame mais acurado de imediato se vê que ela pode ser de natureza bem diferente.

A peculiaridade judaica pode ser apenas, por assim dizer, uma função à qual não corresponde nenhum órgão, que só existe enquanto estiver sendo exercida, que não toma posse da própria pessoa que a externa, que pode ser espanada por ela como uma pena de sua roupa, que obviamente então também desaparece com a pessoa que a porta.

Ou ela pode gravar-se naquele que a detém, ou mais corretamente, naquele que a exerce, pode solidificar-se numa "predisposição" que perdura ao seu exercício pelo menos por um tempo, como os calos na mão perduram ao trabalho com a machadinha ou o remo. Essa predisposição, no entanto, não precisa transmitir-se para os filhos, podendo extinguir-se com aquele que a adquiriu.

Mas essa predisposição pode também ficar tão profundamente gravada na essência do indivíduo que é transmitida por ele para os seus descendentes, sendo, portanto, "hereditária".

Adiante: propriedades hereditárias (ou predisposições: as duas expressões podem ser tomadas como sinônimos; pelo que vejo, não existe uma terminologia fixa nas ciências biológicas, de cuja alçada é o problema da hereditariedade) podem ter sido "adquiridas" em épocas muito diferentes, em épocas históricas ou ainda antes disso. E aquilo de que tomamos ciência como peculiaridade judaica pode, portanto, estar no sangue dos judeus desde o início da história ou pode ter sido injetado no seu sangue no decorrer da história — na Antiguidade ou depois.

Mas também a peculiaridade hereditária pode, por sua vez, aderir ao ser humano "para sempre" ou por períodos limitados mais breves ou mais longos, podendo ser, portanto, efêmera, remível ou não.

Dado que aqui se trata sempre da peculiaridade de todo um grupo populacional, essas questões contêm simultaneamente a pergunta pela delimitação "racial" do dito grupo populacional e, portanto, a pergunta se os judeus constituem uma variante ou subespécie específica da humanidade que se diferencia quanto ao sangue em relação aos povos entre os quais eles vivem; mas também a pergunta pelo modo como se diferenciam, se as discrepâncias são (na terminologia de *Steinmetz*) elementares, distributivas ou mistas.

Porém, quando está em questão a peculiaridade de um grupo populacional, deve-se levar em consideração, por fim, ainda que a peculiaridade predominante nos membros individuais também possa ter surgido (não por terem herdado novas propriedades, mas) pela mistura do sangue com integrantes de outros grupos ou, então, dentro do próprio grupo mediante seleção. Psicologia coletiva sempre significa, como vimos, a constatação de propriedades regularmente recorrentes em muitos indivíduos de determinado grupo social. Porém, o mesmo grupo, via de regra, também abrange indivíduos de espécies bem diferentes ou, mais exatamente, outras "variedades". Por diversas razões, a proporção numérica das diferentes variedades existentes no grupo pode se deslocar (por meio de seleção) e o grupo, que em determinada época era constituído de indivíduos do tipo 3 a, 2 b, 1 c, passa a ser formado por integrantes do tipo 1 a, 2 b, 3 c. Nesse caso, naturalmente se modificou o seu hábito psicológico coletivo – que seja sob a influência do "ambiente" – sem que tenha sido "adquirida" nenhuma nova propriedade.

Tal é a gama de possibilidades que podem explicar-nos uma peculiaridade específica. E já a visão geral mostra como esse problema é intrincado e a falta de jeito com que a maioria o trata.

Não é preciso apresentar fundamentação especial para o fato de que as respostas justamente a essas perguntas são as mais decisivas. Porém, sendo honestos, temos de admitir de imediato que, no estado atual do nosso conhecimento, não é possível dar uma resposta sem lacunas para essas perguntas mais importantes. A literatura tendenciosa já traz aqui, como em toda parte, as soluções prontas, mas quem tiver se enfronhado pelo menos um pouco no objeto de estudo consegue vislumbrar por enquanto muito mais problemas, muito mais enigmas do que soluções.

Porém, o que no presente momento ainda me parece necessário fazer, a única coisa que pode tirar a discussão do problema judaico da penumbra em que se encontra, é uma apreensão conceitualmente precisa dos pontos controvertidos, é uma formulação clara da questão e um exame criterioso do material acumulado em massa. É como se justo no tratamento da "questão dos judeus", e especialmente no seu ponto de interseção com o "problema racial" em geral, todos os demônios tivessem se conjurado para confundir as mentes.

O que *Friedrich Martius* recentemente exigiu para a questão da predisposição hereditária em particular[1] é necessário para a questão racial

---

1 F. Martius, Die Bedeutung der Vererbung für Krankheitsenstehung und Rassenerhaltung, *Archiv für Rassen- und Gesellschafts-Biologie*, v.7, 1910, p.477.

como um todo, e muito especialmente para a questão racial judaica: "uma crítica conceitual mais precisa". E esta certamente pode ser promovida também – ou justamente? – por quem se encontra relativamente distante das pesquisas especializadas e que, por essa razão, consegue ter uma visão geral dos resultados obtidos nas áreas individuais do conhecimento. Essa reflexão me anima a tentar, nas páginas seguintes, uma síntese do que atualmente foi trazido à tona pela discussão do problema racial judaico: do que temos de conhecimentos assegurados e de possibilidades concebíveis, mas também, sem dúvida, de hipóteses falsas, na medida em que se trata de equívocos muito difundidos.

I. A peculiaridade antropológica dos judeus

Sobre a origem dos judeus e seu destino etnológico-antropológico as opiniões foram esclarecidas pelo menos nos pontos decisivos.

De modo bem geral, supõe-se[2] que tanto Israel como Judá teria surgido mediante a miscigenação de diversos povos orientais. Quando, no século XV, "os hebreus", um clã de beduínos, quiseram "sedentarizar-se" na Palestina, já encontraram ali uma população estabelecida há muito tempo: os cananeus; eles próprios provavelmente representavam um estrato superior dominante e habitavam a terra ao lado dos heteus, fereseus, heveus e jebuseus (Juízes 3:5). As tribos israelitas e judaítas viveram em conúbio

---

2 Dentre a bibliografia mais recente que tem por tema *a proto-história antropológico--etnológica dos judeus*, destacam-se os seguintes títulos: F. Von Luschan, Die anthropologische Stellung der Juden, *Korrespondenzblatt für Anthropologie*, v.23, 1892. Toda uma série de investigações toma esse trabalho como ponto de partida, sendo a mais valiosa o estudo abrangente de I. M. Judt, *Die Juden als Rasse*, 1903. Ainda mencionarei outros no decorrer da exposição. Do ponto de vista histórico, muita coisa foi esclarecida pelo trabalho de E. Meyer, *Die Israeliten und ihre Nachbarstämme*, 1906. Ao lado dessa obra primorosa, ainda têm seu valor, dentre os escritos mais antigos, o livro de A. Bertholet, *Die Stellung der Israeliten und der Juden zu den Fremden*, 1896. Naturalmente, também deve ser considerada toda a abundante bibliografia dos "babilônios", ou seja, os trabalhos de Winkler, Jeremias e outros; de data mais recente mencione-se W. Erbt, *Die Hebräer. Kanaan im Zeitalter der hebräischen Wanderung und hebräischen Staatengründung*, 1906.

com todas essas populações – esse é o resultado das novas investigações em comparação com a opinião contrária, mais antiga.

Quando, então, uma parte da população (mais tarde veremos qual) é levada ao exílio, a miscigenação prossegue lá. Os achados cuneiformes mais recentes nos transmitem uma informação bastante precisa sobre o destino dos judeus no exílio babilônico, o único que vem ao caso aqui, pelo menos no que se refere ao seu comportamento sexual: as inscrições deixam "fora de dúvida" que se encaminhava uma gradativa fusão entre babilônios e exilados judeus. Constatamos que os imigrantes dão nomes babilônicos às suas crianças, e os babilônios, por sua vez, dão às suas crianças nomes persas, hebreus e arameus.[3]

Não tão unânimes são os pontos de vista sobre como as tribos e os povos individuais, que entraram na composição dos judeus, eram aparentados entre si, nem sobre como se deve delimitá-los em relação a outros grupos populacionais e muito menos sobre como denominá-los. É sabido que se inflamou uma controvérsia particularmente renhida em torno do conceito "semitas", que terminou por fazer que hoje, em círculos antropológicos, se prefira não mais usar a palavra "semitas".

A controvérsia semita é um dos casos (outro caso conhecido é o da controvérsia ariana) em que a mistura de pontos de vista linguísticos e antropológicos na delimitação de grupos humanos acarretou um emaranhamento de fios. Sabemos hoje que "semitas" é um conceito puramente linguístico, ou seja, que se deve entender por ele todos os povos cuja língua possui cunho semítico, e sabemos ademais que esses povos de fala semítica são compostos dos elementos mais heterogêneos possíveis em termos antropológicos.[4]

A meu ver, a briga em torno da delimitação e denominação dos povos orientais, entre os quais figuram tanto os egípcios como os babilônios e assírios, tanto os fenícios como os judeus – em suma, todos os povos

---

3 H. V. Hilprecht, *The Babylonian Expedition of the University of Pennsylvania*. Série A: Cuneiform Texts, v.9, 1898, p.28-29; id., *Explorations in Bible Lands during the 19th Century*, 1903, p.409 et seq.

4 Ver, por exemplo, F. Von Luschan, Zur physische Anthropologie der Juden, *ZDSJ*, v.1, 1905, p.1 et seq.

civilizados do Antigo Oriente –, é bastante infrutífera. Quer falemos de hamitas e semitas como faz *Friedrich Müller*, quer de semitas, amorreus, heteus e cuxitas como faz *Von Luschan*, quer de povos de tez escura como fazem *Huxley* e *Stratz*, temo que, em vista da absoluta falta de material para investigação, jamais poderemos determinar de modo exato e incontestável a sua peculiaridade antropológica. No entanto, em contrapartida, essa lacuna do nosso saber nem é tão significativa em vista do fato muito mais importante e inquestionável de que, no caso de todos esses povos, trata-se sem dúvida de integrantes de um grupo humano perfeitamente conhecido quanto a sua origem e seu modo de vida pré-histórico, que talvez se possa designar (voltarei a falar disso) como povos do deserto ou povos da periferia do deserto. Pois a suposição de que uma tribo nórdica loira de olhos azuis tenha se bandeado para essas terras quentes é hoje remetida unanimemente ao reino da fábula pelos especialistas. Em todo caso, podemos assumir uma atitude de rejeição dessa hipótese germanomaníaca[5] enquanto não forem apresentadas provas mais concludentes do que os cabelos loiros (ruivos) do rei Saul ou a dolicocefalia da múmia de Ramsés II.

Qual é, pois, o destino consanguíneo dessa mescla de povos, dos quais vemos procederem os judeus? Antigamente costumava-se dar a isso a resposta de que, em todos os séculos posteriores da diáspora, o povo judeu teria continuado a se miscigenar com os povos do mesmo modo que vinha fazendo antes do exílio babilônico e durante a primeira fase na própria Babilônia. *Renan, Loeb, Neubauer* e outros eram de opinião que os judeus atuais seriam em grande parte descendentes dos prosélitos pagãos durante o período helenista ou então rebentos de matrimônios mistos entre judeus e povos hospedeiros durante os séculos cristãos. A ocorrência de judeus loiros (até 13%), principalmente nos países da Europa Oriental, deu ocasião à hipótese aventureira de que, nesse caso, estaríamos diante de mestiços de judeus com populações germânicas (ou eslavas). A opinião hoje vigente – pelo que vejo, compartilhada por quase todos os

---

5 Principal representante da hipótese da ubiquidade dos germanos é *Ludwig Wilser*, que registrou sua visão em numerosos artigos e mais extensamente em seu livro *Die Germanen*, de 1903. Contra ele se volta agora, mais uma vez com boas razões, Zollschan, *Das Rassenproblem*, 1910, por exemplo, p.24 et seq.

pesquisadores de peso – é, pelo contrário, esta: que, mais ou menos desde os tempos de Esdras até hoje, o clã judaico se reproduziu essencialmente sem miscigenação, constituindo, há mais de 2 mil anos, portanto, um grupo humano etnicamente peculiar, intocado por povos estrangeiros. É claro que ninguém negará que algumas gotas de sangue estrangeiro entraram no organismo do povo judeu durante o longo período da diáspora. Acredita-se, no entanto, que essas misturas são muito insignificantes para influenciarem de modo essencial o caráter étnico do povo judeu.

Em todo caso, agora se pode constatar com bastante segurança que em tempos passados se superestimou de modo considerável principalmente o tamanho do proselitismo. Não há dúvida de que, durante os períodos helenista e protocristão (os séculos posteriores não entram em cogitação – com exceção de um caso especial), o judaísmo encontrou adeptos para sua doutrina entre os povos pagãos, visto que tanto a legislação judaica quanto, por exemplo, a romana se ocupam com tais pessoas. Porém, podemos aceitar hoje com segurança que, no caso de ditos prosélitos, sempre se tratou dos assim chamados "prosélitos do portão", isto é, convertidos que praticavam o culto divino, mas não foram admitidos à circuncisão nem ao conúbio (os quais, diga-se de passagem, passaram quase em sua totalidade para o cristianismo). A partir de Pio, os judeus e seus filhos voltaram a ter permissão para circuncidar-se, mas a extensão desse ato aos prosélitos foi expressamente proibida. Desse modo, a conversão formal ao judaísmo se tornou um crime passível de punição "e provavelmente a proibição não tenha sido promulgada, mas foi sustentada nesses termos".[6] Severo *"Judaeos fieri sub gravi poena vetuit"*.*

Porém, mesmo que se suponha a conversão integral e, consequentemente, o ingresso mediante laços de sangue no judaísmo, principalmente na época pré-cristã, se considerarmos os milhões de judeus que têm de ser presumidos já para a época helenista, só poderia ter sido uma quantidade ínfima de sangue estrangeiro que, por essa via, fluiu para dentro do povo judeu, e esse pouquinho de sangue terá procedido, ademais, de povos aparentados (na Ásia Menor, no Egito etc.).

---

6 Mommsen, *Römische Geschichte*, v.5, p.549.
* "Proibiu mediante severa punição o tornar-se judeu." (N. T.)

Deve ser tido como certo que o proselitismo dos judeus cessou quase por completo após o seu ingresso na história europeia. Nem a fantástica conversão dos *khagans* [líderes espirituais] dos casares no século VIII mudará algo no fato de que, pela via do proselitismo, não fluiu para os judeus qualquer quantidade de sangue estrangeiro digna de consideração durante a Idade Média. Inferir daquela conversão dos *khagans* casáricos para o judaísmo uma forte miscigenação dos judeus orientais com elementos eslavos significa perder todo o senso de dimensionamento histórico. O "reino dos casares" jamais teve qualquer expansão que de alguma forma fosse digna de nota. Já no século X, ele foi reduzido a um pequeno território – basicamente à Crimeia –, e o século XI marca o ocaso do minúsculo Estado judeu dos casares. Um pequeno resto de judeus casáricos (os caraítas) subsiste em Kiev. Portanto, mesmo supondo que todo o "povo" dos casares tenha se convertido ao judaísmo (e, além disso, tenha confessado o judaísmo permanentemente), essa miscigenação ainda assim teria sido uma *quantité négligeable* [quantidade negligenciável], que certamente nada teria conseguido mudar no caráter étnico do clã judaico. Porém, para acúmulo da questão, há dúvidas sobre se a conversão talvez tenha se limitado aos governantes ou à classe dominante.[7]

Restam os matrimônios mistos como fonte da miscigenação. Deve se considerar como fato que eles também ocorreram em algumas épocas da história judaica. Essa suposição é justificada em parte por conclusões tiradas da situação geral do judaísmo. É de se supor que os matrimônios mistos entre judeus e não judeus foram especialmente frequentes nas épocas em que os laços que uniam a comunidade judaica começaram a relaxar-se: portanto, por exemplo, nos últimos séculos antes de Cristo ou nos séculos XII e XIII na Espanha. Porém, sabemos também que esse relaxamento sempre foi de natureza bem temporária, que a ortodoxia judaica logo tratou de implantar a coesão e o isolamento rígido em relação a adeptos de outras crenças. O que os fariseus consumaram no período helenista foi resultado da controvérsia de Maimônides na Espanha do século XIII, que levou a uma reação tal que até mesmo

---

7 Graetz, *Geschichte der Juden*, v.5, p.188 et seq., 330 et seq., 370 et seq.

casamentos já consumados com mulheres cristãs e maometanas foram dissolvidos.[8]

De outra parte, proibições terminantes de matrimônios mistos judaico--cristãos, com que nos deparamos, nos primeiros séculos, nos concílios espanhóis, apontam para o fato de que eles, em todo caso, ocorreram: o Cânone 16 do Concílio de Elóvia (304) dispõe que filhas de católicos não devem ser dadas a hereges como esposas, a não ser que estes se convertam ao catolicismo; o mesmo vale para judeus e cismáticos. O Cânone 14 do III Concílio de Toledo (589) proíbe aos judeus tomar mulheres cristãs por esposas ou amantes. Todas as crianças nascidas de tais ligações deviam ser batizadas. Segundo o Cânone 63 do IV Concílio de Toledo (633), os judeus que têm cristãs como esposas tinham de assumir o cristianismo se quisessem continuar a viver com sua esposa.[9] Dificilmente se poderá supor que tenham sido frequentes os casamentos que violaram essas proibições. A contaminação do clã judaico com sangue espanhol foi ainda menos significativa porque seguramente uma parte dos verdadeiros judeus que contraíram matrimônios mistos ou pelo menos suas crianças se perderam para o judaísmo.

Uma mistura com os povos nórdicos em dimensões que de alguma forma sejam dignas de consideração situa-se totalmente fora do âmbito de qualquer probabilidade. Com efeito, agora sabemos que não há mais como sustentar a opinião ocasionalmente externada em tempos passados no sentido de que os judeus teriam vivido, por exemplo, na Alemanha até a época das Cruzadas, em meio e em intercâmbio com a população cristã. *Brann*, talvez o melhor conhecedor da história judaico-alemã, declara que a hipótese de uma assimilação que teria avançado até certo ponto durante a primeira fase da Idade Média é "uma quimera pairando no ar que necessariamente se desfará em nada diante do conhecimento da vida interior dos judeus alemães daqueles dias".[10]

---

8 Ibid., v.7, p.63.

9 Todas essas passagens constam em E. H. Lindo, *The History of the Jews of Spain and Portugal*, 1848, p.10 et seq.

10 *Hoeniger* defendeu essa concepção com relação à cidade de Colônia. Contra ele voltou-se resolutamente um grande número de autores judaístas, como Lau,

Entretanto, ainda existiam os judeus loiros que pareciam ser uma prova ambulante para a miscigenação até bastante considerável com povos hospedeiros loiros, principalmente porque seu número em países nórdicos (principalmente na Alemanha e na Rússia) de fato é maior do que nos países meridionais, com sua população de tez escura. Hoje, pelo que vejo, não há mais nenhum pesquisador que considera provável uma gênese desses judeus loiros pela via da miscigenação legítima com os povos hospedeiros.

Em contraposição, recentemente foi proposta a seguinte hipótese: os judeus loiros seriam o resultado de acasalamentos ilegítimos com russos, seja de natureza oficial, após os quais as esposas dos judeus teriam retornado aos seus maridos, ou obtidos sob coação, como resultado de estupros cometidos contra mulheres judias por selvagens cossacos por ocasião de *pogroms*.[11] É evidente que essa hipótese se apoia sobre uma base muito fraca. Mesmo se explicasse o surgimento dos judeus loiros na Rússia, ela falha totalmente no que se refere aos demais países; no que se refere à Alemanha, por exemplo, porque os judeus loiros são exatamente o oposto dos germanos loiros no tocante a outras características somáticas (braquicéfalos, em vez de dolicocéfalos); no que se refere aos países meridionais, porque falta neles o entorno maciçamente loiro; e, não obstante, encontramos até mesmo no norte da África e na atual Palestina judeus loiros.

Porém, sua existência também pode ser explicada tranquilamente sem recurso a alguma miscigenação com povos estrangeiros em épocas posteriores. Mais precisamente, mediante a constatação de que todas as raças de tez escura apresentam variantes leucodérmicas de origem espontânea que depois se multiplicaram mais do que o normal num meio ambiente particularmente favorável a eles (nos países nórdicos). A adaptação mais bem-sucedida pode ser concebida em termos climáticos ou ela pode ter se

---

Brann, Kuessen e recentemente A. Kober, *Studie zur mittelalterlichen Geschichte der Juden in Köln am Rhein*, 1903, p.13 et seq.

11 M. Fishberg, Zur Frage der Herkunft des blonden Elements im Judentum, *ZDSJ*, v.3, 1907, p.7 et seq., 25 et seq. Posição contrária à de Fishberg assumiu, no mesmo número da revista, Elias Auerbach, Bemerkungen zu Fishbergs Theorie, p.92 et seq.

efetuado pela mediação de uma seleção artificial por parte das mulheres cujo ideal de beleza, em meio aos povos loiros, propendeu mais para o tipo loiro.[12]

Porém, a suposição de que os judeus se mantiveram durante mais de dois milênios como grupo étnico de feição especial é plenamente confirmada pelo fato de que as características antropológicas dos judeus que hoje vivem em todo o globo terrestre apresentam grande uniformidade, de modo algum andam a par com as peculiaridades antropológicas dos povos entre os quais vivem, pelo contrário, mostram uma notável constância no decorrer de todos os milênios nos quais conseguimos acompanhá-los. "O destino diferenciado e o entorno de natureza distinta não conseguiram apagar esse tipo comum, praticamente indestrutível; e justamente os judeus mostram de modo mais claro do que qualquer outra raça o quanto a influência da predisposição hereditária sobre o destino racial é mais poderosa do que a da adaptação" (*Elias Auerbach*). "O alótipo dos judeus sempre aparece do mesmo modo em comparação com o restante da população circundante, o que pode servir de prova incontestável da estabilidade e peculiaridade do tipo antropológico dos judeus. Praticamente ninguém mais põe em dúvida a exatidão desse fato" (*Arkaadii Elkind*).

A homogeneidade antropológica do clã judaico na época atual foi assegurada mediante numerosas apurações e medições do aspecto anatômico.[13] (Preponderância dos braquicéfalos, das morenas etc.) O único

---

12 Esta é essencialmente a concepção de F. Sofer, Über die Plastizität der menschlichen Rassen, *Archiv für Rassen- und Gesellschafts-Biologie*, v.5, 1908, p.666; E. Auerbach, Die jüdische Rassenfrage, *Archiv für Rassen- und Gesellschafts-Biologie*, v.4, p.359; F. Von Luschan (com algumas ressalvas), também em *Archiv für Rassen- und Gesellschafts-Biologie*, v.4, p.370; Zollschan, *Das Rassenproblem*, p.125, 134 e *passim*.

13 Ver os resultados em Judt, *Die Juden als Rasse*, e compare com eles A. D. Elkind, *Die Juden. Eine vergleichend-anthropologische Untersuchung*, 1903. Conheço a obra de Elkind somente da resenha apresentada por Weinberg no *Archiv für Rassen- und Gesellschafts-Biologie*, v.1, 1904, p.915 et seq. Cf. também os outros ensaios de Elkind, Anthropologische Untersuchungen über die russisch-polnischen Juden und der Wert dieser Untersuchungen für die Anthropologie der Juden im Allgemeinen, *ZDSJ*, v.2, 1906, p.49 et seq., 65 et seq.; e id., Versuch einer anthropologischen Parallele zwischen den Juden und Nicht-Juden, *ZDSJ*, v.4, 1908, p.28; Sofer, Zur anthropologische Stellung der Juden, *Politisch-Anthropologische Revue*, v.7 (cf. resenha na *ZDSJ*, v.4, p.160); E. Auerbach, Die jüdische Rassenfrage, *Archiv für Rassen- und*

ponto duvidoso é se também se poderia fundamentar antropologicamente a contraposição existente desde tempos antigos (como diversas vezes pudemos constatar) entre asquenazes e sefarditas. Por enquanto, temos duas opiniões diametralmente opostas na discussão dessa questão.[14] A meu ver, o material usado para lutar a favor e contra a "diferença racial" entre os dois grupos no interior do povo judeu é muito reduzido para chegar a um juízo definitivo. (Em alguns aspectos, inclinamo-nos a assumir, com base na observação pessoal, que uma diversidade antropológica entre asquenazes e sefarditas é muito provável. O esguio e elegante hispano de mãos e pés delgados, nariz adunco e ossudo – tio Jasão – e o asquenaze gorducho de pernas tortas com seu nariz largo e carnudo de heteu – sobrinho Júlio – parecem ao leigo perfeitamente como dois tipos humanos distintos. Porém, como foi dito: por enquanto ainda não há nenhuma possibilidade de dar a essa "sensação" a forma de um conhecimento cientificamente fundamentado.)

No momento ainda é controvertido se o povo judeu atual teria uma predisposição unitária e diferenciada dos povos do seu entorno em termos patológico-fisiológicos. Não se pode contestar que os judeus possuem certas particularidades patológico-fisiológicas: menstruação precoce, pouca predisposição para o câncer, principalmente câncer uterino, forte predisposição para a diabete, para doenças mentais etc. Porém, aqueles que negam que os judeus tenham alguma peculiaridade patológico-fisiológica acreditam poder explicar essas particularidades a contento a partir da posição social dos judeus, de seus usos religiosos etc.[15] É preciso dizer que

---

Gesellschafts-Biologie, v.4, 1907, p.332 et seq.; A. Sandler, *Anthropologie und Zionismus*, 1904 (resultados de segunda mão); Zollschan, op. cit., p.39 et seq.

14 Defendem a "diferença racial" entre asquenazes e sefarditas: Weissenberg, Das jüdische Rassenproblem, ZDSJ, v.1, 1905, caderno 5; M. Fishberg, Beiträge zur physischen Anthropologie der nordafrikanischen Juden, ZDSJ, v.1, 1905, caderno 11. Contrários a essa concepção são, em sua maioria, os pesquisadores mencionados na nota anterior.

15 Uma boa visão geral sobre a bibliografia referente à questão da predisposição genética específica de cunho patológico-fisiológico dos judeus é dada por L. Sofer, Zur Biologie und Pathologie der jüdischen Rasse, ZDSJ, v.2, p.85 et seq. A partir de então a controvérsia se inflamou de verdade. Ver todas as edições anuais

o material no qual deve se basear a avaliação ainda não é suficientemente abrangente para fundamentar uma decisão sobre esse ponto, e que, por enquanto, teremos de nos contentar com um *non liquet*.

Em contrapartida, não há qualquer dúvida quanto ao parentesco fisionômico dos judeus na época atual. Como se sabe, a fisionomia é o produto de dois fatores: certas formas faciais e certos modos de se expressar nessas e por meio dessas formas. Ela escapa à medição e à contagem a que estão sujeitas todas as demais propriedades somáticas e tem de ser vista. Do mesmo modo que para o portador de visão acromática não existem cores no mundo, assim também quem é cego para o humano não consegue distinguir fisionomias. Se *Friedrich Hertz* dissesse, por exemplo, a respeito de si mesmo[16] que ele não conseguiria "constatar com certeza a partir de sua aparência [...] a procedência de mais de três quartos dos judeus cultos e prósperos", certamente nada se poderia objetar a isso. Em contrapartida, quero me posicionar resolutamente contra a sua afirmação de que nem "um bom observador" seria capaz de constatar isso.

Nesse ponto ele está enganado. Um observador mediano já conseguiria fazer isso com bastante segurança. Só bem poucos ainda colocam em dúvida que "a fisionomia judaica" continua sendo realidade hoje. Contudo, deve-se ter em mente que obviamente há, entre os judeus, numerosos indivíduos que não parecem nem um pouco "judeus", e não só isso: também nos povos não judeus ocorrem fisionomias judaicas. Não quero seguir o exemplo de *Stratz*[17] e dizer que os Habsburgos têm aparência judaica por causa dos seus lábios caídos ou os Luíses franceses por causa do nariz adunco; porém, em alguns povos orientais (talvez até entre os japoneses) sem dúvida se encontram tipos judaicos que não são judeus (de acordo com a confissão religiosa). Porém, a meu ver, isso não prova nada contra a particularidade antropológica dos judeus, mas apenas a favor de que ditos povos e os judeus talvez tenham ancestrais

---

posteriores da *ZDSJ*, além do *Archiv für Rassen- und Gesellschafts-Biologie*, v.4, 1907, p. 47 et seq., 149 et seq. Opinião contrária: S. Rosenfeld, Die Sterblichkeit der Juden in Wien und die Ursachen der jüdischen Mindersterblichkeit.

16 F. O. Hertz, *Moderne Rassentheorien*, 1904, p.56.

17 C. H. Stratz, *Was sind Juden? Eine ethnographisch-anthropologische Studie*, 1903, p.26.

comuns. (Como se sabe, transporta-se para o Japão – aliás, como também para outras partes da Terra – o destino da migração das dez tribos extraviadas de Israel: a extraordinária semelhança que reina entre a essência japonesa e a essência judaica apoiaria primorosamente tal hipótese – de resto totalmente fantasiosa, é claro!) Encarar a fisionomia judaica como manifestação de decadência de natureza bem genérica, como faz *Stratz*, ou explicá-la a partir da vida no gueto (como faz *Ripley*) tampouco é viável em vista do fato indubitável de que encontramos o autêntico tipo judeu em épocas bem antigas já nos monumentos do Egito e da Babilônia. Basta contemplar as gravuras dos prisioneiros de guerra judeus da época de Chichak/Chechonk/Chochenk [Sisaque] (973 a.C.) ou dos emissários à corte de Salmanassar [Salmaneser] (884 a.C.)[18] para constatar que não se processaram mudanças essenciais na fisionomia judaica desde aquele tempo até hoje, ou seja, em quase três mil anos. Disso também se poderá depreender a confirmação de que é correta a concepção da peculiaridade do clã judaico no aspecto antropológico e que suas peculiaridades apresentam uma constância fora do comum.

II. A "raça" judaica

Podemos, em vista desse fato, falar de uma "raça" judaica? Evidentemente a resposta a essa pergunta tem como pressuposto que esteja estabelecido o que seria "raça". Todavia, não é este o caso, como se sabe. Temos quase tantas definições do conceito "raça" quantos são os estudiosos que falam sobre ele. Ora, naturalmente cada qual é livre para dizer: para mim raça é isto, e se raça for o que caracterizei assim e assim, então os judeus são uma raça ou não são uma raça. É óbvio que esse procedimento é uma brincadeira mais ou menos inofensiva, dependendo do grau de maldade ou burrice de quem recorre a ele. Ele só adquire alguma importância para a atividade científica no momento em que o indivíduo tiver clareza do que quer e esclarecer os demais a

---

18 Reproduções em Judt e em numerosas publicações de teor arqueológico, histórico, histórico-artístico, antropológico. Cf. também L. Messerschmidt, *Die Hettiter*.

respeito; quer dizer: a que propósito serve a sua determinação conceitual. Os "teóricos raciais" finalmente também começam a dar-se conta disso e os científicos entre eles estão tentando pôr um fundamento epistemológico sob o conceito de raça. Reconhece-se, antes de tudo, que muitos conceitos *diferentes* receberam a designação "raça" e que se trata de coisas fundamentalmente distintas quando digo: "esta mulher é raçuda" (tem raça) e quando digo: "esta pessoa pertence à raça mongólica". Quer dizer: compreende-se que, num caso, a palavra "raça" visa designar uma figura ideal ou uma formação que atende a um fim, ao passo que, no outro caso, a palavra "raça" possui um sentido meramente classificatório. Embora, nos últimos tempos, a palavra "raça" na acepção criadora continue a ser usada com determinação, recuou-se cada vez mais de seu emprego para fins meramente ordenadores dos seres humanos. Porém, isso nada mais significa que se desistiu de classificar os seres humanos que hoje vivem na Terra segundo características antropológicas; formulado de outra maneira: desistiu-se de diferenciá-los segundo "variedades" (subespécies, variantes). "No estado da pesquisa atual todas as tentativas de separar a humanidade, segundo as diferenças somáticas, em grupos claramente distintos (raças ou variedades) só podem ter valor provisório. Nesse campo, ninguém ainda vê claramente nem tem como ver claramente" (*Johannes Ranke*).

No fundo, não é de se admirar que a antropologia classificatória tenha chegado a esse resultado negativo se ponderarmos como são grosseiras as "características" realmente constatáveis da espécie humana e, sobretudo, como ficamos distantes até do ser humano físico em sua unidade orgânica. Se o dito fatal for válido para alguma ciência, então o é para a antropologia moderna: "Tem na mão as partes, mas infelizmente falta o ligamento espiritual". Forma do crânio, prognatismo, forma facial e ângulo facial, nariz, orelha, estatura, cor da pele, cabelos, esteatopigia, mama feminina: estas são as características que se apura. Porém, o que cada uma delas significa para o organismo inteiro, o que significam uma para a outra, como uma depende da outra, sobre isso quase nada ficamos sabendo, e talvez jamais saibamos nada certo. Não é de se admirar, portanto, que da constatação das diferentes características nos diferentes grupos humanos não tenha resultado qualquer homogeneidade, mas sempre só uma policromia caricatural do tipo em questão.

Por certo tempo se esperava pôr ordem no caos por meio de medições exatas, e as maiores expectativas haviam sido postas principalmente nas medições cranianas. Agora também estas – e justamente estas – se mostraram totalmente insuficientes para dividir os seres humanos em grupos diferentes: os seres humanos dolicocéfalos se encontram espalhados pelas populações de resto mais heterogêneas possíveis, assim como os braquicéfalos. Os bosquímanos e os negros, os etíopes e os drávidas, os semitas e os europeus setentrionais são todos pronunciadamente dolicocéfalos e não possuem nenhuma outra característica anatômica em comum.

Agora se começa a examinar as peculiaridades patológico-fisiológicas dos povos para, por meio delas, talvez lograr uma melhor classificação. Ainda está em aberto se a tentativa será bem-sucedida.

Mas talvez a luz venha de um lado bem diferente: dos resultados da pesquisa biológica, depois que esta começou a se ocupar da composição química do sangue. O instinto popular, que com tanta frequência acerta, há muito já havia intuído que "o sangue é um sumo muito especial", dizendo, por essa razão, com referência aos traços profundamente gravados na essência do indivíduo: "está no seu sangue", e não falou do parentesco do cabelo, da voz ou do nariz, mas do "parentesco do sangue". Ora, nos últimos anos toda uma série de pesquisadores se ocupou com a seguinte questão: como se pode caracterizar o sangue de cada espécie animal e diferenciá-lo do sangue de outras espécies? Em que medida, portanto, a análise sanguínea pode ser usada para diferenciar as espécies e sistematizá--las? As pesquisas de *Bordet, Nutall, A. Wassermann, Uhlenhut, Friedenthal* e outros resultaram[19] em que agora se consegue diferenciar com segurança, pelas vias biológicas, a proteína até mesmo de duas espécies estreitamente aparentadas e, além disso, constatar certas diferenças proteicas de um mesmo organismo. O que permanecia duvidoso era isto: se com esse

---

19 Ver, por exemplo, H. Friedenthal, *Über einen experimentellen Nachweis von Blutsverwandtschaft*, 1900. O ensaio foi republicado junto com outras investigações do autor de teor similar na obra *Arbeiten aus dem Gebiete der experimentellen Physiologie*, 1908.

mesmo método se poderia constatar diferenças também dentro da mesma espécie e, portanto, se a análise do sangue também poderá ser usada para fins de classificação, por exemplo, das "raças" humanas. Os trabalhos de alunos de *Neisser*, principalmente de *Carl Bruck*,[20] responderam a essa pergunta afirmativamente. Experimentos feitos em holandeses, chineses e malaios mostraram que, de fato, com a ajuda de um soro imunológico direcionado contra representantes da raça branca seria possível diferenciar esta biologicamente de integrantes da raça mongólica e malaia e, ao mesmo tempo, a partir dos valores titulométricos obtidos inferir o grau de parentesco das raças entre si.

Também no caso dessas investigações, trata-se naturalmente dos primeiros passos e, em curto prazo, por enquanto também não se chegará a um esquema completo das raças humanas com o auxílio dos métodos biológicos.

No entanto, seria incorrer numa falácia sumamente problemática se dos insucessos dessas tentativas de classificação deduzíssemos a inexistência de qualquer grupo humano antropologicamente específico. Só porque até agora não encontramos um princípio de classificação, a realidade não dispensará as diferenças! E nós poderemos perceber essas diferenças étnicas entre os grupos humanos mesmo antes que a etnologia, a antropologia, a biologia ou a fisiologia nos tenham fornecido o esquema de classificação da humanidade. Inclusive, sempre encontraremos meios e caminhos para evidenciar e transmitir essa diversidade tomando como exemplo características individuais. Seria ruim se tivéssemos de esperar até que os antropólogos elaborassem um esquema útil de classificação para constatar que o esquimó possui feição diferente do negro e o italiano do sul é diferente do norueguês. Na subdivisão dos diferentes grupos humanos segundo suas qualidades somáticas, insistimos, muito mais do que o fizemos na diferenciação das psiques dos povos, no nosso direito de observadores dotados de racionalidade que não permitem que lhes seja

---

20 C. Bruck, Die biologische Differenzierung von Affenarten und menschlichen Rassen durch spezifische Blutreaktion; ed. especial da *Berliner Klinischen Wochenschrift*, 1907, p.371.

impingida a lorota de que um pássaro é um gato só porque os cientistas da natureza talvez ainda não tenham descoberto por que e em que os dois se diferenciam entre si. É só não se deixar intimidar! Quando se percebe como são escassos os meios com que (forçosamente!) tem de operar, por exemplo, a antropologia, não ficamos muito propensos – mesmo tendo em alta conta as suas conquistas – a atribuir-lhe uma esfera de influência assim tão ampla.

Aplicado ao nosso tema, isso significa: mesmo que não possamos classificar academicamente os judeus como uma "variedade" específica da humanidade, não há razão nenhuma para negar-lhes toda e qualquer peculiaridade antropológica. E só encontro uma explicação para uma sentença como a de *Von Luschan*: "para mim só (!) o que existe é uma comunidade religiosa judaica, não existe raça judaica":[21] é uma observação feita *ab irato*, decorrente de uma irritação momentânea (perfeitamente compreensível!), a qual *Von Luschan* já não pode sustentar em todo o seu teor porque estaria em total contradição com os resultados de suas próprias pesquisas. Posso entender que *Von Luschan* declare: "não sei de nenhuma raça judaica", querendo dizer que não existe uma raça judaica específica (1) no sentido de uma "variedade" específica da humanidade (pelas razões acima expostas); (2) na compreensão (originada de modo totalmente arbitrário e decorrente da mistura do sentido classificatório da palavra "raça" com seu significado idealizador-teleológico) de uma raça "pura" (em oposição a uma mescla de povos). Na passagem citada, *Von Luschan* quis se voltar especialmente contra esta última concepção, o que se depreende das seguintes palavras: "apontar insistentemente para a mescla de povos de que se compõem os judeus atuais também tem um significado prático". Porém, mesmo que não exista uma raça judaica nesse duplo sentido, isso quer dizer que, por essa razão, "só o que existe é uma comunidade religiosa judaica"?! Contra essa concepção se poderia objetar com razão que com toda a certeza existe também algo como uma comunidade étnica judaica que se expressa em memórias históricas comuns também fora da comunidade religiosa. E certamente com o mesmo direito se pode reivindicar para o povo judeu

---

21 F. Von Luschan, Offener Brief an Herrn Dr. Elias Auerbach, *Archiv für Rassen- und Gesellschafts-Biologie*, v.4, 1907, p.371.

Os judeus e a vida econômica

uma particularidade antropológica de algum modo específica – em contraste com os povos hospedeiros –, uma diferenciação antropológica. E mesmo que não pudéssemos citar nenhuma característica somática que fosse peculiar ao judeu e o diferenciasse de outros grupos, mesmo assim eu não me deixaria demover da ideia de que os judeus – onde quer que eu me depare com eles – são um grupo antropologicamente específico distinto, por exemplo, dos suecos ou dos negros. Portanto, de fato não só "uma comunidade religiosa".

Vê-se que a controvérsia desemboca numa briga em torno de palavras. Não existe uma "raça" judaica – certo. Mas existe uma peculiaridade antropológica dos judeus. Pena que não tenhamos uma palavra adequada para designar essa peculiaridade. Podemos falar de um clã ou algo assim. Porém, também nesse caso o termo não vem ao caso. Se chegarmos a um acordo sobre o que queremos entender com essa palavra (com tanta frequência mal empregada!), não há propriamente nenhuma restrição em falar de uma raça judaica ou, que seja, "raça" judaica. Concluo estas explanações com algumas palavras muito sensatas do excelente judaísta *Arthur Ruppin*, que me parecem ser a melhor coisa que já foi escrita sobre "raça judaica". Ruppin pensa assim:

> Não se deve extrapolar o conceito de raça. [Ruppin tem em mente aqui apenas um dos significados atribuídos ao termo.] Se por raça entendermos tão somente a comunidade que formou suas marcas antropológicas características em épocas pré-históricas e durante o período histórico se manteve livre de qualquer miscigenação com outras comunidades, não existe diferença de raça entre os seres humanos de pele branca, porque no decorrer dos séculos todos eles foram seguidamente misturados. Está totalmente inconclusa a questão se os judeus, desde o seu ingresso na história, formaram uma raça unitária e preservaram esse caráter unitário o tempo todo.
>
> Porém, pode-se ter como certo que os que professam a religião mosaica formavam, ainda no final do século XVIII e após muitos séculos de rigorosa procriação consanguínea, dentro de um círculo relativamente pequeno e geograficamente restrito, uma comunidade que se diferenciava nitidamente do entorno cristão por suas características antropológicas.

A totalidade das pessoas que descende genealogicamente dessa comunidade pode ser chamada — na falta de uma palavra melhor para grupos humanos antropologicamente unitários — de *raça*, mais precisamente, de raça judaica.[22]

III. A constância da essência judaica

A única coisa que nos interessa nessas constatações antropológicas é a ligação que existe, por exemplo, entre certas peculiaridades somáticas e a peculiaridade intelectual do clã judaico. Pois o que de fato gostaríamos de saber é se essa peculiaridade está no sangue ou não, se ela está fundada — como diz a popular expressão — "na raça" ou não. Para acercar-nos da solução desse problema, precisamos primeiramente verificar, como fizemos com as peculiaridades somáticas, também quanto às peculiaridades intelectuais quais foram seus destinos no decorrer da história judaica; temos de verificar, portanto, se as especificidades que observamos no povo judeu no tempo presente e no passado recente já podem ser encontradas em tempos mais antigos, se elas remontam aos primórdios da história ou se se instalaram só mais tarde (e talvez até quando se deu isso).

Nesse tocante, o resultado é este: a essência judaica, em todo caso, apresenta uma constância muito grande; certas especificidades, certos traços peculiares da psique judaica, podem ser acompanhadas retroativamente mais ou menos até onde tem início a formação coesa do grupo étnico que chamamos de judeus. Naturalmente, não há como constatar isso diretamente ou é possível fazê-lo apenas de modo muito incompleto, porque de épocas mais antigas possuímos apenas bem poucas descrições confiáveis do espírito do povo judeu que ademais são totalmente aforísticas. De qualquer modo, é muito instrutivo quando o Pentateuco nos diz (em quatro passagens: Êxodo 32:9; 34:9; Deuteronômio 9:13 e 27) o mesmo que Tácito: que Israel seria um povo determinado e obstinado, e quando Cícero nos fala da união fraternal desse povo; ou quando ouvimos Marco Aurélio dizer que os judeus são um povo inquieto, em relação ao qual ele exclamou em forma de lamento: "*o Marcomanni, o Quadi, o Sarmatae, tandem*

---

22 A. Ruppin, Die Mischehe, *ZDSJ*, v.4, p.18.

alios vobis inquietiores inveni";* ou quando Juan de la Huarte nos fala de seu entendimento perspicaz para as coisas mundanas, de sua *astucia, sollercia* [astúcia, solércia] etc.

Porém, dessas poucas observações ocasionais não podemos realmente construir uma imagem precisa da essência do povo judeu em tempos passados. Só conseguimos chegar a isso por vias indiretas: mediante o estudo dos destinos exteriores da vida, das manifestações de vida do povo, a partir das quais podemos inferir, como se infere de sintomas, a essência interior, a peculiaridade psíquica.

Nesse tocante, parecem-me significativos sobretudo os seguintes aspectos:

1. *A postura dos judeus em relação aos povos hospedeiros* (ou a postura destes em relação àqueles) desde que passaram a viver na diáspora. Vimos que, nos últimos séculos, essa postura foi preponderantemente hostil: os judeus foram encarados como "estrangeiros" pelo povo, como "subcidadãos" pelos governos, antes que o capitalismo os redimisse. Eles foram odiados e perseguidos em todos os países, mas em toda parte eles souberam manter-se e, por fim, impor-se.

E agora voltamos os olhos para o passado e assistimos sempre ao mesmo espetáculo desde o momento em que os vemos entrar em contato com estrangeiros: o estado de ânimo dos povos hospedeiros foi sempre o mesmo, independentemente de qual tenha sido a raça, a cultura ou a religião a que pertenceram. Em toda parte, o resultado final foi um antagonismo intrínseco, em toda parte houve perseguições e maus-tratos ao povo hospedado.

Tudo começou com os egípcios: "Os egípcios tinham horror aos filhos de Israel" (Êxodo 1:12).

"São adversários de todos os seres humanos": é o que Paulo pensa dos judeus (I Tessalonicenses 2:15).

Durante a época helenista, na Roma imperial: o mesmo quadro. Ódio feroz e, pelos motivos mais insignificantes, perseguição, pilhagem, assassinato e massacre. Pense-se nos terríveis *pogroms* em Alexandria durante os primeiros séculos da nossa era, sobre os quais relatam Josefo e Filo. "O

---

* Marco Aurélio apud Amiano Marcelino, *Rerum Gestarum*, 22,5,5. "Ó marcomanos, ó quados, ó sármatas, por fim encontrei outros mais inquietos que vós." (N. T.)

ódio aos judeus e a perseguição aos judeus são tão antigos quanto a própria diáspora" (*Mommsen*). Pense-se nas perseguições aos judeus sob os césares romanos. Marco Aurélio: *"foetentium Judaeorum et tumultuantium saepe taedio percitus"*.* Adiante: pilhagens e massacres sob Teodorico, bem como sob os langobardos no século VII. Mas também na Babilônia durante o século VI houve pesadas perseguições movidas pelos reis persas devotos do culto ao fogo.

Até mesmo na Península dos Pireneus, onde experimentaram tanta coisa boa, nunca deixaram de ser odiados e perseguidos: por islamitas e cristãos da mesma maneira. Recordemos os tormentos que lhes foram infligidos no século XI no reino ziri de Granada sob o viziratо de Yusuf Ibn-Nagrela, que culminaram na sua expulsão de Granada.

Tudo isso – e os exemplos facilmente poderiam ser multiplicados – são manifestações do ódio aos judeus em esferas culturais não cristãs, às quais se associariam então as numerosas perseguições da época cristã.

Naturalmente, não há como conceber tudo isso sem pressupor uma peculiaridade judaica – e sempre a mesma; isso não pode ter ocorrido por mero capricho absurdo dos povos hospedeiros tão diferentes uns dos outros.

E seguidamente – em todas as épocas e em todos os países (embora não ininterruptamente) – os judeus foram tratados como *subcidadãos* pelos detentores do poder onde viveram em meio a povos estrangeiros. Mas eles sempre foram subcidadãos não por não terem sido considerados plenamente capazes, e por essa razão se pretendia rebaixá-los. Na Antiguidade, ao contrário, eles com frequência eram até mesmo "privilegiados", contemplados com prerrogativas, por força das quais não podiam ser obrigados a exercer certas funções no Estado (como o serviço militar) ou por força das quais certas leis (como as referentes a associações e assembleias) não se aplicavam a eles. Porém, isso não evitava que eles, ainda assim, não pudessem participar plenamente na vida do Estado em que viviam. Com efeito, por exemplo, os helenos impugnaram o direito de cidadania dos judeus que viviam em Cesareia (!) (portanto, numa cidade situada em território

---

* Marco Aurélio apud Amiano Marcelino, *Rerum Gestarum*, 22,5,5. "Seguidamente se aborrecendo com os judeus malcheirosos e tumultuantes." (N. T.)

judeu e construída por um governo judeu); e Burnus (falecido em 62), o ministro de Nero,[23] deu-lhes razão. E durante toda a Idade Média pouca coisa mudou nessa condição.

Penso que uma política exercida de modo tão uniforme pelos mais diversos tipos de Estado igualmente deveria ter sua razão de ser na peculiaridade bem determinada do povo judeu – talvez apenas na sua severa lei religiosa, como podemos comprovar em alguns casos.

Porém, desde tempos imemoriais, o povo judeu sabe como preservar-se a despeito de todos os poderes. Aquela enigmática mistura de obstinação e adaptabilidade que pudemos constatar nos judeus da atualidade constitui o traço básico de seu comportamento durante todo o transcurso de sua história. Um verdadeiro reerguimento! Estatelados no chão e depois de pouco tempo de novo andando a passo firme. Basta pensar na resistência que o povo judeu soube oferecer aos césares romanos quando estes tentaram por todos os meios aniquilá-los como povo autônomo: a despeito de todas as medidas do governo, no século III já havia novamente um patriarca em Jerusalém, que ao menos de fato exerceu a jurisdição e foi tolerado pelo governo. Desde a Antiguidade até a época mais recente, passando pela Idade Média, os outros povos resumem seu juízo a respeito dos judeus na seguinte frase: ele é obstinado (tenaz) como um judeu, *"ostinato come un ebreo"*.

A área em que essa peculiaridade dos judeus, de serem adaptáveis e tenazes ao mesmo tempo, se mostrou espetacularmente eficaz foi na atitude diante de governos estrangeiros em questões de religião. Graças a esta é que sofriam a maior parte das hostilidades, a maioria das perseguições. E, no entanto, não quiseram renunciar à sua amada religião. Em vista disso, ocorreu a muitos a seguinte saída: fazer de conta que haviam abjurado da sua religião e continuar cultivando-a em segredo. Já conhecemos esse comportamento da época dos marranos; aqui queremos constatar que ele é tão antigo como a vida na diáspora.

A ocorrência maciça de judeus pseudopagãos, pseudoislamitas e pseudocristãos é um acontecimento tão fabuloso, tão singular na história da

---

23 Mommsen, *Römische Geschichte*, v.5, p.529.

humanidade que forçosamente causa estupefação toda vez que se lê ou escuta algo sobre o assunto.

Principalmente quando se ponderam as circunstâncias especiais sob as quais foi praticada essa dissimulação e o fato de que, com bastante frequência, foram exatamente os judeus mais piedosos, os representantes oficiais da crença judaica que se serviam desse expediente para se manterem vivos.

Começando com o Rabi Eliesar ben Parta, que exerceu suas atividades como pseudopagão sob Adriano[24] até o conhecido Ismael Ibn Nagrela, que, como rabino Samuel, deu palestras sobre o Talmude, escreveu uma metodologia, emitiu pareceres especializados sobre questões religiosas e, como vizir do rei islamita Habus, começou os decretos reais com as palavras *hamdu lillahi* e, no final, exortou aqueles a quem eram dirigidos os escritos do governo a continuarem vivendo de acordo com as prescrições do Islã;[25] até o grande Maimônides, que acreditava ter boas razões para justificar o seu pseudoislamismo;[26] até o falso Messias Sabbatai, que confessou Maomé sem que isso afetasse negativamente seu prestígio entre os fiéis; desde o judeu napolitano Basilo, que simulou o batismo dos seus filhos para poder prosseguir com o comércio de escravos (proibido aos judeus) usando a firma deles como fachada,[27] até os milhares e milhares de marranos que desde os tempos das perseguições aos judeus na Península dos Pireneus se declaravam cristãos para, na primeira ocasião propícia, retornarem à sua antiga crença: que ciranda bizarra de pessoas, nas quais a suprema obsessividade se aliou à extrema adaptabilidade!

Vimos que muitas das peculiaridades judaicas só se desenvolveram plenamente na diáspora. Mas então

2. *o próprio fenômeno da diáspora judaica* poderia ser cabalmente explicado a partir de circunstâncias exteriores, como um destino que teve de ser suportado? Ele próprio não atesta, por sua vez, uma peculiaridade específica? Formulando de outra maneira: será que qualquer outro povo poderia

---

24 M. Braunschweiger, *Die Lehrer der Mischna*, 1890, p.27.
25 Segundo um relato de Ibn Bajan apud Graetz, *Geschichte der Juden*, v.6, p.22.
26 Graetz, *Geschichte der Juden*, v.6, p.320.
27 Gregório, Epístolas IX, 36, in: Schipper, op. cit., p.16.

ter sido espalhado pelo globo terrestre da mesma maneira? Visto que a dispersão já estava concluída no início da nossa era, a pergunta deve ser respondida tão somente levando em consideração os judeus da antiga Palestina. É sabido que boa parte deles foi forçada a deixar seu local de residência e arrastada à força para o estrangeiro ou, se preferirmos a expressão suavizada, assentada em países estrangeiros.

Sabemos a respeito de Tiglate-Pileser que ele assentou contingentes da população judaica na Média e na Assíria; assim como também parcelas consideráveis do povo judeu foram conduzidas à força ao exílio babilônico. Fatos igualmente conhecidos são que Ptolomeu Lago teria arrastado milhares de judeus da Palestina para o Egito e, de outra parte, transferido uma parcela dos judeus egípcios para Cirene visando formar uma colônia; e que Antíoco, o Grande, buscou 2 mil famílias judaicas da Babilônia para assentá-las no interior da Ásia Menor, da Frígia e da Lídia. *Mommsen* chama os assentamentos de judeus fora da Palestina francamente de "uma criação de Alexandre ou de seus marechais".

Poderíamos ficar tentados a enxergar, pelo menos nos casos em que os judeus foram assentados em algum lugar sem ou contra a sua vontade, uma imposição do destino de caráter puramente exterior, que teria se consumado independentemente de toda a peculiaridade do povo judeu. Mas esse seria um juízo precipitado. Deveríamos ponderar, muito antes, o seguinte: se os judeus não tivessem qualidades especiais, com toda probabilidade eles não teriam sido transplantados. Esses assentamentos tinham um único sentido quando os detentores do poder esperavam deles algum benefício para o país de onde os judeus eram retirados e (decerto na maioria das vezes) para o país ou a cidade para onde eram transferidos. Ou eles deviam ser temidos no seu próprio país como agitadores ou deviam ser apreciados como cidadãos ricos e diligentes, com cujo auxílio se queria levar uma nova colônia ao crescimento, quando não havia razões específicas que levassem um regente a deportá-los, como no caso de Ptolomeu Lago, que enviou judeus egípcios (como já foi mencionado) para Cirene visando formar uma colônia e consolidar seu domínio sobre Cirene mediante a lealdade dos judeus.

Uma reflexão semelhante faz que introduzamos um momento subjetivo da peculiaridade étnica na cadeia causal, especialmente onde os judeus deixaram a Palestina, por exemplo, devido a uma espécie de pressão econômica, ou seja, porque o espaço de produção de alimentos se tornara escasso para a população crescente: um motivo para a emigração e, portanto, uma causa da diáspora que, em vista da natureza da Palestina, certamente ocorreu com bastante frequência. Porém, para que se chegasse a essa situação de aperto, já se pressupunha uma peculiaridade étnica: o forte crescimento populacional (que, como se sabe, surge graças a momentos fisiológicos tanto quanto psicológicos). E o fato de a situação de aperto levar à emigração pressupõe mais ainda uma predisposição étnica específica. Os judeus foram muitas vezes comparados com os suíços. É certo que os suíços também emigram muito porque a Suíça não tem como alimentar uma população numerosa. Mas eles emigram, antes de tudo, porque são suíços, porque têm energia para chegar pelas próprias forças a uma condição melhor. O hindu simplesmente não emigra, mas se contenta com uma porção menor de arroz quando a população cresce.

Porém, seria profundamente unilateral se encarássemos todos os casos da antiga e persistente emigração dos judeus palestinenses (assim como mais tarde dos que viveram fora da Palestina) como forçada. Não há como explicar esse fenômeno generalizado, que permaneceu o mesmo pelos séculos afora, sem supor que houve também movimentos voluntários ao lado do transplante forçado. É indiferente se quisermos pensar aqui num "impulso migratório" específico ou, no mínimo, num sedentarismo pouco desenvolvido como razão da frequente mudança de localidade. Porém, será preciso admitir que o povo que tão facilmente passou de um país a outro tem uma peculiaridade de algum modo determinada. Do mesmo modo, sem ter como pressuposto tal peculiaridade não há como explicar por que os destinos das migrações apresentam uma consonância: por que, desde a Antiguidade, vemos os judeus rumando sempre só para as grandes cidades? *Herzfeld*, que talvez tenha compilado a mais completa lista de assentamentos judaicos do período helenista, aponta com razão para o fato surpreendente de que, das localidades enumeradas, 52 são cidades e, entre estas, 39 cidades comerciais florescentes.[28]

---

28 L. Herzfeld, *Handelsgeschichte der Juden des Altertums*, 1879, p.204.

Essas últimas ponderações já nos mostraram que a peculiaridade judaica com certeza não tomou forma definitiva só a partir da diáspora (ou então, como supõe a historiografia judaica oficiosa, só durante a Idade Média europeia), mas que a própria diáspora é obra dessa peculiaridade, que, portanto, já deveria estar presente antes disso – pelo menos embrionariamente. Exatamente a mesma coisa, entretanto, vale também para outro importante complexo de sintomas, no qual podemos basear os nossos estudos da essência judaica.

3. *A religião*. Foi dito que o judeu, como se apresenta a nós hoje, seria um produto de sua religião; que estaria bem evidente o quanto o judeu foi feito "judeu", artificialmente feito (por assim dizer), mais precisamente, pela política consciente e bem calculada de círculos individuais e homens individuais e em oposição a todo e qualquer "desenvolvimento orgânico"; seguramente concordo com isso, e minhas exposições no capítulo que trata da religião judaica tiveram o propósito de pôr a descoberto a grande influência que a religião judaica exerceu especialmente sobre o comportamento econômico dos judeus. Porém, gostaria de afirmar enfaticamente aqui, contrapondo-me à já mencionada concepção de *Chamberlain*: dita religião mesma com toda a sua extravagância não teria sido possível se determinada peculiaridade não a tivesse sustentado. O fato de aqueles homens individuais e aqueles círculos individuais terem sido capazes de idealizar composições tão inusitadas pressupõe que eles possuam uma peculiaridade intelectual, e o fato de todo o povo ter se deixado cativar por suas doutrinas, reconhecendo-as não apenas exteriormente, mas também no seu íntimo com grande fervor, tampouco é concebível sem a suposição de que estavam latentes no povo os germes, as predisposições para a peculiaridade que só mais tarde viria a assumir um perfil nítido. Atualmente não é mais possível livrar-nos da noção de que cada povo tem a longo prazo a religião que corresponde à sua essência (e que ele modifica a forma de uma religião até que ela esteja adequada a ele).

A meu ver, portanto, poderemos inferir sem problemas a peculiaridade étnica dos judeus da peculiaridade da religião judaica. E toda uma série dos traços hoje perceptíveis pode, por conseguinte, remontar a uma época bem antiga, no mínimo à época imediatamente posterior ao exílio babilônico.

Espero que, nesse tocante, não me julguem capaz de estar me referindo ao teor das lendas e, por exemplo, fazendo o tipo dos autores de catecismos antissemitas, deduzir da narrativa em parte bastante problemática sobre Isaac-Esaú-Jacó e suas mais variadas trapaças uma "propensão do povo judeu para o modo fraudulento de proceder". Trapaças fazem parte do núcleo duro de todas as mitologias, ao que parece. Quando dirigimos nosso olhar para o Olimpo ou o Valhala, vemos ali até mesmo os deuses passando a perna uns nos outros de uma maneira tão infame que nem mesmo poderia ser superada pelos patriarcas judeus. Não é por aí; estou pensando nos traços básicos do sistema religioso judaico como expostos por mim e acho que eles também contêm os traços básicos da essência judaica; que, antes de tudo, o intelectualismo, o racionalismo e o teleologismo são comuns a ambos, que devemos vislumbrar neles, portanto, peculiaridades do povo judeu que necessariamente existiram (repito: pelo menos embrionariamente) antes da formação do seu sistema religioso.

Quando então ouso apresentar como um sintoma da constância da essência judaica

4. *a notável igualdade de sua atividade econômica* durante quase todos os séculos da história, contraponho-me às opiniões dominantes. E não só com a visão que assume uma mudança da atividade econômica dos judeus no decurso dos séculos, mas também com aquela que aceita como válida a igualdade afirmada também por mim – pela seguinte razão: vejo que se repete na história judaica uma atividade econômica diferente daquela que até agora foi suposta pela opinião vigente.

Este é, no entanto, o estado atual do saber (e da crença!) sobre o devir da história econômica judaica.

A noção que pode ser chamada de concepção judaica assimilacionista oficiosa, mas que também é defendida por muitos judeus de mentalidade nacionalista, e que, pelo que vejo, remonta a *Heinrich Heine*, é mais ou menos esta: os judeus são de berço um povo agrícola; também na diáspora (inclusive ainda depois da destruição do Templo), eles se dedicaram à agricultura e evitaram todas as demais atividades econômicas. Então sucedeu que, por volta dos séculos VI ou VII após o nascimento de Cristo, eles foram forçados a vender suas propriedades fundiárias. Quer queiram quer não, eles têm de buscar novas fontes de renda e escolhem o comércio de mercadorias como substituição à agricultura que lhes fora barrada. Por cerca de meio milênio eles exerceram a ocupação de comerciantes de mercadorias. Então foram novamente atingidos por um golpe devastador: em decorrência do movimento antijudaico inflamado pelas Cruzadas, o clima nos círculos de negociantes também se tornou hostil aos judeus; as associações comerciais nacionais, que entrementes haviam se tornado mais fortes e se coligado em corporações, excluíram os judeus do mercado que foi monopolizado por elas. Os judeus, mais uma vez privados de suas fontes de renda, são novamente forçados a explorar novas fontes ou, mais exatamente, escolher a única à qual ainda têm acesso: eles se tornam emprestadores de dinheiro e logo em seguida emprestadores privilegiados de dinheiro, em consequência das leis do juro e da usura que os favoreciam.

Segundo outra noção, difundida principalmente entre os historiadores não judeus, mas também entre historiógrafos judeus (como *Herzfeld*), os judeus são de berço um povo propenso e dedicado ao comércio (de mercadorias), portanto, não propriamente um povo agrícola, mas um "povo mercante", que, onde quer que tivesse oportunidade, dedicava-se ao comércio: desde os tempos de Salomão, passando por todas as épocas da história palestinense e através de todas as transformações da diáspora até os nossos dias.

Como já disse, considero errôneas as duas concepções, no mínimo unilaterais, e tento demonstrar isso mediante *um panorama do transcurso da história econômica judaica*.

O quadro que nos é oferecido pela economia do povo judeu desde o período do reinado até o final da autonomia nacional e decerto até a codificação do Talmude é o de uma economia nacional em essência autossustentável, que fornece o excedente do solo para o exterior e cujas economias individuais igualmente cobrem toda a sua demanda ou estão interligadas mediante a troca simples de bens. Os tipos de organização com que nos deparamos são, portanto: economia própria com trabalho assalariado incorporado, economia própria ampliada (economia baseada no trabalho servil) e manufatura. Onde esses tipos predominam, uma atividade comercial movimentada, e sobretudo um comércio profissional, fica reduzido a limites muito estreitos. E quando se vê, principalmente no período do reinado (mais tarde, o comércio teria diminuído de intensidade!), a Palestina repleta de comerciantes de todo tipo, isso evidentemente se deve a um desconhecimento da economia salomônica, que muito claramente representa um sistema de grandes economias baseadas na servidão (mais ou menos do mesmo tipo das "vilas" de Carlos Magno) e naturalmente tornava necessários consideráveis movimentos de bens, mas que nada tinha a ver com "comércio de mercadorias".

> E os oficiais [nós diríamos mais precisamente, supervisores = *villici*] que se ocupavam dos negócios de Salomão eram 550 [...] Fez o rei Salomão também navios em Eziom-Geber, que fica perto de Elate [...] E Hirão enviou seus servos no navio, bons marinheiros e conhecedores do mar, com os servos de Salomão. Foram rumo a Ofir e tiraram de lá 420 talentos de ouro que trouxeram ao rei. (I Reis, cap. 9[:23-28])
>
> Cavalos e todo tipo de mercadoria eram trazidos a Salomão do Egito; e os comerciantes do rei compravam essas mercadorias. (I Reis, cap. 10[:28])

Estas e outras passagens, das quais se depreenderam movimentadas "relações comerciais internacionais", e até uma "monopolização do comércio", explicam-se ao natural quando se concebe a economia imperial como baseada no trabalho servil em grande estilo, que envia seus oficiais com navios próprios (em companhia de outros grandes proprietários de grandes glebas) ao estrangeiro para buscar bens para consumo próprio (mediante compra ou troca, à força ou de presente). A estrutura perfeitamente autossustentável da economia imperial aparece de modo especialmente claro onde é descrita a construção do templo: Salomão envia mensageiros a Hirão, rei de Tiro, dizendo:

> Manda-me, pois, agora um homem que saiba trabalhar o ouro, a prata, o bronze, o ferro, a púrpura, o carmesim e a seda dourada [...] Manda-me também madeira de cedro, cipreste e sândalo do Líbano; pois bem sei que os teus servos sabem cortar madeira no Líbano. Eis que os meus servos estarão com os teus. E eis que darei aos teus servos carpinteiros que cortam a madeira

20.000 coros de trigo batido e 20.000 coros de cevada e 20.000 batos de vinho e 20.000 batos de azeite. (2 Crônicas 2:7-9)

Do mesmo modo, combina perfeitamente com a imagem de uma grande organização de glebas baseadas na servidão (e não prova absolutamente nada no tocante a uma movimentada atividade comercial), quando se diz (2 Crônicas 8:4): Salomão edificou Tadmor no deserto e todas as cidades-armazéns em Hamate.

(I Samuel 8:11 et seq. dá a impressão de ter sido copiado do *Capitulare de villis*.)*

Nenhuma das passagens usadas como fontes das quais se acredita poder inferir um "comércio extenso" para uma época posterior permite essa interpretação. (*Herzfeld*, que foi quem mais minuciosamente processou essas coisas, comete, além dos erros de interpretação, ainda muitos equívocos na datação das fontes: ele se atém essencialmente à cronologia pré-crítica dos livros bíblicos individuais e, por essa razão, desloca a maioria das fontes para o período pré-exílico.)

A informação que obtemos da Bíblia sobre os exilados ricos (Esdras 1:4, 6; Zacarias 6:10-11) nos deixa totalmente na incerteza quanto à sua atividade profissional e de modo algum justifica a conclusão (*Graetz*) de que eles teriam enriquecido pela "atividade comercial". (Os documentos cuneiformes permitem, de modo melhor, concluir que houve grandes comerciantes judeus na Babilônia.) Depreender de Ezequiel 26:2 a inveja comercial dos fenícios e construir em cima disso a hipótese de um "florescimento comercial em grande escala" no período pré-exílico parece-me excessivamente ousado.

A cautela exigida de quem pretende deduzir de uma única observação a existência de um comércio profissional é evidenciada pela passagem bastante recorrente de Provérbios 7:19-20, que nos fala das maquinações da esposa adúltera. A mulher adúltera falou para o jovem desajuizado: "Vem, o marido não está em casa, saiu de viagem para longe. Levou consigo o

---

* *Capitulare de villis vel curtis imperii*: decreto de Carlos Magno do ano de 812 regulamentando detalhadamente a administração das propriedades rurais da Coroa. (N. T.)

saquitel de dinheiro e só voltará para casa por volta da festa". Negociante? É possível. Mas também poderia muito bem ser um agricultor que saiu para pagar o arrendamento ao *villicus* que mora longe e aproveitará a ocasião para comprar uma junta de bois.

Em contraposição, outras passagens atestam com muita clareza ainda para o período tardio a existência de organizações do tipo baseado no trabalho servil. Por exemplo, quando Neemias (Neemias 2:8) recebe cartas de recomendação a Asafe, o oficial encarregado da madeira do rei (ou como traduz De Wette: "o guarda das matas do rei"), para que este lhe dê madeira para a reconstrução de Jerusalém. Outras passagens, por sua vez, como Levítico 19:35-36, onde se encontram os preceitos de P sobre balanças, medidas e pesos justos, frequentemente citados, pelo menos não provam nada contra a hipótese de uma organização econômica predominantemente autossustentável.

Naturalmente, sempre houve também um intercâmbio de bens e, decerto já na época do reinado, uma "classe comerciante" profissional, mais corretamente uma "classe mercante". Tomamos conhecimento dela quando o rei derrotado Ben-Hadade oferece ao rei Acabe a construção de becos (para mercadores) em Damasco, como seu pai havia feito em Samaria (I Reis 20:34; ver também I Reis 10:14, 25), ou quando se menciona expressamente que, na Jerusalém renovada, "entre o salão da esquina e a Porta das Ovelhas, edificaram os ourives e os mercadores" (Neemias 3:32). Mas não se entende como essa informação mostraria "que em Jerusalém havia guildas renomadas de comerciantes" (*Bertholet*). Muito antes, pode-se tocar com as mãos os pequenos proprietários de bancas na Porta das Ovelhas.

Porém, ocorreu também, decerto já em tempos antigos, um intercâmbio internacional de bens pela via do comércio, e houve supostamente também "grandes comerciantes" profissionais que mediavam esse intercâmbio: isto é, em essência exportavam os produtos agrícolas excedentes da Palestina e em troca importavam artigos de luxo (?).[29] "Judá e a terra de Israel também

---

29 Com relação ao período talmúdico, Herzfeld, op. cit., p.118 et seq., oferece um panorama (de acordo com os tratados talmúdicos) das mercadorias estrangeiras postas à venda na Palestina. São mais de cem.

mercaram contigo [Tiro] e levaram aos teus mercados o trigo de Minite e bálsamo, mel, azeite e almécega" [cf. Ezequiel 27:17]. Porém, aqui nos deparamos com o fato curioso de que *esse comércio restrito em grande estilo não era controlado por comerciantes judeus, mas por estrangeiros*, sendo, portanto, "comércio passivo" do ponto de vista dos judeus. "Moravam também sírios nela [na cidade de Jerusalém] que traziam peixes e todo tipo de mercadorias". Vemos caravanas cruzando a Palestina, mas elas não são conduzidas por judeus, e sim por midianitas, sabeus, dedanitas, nabateus, quedarenos e outros povos.[30] Ezequiel (26:2) ainda chama Jerusalém de "a porta dos povos", evidentemente pensando em especial nos povos do sul em relação a Tiro e Sidom. Na época dos Provérbios, até mesmo o comércio ambulante ainda é controlado pelos cananeus. E se os judeus não souberam tomar as rédeas do comércio nem na sua própria terra, é muito natural que tampouco no "mercado mundial" tivessem desempenhado algum papel de destaque como representantes das relações comerciais internacionais em países estrangeiros durante a Antiguidade. Os "comerciantes internacionais" da Antiguidade são os fenícios, os sírios, os gregos, mas não os judeus.[31] "Faltam quase por completo testemunhos expressos de que a emigração judaica praticava preferencialmente o comércio".[32]

Em vista de tantos testemunhos concordantes, não vejo nenhuma razão para encarar como exagero tendencioso a conhecida passagem de *Josefo* – "não habitamos uma terra junto ao mar nem usufruímos do comércio marítimo ou de qualquer outro comércio" (*Contra Apião*, I:12) – no que se refere ao povo judeu daquela época (pelo menos aos judeus que ainda residiam na Palestina). Essas afirmações evidentemente correspondem aos fatos.

E os séculos seguintes não trouxeram nenhuma mudança essencial nessa condição. No Talmude também preponderam as declarações que permitem concluir que a organização autossustentável e manufatureira da vida econômica judaica, pelo menos no Oriente, permaneceu inalterada

---

30 A. Bertholet, *Die Stellung der Israeliten und der Juden zu den Fremden*, 1896, p.2 et seq.

31 Ver, por exemplo, Büchsenschütz, *Besitz und Erwerb im griechischen Altertum*, 1869, p.443 et seq.

32 L. Friedländer, *Sittengeschichte Roms*, 5. ed., v.3, p.571.

e que não se podia falar de uma "atividade comercial" preponderante. De fato, se declara afortunado o homem que pode se tornar um "mercador de especiarias"[33] e não precisa dedicar-se ao trabalho artesanal pesado. Porém, isso se refere justamente à sorte do bodegueiro, não à do "comerciante". Os rabinos não têm uma disposição muito favorável ao "comércio", principalmente o comércio além-mar. Alguns chegam a condenar diretamente toda a organização mercante e louvam a economia autossustentada *pur et simple* [pura e simplesmente]:

> Rabi Achai ben Yoshiah disse: Com quem se parece aquele que compra frutas no mercado? Com uma criança, cuja mãe morreu; fazendo isso, busca-se as portas das mães que amamentam suas crianças e a criança não fica saciada. Quem compra pão no mercado é parecido com alguém que cava para si mesmo a própria cova em que será enterrado.[34]

Rab (*Abba*) – 175 a 247 – incute no seu segundo filho a seguinte lição: é preferível uma pequena porção do próprio campo do que uma grande porção do armazém (depósito de mercadorias).[35] Os rabinos ensinaram: em quatro *perudas* [ganhos] jamais se encontrará um sinal de bênção: "no ofício do escrevente, na taxa cobrada pelo intérprete, no ganho obtido com o dinheiro dos órfãos e no *ganho obtido com negócios além-mar*". Para este último se menciona a razão: "porque não é todo dia que acontece um milagre".[36]

E como se configuram as coisas no Ocidente? Também aí não podemos imaginar que os judeus tenham desenvolvido uma "atividade comercial" muito expressiva. Muito antes, o judeu (ao lado do "sírio") aparece, durante todo o período imperial romano e depois durante os séculos iniciais da Idade Média, em que ele atua como comerciante, como um pequeno muambeiro, bastante modesto, que estorvava a atividade dos

---

33 *Kiddushim*, 82b.
34 *Rabi Nathan*, Ethik, XXX, 6 (trad. p.107).
35 *Pesachim*, 113a.
36 *Pesachim*, 50b (trad. L. Goldschmidt, v.2, p.500). Ver também o material (todavia não assegurado) nos artigos (nem sequer livres de tendências) "Welthandel" e "Handel". In: J. Hamburger, *Real-Encyklopädie des Judentums*, 1883 e 1896.

"comerciantes imperiais" da Roma imperial, assim como fez o pequeno comerciante polonês dos séculos XVII e XVIII com os negociantes do nosso país. Todas as informações que temos sobre o comércio de mercadoria feito pelos judeus no início da Idade Média se encaixa bastante bem nessa figura do pequeno muambeiro. E nada justifica falar dos judeus desses séculos como um "povo comercial", coisa que eles nunca foram; nos séculos em que o "comércio" – pelo menos o local e o internacional – tinha o caráter de um empreendimento meio predatório, meio aventureiro: portanto, até os períodos mais adiantados da história.

Portanto – essa é a conclusão a que talvez se chegue –, se os judeus não foram um "povo comercial", os representantes da outra opinião têm razão pelo menos quando dizem que eles foram um povo "agrícola". A isso se deve responder o seguinte: com certeza, no sentido exposto anteriormente de que a economia nacional judaica teve, durante toda a Antiguidade e até a Idade Média avançada, um caráter autossustentável (as expressões "povo comercial", "povo agrícola" etc. devem ser evitadas devido à sua indeterminação; ainda falarei desse ponto). Porém, de modo nenhum naquele outro sentido, a saber, como se naquele tempo fosse totalmente estranha aos judeus a atividade econômica que mais tarde se tornou sua atribuição quase exclusiva e para cujo exercício teriam sido impelidos contra a sua vontade (pelo que diz a concepção judaica assimilacionista oficiosa): o empréstimo de dinheiro. Pelo contrário, e à constatação deste fato atribuo um peso decisivo: a partir do momento em que temos ciência de uma história econômica judaica e durante todo o tempo em que podemos acompanhá-la no transcurso dos séculos, *o empréstimo de dinheiro sempre ocupa um espaço bem grande, notavelmente grande na vida econômica do povo.* Ele acompanha a comunidade do povo judeu em todas as fases do seu desenvolvimento: está presente em todas as épocas da autonomia nacional, assim como na diáspora; ele se adapta com a mesma facilidade (e certamente com predileção) à economia camponesa autossustentável, como a todas as demais formas econômicas. E nos deparamos com os judeus no papel de credores. Assim foi pelo menos até seu retorno do Egito. Ao passo que ali, eles parecem ter sido devedores dos egípcios: como se sabe, segundo o relato oficial, quando fogem do Egito, levam com eles as somas tomadas de empréstimo dos egípcios: "E farei que os egípcios tenham misericórdia desse povo, de modo que, quando sairdes, não será de mãos vazias" (Êxodo 3:21). "Além disso, o Senhor havia feito que os egípcios tivessem misericórdia do povo, de modo que lhes concederam empréstimos; e eles os subtraíram aos egípcios" (Êxodo 12:36). Mas então essa situação se modificou radicalmente; converteu-se no seu contrário: Israel se tornou o credor e os povos estrangeiros se tornaram seus devedores. Desse modo, cumpriu-se a maravilhosa bênção que deveria ser posta como lema de toda a história econômica judaica, aquela bênção maravilhosa, na qual está expresso todo o destino do povo judeu numa só sentença, a seguinte palavra de Javé: "O Senhor, teu Deus, abençoar-te-á, como tem dito a ti. Assim, *emprestarás a muitas nações, mas de ninguém tomarás empréstimos*" (Deuteronômio 15:6). No seu comentário ao Deuteronômio, *Bertholet* faz a seguinte observação a respeito dessa passagem: "ela aponta para o pano de fundo histórico de um período em que Israel está espalhado pelo mundo inteiro como povo comercial e com seus negócios financeiros de fato constituiu uma potência sobre a Terra".[37] *Bertholet* vê (como depreendo de sua gentil comunicação epistolar) Deuteronômio 15:4-6 como uma inserção tardia e estaria "inclinado a considerar como mais provável, justamente porque as palavras parecem pressupor um espraiamento muito grande de Israel, o período grego [portanto, o período posterior a Alexandre, o Grande]". (Aliás, *Marti* agora passou a concordar, na tradução bíblica de Kautzsch, v.3, p.266, com essa opinião.)

Eu já disse que ainda não consigo me convencer direito, nem mesmo com referência a esse período tardio, que os judeus foram um *povo comercial* espalhado pelo mundo inteiro. Para me certificar de não ter deixado passar nenhuma passagem importante das fontes, perguntei ao professor Bertholet em que ele baseava sua opinião, e ele me remeteu a Provérbios 7:19 et seq..; 12:11; 13:11; 20:21; 23:4 et seq.; 24:27; 28:19-20, 22; Jesus Siraque [Eclesiástico] 26:29-27:2.

---

37 A. Bertholet, *Deuteronomium*, 1899. In: K. Marti, *Kurzer Handkommentar zum Alten Testament*, seção 5, p.48.

Já tratei em outro contexto dessas passagens, que, em sua maioria, falam dos perigos da riqueza, e, num exame mais preciso, concluo que nenhuma delas aponta para uma atividade comercial em grande estilo. Também já expliquei que Provérbios 7:19 et seq. pode (mas não precisa) ser interpretado como referência a um negociante em viagem. A informação que nos é dada por Tobit (para a qual o professor Bertholet também chamou minha atenção) de que era "comprador" (ἀγοραστής) do rei Enemanassar* e, nessa função, tinha uma boa receita, permite-nos inferir mais uma vez justamente uma organização baseada no trabalho servil que não tem relação com o comerciante profissional propriamente dito. Ananias, o negociante judeu na corte de Adiabene, mencionado por Josefo, pode ter sido comerciante, mas pode também ter sido judeu da corte. Por óbvio, não nego que os judeus em todo tempo, principalmente na diáspora, também se dedicaram ao comércio (internacional). Só não creio que este tenha sido algo característico deles. O característico era, muito antes, o negócio de empréstimos. E, no que se refere a este, é válido para a época em que deve ser situado Deuteronômio 15:6 o que Bertholet afirma: que já naquele tempo Israel foi uma potência na terra em função dos seus negócios financeiros. Também me parece perfeitamente justificado que ele interprete nesse sentido a citação de Strabo (Josefo, *Antiguidades judaicas*, XIV: 7,2): "τόπος οὐχ ἔστιν ῥαδίως εὑρεῖν τῆς οἰχουμένης, ὃς οὐ παραδέδεχται τοῦτο τὸ φῦλον, μηδ' ἐπιχρατεῖται ὑτ'αὐτοῦ".** Pois é muito difícil dizer ao que poderia se referir o "ἐπιχρατεῖται" [ser dominado] se não ao poder financeiro dos judeus, já que, no caso deles, não é fácil descobrir outra relação de dominação.

As provas documentais mais antigas para a relação creditícia altamente desenvolvida no antigo Israel certamente estão contidas na filípica de Neemias, que, em suas passagens principais (segundo a tradução de De Wette, pois a tradução de Lutero está eivada de imprecisões e, nos pontos principais, até fica sem sentido), tem o seguinte teor:

---

* O texto original da Septuaginta traz "Enemessar", referindo-se ao rei assírio Salmanassar IV (727-723). (N. T.)

** "Não é fácil encontrar um lugar no mundo que não tenha sido concedido a essa tribo e que não tenha sido dominado por ela." (N. T.)

E levantou-se um grande clamor do povo e das mulheres contra seus irmãos, os judeus. Houve os que diziam: "Somos muitos, nós e nossos filhos; que possamos produzir cereal para comer e, assim, viver".

E houve os que diziam: "Somos obrigados a hipotecar nossos campos, vinhas e casas para conseguir cereal para matar a fome".

E houve os que diziam: "Tomamos dinheiro emprestado até para pagar o tributo do rei sobre os nossos campos e as nossas vinhas".

"E, no entanto, nosso corpo é como o corpo dos nossos irmãos e a nossa terra como a terra deles. E eis que nós temos de sujeitar nossos filhos e nossas filhas à servidão e não possuímos patrimônio e nossos campos e nossas vinhas pertencem a outros".

Então, quando ouvi seu clamor e o que diziam, fiquei enfurecido. Meu coração ficou perplexo e discuti com os nobres e líderes e lhes disse: "Praticais a usura cada um contra o seu irmão? [...] Peço que devolvais a eles hoje os seus campos, as suas vinhas, os seus olivais, as suas casas e o centésimo do dinheiro e do cereal e do azeite que tomastes deles a título de juros". (Neemias 6:5)*

O quadro esboçado aqui por Neemias não deixa nada a desejar em termos de clareza: o povo dividido em duas metades, uma camada superior rica, que se ocupa com o empréstimo de dinheiro, e uma massa de camponeses extorquida pela usura. Os "povos estrangeiros" são, nesse caso, os compatriotas (provavelmente) de outra tribo no próprio país.

Essa relação creditícia nativa, pelo visto, não diminuiu de intensidade durante toda a história judaica na Palestina e na Babilônia (apesar de Neemias e outros reformadores!). Os tratados do Talmude são uma prova concentrada disso. Com efeito, neles – claro que principalmente nos diferentes tratados *Baba* –, depois do estudo da Torá, nada se equipara em importância ao negócio de empréstimos. O ideário dos rabinos (que, em muitos casos, certamente foram os principais credores): a decisão do Rabina (o último dos amoraítas; 488-556) na questão do juro a ser cobrado do estrangeiro (*Baba metzia* fol. 70 b) soa praticamente como a declaração do monopólio da usura a favor dos rabinos – ela está eivada

---

* Na verdade, Neemias 5:1-7 e 11. (N. T.)

de negócios financeiros. Exemplos de negócios de empréstimos, formas de juros etc. são extraordinariamente frequentes; igualmente discussões sobre dinheiro e problemas advindos do empréstimo de dinheiro. Todo leitor imparcial (e não totalmente carente de conhecimentos econômicos) terá, da leitura do Talmude, a clara impressão de que, nesse mundo, empresta-se muito dinheiro.

Na diáspora, então, o negócio de empréstimo de dinheiro, pelo visto, começa a crescer para valer. A circulação de dinheiro dos judeus já estava bem regulamentada na diáspora egípcia quatro ou cinco séculos antes da era cristã; é o que mostra o Papiro de Oxford (Ms. Aram. c. I [P]):

> Filho de Yatma [...] Tu me deste dinheiro / [...] 1000 *seguel* de prata. E pagarei de juros 2 *hallur* de prata / por cada *seguel* de prata por mês até o dia em que eu te devolver o dinheiro. Os juros / pelo teu dinheiro perfarão, portanto, 2000 *hallur* por mês. Se em algum mês eu não pagar os / juros, eles passarão a compor o capital e serão igualmente devidos a juros. Vou te pagar mês a mês / do meu salário pago a mim do tesouro e tu me escreverás um recibo [?] pelo montante do / dinheiro e dos juros que te pagarei. Se eu não te devolver todo o teu / dinheiro até o mês *rot* do ano de [...] será duplicado o dinheiro [?] / e os juros que restarem a pagar me serão cobrados mês a mês / até o dia em que eu te devolver tudo / Testemunhas.[38] etc. etc.

Nos períodos helenista e romano imperial, deparamo-nos com os judeus ricos como credores dos reis, e os mais pobres emprestavam dinheiro às camadas mais baixas do povo. Em todo caso, naquele tempo já se falava, no mundo romano, dos "usurários" judeus.[39]

Da mesma maneira, já no período pré-islâmico, eles tinham fama, entre os árabes, a quem emprestavam a juros, de ter "a usura e o ágio" no sangue.[40]

---

38 Devo a indicação para essa passagem à gentileza do professor Alfred Bertholet.
39 E. Rénan, *Les Apôtres*, 1866, p.289.
40 J. Wellhausen, *Medina vor dem Islam. Skizzen und Vorarbeiten*, 1889, p.4.

E também no âmbito cultural europeu ocidental, muitos certamente ingressaram de antemão como emprestadores de dinheiro. Já os havíamos encontrado entre os reis merovíngios como encarregados dos negócios e administradores financeiros (isto é, por certo essencialmente como credores).[41]

Na Espanha, todavia, onde tinham maior liberdade de atuação, o povo bem cedo se tornou devedor deles. Muito tempo antes de que, nos demais países, houvesse algo como uma questão dos judeus (= da usura), constatamos que, em Castela, a legislação se ocupou com o problema das dívidas com os judeus, e fez isso de modo a não deixar dúvidas de que o problema já havia assumido grande importância prática.[42]

Ninguém contesta que "a partir das cruzadas" o empréstimo de dinheiro passa a constituir a principal profissão dos judeus. Sendo assim, podemos constatar isto: desde o momento em que ficamos sabendo algo a respeito da vida econômica judaica constatamos que o empréstimo de dinheiro desempenha um papel destacado nela.

Realmente estaria na hora de que desaparecesse a seguinte história da carochinha: os judeus teriam sido impelidos durante a Idade Média europeia — em essência, só "a partir das Cruzadas" — para o negócio de empréstimo de dinheiro, porque lhes teria sido barrado o acesso a todas as demais profissões. A história bimilenar da relação creditícia dos judeus até a Idade Média já provaria com clareza suficiente o caráter errôneo daquela construção histórica. Mas até mesmo com referência à Idade Média europeia e à época mais recente não é sempre verdade o que afirma a historiografia oficiosa. Nem mesmo nesse período esteve barrado aos judeus em toda parte o acesso a todas as demais profissões além da "usura", e *ainda assim* eles davam preferência a empréstimos contra penhores. Isso foi demonstrado por *Bücher*, por exemplo, com relação a Frankfurt am Main, e pode ser constatado da mesma forma também para outros lugares e países. Com efeito — o que corrobora ainda mais a

---

41 Ver, por exemplo, Aronius, *Regesten zur Geschichte der Juden im fränkischen und deutschen Reiche bis zum Jahre 1273*, 1902, n. 45 e 62.

42 Ver o *fuero viejo* [foro velho] de Castela (em torno do ano 1000) em E. H. Lindo, *The History of the Jews of Spain and Portugal*, 1848, p.73.

tendência natural dos judeus para o negócio de empréstimo de dinheiro –, experimentamos na Idade Média e posteriormente que os governos até se esforçam por direcionar os judeus para outros ramos profissionais, mas em vão. É o que sucedeu na Inglaterra sob Eduardo I[43] e na província de Posen ainda no século XVIII,[44] onde as autoridades ofereceram prêmios ou outros meios para motivar os judeus a trocarem de profissão. Apesar disso e apesar de, naquelas regiões, poderem se tornar artífices e agricultores como todos os demais, encontramos em 1797, nas cidades do sul da Prússia, 4164 artífices judeus ao lado de 11 a 12 mil comerciantes judeus (frente a apenas 17 a 18 mil comerciantes cristãos, sendo os judeus 5-6% da população).

Ora, talvez se pudesse objetar: o "ato de usurar" (o "empréstimo de dinheiro"), mesmo que seja exercido de modo totalmente voluntário, nem precisa originar-se de uma disposição étnica específica, já que existem razões "universalmente humanas" em quantidade suficiente para explicá-lo.

Onde quer que, em um povo, haja pessoas com grandes posses vivendo ao lado de outras pessoas que, por quaisquer que sejam as razões (seja para consumo, seja para fins produtivos), necessitem de dinheiro, bastando que estejam dadas na ordem jurídica as condições mais primitivas para a tramitação de uma relação creditícia, os dois grupos da população sempre estabeleceram uma relação recíproca de credores e devedores.

Com efeito, inclusive onde, de modo geral, ricos moraram ao lado de pobres, mesmo antes de existir dinheiro no país, estes tomaram emprestado daqueles – nesse caso, *in natura*. Nos primórdios da cultura, quando os dois grupos ainda se sentiam como integrantes da mesma comunidade, esses empréstimos certamente eram pagos sem juros. Mais tarde – e só na relação com estrangeiros –, o empréstimo a juros em bens de consumo usuais (como cereal, gado, azeite) ou em dinheiro tornou-se um instituto

---

43 Segundo os *Statutes of Jewry* [Estatutos dos judeus]. In: Cunningham, *Growth of English Industry and Commerce*, 4. ed., v.1, 1905, p.204.

44 Segundo Von Bergmann apud R. Wassermann, Die Entwicklung der jüdischen Bevölkerung in der Provinz Posen, *ZDSJ*, v.6, 1910, p.67.

permanente de toda e qualquer economia nacional que apresentava alguma forma de diferenciação patrimonial.

A Antiguidade, a Idade Média e a Era Moderna estão igualmente repletas de empréstimo e "usura". E participam delas integrantes das mais diversas etnias e das mais diversas religiões. No caso da Antiguidade, basta lembrar as grandes reformas agrárias na Grécia e em Roma, que nos mostram claramente que, nesses países, em determinadas épocas a situação era exatamente a mesma que na Palestina do tempo de Neemias. Na Antiguidade, o lugar central das transações de empréstimo de dinheiro eram os templos, nos quais se acumulavam as grandes reservas em espécie. Quando o templo de Jerusalém emprestava dinheiro – não há como constatar com certeza se ele de fato fazia isso: o tratado do Talmude que trata dos impostos do templo (*Sekalim*) chega a proibir expressamente que excedentes (de uma determinada oferta) sejam usados para fazer negócios –, ele nada fazia de diferente do que faziam todos os demais grandes templos na Antiguidade. A respeito dos templos babilônicos sabemos que eles se assemelhavam a grandes casas de negócios: o templo de Marduque na Babilônia, o Templo do Sol em Nipur.

> Os dízimos que entravam em forma de massas de produtos naturais, na medida em que não eram utilizados para fins sacrificiais ou para alimentação e soldo de uma equipe de várias centenas de sacerdotes e serviçais, tinham de ser proveitosamente investidos, mediante compra de casas e terrenos que eram então alugados ou arrendados, mediante a venda de cereal e tâmaras, mas sobretudo de empréstimos em dinheiro, de modo que os templos acabaram se convertendo em casas bancárias.[45]

A mesma coisa nos é relatada a respeito dos templos de Delfos, Delos, Éfeso, Samos.[46]

---

45 F. Delitzsch, *Handel und Wandel in Altbabylon*, 1910, p.33. Cf. Hejcl, *Das alttestamentliche Zinsverbot*, 1907, p.32 e *passim*, e os documentos informados nesse mesmo local, p.54.

46 M. Weber, Agrargeschichte im Altertum. In: *Handwörterbuch der Staatswissenschaften*, 3. ed. Compare com J. Marquardt, *Römische Staatsverwaltung*, v.2, p.55 et seq.

Igualmente se sabe que, na Idade Média, as igrejas, os mosteiros, as fundações e as ordens cristãs eram centros de uma movimentada circulação de empréstimo de dinheiro (apesar da proibição da cobrança de juro!).

E quando hoje um agricultor da terra fértil consegue fazer sobrar algumas centenas ou alguns milhares de táleres limpos, ele não consegue imaginar nada melhor para fazer com eles do que dá-los como empréstimo a "juros escorchantes" a seu vizinho da terra árida necessitado.

Tomar juros sobre o dinheiro emprestado é um meio por demais atrativo e fácil de aumentar o rendimento para que não seja empregado por qualquer pessoa que tenha condições de fazê-lo. Para fazer isso, de fato, não é preciso ser judeu. Períodos de grande aumento de transações creditícias costumam ser aqueles em que uma economia nacional até ali organizada em bases essencialmente autossustentáveis é impelida, por razões exteriores, para a economia de troca, principalmente quando agricultores autossustentáveis são forçados, mediante rápido aumento dos juros e dos impostos, a também aumentar seus gastos em dinheiro enquanto ainda vendem pouco; ou quando a nobreza rural quer passar para um modo de vida urbano: nesse momento faltam os meios em espécie que têm de ser obtidos pela via do empréstimo. São, então, as épocas em que costumam irromper as "crises de crédito" (e, na história europeia mais recente, as perseguições aos judeus).

Portanto, quem pode "pratica a usura" com gosto. Porém, o "querer" talvez seja um fenômeno bastante disseminado; mas ocorre o mesmo com o "poder"? Isso me leva a uma nova ponderação: a constância da essência judaica pode ser claramente reconhecida a partir de seu

5. *talento para negócios com dinheiro.* Sabe-se que, na Idade Média, os mandachuvas e as administrações da cidade com bastante frequência praticamente suplicavam aos judeus que viessem "praticar a usura" na cidade. Prometiam-lhes todas as regalias imagináveis. Começando com o bispo de Speier, que achou oportuno trazer alguns judeus endinheirados para a sua cidade, visando conferir a esta certo *cachet* [toque de classe], até os contratos formais firmados pelas comunidades citadinas da Itália ainda nos séculos XV e XVI com os "usurários" judeus mais renomados para que fundassem um banco de empréstimos ou emprestassem de qualquer outra maneira em troca de penhores.

Nos anos de 1436 e 1437, a administração da cidade de Florença atraiu certo número de penhoristas judeus para a cidade, visando resolver a carência de dinheiro da população mais pobre.[47]

Quando a cidade de Ravena quer aderir à República de Veneza (século XV), uma das condições que ela impõe para a sua adesão é, entre outros, que sejam enviados judeus ricos até ela para abrir um banco de empréstimos para que a pobreza da população possa ser controlada.[48]

> Se já no período anterior [até 1420] se torna perceptível um considerável aumento dos negócios com dinheiro entre os judeus romanos, neste período [1420-1550], sob condições favoráveis, eles experimentaram um incremento muito maior. Até mesmo havia se tornado costume na Itália que as comunas individuais firmassem contratos e acordos formais com os judeus em torno de negócios de empréstimo.[49]

Essas regalias que são dispensadas aos "usurários" judeus durante a Idade Média permitem supor que havia, além de tudo, algo peculiar na pessoa desses judeus que levava a se querer justamente eles e ninguém mais como penhoristas na cidade. Com certeza, a preferência era por eles para que os cristãos não se maculassem com o pecado da cobrança de juros. Mas só por causa disso? Eles não eram também os homens do dinheiro "mais hábeis"? É possível compreender essa atividade de empréstimos que transcorreu *exitosamente* por séculos e que reiteradamente produziu riqueza sem que pressuponhamos também aqui uma predisposição específica naqueles que a exercem? Emprestar qualquer um pode, mas emprestar exitosamente não é concebível sem certas qualidades intelectuais e de caráter.

Nesse tocante, para os judeus o empréstimo de dinheiro significava mais do que uma concessão diletante de empréstimos e a obtenção de uma soma em forma de juros; ele foi aprimorado pelos judeus até o estado de arte; eles provavelmente foram os fundadores (com certeza, porém, os

---

47 A. M. Ciardemi, *Banchieri ebrei in Firenze nel secolo XV e XVI*, 1907.
48 Suplemento em Graetz, *Geschichte der Juden*, v.8, p.235
49 Cf. Theiner, *Codex diplomatics dominii temporalis apostolicae sedis*, v.3, p.335; P. Rieger, *Geschichte der Juden in Rom*, 1895, p.114.

depositários) de uma *técnica* de empréstimo altamente desenvolvida em todos esses séculos. Isso nos ensina claramente o estudo dos tratados talmúdicos que abordam essas coisas mundanas.

Já é tempo – e espero que este livro sirva de estímulo para isso – de que algum cérebro escolado em economia nacional submeta as partes do Talmude e da literatura rabínica de interesse da ciência econômica a um exame minucioso. É claro que esse trabalho não pode ser feito aqui nem é minha intenção fazê-lo. Tenho de contentar-me com apontar brevemente as passagens importantes para uma formulação bem determinada da questão, para que outra pessoa possa então encontrá-las com maior facilidade. Isso quer dizer que compilarei apenas aqueles pontos que me parecem corroborar um grau notavelmente elevado de familiaridade com problemas econômicos e, em especial, com problemas econômico-creditícios. Se considerarmos a época em que surgiu o Talmude (200 a.C. até 500 d.C.) e confrontarmos com ele tudo o que a Antiguidade e a Idade Média nos legaram em termos de noções de economia nacional, não conseguimos deixar o estado de assombro. Com efeito, muitos do rabinos falam como se tivessem lido pelo menos Ricardo e Marx, ou como se tivessem atuado alguns anos como *brokers* [corretores] na *stock exchange* [bolsa de valores] ou como procuradores de um grande banco especulador ou como advogados em processos por usura.

Exemplos:

a) *Conhecimento preciso dos metais preciosos* e sua constituição: "Rabi Hisda disse: há 7 tipos de ouro: ouro, ouro bom, ouro de Ofir (I Reis 10:11), ouro fino (I Reis 5:18), ouro em fio, ouro maciço e ouro *parvaiin*" (Yoma 45 a; cf. a trad. de L. Goldschmidt, v.2, p.881).

b) A noção da *essência do dinheiro* como "equivalente universal da mercadoria" está completamente desenvolvida. Diferenciam-se exatamente os dois metais preciosos: se em determinados períodos eles eram moeda plenamente válida ou não. A esse respeito remeta-se a toda a Seção 4 da *Baba metzia*. (O conceito do dinheiro = equivalente universal da mercadoria é desenvolvido com base no preceito legal de que a compra só está consumada quando a mercadoria é entregue e não já quando o dinheiro é entregue.)

c) Diferenciam-se de modo inteiramente preciso as categorias do *crédito para consumo e do crédito para produção* (o juro sobre empréstimos para fins produtivos é permitido, mas não o juro sobre o crédito para consumo entre companheiros).

Se alguém arrendar [Sammter traduz por "alugar"] o campo de outro por 10 medidas* de trigo por ano [de rendimento]; se, depois disso, ele falar para o arrendador: empresta-me 200 sus, para que eu possa cultivar [melhor] o campo e te darei em troca 12 medidas por ano, isso é permitido. Porém, não se pode querer dar mais ao alugar uma loja ou um navio? Rabi Nachman (235-320) fala em nome do *Rabbah* bar Abuha: muitas vezes pode-se dar mais, no caso da loja, para pendurar quadros nela ou, no caso do navio, para colocar um mastro. Uma loja, para pendurar quadros dentro dela – porque logo virão muitas pessoas e *ele terá um lucro maior*. Um navio, para colocar um mastro nele – porque se o mastro [o velame] for bom, *haverá mais ganho e o navio valerá mais*. (Baba metzia 69b [trad. cf. Sammter]. Cf. também *Baba metzia* 73a)

d) Um desenvolvimento de altíssimo nível foi atingido *na legislação e na técnica do empréstimo*. Quando se lê as seções 4 e 5 da *Baba metzia*, a impressão é de que se trata de algo como uma enquete sobre a usura no Estado de Hessen há vinte ou trinta anos: tão numerosos são os estratagemas e ardis empregados nos contratos de empréstimo. Uma técnica aprimorada da transação creditícia é evidenciada também pelo instituto do *prosbul*, mediante o qual, como se sabe, o credor se livrava da obrigação de renunciar ao dinheiro emprestado no ano da remissão (*Sebiith*, Seção X; trad. cf. L. Goldschmidt, v.I, p.273 et seq.).

e) O tratamento dado aos *contratos de depósito* também é curiosamente especializado.

Quando alguém dá dinheiro a um banqueiro para guardar, este não pode utilizá-lo (I) se estiver atado em maços; [...] mas pode utilizá-lo se estiver solto; porém, se o dinheiro se perder, ele terá de arcar com o prejuízo. No caso

---

* No original, *Malter*, medida muito antiga (século XI) de maior capacidade usada para cereais e batatas, substituída no século XIX pela medida padronizada *Zentner* (meio quintal, 50 kg). (N. T.)

do particular, ele não pode utilizá-lo nem atado em maços nem solto; e se o dinheiro se perder, ele não precisa arcar com o prejuízo. O mercador é igual ao particular, assim ensina Rabi Meir (100-160); Rabi Jehuda (136-200) discorda: o mercador deve ser considerado como o banqueiro. (*Baba metzia* 43a; trad. cf. Sammter) etc.

f) Eu gostaria de enfatizar o grande *talento para o cálculo*, que se evidencia nos talmudistas, mas também já antes deles entre os judeus.

Todo mundo já deve ter notado as determinações numéricas exatas que constam já na literatura mais antiga (começando com a Bíblia). Alex Moreau de Jonnès, em *Statistique des peuples de l'antiquité*, opina em vista das realizações destacadas da estatística judaica antiga: "*La race [...] possédait une capacité singulière: l'esprit de calcul et pour ainsi dire le génie des nombres*".[50] Sobre os censos populacionais na Bíblia escreveu mais recentemente com critério de especialista Max Waldstein, na *Statistische Monatsschrift* [Revista mensal de estatística], Viena, 1881.

Mas o que me leva na mesma medida, se não mais do que essas discussões profundas do rabinos, a deduzir que os judeus possuem um talento específico para o dinheiro e o sistema de crédito é o êxito com que eles fizeram seus negócios em todas as épocas. Esse êxito tem sua expressão mais imponente no

6. *fato da riqueza judaica*. É possível constatar sem qualquer esforço que, durante toda a história judaica, a acumulação de grandes riquezas por judeus individuais, bem como a prosperidade relativamente maior da população judaica, não pode ser posta em dúvida, e que, em todas as épocas e em todas as culturas, a riqueza judaica foi igualmente proverbial.

A começar pelo rei Salomão, que era renomado até mesmo entre os príncipes orientais por sua riqueza, mesmo que tivesse construído a sua riqueza não exatamente a partir de negócios bem-sucedidos (embora nunca se saiba!). É o caso durante o exílio babilônico e logo depois. Pelos relatos

---

50 A. M. Jonnès, *Statistique des peuples de l'antiquité*, v.1, 1851, p.98. ["A raça (...) possui uma capacidade singular: o espírito de cálculo e, por assim dizer, *a genialidade dos números*." – N. T.]

bíblicos somos informados de que alguns exilados, em pouco tempo, já estavam em condições de mandar ouro e prata para Jerusalém (Zacarias 6:10 e 11). Inferimos dos contratos comerciais das escavações de Nipur que, durante o exílio na terra do Eufrates, os judeus desempenharam um papel destacado na vida econômica.[51] Sabemos que os que retornaram do exílio trouxeram grandes fortunas para a Palestina (Esdras 1:6-11). Mais tarde, torna-se famosa a riqueza dos sacerdotes.[52] Chama a atenção o grande número de homens ricos e muito ricos entre os talmudistas. Sem qualquer esforço se pode compilar uma lista de várias dúzias de rabinos que tinham fama de possuírem grandes riquezas. Se confrontássemos os talmudistas ricos com os pobres, resultaria — segundo a visão geral que elaborei para mim — muito claramente uma forte preponderância dos ricos.[53]

Também a respeito dos judeus da diáspora helenista obtemos a impressão de prosperidade e riqueza. Onde judeus e gregos vivem lado a lado, aqueles são superiores em termos de posses, como em Cesareia.[54] Parece ter havido uma quantidade especialmente grande de ricos entre os judeus de Alexandria: temos diversas notícias de alabarcas muito ricos e já nos deparamos em outro momento com judeus alexandrinos na condição de credores dos príncipes.

Da mesma forma, possuímos uma série de testemunhos da primeira fase da Idade Média, dos quais se pode depreender com bastante segurança que, também naquela época, muitos judeus foram abençoados ricamente com bens aprazíveis. Constatamos que, na Espanha, eles ofereceram dinheiro ao Recaredo para que revogasse as disposições da *lex visigothorum* [do direito visigótico] contrárias aos judeus.[55] Somos informados com referência

---

51 A. Jeremias, *Das alte Testament im Lichte des alten Orients*, 2. ed., 1906, p.534.

52 F. Buhl, *Die sozialen Verhältnisse der Israeliten*, 1899, p.88, 128.

53 As biografias dos talmudistas foram compiladas com frequência. Visões gerais cômodas podem ser encontradas em H. L. Strack, *Einleitung in den Talmud*, 4. ed., 1908; Graetz, *Geschichte der Juden*, v.4; A. Sammter, no anexo de sua tradução do *Baba Mezia*, 1876; e M. Braunschweiger, *Die Lehrer der Mishna*, 1890 (de cunho popular).

54 Mommsen, *Römische Geschichte*, v.5, p.529.

55 Cânon 58 do IV Concílio de Toledo (633) apud E. H. Lindo, *The History of the Jews of Spain and Portugal*, 1848, p.14.

ao período pré-maometano que os árabes os invejavam por causa da sua riqueza.[56] No século IX, Córdoba contabilizava "vários milhares (!?) de famílias prósperas" entre os judeus.[57] E assim por diante.[58]

Com referência à Idade Média tardia, a riqueza dos judeus é reconhecida de maneira tão generalizada que não há necessidade de apresentar qualquer fundamentação específica.[59] Com relação ao período que vai do final da Idade Média até o tempo presente, eu próprio aportei boa quantidade de dados estatísticos neste livro.

Pode-se, portanto, dizer tranquilamente: de Salomão até Bleichröder e Barnato a riqueza judaica se estende como um fio dourado através da história sem rasgar em nenhum ponto. Isso é acaso? E se não quisermos acreditar que seja acaso: isso tem sua razão de ser em momentos objetivos ou subjetivos?

Para explicar a riqueza dos judeus a partir de circunstâncias objetivas (exteriores) chamou-se a atenção para o fato de que os judeus bem cedo foram aconselhados a ver o dinheiro como seu bem maior, e que bem cedo foram obrigados (por causa da insegurança de sua condição) a carregar consigo toda a riqueza se possível numa forma fácil de movimentar, ou seja, em forma de ouro (joias), para que pudessem ocultá-la ou levá-la junto a qualquer momento. Por mais significativas que possam ter sido essas circunstâncias exteriores para o desenvolvimento da riqueza judaica, elas naturalmente não constituem explicação suficiente para a própria riqueza. Desconsidero totalmente o fato de que a dita situação exterior exigia pessoas com uma predisposição bem determinada para poder surtir o efeito mencionado (como já expus com relação a casos semelhantes); desconsidero também que aqueles fatos podiam ter dito efeito somente

---

56 J. Wellhausen, *Medina vor dem Islam. Skizzen und Vorarbeiten*, v.4, 1889, p.14.

57 Segundo Abraham Ibn Daud apud Graetz, *Geschichte der Juden*, v.5, p.345.

58 Ver ainda Graetz, *Geschichte der Juden*, v.5, p.11, 39, 50, e as passagens citadas em Schipper, op. cit., p.20, 35. Compare com Aronius, *Regesten zur Geschichte der Juden im fränkischen und deutschen Reiche bis zum Jahre 1273*, 1902, n. 45, 62, 173, 206, 227 etc. Não se entende como Caro, op. cit., p.83, chega ao seu juízo divergente.

59 Com relação ao período até o século XII ver, por exemplo, a compilação em Schipper, op. cit.; de resto, cf. as partes pertinentes do meu livro *Moderner Kapitalismus*, v.I.

na diáspora: é claro que a objeção mais importante que tem de ser levantada contra a consistência da demonstração apresentada é que dita situação peculiar explica apenas o *desejo* dos judeus de serem ricos (e, além disso, a predileção por uma forma bem determinada de riqueza). Mas é fato por demais conhecido que, nesse caso mais do que em outros, o desejo não basta para obter sua satisfação – queixas sejam dirigidas a Deus.

Portanto, quando queremos explicar a riqueza judaica, não podemos sair em busca de razões pelas quais os judeus tinham de desejar ser ricos (aliás, quem sobre a terra não teria esse desejo depois que Alberich furtou o dinheiro de dentro do rio Reno?!), mas em busca das razões que os capacitaram para serem ricos (ou permanecerem ricos). Nesse tocante, apontou-se, então, com frequência e com razão, para uma peculiaridade da situação exterior em que os judeus se encontraram durante milênios: a saber, que, por serem preteridos em sua condição de cidadãos, teriam tido muito menos ocasião de gastar dinheiro do que os cristãos com as mesmas condições patrimoniais. O conceito do estilo de vida correspondente à classe social sempre teria sido estranho a eles e, junto com ele, "milhares de demandas e necessidades criadas para a classe". Um autor que pesquisou essas ligações com fina sensibilidade disse

> que o judeu confrontado com um cristão na mesma condição patrimonial necessariamente fica cada vez mais rico do que este, visto que o cristão dispõe de milhares de meios e vias para desperdiçar seu dinheiro que o judeu nem precisa considerar, justamente porque aquele pertence à classe dominante e ele à classe tolerada. Porém, no caso do judeu nascido rico instauram-se outras relações: justamente por não ter um ponto de vista cristão na vida social, o luxo ao qual ele pode se entregar não é um luxo correspondente à sua classe social.[60]

Com certeza, aqui foi posta a descoberto uma raiz da riqueza judaica; do mesmo modo, essa vida do judeu "em desconformidade com a classe" deu

---

60 K. F. W. Freiherr von Diebitsch, *Kosmopolitische, unparteiische Gedanken über Juden und Christen*, 1804, p.29.

ocasião a tantas outras configurações econômicas importantes. A partir dela certamente se desenvolveu também a concepção abstinente, propensa à livre concorrência, com que nos deparamos anteriormente, ou seja, a moderna concepção burguesa de gestão da economia: devemos orientar as despesas pelas receitas, uma concepção estranha à sociedade feudal como um todo. A partir dela decerto se desenvolveu também a categoria da poupança, que já bem cedo ouvimos ser mencionada como uma práxis exercitada de bom grado pelos judeus.

Um antigo provérbio alemão já diz:

Há sete coisas bem raras:
Um monja que não cante,
Uma moça sem amores,
Uma feira sem ladrões,
Um bode sem barbicha,
Um judeu que não poupe,
Um celeiro sem ratos
E um cossaco sem piolhos.

Dela acabou se originando por certo também (como uma de muitas raízes) a acumulação capitalista: a multiplicação do patrimônio atrativo a partir das parcelas não consumidas da receita mediante a conservação simultânea da empresa capitalista. O que, no linguajar cotidiano, expressa-se assim: o dinheiro judeu permanece mais tempo no negócio e cresce mais rapidamente do que o cristão. A absorção do capital mediante a senhorialização e a feudalização da conduta de vida e, portanto, principalmente mediante a aquisição de terras, não era de se esperar dos judeus em tempos mais antigos. Portanto, quando o judeu poupava ele tinha de lançar o dinheiro novamente no comércio ou tinha de ao menos usá-lo como fundo de rendimento na transação creditícia, uma aplicação que constatamos ter sido universalmente disseminada, por exemplo, entre os judeus de Hamburgo no século XVII: Glückel de Hamelin e seus amigos e amigas, assim que conseguiam fazer sobrar qualquer pequena soma, emprestavam-na "por penhores" (assim como hoje em dia se levam essas somas à poupança bancária). O dinheiro, portanto, continuava "atraindo", continuava se multiplicando.

Porém, por mais importantes que tenham sido todas essas relações, não basta constatá-las para explicar o fenômeno da riqueza judaica.

Em primeiro lugar, é preciso lembrar novamente que também as "circunstâncias exteriores" tratadas por último – que aliás só existiram na diáspora e, mesmo nela, não em toda parte – ficariam sem qualquer efeito se não lhes correspondesse uma peculiaridade bem determinada das pessoas às quais elas sucedem. Uma circunstância externa sozinha jamais poderá fazer que um povo se torne "poupador". Isso é evidente por si só e, ademais, é confirmado por fatos bem determinados da experiência. Descobrimos que, hoje em dia, depois que a pressão do gueto foi suprimida há bastante tempo, depois que foi liberada também para os judeus a via para a feudalização de sua conduta de vida, descobrimos que ainda hoje os judeus são, como um todo, mais poupadores do que os cristãos. As seguintes cifras comprovam isso:

No grão-ducado de Baden, o patrimônio em capital aumentou (segundo o *Anuário estatístico do grão-ducado de Baden*) no período de 1895 a 1903:

– entre os evangélicos, de 100 para 128,3;
– entre os judeus, de 100 para 138,2;

embora no mesmo período o rendimento tenha aumentado,

– entre os evangélicos, de 100 para 146,6;
– entre os judeus, de 100 para 144,5.

Porém, qualquer que seja a relação entre as causas subjetivas e as objetivas nesse ponto, é preciso ponderar, antes de tudo, que todas as circunstâncias citadas até agora sempre só podiam ser adequadas para conservar patrimônio existente ou multiplicar mais rapidamente (mediante acumulação) o patrimônio já adquirido. Essas circunstâncias não poderiam ter levado à riqueza porque ela precisaria primeiro ser adquirida antes de poder ser conservada e multiplicada. E para isso naturalmente é preciso ter, no final das contas, talento, e quando este é tão difundido num grupo populacional como é entre os judeus, permite inferir uma essência específica.

IV. A fundamentação racial de peculiaridades étnicas

O resultado das nossas investigações até aqui é este: muito provavelmente o caráter antropológico dos judeus, assim como sua essência espiritual, permaneceu constante por vários milênios e apresenta, durante um período muito longo, talvez até durante todo o período "histórico", um cunho bem determinado, um cunho férreo.

Ora, o que se prova com essa constatação? Talvez que a peculiaridade espiritual dos judeus esteja fundada na raça? Os representantes dogmáticos da crença racial respondem: é claro que sim; nós, os que queremos proceder criticamente, devemos responder: não, ainda não se provou absolutamente nada.

Vale a pena acompanhar as *demonstrações dos nossos "teóricos da raça"* para ver que todas as suas afirmações são totalmente infundadas; que eles propõem teses de validade extremamente duvidosa com aquela certeza que somente uma fé não toldada por qualquer escrúpulo do conhecimento é capaz de produzir. A maioria dos representantes da "teoria das raças" (não preciso enfatizar que, ao dizer isso, tenho em mente só aqueles que, por suas conclusões precipitadas, comprometeram esse método em si sumamente valioso; não me refiro a todos aqueles que estão convictos da importância destacada do "fator racial" na história, entre os quais eu mesmo me encontro, e acredito que, exatamente no interesse de uma "teoria das raças" de cunho científico, deve ser posta a descoberto a maneira inepta com que o problema foi tratado até agora em muitos casos), repito, então (nesse sentido): a maioria dos representantes da teoria das raças nem mesmo se dão o trabalho de aportar uma prova *a posteriori* para a exatidão das afirmações por eles propostas. Eles chegam à sua concepção, muito antes, pela via direta, mediante a seguinte dedução bem simples: raças possuem uma peculiaridade espiritual específica – esse grupo populacional, ou seja, no nosso caso, o judeu, é uma raça –, logo, os judeus possuem uma peculiaridade fundada na raça; ou: logo, a peculiaridade que hoje se constata nos judeus está fundada na sua peculiaridade racial.

É preciso dizer agora com todas as letras que não há como apresentar uma prova cabal da exatidão dessa tese. As suas duas partes, a premissa maior e a premissa menor, carecem de fundamentação; já externei minha posição sobre o teor da premissa menor "os judeus são uma raça". Neste ponto, porém, ela não tem tanto peso assim em vista do fato muito mais sério de que por enquanto não dispomos de material suficiente para provar a exatidão da premissa maior "raças bem determinadas possuem uma peculiaridade espiritual bem determinada". Temos de confessar franca e abertamente: *não sabemos absolutamente nada sobre a conexão entre determinadas características somáticas (antropológicas) e o comportamento psíquico do ser humano – como indivíduo e, por conseguinte, também como tipo grupal.*

É sabido como *Lineu* subdividiu as raças humanas:

As quatro raças humanas segundo Lineu

I. Ser humano (*Homo sapiens*). Conhece-te a ti mesmo.

1. *Homo diurnus*, o ser humano diurno; variando mediante cultura e lugar de residência. Quatro variedades:

- a) O americano (*americanus*): rubro, colérico, postura ereta. Cabelos escuros, lisos, espessos, narinas largas; o rosto cheio de sardas, o queixo quase sem barba. Persistente, contente, livre; pintado com traços labirínticos (dedálicos); regido por hábitos.
- b) O europeu (*europaeus*): branco, sanguíneo, diligente. Cabelos amarelados e cacheados, olhos azulados. Move-se com facilidade, perspicaz, inventivo; cobre-se com roupas justas; regido por leis.
- c) O asiático (*asiaticus*): amarelado, melancólico, tenaz. Cabelos de tonalidade escura, olhos castanhos. Cruel, amante da pompa, sovina. Veste-se em roupas folgadas; regido por opiniões.
- d) O africano (*afer*): negro, fleumático, molenga. Cabelos pretos como carvão (*contortuplicatis* – crespos), pele muito lisa e sedosa (como veludo), nariz chato, lábios intumescidos; as mulheres com aventais

de hotentote e, durante a amamentação, com seios alongados (*feminis sinus pudoris, mammae lactantes prolixae*). Esperto, indolente, indiferente; untados com graxa; regidos pelo arbítrio.

Hoje rimos dessa ingenuidade. Porém, temos o direito de fazer isso? Os nossos "sistemáticos das raças" não procedem de modo muito mais ingênuo, muito mais arbitrário? Por mais que fiquem citando medidas cranianas a torto e a direito! Não é totalmente inaudita a baboseira que foi e ocasionalmente ainda é dita na forma da teoria do crânio longo e do crânio curto? Seria possível imaginar que alguém pudesse com toda a seriedade estabelecer uma relação entre a forma craniana e o tipo e grau da capacidade cultural, sem sequer dedicar um pensamento que seja aos problemas da anatomia cerebral e das funções cerebrais? Com hipóteses do tipo "o dolicocéfalo é um dominador" e "o braquicéfalo é um escravo" recuou-se para uma época anterior à do velho [Franz Joseph] Gall.

Em decorrência das investigações mais recentes de *Nyström* e outros, os dolicocefalomaníacos decerto não farão mais tanto barulho. Porém, não deveriam ter sido necessárias tais constatações para pôr a descoberto a volatilidade das teorias culturais cranianas. Simplesmente deveria ter sido dito enfaticamente a esses senhores: por favor, tragam-nos primeiro a prova de que existe alguma relação entre forma craniana (e naturalmente também entre forma da planta do pé e forma do nariz, pois, como se sabe, há também os teóricos culturais do nariz) e a essência espiritual humana.

Ou deveríamos considerar como uma tentativa de provar isso as conhecidas palavras de *Chamberlain*: o dolicocéfalo germânico teria "forjado um cérebro pouco pulsante, atormentado pelo anseio, de dentro da esfera da comodidade animal"? Sem dúvida está contida nessas palavras uma boa dose de sentimento poético e ninguém que tenha conservado uma mente receptiva poderá se esquivar da impetuosidade impressionante dessa ideia. Mas onde está a "prova"? Com exatamente a mesma razão — e até com mais razão ainda, se estiverem corretas as investigações mais recentes, segundo as quais o braquicéfalo se desenvolveria a partir do dolicocéfalo mediante intenso trabalho intelectual; de fato, já existe agora um orgulho braquicefálico! –, um braquicefalomaníaco poderia dizer, por exemplo: "o dolicocéfalo impelido por pulsões naturais indômitas a avançar para fora da sua esfera conduz a intelectualidade consolidada do ser humano nobre, o seu psiquismo que atingiu a harmonia, cada vez mais para perto da esfera do braquicéfalo, que, por assim dizer, expressa simbolicamente a essencialidade que repousa em si mesma".

Ou uma "prova" seria o seguinte. Vejo essa cultura, a meu ver, valiosa como obra de uma raça especial – digamos, dos germanos; mais adiante vejo outra cultura que também me parece valiosa; conclusão: só pode ser obra de germanos? Fato é que povos de natureza bem distinta são seus portadores. Então foi porque os germanos passaram por lá e inocularam neles o germe daquela cultura.

Com certeza tal dedução provoca alegria e satisfação no coração e na mente. Com certeza é possível ancorar com alguma segurança nessa hipótese uma nova "fé", dado que a antiga fé judaica ou a cristã não são mais aceitas – pois todas essas "teorias" da vocação cultural de uma "raça nobre", a teoria ariana, a teoria dos germanos, nada mais são que uma renovação da antiga crença no povo eleito por Deus, que é adaptada ao senso "moderno". Como tais, elas não deverão sofrer qualquer contestação.

O que elas não devem fazer é cobrir-se com um manto científico. Ciência e fé devem permanecer bem separadas também aqui – no interesse de ambas. Do mesmo modo como podemos *crer* fervorosamente na história da criação do Gênesis ou na ascensão de Cristo ao céu sem reivindicar que naquelas narrativas estejam contidos conhecimentos científicos a respeito da gênese da terra ou do sistema estelar; da mesma forma, os adeptos da crença dolicocéfala ou da crença germânica podem tranquilamente perseverar na sua fé; o que eles não devem fazer é perturbar os círculos científicos afirmando que suas teses teriam se originado do conhecimento científico ou que teriam alguma relação com a ciência.

Porém, mesmo quando os representantes da teoria tradicional das raças se propõem a apresentar uma espécie de *prova empírica*, a sua demonstração de modo algum é concludente. Com efeito, eles costumam apresentar a constância da raça como argumento racial da peculiaridade espiritual de um povo e acreditam ter feito a demonstração cabal quando conseguem, por exemplo, acompanhar a peculiaridade étnica até os primórdios da história ou mesmo até a saga ou a mitologia.

As descrições dos gauleses por César e dos germanos por Tácito com bastante frequência tiveram de prestar-se ao papel de fundar numa predisposição racial certos traços do povo francês ou alemão da nossa época, que parecem coincidir com a caracterização feita por ditos autores romanos. O mesmo procedimento naturalmente foi aplicado também aos judeus.

Em contraposição, precisa ser enfatizado, como já fiz anteriormente, que a prova da longa constância de certas características espirituais e somáticas de modo algum justifica a suposição de uma ancoragem da peculiaridade espiritual no sangue. Porque, dado que, como foi dito, nada podemos dizer ao certo sobre o condicionamento recíproco da essencialidade somática e da psíquica, devemos admitir a possibilidade de que não haja inter-relação entre a constância de certas características somáticas e a de certas características psíquicas de um povo, que se possa deduzi-las de cadeias causais independentes uma da outra, que atuam autonomamente.

De fato, não existe nenhuma razão pela qual uma peculiaridade espiritual que permaneceu constante por milênios não tenha ressurgido em cada nova geração em virtude de certas influências exteriores ou então tenha sido transmitida de uma geração para a outra por intermédio da tradição.

Exatamente no caso de um povo, no qual a tradição é tão influente quanto entre o povo judeu, no qual a coesão, o forte senso familiar, o culto religioso, o estudo ininterrupto e fervoroso do Talmude e outras circunstâncias configuraram uma técnica extraordinariamente aprimorada de conservação e transmissão do material tradicional existente, de qualquer modo não está tão fora da esfera do possível que certas peculiaridades sejam reiteradamente apropriadas mediante a educação sem penetrar no sangue, sem solidificar-se numa determinada "predisposição" somática.

Porém – e, desse modo, volto-me de maneira igualmente resoluta *contra os defensores fanáticos da adaptação e do ambiente* –, quando caracterizei há pouco a demonstração dos "teóricos raciais" como insuficiente, de forma alguma quis dizer que eles estão errados ao afirmar que a peculiaridade judaica está fundamentada no sangue. Porque as razões alegadas pelos adversários para refutar essa visão não são consistentes. Nesses círculos, apela-se com predileção ao fato de que, na Antiguidade, os judeus teriam agido de maneira muito diferente do que agem hoje; que naquela época teriam sido bravos guerreiros e agricultores, ao passo que hoje seriam, conforme o juízo de Herder, "uma linhagem desprezível de mediadores espertos" (como recentemente voltou a escrever o jornal sionista *Hatikvah* numa polêmica contra mim). Isso, no entanto, naturalmente nada prova (mesmo que isso fosse correto; já mostrei que os fatos não são verdadeiros) *contra* uma fundamentação da peculiaridade judaica no sangue. Pois:

1. pode muito bem ser que, num tempo em que o povo se apresentou como guerreiro, tenha havido esparsamente em seu meio tipos com outra predisposição – digamos, a comercial – que com o decorrer do tempo se tornaram maioria em virtude da eliminação dos elementos com predisposição distinta e consequentemente passaram a influenciar a peculiaridade étnica do mesmo modo que anteriormente fizeram os seus antípodas (que hoje talvez ainda estejam presentes, mas não têm peso devido ao seu número reduzido);
2. deveria ser feita uma análise precisa sobre se tipos de atividade aparentemente opostos não remontam a uma só e mesma qualidade do sangue, de modo que, portanto, a predisposição total e, por conseguinte, a peculiaridade étnica propriamente dita, pode perfeitamente permanecer a mesma, enquanto as manifestações de vida do povo são totalmente diferentes (como guerreiros ou agentes das bolsas de valores);
3. seria de se pensar se certas predisposições estão presentes e estão no sangue, mas por muito tempo não têm oportunidade de tornar-se ativas, mas que, mais tarde, em virtude de circunstâncias exteriores, oferece-se a oportunidade de desenvolvimento desses embriões.

Igualmente inconclusiva é a prova apresentada pelos teóricos do ambiente quando tentam derivar a atual peculiaridade dos judeus de certas contingências históricas. Um complexo de causas desse tipo, que teria ocasionado a peculiaridade judaica, é, por exemplo, a religião; outro complexo citado com predileção é a vida no gueto. Um terceiro complexo é este: sua ocupação secular com questões de dinheiro. Ora, pode-se admitir sem problemas que esses destinos de vida deixaram sua marca nos judeus. Só que isso não prova nada contra a exatidão da tese de que a peculiaridade específica que está sendo explicada a partir da religião ou da miséria do gueto ou da atividade de empréstimos está mesmo no sangue. Só que

1. a demonstração de que houve uma causa atuante ainda não contém uma refutação da tese de que o mesmo fenômeno que se quer fundamentar tenha tido várias causas;
2. a demonstração de que certas peculiaridades tenham sido provocadas por certos acontecimentos históricos ainda deixa restar a seguinte dúvida: se essas circunstâncias históricas não teriam talvez sido, elas próprias, causadas pela peculiaridade com que as vivenciaram. Com relação à religião judaica e à transação creditícia, já citei algumas razões que tornam muito plausível a inversão da relação causal. Todavia, igualmente se pode provar com a mesma facilidade com base em ponderações semelhantes, que a vida no gueto, em última análise, não seria causa, mas efeito da peculiaridade judaica. No próximo capítulo voltarei a falar desse tema.

O resultado das investigações feitas até aqui é que nenhuma das duas visões da constituição da peculiaridade judaica conseguiu provar sua exatidão. Mas disso não só não decorre que esta ou aquela visão não possa estar correta (o que é óbvio), mas nem mesmo que a exatidão desta ou daquela visão não venha a ser provada. Em todo caso, não há por que perder a esperança de que, no final das contas, uma vez mais "emerjamos desse mar de equívocos". Acredito que só o que precisamos é proceder a uma leve correção do rumo para chegar ao alvo e, no que segue — antes de tentar minha própria interpretação da peculiaridade judaica —, eu gostaria de expor como deveremos portar-nos — na minha bem modesta opinião — em relação ao problema da formação das espécies (no sentido aqui exposto) tendo em vista o estado atual das ciências biológico-antropológicas; farei isso tentando, ao mesmo tempo, estabelecer uma ligação entre os resultados das ditas disciplinas das ciências da natureza e algumas noções sociológicas mais recentes.

O método de pesquisa que até agora nos trouxe os maiores esclarecimentos sobre todos os fenômenos que podem ser resumidos na designação coletiva não muito precisa "formação das raças" é a ciência genética, que, por sua vez, talvez possa ser subdividida em genético-geográfica e genético-econômica. Sabe-se que a primeira deve seu surgimento, antes de tudo, aos trabalhos de *Moritz Wagner, Kollmann* e *Bastian*,[61] ao passo que até agora poucos pesquisadores se ocuparam com as investigações genético--econômicas. Além das obras de *Gumplovicz*,[62] entram em cogitação aqui principalmente os trabalhos da *École des Roches*, que se agrupa em torno da "Science sociale"[63] (cujo defeito principal, todavia, reside em que ela acompanha só o surgimento da organização social e quase nada do surgimento dos tipos humanos).

De acordo com essas pesquisas, há concordância quanto ao seguinte: a espécie humana, não importa se sua origem for concebida como monogenética ou como poligenética (bem recentemente mostra-se novamente preferência por esta!), desenvolve-se durante o primeiro período de sua existência em diversos pontos da Terra – nos assim chamados centros de isolamento de *M. Wagner* –, em bandos relativamente pequenos, formando tipos de feitio diverso. Ela se "diferencia", e isto – o que tampouco é

---

61 Não posso encarar como minha tarefa oferecer aqui uma bibliografia extensa das obras biológicas, antropológicas e etnológicas etc. sobre as quais está construído o atual saber nessas disciplinas. Contento-me, também neste capítulo, com indicar os escritos que me parecem importantes para que o leitor, se quiser, possa orientar-se a partir deles.
As obras de *Moritz Wagner* ainda hoje me parecem fundamentais, por mais que, nos detalhes, estejam ultrapassadas. Trata-se das seguintes: *Die Darwinsche Theorie und das Migrationsgesetz*, 1868; *Über den Einfluß der geographischen Isolierung und Kolonienbildung auf die morphologische Veränderung der Organismen*, 1871; *Die Enstehung der Arten durch räumliche Sonderung, Gesammelte Aufsätze*, 1889. Das obras de Julius Kollmann deve ser considerado aqui o seu *Lehrbuch der Entwicklungsgeschichte des Menschen*, 1898; dentre os inúmeros escritos de Adolf Bastian, cf. *Das Beständige in den Menschenrassen und die Spielweite ihrer Veränderlichkeit*, 1868.

62 L. Gumplovicz, *Der Rassenkampf*, 1883; id., *Die soziologische Staatsidee*, 2. ed., 1901.

63 O diretor da École des Roches é *Henri de Tourville*, um aluno de *Le Plays*. Uma exposição concisa dos objetivos dessa tendência é oferecida por Edmond Demolins, *Comment la route crée le type social*, s/d.

contestado por qualquer das partes envolvidas – sob a influência do ambiente para o qual o acaso da migração a levou em cada caso. O que nesse caso deve ser encarado como "ambiente" e quais foram os componentes do "ambiente" que tiveram especial influência na formação das diversidades são aspectos que até agora puderam ser indicados apenas aforisticamente. Esse deverá ser o ponto de partida das investigações futuras, que poderão ser de natureza descritiva no campo etnográfico ou de natureza experimental. Aquelas, como os trabalhos de *C. Hart Merriam*,[64] deverão levar bem mais em consideração as condições gerais de vida dos povos que vivem em estado de natureza em conexão com sua peculiaridade antropológica; estas terão de verificar que efeitos os fatores individuais do ambiente poderão ter sobre seres vivos expostos aleatoriamente a eles. O resultado dessas investigações será uma teoria dos estímulos, da qual temos até agora apenas rudimentos; com efeito, a meu ver, *Robert Sommer* acerta na mosca quando diz que *"milieu"* [ambiente] é "nada mais que uma grande soma de estímulos".[65]

Esses fatores geradores de estímulos só em parte são de natureza climática no sentido estrito; devemos conceber como preponderantes, entre eles, as condições naturais secundárias, como fauna e flora, mas sobretudo as próprias condições de vida humana determinadas por todos esses elementos: a peculiaridade da técnica e a forma da subsistência, por sua vez, serão os mais destacados dentre estes. Os seres humanos foram impelidos pela conformação específica de seu meio ambiente para a pesca, a caça, a agricultura, a pecuária ou qualquer outro modo econômico específico; é claro que isso necessariamente teve importância decisiva para a conformação do seu tipo humano. A meu ver – diga-se de passagem –, esse é o ponto de interseção da historiografia econômica com a concepção racial da história ou, confrontando-a de modo mais lógico com aquela, com a análise antropológica da história. A especificidade da vida econômica foi um dos fatores determinantes essenciais, nos primórdios do gênero

---

64 Clinton Hart Merriam, Distribution of Indian Tribes, *Science*, 17 jun. 1904 apud F. Starr, The Relations of Ethnologie, *Congress of Art and Science*, Saint Louis, 1904, v.5, p.546 et seq.

65 *Wochenschrift für Soziale Hygiene und Medizin*, 1909, n. 24, p.287.

humano, do caráter antropológico do grupo individual, que, então, no transcurso posterior da história da humanidade se tornaria decisivo para a configuração da vida econômica. Porém, aqui também reside o único ponto no desenvolvimento da humanidade em que pode ter surgido a ligação funcional entre a peculiaridade espiritual e somática do grupo individual: numa época em que a peculiaridade das condições globais de vida era capaz de ter uma incidência formadora e configuradora sobre a totalidade dos órgãos humanos. Simplesmente não conseguimos imaginar o processo de formação de outra maneira senão que lentamente ele foi conduzindo o comportamento somático e espiritual ao mesmo tempo exatamente para as mesmas vias.

Lentamente, pois temos de estimar um tempo extraordinariamente longo de diferenciação do gênero humano em tipos diferenciados. Se a existência do ser humano no Terciário realmente puder ser provada, como quase parece ser o caso, os primórdios do gênero humano serão deslocados para novos tempos remotos imensuráveis. Porém, mesmo que restrinjamos o período do ser humano ao Quaternário, devemos contar com períodos de tempo que vão de 250 a 500 mil anos, nos quais se desenvolveram as diferentes raças humanas. Naturalmente, não há como dizer com certeza como se deu a formação das subespécies humanas. A única coisa certa é que, das três possibilidades de diferenciação, exclui-se com referência àquele período a miscigenação. Em contrapartida, permanece em aberto se a modificação da espécie ocorreu pela via da seleção ou da mutação somatogênica.

Isso é o bastante – no final dessa época, que deve ser situada antes da Era do Gelo diluvial, vive na Terra certa quantidade de grupos humanos de diferentes configurações sanguíneas, que podemos chamar de *protorraças* ou talvez *simplesmente raças*. Obviamente, só é possível fazer suposições a respeito de como elas eram e sobretudo em que se diferenciavam entre si. Podemos apenas circunscrever aproximadamente os limites dentro dos quais as diversidades puderam mover-se e temos de constatar, antes de tudo, que em nenhuma época estas foram tão grandes a ponto de caracterizarem as diferentes raças como espécies especiais, dado que a miscigenação delas sempre resultou em descendência capaz de gerar vida. Elas sempre foram, portanto, apenas "subespécies" ou até apenas "variedades" da espécie proto-humana e, em consequência, apresentam sempre uma grande quantidade de traços idênticos tanto em termos somáticos como em termos psíquicos. É sabido que essa humanidade universal coincidente deu ocasião a uma profusão de esquemas de desenvolvimento para o devir da humanidade única: de *Herder*, passando por *Hegel* e *Morgan*, até *Spencer* e *Breysig*. Naturalmente, esse ramo da pesquisa não nos interessa aqui, pois o que queremos é constatar a diversidade na identidade.

Infelizmente não existe possibilidade de indicar o *limite superior dessa diversidade* com a mesma segurança com que estipulamos o limite inferior. Só podemos assumir com segurança que ele estava posto acima da atual diversidade dos diferentes povos, que já são produtos de miscigenação.

O aspecto singular, mas justamente também o que desperta confiança, nesse método analítico que chamo de genético[66] é este: que *por enquanto ele só conhece possibilidades*, no máximo probabilidades, que apenas por ora se condensam em necessidades no nosso entendimento ordenador, as quais possuem a maravilhosa vantagem de não estarem em contradição com nenhum resultado assegurado da experiência feita até aqui e, em consequência, serem as candidatas mais certas a uma futura confirmação mediante a pesquisa empírica. Por ora, não se afirma nada além disto: que o modo momentaneamente mais plausível de como se deu o desenvolvimento humano é que, com toda a probabilidade, o efeito dos diferentes destinos de vida dos grupos individuais no decurso de miríades de anos foi o seu cunho diferenciado, que se apresenta nos grupos humanos que evidentemente ainda hoje são diferentes uns dos outros.

Porém, por enquanto evitaremos anunciar ou então estipular essas diversidades mediante a enumeração de certa quantidade de características bem determinadas; evitaremos tanto mais pôr a descoberto as ligações necessárias entre tais características e os hipotéticos e peculiares destinos de vida dos grupos individuais: a solução para essa tarefa será guardada para futuras investigações.

---

66 Cf. ainda Ward, *Reine Soziologie*, v.I, p.243 et seq. e o ensaio ali citado de William H. Holmes, Sketch of the Origin Development, and Probable Destiny of the Races of Men, *American Anthropologist*, n. 8, v.IV, jul.-set. 1902.

O caminho para chegar a isso provavelmente será este: toma-se como ponto de partida os fatos – mais próximos de nossa experiência – que consistem em peculiaridades psíquicas e demonstra-se sua ligação com certas condições exteriores de existência, depois constata-se o cruzamento de determinadas características somáticas com as particularidades psíquicas observadas e só então empreende-se a interpretação das manifestações antropológicas peculiares evidenciadas por determinado grupo como expressão ou efeito das referidas condições peculiares de vida do grupo. (O último capítulo deste livro contém uma tentativa de pesquisa que adota esse método.)

Todavia, essa iniciativa suscitará uma nova dificuldade: talvez hoje não existam mais aquelas protorraças, aqueles grupos unilateralmente desenvolvidos do período da diferenciação. Em todo caso, podemos declarar resolutamente que tudo o que chamamos de povos civilizados com toda a certeza procedeu de uma mescla de diferentes protorraças. Acabamos de chegar à concepção de que toda a formação de Estados, a única que permite conceber uma ascensão para formas mais elevadas de cultura, baseia-se na fusão dos referidos grupos específicos (que acabaram se entrechocando em suas migrações) – grupos que *Durkheim* denomina protoplasma social; e que, portanto, toda formação estatal sempre representa, ao mesmo tempo, uma reconfiguração antropológica pela miscigenação de diferentes raças. A um período de diferenciação teria se seguido, de acordo com isso, um *período de integração* ou, como *Kollmann* o caracteriza, um período de penetração, no qual vivemos ainda hoje.

Mas agora temos de admitir para nós mesmos que, a partir desse momento, o nosso conhecimento sobre os reais processos parece ser ainda mais inseguro (talvez por estar mais onerado pelo material factual) e que, portanto, é aconselhável ter um cuidado ainda maior quando nos abalamos a fazer alguma declaração bem determinada.

Em primeiro lugar, levanta-se a seguinte pergunta: o que resulta de uma *mescla de diversas subespécies ou variedades humanas*? O que acontece nesse processo com as especificidades somáticas e psíquicas originalmente diferentes de cada variedade? Resposta sincera: não sabemos. É verdade que muito se filosofou sobre as "vantagens" e "desvantagens" de tais mesclas:

na opinião de Chamberlain, um cruzamento de diversas raças dá "bons" resultados se as raças forem aparentadas, resultados "ruins" quando não forem. E à pergunta "quais são as raças 'aparentadas'?" ele responde: ora, justamente aquelas cujo cruzamento dá "bons" resultados.

Mas com isso ainda não se avançou lá muito em termos de conhecimento. Também o que possuímos em termos de experiência pessoal naturalmente não é suficiente para formar um juízo definitivo. Temos ciência de muitas mesclas que produzem pessoas especialmente belas – sobretudo mulheres maravilhosamente belas –, mas são pessoas que não são exatamente capazes de viver e com frequência são psíquica e moralmente desequilibradas.[67] Todavia, o que significa isso? Bem mais significativas são as investigações de *Woltmann, Leo Sofer*[68] e outros sobre as "desmiscigenações". De acordo com elas, estaria assegurado (!) "que, nas raças mistas seguidamente ocorrem 'desmiscigenações', que os tipos resistem à fusão orgânica até certo grau e que elementos de raças estranhas, quando não são muito numerosos, podem voltar a ser totalmente eliminados do processo embrionário plasmático da raça após várias gerações". (*Sofer* acredita poder comprovar tais "desmiscigenações" exatamente no caso dos judeus.)

Aliás, o problema das miscigenações só se tornaria significativo para a explicação da peculiaridade étnica se as raças que se miscigenam fossem de tipos muito heterogêneos, isto é, portanto – segundo a nossa concepção –, se tivessem procedido de esferas de vida fundamentalmente distintas: por exemplo, se um povo nômade do deserto tivesse se mesclado com um povo agrícola nórdico ou com um povo que tivesse passado milênios nas florestas tropicais. Quando se cruzam raças "aparentadas" (no sentido aqui descrito com exatidão), evidentemente a mudança de tipo jamais poderá ser muito grande.

De qualquer modo, desde que começaram as miscigenações raciais, isto é, as formações de povos, o cruzamento se soma como momento

---

[67] Ver a bibliografia e parcialmente o material referente à questão da "mistura de raças" e seus efeitos, por exemplo, em L. Woltmann, *Politische Anthropologie*, 1903, p.108 et seq.

[68] L. Sofer, Über die Entmischung der Rassen, *ZDSJ*, v.I, 1905, caderno 10. Ali Sofer faz referência a outro trabalho publicado na *Politisch-Anthropologische Revue*, v.I, n. 6.

formador de novas espécies aos dois outros momentos: a seleção e a mutação somatogênica.

Podemos imaginar os efeitos da mescla de povos como quisermos: por exemplo, mediante a metáfora de um líquido, no qual um corpo sólido se "dissolve" por completo; ou de um lago, no qual as águas de dois rios que nele desembocam correm paralelamente por um bom trecho; ou de um composto químico, no qual os átomos estão posicionados um em relação ao outro numa determinada proporção – sempre se terá de supor que, após feita a mistura, terá surgido uma vez mais um grupo de seres humanos com características sanguíneas bem determinadas. Com efeito, seria totalmente absurdo imaginar que, mediante a mescla de sangues diferentes, o próprio sangue pudesse ser eliminado do mundo.

Se, desse modo, constatarmos que, também em cada comunidade étnica, assim como antes disso nas protorraças "puras", determinadas qualidades sanguíneas devem ser pensadas como necessárias, isso significa que determinadas especificidades do corpo e do espírito se conservam duradouramente nos integrantes dessa comunidade étnica, isto é, *são transmitidas por predisposição hereditária*.[69] Mas é preciso enfatizar com veemência que, nesse tocante, nunca poderá tratar-se de "prontidões", mas sempre de capacidades para adquirir essas prontidões (com maior ou menor

---

69 Dentre a abrangente bibliografia sobre o *problema da predisposição hereditária* e especialmente sobre a questão da transmissão hereditária de qualidades adquiridas menciono apenas alguns escritos mais recentes que tratam o assunto em termos fundamentais: H. E. Ziegler, *Die Vererbungslehre in der Biologie*, 1905; W. Schallmeyer, *Vererbung und Auslese*, 2. ed., 1910; R. Sommer, *Familienforschung und Vererbungslehre*, 1907; F. Martius, *Das pathologische Vererbungsproblem*, 1909.
Como se sabe, a polêmica foi reavivada em conexão com o livro de Richard Wolfgang Semon, *Die Mneme als erhaltendes Prinzip im Wechsel des organischen Geschehens*, 2. ed. 1908; contrários, entre outros, August Weismann, Semons "Mneme" und die "Vererbung erworbener Eigenschaften", *Archiv für Rassen- und Gesellschafts-Biologie*, v.3, 1906,; e Semi Meyer, Gedächtnis und Vererbung, *Archiv für Rassen- und Gesellschafts-Biologie*, v.3.
Um panorama claro sobre o estado da questão, a partir de uma perspectiva mais filosófica, é oferecido por Julius Schultz, *Die Maschinentheorie des Lebens*, 1909, p.193 et seq. Uma introdução esclarecedora e vívida ao tema é proporcionada por Wilhelm Bölsche, *Das Liebesleben in der Natur*, v.1, 1909.

facilidade) pelo treinamento; trata-se de "disposições", de "predisposições", cuja essencialidade só aos poucos se começa a querer pesquisar.[70] O que está "no sangue" de alguém não é a dança da mazurca nem a habilidade de tocar flauta, mas certamente o "talento" dançarino ou musical, que, por sua vez, estará ancorado em determinadas disposições básicas do sistema nervoso (talvez junto com outros talentos similares).

Ora, mesmo que dificilmente alguém ainda queria contestar seriamente essa predisposição sanguínea e a correspondente dotação dos indivíduos e povos com peculiaridades hereditárias específicas, poderia ao menos parecer que reinasse uma diversidade de opiniões até mesmo entre representantes profissionais da ciência sobre o grau de constância (ou mutabilidade) próprio da referida predisposição sanguínea (como eu gostaria de chamá-la por razões estéticas em vez de predisposição plasmático-embrionária). Poderia parecer, digo eu, como se uns opinassem que a predisposição dos grupos humanos (povos) estaria inalterada pelo menos desde a sua composição atual – portanto, durante o assim chamado período "histórico" ou desde o final da Era Glacial diluvial –, ao passo que outros estariam dispostos a aceitar tal mudança (e, em consequência, a partir de certo momento em diante, tal mutabilidade) do plasma embrionário ou da substância hereditária, como o expressa *Schallmayer*. Na realidade, porém, essa diversidade de opiniões não existe mais entre os especialistas (neste caso, entre os biólogos) ou, se existir, é só em dimensões muito reduzidas, quase irrelevantes para os problemas etnológico-antropológicos. Um "lamarckismo" ingênuo decerto só se encontra hoje ainda entre médicos e sociólogos distanciados dos estudos biológicos e que, na maioria das vezes, nem foram capazes de, em seu íntimo, visualizar com precisão a formulação da questão.

---

70 Grandes méritos na pesquisa das "predisposições" e sua transmissão hereditária granjeou Robert Sommer; sua obra principal já foi mencionada na nota 69. Além disso, são úteis para entender seu método as seguintes obras: *Individualpsychologie und Psychiatrie*, 1907; Die Beziehungen zwischen Psychologie, Psychopathologie und Kriminalpsychologie vom Standpunkt der Vererbungelehre, *Wochenschrift für Soziale Hygiene und Medizin*, 1909, n. 21 et seq.

Hoje está definitivamente superada a concepção de que mais ou menos qualquer condição exterior de vida seria capaz de desviar o organismo das vias que lhe foram prescritas. Até mesmo os pesquisadores que acham possível até certo ponto a "predisposição hereditária de qualidades adquiridas" não duvidam mais de que essas "qualidades" a serem transmitidas hereditariamente são de natureza muito especial e rara, a saber, do tipo que envolve a própria substância embrionária. Porém, é sumamente duvidoso se pode tratar-se de influências diferentes das destrutivas (como as exercidas por substâncias tóxicas). A meu ver, a teoria da "mneme" de *R. Semon* tampouco muda algo de essencial nessa concepção. Com efeito, ela só diz que, em circunstâncias especiais, os "engramas" podem deixar impressões suficientemente fortes a ponto de atingir também os gametas e, desse modo, acarretar a hereditariedade das impressões adquiridas e, portanto, a transmissão da "predisposição" formada. Naturalmente, não é possível dizer de antemão com certeza quando ocorrem essas circunstâncias especiais. Sobre um ponto *Semon* também não deixa margem a dúvidas: a hereditariedade acontece somente em raríssimos casos.

A balança do juízo especializado pende, portanto, cada vez mais para o lado de *Weismann*, e, desse modo, se confirmam também as opiniões daqueles que há muito já tinham chegado ao mesmo resultado, não tanto conduzidos por investigações especializadas das ciências naturais, mas muito mais pela via das ponderações especulativas. Não sei se alguém atentou para o fato de que *Kant* já verbalizara a teoria de Weismann numa época em que ainda não se sabia nada de biologia.

Kant escreve:

> Esse cuidado da natureza em preparar sua criatura, através de medidas preventivas escondidas internamente, para todos os tipos de circunstâncias futuras, a fim de que ela se conserve e seja adequada à diversidade do clima ou do solo, é admirável e produz, na migração e no transplante dos animais e plantas, aparentemente novas espécies, que nada mais são do que derivações e raças do mesmo gênero, cujos germes e predisposições naturais se desenvolveram apenas ocasionalmente de diferentes maneiras em longos períodos de tempo.

O acaso ou leis mecânicas gerais não podem produzir tais combinações. Por isso, nós temos de considerar esses desenvolvimentos ocasionais como pré-formados. Mas, mesmo lá onde nada se mostra conforme a fins, a mera faculdade de reproduzir o seu particular caráter adquirido já é prova suficiente: que foi encontrado um germe especial ou uma predisposição natural na criatura orgânica. Pois coisas externas certamente podem ser causas ocasionais, mas não causas produtoras daquilo que necessariamente é herdado e transmitido. Dificilmente o acaso ou causas físico-mecânicas podem produzir um corpo orgânico, tampouco acrescentarão algo à força procriadora deste último, isto é, causarão algo que se autorreproduz em uma forma particular ou na relação das partes. Ar, sol e alimentação podem modificar o crescimento do corpo de um animal; entretanto, essa alteração não está simultaneamente dotada de uma força procriante, que seria capaz de se autorreproduzir também sem essa causa; muito antes, o que deve se reproduzir já tem de estar previamente situado na força procriadora, bem como previamente determinado a um desenvolvimento ocasional, segundo as circunstâncias que a criatura pode enfrentar e nas quais deve se conservar firmemente.[71]

A palavras de *Kant* me parecem tão magníficas e tão convincentes em sua singeleza que resolvem o problema de modo inquestionável e definitivo para qualquer pessoa – mesmo que esta nunca tenha ouvido falar dos resultados das pesquisas de *Weismann*. Não faz muito tempo que *Julius Schultz* voltou a expor de modo espirituoso como a suposição de uma forma eternamente idêntica a si própria de tudo que tem vida de fato também é a que melhor corresponde ao nosso anseio por uma apreensão unitária do mundo.

Porém, também entre os antropólogos e etnólogos praticamente não há mais pesquisadores de renome que neguem a constância dos tipos humanos pelo menos dentro do período histórico. Podemos assumir sem

---

[71] I. Kant, *Von den verschiedenen Rassen der Menschen*. [Ed. bras.: Das diferentes raças humanas. *Kant e-Prints*, Campinas, série 2, v.5, n. 5, número especial, jul.-dez. 2010, p.16-17. Trad. Alexandre Hahn. Disponível em: <ftp://ftp.cle.unicamp.br/pub/kant-e-prints/Vol-5-5-2010/3%20Traducao%20form.pdf>.]

hesitar que se trata da opinião predominante quando o extremamente cauteloso *Johannes Ranke* se expressa da seguinte forma:

> Até onde a história nos permite ter vislumbres da pré-história [...] encontramos indícios seguros de que, já naquele tempo, havia entre os distintos povos e as distintas raças as mesmas diferenças com que nos deparamos hoje. Há bem pouco tempo, *G. Fritsch* ressaltou convincentemente essa conformidade das mais antigas representações egípcias de retratos humanos com os grupos humanos que vivem hoje no Egito e em seu entorno.[72]

Apesar dessa concordância extraordinariamente ampla das ciências que em primeiro lugar são chamadas a dar seu parecer sobre a questão, ocasionalmente foram propostas, no período histórico mais recente, teorias totalmente esdrúxulas a respeito da formação das raças e – o que é o principal – explicadas com a adaptação dos indivíduos ao seu novo ambiente (assim, uma concepção muito apreciada é que, nos Estados Unidos, estaria sendo criada uma "nova raça" em virtude do novo *milieu*); diante disso, é de se perguntar, pelo menos quando se trata de eruditos de resto valorosos: tais erros grosseiros não seriam talvez devidos a concepções equivocadas a respeito do que realmente importa, mal-entendidos, formulações falsas da questão? Essa suspeita se confirma em numerosos casos.

Um exemplo especialmente instrutivo de equivocações desse tipo é o livro muito lido do francês *Jean Finot*, que traz o sugestivo – para não dizer tendencioso – título: *O preconceito racial*. Para Finot, o processo de formação das raças é uma coisa extremamente simples: tome-se uma quantidade qualquer de seres humanos – negros, esquimós, franceses, suecos –, ponha-se os mesmos num novo *milieu* e já na próxima geração teremos uma "nova raça". "O italiano perfeito em dez horas." Porém, logo se percebe que *monsieur Finot* na verdade desconhece totalmente o cerne do problema. Isso fica sobejamente comprovado em explanações como estas: nas páginas

---

[72] J. Ranke, *Der Mensch*, v.2, p.360. Cf. também a exposição sucinta de Alfred Cort Haddon, Ethnology: Its Scope and Problems, *Congress of Art and Science*, v.6, p.549 et seq.

196 e seguinte da tradução alemã do seu livro, ele expõe diante dos nossos olhos a influência que o *milieu* parisiense exerce, visando mostrar com que rapidez se forma uma nova "raça" – justamente a "parisiense"; uma nova raça: portanto, decerto um grupo com características hereditárias específicas. E então ele conclui essa seção com as seguintes palavras: "observemos, contudo, que, quando passam a residir na província, os mesmos parisienses facilmente recuperam sua estatura, sua saúde e sua longevidade"!!

Em outros casos, percebe-se que o autor atribui ao *milieu* uma influência que deriva da miscigenação ou da seleção e fala de "predisposição hereditária de propriedades adquiridas" no mesmo lugar em que qualidades fundadas no sangue aparecem ou desaparecem por alguma das outras duas vias.

Em vista de tais erros, seja observado mais uma vez expressamente que é claro que mudanças na peculiaridade de um organismo étnico – sejam elas de natureza somática, sejam elas de natureza psíquica – podem muito bem ocorrer também no período histórico e até em dimensões bastante consideráveis. Quando se fala de uma "nova raça" nos Estados Unidos (mesmo que ela, por enquanto, dificilmente já exista, mas em todo caso) é bastante plausível: mediante o cruzamento de diversas etnias de um lado, mediante a seleção de determinados tipos de dentro da massa do povo individual de outro. Em outro lugar já indiquei que, pela via da seleção, toda a atitude de um povo pode se modificar radicalmente num prazo relativamente curto. Porém, é preciso ter clareza a respeito disto: precisamente mediante o processo de seleção a constância da qualidade do sangue é posta acima de qualquer dúvida; jamais poderá passar por seleção algo que não tenha estado presente antes disso. E é claro que a atitude de um povo pode se modificar também, como igualmente já expus, em virtude de condições de vida modificadas: mas, nesse caso, não porque "qualidades adquiridas" teriam se tornado hereditárias, mas porque predisposições já existentes passam a ser desenvolvidas, ao passo que outras predisposições anteriormente usadas agora atrofiam.

* * *

Depois dessas exposições esclarecedoras e indicativas do rumo geral a seguir, empreenderei, no próximo capítulo, a interpretação "genética" da peculiaridade judaica; ao fazer isso, meu empenho deverá estar voltado para a verificação da influência dos seguintes momentos, um após o outro:

1. A predisposição original das raças das quais se formou o povo judeu, assim como conseguimos identificá-la a partir de uma apreciação das condições de vida, nas quais, segundo a nossa concepção, estavam inseridas.
2. A miscigenação desses variados elementos.
3. O modo como a seleção provavelmente se deu sob a incidência dos destinos de vida do povo judeu no período histórico. E só quando essas três razões explicativas falharem, dever-se-ia ousar a hipótese de que
4. certas qualidades foram adquiridas no período histórico. Veremos que essa construção auxiliar não será necessária, que, muito antes, a essência judaica se explica cabalmente a partir dos três primeiros momentos. Porém, se isso for possível, também estará comprovada a ancoragem dessa essência no sangue, e dispensa-se a hipótese em si muito improvável de que a peculiaridade que permaneceu idêntica por milênios teria sido um simples exercício do qual o sangue não tomara conhecimento.

Capítulo XIV
O destino do povo judeu

Se quiséssemos explicar e fundamentar com uma frase a importância histórico-mundial dos judeus, especialmente para a vida econômica, teríamos de dizer assim: *sucedeu que um povo oriental foi parar entre povos nórdicos e incorreu num acasalamento cultural com eles.* Afirmou-se (e muita coisa fala a favor dessa hipótese que é ao mesmo tempo espirituosa e elegante): as culturas peculiares da Antiguidade clássica, sobretudo a grega, assim como as da Renascença italiana, seriam oriundas de uma união de povos nórdicos, que teriam descido até aquele *milieu*, com os povos ali residentes.

Não é uma hipótese, mas uma suposição confirmada pelos fatos que, inversamente, a assim chamada cultura capitalista do nosso tempo recebeu o seu cunho bem próprio da cooperação justamente dos judeus, um povo do sul que penetrou nos países nórdicos, com os habitantes nativos daqui. Se, além disso, quisermos determinar também a participação das duas partes na obra comum, podemos dizer que a união do talento comercial sobremodo grande dos judeus com a capacitação técnico-científica, ao que parece, igualmente única dos povos nórdicos – principalmente dos germanos – produziu a florescência totalmente curiosa da cultura capitalista.

Portanto, é isto que temos de ter em mente se quisermos entender o povo judeu em sua peculiaridade e a poderosa eficácia dessa peculiaridade; o decisivo não é se eles são semitas, hititas ou algum outro clã de especial renome, ou se são "puros" ou "mesclados", mas unicamente isto: que se trata de um povo oriental que consome suas melhores energias num entorno climático e étnico que lhe é totalmente estranho.

Um povo oriental. Mais exatamente: um daqueles povos que se tornou grande entre a cordilheira do Atlas no Ocidente e o Golfo Pérsico no Oriente; que se formaram a partir daquelas raças que foram escaldadas pelo sol incandescente no ar quente e seco dos grandes desertos do norte da África, da Arábia e da Ásia Menor ou nas suas margens; que desenvolveram suas especificidades num entorno totalmente peculiar que permaneceu inalterado desde a Era Glacial, para o que teriam tido cerca de 12 mil anos, segundo as estimativas de Forel, ou cerca de 16 mil anos, segundo as de Heim.

A região, da qual procedem também os judeus, é um único e vasto deserto arenoso, no qual estão incrustados pontos isolados ricos em água, nos quais seres humanos e gado conseguem viver: os oásis. Em torno das maiores dessas bacias aquíferas dispersas, desenvolveram-se, como sabemos, as primeiras altas culturas da humanidade: no Egito, na Mesopotâmia, na Palestina. Trata-se, sem exceção, de pequenas regiões férteis, que possuem inteiramente — também quanto ao seu tamanho — o caráter de oásis no deserto. Sua cultura é a cultura específica do oásis. A terra cultivável abrangia, no Egito, mais ou menos uma superfície do tamanho da província prussiana da Saxônia, a Mesopotâmia na época do seu florescimento era mais ou menos metade do tamanho do norte da Itália, mas toda a Palestina habitada pelos israelitas tinha no máximo o tamanho do grão-ducado de Baden, ao passo que a Judeia, a única terra que entra em cogitação como sede original do judaísmo, comportava 4 mil km^2, ou seja, mais ou menos do tamanho do ducado de Anhalt e do ducado da Saxônia-Koburg-Gotha juntos. Ora, esses pequenos oásis, por sua vez, pelo menos a pátria dos judeus, a Palestina, ainda eram, eles próprios, cortados por desertos. A Judeia era a região menos favorecida pela natureza. Na direção sul, a região explorada pela civilização humana avançou bem além de Hebrom e Beerseba para dentro do deserto.

Nesses países, cultivo da terra significa cultivo de oásis. O oásis era em grande parte implantado artificialmente e toda a ciência e capacidade se esgotava na arte de conseguir a água necessária para o crescimento das plantas; sendo assim, naqueles enclaves maiores de terra fértil, entre os quais figuravam partes da Palestina, todo cultivo do solo se baseava na provisão de água. O homem do campo treme diante da maior das pragas: a seca; treme diante da perspectiva de que a cada ano o deserto volte a estender seus braços sobre o pequeno pedaço de terra que lhe foi penosamente subtraído. Ele teme que o deserto a cada momento lhe envie ventos quentes e abrasadores ou incursões de gafanhotos. Porém, ele também teme que do deserto – assim ao menos devemos imaginar a condição dos tempos antigos – provenham clãs de beduínos que percorrem as terras roubando, assassinando e saqueando ou que, caso lhes convenha, desejariam apropriar-se da terra permanentemente. Esses moradores do deserto propriamente ditos, que hoje chamamos de beduínos e entre os quais outrora figuraram também os moradores dos oásis que agora temem suas incursões, são criadores de gado peregrinos, nômades. Às suas pilhagens os países situados em oásis devem a construção já bem cedo de cidades fortificadas com espessas muralhas, atrás das quais os habitantes da planície podiam buscar abrigo. Dentro delas, o deserto volta a penetrar no âmago das terras férteis rodeadas de desertos, que, portanto, permanecem o tempo todo impregnadas do espírito do deserto.

Um clã de beduínos desse tipo, que peregrinava sem descanso, foram também aqueles hebreus que, em torno do ano de 1200 a.C., irromperam na terra de Canaã saqueando e assassinando e decidiram descansar ali da sua perpétua migração. Isso significou: se possível, não fazer nada e deixar que a população nativa trabalhasse para eles (o anseio natural e óbvio de todo povo conquistador!). É o que Javé promete ao seu povo: guiar-te-ei até a terra que prometi a teus pais e dar-te-ei "grandes e belas cidades que tu não edificaste e casas cheias de tudo o que é bom, casas que não encheste; e poços cavados que não cavaste, vinhedos e olivais que não plantaste, e comerás e ficarás saciado" (Deuteronômio 6:10-11).

Ora, o que fizeram os hebreus nessa terra que Javé lhes prometera? Como eles organizaram sua vida econômica – que sempre foi a questão principal? Naturalmente não temos como dizer isso com toda a certeza;[1]

---

[1] Até agora temos pouca infomação sobre as condições socioeconômicas na Palestina antiga. O melhor sobre o assunto ainda se encontra em F. Buhl, *Die*

podemos apenas supor algumas coisas. Assim – como já vimos –, os poderosos e grandes organizaram uma espécie de economia baseada no trabalho servil, o que naturalmente tinha como pressuposto a apropriação de grandes extensões de terra.

Podemos supor que, desse modo, o clã conquistador tornou a maior parte do país tributário, seja pela via do trabalho servil, seja pela via do arrendamento (pelo visto, um caso frequente), seja pelo nexo creditício; em todo caso, podemos supor que parcelas consideráveis dos hebreus residiam nas cidades vivendo da renda ou dos juros das terras, enquanto a população subjugada, na condição de colonos ou camponeses "livres", cultivava a terra, ou seja, "praticava a agricultura" ou o que é assim chamado no Oriente. Pode até ser que parcelas do clã conquistador tenham empobrecido e ficaram reduzidas à relação de colonos: mas, em todo caso, não se tratava dos que comandavam. Esses eram os senhores das terras que viviam dos juros ou os nômades e seminômades que continuavam a levar uma vida pastoril. Estes eram e continuaram sendo exclusivamente quanto à profissão as tribos que residiam no sul da Transjordânia, ou seja, sobretudo Judá, bem como restos de Simeão e Levi junto com algumas tribos do Neguebe: as condições naturais do país permitiam tão somente a criação de gado. "Os dentes de Judá são brancos por causa do leite." Outras tribos, como Ruben e Gade, continuaram como seminômades criadores de gado na Cisjordânia, a meia tribo de Manassés retornou para lá atravessando o rio Jordão. Porém, o espírito do nomadismo deve ter permanecido atuante em todas as tribos. Pois se tivesse sido diferente, se Israel tivesse se tornado um povo "agrícola" mesmo que só no sentido do Oriente, jamais conseguiríamos entender o surgimento e a primeira configuração do sistema religioso judaico.

Não devemos esquecer que os escritos religiosos, nos quais é fixada a fé judaica, portanto, principalmente o Pentateuco, são totalmente formulados nos termos de um povo nômade. O deus que se impõe vitoriosamente

---

sozialen Verhältnisse der Israeliten, 1899. Acabou de ser publicado um belo livrinho que expõe de modo claro de acordo com o estado da pesquisa mais recente todas as antiguidades hebraicas, incluindo as que se referem à economia: M. Löhr, *Israels Kulturentwicklung*; com numerosas ilustrações e um mapa, 1911.

contra os outros falsos deuses, Javé, é um deus do deserto e de pastores, e, na implantação consciente do culto a Javé, as antigas tradições do nomadismo são tomadas como critério por Esdras e Neemias, sem levar em consideração o período agrícola intermediário (que talvez nunca tenha realmente existido para os israelitas). O Códice Sacerdotal "evita fazer qualquer referência à vida sedentária na Terra de Canaã [...] Formalmente ele se mantém rigorosamente dentro da situação da peregrinação pelo deserto e visa ser com toda a seriedade uma legislação para o deserto".[2] Tomemos os livros históricos, a maioria dos profetas — esse coro do deserto —, e ainda os Salmos: em toda parte, deparamo-nos com as imagens e metáforas da vida pastoril, apenas em casos extremamente raros vislumbramos no pano de fundo o agricultor, "modestamente assentado diante do seu barraco embaixo da figueira". Javé é o bom pastor (Salmo 23) que reunirá o resto de Israel como ovelhas no aprisco (Miqueias 2:12). O ano sabático também tem o seguinte sentido: cessar de ser agricultor e sentir-se novamente como israelita ao velho estilo.

Israel nunca renunciou à subdivisão por famílias e linhagens e se reúne em tribos como fazem os pastores: a *affinitas* [afinidade] nunca cede totalmente seu lugar à *propinquitas* [proximidade]. Assim sendo, não devemos ter dúvidas de que, ainda no século V a.C. — caso contrário, como foi dito, não seriam concebíveis todos os processos daquele tempo, sobretudo a consolidação dos livros da religião judaica —, houve fortes, se não preponderantes, instintos e inclinações nomádicas, pelo menos nos círculos que davam o tom, mas, no final das contas, também em amplas camadas do povo judeu, visto que, sem estas não teria sido possível outorgar ao povo permanentemente a religião de orientação totalmente nomádica.

Essa forte inclinação para o nomadismo naquela época não terá sido talvez um fenômeno de regressão? Talvez os instintos nomádicos que, no correr dos séculos precedentes haviam sido reprimidos, voltaram a manifestar-se sob a influência do exílio? Isso é perfeitamente plausível. E eu gostaria de acentuar especialmente a seguinte circunstância: os destinos

---

2 J. Wellhausen, *Prolegomena zur Geschichte Israels*, p.10; cf. K. Budde, *The Nomadic Ideal in the Old Testament*, 1895.

do povo judeu desde os exílios necessariamente trouxeram uma reanimação de instintos do deserto ou da vida nomádica que estavam em vias de desaparecer ou um fortalecimento dos remanescentes. Portanto, mesmo que estivéssemos propensos a aceitar uma sedentarização parcial do povo de Israel até aquela época (no meio milênio que transcorrera desde a conquista de Canaã), teríamos de constatar que aparentemente todas as forças se conjuraram contra permitir que ela se tornasse realidade e um estado permanente. A planta mal se decide a deitar raízes (na medida em que isso é possível naqueles países quentes) e já é arrancada do chão novamente. Em linguagem não metafórica: o nomadismo e saarismo (se é que se pode usar esse termo simbólico para designar o apego ao deserto) que originalmente esteve no sangue dos hebreus é conservado e cada vez mais aprimorado no decorrer da história judaica mediante adaptação e seleção. Isso de tal modo que podemos designar o seguinte como o destino do povo judeu: ele permaneceu um povo do deserto e um povo peregrino durante todos os milênios de sua história.

Essa constatação não é nova. E não é insuspeito fazê-la, pois panfletistas antissemitas tiraram desse fato de modo odioso material para seus insultos. Porém, isso não pode ser motivo para duvidar da exatidão do próprio fato ou para não o levar em consideração como explicação da peculiaridade judaica. Só o que se pode fazer em vista do modo comprometedor como esse fato é aproveitado pelos autores tendenciosos (*Dühring, Wahrmund* etc.) é proceder a um exame consciencioso do material factual, é, antes de tudo, uma fundamentação de certo modo significativa da importância de dita constatação. O que até agora foi feito nesse sentido é insípida e odiosamente desfigurado e proporciona aos adversários quase que o direito de rejeitar como absurdo, em tom de escárnio e gozação, a "ideia de um nomadismo perpétuo" dos judeus e falar da "curiosa ideia de muitos integrantes de outras raças de xingar os semitas de 'nômades'" (*Hertz*).

Todavia, teria sido melhor se, em vez de indignar-se, os que acharam a "ideia" "curiosa" tivessem se esforçado por demonstrar sua falsidade. Porque isso até agora nunca foi tentado, dado que a conclusão: "Na Antiguidade, praticava-se a agricultura na Palestina; os judeus habitaram a Palestina naquela época; logo, eles foram agricultores – ou, como ocasionalmente se costuma dizer mais drasticamente: 'agrários'" tem uma estrutura um tanto oscilante. Mesmo que, por exemplo, *Hertz* expresse em seu primoroso livro a ideia de que a cidade prende ao solo e força o sedentarismo, "o que nem a casa leve de madeira nem o arado conseguem" (não tornam "sedentário" o colono da Vestfália, mas, sim, o morador de Berlim em seu apartamento de dois quartos!), ele não poderá contar com anuência incondicional para tais ditos nem mesmo entre os seus melhores amigos.

Por último, ainda este esclarecimento: o simples fato de chamar alguém de "nômade" não expressa nenhum tipo de menosprezo da pessoa; por isso, rejeito também a expressão "xingar de nômade" como injustificada. Quando muito, poderíamos vislumbrar uma ofensa na palavra quando se associa a ela a concepção do "roubo", da perpétua *razzia* [saque, rapina], equiparando o nomadismo com a rapinagem. Porém, mesmo que fosse isso, por que uma tribo de beduínos agressiva sob uma liderança como a do rei Davi, mesmo que ela viva de incursões rapinadoras, não seria tão "valiosa" e despertaria a mesma simpatia como uma tribo de negros agrícola e sedentária da selva africana? Mas aqui não é o lugar para falar de "juízos de valor"; já manifestei meu parecer sobre isso no prefácio. É dizer o óbvio que, com referência à fase posterior da história judaica, o termo "nômade" é usado no sentido figurado. E agora – após todas essas cautelas – tentaremos demonstrar a exatidão do fato de que *os judeus são um perpétuo povo do deserto e da migração mediante adaptação ou seleção*.

Já foi indicado que o exílio reavivou os instintos nomádicos. O exílio! Do qual – se quisermos ser honestos – não conseguimos formar uma ideia clara. Nem da marcha para fora da terra nem da recondução de volta à terra. Toda essa movimentação só se torna bastante provável se imaginarmos que, naquela época, o povo de Israel como um todo ainda era nômade ou seminômade. A conquista de um povo agrícola é praticamente inconcebível, ao passo que deslocamentos forçados de tribos nômades ainda hoje são usuais. Eles são considerados ainda hoje "um forte instrumento dos detentores do poder nos limites das savanas, que especialmente a Rússia sabe manejar muito bem".[3] O que combinaria muito

---

3   F. Ratzel, *Völkerkunde*, v.3, p.47, onde são citados também alguns exemplos.

bem com a concepção de que, na época do exílio, os israelitas ainda eram predominantemente criadores de gado é o relato que possuímos sobre a condução para fora da Palestina: "E ele levou dali todo Israel e todos os oficiais e todos os guerreiros, ao todo 10 mil foram levados embora e todos os ferreiros e serralheiros; ninguém ficou a não ser o povo pobre do país". E repete: "Todos as pessoas distintas do país ele levou cativos de Jerusalém para a Babilônia e todos os guerreiros, 7 mil ao todo, e os ferreiros e serralheiros, tudo gente valente e hábil para a guerra, foram conduzidos cativos pelo rei da Babilônia para a Babilônia". Então, na segunda *razzia*: "E o restante do povo, os que remanesceram na cidade, e os desertores, que se passaram para o rei da Babilônia e o restante do povo [ele levou embora]. Porém, dos pobres da terra o chefe da guarda deixou ficar alguns para serem viticultores e agricultores" (2 Reis 24:14-15; 25:11-12). Jeremias confirma a exatidão desse relato (39:10): "Porém, dos pobres dentre o povo, dos que nada tinham, deixou Nebuzaradã, o chefe da guarda, alguns na terra de Judá e lhes deu vinhas e campos naquele mesmo dia".

Quem quer que se imagine que tenham sido os exilados, as pessoas do campo propriamente ditas não estavam entre eles. Ao contrário, eles permaneceram como ocupantes da terra inclusive após a segunda leva; a passagem de Jeremias parece confirmar a visão que externei anteriormente: que a terra foi cultivada por colonos e servos da gleba quando seus senhores foram levados para o exílio, convertendo-se de meros cultivadores da propriedade alheia em proprietários da terra por eles cultivada. É de se imaginar que tenham sido, em sua maior parte, os remanescentes das antigas tribos nativas subjugadas pelos hebreus. A partir daquele momento, a população da Palestina (ou então da Judeia) passaria a ter menos sangue judeu em suas veias do que o povo judeu da Babilônia, que, em todo caso, pode ser considerado uma espécie de aristocracia, da nata da sociedade. Essa também é a concepção que se mantém viva nos séculos posteriores no judaísmo. Até mesmo na Judeia os nascidos de origem judaica na Babilônia eram tidos como oriundos da mais pura linhagem. Um velho provérbio diz: "A população judaica dos países (romanos) se comporta, no que se refere à origem, para com a da Judeia como massa misturada em relação à pura farinha, mas a própria Judeia não passa de massa se comparada à Babilônia".[4] O Rabi Yuda ben Yecheskeel (220-299) só encontra uma desculpa para o piedoso Esdras e sua emigração da Babilônia: ter conduzido para a Judeia as famílias de origem duvidosa, para que as remanescentes ficassem afastadas da miscigenação com elas![5]

O aspecto importante para a nossa análise é este: o efeito do exílio foi uma seleção dos melhores elementos de Judá, que, em todo caso, não foram os portadores de tendências sedentárias e que, pelo processo do exílio, de modo geral foram afastados de todo sedentarismo e enraizamento porventura ainda existentes; que se viram relegados a uma situação em que foram obrigados a reavivar o seu nomadismo (mesmo que ele tenha entrado em estado de latência) e a ganhar seu sustento como citadinos (comerciantes). (Tendo em vista o que diz o Talmude babilônico, devemos considerar provável que uma parte dos judeus deslocados para a Babilônia também se dedicou à agricultura naquele lugar; mas ali se repetiram as condições com que acreditamos haver nos deparado na Palestina: senhores citadinos que são simultaneamente emprestadores de dinheiro encarregam agricultores em tempo parcial – não judeus? – de cultivar suas terras, sendo esse, ao menos, o quadro típico que depreendemos do Talmude babilônico, podendo também, é claro, haver exceções, pois nos deparamos até mesmo com rabinos que andam atrás do arado.)

E o que é ainda mais importante: as ocorrências do exílio não permanecem isoladas, mas tornam-se as normais, como se poderia dizer. Já antes do exílio havia numerosos judeus vivendo no Egito e também em outros países estrangeiros. A partir daí se realiza permanentemente o processo de seleção dos elementos não nativos, que ao menos são os mais fáceis de mobilizar, mediante o exílio voluntário, a emigração, da qual passa a formar-se a diáspora. Iam para o estrangeiro sempre aqueles nos quais o velho sangue nômade ainda latejava mais fortemente, e pelo fato de irem para o estrangeiro esse sangue voltou a circular com força e passou a irrigar novamente toda a sua essência. Com efeito, não temos

---

4 *Kiddushim*, 71a. Cf. Graetz, *Geschichte der Juden*, 2. ed., v.4, p.273.
5 Graetz, *Geschichte der Juden*, 2. ed., v.4, p.321.

nenhuma notícia de que os judeus que emigraram voluntariamente (ou forçados por circunstâncias meramente econômicas) da Palestina (ou da Babilônia) tenham fundado alguma colônia agrícola ou mesmo apenas um assentamento permanente e autônomo (como sabemos a respeito da grande maioria dos emigrantes sobretudo também do mundo antigo). O que ouvimos, isso sim, é que os judeus emigrantes se espalham entre os povos estrangeiros de todo o globo habitado, buscando abrigo de preferência nas grandes cidades.[6] Também não ouvimos nada a respeito de que referidos judeus que se exilaram teriam voltado ao torrão natal depois de terem obtido uma pequena fortuna: como fazem hoje os suíços, húngaros ou italianos emigrados. Muitos permanecem nas cidades estrangeiras e mantêm apenas relações religiosas espirituais com a terra natal. O máximo que empreendem – como nômades autênticos – é a peregrinação anual a Jerusalém para a festa da Páscoa.

Pouco a pouco a Palestina vai perdendo seu significado como pátria dos judeus e o judaísmo vive preponderantemente na diáspora. De fato, já quando o segundo templo foi destruído (70 d.C.), o número de judeus morando na diáspora era consideravelmente maior do que o de habitantes da própria Palestina. Dificilmente se poderá supor que, mesmo nas épocas de maior densidade populacional, a Palestina teria alimentado mais do que 1 a 1,5 milhão de pessoas (60-100 por km^2; hoje a população é de, no máximo, 650 mil). A Judeia toda compreendia 225 mil habitantes, Jerusalém, 25 mil.[7] Porém, no início da nossa contagem do tempo, com certeza já havia mais judeus morando fora dos limites da Palestina. Só no Egito ptolemaico, de 7 a 8 milhões de habitantes, 1 milhão teria sido de judeus.[8] E não era fácil descobrir um lugar da Terra habitada que não tivesse sido habitado e dominado (!) por essa tribo, como vimos Josefo citar de Strabo. Filo enumera os países que, no seu tempo, eram habitados por judeus e acrescenta: eles estariam assentados em inúmeras (μυρίαι) cidades da Europa, da Ásia e da Líbia, nos continentes e em ilhas, na costa

---

6 Uma coletânea de passagens bíblicas encontra-se em L. Herzfeld, *Handelsgeschichte der Juden des Altertums*, nota 9.

7 Ver os documentos do censo em Buhl, *Die sozialen Verhältnisse der Israeliten*, p.52 et seq.

8 Filo, *In Flaccum*, 6 (II, 523, Mangey) apud Stähelin, *Antisemitismus des Altertums*, p.33.

marítima e no interior. A mesma coisa já havia sido dita por um oráculo sibilino, formulado por volta do final do século II a.C.,[9] e Jerônimo confirma que eles moravam "de mar a mar, do Oceano Britânico até o Oceano Atlântico, do Oeste até o Sul, do Norte até o Oriente, em todo o mundo".[10] Vários relatos atestam como eram densamente representados, por exemplo, já na primeira fase da Roma imperial: uma legação do rei judeu Herodes supostamente foi acompanhada de 8 mil correligionários residentes em Roma à presença de Augusto e, no ano de 19 d.C., foram condenados à deportação para a Sardenha 4 mil libertos em idade de prestar serviço militar, que haviam sido "contaminados pela superstição egípcia e judaica".[11]

É o bastante: não importa em quanto se estime a participação da diáspora pré-cristã na totalidade do povo judeu, sobre um ponto não pode reinar dúvida, a saber, que Israel já estava espalhado pela Terra quando o segundo templo caiu.[12] E também sobre isto não há dúvida: a Idade Média tampouco permitiu que o formigueiro se aquietasse, Israel continuou percorrendo a Terra sem descanso.

As grandes correntes das migrações judaicas são estas: a partir do final do século V, um esvaziamento no começo lento, depois rápido da Babilônia para todas as regiões da Terra – para a Arábia, a Índia, a Europa. A partir do século XIII, despejo da Inglaterra, da França e da Alemanha, em parte para a Península dos Pireneus, para onde já haviam migrado muitos judeus oriundos da Palestina e da Babilônia, em parte para os impérios europeus orientais, para onde fluiu também, a partir do século VIII, vinda do sudeste e passando pelo Mar Negro, a corrente oriunda do Império Bizantino. E, então, por volta do final da Idade Média, a Península dos Pireneus e

---

9 Em L. Friedländer, *Sittengeschichte Roms*, 5. ed., v.3, p.570.
10 Em Cassel, verbete Juden. In: J. S. Ersch; J. G. Gruber (orgs.), *Allgemeine Encyclopädie der Wissenschaften und Künste*, p.24.
11 Tácito, *Anais*, II, 85; Suetônio e Josefo mencionam somente judeus.
12 As melhores exposições da Diáspora antes da destruição do segundo templo são oferecidas por Graetz, Geschichte der Juden, v.3, p.390 et seq.; Frankel, Die Diaspora zur Zeit des zweiten Tempels, *Monatsschrift*, v.2, p.309 et seq.; Herzfeld, *Handelsgeschichte der Juden des Altertums*, p.200 et seq. e nota 34.

Rússia-Polônia se tornaram os dois grandes receptáculos (na medida em que o Oriente não os reteve). A partir daí começa a redistribuição do povo judeu como já a acompanhamos em seus traços principais. Os primeiros a se disseminarem pela Terra são os sefarditas, depois vêm os judeus orientais – em decorrência das perseguições movidas pelos cossacos no século XVII. Esse processo de pulverização dos judeus russos-poloneses havia assumido um ritmo bastante orgânico, até que, por volta do final do século XIX, a cratera de repente voltou a despejar grandes massas: aquelas incontáveis miríades que, nas últimas décadas, buscaram refúgio no Novo Mundo.

No interior de cada país, a corrente das migrações judaicas volta a evidenciar rumos específicos, que, por exemplo, na *Alemanha*, também vai do Oriente para o Ocidente. Com efeito, ao acolher a população judaica na província de Posen, a Alemanha participou intensamente no grande reservatório que continha os judeus "orientais". Ainda em meados do século XIX (1849), ou seja, na época em que a maioria das cidades de Posen atingiu o ponto alto no que se refere à participação da população judaica, de 131 localidades, 21 tinham uma população composta de 30-40% de judeus, ao passo que em quatro lugares os judeus eram 41-50%, em três lugares mais de 50% (até 64%) da população. Então, no último meio século o número de judeus na província de Posen sofreu forte redução. Em 1905, somente em dez cidades foram apurados mais de 10% de judeus, e a maior participação na população total em lugar nenhum passou de 15%. Quando se estipula em 100 o número total de judeus na província de Posen no ano de 1840, destes só restaram 39,4 no ano de 1905. Os 30.433 judeus que foram apurados na província de Posen no ano de 1905 perfaziam só 15% da população total, ao passo que os 76.757 judeus que foram contados nela em 1849 perfaziam 57% da população. Portanto, a população judaica da província de Posen diminuiu mais de 60% em 55 anos.[13]

---

13 A evolução das condições populacionais na província de Posen no período mais antigo foi trabalhada com conhecimento de causa por Von Bergmann, *Zur Geschichte der deutschen, polnischen und jüdischen Bevölkerung in der Provinz Posen*. O tema foi então elaborado com certa frequência em tempos mais recentes, como no memorando

Mas também no restante da Alemanha, os judeus migraram muito durante a última geração, geralmente com um só destino: Berlim. Só durante o período de 1880 a 1905, houve o seguinte movimento nas províncias prussianas:

Províncias	Imigração	Emigração
Prússia oriental	–	8035
Prússia ocidental	–	15.117
Brandemburgo	25.539	–
Berlim – área urbana	29.008	–
Pomerânia	–	6603
Posen	–	31.381
Silésia	–	13.854
Saxônia	–	958
Schleswig-Holstein	–	1043
Hanover	–	2934
Vestfália	–	4276
Hessen-Nassau	–	144
Renânia	–	1522
País	54.547	85.920

Esse povo acossado e levado a fugir de um lugar para o outro no decorrer dos séculos, cujo destino ganhou expressão comovente na saga do eterno judeu,[14] jamais chegaria a um sentimento de radicação já por causa da eterna inquietude, mesmo que tivesse tentado fincar raízes no seu torrão nos intervalos entre uma perseguição e outra.

---

oficial intitulado *Zwanzig Jahre deutscher Kulturarbeit*, de 1906; além disso, no artigo de Wassermann, Die Entwicklung de jüdischen Bevölkerung in der Provinz Posen und das Ostmarkenproblem, *ZDSJ*; por último, no memorando escrito por Bernhard Breslauer por incumbência da Federação dos Judeus Alemães intitulado *Die Abwanderung der Juden aus der Provinz Posen*, de 1909. As cifras gerais referentes à Prússia foram dispostas de maneira a facilitar a visualização e ajuizadamente apreciadas por Blau, Judenwanderung in Preußen, *ZDSJ*. Acrescento ainda um escrito que se ocupa com a expulsão dos judeus de Viena no final do século XVII, tão extraordinariamente significativa em termos históricos, ocasião em que os melhores elementos judaicos foram dispersados para a Morávia, Boêmia, Hungria, Baviera, Brandemburgo, Polônia e França: Kaufmann, *Die letzte Vertreibung der Juden aus Wien und Niederösterreich; ihre Vorgeschichte (1625-1670) und ihre Opfer*.

14 L. Neubaur, *Die Sage vom ewigen Juden*, 2. ed., 1893.

Porém, tudo o que possuímos em termos de testemunhos seguros sobre o modo de vida dos judeus no exílio concorda em que sempre foi uma parcela diminuta que se ocupou com a agricultura, inclusive nos lugares em que não estavam impedidos de exercerem a atividade agrícola. Onde mais parecem ter se dedicado à agricultura foi na Polônia durante o século XVI. Mas também ali a predileção era pela vida nas cidades. Em todo caso, sabemos a respeito daquela época que, para cada 500 grandes comerciantes cristãos havia 3200 comerciantes judeus nas cidades polonesas.[15]

Eles se tornaram moradores de cidade – é indiferente se o fizeram voluntariamente ou se foram forçados a isso –, e moradores de cidade permanecem até os dias de hoje: na atualidade, mais da metade dos judeus vive em cidades grandes com mais de 50 mil habitantes na Alemanha (1900: 43,46%); na Itália, Suíça, Holanda e Dinamarca são 4/5; na Inglaterra são todos, nos Estados Unidos são todos. Fato é que a cidade grande é a continuação imediata do deserto – ela está tão distante do torrão natal quanto este e, a exemplo deste, obriga seus habitantes a levar uma vida nomadizante.

Mediante a adaptação ao meio ambiente, desenvolveram-se, no decorrer de milênios, os antigos embriões do nomadismo e o antigo senso dos judeus para o deserto; mediante a seleção, eles se tornaram cada vez mais dominantes, pois é claro que, na constante mudança a que estava exposto o povo judeu, não eram os elementos comodamente radicados, mas os nomádicos infatigáveis que se conservavam mais resistentes e, por essa razão, sobreviviam.

E esse povo cálido e inquieto, que não peregrinou só quarenta anos, mas mais de 4 mil anos no deserto, finalmente chegou à sua terra de Canaã, aos países em que pretendeu descansar de suas migrações: aos países nórdicos, deparando-se ali com povos que estiveram radicados em seu torrão natal durante os milênios em que os judeus erravam de oásis em oásis, num entorno totalmente distinto deste; povos, por assim dizer, frios e úmidos, que se distinguiam dos judeus como o cavalo ardenês se diferencia de um cavalo árabe.

---

15 Segundo Graciano, *Vita Johannis Commendoni*, II, cap. 15; e V. Von Karben, *De Vita et Moribus Judaeorum*, 1504; Graetz, Geschichte der Juden, v.9, p.62 et seq.

Logo chegará o momento em que não se dará mais muito valor a chamar de "arianos" (ou de outro modo) os povos que há milênios ocupam o norte, o centro e o leste da Europa. É verdade que as investigações mais recentes, tanto no campo somático-antropológico e arqueológico quanto no campo linguístico, resultaram em que pelo menos grande parte dos povos que habitaram o centro e o norte da Europa na Idade da Pedra mais recente foram arianos.[16] Mas isso nem é tão importante assim. Qual é a grande coisa que sabemos a respeito da essência básica desses povos depois de nos inteirarmos de que foram "arianos"? Caso quiséssemos deduzir da linguagem ou *talvez* também de características antropológicas concordantes, como forma craniana etc., o hábito espiritual dessas pessoas, teríamos de reviver todas aquelas aberrações místicas de que anteriormente falei horrorizado. Importante e decisivo é que esses "arianos" foram *povos nórdicos*, originários do Norte e que não conseguiram aclimatar-se em países cálidos.[17]

Querer avaliá-los e entendê-los como "arianos" justamente induz ao erro, porque, nesse caso, sempre se cai na tentação de encarar os indianos de tez escura como irmãos, e isso certamente barra o caminho para um melhor entendimento. Os homens loiros de olhos azuis que há milênios se instalaram no norte e no centro da Europa provavelmente têm muito pouco em comum em termos de sangue com os homens morenos das selvas indianas, por maior que seja a afinidade entre suas línguas.

Com efeito, eles só puderam adquirir a peculiaridade de sua essência no ambiente bem próprio que lhes foi proporcionado pelos países nórdicos. Podemos experimentar ainda hoje em nós mesmos qual foi essa

---

16 Ranke, *Der Mensch*, v.2, p.533.
17 Ratzel, *Völkerkunde*, v.3, p.743. O "povo primitivo" indo-germânico (ocidental) já foi, de acordo com a sua essência mais íntima, um povo nórdico da floresta. Isso nos é revelado pela pesquisa linguística comparativa, cujos últimos resultados agora também estão acessíveis a um círculo maior, graças à obra mais recente de Schrader, *Die Indogermanen*. Quem quiser como que degustar a diferença entre um povo que tem a floresta no sangue e um povo que tem o deserto no sangue leia (e qualquer pessoa pode fazê-lo, já que se trata de exposições de cunho popular) lado a lado esse pequeno e jeitoso livro de Schrader e o escrito de Löhr, *Israels Kulturentwicklung*.

peculiaridade, mas precisamos ponderar que o aspecto especificamente nórdico era muito mais pronunciado naqueles tempos antigos do que é hoje. Se quisermos formular essa peculiaridade com um só termo para contrapô-la à peculiaridade do deserto, então o termo é: floresta. Deserto e floresta são os grandes contrastes em torno dos quais se sedimenta toda a essencialidade tanto dos países como dos seres humanos que os habitam. A floresta imprime seu cunho ao Norte; mais exatamente: a floresta nórdica, na qual os riachos murmuram, a névoa revoluteia pelos troncos das árvores, o sapo se abriga "no musgo úmido e no rochedo gotejante", onde no inverno os raios mortiços do sol cintilam na geada e no verão as aves cantam. Pois é fato que as florestas também farfalharam no Líbano e farfalham hoje ainda no sul da Itália, onde há muito já teve início o caráter desértico; mas quem alguma vez já esteve numa floresta do Sul sabe que ela nada tem em comum com nossas florestas nórdicas além do nome;

> ele terá de admitir que essa floresta [já na Itália] é diferente para o olhar e para o sentimento daquela dos Alpes ou do litoral do mar Báltico. A floresta do sul da Itália é sonora, impregnada de pura luz e de anil, elástica e agitada ao alçar-se, curvar-se e tremular; com frequência ela se assemelha ao bosque sagrado de um templo. (*Hehn*)

Ao passo que a nossa floresta nórdica é adorável e fantasmagórica, familiar e assustadora ao mesmo tempo. Deserto e floresta, areia e pântano: estes são os grandes contrastes que, no final das contas, estão baseados nos diferentes níveis de umidade do ar e criam todas as demais condições tão decisivas para a existência humana (como ainda veremos); naquele o símbolo da natureza é, por assim dizer, a miragem, nesta é a faixa de neblina.

E toda a peculiaridade dessa natureza nórdica, digo eu, era muito mais nítida em tempos antigos do que é hoje. Os romanos descrevem a Germânia como uma terra inóspita, eivada de pântanos e densas florestas, como uma terra de céu sombrio, atmosfera enevoada e chuvosa, de longos inversos e terríveis tempestades.

Ora, aqui residiam povos provavelmente desde a Era Glacial, cujos vestígios, em todo caso, podemos acompanhar retroativamente por milênios.

Segundo uma hipótese mais recente, os germanos teriam sobrevivido até mesmo à Era Glacial numa ilha climática em algum recanto da França. (A primeira notícia histórica dos germanos, que devemos a um historiador romano, data do ano de 330 a.C.)

(Porém, mesmo que os primeiros moradores de palafitas – que, porém, possivelmente são do Paleolítico – tivessem imigrado do Oriente, eles teriam vindo de um ambiente não totalmente diferente, a saber, da região de savanas cobertas de relva da Ásia Central.)

Podemos, portanto, tranquilamente dizer que por milênios residiram aqui raças e povos (que são nossos antepassados) em florestas úmidas, entre pântanos, em meio à neblina, no gelo, na neve e na chuva, possivelmente sobre palafitas dentro da própria água. Eles derrubaram as florestas, tornaram a terra agricultável e se assentaram onde haviam limpado uma nesga de terra com o machado e o arado. Inclusive no tempo em que essas tribos ainda não tinham se tornado totalmente sedentárias (e os relatos de César permitem concluir que, naquela época, a caça e a criação de gado ainda eram as ocupações principais, e que elas mudavam de moradia de tempos em tempos), elas nos dão a impressão de estarem como que organicamente radicadas no seu chão. O cultivo agrícola nunca esteve completamente ausente: dos fatos linguísticos resulta com nitidez "que em nenhuma época da pré-história germânica o cultivo do campo pode ter sido totalmente desconhecido". Os mais antigos moradores de palafitas que conhecemos já foram agricultores. Porém, também onde concebemos os povos nórdicos como "nômades", o quadro é totalmente diferente daquele que temos de uma tribo de beduínos, e temos a sensação de que estão bem mais radicados no solo do que um povo agrícola num oásis. Aqueles sempre são colonos, mesmo que se dediquem à criação de gado; estes sempre são forâneos, mesmo sendo agricultores.

Isso se deve à circunstância de que, no Norte, a relação com a natureza é mais íntima do que nos países cálidos. O ser humano como que se aninha no seio da natureza, mesmo que apenas percorra as florestas como caçador ou abra uma clareira na brenha para o rebanho. Eu gostaria de dizer (correndo o risco de ser ridicularizado como "místico moderno") que, no Norte, formam-se laços ternos de amizade e amor entre o ser humano comum e a natureza que o habitante das zonas quentes, a começar com o italiano, por exemplo, praticamente não conhece na mesma medida. No Sul, com frequência se observou com toda a razão, o ser humano olha a natureza unicamente sob o ponto de vista da finalidade do cultivo. O ser humano permanece interiormente estranhado da natureza, mesmo quando ele cultiva a terra; naqueles campos mais afortunados não existe uma vida bucólica propriamente dita: uma vida na natureza e com a natureza, uma concrescência com a árvore e o arbusto, com o campo e o prado, com animais selvagens e pássaros.

* * *

Ora, esse entorno totalmente diferente e o modo de vida conformado de maneira fundamentalmente distinta pela peculiaridade do entorno não teriam conferido um rumo diferenciado à essência de cada um desses seres humanos? Portanto, a peculiaridade judaica da qual tomamos conhecimento não teria sido influenciada, não teria até mesmo recebido o seu cunho característico da migração uniforme pelo deserto que durou milênios?

Ao responder afirmativamente a essas perguntas e tentar fundamentar a seguir dita inter-relação, preciso, no entanto, conceder de saída que, no atual estado do nosso saber, não é possível apresentar uma prova "exata" — que teria de ser uma prova biológica — da exatidão de minha hipótese. Para isso, ainda faltam por ora todos os dados empiricamente experimentais que pudessem nos proporcionar clareza sobre o modo *como* a peculiaridade do entorno e a atividade vital influenciam a anatomia e a fisiologia dos seres humanos e consequentemente também sua constituição psíquica. *Juan Huarte de San Juan*, o inteligente médico espanhol do século XVI, já mencionado por mim, oferece-nos indicações preciosas sobre o rumo que teriam de tomar essas investigações; ele faz isso em seu genial *Examen de ingenios*, no qual ele também faz uma tentativa séria (a primeira até agora!) de explicar em termos psicológico-biológicos a peculiaridade judaica a partir do passado e dos destinos do povo judeu. As ideias desse homem extraordinário, que muitas vezes trata problemas da formação das espécies humanas de modo francamente clarividente para o seu tempo, parecem-me suficientemente valiosas para que eu as resgate do imerecido esquecimento e as compartilhe neste ponto em forma de excertos.[18]

Huarte atribui a peculiaridade do espírito judeu às seguintes condições sob as quais os judeus cresceram:

1. as zonas climáticas quentes;
2. as regiões inférteis;
3. a alimentação bem peculiar que tiveram principalmente no deserto durante os 40 anos de peregrinação.

Durante esse tempo, eles apreciaram uma comida muito delicada, o maná, beberam uma água bem leve e respiraram uma atmosfera muito límpida. Em decorrência disso, os homens expeliam um sêmen delicado e crestado e nas mulheres formava-se um sangue menstrual ralo e delicado (*sutil y delicada*); mas o resultado disso, já de acordo com Aristóteles, é o nascimento de crianças perspicazes: "*hombre de muy agudo ingenio*" [homem de inteligência muito aguçada].

4. "Mas ao ser posto na terra da promissão com dita inteligência aguçada [...] o povo israelita teve de suportar tantas atribulações, carestias, incursões de inimigos, sujeições, servidões e perseguições que acabou conservando, em virtude dessa vida miserável, aquele temperamento cálido, seco e crestado (*aquel temperamento caliente y seco y retostado*) [...] A tristeza e a vexação contínuas fazem que os fluidos vitais e o sangue arterial se acumulem no cérebro, no fígado e no coração e, estando todos ali embolados, acabam por se crestar e requeimar [...]. De ordinário produzem muita atrabile por calcinação (*melancolia por adustion*). Quase todos os judeus têm até hoje grande quantidade dessa atrabile [...] '*metus et maestitia diu durans melancholiam significat*'* (Hipócrates). Essa cólera crestada (*esta cólera retostada*) é [...] o instrumento da solércia, da astúcia [, da manha] e da malícia (*solercia, astucia, versucia, malicia*). Porém, ela também confere habilidade para as conjeturas da medicina" etc. O autor refuta em seguida

---

18 San Juan, *Examen de ingenios para las sciencias*, p.409.
* "Medo e tristeza de longa duração significam melancolia." (N. T.)

ainda a objeção de que, nos 3000 anos em que não comeram mais o maná, os judeus teriam voltado a perder as qualidades adquiridas por meio dele, valendo-se de ponderações sérias sobre a "predisposição hereditária de qualidades adquiridas" etc. O ponto alto de suas exposições é este: o que chegou a modificar o protoplasma celular tem efeito muito prolongado. Ademais, ele não pretende negar que talvez se possa de fato perceber uma redução da perspicácia entre os judeus.

A essas profundidades, às quais desce o médico madrilenho, não ouso levar o leitor: pois, por enquanto, não encontraríamos lá nada além de fatos não comprovados e suposições leigas. Forçosamente temos de permanecer na superfície e contentar-nos, em essência, com apontar para as inter-relações que (em conformidade com nosso conhecimento baseado na experiência) existem entre determinadas peculiaridades psicológicas, como as que pudemos perceber nos judeus, e seus destinos de vida.

Identificamos a intelectualidade destacada desse povo como a peculiaridade da essência judaica, em cujo leito estão, por assim dizer, acomodadas todas as demais peculiaridades, como sementes dentro da casca. Certamente poderemos explicar essa peculiaridade sem qualquer ressalva a partir do fato de que, desde os primórdios de sua existência pastoril, os judeus jamais tiveram de se dedicar ao trabalho braçal pesado ou mesmo preponderantemente ao trabalho braçal. Em todas as épocas, os judeus pouco ajudaram a carregar a maldição com que Adão e Eva foram expulsos do paraíso, a saber, a de que o ser humano deveria comer seu pão com o suor do seu rosto, caso queiramos entender o suor no sentido literal e não, por exemplo, como metáfora para preocupação e reflexão – que, no entendimento comum, só provocam trabalho "intelectual". A existência pastoril já desloca a ênfase para o trabalho ponderador, dispositivo e organizador, e todas as profissões que vemos os judeus assumirem (se por coação ou voluntariamente é indiferente nesse caso) não exigem propriamente esforço físico, mas certamente capacidades intelectuais. A genealogia de todos nós, na grande maioria dos casos, leva, após duas ou três gerações, a andar atrás de um arado ou ficar parado junto a uma bigorna ou sentado atrás do tear. Os judeus poderiam mencionar muitas linhagens que há séculos ou milênios não foram agricultores nem artesãos, que não foram propriamente criadores de alguma obra, mas apenas pensadores: trabalhadores "intelectuais". Porventura não se teria formado aí, mediante adaptação e seleção dos mais aptos para esse trabalho não braçal, uma peculiaridade específica? Seria estranho se isso não tivesse acontecido. Temos de deduzir sem ressalvas do destino de vida desse grupo populacional sua intelectualidade destacada. E, ao constatarmos essa peculiaridade mediante observação, não seria admissível concluir que ela é derivada da esfera específica de trabalho em que estiveram encerrados os judeus desde os primórdios?

Porém, também aquela intelectualidade específica com que nos deparamos entre os judeus acaba conduzindo de volta para o deserto – deserto arenoso ou pedregoso. Constatamos que eles têm uma predisposição "abstrata", "racional": com um senso aguçado para a apreensão discursivo-conceitual das coisas; com a falta de plasticidade sensível e de relação sentimental com o mundo. Deserto e floresta, Norte e Sul! Os contornos nítidos dos países cálidos e secos, as manchas solares ofuscantes contrastando com profundos pontos de sombra, as claras noites estreladas, a natureza cristalizada: tudo isso certamente pode ser figuradamente sintetizado numa só palavra, a do "abstrato", à qual se confronta a essência "concreta" de todo o Norte, onde a água corre em abundância – a variedade de todo o entorno, a vitalidade da natureza na floresta e no campo, seu torrão fumegante. Não seria possível conceber inter-relações entre a essência cognitivo-abstrata dos judeus e o senso sonhador-contemplativo do homem nórdico? Foi por acaso que a astronomia e a arte de calcular tenham surgido em países cálidos com suas noites perpetuamente claras e que – como queremos acrescentar – tenham sido desenvolvidas por povos que aprenderam a calcular na condição de povos pastoris? Poderíamos conceber aqueles sumérios, aos quais se atribui a invenção da escrita cuneiforme e que manejavam com sumo virtuosismo o sofisticado sistema do assim chamado cálculo sexagesimal,[19] como um povo nórdico, como nos querem fazer crer agora os teóricos raciais germanomaníacos? Como seria possível que, numa paisagem nórdica coberta de neblina, a concepção

---

19 F. Delitzsch, *Handel und Wandel in Altbabylon*, 1910, p.12 et seq.

abstrata do número sobreviesse ao espírito do camponês andando atrás do arado ou do caçador enfurnado no mato?

Tampouco se poderá razoavelmente pôr em dúvida que o pensamento racional baseado em razões leva para o mundo meridional com sua natureza artificialmente constituída, não gerada espontaneamente, para a eterna incerteza da vida beduína, do mesmo modo que a existência tanto tradicionalista como instintiva se associa, em nossa concepção, com a vida tranquila, segura e protegida do agricultor nórdico e com o ambiente natural místico e brumoso do homem nórdico. Ademais, não parece muito improvável que o senso para o vital, para o orgânico, para o crescido só poderia ter se desenvolvido a partir da natureza multiplamente vital do Norte ou se desenvolveria mais facilmente a partir desta do que a partir da natureza morta do Oriente. De fato, o mesmo que faz o deserto (o Sul) também faz a cidade, porque ela afasta o homem do seu torrão fumegante e o dissocia da coexistência com animais e plantas – estruturas organicamente crescidas –, atrofiando e destruindo nele a sua própria convivência com o vital, a única que transmite a "compreensão" da natureza orgânica. Em contrapartida, porém, ela também desenvolve, como faz a vida nômade em sua forma apropriada ao deserto, as faculdades do entendimento, que como vigia, como espião, como admoestador, como ordenador são mantidas em movimento perpetuamente intenso. Ponderar continuamente é o que exige do "nômade" o cumprimento de sua missão de vida, ponderar continuamente é o que exigiu dos judeus o destino. Portanto, também ponderar os fins, ou seja, a cada instante visualizar uma nova situação, dar conta de uma nova situação, organizar sua vida "de modo a atingir os fins".

Os judeus têm capacidade de adaptação e mobilidade. Adaptabilidade e mobilidade são também as duas qualidades principais de que deve dispor o "nômade" se quiser prevalecer na luta pela existência, ao passo que o camponês sedentário não saberia o que fazer com essas virtudes.

A lei da vida no deserto prescreve ao nômade a maior mobilidade possível da pessoa e da posse. O cavalo e o camelo têm de transportá-lo rapidamente junto com seus haveres de uma pastagem para a outra, dado que suas pequenas reservas logo se esgotam, e eles têm de subtraí-lo com a rapidez de um raio do ataque do inimigo mais forte [...] Essa mobilidade exige já em circunstâncias habituais um certo talento organizador da parte dos líderes das divisões tribais e de tribos inteiras.[20]

(Coisa que o agricultor nem precisa ter.) "O arado e o touro são fracos e pesados diante da lança, da flecha e do cavalo dos nômades."[21] O campo é fraco e pesado diante da cidade, pode-se acrescentar, ampliando a ideia, quando se acompanha o destino de vida dos judeus, que desde o momento em que cruzaram o rio Jordão até os dias de hoje sempre se exigiu deles um alto grau de mobilidade.

Os dois opostos, objetividade e operosidade, porventura não se derivam também dos opostos nomadismo e sedentarismo? E as migrações milenares teriam aprimorado, então, entre os judeus, essa objetividade que é uma autêntica virtude nômade? Desde a peregrinação pelo deserto até os nossos dias, a terra prometida sempre esteve *mais à frente*: foi na direção dela que rumaram, assim como cada peregrino fixa o olhar ansiosamente num ponto distante, no futuro; ao menos como faz cada peregrino que não se alegra com a peregrinação em si. Quanto mais miserável se tornava o presente, tanto mais atrativo, tanto mais significado adquiria o futuro; todo existente se tornou insípido, toda a realidade, sem conteúdo, todo fazer, sem sentido; só o que ainda tinha valor era o que se situava além do fazer, no futuro, ou seja, o êxito, o objetivo a ser alcançado. (Na história da gênese da avaliação do êxito, todavia, o uso do dinheiro para fins de empréstimo e todo o nexo capitalista, como já vimos, proporcionaram apoio e fomento essenciais: de modo que talvez a pronunciada objetividade dos judeus seja tanto efeito quanto causa de sua atuação como sujeitos econômicos capitalistas.)

A objetividade e também a infatigabilidade, que é tão somente outra forma de manejo daquela peculiaridade, requerem, como tivemos oportunidade de constatar, um alto grau de energia somática e intelectual. Naturalmente esta deve ter sido ingrediente das protorraças, das quais

---

20 A. Wahrmund, *Das Gesetz des Nomadentums*, 1887, p.16.
21 Ratzel, *Völkerkunde*, v.3, p.56.

procederam os judeus. E foi então desenvolvida – o que se pode declarar com boa dose de certeza – pela errância fatal dos judeus aos países nórdicos. Com efeito, o judeu só veio a desenvolver toda a sua força em contato com esses países (como também só desenvolveu todas as suas capacidades em cooperação com os povos nórdicos úmidos e frios); é o que mostra uma comparação entre a atuação dos judeus nas diferentes latitudes. Essa predisposição especialmente efetiva na luta pela existência naturalmente foi então, na condição de patrimônio do povo, multiplicada mediante seleção dos "aptos".

E assim como ocorreu com a essência, também – o que, no fundo, é algo óbvio – a atuação da essência, o efeito da essência desses dois grupos humanos diferentes, adquiriu um cunho fundamentalmente diferenciado em função da diversidade das condições de vida. Água, floresta e torrão fumegante têm seus contos, suas sagas, suas canções; geraram suas ordenações de modo tão peculiar de dentro de si mesmos quanto o deserto e o oásis geraram as suas. Não sei se existe uma tese de doutorado tratando o tema "Goethe e a água"; caso não haja, seria uma tarefa digna de gratidão apresentar um relato minucioso sobre isso. Ficaria evidente que os tons mais autênticos dos poemas de Goethe são fruto da magia peculiar exercida pela aura de vapor e neblina presente na floresta alemã.

"Voltas a encher bosque e vale
silente com o clarão da névoa..."*
"Deste-me a esplêndida natureza..."
"Por entre rochas, cortando prados
correm lépidos arroio e riacho..."
"No brilho do crepúsculo, já o mundo se revela..."

E milhares de outras passagens – todos os fragmentos de canções, todos os cantos à tempestade – atestam isso.

---

* Primeiras linhas da poesia *An den Mond* [Para a lua], de 1777. (N. T.)

"Vultos prateados de priscas eras
pairam sobre nós (há milênios)
nos penhascos, na mata molhada."*

Então nos tornamos um grupo humano peculiar que se diferencia daqueles cujos ancestrais eram bafejados pelos ventos quentes do deserto. Porém, não posso seguir esses pensamentos em todas as suas ramificações, visto que me cabe tão somente a sóbria tarefa de pôr a descoberto algumas inter-relações entre os referidos ambientes específicos e a vida econômica.

Mas é certo também que justamente a configuração diferenciada da vida econômica se explica, ao menos em boa parte, a partir do contraste entre nomadismo e agriculturismo, de saarismo e silvanismo.

Da floresta desmatada, do pântano transformado em torrão, do torrão cortado pelo arado cresceu a singular constituição econômica que vigeu na Europa por milênios, antes do advento do capitalismo: a que denominamos artesã-camponesa ou artesã-feudal, fundada sobre a ideia fundamental do alimento, da consecução de trabalhos, da organização estamental. A possessão delimitada do camponês é que gera a concepção de uma esfera de atuação restrita, na qual cada sujeito econômico está encerrado para todo o sempre, na qual ele se ocupa (tradicionalisticamente) do mesmo modo para todo o sempre: a partir daqui a ideia do alimento penetra em todos os demais ramos da economia e configura-os à sua imagem. Por cima dessas unidades econômicas interligadas de fato e depois também de direito, estruturadas em função do alimento, ergue-se então organicamente a construção do Estado estamental.

Do deserto ilimitado, da economia pecuarista origina-se o contraente da velha ordem econômica fixada na terra: o capitalismo. Neste, a atividade econômica não se encontra numa área cercada, não tem mais uma esfera restrita de atuação, mas o campo ilimitado da criação de gado, cuja produção pode malograr de um dia para outro, mas também pode

---

* As quatro últimas citações são de Goethe, *Fausto: uma tragédia*, parte I, cap. 17 (Floresta e caverna); parte I, cap. 24 (A noite de Walpúrgis); parte II, cap. 1; e novamente parte I, cap. 17. (N. T.)

decuplicar-se em poucos anos: os rebanhos de renas, bovinos, cavalos, ovelhas crescem rápido e diminuem com a mesma rapidez em virtude de epidemias ou fome. Só aqui, no âmbito da economia pecuarista – jamais na esfera da agricultura –, pôde fincar raízes a ideia da aquisição. Só aqui a economia pôde ser projetada para a multiplicação ilimitada da quantidade produzida: "só a forte multiplicação dos rebanhos torna o nomadismo economicamente viável" (*Ratzel*). Só aqui pôde surgir a concepção de que a quantidade abstrata de bens e não a qualidade de uso seria a categoria dominante da vida econômica. Aqui, pela primeira vez se calculou durante a atividade econômica. Mas, como já foi indicado, também os elementos racionais penetram na vida econômica por intermédio do nomadismo, que, em consequência, é o pai do capitalismo em quase todos os pontos. E passamos a ver com maior intensidade de luz como se ata o laço entre capitalismo e judaísmo, que aqui aparece como o elo de ligação entre o capitalismo e seu protótipo, o nomadismo.

Porém, por mais que deserto e migração tenham determinado a peculiaridade judaica, não são as únicas providências do destino a que os judeus devem sua essência. Outras se somaram àquelas, mas nenhuma cortou ou atenuou os efeitos daquelas, ao contrário, muito antes, reforçou-os e exacerbou-os.

O grande destino que coube aos judeus foi o dinheiro: o fato de terem sido guardiões do tesouro por milênios imprimiu marcas profundas na sua essência e intensificou a peculiaridade dessa essência. Com efeito, no dinheiro se uniram, por assim dizer, os dois fatores que compõem a essência judaica, a saber: deserto e migração, saarismo e nomadismo. O dinheiro está despido de concretude, a exemplo da terra da qual vieram os judeus; ele é só massa, só quantidade, como o rebanho; ele é fugidio como a vida nômade; ele jamais lança raízes no solo fértil, como a planta ou a árvore. A contínua ocupação com o dinheiro afastou os judeus cada vez mais de uma visão qualitativa natural do mundo e direcionou seus sentidos para as concepções e estimativas quantitativas abstratas. Em contrapartida, porém, eles desvendaram todos os segredos que estavam ocultos no dinheiro; eles identificaram todas as forças milagrosas que estão contidas nele. Eles se tornaram senhores do dinheiro e, por meio do dinheiro que sujeitaram a si mesmos, os donos do mundo – como descrevi detalhadamente nos primeiros capítulos deste livro.

Foi deles a iniciativa de procurar o dinheiro ou este lhes foi impingido e eles tiveram de habituar-se gradativamente a esse hóspede estranho? Será preciso aceitar a validade dessas duas formas de surgimento da dileção dos judeus pelo dinheiro.

Quase ganha-se a impressão de que, nos primórdios, muito dinheiro fluiu até eles sem muita ajuda de sua parte; ou, mais corretamente, o que fluiu foram metais preciosos, que mais tarde se transformaram em dinheiro metálico.

Pelo que vejo, jamais se atentou para as grandes quantidades de metais preciosos que devem ter sido acumuladas no período do reinado – é claro que, naquela época, preponderantemente não na forma de dinheiro.

A respeito de Davi somos informados de que, em suas incursões de pilhagem, amealhou ouro e prata em quantidade por toda parte e também que os reis estrangeiros lhe pagavam tributo em forma de metais preciosos: Jorão, o filho do rei de Hemate,

> trouxe junto objetos de prata [, de ouro] e de bronze. Também estes o rei Davi consagrou a Javé, juntamente com a prata e o ouro que já havia consagrado de todos os povos que derrotara: dos sírios e dos moabitas, dos filhos de Amom e dos filisteus, dos amalequitas e dos despojos de Hadadezer, filho de Reobe, rei de Zobá. (2 Samuel 8:10-12)

O que lemos a respeito do uso de ouro e prata na construção do tabernáculo e do templo, a respeito das ofertas e dos presentes dos reis (as passagens mais importantes estão em Êxodo, cap. 25 et seq. e em 2 Crônicas), beira a fábula e, não obstante, ao que tudo indica, apresenta um retrato fiel da realidade (pelo menos, os dados estatísticos notavelmente exatos para aquele tempo permitem concluir isso). "E o rei fez que em Jerusalém houvesse ouro e prata com pedras" (2 Crônicas 1:15). Sabe-se das viagens do rei Salomão a Ofir: ali deve ter sido explorada uma Califórnia inteira! Conhece-se a lamentação de Isaías (sobre Judá): "a sua terra está repleta de prata e ouro" (2:7).

Onde foi parar todo esse metal precioso? Os eruditos do Talmude se detiveram nessa interessante questão e chegaram à conclusão de que ele permaneceu com Israel: "Isto é o que disse Rabi Alexandri: três retornam à sua pátria, a saber, Iisrael, o dinheiro de Mizraiim [ver Êxodo 12:35; I Reis 14:25] e o escrito das tábuas da aliança".[22] No entanto, jamais se logrará apresentar uma prova "exata" de tal migração. O único fato importante é que, nos primórdios da história judaica, evidentemente acumulara-se em Israel uma enorme reserva de dinheiro em espécie que necessariamente estaria propensa a reaparecer no patrimônio monetário privado. A essa reserva inicial foram se adicionando no decorrer dos séculos e multiplicando-a as reservas de dinheiro reunidas de todas as partes do mundo.

Com efeito, mais tarde, grandes massas de dinheiro em espécie fluíram para o país, seja na forma do imposto do templo seja na forma do dinheiro de viagem que as grandes massas de peregrinos, que anualmente vinham a Jerusalém, ali deixavam.

Cícero (*Pro Flacco*, cap. 28) lamenta o dinheiro que todos os anos sai da Itália e de todas as províncias e vai para Jerusalém. De fato, as massas de dinheiro que nas duas referidas formas fluíram para lá devem ter sido consideráveis.

A respeito de Mitridates conta-se que ele mandou tirar 800 talentos do imposto do templo que estavam depositados na ilha de Cós; Cícero relata que, em quatro cidades da Ásia Menor ocidental (Apameia, Laodiceia, Pérgamo e Adramítio) o saqueador Flaco se apossou dos valores destinados pelos judeus ao imposto do templo (que estavam a caminho de Jerusalém) e que o valor do saque em Apameia havia sido de 50 quilos de ouro. Enormes devem ter sido também as massas de pessoas que todo ano iam rezar no templo. Mesmo que não tenham chegado a 2,7 milhões, como pensa Josefo, e mesmo que o número das sinagogas erguidas para os judeus estrangeiros em Jerusalém não tenha chegado a 380, como diz a mesma testemunha. De qualquer modo, havia aí um portentoso afluxo de dinheiro, que pode

---

22 *Pesachim*, 87b (trad. L. Goldschmidt, v.2, p.641); "Como os israelitas esvaziaram a terra de Mitzraim e como os tesouros migraram", *Pesachim*, 119a (trad. ibid., v.2, p.741).

perfeitamente ter contribuído para que numerosas pessoas se tornassem ricas e, desse modo, adquirissem condições para emprestar dinheiro a juros. Talvez em primeira linha os sacerdotes, a respeito dos quais sabemos que eram bem dotados de recursos e não recusavam negócios envolvendo empréstimos.[23]

Os judeus descobriram por si sós os segredos do dinheiro? Eles próprios desenvolveram a técnica da transação creditícia ou a aprenderam dos babilônios? Agora parece estar quase comprovado que, na Babilônia, na época pré-judaica, houve uma movimentada circulação de dinheiro, embora saibamos pouca coisa confiável sobre sua natureza e sua forma. O que se consegue depreender das fontes traduzidas até o momento não proporciona uma base de sustentação segura para constatar o nível de desenvolvimento dos negócios monetários e creditícios. Como quer que seja, os embriões da arte monetária judaica podem ter estado com seus primos da Babilônia. No fundo, é bastante secundária a questão se os primeiros frutos maduros foram produzidos por esta ou aquela tribo dos povos que, na verdade, brotaram todos de uma só raiz. Bem mais significativa – e perfeitamente claro em seus efeitos – é a circunstância de que o destino posterior impingiu aos judeus a dileção pelo dinheiro e necessariamente fomentou a arte monetária.

A constante prontidão para a fuga da terra em que residiam obrigou-os – desde o seu êxodo do Egito – a conferir a seus bens formas cada vez mais móveis, e entre estas o dinheiro – ao lado de joias e adereços – era a forma mais apropriada. Ele era sua única companhia quando eram jogados na rua despidos; e seu único protetor quando eram afligidos e maltratados: não deveriam eles ter aprendido a amá-lo se, com sua ajuda, conseguiam sujeitar a si os poderosos desta terra? O dinheiro se tornou para eles – e, por meio deles, para toda a humanidade – um meio de exercer poder sem precisar ser poderosos: com os tênues fios do negócio creditício um povo de pessoas modestas, totalmente insignificante no sentido social, amarrou o gigante camponês feudal, como fizeram os liliputianos com Gúliver.

---

23 W. Erbt, *Die Hebräer*, 1906, p.166.

Todavia, com essa última ideia eu trouxe à memória, uma vez mais, um destino dos judeus que é visto por muitos como especialmente significativo para os contornos finais da sua essência e que certamente não deixou de ter um efeito peculiar: *o destino do gueto*.

Compreende-se que esse destino influenciou de modo bem peculiar a posição social dos judeus, que fez deles uma casta de párias desprezados. Em sua grande maioria, os judeus do gueto pertenciam às camadas mais baixas da sociedade e eram vistos como desqualificados até mesmo pelos seus correligionários. De fato, o contraste entre judeus de gueto e judeus livres acabou ganhando uma expressão muito palpável no antagonismo entre asquenazes e sefarditas. Ambos se confrontavam como irmãos hostis, isto é, mais exatamente: os sefarditas olhavam de cima para baixo com desdém para os judeus asquenazes e sentiam-nos como mendigos importunos.

Assim, um judeu alemão, ironizando amargamente seus correligionários sefarditas em meados do século XVIII (quando o antagonismo atingiu seu ponto de maior tensão), escreveu o seguinte:

> *Je sçai, Monsieur, que les Juifs Portugais n'ont de commune avec les Juifs Allemans qu'une Opération religieuse et que l'éducation et les moeurs ne laissent entr'eux aucune ressemblance réelle quant à la vie civile. Je sçai que l'affinité entre les uns et les autres est d'une Tradition extrêmment reculée et que le Gaulois Vercingentorix et l'Allemand Arminius étoient plus proches parens du beau Père d'Herode que vous du Fils d'Ephraim.*[24]

Em termos muito parecidos se expressou o sefardita *Pinto* em sua resposta aos ataques que Voltaire fizera pura e simplesmente "contra os

---

24 *Ephraim justifié*, 1758. L'editeur à Mr. André de Pinto, Juif Portugais, Citoyen et Négociant d'Amsterdam [Editado pelo sr. André de Pinto, judeu português, cidadão e negociante de Amsterdã]. ["Sei, meu senhor, que os judeus portugueses nada têm em comum com os judeus alemães além de certa prática religiosa e que a educação e os costumes não permitem que haja entre eles qualquer semelhança real quanto à vida civil. Sei que a afinidade entre uns e outros é a de uma tradição extremamente remota e que o gaulês Vercingentorix e o alemão Armínio são parentes mais próximos do bom pai de Herodes do que vós do filho de Efraim." – N. T.]

judeus".²⁵ Pinto atribui valor decisivo ao fato de que os sefarditas não deveriam ser "jogados numa mesma panela" com os judeus alemães: eles justamente seriam duas nações diferentes.

> *Un Juif de Londres ressemble aussi peu à un Juif de Constantinople que celui-ci à un Mandarin de la Chine. Un Juif Portugais de Bordeaux et un Juif Allemand de Metz paroissent deux êtres absolument différents [...] Mr. de Voltaire ne peut ignorer la délicatesse scrupuleuse des Juifs Portugais et Espagnols à ne point se mêler, par marriage, alliance ou autrement avec les Juifs des autres Nations.**

Pinto opina que, se um judeu sefardita da Inglaterra ou da Holanda se casasse com uma judia alemã, ele seria excluído da comunidade pelos seus parentes e não encontraria lugar de repouso nem mesmo na sepultura da família.

A contrariedade com bastante frequência ganhava expressão no comportamento exterior principalmente dos judeus sefarditas que se sentiam como a aristocracia do povo judeu e ameaçados em sua posição social pelo grande número de judeus orientais de condição social inferior que vinham afluindo.

Desse modo, no ano de 1761, os judeus portugueses (ou marranos) de Bordeaux fizeram aprovar uma determinação em regime de urgência: todos os judeus estrangeiros teriam de deixar Bordeaux no prazo de 14 dias. Pinto e Pereira foram as forças motrizes desse movimento; eles envidaram todos os esforços para se livrar o quanto antes dos "vagabundos" – seus próprios correligionários da Alemanha e da França.²⁶

---

25 Pinto, Réflexions critiques sur le premier chapitre du VII tome des oeuvres de M. Voltaire (1762), in: *Lettres de quelques juifs*, p.10 et seq.

* "Um judeu de Londres se parece tão pouco com um judeu de Constantinopla quanto este se parece com um mandarim da China. Um judeu português de Bordeaux e um judeu alemão de Metz parecem ser dois seres completamente diferentes [...] O sr. de Voltaire não pode ignorar a delicadeza escrupulosa dos judeus portugueses e espanhóis a ponto de não se misturarem por casamento, aliança ou de outro modo com os judeus de outras nações." (N. T.)

26 Graetz, *Geschichte der Juden*, v.11, p.54 et seq.

Em outro contexto já ficamos sabendo como em Hamburgo os judeus sefarditas constituíram, por assim dizer, uma autoridade de vigilância dos asquenazes, com a incumbência de cuidar para que estes não praticassem torpezas no comércio e nas transações financeiras.

O sentimento antagônico, que, como já dito, foi nutrido principalmente pelos sefarditas, tinha suas raízes, sobretudo, como também já foi indicado, no contraste da posição social. Porém, ele foi nutrido pela forte consciência aristocrática de que estavam imbuídos os sefarditas, porque se arrogavam uma origem mais nobre do que a dos asquenazes: todos eles buscavam derivar sua descendência das famílias mais nobres da tribo de Judá e estavam tomados do autêntico orgulho de sangue, no sentido de que essa ascendência nobre desde sempre representou para eles na Espanha e em Portugal um estímulo para grandes virtudes e uma proteção contra vícios e vilania.

> *L'idée, où ils sont assez généralement, d'être issus de la Tribe de Juda, dont ils tiennent que les principales familles furent envoyées en Espagne du temps de la captivité de Babylone, ne peut que les porter à ces distinctions et contribuer à cette elevation de sentiments qu'on remarque en eux.*[27]

Isso dá o que pensar. E talvez nos leva a fazer uma estimativa mais correta da importância do gueto para o desenvolvimento do judaísmo do que se fez até agora. A concepção que os judeus sefarditas tinham da dignidade e da postura como virtudes supremas aponta a possibilidade de que essa visão da vida, que sentia claramente o antagonismo contra tudo o que era asquenaze, pode muito bem ter sido a razão pela qual os judeus luso-espanhóis não tiveram gueto, e não o efeito desse fato. Em outras

---

27 Pinto, Réflexions critiques sur le premier chapitre du VII tome des oeuvres de M. Voltaire (1762), in: *Lettres de quelques juifs*, p.17. ["A ideia que eles têm de modo bem geral, de serem oriundos da tribo de Judá, sustentando que as principais famílias foram enviadas para a Espanha no tempo do cativeiro babilônico, não podia senão levá-los a essas distinções e contribuir para esses sentimentos elevados que se percebe neles." – N. T.]

palavras: dificilmente se poderá duvidar de que uma parte dos judeus só sucumbiu ao gueto porque era propenso a ele por sua natureza.

Como já foi dito, não há como decidir com os recursos atualmente disponíveis se a razão pela qual uns terminaram no gueto e os outros não reside na predisposição sanguínea diferenciada dos dois grupos, se os judeus sefarditas desde tempos antigos constituíram uma elite social (muita coisa fala a favor disso). Porém, podemos assumir como muito provável que, nesse tocante, a predisposição diferenciada pelo menos fomentou os diferentes destinos.

Só que não deveríamos, em contrapartida, superestimar a diversidade da predisposição: a essência especificamente judaica não é tocada por ela em sua peculiaridade. Os traços em última análise decisivos da psique judaica são os mesmos nos dois casos. Portanto, a vida no gueto só ganhou importância no sentido de que, na sua esfera de irradiação, tomaram forma alguns hábitos e algumas práticas que acompanharam a carreira econômica posterior dos judeus do gueto e com frequência influenciaram de modo singular a sua vida de negócios. Trata-se, em parte, de hábitos das pessoas de baixa condição social em geral, que, porém, no sangue judeu, naturalmente assumem contornos bastante curiosos: propensão a pequenas fraudes, importunação, postura pouco digna, falta de tato etc. Eles certamente desempenharam um papel quando os judeus se puseram a conquistar as fortalezas da antiga ordem econômica artesanal-feudal: no capítulo que trata do surgimento de uma mentalidade econômica moderna, constatamos assiduamente os efeitos justamente desses traços de caráter.

Ora, não se deve exagerar a importância desses traços mais exteriores. Eles podem até parecer a nós pessoalmente como muito significativos para a posição social dos judeus, mas para seus êxitos econômicos eles se revestem de pouca importância. Só com eles os judeus certamente não teriam chegado à sua posição dominante no mundo.

Muito mais importante me parece outro efeito do gueto, a saber, que ele ajudou a conferir formas mais nítidas e unilaterais aos traços básicos reais da essência judaica. Considerando que esta, como vimos, caracteriza-se, em última análise, pela ausência de sedentariedade e falta de radicação na terra, então compreende-se que alguns séculos de vida no gueto só poderiam intensificar essa falta. Porém, também nesse aspecto só se evidenciou mais claramente o que há muito já estava latente na essência, no sangue.

Esse mesmo efeito, a saber, o de reforçar a peculiaridade da essência judaica, a vida no gueto ainda exerceu por vias indiretas, ou seja, fortalecendo as duas energias sobre as quais repousa, em boa parte, a constância tenaz da essência judaica: a religião e a procriação consanguínea. Ambas tiveram a função de continuar influenciando unilateralmente e de fixar os caracteres que haviam sido exteriorizados pela seleção.

O fato de a própria religião de um povo se originar dessa essência foi citado anteriormente como a concepção que está na base de todas essas exposições. Por isso mesmo, porém, permanece verdadeiro que uma religião formalista-exclusivista como a judaica pode causar um efeito muito poderoso sobre a essencialidade dos seus adeptos, especialmente no que se refere à uniformização e esquematização da conduta de vida. A seu tempo foi exposto detalhadamente o modo abrangente como a religião judaica causou esse efeito: basta recordar a sua tendência racionalizante, da qual tomamos ciência como seu traço básico.

No mesmo sentido, ou seja, de conservação da natureza, de reforço à natureza, atuou, diria eu, o aspecto fisiológico da religião do povo judeu – pois tem íntima ligação com esta –, a procriação consanguínea, que, como vimos, vem sendo praticada pelos judeus há vários milênios.

Digo que, no caso dos judeus, a procriação consanguínea está em estreita ligação com a religião; pode-se afirmar até mais do que isso: ela é consequência direta da ideia sustentadora dessa religião, a saber, a ideia da eleição. Isso foi comprovado, nos últimos tempos, por uma série de investigações de senso muito atilado, especialmente por *Alfred Nossig*, que se manifesta sobre isso como segue: "deparamo-nos com um resultado biológico surpreendente dessa ideia [da eleição] nos fatos da existência e da força vital e reprodutiva ainda incomuns dos judeus. A ideia mosaica de um 'povo eterno' parece querer se tornar realidade".[28]

---

28 Nossig, Die Auserwähltheit der Juden im Lichte der Biologie, *ZDSJ*, v.1, caderno 3. Antes dele, Curt Michaelis havia se manifestado sobre o mesmo tema na mesma revista, no caderno 2. Cf. também Michaelis, Prinzipien der natürlichen und sozialen Entwicklungsgeschichte der Menschheit, in: *Natur und Staat*, v.5, p.63 et seq.

Leis alimentares e matrimoniais proveem boa conservação.

Nesse caso, era óbvio que esses supremos tesouros éticos não fossem expostos à aniquilação pela via da miscigenação com raças cuidadosamente criadas. A proibição dos matrimônios mistos teve como consequência que o primeiro fator de formação da raça, a predisposição hereditária, pudesse afirmar sua eficácia na máxima potência, fazendo que as referidas vantagens não só passassem sem diminuição de intensidade de uma geração para a outra, mas graças à procriação consanguínea experimentassem constante incremento [...] A consequência da procriação consanguínea foi, portanto, que, mediante a transmissão hereditária das características raciais judaicas, que teve extraordinária continuidade, essas características ficaram cada vez mais fixamente gravadas nos descendentes, aderiam a eles cada vez mais intensamente, de modo que se tornou cada vez mais difícil eliminá-las ou modificá-las em sua essência mediante a mistura do sangue. Com efeito, está provado que, assim como todas as demais funções reforçam o que está vivo mediante a prática, assim também a intensidade da predisposição hereditária aumenta mediante a procriação consanguínea continuada.[29]

A religião e a procriação consanguínea foram os dois aros metálicos que envolveram o povo judeu e o conservaram como uma única massa firme por milênios. E se eles afrouxarem? Qual será o efeito? Não nos propusemos a responder aqui a essa importante pergunta. Porque, pelo tempo que vimos os judeus exercerem seu efeito peculiar na vida econômica — ou seja, até os dias de hoje —, os aros se mantiveram firmes. E o que havia a explicar era esse efeito e, ademais, o que havia a descrever era a gênese da essência judaica, a partir de cuja peculiaridade empreendemos a interpretação da fantástica incidência dos judeus na vida econômica e na cultura como um todo.

---

29 Ver Sandler, *Anthropologie und Zionismus*, p.24 e a bibliografia citada nesse mesmo local.

SOBRE O LIVRO

Formato: 16 x 23 cm
Mancha: 27 x 44 paicas
Tipologia: Venetian 301 12,5/16
Papel: Off-White 80 g/m² (miolo)
Cartão Supremo 250 g/m² (capa)
1ª edição: 2014

EQUIPE DE REALIZAÇÃO

Capa
Andrea Yanaguita

Edição de texto
Frederico Tell Ventura (Copidesque)
Giuliana Gramani (Revisão)

Editoração eletrônica
Sergio Gzeschnik (Diagramação)

Assistência editorial
Alberto Bononi

Impressão e Acabamento:

Geográfica
editora